梓潼年鉴

2021 Zitong Yearbook

梓 潼 县 人 民 政 府　主办
梓潼县地方志编纂中心　　编

方志出版社

图书在版编目（CIP）数据

梓潼年鉴. 2021 / 梓潼县地方志编纂中心编. — 北京：方志出版社，2021.12

ISBN 978-7-5144-5127-6

Ⅰ. ①梓… Ⅱ. ①梓… Ⅲ. ①梓潼县—2021—年鉴 Ⅳ. ①Z527.14

中国版本图书馆CIP数据核字（2021）第266999号

梓潼年鉴（2021）

编　　者： 梓潼县地方志编纂中心
责任编辑： 王海荣

出 版 者： 方志出版社
地址　北京市朝阳区潘家园东里9号（国家方志馆4层）
邮编　100021
网址　http://www.zgfzcb.cn
发　　行： 方志出版社图书经销中心
电话　（010）67110500
经　　销： 各地新华书店
装帧设计： 四川远近文化有限公司
印　　刷： 成都市兴雅致印务有限责任公司

开　　本： 889×1194　1/16
印　　张： 28.5
字　　数： 725千字
版　　次： 2021年12月第1版　2021年12月第1次印刷
印　　数： 001~500册

ISBN 978-7-5144-5127-6　**定价：** 238.00元

《梓潼年鉴（2021）》编纂委员会

梓潼县行政区划图

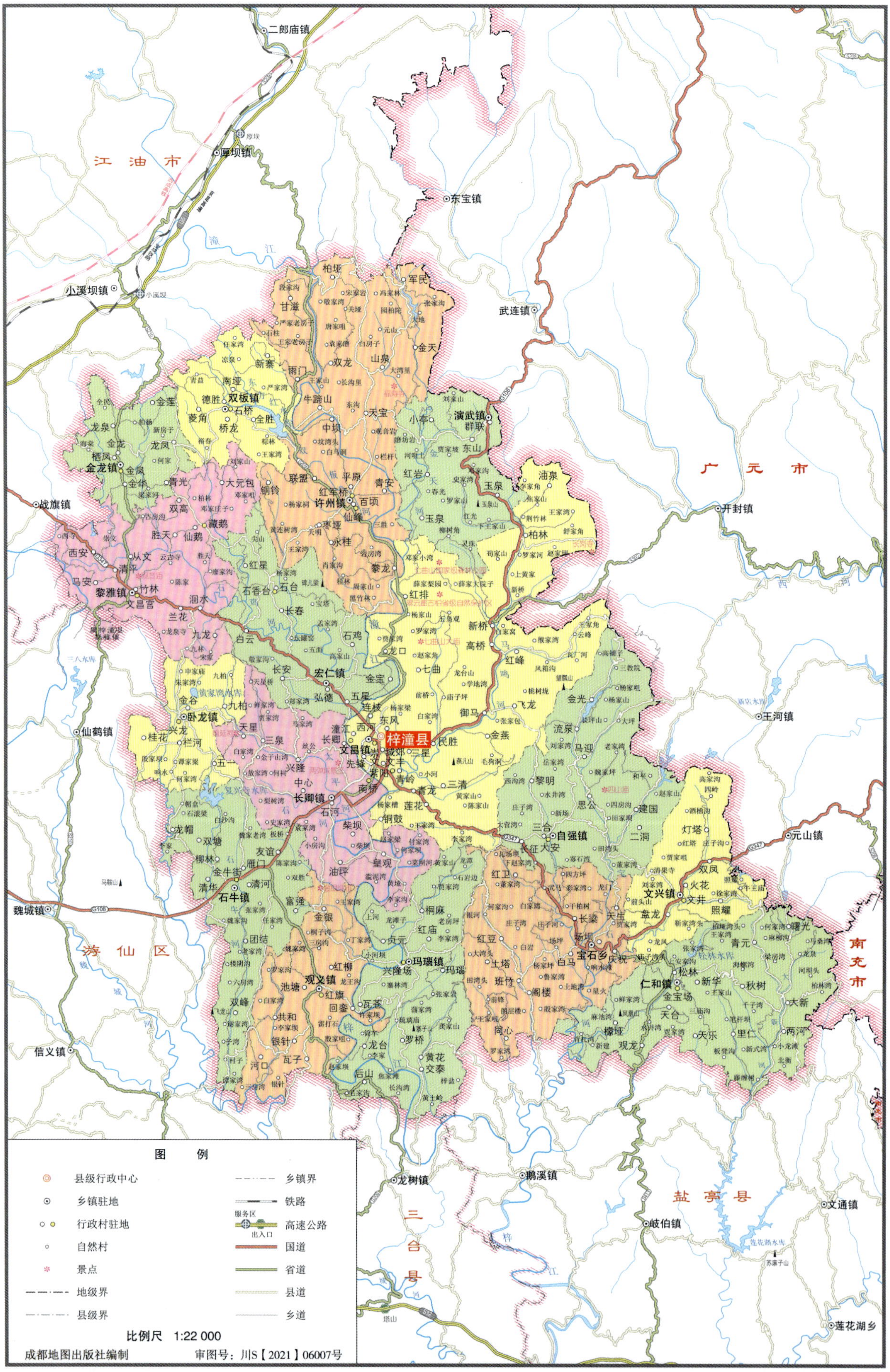

梓潼县
江油市
广元市
南充市
涪仙区
三台县
盐亭县
二郎庙镇
厚坝镇
东宝镇
小溪坝镇
武连镇
开封镇
王河镇
元山镇
战旗镇
仙鹤镇
魏城镇
信义镇
龙树镇
鹅溪镇
岐伯镇
文通镇
莲花湖乡
双板镇
金龙镇
许州镇
演武镇
黎雅镇
宏仁镇
卧龙镇
文昌镇
长卿镇
石牛镇
自强镇
文兴镇
宝石乡
观义镇
玛瑙镇
仁和镇
图例
县级行政中心
乡镇驻地
行政村驻地
自然村
景点
地级界
县级界
乡镇界
铁路
服务区
出入口
高速公路
国道
省道
县道
乡道
比例尺 1:22 000
成都地图出版社编制
审图号：川S【2021】06007号

梓潼县中心城区远期用地规划示意图

梓潼县城市总体规划（2014—2030）局部调整

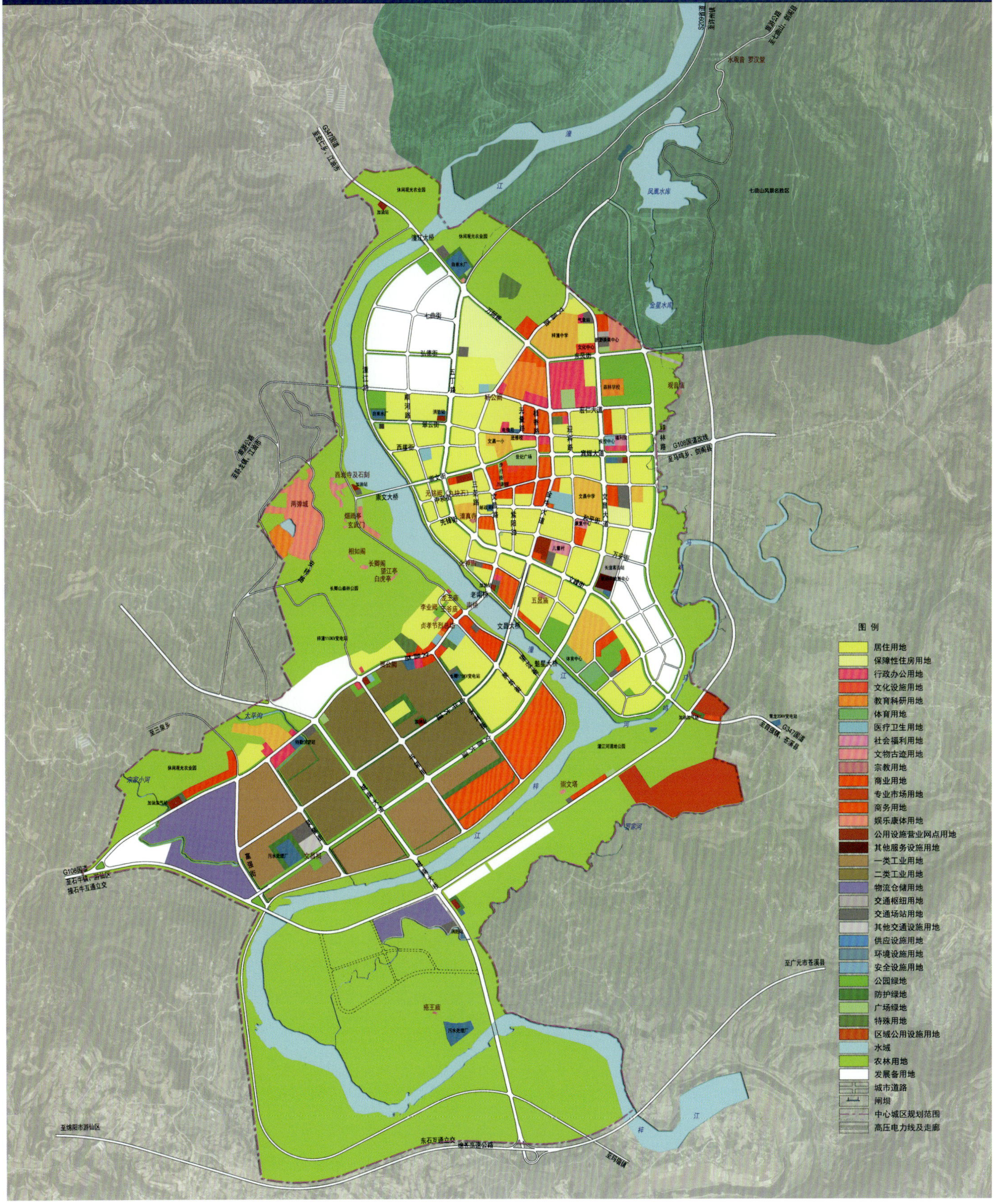

数字梓潼

- 行政区划面积1442.32平方公里
- 总人口37.02万人，同比下降0.7%
- 辖16个镇（乡）、1个经济开发区
- 地区生产总值148.94亿元，同比增长4.2%

  其中：第一产业增加值36.73亿元，同比增长5.5%

  第二产业增加值45.51亿元，同比增长3.4%

  第三产业增加值66.70亿元，同比增长4.3%
- 三次产业对地区生产总值增长的贡献率分别为26.3%、32.3%、41.4%
- 一般公共预算收入33020万元，同比增长10%
- 城镇居民人均可支配收入36081元，同比增长5.9%
- 农村居民人均可支配收入18554元，同比增长8.7%
- 城镇居民人均消费支出22058元，同比下降2.4%
- 农村居民人均消费支出14257元，同比增长8.0%
- 全社会固定资产投资增长15.7%

  其中：房地产开发投资增长133.7%

  工业投资增长28.1%

  技术改造投资增长0.9%

  全年农户投资增长2%
- 农林牧渔业总产值62.41亿元，同比增长6.1%
- 农林牧渔业增加值38亿元，同比增长5.8%
- 工业增加值308598万元，同比增长3.3%
- 社会消费品零售总额54.53亿元，同比下降1.5%

  其中：批发业47.01亿元，同比增长13.8%

  零售业17.87亿元，同比增长4.7%

  住宿业0.86亿元，同比下降3.9%

餐饮业17.07亿元，同比下降7.9%

- 地方财政收入98047万元，同比增长5.3%
- 一般公共预算支出232196万元，同比增长0.1%
- 金融机构人民币各项存款余额1518592万元，同比增长9.9%

  各项贷款余额1014637万元，同比增长19.3%

  城乡居民储蓄存款余额1283472万元，同比增长12.3%
- 公路通车里程2574.58公里
- 全县电信业务总量55770万元

  本地固定电话用户50451户，同比增长5.2%

  移动电话用户98377户，同比下降65.8%
- 互联网宽带接入户数45782户，同比下降51.2%
- 旅游总收入68.41亿元，同比下降12%
- 小学34所，在校小学生15264人
- 普通中学10所，在校学生10368人
- 中等职业教育学校1所，在校学生1633人
- 公共图书馆1个、艺术馆、文化馆（站）33个，博物馆、展览馆1个
- 广播覆盖率99.16%，电视覆盖率99%
- 医疗卫生机构452个

  卫生技术人员1801人，卫生机构床位1984张
- 企业职工养老保险参保人数4.57万人

  城乡居民社会养老保险参保人数21.43万人

  参加城乡居民医疗保险人数30.2万人

  城市低保对象6844人，支付城市低保资金2499.63万元

  农村低保对象9487人，支付农村低保资金2336.6万元

（数据来源：《梓潼县2020年国民经济和社会发展统计公报》）

重要活动剪影

2020年8月7日，副省长李云泽（右二）到梓潼调研省级重点推进项目及服务业发展情况　　（杨小亮／供图）

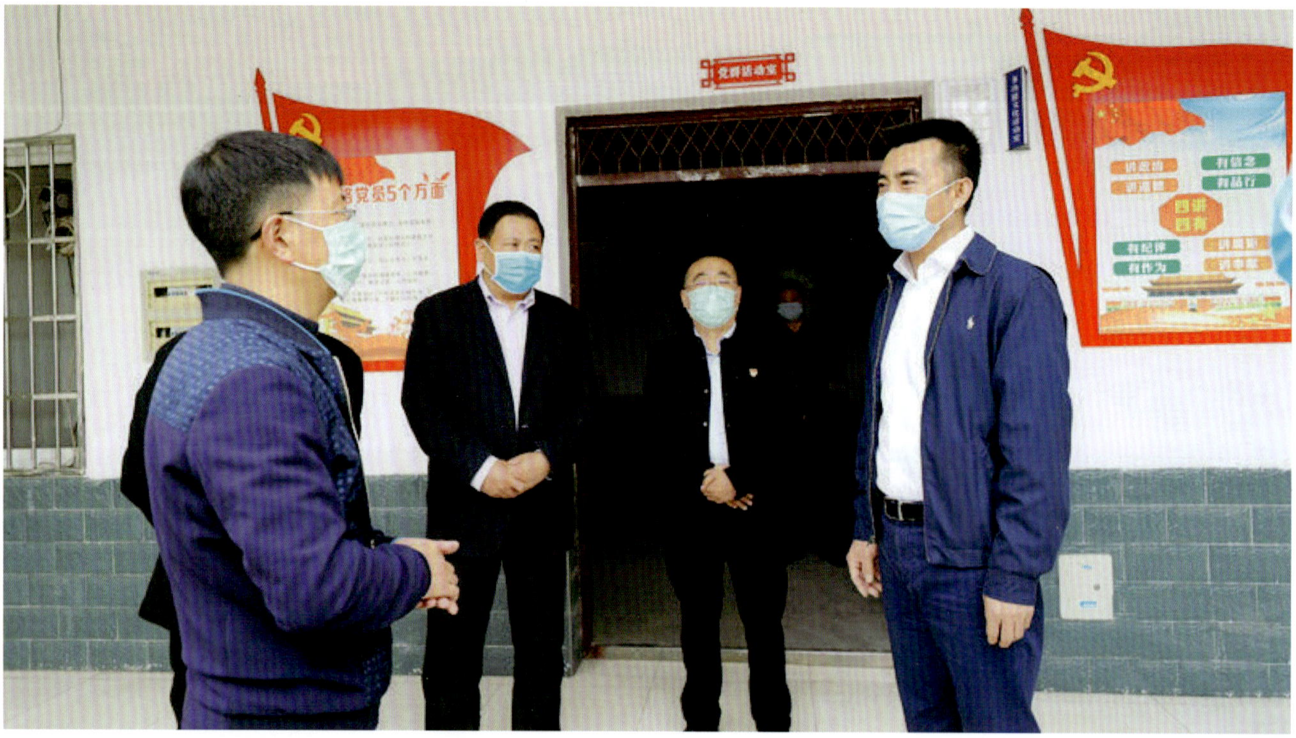

2020年4月22日，市委书记刘超（右一）赴黎雅调研　　（邓　爽／供图）

2020年3月23日，市长元方（前排左一）考察正大饲料项目（罗佳文／供图）

2020年10月21日，市政协主席李亚莲（右二）到福欣食品公司调研（罗佳文／供图）

2020年11月26日，县委书记周琳（前排右二）调研文创小镇项目　　（罗佳文／供图）

2020年8月16日，县长刘强（左二）检查地质灾害隐患点　　（王　鹏／供图）

2020年7月22日，县人大常委会主任杜林平（前排左三）开展“三馆”（县博物馆、县文化馆、县图书馆）建设专题视察（杨小明／供图）

2020年1月30日，县政协主席敬友忠（前排左二）慰问疫情防控人员　（王　鹏／供图）

2020年1月11日，召开梓潼县返乡农民工座谈会（杨　龙／供图）

2020年5月25日，梓潼县2020年第二季度重大项目暨绿色食品产业功能区创新服务平台建设项目集中开工（罗佳文／供图）

2020年6月5日，世界环境日梓潼分会场主题宣传活动举行　　（王　鹏／供图）

2020年9月17日，首届文昌乡土人才颁奖典礼举行　　（王　鹏／供图）

2020年8月14—17日，2020年“滑启杯”四川省青少年速度轮滑锦标赛在梓潼文昌一小举行　（王明蓝／供图）

2020年10月11日，中华人民共和国第十四届学生运动会乒乓球预赛在四川文化艺术学院梓潼校区拉开帷幕
（赵　军／供图）

2020年11月5日，首届科学家精神论坛在梓潼两弹城召开　（刘　阳／供图）

2020年11月6日，科学家精神进入梓潼中学　　（李国宝／供图）

2020年11月13日，绵阳市非遗传承人技艺大赛上，梓潼收获荣誉　　（白鹤林／供图）

凤凰湖早春（刘　阳／供图）

城市建设

① 翻新的西崖街（王远金／供图）
② 新建的滨江公园（王远金／供图）
③ 绿化后的河堤（王远金／供图）

①

②

①③ 潼江两岸的亮化工程（王远金／供图）
② 灯火映潼城（王远金／供图）
④ 扩容后的垃圾处理厂（王远金／供图）

自强镇夏荷（王　鹏／供图）

文化旅游

①凤凰湖新貌（巩万举／供图）
②改造后的水观音景区（巩万举／供图）
③④国家AAA级旅游景区文创小镇，图为文昌学宫、音乐广场（赵　军／供图）
⑤“两弹一星”干部学院（刘　岚／供图）

①

②

③

① 南山门和梓潼县博物馆
（巩万举／供图）
② 七曲山文昌圣境（王远金／供图）
③ 七曲山文化广场（巩万举／供图）

上亭铺秋色（刘　岚／供图）

交通建设

①

① 国道G108线县城段（王远金／供图）
② 魁星路干道（王远金／供图）
③ 金牛大道（王远金／供图）

②

③

①②③ 国道G347线至两弹城连接线（王远金／供图）
④ 国道G108线文昌干道至龙凤垭段（刘　岚／供图）
⑤ 县道X123小伏路建成通车（刘　岚／供图）

七曲山冬雪（刘 阳／供图）

扶贫纪实

①②③④ 产业发展助力扶贫
（乡村振兴服务中心／供图）

①③ 改造升级前的农村道路　（乡村振兴服务中心／供图）

②④ 改造升级后的农村道路　（乡村振兴服务中心／供图）

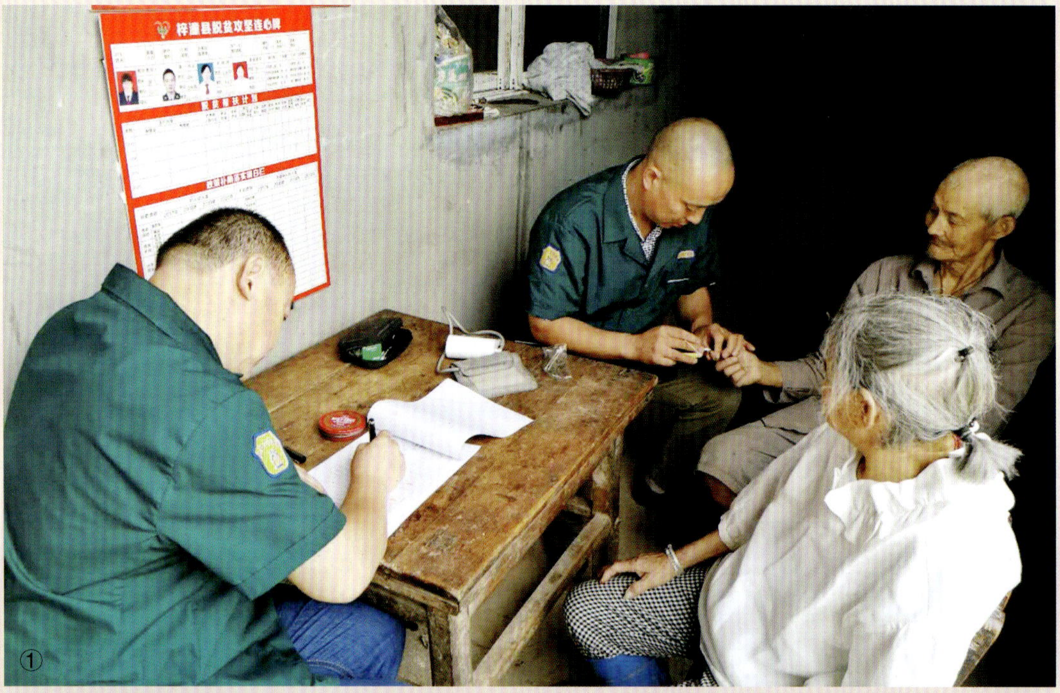

①② 送医入户　　（乡村振兴服务中心／供图）

送教上门 （乡村振兴服务中心／供图）

送水下乡 （施　江／供图）

①

②

① 以购代扶（邓　爽／供图）
② 入户调查（王娅楠／供图）

文艺扶贫　　　　（白鹤林／供图）

助农抢收　　　　（宵　涛／供图）

①

水利扶贫

① 宝石水厂全貌（乡村振兴服务中心／供图）

② 饮用水源地取水监测水质（尚泽芬／供图）

③ 日常水质检测（乡村振兴服务中心／供图）

④ 生物接触氧化池（乡村振兴服务中心／供图）

②

③

④

改造后的民居　　（乡村振兴服务中心／供图）

土坯房改造　　（乡村振兴服务中心／供图）

氤氲潼城（王　鹏／供图）

疫情防控

会议安排部署　　　　（田小芸／供图）

交通卡点督导　　　　（卫健局／供图）

王 彬／供图

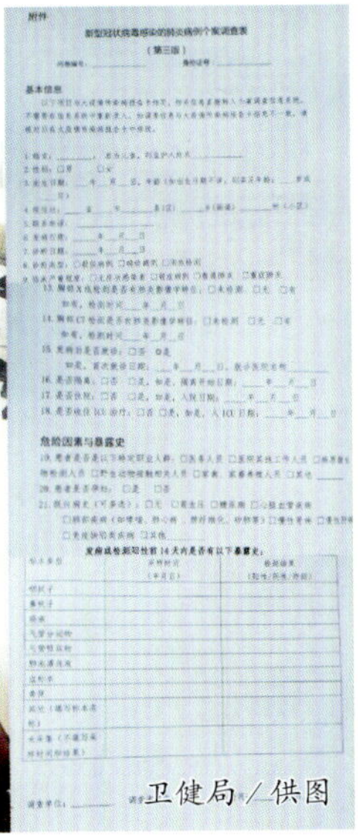

卫健局／供图

王 彬／供图

王 彬／供图

车辆、人员排查

公共场所消毒

一线卫士向“疫”而战

宋森林／供图

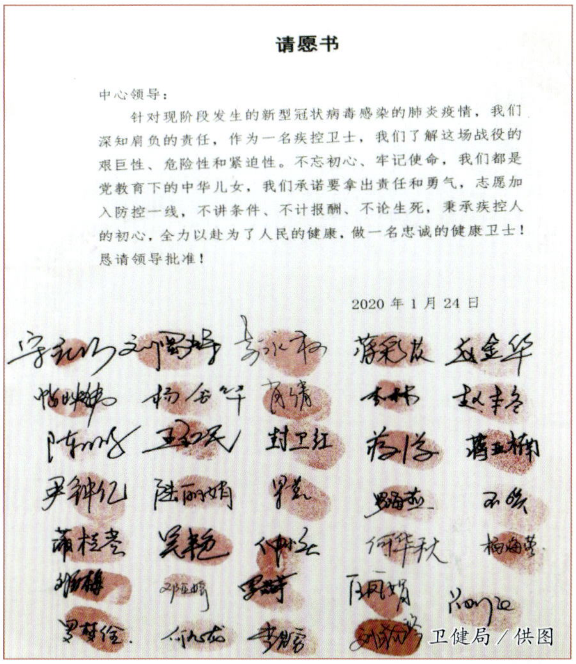

请愿书

中心领导：

针对现阶段发生的新型冠状病毒感染的肺炎疫情，我们深知肩负的责任，作为一名疾控卫士，我们了解这场战役的艰巨性、危险性和紧迫性。不忘初心、牢记使命，我们都是党教育下的中华儿女，我们承诺要拿出责任和勇气，志愿加入防控一线，不讲条件、不计报酬、不论生死，秉承疾控人的初心，全力以赴为了人民的健康，做一名忠诚的健康卫士！恳请领导批准！

2020 年 1 月 24 日

卫健局／供图

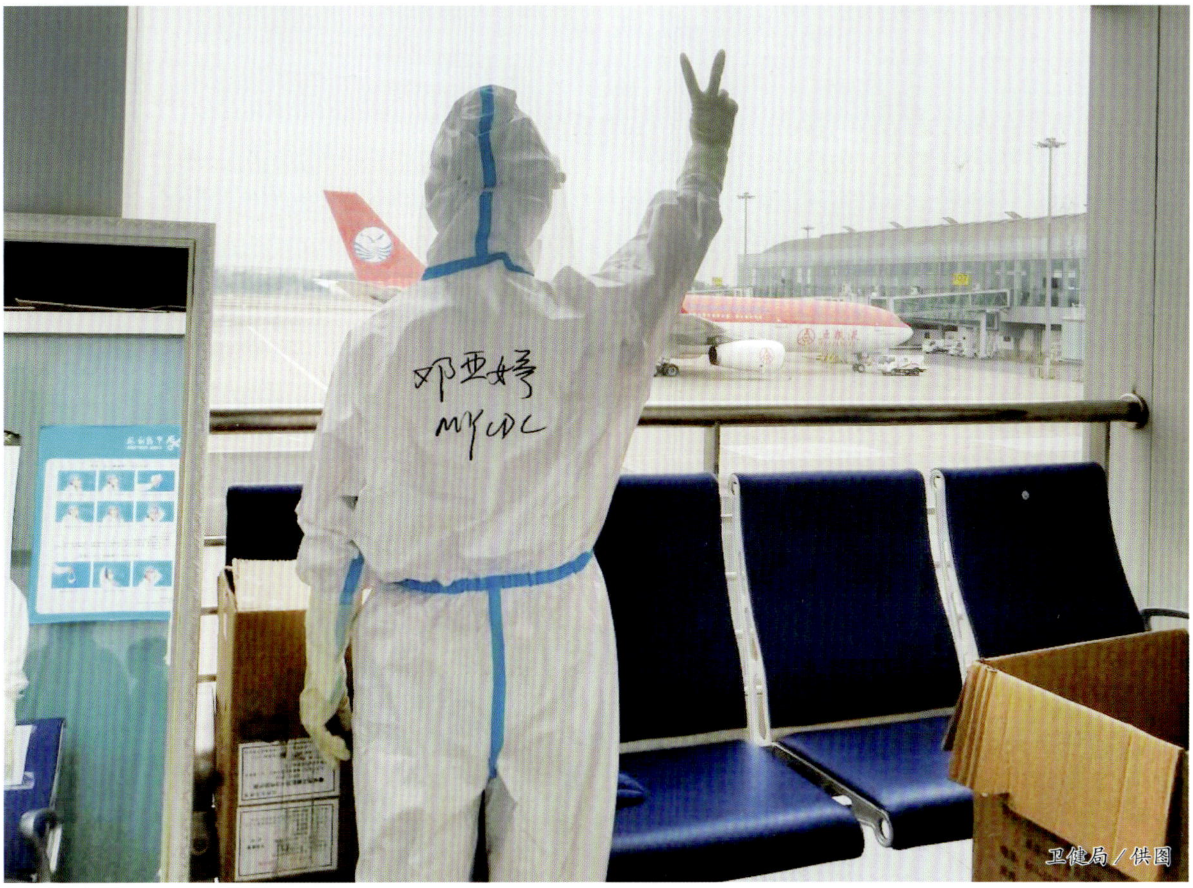

卫健局／供图

王远金／供图

卫健局／供图

卫健局／供图

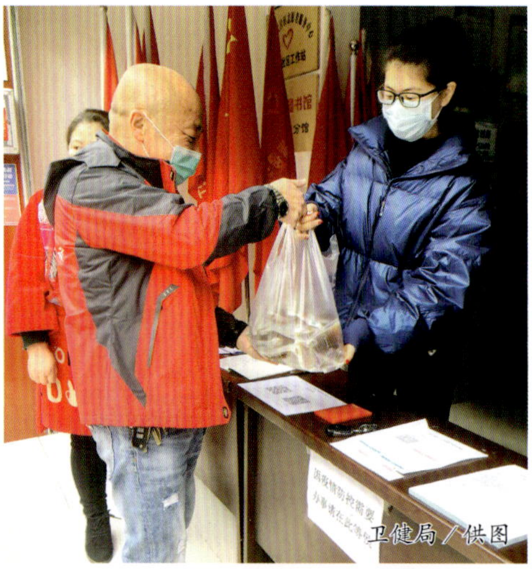
卫健局／供图

梁 超／供图

志愿服务助力疫情防控

爱心人士、企业捐款捐物助力疫情防控

卫健局／供图

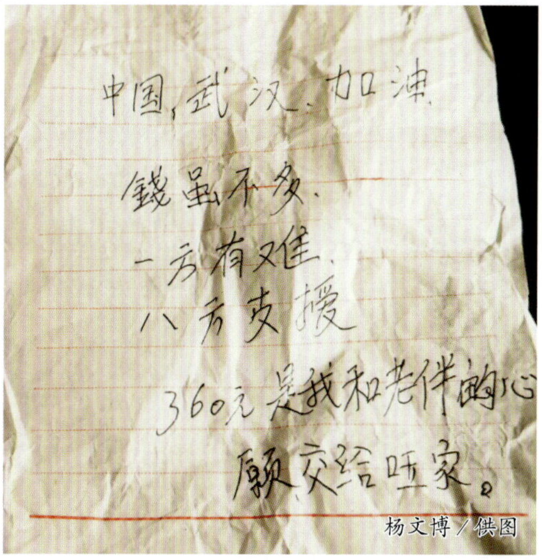

杨文博／供图

杨文博／供图

田小芸／供图

王　彬／供图

王　彬／供图

王明蓝／供图

王明蓝／供图

护航复工复产复学

编辑说明

一、《梓潼年鉴（2021）》以马克思列宁主义、毛泽东思想、邓小平理论、“三个代表”重要思想、科学发展观、习近平新时代中国特色社会主义思想为指导，坚持辩证唯物主义和历史唯物主义的立场、观点和方法。

二、《梓潼年鉴（2021）》是由梓潼县人民政府主办、梓潼县地方志编纂中心编纂、《梓潼年鉴》编纂委员会审定的资料性工具书。本卷是梓潼县第18卷公开出版的综合年鉴。本书全面、系统、翔实地记载梓潼县2020年经济和社会发展情况，为各级领导机关和部门决策、规划提供权威咨询，为社会各界人士了解和研究梓潼提供基本资料。

三、《梓潼年鉴（2021）》以类目、分目、条目组成框架结构的主体部分，个别的在分目和条目之间插入细目。类目配上压底照片；分目用宋体字套浅色底色加以区别；条目标题统一用黑体字加【 】表示；细目用宋体字标识。

四、《梓潼年鉴（2021）》采用的资料由县级各部门、各乡镇和企事业单位（含驻梓潼单位）指定专人撰稿，并经其主要负责人审核，数据和事实准确可靠。本卷年鉴所用统计资料由梓潼县统计局提供，正文中数据由部门、单位和乡镇提供。个别数据因统计口径等原因不尽一致，引用时以统计部门提供的数据为准。

五、《梓潼年鉴（2021）》设26个类目：特载、大事记、县情概览、中共梓潼县委员会、梓潼县人民代表大会、梓潼县人民政府、政协梓潼县委员会、纪检监察、民主党派·群众团体、法治、军事、“两弹一星”干部学院、经济管理、农业农村、工业、交通运输·邮政·信息、文旅·科技、商贸·物流、财税·金融、城乡建设与管理、教育·体育、卫生与健康、社会民生、生态建设、镇乡概览、附录。

六、《梓潼年鉴（2021）》所载县级领导简介、县级部门领导干部名录和乡镇领导干部名录均由县委组织部提供。县级领导简介截至2020年12月31日。

七、《梓潼年鉴（2021）》彩页分为“数字梓潼”“重要活动剪影”“城市建设”“文化旅游”“交通建设”“扶贫纪实”“疫情防控”。

目录

MU LU

特　　载

大事记

县情概览

中共梓潼县委员会

梓潼县人民代表大会

梓潼县人民政府

政协梓潼县委员会

纪检监察

民主党派·群众团体

法　　治

军　　事

“两弹一星”干部学院

经济管理

国有资产管理

市场监管

食品药品监管

产品质量监管

抽样调查

农业农村

综述

水利

武引工程

工　业

综述

交通运输·邮政·信息

文旅·科技

商贸·物流

财税·金融

教育·体育

卫生与健康

社会民生

生态建设

镇乡概览

附　录

索　引

特　载

TE ZAI

攻坚克难　勠力同心
全面推进梓潼各项事业高质量发展

——在中国共产党梓潼县第十二届十九次全会第一次全体会议的讲话

中共梓潼县委书记　周　琳

（2021 年 1 月 6 日）

各位委员、同志们：

受县委常委会委托，现在我向全会报告工作。

2020 年，全县上下努力克服疫情影响，准确把握国内外形势变化，在“两个一百年”的历史交汇期，坚定以习近平新时代中国特色社会主义思想为指导，深入贯彻党的十九大和十九届二中、三中、四中、五中全会精神，全面落实省委十一届六次、七次、八次全会，市委七届八次、九次、十次全会精神。坚持稳中求进工作总基调，贯彻新发展理念，坚持高质量发展，坚决打赢“三大攻坚战”，扎实做好“六稳”工作，落实“六保”任务，全县各项事业迈上新台阶，全面建成小康社会和“十三五”规划圆满收官，梓潼在加快建设四川丘区经济强县和绵阳后花园的进程中迈出了更加坚实的一步。

预计全年地区生产总值同比增长（以下简称“增长”）4.5%；农业增加值增长 3%；规模以上工业增加值增长 5.1%；服务业增加值增长 5%；地方一般公共预算收入增长 10%；全社会固定资产投资增长

15.6%；社会消费品零售总额下降1.4%；城镇居民人均可支配收入增长6%；农村居民人均可支配收入增长8.5%。

县委十二届十七次全会以来，在省委、市委的坚强领导下，县委常委会始终坚持正确的政治方向，攻坚克难，勠力同心，重点抓好了以下几件大事。

第一，深入学习宣传贯彻党的十九届四中、五中全会精神。坚持以党的十九届四中全会精神为指导，稳步推进基层治理体系和治理能力现代化，召开县委十二届十七次全会，作出《关于学习贯彻党的十九届四中全会精神的意见》和《关于深入贯彻落实党的十九届四中全会精神、推进城乡基层治理制度创新和能力建设的实施意见》。严格落实乡镇党委抓农村基层党组织建设和乡村治理的主体责任，选优配强村“两委”班子，全面推进村（社区）党组织书记和村（居）民委员会主任“一肩挑”、村“两委”班子成员交叉任职工作。推广村规民约“三评两审”积分制管理办法，着力提升群众自我教育、自我管理和自我监督能力，促进乡村自治、法治、德治相融合。规范化标准化设置乡镇便民服务中心，建立县乡村三级一体化政务服务体系，制定乡镇权力清单、责任清单和服务清单。加强基层治理队伍建设，形成了“一村一专干”“一村一法律顾问”“一村一辅警（警务助理）”“一村一红色乡贤仲裁队”的新格局，乡村治理制度更加健全，治理能力稳步提升。

坚持以党的十九届五中全会精神武装头脑、指导实践，坚决把思想行动统一到党中央决策部署和省委、市委工作要求上来。先后召开县委常委会（扩大）会议和县委理论学习中心组专题学习（扩大）会议传达宣讲全会精神，印发《关于学习宣传贯彻党的十九届五中全会精神的通知》《学习贯彻党的十九届五中全会精神宣讲提纲》，通过县委常委带头宣讲、宣讲团基层宣讲、中心组学习示范和集中培训轮训等多种形式开展宣讲活动，在全县上下迅速掀起了学习宣传贯彻热潮。同时，对标对表中央、省委、市委建议，深刻把握新发展阶段、坚决贯彻新发展理念、主动融入新发展格局三个核心要义，成立文件起草组，在县委常委会领导下，经过广泛调研、征求意见、研究修订，形成了提交县委十二届十九次全会审议的《中共梓潼县委关于制定梓潼县国民经济和社会发展第十四个五年规划和二〇三五年远景目标的建议（讨论稿）》。

第二，新冠肺炎疫情防控取得阶段性胜利。坚决贯彻落实中央、省市相关决策部署，构建“县、镇（乡）、村（社区）”三级防控体系，党员干部、志愿者和医疗工作者持续奋战在防控一线，严防死守织牢疫情防控网络，全县无一例疑似和确诊病例。第一时间有序推进复工复产，支持一康制药、华西药业等企业跨界整合资源，科学转产紧缺防疫物资，出台支持企业共渡难关的若干政策措施，切实降低企业用能成本，帮助24户企业落实各类补贴资金4000余万元，协调解决贷款1.75亿元。自二季度起全县主要经济指标由负转正，疫情防控和经济社会发展取得“双战双胜”。截至目前，64个省、市、县重点项目推进情况均高于时序进度，全面完成固定资产投资79亿元的目标任务。

第三，高质量完成脱贫攻坚目标任务。严格按照“一超六有”“一低五有”要求，聚焦“两不愁三保障”突出问题，累计投入资金15.5亿元，着力破解住房保障、安全饮水、农村道路、产业发展等方面存在的瓶颈问题。全面“清零”脱贫攻坚“回头看”大排查和历年来巡视巡察、考核评估、督查暗访等发现的各类问题，高质量通过省级全覆盖核查。足额兑现各项政策保障，建立健全预警监测和解决相对贫困长效机制，不断提升贫困群众自我发展能力。全县6458户19582名贫困人口、29个贫困村全部完成脱贫任务，顺利通过省级成效考核。

第四，扎实推进全面深化改革。坚持对内靠改革，对外靠开放，深入推进以经济体制改革为重点的全面深化改革，主动融入区域发展大格局，大力发展开放型经济。一是两项改革扎实推进。顺利完成乡镇行政区划调整改革、村级建制调整改革和村（居）民小组优化调整改革任务，优化设置乡镇16个，减幅50%；建制村162个，减幅50.76%；社区19个，减幅5%；村（居）民小组1501个，减幅

34.28%。系统总结两项改革“前半篇”文章工作经验，谋深做实“后半篇”文章，成立专项工作领导小组，制定“1+24+5”方案体系，顺利完成村“两委”换届选举，开展各乡镇拉练比拼，黎雅镇农房建设与宅基地管理、观义镇优化便民服务等市级试点工作取得阶段性成效，在优化资源配置、提升发展质量、增强服务能力、提高治理效能等方面为后续推进乡村振兴奠定了坚实基础。二是区域协作更加紧密。主动抢抓成渝绵“创新金三角”机遇，召开县委十二届十八次全会，作出《关于深入贯彻习近平总书记重要讲话精神积极参与成渝地区双城经济圈建设的决定》，确定梓潼积极参与成渝地区双城经济圈建设的“四个发展定位”和“七个着力点”。与重庆市璧山区和成都理工大学、重庆大学产业技术研究院搭建合作平台，促进人才、资本、技术等发展要素互利共享。交通环境显著改善，梓东路、G347线县城至长卿村段、G108线文昌干道至龙凤垭段道路建成通车，绵苍高速梓潼段、S209线县城至江油河口段改建工程、G108线大修工程等项目稳步推进，G5京昆高速绵广扩容、S209线县城至三台界前期工作有序开展，区域协同发展基础更加稳固。三是营商环境持续优化。认真落实优化营商环境政策措施，扎实开展“一窗受理、集成服务”，实现“就近办、一次办、多点办”，企业开办时间压缩至7.5个小时，全年新登记企业469户，增速达17%。加快构建“5+1”现代服务业体系，科学规划服务业发展布局，成功争取国家电子商务进农村综合示范县项目、农商互联项目资金2342万元。深入落实支持民营经济发展28条措施，预计实现民营经济产值63.66亿元，增长1.4%。加快推进国资国企改革，组建四川翠云廊建设发展有限责任公司，提高国有企业投融资能力。全面落实减税降费各项政策，减税降费累计达2.04亿元，市场主体活力不断增强。

第五，创新实施建设美丽乡村“五大行动”。结合全面建成小康社会目标，聚焦乡村振兴战略，开展人居环境整治、村容村貌提升、农村基础改造、农业产业富民、文明乡风培育“五大行动”，60个子项目全面开工，完工49个，完工率达82%。开展全覆盖拉练，科学研判发展现状，在城乡给排水一体化服务、农村垃圾减量分类处理和资源化利用等领域探索形成了一批可复制、可推广的先进经验，全县农村人居环境明显改善，基础设施和公共服务短板基本消除，农业现代化水平不断攀升，乡村旅游蓬勃发展，基层治理能力提升、体系完善，文明乡风不断彰显。

一年来，县委常委会在抓好上述五项重点工作的同时，始终坚持党对一切工作的领导，统筹推进稳增长、促改革、调结构、惠民生、防风险、保稳定和党的建设等各项工作，开创了经济社会各项事业协同发展的新局面。

第一，大力发展特色优势产业，工业经济稳步增长。深入实施“工业强县”战略，聚焦建设“四川丘区经济强县”发展目标，牢牢扭住企业培育、集聚发展和园区建设三个重点，不断加快产业项目建设进度，工业经济发展取得显著实效。一是招大引强成效显著。紧紧围绕全县工业产业布局，出台《梓潼县抓项目促投资18条硬措施》，建立完善招商引资信息库，举办各类投资推介会5场，采取以商招商、专班招商等形式，成功签约华西动药、中匇光电等工业项目20个，引进国内省外到位资金19.5亿元。二是产业集聚更具规模。莱仕顿精酿啤酒、三香汇生物等6户食品加工企业建成投产，福欣食品二期生产线项目、均益魔芋等4个食品加工项目有序推进，以蜜柚、蔬菜深加工为主导的绿色食品工业园初具规模，食品加工类企业实现年总产值20.63亿元，同比增长3.5%。速酶生物、辉氏药业等6家高新医药类企业相继建成投产，园区生物医药产业集中度达85%，生物医药类企业实现年总产值10.96亿元，同比增长15.4%。三是园区承载更加有力。全面启动省级高新技术产业园和绿色食品产业功能区建设。投资9.38亿元的绵阳生物医药产业园二期工程开工建设，其中，太平河防洪改道生态修复工程、灵童街道路建设项目建成投用，工业污水处理厂进入设备安装调试阶段，园区承载能力显著提升。

第二，坚持农业农村优先发展，农业现代化水平不断提升。深入实施“农业富县”战略，以打造“全国优质生态绿色农产品供给地”为目标，推进农业供给侧结构性改革，助力农民增收、农业增效。一是现代农业园区快速发展。结合全县“335”现代农业园区建设体系布局，精选三个产业基础优势明显的潼江河谷区、现代种业核心区、蜜柚产业核心区开展试点示范，共建成省级现代农业园区1个、市级农业园区3个（五星级2个、四星级1个）、县级农业园区8个，动态储备各级农业园区14个，带动园区农户实现人均增收15%以上。成功承办全市现代农业园区现场会。二是农业发展基础更加稳固。进一步深化农村集体产权制度改革，出台《农村集体“三变”改革试点方案》《梓潼县支持生猪产业健康发展的十六条措施》等政策文件，农村发展活力得到充分释放。积极开展耕地质量保护行动，不断完善田网、渠网、路网和电网“四网”配套，整合项目资金5.94亿元，建成高标准农田39.1万亩，新建改造村组道路170公里，农机化综合水平达67%，新增灌面4万亩，全县有效灌面达到47万亩，农业灌溉率达61.8%。三是农业产业持续壮大。着力构建现代农业经营体系，探索“园区＋新型农业经营主体＋农户”利益联结机制，现有龙头企业36家、省级示范合作社13家、市级以上示范家庭农场32个。实现粮食总产量29.88万吨，出栏生猪60万头、蛋鸡450万只，中药材、水稻制种、蜜柚种植基地分别达到2万亩、5万亩、20万亩。“天宝蜜柚”荣获“四川省优质品牌农产品”称号，核心示范基地被评为“四川十佳农业供给侧结构性改革示范基地”。正大18万吨饲料厂、金柚谷产业园等一批项目投产达效，全产业链建设取得实效。成功创建为“全国生猪调出大县”“省级有机产品认证示范创建县”“全省农业社会化服务示范县”。

第三，资源优势更加显现，文旅品质大幅提升。坚持把“文旅兴县”作为带动产业、拉动经济、助力发展的有力支撑，以建设“成渝地区重要旅游目的地”为目标，用好用活“文昌发祥地、中国两弹城”两张名片，积极打造“祈福圣地、研学营地、康养福地”。一是社会影响力明显增强。两弹城景区成功创建为国家AAAA级旅游景区，被命名为全国红色旅游发展典型案例、第八批中国华侨国际文化交流基地。文昌艺术小镇成功创建为国家AAA级旅游景区。中国两弹城、七曲山文昌书院、崇文大艺·文昌艺术小镇艺术聚落成功入选全省首批试点研学旅行基地（营地）。成功举办首届科学家精神论坛、两岸青年巴蜀文化创意设计大赛评审及作品展等系列文化活动，梓潼文化旅游知名度和影响力日益增强。二是配套设施更加完善。七曲山风景区创建国家AAAAA级旅游景区工作，被列为全市旅游发展目标之一，得到了省级、市级层面的大力支持。累计投入资金6亿元以上，文昌文化广场、游客中心装饰及功能完善、核心区步游道及下山步游道等维修改造项目竣工投用，商业街、雷神庙、水观音、南北圣境坊、七曲村民宿等改造提升项目有序推进，景区服务功能和配套设施逐步完善。聚焦两弹城景区创建全国爱国主义教育基地，积极整合长卿山森林公园、川文艺梓潼校区和长卿文创小镇的旅游资源，加快推进“两弹一星”干部学院红色旅游研学营地、三线建设博物馆、航天科技馆、长卿山森林公园景观和广场配套项目，党建主题公园，两弹城大桥等项目建设。三是文旅产业深度融合。加大文物保护力度，成立县文物局，出台《文物管理保护办法》，成立七曲山大庙博物馆和两弹城博物馆，全面开展文化和旅游资源普查，累计普查文化类资源6009个。文创产品“争气弹596”文具套装荣获四川省红色旅游文创产品大赛金奖。两弹城爱国主义教育基地成功列入四川省首批研学旅行主题线路，“成都—北川—梓潼两弹城”“梓潼—绵阳—成都”2条旅游线路成功入选四川省16条红色旅游精品线路。“两弹一星”干部学院红色旅游研学营地项目被评为“全省文旅融合示范项目”。干部学院办学水平和承接能力不断增强，全年共开办各类专题培训班154期、培训学员26301次，较去年同比增长62%。

第四，践行绿色发展道路，生态环境更加宜居。围绕建设“绵阳后花园”目标，扎实推进生态建设和环境保护，生态质量持续改善，人居环境进一步提升。一是坚决打赢环境污染防治“三大战役”。农作物秸秆综合利用率达到97%，全年空气质量优良天数350天，优良率达到96.4%。严格落实“河（湖）长”制工作要求，集中开展水环境综合治理，全面收回河道采砂权，全面禁止施肥养殖，先行先试开展城乡给排水一体化服务、农村垃圾减量分类处理和资源化利用改革。建成农村规模自来水厂1处、在建2处，新建管网452公里，有效解决11万余人安全饮水问题；建成农村污水集中处理示范点6个，29个污水处理站规范运营，16个乡镇场镇和64.2%的行政村生活污水得到有效处理；16个垃圾处理中转站顺利运行，全县集中处理垃圾总量减少30%以上，垃圾转运和处理费用下降30%以上。二是始终保持环保执法高压态势。全面完成中央和省生态环境保护督察及“回头看”交办、反馈的7大类130个问题整治。开展长江经济带生态环境问题集中排查整治工作，排查问题111个，完成整改110个，完成率99%。出台《梓潼县决战决胜污染防治攻坚三十六条硬措施》，零容忍严惩环境违法行为，以政府为主导、企业为主体、社会组织和公众共同参与的环境治理体系基本形成。三是城乡面貌显著改善。积极推进新型城镇化样板区、生态文明建设先行区创建工作，实施34个农村集中安置点路灯亮化工程，新增林地面积5959亩，全县森林覆盖率达到43.88%，成功申报国家森林小镇1个、国家森林乡村3个。开展城市交通秩序专项整治，G108、G347县城内道路改造提升工程全面完成，城市功能配套更加齐全，城市管理水平持续提高。完成20个老旧小区综合治理改造任务。滨江公园即将投入使用，新增绿地面积60余亩。成功创建为“第五届四川省文明城市”，顺利通过“四川省生态园林县城”市级验收，高质量发展与高品质生活相得益彰的精品宜养宜居梓潼逐渐成形。

第五，公共服务创新优化，民生福祉持续提升。始终坚持“改善民生”，持续释放发展红利，不断提升人民群众的幸福感、获得感、安全感。一是社会事业全面进步。累计投入资金2.59亿元，全面完成36件省、市级民生实事和4个市级、7个县级民生实事人大票决制项目。稳岗就业成效显著，不断优化农民工等重点群体返乡创业和就业服务，精准推进就业创业、企业稳岗扩岗支持计划，城镇登记失业率为2.66%。教育事业健康发展，中考成绩连续5年名列全市前茅，高考重点本科上线121人，本科上线率达到52.27%。新增普惠性民办幼儿园22所，普惠性幼儿园覆盖率达到82.12%。川文艺梓潼校区、东辰国际学校、文昌实验幼儿园等一批高质量教育资源运行良好。成功创建为四川省未成年人思想道德建设工作先进县。成功承办中国乒乓球超级联赛、四川省“轮转冰”选拔赛等体育赛事活动，全民公共运动中心项目主体完工。医养结合服务体系持续完善，县中医院医养结合项目、社区养老服务综合体项目有序推进，县域医共体试点正式运行，县人民医院内儿科综合楼建成投用，实施农村中心敬老院“县直管”管理模式，公共服务体系和能力持续优化。二是社会大局和谐稳定。坚持总体国家安全观，积极化解政治、意识形态、经济、社会、自然灾害、党的建设等领域存在的各种重大风险。扎实开展森林防灭火专项整治，出台10个专项实施方案，组建专业化扑火队伍，进一步完善应急管理、抢险报灾制度机制，全县森林防灭火综合能力和水平大幅提升。持续深入开展扫黑除恶专项斗争，突出抓好重点人员、重点群体、重要敏感时段稳定工作，“平安梓潼”建设得到进一步巩固。严格落实环境保护、安全生产、食品安全等工作“党政同责、一岗双责”，连续8年未发生较大以上生产安全事故。

第六，全面从严管党治党，良好政治生态持续巩固。坚持以“党的建设”统领全县各项工作，带头增强“四个意识”、坚定“四个自信”、做到“两个维护”，切实把新时代党的建设总要求落到实处。一是坚持党的集中统一领导。全力支持人大、政府、政协依法依章程履行职能、开展工作、发挥作用。召开全县“不忘初心、牢记使命”主题教育总结大会，持续开展主题教育，深化巩固主题教育成果。深入推进“抓落实作表率”行动，建立健全工作报告、谈心谈话、正负清单推进、项目化推进、跟踪问效、动态成效通报等工作机制，切实提升制度约束力。扎实做好省委巡视“后半篇”文章，省委第九巡视组反馈梓潼县的8个方面46个具体问题已整改完成44个，整改工作成效显著。二是纵深推进意识形态工作。认真落实意识形态工作责任制，全年县委常委会专题研究意识形态工作4次。坚持用新理念增强全县党员干部思想教育，深化拓展“帝乡大讲堂”理论学习平台，邀请省市专家领导授课5场次，覆盖党员干部1000余人次。持续加强思想理论、新闻舆论、网络平台、文化传播等舆论阵地建设，建成党政宣传网站13个、政务微博账号26个、微信公众号9个。民间小庙治理工作强力推进，全面完成上级下达的目标任务。三是深化巩固基层组织建设。严格落实基层党的建设各项规定，深入实施“3+2”书记项目，研究制定村常职干部“1+5”激励机制，打造“潼江法盾·红亮”等党建示范品牌5个，基层治理能力和水平大幅提升。全面优化人才“引育留用”环境，不断夯实基层人才力量，举办首届“文昌乡土人才”颁奖典礼，实现人才“抱团”发展。深入实施“践行‘两弹一星’精神领航队伍培养计划”，累计培训4800余人次，选送63名干部参加省、市调训，基层干部队伍持续优化。全面完成发展党员违规违纪问题整顿工作，得到中组部和省委组织部充分肯定。四是深入推进党风廉政建设和反腐败斗争。始终坚持“严”的主基调，严格执行中央八项规定精神及其实施细则，扎实做好“以案促改”工作，一体推进不敢腐、不能腐、不想腐体制机制。开展“脱贫攻坚纪律作风保障年”活动，结合重点行业领域和形式主义、官僚主义突出问题认真开展专项整治。突出巡察“利剑”作用，对县委第八轮被巡察乡镇所属的39个村（社区）党组织开展延伸巡察，切实打通巡察“最后一公里”。全年处置问题线索343件，转党纪政务立案202件202人，查处扶贫领域案件6件7人，重点行业领域案件2件4人（移送司法2人），风清气正的良好政治生态持续巩固。

一年来，县委常委会高度重视自身建设，坚持以上率下、率先垂范，努力为全县各级党组织和广大党员干部树好标杆、做好表率。坚定以习近平新时代中国特色社会主义思想指导工作，不折不扣执行上级各项决策部署，严格落实县委工作规则、县委常委会议事决策规则，先后召开县委常委会会议41次，谋划重大思路、部署重大改革、推出重大举措。各位常委同志自觉做到政治坚定、对党忠诚，严格执行中央八项规定精神，保持了党员干部良好形象。

以上报告是县委十二届十七次全会以来县委常委会的主要工作，这些成绩的取得，根本在于习近平新时代中国特色社会主义思想的正确指引，在于省委和市委对我们的坚强领导和大力支持，在于全县党员干部和人民群众团结一心、攻坚克难，在于各位县委委员和各级各部门负责同志对县委常委会工作给予的大力支持和帮助。在此，我代表县委常委会，向各位委员，向奋战在各条战线的党员干部，向全县人民，表示衷心的感谢！请同志们对县委常委会工作提出意见和建议。

（县委办）

梓潼县人大常委会工作报告

——在梓潼县第十七届人民代表大会第六次会议上

梓潼县人大常委会主任　杜林平

（2021 年 1 月 27 日）

各位代表：

我受梓潼县第十七届人民代表大会常务委员会的委托，向大会报告工作，请予审议。

2020 年的主要工作

过去一年，县人大常委会坚定以习近平新时代中国特色社会主义思想为指导，深入贯彻党的十九大和十九届二中、三中、四中、五中全会精神，全面落实省委、市委、县委重大决策部署，在县委的坚强领导下，勇于担当抓落实，依法履职作表率，全年共召开常委会会议 9 次、主任会议 16 次，听取和审议工作报告 43 项，开展专题视察 9 次、执法检查 1 次、专题询问 1 次，作出决议决定 13 项，提出审议意见和工作建议 117 条，全面完成了县十七届人大五次会议确定的各项工作任务。

一、强化政治引领，确保人大工作正确政治方向

常委会始终把党的政治建设摆在首位，深入学习贯彻习近平新时代中国特色社会主义思想和习近平总书记关于坚持和完善人民代表大会制度的重要思想，不断增强“四个意识”、坚定“四个自信”、做到“两个维护”，始终在思想上政治上行动上同以习近平同志为核心的党中央保持高度一致。始终把坚持党的领导、人民当家做主、依法治国的有机统一贯穿于人大工作全过程、落实到依法履职各方面。年初，紧扣县委重大决策部署制定人大常委会年度监督工作计划，确保县委决策部署到哪里，人大监督重点就跟进到哪里。坚持重大事项、重要工作、重大问题向县委请示报告，严格落实县委批示、指示精神。坚决服从县委统一安排，积极参与中心工作，在深化乡镇行政区划调整和村级建制调整改革、联系重点企业、牵头推进重大项目建设、全面决战决胜脱贫攻坚等方面，充分发挥人大职能，圆满完成了各项目标任务。

二、紧扣发展主题，着力提升监督实效

认真落实新发展理念，坚持围绕中心、服务大局，紧紧抓住事关改革发展全局的重大问题，依法履行监督职责，助力全县经济社会健康发展。

（一）护航经济稳健运行。将助推县域经济健康发展作为监督重点，多次深入经开区等地调研，围绕工业经济运行、减税降费等工作开展监督。专题询问优化营商环境工作，对主要县级部门的工作情况进行了满意度测评，助推进一步改善公共服务，激发市场活力。严格贯彻实施《中华人民共和国预算法》，不断加强预决算审查监督，听取和审议了计划和预算执行、部门全口径预算编制、财政预算绩效管理等工作情况的报告，审查批准财政决算，对审计查出问题整改落实情况进行了跟踪监督。先后两次专题听取县人民政府关于债务管理情况的报告，依法批准债务限额，确保全县债务规模合理、风险可控。强化国有资产管理监督，修订了国有资产管理监督办法，听取和审议专项工作报告，提出改善国有资产经营管理的意见建议，确保了国有资产保值增值。依法将梓江砂石资源统一配置给聚源公司经营管理，有效避免了私挖滥采现象的发生。

（二）大力助推乡村振兴。将脱贫攻坚作为助力乡村振兴的头号工程来抓，充分发挥“法律巡视”的利剑作用，组织市县人大代表、机关干部和职能部门业务骨干深入16个镇（乡）、9个贫困村、15个非贫困村，对《四川省农村扶贫开发条例》贯彻执行情况开展了执法检查，切实推动全县脱贫攻坚任务高质量完成。立足全县农业发展优势，听取和审议了县人民政府关于供销合作社服务“三农”工作情况的报告，对“金柚谷”项目开展专项视察，提出依法依规建立健全投资各方的合作机制，防范和化解投资经营风险的意见建议。一年来，常委会还专题视察了全县涉农项目情况，听取了现代农业园区建设工作、农村人居环境整治情况的报告，提出具体意见建议，助推了乡村振兴战略的深入实施。

（三）高度关注民生福祉。坚持以人民为中心的发展思想，对群众普遍关心的重点民生实事项目、棚户区改造、大气污染防治、城市管理、安全生产、民族宗教、中医药产业发展示范县创建等工作开展了监督。始终把教育摆在优先发展的战略地位，结合“十四五”规划编制和做好两项改革“后半篇”文章，专题调研学前教育，听取审议了工作报告，推动教育资源合理布局，不断满足广大人民群众对普惠性教育资源的需求。对老百姓高度关注的医疗保障工作开展专题视察，在医疗保障体系建设、医保基金监管使用等方面提出了意见建议。认真贯彻中央“六稳”“六保”工作要求，开展《就业促进法》贯彻落实情况专项监督，督促稳就业、保就业各项政策措施的落实，及时回应了群众关切。

三、服务发展大局，依法行使决定权和任免权

坚持围绕全县工作大局依法讨论决定重大事项，适时作出决议决定；坚持党管干部原则，依法行使任免权。全年依法作出决议决定13项，依法任免国家机关工作人员27人次。

（一）依法讨论决定重大事项。重大事项决定权是宪法和法律赋予人大及其常委会的一项重要职权，是人民管理国家事务，实现当家做主的重要途径。结合中央、省、市关于健全和落实人大讨论决定重大事项制度、各级政府重大决策出台前向本级人大报告的相关规定，重新修订了《梓潼县人大常委会讨论决定重大事项的规定》，并专题听取了贯彻执行情况的报告，要求县人民政府进一步增强报告重大事项的自觉性和严肃性，确保重点工作规范运行。为加强人大与政府的工作联系，进一步完善县政府向县人大常委会报告重大事项的工作机制，制定了《梓潼县人民政府与县人大常委会工作联系机制（试行）》办法，就日常工作沟通、重大事项报告、执行决议决定等9个方面进行了明确和规范。先后召开3次人大和政府工作联席会议，就全县产业发展、城市管理、重点项目建设、财政资金监管等重点工作进行了有效交流和沟通，讨论决定重大事项工作取得新进展。一年来，围绕全县重点工作，常委会先后批准了2019年县本级财政决算、2020年县本级预算调整、2020年地方政府债务限额，依法就乡镇行政区划调整有关问题、新组建镇（乡）人民代表大会代表选举及有关事项、文昌镇等12个镇（乡）选举人大代表时间等工作作出了决议决定。

（二）依法做好人事任免工作。坚持党管干部和人大依法任免有机统一，认真开展干部任前法律知识考试，严格执行宪法宣誓制度，依法做好人事任免工作。持续加强人大常委会任命干部的任后监督，听取了12名县政府组成部门主要负责人和1名县法院副院长、1名县检察院副检察长的年度述职报告，并开展满意度测评，实现了任后监督届内全覆盖。

根据《中华人民共和国地方各级人民代表大会和地方各级人民政府组织法》和《梓潼县人大常委会人事任免办法》的相关规定，县人大常委会第37次会议任命蒋来用、胡鹏二同志为县人民政府副县长；第38次会议任命李红芳同志为县人民政府副县长；第39次会议补选唐浪生、李勤、刘强为市七届人大代表。在此，我受县人大常委会的委托，向大会报告并备案。

四、坚持公平正义，助力民主法治建设

常委会坚持把保障法律法规的正确有效实施放在重要位置，督促“一府两院”依法行政、公正司法，持续推动法治梓潼建设。

（一）大力弘扬宪法精神。宪法是国家的根本大法，是治国安邦的总章程。常委会以国家宪法日

活动、宪法宣誓、会前学法等为重要抓手，常态化开展以宪法为核心的法律法规学习宣传活动，坚定不移地走中国特色社会主义法治道路。开展《中华人民共和国宪法》《中华人民共和国民法典》《中华人民共和国土地管理法》《中华人民共和国政府采购法》等法律法规的集中学习，组织向宪法宣誓15人（次），进一步彰显宪法权威，增强了被任命人员的宪法意识和法治观念。

（二）积极推进司法公正。专题听取了法治政府建设情况的报告，督促政府进一步加强法治宣传教育，明确执法权限，加强行政执法绩效考核。持续关注司法工作，深入法检两院开展专题调研，听取半年工作情况报告和行政审判工作、公益诉讼检察工作专项报告，要求进一步深化司法体制改革，充分发挥审判和检察职能，切实维护司法公正。继续开展法律法规贯彻实施情况监督，专题听取了《食品安全法实施条例》等法律法规贯彻执行情况的报告。依法开展规范性文件备案审查工作，积极配合市人大备案审查信息平台建设，切实做到“有件必备、有备必审，有错必纠”，有效维护了法制统一。

（三）强力推进基层治理。充分发挥人大在推进基层治理体系和治理能力现代化建设中的职能作用，找准助推社会治理的切入点，对公安基层基础建设、综合执法运行、社区矫正等重点领域开展专项监督，听取和审议了专项工作报告，推动基层社会治理水平不断提升。专题调研公安基层基础建设工作，视察了镇（乡）派出所基础工作保障情况，针对警务保障不足等突出问题，提出持续深化警务改革、补齐基层基础建设短板的意见建议，并向县委作了专题报告。在县委的大力支持下，县人民政府细化责任，狠抓落实，审议意见得到有效办理，“交所合一”“特巡治控”等警务运行改革顺利推进，基层派出所办公用房、民警宿舍、交通和通讯装备等公安基层基础建设得到切实改善。依法处理来信来访，全年共受理群众来信14件，来访20余人次，通过解释疏导和转办、督办，推动了群众合理诉求的有效解决。

五、保障依法履职，代表工作进一步深化和拓展

代表工作是人大工作的基础，也是人大工作的重要组成部分。常委会始终坚持代表主体地位，全力支持和保障代表依法履职，代表作用得到充分发挥。

（一）夯实代表服务保障。常委会致力于人大代表履职能力提升，通过人代会会前集中培训、专题培训、分批调训等方式，有计划、有重点地开展代表学习培训265人次，代表履职能力不断增强。全年共邀请120名市县人大代表参加常委会组织的调研、视察、执法检查，列席常委会会议，及时向代表通报重要工作，保障代表知情知政权。加强对全县12个人大代表之家、22个代表联系群众工作站的管理和指导，强化代表履职平台建设。认真落实好县、镇（乡）两级无固定工资收入人大代表履职补贴的政策，保障人大代表的履职活动。

（二）发挥代表主体作用。自新冠肺炎疫情发生以来，常委会第一时间向全体人大代表发出倡议书，全县各级人大代表立足岗位勇于担当，活跃在疫情摸排、监测、防控和复工复产一线。组建231支疫情防控志愿服务队，奔赴机关企事业单位、集市商场、车站、村（社区）等地，宣传普及防控知识，发放《“疫情防控从我做起”倡议书》等宣传资料20余万份，捐赠消毒酒精、口罩等防疫物资23万余元。围绕企业复工复产开展专题调研，助推企业在生产经营、要素保障、用工需求等7个方面的问题得到了基本解决。25名代表的抗疫先进事迹被《民主法制建设》、绵阳电视台新闻综合频道、《绵阳晚报》等媒体报道，为夺取疫情防控和经济社会发展双胜利作出了积极贡献。坚持以“三联”活动、代表之家、“脱贫攻坚——人大代表再行动”活动为载体，扎实开展人大代表“双走访”活动，在解决实际困难、助力脱贫攻坚、推进基层治理等方面，收集反映问题和建议105条，切实解决了一批群众最关心、最直接、最现实的问题。

（三）强化代表建议办理。坚持把代表满意、群众认可作为办好建议的重要标准，及时召开建议办理交办会，成立由常委会分管领导牵头负责的督办小组，对代表集中反映的问题进行重点督办，专题听取和审议办理情况报告。代表在县十七届人大五次会议期间提出的30件建议、批评和意见已全部按时

办结，办理结果满意率为98.7%，一批代表关注、群众反映强烈的问题得到切实解决。

（四）加强对镇（乡）人大工作的指导。认真落实县人大各专委会和常委会各委室联系镇（乡）人大工作制度，密切工作交流沟通和协调联动。组织镇（乡）人大主席开展集中业务培训，指导全县建制调整后的12个镇（乡）圆满完成了人大代表选举工作。

六、坚持与时俱进，不断加强自身建设

常委会立足新时期地方人大工作新要求，坚持以党的政治建设为统领，持续加强能力和作风建设，不断提升依法履职水平。

（一）加强思想政治建设。始终坚持把党的政治建设摆在首位，以学习习近平新时代中国特色社会主义思想为主线，通过常委会会议、主任会议、中心组学习会、干部职工会等多种形式，常态化开展党的路线、方针、政策学习。切实履行全面从严治党、意识形态、党风廉政建设主体责任，认真落实"三会一课"、领导干部双重组织生活、民主评议党员、谈心谈话等制度，坚持把主体责任扛在肩上、落在实处。充分发挥人大党组在人大工作中的领导作用，确保党的路线、方针、政策在日常工作中得到不折不扣的贯彻落实。

（二）强化工作能力建设。坚持把习近平总书记关于坚持和完善人民代表大会制度的重要思想、宪法法律知识、人大制度理论和业务知识作为人大干部的必修课，扎实开展"抓落实作表率"专项行动，定期组织集体学习和专题研讨，不断提高运用理论指导实践、推动工作的能力。坚持守正创新，不断加强和改进监督工作，常态化运用执法检查、专题询问等刚性监督手段，更加注重对审议意见、决议决定贯彻执行情况的跟踪监督，监督质效得到进一步提升。加强干部队伍管理，组织开展教育培训，县人大各专委会和常委会各办事机构的工作能力进一步增强。

（三）持续推进作风建设。严格落实中央八项规定精神和省市县相关规定，严明工作纪律，严肃会风会纪，持之以恒加强纪律和作风建设。认真落实党风廉政建设责任制，深入开展廉政警示教育，组织党员干部赴红色教育基地开展主题党日活动，推动形成风清气正的良好政治生态。加大常委会和机关各项工作制度、管理制度的执行力度，进一步规范发文、办会、调研、视察、审议等方面工作，夯实履职学习、调查研究、民主议事能力建设，机关管理更加规范、运转更加高效。高质量完成脱贫攻坚帮扶任务，常委会领导联系的5个贫困村和机关干部联系的53户贫困户脱贫后的巩固能力不断提升。

各位代表，一年来，县人大及其常委会取得的成绩，是县委坚强领导、"一府一委两院"大力支持配合和全体人大代表共同努力的结果。在此，我代表县人大常委会向大家表示崇高的敬意和衷心的感谢！

在肯定成绩的同时，我们也清醒地认识到，常委会的工作与宪法和法律赋予的职责、与党和人民群众的要求和期盼仍有一定差距，主要表现在：监督工作刚性还不足，代表主体作用发挥还不充分等方面。2021年，我们将准确把握新发展阶段，坚决贯彻新发展理念，主动融入新发展格局，努力改进存在的问题，以扎实的工作作风，过硬的工作本领，推动人大工作不断完善和发展。

2021年的主要任务

2021年县人大常委会工作的总体要求是：坚持以习近平新时代中国特色社会主义思想为指导，全面贯彻党的十九大和十九届二中、三中、四中、五中全会精神，深入贯彻落实习近平总书记关于坚持和完善人民代表大会制度的重要思想，全面落实省委、市委、县委重大决策部署，始终坚持党的领导、人民当家做主、依法治国有机统一，在县委的坚强领导下，忠实履行宪法法律赋予的工作职责，推动人大工作由重程序向重质量与重程序并举转变，充分发挥地方国家权力机关的作用，为推进"六大工程"深入实施，加快建设四川丘区经济强县和绵阳后花园作出新的贡献。

一、坚持党的领导，提高政治站位

旗帜鲜明讲政治，把坚持党的全面领导作为人大工作的"生命线"，增强"四个意识"，坚定"四个自信"，做到"两个维护"，始终在思想上政治上行动上同以习近平同志为核心的党中央保持高度一致。紧紧围绕县委中心工作，依法行使监督、决定、任免职权，及时通过法定程序，把县委的重大决策和重要部署转变为地方国家权力机关的决议、决定，实现党的意志与人民意愿的有机统一。坚持向县委报告重大事项，认真完成县委交办的各项工作。

二、强化组织保障，做好换届选举工作

今年是市、县、镇（乡）换届选举之年，关系着基层地方政权基础建设和民主法治建设的巩固和提升，责任重大。县人大常委会要在县委的坚强领导下，精心组织、周密部署，严格按照《中华人民共和国地方各级人民代表大会和地方各级人民政府组织法》《中华人民共和国全国人民代表大会和地方各级人民代表大会选举法》等有关法律规定，依法保障选民的选举权和被选举权，严格按照法定程序全面落实党委人事安排方案，依法选举出各级人大代表，圆满完成换届选举工作。

三、突出监督质效，服务经济社会发展大局

依法行使监督权。按照“深度融入中心、全方位服务大局”要求，紧扣县委中心大局和人民群众关切期盼，依法对现代农业园区建设、工业经济运行、七曲山景区创 AAAAA、养老事业发展、水利基础设施建设、重点交通建设等工作开展监督。继续深化预决算审查、国有资产管理、审计查出问题整改监督，突出债务管理和预算绩效管理，提高财政资金使用绩效。认真学习贯彻习近平法治思想和中央全面依法治国工作会议精神，加强行政执法和司法监督，专题审议《传染病防治法》《城乡规划法》等法律法规贯彻执行情况，对法检两院的工作开展满意度测评，持续推进法治梓潼建设。坚持问题导向，对优化营商环境要素保障、砂石资源管理情况开展跟踪监督，对城市建设和管理工作开展专题询问。

依法行使重大事项决定权。围绕推动“六大工程”深入实施，人民群众普遍关注，事关全局性、重大性的热点难点问题，精心组织调研视察，广泛听取建议意见，适时依法作出决议、决定，推动县委重大决策部署落地落实。严格按照《梓潼县人民代表大会常务委员会讨论决定重大事项的规定》，督促政府认真落实重大决策出台前向人大报告制度，推动讨论决定重大事项工作取得新进展。坚持人大常委会与“一府一委两院”工作联席会议制度，加强重大工作的交流沟通。继续开展重点民生实事项目人大代表票决制工作。

依法行使人事任免权。坚持党管干部与人大依法任免有机统一，不断完善任前法律知识考试、供职发言、颁发任命书、宪法宣誓等制度，严格任免程序，确保县委人事安排意图顺利实现。

四、细化服务保障，发挥代表主体作用

坚持和完善常委会组成人员联系代表、代表联系选民机制。强化代表履职服务保障，继续抓好代表学习培训，坚持邀请代表列席常委会会议、参加视察和调研等活动，积极搭建代表履职平台，切实支持和保障代表为民履职、为民代言。进一步规范镇（乡）代表之家建设，认真落实各项代表工作制度。加强代表建议交办、督办工作，专题听取和审议代表建议办理情况的报告，持续推动代表建议办理工作由重满意率向重办成率转变。

五、夯实履职基础，加强人大自身建设

坚持以党的政治建设为统领，全面加强常委会党组和机关党组织的政治建设、思想建设、组织建设、作风建设、纪律建设。严格执行县人大常委会工作规范，出台《梓潼县人大常委会执法检查办法》，推进各项工作制度化、规范化。深入学习贯彻省委人大工作会议精神，常态化开展学习教育，加强履职能力建设，更好地发挥参谋助手和服务保障作用。认真落实联系镇（乡）人大工作制度，指导镇（乡）人大主席团依法开展各项工作，密切工作联系，不断提升人大工作整体水平。

各位代表，站在“两个一百年”的历史交汇点，全面建设社会主义现代化国家新征程即将开启，征途漫漫，唯有奋斗和勇往直前，才能创造更加灿烂的辉煌。让我们更加紧密地团结在以习近平同志为核心的党中央周围，在中共梓潼县委的坚强领导下，以更加昂扬的斗志、更加饱满的精神、更加扎实的作风，同心同德、奋力拼搏，为推进“六大工程”深入实施，加快建设四川丘区经济强县和绵阳后花园贡献人大的智慧和力量！

（县人大办）

政府工作报告

——在梓潼县第十七届人民代表大会第六次会议上

梓潼县人民政府县长　刘　强

（2021年1月26日）

各位代表：

我代表县人民政府，向大会报告工作，请予审议，并请县政协委员和列席人员提出意见。

2020年工作回顾

过去一年，在党中央国务院、省委省政府、市委市政府和县委坚强领导下，在县人大、县政协监督支持下，我们坚定以习近平新时代中国特色社会主义思想为指导，深入贯彻党的十九大和十九届二中、三中、四中、五中全会精神，全面落实习近平总书记对四川工作系列重要指示精神，坚持稳中求进工作总基调，坚持新发展理念，紧紧围绕“团结奋进勇登攀，创新打造后花园”奋斗目标，深入实施“六大工程”，扎实做好“六稳”工作、全面落实“六保”任务，较好完成县十七届人大五次会议确定的目标任务。全年实现地区生产总值148.94亿元、同比增长（以下简称“增长”）4.2%；地方一般公共预算收入3.3亿元、增长10%；全社会固定资产投资79.01亿元，增长15.7%；城乡居民人均可支配收入36081元、18554元，分别增长5.9%、8.7%。

一、疫情防控成效显著

第一时间开展精准防控。去年1月21日，绵阳首例疑似病例报告后，县委、县政府快速反应、沉着应对，启动突发公共卫生事件Ⅰ级响应，迅速建立县、镇（乡）、村（社区）三级防控体系，组织动员各级干部和群众参与疫情防控。坚持“找得到、管得住、服务好”，以村、社区为单元，动态排查重点疫区到梓潼县人员4.4万人。除夕夜前果断关停七曲山大庙、两弹城景区和公共文化场所，坚决停止春节期间大型活动和集中聚餐，形成了全县新冠肺炎疫情防控的良好局面。

先人一步推动复工复产。率先实施差异化防控策略，统筹推进疫情防控和经济社会发展，组建成立“一企一组”工作专班，抓好企业疫情防控指导、防疫物资保障、用工难题解决和生产资料协调，分类别、分步骤、分人群推动企业全面复工复产。出台支持中小企业共渡难关14条政策措施，补助、减免和缓交各类资金4473万元，惠及1582户企业和个体工商户。组织点对点、一站式“春风行动”运输服务，实现4.9万农民工安全有序返岗。

慎终如始实施常态防控。坚持“外防输入”的常态化防控策略，压紧压实“四方责任”，全面落实首站、首诊、首问责任，做到信息排查、人物同防、流调溯源、隔离观察、医疗救治等工作无缝衔接，对高风险地区人物实现闭环管控。建成卫生应急综合指挥信息中心、45个公立医疗发热哨点和3个PCR实验室，全县核酸日检测能力达到1万人次。

各位代表，病毒突袭而至，疫情来势汹汹。面对突如其来的严重疫情，我们坚持“人民至上、生命至上”，以坚定果敢的勇气和坚韧不拔的决心，同时间赛跑、与病魔较量，迅速打响疫情防控的人民战争、总体战、阻击战。在这场惊心动魄的抗疫大战中，我们夺取了无确诊病例、无疑似病例的阶段性胜利，守护了梓山潼水的万家平安；在这场艰苦卓绝的历史大考中，我们保持了稳中有进、稳中向好的良好发展态势，完成了“十三五”经济社会发展目标任务，决胜全面建成小康社会取得决定性成就。在这里，我代表县人民政府，向奋战在疫情防控和经济社会发展一线的全体医务工作者和广大干部群众，表示衷心的感谢，并致以崇高的敬意！

二、经济发展稳中向好

文旅产业上档升级。七曲山文昌祖庭荣膺国家级海峡两岸交流基地。七曲山风景区成为首批川台文旅交流合作示范基地。两弹城成功入选“全国红色旅游发展典型案例”“四川省文化和自然遗产活化利用最佳案例”“四川省文旅融合示范项目”，成功申报为第八批中国华侨国际文化交流基地。中国两弹城、文昌艺术小镇成功入选全省首批试点研学旅行营地。凤凰湖环湖路等5个项目建成投用，红色旅游研学营地主体完工，水观音景区改造等13个项目加快推进，绵阳三线建设博物馆、航天科技馆全面开工。出台《梓潼县文物保护管理办法》。梓潼县文物局、七曲山文化遗产保护中心、七曲山大庙博物馆和两弹城博物馆挂牌成立。首届科学家精神论坛成功举办。“争气弹596”荣获全省红色旅游文创产品大赛金奖。

现代农业高质高效。第一产业增加值增长5.5%，增速位居全市第一。生猪、蜜柚、优质粮油、蔬菜、中药材5条全产业链初步成型。全面贯彻粮食安全省长责任制，建成高标准农田2.4万亩，粮油播种面积达77万亩，新增优质粮油基地10万亩。全面完成省市下达生猪出栏年度目标任务，成功纳入四川“川猪”产业集群。大力推进蜜柚品质改良，创新推出蜜柚特色保险，蜜柚种植面积稳定在17万亩。“蜜柚+生猪生态循环现代农业园区”“潼江河谷优质粮油现代农业园区”创建为市级五星级园区。新增“三品一标”农产品15个、省市级家庭农场示范场13个。荣获全省有机产品认证示范创建县、全省农业社会化服务示范县。

工业质效持续向好。经开区成功创建省级农产品加工示范园区和省级循环经济产业园。一康制药入选全省第二批“瞪羚”企业。正大年产18万吨饲料厂、三香汇生物、莱仕顿啤酒等13个项目建成投产。县科技孵化中心成功创建省级大学生创新创业示范基地。全年新增高新技术企业和科技型中小企业24户、规上工业企业7户，完成工业投资13.01亿元，增长28.1%，规模以上工业增加值增速5.2%。

消费市场加速回暖。成功创建国家电子商务示范县，实现电子商务交易额16亿元。梓潼酥饼、片粉传统制作工艺成功入选全省首批农村生产生活遗产名录。开展“七曲杯”厨艺大赛暨莱仕顿啤酒美食节、名优特产品展销会等系列活动，实现社会消费品零售总额54.53亿元，服务业增加值增长4.3%。

三、改革开放全面深化

重点领域改革纵深推进。实施中央和国家、省市重大改革试点14项，完成改革试点销账任务4项。村级建制调整和村（居）民小组调整优化改革全面完成，建制村（社区）由349个调整为181个，村（居）民小组由2284个调整为1501个。在全市率先高质量完成村（社区）“两委”换届工作。县属国有企业整合重组完成，形成“1+5+N”国有资本投资运营组织架构，国有企业资产总额达到121亿元。砂石资源管理体制改革成效显著。扎实开展全国第四批农村集体产权制度改革试点。

开放合作水平不断提升。积极参与成渝地区双城经济圈建设，与重庆市璧山区、成都理工大学等建立战略合作关系。全年新签约空管装备综合基地、科技智慧物流服务平台等项目23个，实现国内省外招商引资到位资金19.5亿元。成功申报地方政府一般债券项目、政府专项债券项目和抗疫特别国债项目35个，债券发行金额6.06亿元，发行金额创历史新高。

营商环境优化成效显著。扎实推进“放管服”改革，不断提升网办能力，政务服务事项100%实现“最多跑一次”。全年新登记各类市场主体2654户，增长13.6%。推行政务服务“好差评”制度，主动评价好评率达100%。全面落实减税降费政策，减免税费2.14亿元。搭建银政企合作平台，累计为336户民营企业和个体工商户融资2.37亿元。

四、城乡发展更加协调

城区功能品质加快完善。实施城建攻坚项目26个，完成投资11.5亿元。新建西崖街等城市道路5.29公里。城市备用水源地、垃圾处理厂填埋区扩容工程建成投用，生活垃圾无害化处理率达97.2%。完成棚户区改造781户，治理老旧小区20个。新增城市绿地8万平方米，顺利通过省级生态园林县城验收。强力推进城区违建综合整治，依法强拆东郊庭院违法建筑。

基础设施建设全面提速。完成交通投资10亿元。首条高速公路连接线梓东路、G347线县城至长卿村段、G347线至两弹城连接线、G108线文昌干道至龙凤垭段、X123小伏路建成通车，G108线县城段完成大修，绵苍高速梓潼段、S209线县城至江油河口段改建等项目加快推进，新改建农村公路156公里。完成水利投资1.74亿元。武引二期灌区3条斗渠开工建设、4条支渠主体完工。东方红水库、雄狮水库除险加固完工。宝石、玛瑙、七曲供水工程建成投用，有效解决农村12万余人安全饮水问题。

乡村振兴发展成果丰硕。整合资金4亿元，强力推进“五大行动”。成功培育“美丽四川·宜居乡村”达标村102个，打造市级农村人居环境整治示范点2个。成功创建乡村振兴省市级先进镇2个、示范村5个。许州镇成功创建为乡村振兴省级先进镇、入选全省“十三五”特色小城镇，黎雅镇成功申报为全国第十批“一村一品”示范镇，双板镇通过国家卫生镇技术评估，石牛雁门村获评“全国文明村”。

五、社会民生持续改善

脱贫攻坚圆满收官。历年来2811个脱贫攻坚问题全面“清零”。累计投入2.85亿元，全面实施15个扶贫专项，完成危房改造265户，土坯房改造1844户，住房安全保障和功能完善3910户。“1+5”生态循环产业扶贫模式成效明显，实现贫困户户均增收2000元，村集体增收2万元。创新实施“三个三分之一”模式，彻底解决慢性病鉴定难题。

生态环境不断优化。空气质量持续改善，优良天数达到353天。完成县城饮用水源地生态保护治理和乡镇及以下水源地“划立治”工作。建成生活垃圾分类收集点182个。重新调整畜禽养殖禁养区，畜禽粪污综合利用率达到98%。全面完成天然水域禁捕及渔民转产安置保障工作。创建国家级生态文明建设示范县通过省级评审。许州栏杆村成功创建为国家首批森林乡村。中央电视台多次专题报道梓潼优良生态环境。

社会事业全面进步。全面完成34件省、市重点民生实事和11件市、县重点民生实事人大代表票决制项目。城镇登记失业率控制在2.66%。新改建公办幼儿园23所，新建校舍6800平方米。高考本科上线率、高职升学率分别达到52.3%、96%。县人民医院内儿科综合楼暨医联体、妇幼保健院综合保障楼建成投用。成功创建省级慢性病综合防控示范区、四川省中医药产业发展示范县。县人民医院成功创建为三级乙等综合医院，县疾控中心成功创建为二级甲等疾控中心。文昌宏仁、文昌民胜中心敬老院建成投用。推进文化惠民工程，开展送文化下乡30场。

社会治理成效显著。健全社会矛盾纠纷防范化解机制，成功化解信访积案难案38件。扎实开展森林防灭火专项整治，组建成立森林专业扑火队和半专业扑火队。安全生产形势持续向好，全年未发生较大以上生产安全事故。成功创建省级食品安全示范县。有效应对“8·12”洪灾，及时处置八一水库、凤凰水库等险情。社会治安持续稳定，成功破获“8·22”涉恶等13件大案要案。成功创建全国示范型退役军人服务站11个。荣获全省“七五”普法中期先进县。第七次全国人口普查工作顺利开展。

国防动员、目标绩效、民族宗教、妇女儿童、机关事务、公务服务、全民健身、拥军优属、哲学社科、残疾人、红十字、地方志、外事、侨务、工会、统计、科协、保密、气象、老龄、档案、住房公积金等工作也取得新的成绩。

一年来，我们切实加强政府自身建设。深入学习贯彻习近平新时代中国特色社会主义思想，持续巩固“不忘初心、牢记使命”主题教育成果，扎实开展“抓落实作表率”行动。积极推进依法行政，全面落实重大行政决策法定程序。建立县政府与县人大、县政协常态化工作联系机制，自觉接受县人大及其常委会的法律监督和工作监督，主动接受县政协的民主监督，定期向县人大及其常委会报告、向县政协通报重大事项。高质量办理人大代表建议30件，政协提案62件。认真开展审计监督，切实整改审计发现问题。严格落实中央、省市县转变作风规定及实施细则，持之以恒纠正“四风”。扎实抓好省委巡视反馈意见2020年整改工作和市委巡察反馈问题整改工作。

“十三五”发展主要成就

各位代表，“十三五”时期，面对发展环境复杂变化、新冠肺炎疫情严重冲击等风险挑战，我们团结带领全县人民克难奋进，圆满完成“十三五”规划确定的目标任务，经济社会发展取得了重大历史性成就。

我们坚持抓发展强实力，小康社会胜利在望。 地区生产总值从84.39亿元增加到148.94亿元，年均增长7.1%；人均生产总值从27051元增加到48215元，年均增长12.3%。地方一般公共预算收入从2.5亿元增加到3.3亿元，年均增长5.7%。举全县之力决战决胜脱贫攻坚，累计投入15.02亿元，实现全县所有贫困人口脱贫、贫困村退出，建档立卡贫困户人均纯收入从3292元增加到9942元，年均增长24.7%。

我们坚持抓产业优结构，三次产业加快发展。 三次产业结构调整为24.6∶30.6∶44.8。第一产业增加值从19.98亿元增加到36.73亿元，年均增长3.9%。工业增加值增速年均增长7.8%。服务业增加值从31.79亿元增加到66.7亿元，年均增长8.4%。

我们坚持抓改革促开放，活力动力竞相迸发。 实施省市重大改革试点76项。圆满完成县级部门机构改革、乡镇行政区划和村级建制调整改革。与7个地区和15个科研院校建立战略合作关系。累计签约引进项目75个、协议引资390亿元，实现国内省外到位资金107亿元。

我们坚持抓基础强支撑，城乡发展更加协调。 完成城建投资30.3亿元，县城建成区面积增长2.2平方公里。完成交通投资41.9亿元，新改建国省干线220公里，县道132公里，乡村道376公里。完成水利投资7亿元，新改建渠系365公里，新建堤防12.6公里。武引二期干渠支渠基本建成。实施土地整理项目8个，新增耕地5246亩。成功创建省市“四好村”125个、“美丽四川·宜居乡村”达标村102个、幸福美丽新村200个。

我们坚持抓民生增福祉，人民生活持续改善。 民生领域财政投入实现五连增。成功创建第四届省级文明城市。年均城镇新增就业2600人以上。高考本科上线率连续五年稳中有升，中考成绩连续五年名列全市前茅。全民医保参保率达98%以上。建成各类养老机构18个、城乡社区日间照料中心58个。完成城市棚户区改造2432户、农村土坯房改造2.97万户。

我们坚持抓治理严监管，生态环境不断优化。 空气质量连续五年优良天数达到350天以上。严格落实河湖长制，梓江、双板河等17条河湖实现监管全覆盖。工业污水处理厂主体完工，镇乡污水处理站全面建成。完成营造林21.1万亩，森林覆盖率达到43.88%。化肥、农药使用量连续五年负增长。

各位代表，过去五年，在县委的坚强领导下，38万梓潼人民同心同德，真抓实干，聚精会神搞建设，一心一意谋发展，书写了豪迈的壮丽篇章！

——五年来，特色最亮的是文旅。 话剧《国魂》成功在中央党校上演，文昌艺术小镇成功创建国家AAA级旅游景区，两弹城仅用半年时间成功创建国家AAAA级旅游景区，“三线核武器研制基地旧址”被国务院确定为第八批全国重点文物保护单位。“两弹一星”干部学院被中组部列入党性教育基地备案目录。七曲山创建国家AAAAA级旅游景区已推荐至文旅部。市委主要领导亲自研究AAAAA创建工作，七曲山风景区管委会获批全市唯一副县级风景区管理机构。旅游业实现了“一枝独秀”到“百花齐放”的根本性转变。

——五年来，贡献最多的是农业。 农业增加值增速连续七年位居全市第一，粮食产量实现五连增，先后荣获“全国产粮大县”“全国产油大县”“全国生猪调出大县”“国家级水稻制种基地县”“天府菜油示范基地县”等诸多殊荣。“1+5”产业扶贫模式成功入选“四川省十大改革转型发展案例”，其做法得到汪洋肯定性批示。农业产业实现了从“粗放低效”传统模式到“机械智能”现代方式的深层次变革。

——五年来，发展最快的是工业。新增规模以上工业企业29户、达到56户，特别是绿色食品企业达到27户，生物医药企业达到20户，经开区企业集聚度达到78.6%。工业税收从2751万元增加到8664万元，年均增长25.8%。工业经济实现了从小到大、从弱到强的跨越式发展。

——五年来，改善最大的是民生。绵苍高速开工建设、G5京昆高速绵广扩容即将开工、茂盐高速纳入全省高速路网规划，梓潼没有高速的历史将一去不复返，三条高速建成通车必将让梓潼交通区位发生历史性跨越。成功引进四川文化艺术学院、梓潼东辰国际学校，新增城市常住人口3.5万人；开工建设全民公共运动中心、滨江公园，城市面貌焕然一新，活力指数持续提升，影响力和知名度不断扩大。民生改善实现了从“基本保障兜底”到“对美好生活向往”的历史性突破。

各位代表，看似寻常最奇崛，成如容易却艰辛。过去五年，是梓潼发展历史进程中极不平凡的五年。五年来，我们以苦干开路、以实干破局，攻克了一个又一个险关，打赢了一场又一场硬仗，解决了许多长期想解决而没有解决的难题，办成了许多过去想办而没有办成的大事，交出了一份人民满意的答卷。作为见证者、开创者、建设者，梓潼的发展凝聚着大家的智慧，浸透着大家的汗水，蕴涵着大家的付出，我们有理由为此感到骄傲和自豪！

各位代表，平凡铸就伟大，英雄来自人民。历史和现实都告诉我们，只要紧紧依靠人民，一切为了人民，我们就一定能够不惧一切艰险、战胜一切困难，在新时代、新阶段书写更多更加精彩的梓潼篇章！

各位代表，五年来取得的显著成就，是习近平新时代中国特色社会主义思想科学指引的结果，是党中央国务院、省委省政府、市委市政府和县委正确领导的结果，是县人大、县政协监督支持的结果，是全县广大干部群众凝心聚力、团结奋斗的结果。在此，我代表县人民政府，向全县广大干部群众、人大代表、政协委员、各人民团体，向驻梓武警官兵、公安干警、消防救援队伍和民兵预备役人员，向所有关心和支持梓潼改革发展的社会各界人士，表示诚挚的感谢，并致以崇高的敬意！

回顾五年来的工作，我们也清醒地看到，发展不充分不平衡仍然是梓潼最大的实际，前进道路上依然面临诸多挑战，主要表现为：产业结构仍不尽合理，农业“接二连三”效果不明显，工业体量小、增量不足，文旅优势尚未充分显现；城建、交通、水利等基础设施存在短板；教育、医疗等公共服务水平有待提高；改革开放力度还需加强，营商环境仍需优化，政府行政能力和水平还需提升。对此，我们要认真研究，切实加以解决。

“十四五”发展的主要考虑

“十四五”是我国全面建成小康社会、实现第一个百年奋斗目标之后，乘势而上开启全面建设社会主义现代化国家新征程、向第二个百年奋斗目标进军的第一个五年。县委十二届十九次全会提出了《中共梓潼县委关于制定梓潼县国民经济和社会发展第十四个五年规划和二〇三五年远景目标的建议》。县政府坚决落实县委决策部署，对标对表县委建议，编制形成了《梓潼县国民经济和社会发展第十四个五年规划纲要（草案）》，并广泛征求了社会各界意见，现提交大会审查。

纲要（草案）共八篇。第一篇总结“十三五”时期取得的成就，分析“十四五”面临的机遇与挑战；第二篇是指导思想、基本原则、发展定位和发展目标；第三篇至第八篇是重点任务及规划实施保障机制。纲要（草案）明确提出要深入实施“文旅兴县、农业富县、工业强县、绿色发展、改善民生和党的建设”六大工程，坚定不移推进改革创新和开放合作，加快建设更高质量、更可持续、更具活力、更加安全的四川丘区经济强县和绵阳后花园。纲要（草案）明确提出要打造全国优质生态绿色农产品供给地、成渝地区双城经济圈旅游目的地、四川丘区经济高质量发展示范地、绵阳高品质幸福生活宜养宜居地等四大发展定位，努力开创梓潼经济社会高质量发展新局面。纲要（草案）明确提出要在经济发展、改革开放、社会文明、生态文明、民生福祉、社会治理等六个方面实现新突破，满足人民对美好生活的向往。纲要（草案）明确提出六大类28个主要指标，其中20个预期性指标，8个约束性指标。到2025年，力争地区生产总值年均增速7.5%以上，森林覆盖率等相关指标全面完成市上下达的目标任务。这些指标的设置，按照“跳起摸高”的原则，兼顾了现实需要和发展可能，做到了既“脚踏实地”又“仰望星空”。

各位代表，征途漫漫，唯有奋斗。站在新的历史起点上，我们坚信，只要继续保持一往无前的奋斗姿态和风雨无阻的精神状态，接续奋斗五年，梓潼这片历史悠久、充满希望的热土，经济将会更加发达，交通将会更加便捷，社会将会更加和谐，生态将会更加优美，人民将会更加富裕，梓潼的明天必将更加灿烂和辉煌！

2021年工作建议

2021年是中国共产党成立100周年，是“十四五”规划的开局之年。做好今年政府工作，意义重大。

今年政府工作的总体思路：坚定以习近平新时代中国特色社会主义思想为指导，深入贯彻党的十九大和十九届二中、三中、四中、五中全会精神，全面落实省委十一届七次、八次全会，市委七届九次、十次全会，县委十二届十八次、十九次全会精神，在党中央国务院、省委省政府、市委市政府和县委的坚强领导下，深入实施“文旅兴县、农业富县、工业强县、绿色发展、改善民生和党的建设”六大工程，坚持稳中求进工作总基调，以推动高质量发展为主题，以深化供给侧结构性改革为主线，以改革创新为根本动力，以满足人民日益增长的美好生活需要为根本目的，巩固拓展疫情防控和经济社会发展成果，扎实做好“六稳”工作，全面落实“六保”任务，加快建设更高质量、更可持续、更具活力、更加安全的四川丘区经济强县和绵阳后花园，确保“十四五”开好局，以优异成绩庆祝建党100周年。

今年全县经济社会发展主要目标：力争地区生产总值增长7.5%以上，规上工业增加值增长8%，服务业增加值增长9%，第一产业增加值增长3.2%，完成全社会固定资产投资75亿元，社会消费品零售总额增长7%，地方一般公共预算收入增速与地区生产总值增速持平，城乡居民人均可支配收入分别增长8.1%、8.5%，完成市政府下达其他目标任务。

为实现上述目标，今年将重点抓好以下工作：

一、持之以恒抓项目投资，着力保持投资稳定增长

坚持以项目为中心组织经济工作，发挥投资对稳增长的关键作用，不断增强县域经济发展后劲。

加快重点项目建设。超常规做好项目工作，突出抓好61个省市县重点项目和32个债券项目，确保完成年度投资35.6亿元。推动空管装备综合基地、人民广场改造等17个项目按时开工建设，确保华西兽药中药提取等30个项目建成投产投用，加快推进建兴水库等4个项目前期工作。

加强项目储备包装。深入研究中央和省级政策支持领域和投资重点，建立对上争取工作专班，用好用活项目前期工作经费，力争更多项目纳入国家、省、市“大盘子”。牢牢抓住“规划—项目—投资”这条主线，高起点、高质量、高水平策划、包装和储备一批骨干项目，形成梯次接续、压茬推进的项目工作格局。

健全项目推进机制。严格执行《抓项目促投资18条硬措施》，继续落实项目工作例会制度，建立部门协调联动和要素保障机制，保障土地和水电气运等生产要素稳定供给。建立全员抓项目机制，强化项目目标绩效考核，压紧压实部门、镇乡项目推进责任。深入开展企业投资项目预审代办，压减工程建设项目审批时间。定期开展银政企合作对接，破解项目建设融资难题。

二、持之以恒抓产业发展，着力优化三次产业结构

坚持走特色化、差异化、品质化的产业发展之路，以完善产业链条为抓手，着力打造特色优势产业集群。

加快文旅资源优势转化。对标《国家5A级景区评定标准》，补齐七曲山风景区创建短板，力争文旅部景观质量评审位次靠前。完成雷神庙、郎珰驿等七曲山核心景点提升改造，南山门文化旅游商业街主体完工。围绕绵阳市“三线记忆·革命激情”文旅品牌，加快绵阳三线建设博物馆、航天科技馆、绵阳市党建主题公园建设，建成“两弹一星”文化广场、红色旅游研学营地和中小学生劳动实践基地。力争两弹城创建全国爱国主义教育基地。建成文创小镇民俗文化产业园。全面梳理中物院三线建设遗产和革命历史文物，积极争创省级文物保护示范区。继续争创天府旅游名县。适时开展第五届海峡两岸文昌文化交流活动。

推进现代农业转型升级。严格落实粮食安全党政同责，严禁耕地非农化、防止耕地非粮化，优质粮油生产面积稳定在30万亩。建成高标准农田3.14万亩。争创省市星级现代农业园区2个。启动正大食品工业园和金驰阳饲料厂项目建设，新建标准化集体经济生猪代养场20栋。整县推进种养结合生态循环农业发展。推动中国供销惠农公司参与蜜柚全产业链，建成蜜柚标准化示范基地3000亩。加强农产品质量安全监管，新增“三品一标”农产品5个。打造梓潼农产品特色品牌，建成智慧农业服务平台。努力创建省级农业科技示范园区。

推动工业经济提速增效。聚焦“食品加工、生物医药”两大主导产业，深入实施创建省级高新技术产业园区三年行动方案，加快建设绿色食品产业功能区和省级高新技术产业园区。建成工业污水处理厂，加快推进标准厂房二期、水电气路等基础设施配套建设。开工建设兽药GMP改迁建等9个项目，确保魔芋精深加工等7个项目建成投产。用好先进制造业发展专项资金，鼓励企业加大研发投入，加快建设高新技术产业中心。全力支持福欣食品、一康制药等龙头企业做大做强，挂牌上市。加大中小微企业培育力度，新增规上工业企业5户、高新技术企业和科技型中小企业23户。盘活科佳机械等闲置工业资产。

提升现代服务业发展水平。落实服务业重点产业行动方案，完善“5+1”现代服务业体系。实施国家电子商务进农村综合示范县项目，推动电子商务与一、二、三产深度融合，实现电子商务交易额20亿元。构建“产、销、供”一条龙服务城乡商业体系，开展提振消费促进活动。推选梓潼特色产品参加“惠民购物全川行”“川货全国行”等系列活动。支持兴发广场、鑫驰城市中心等商业综合体加快发展，积极打造特色街区。启动梓潼现代物流产业园建设。

三、持之以恒抓三大攻坚，着力补齐基础设施短板

围绕“一年打基础、两年有进展、三年见形象”，大力实施交通、城建、水利等基础设施领域攻坚三年行动，补短板、建样板。

全力推进交通攻坚。启动交通补短板三年行动，完成年度投资18亿元。加快推进绵苍高速梓潼段建设，确保S209线县城至江油河口段改建等项目建成通车，开工建设G5京昆高速绵广扩容梓潼段、S302线马鸣至碗泉段、XB15线许青路等项目，积极推进G108线绕城段、S209线县城至三台界、县域内高速公路连接线前期工作。新改建农村公路80公里。深化公路养护体制改革，实施县、乡、村三级公路路长制，创建“四好”农村公路省级示范县。推进城乡公交一体化建设和农村客运“金通工程”，着力解决群众出行“最后一公里”问题。

加快推进城建攻坚。启动城建补短板三年行动，完成年度投资17.72亿元。改造提升文昌干道及景观设施，加快推进沙河、西河两个片区路网景观等基础设施建设。启动人民公园、两弹城大桥、亲水公园等项目建设，新改建城市道路10公里。完成棚户区改造400户、老旧小区治理18个。完成崇文塔、潼江河两岸亮化工程。持续开展违法建筑专项整治行动。加强城市运营管理，建成“智慧交通”“智慧停车”等项目，新建城市公共停车场2处，下决心整治城区拥堵问题。

扎实推进水利攻坚。启动水利补短板三年行

动，完成年度投资3亿元。推进武引一期渠系水毁修复和续建配套现代化建设，建成武引二期大宝等4条支渠，加快马东等3条斗渠建设，新建渠系30公里。开工建设梓江柴坝村段和仙峰场镇段堤防工程，加快中小河流治理和重点山洪沟整治，完成同心水库除险加固和城区段堤防水毁灾后重建，开展东石低坝等前期工作。加快农村供水管网延伸和自来水安装入户，启动许州水厂建设、连枝水厂和长岭水厂改扩建，完成许州至仙峰、文昌至宏仁供水联网工程。

统筹抓好其他基础设施建设。加快推进城乡电网改造升级，新改建35千伏变电站1座和10千伏线路9公里。开工建设中广核风电二期。加快元德线梓潼段主管道建设。建成5G基站60个，实现城区5G网络全覆盖，镇乡覆盖率达到30%以上。

四、持之以恒抓改革开放，着力激发市场动力活力

加快推进重点领域和关键环节改革，持续优化营商环境，进一步激发市场活力和社会创造力。

深化重点领域改革。继续做好两改“后半篇”文章，积极争创国家、省市改革试点示范。全面实施预算绩效管理，加快财政资金拨付进度，推行国库集中支付电子化改革。持续推进国有企业深化改革三年行动，进一步优化国有资本配置，提高国有资本运营效率。积极推进小型水库管理机制改革，全面收回到期小型水库承包经营权。统筹推进生态文明、社会体制等领域改革。

全力深化开放合作。积极融入成渝地区双城经济圈建设，全方位加强与成都温江、重庆璧山及周边县市区协同发展。突出生物医药、绿色食品、文化旅游、现代农业等主导产业，实施精准招商、专业招商、产业链招商。务实高效办好各类投资推介会，积极参加西博会、科博会、农博会等活动，争取更多合作项目落户梓潼。力争全年招商引资项目达到25个以上、国内省外到位资金18亿元以上，项目履约率、开工率分别达到90%、80%以上。

持续优化营商环境。深化“放管服”改革，全面落实“先照后证”“证照分离”，持续优化全程电子化登记，实现企业设立登记“零见面”“零成本”。建设县、镇（乡）、村（社区）三级一体化政务服务体系，推进政务服务“一窗受理、集成服务”改革向镇乡延伸。深入开展“服务企业月”活动，优化“上门办”“预约办”等服务。继续落实减税降费政策，加快清理拖欠民营企业中小企业账款。落实支持民营经济发展28条措施，新增民营经济市场主体2800户。

五、持之以恒抓城乡统筹，着力全面推进乡村振兴

深入实施乡村振兴战略，增强内生发展动力，实现巩固拓展脱贫攻坚成果同乡村振兴有效衔接。

科学编制国土空间规划。紧扣“一主一副、东西协同”发展格局，编制完成《梓潼县国土空间总体规划（2020—2035）》。统筹推进镇乡国土空间规划和村规划编制工作，系统整合各类空间规划和产业发展规划。完成全县国土空间规划“一张图”监督信息系统建设，实现“多规合一”和自然资源要素集中管控。优化生态、农业、城镇等功能空间布局，科学划定城市开发边界、永久基本农田和生态保护三条红线。

巩固拓展脱贫攻坚成果。深化“四个不摘”要求，保持“两不愁三保障”政策延续性和稳定性。落实《支持生猪产业发展的十六条措施》，深化推广“村集体经济+”利益联结模式，规范56栋扶贫代养场运营管理，保障贫困户稳定分红。用好后续扶贫专项资金，精准补齐产业发展、基础设施建设等短板。完善解决相对贫困长效机制，对脱贫不稳定户、边缘易致贫户开展常态化监测预警。开展扶贫资产清查摸底和规范管理。

持续推进美丽乡村建设。全面落实“五个振兴”，持续推进乡村振兴战略示范创建，力争创建省市级先进镇乡2个、示范村8个。支持许州、黎雅争创省级中心镇。严格落实“五大行动”实施意见，切实改善农村人居环境。大力推广农村生活垃圾分类收集和可再生资源回收。定期开展“扫干净、摆整齐、能保持”美丽家园清洁行动，接续推进农村人居环境整治五年提升行动。

六、持之以恒抓民生改善，着力增进社会民生福祉

坚持以人民为中心的发展思想，不断提高民生福祉，促进社会事业全面进步，确保社会和谐稳定。

常态抓牢疫情防控。压紧压实“四方责任”，持续抓好外防输入各项措施。用好用活抗疫特别国债资金，加快推进县传染病医院改扩建、县医疗救治能力提升建设项目。严格落实公共卫生应急物资保障规定，做好应急防疫物资储备。加强核酸检测能力建设，有序推进全民免费接种，坚决阻断输入性传播风险。深入开展爱国卫生运动，引导群众增强卫生意识、养成良好卫生习惯。

持续优化生态环境。坚决打好大气污染防治攻坚战，建立大气污染防治网格化精细化管控机制，力争空气优良天数稳中有升。坚决打好水污染防治攻坚战，确保水污染物稳定达标排放。全面落实河湖长制和长江十年禁渔各项举措。坚决打好净土保卫战，从严查处生猪代养场违法排污。实施工业炉窑专项整治行动。完成中央、省环保督察及“回头看”反馈问题年度整改任务。强化森林资源管护，加快长江上游森林生态恢复项目建设。全力创建国家生态文明建设示范县。

大力发展社会事业。全面完成省、市重点民生实事和2021年重点民生实事人大代表票决制项目。扎实做好农民工服务工作，持续开展春风送岗位系列招聘活动，实现新增城镇就业2200人以上。建成经开区幸福幼儿园，做好文昌三小、川文艺二期等项目前期工作，实施七一职高职业教育基础能力提升项目。建成全民公共运动中心。启动县妇幼保健院搬迁。持续创建全国卫生县城，全力创建四川省健康促进县。完成县城文丰养老服务综合体建设。完善城镇困难职工、农村留守儿童和妇女关爱服务体系，健全残疾人帮扶制度。加强全民科学素质建设。加大文物保护力度，做好非物质文化遗产进校园、进社区、进乡村活动。

加强创新社会治理。深化平安梓潼建设，健全社会治安防控体系，严厉打击各类违法犯罪行为。创新基层治理模式，建设多元化矛盾化解平台，及时回应群众合理诉求。全面落实安全生产和食品安全党政同责，扎实开展森林防灭火专项整治，坚决防范和遏制重特大生产安全事故和森林火灾。建设法治梓潼，启动“八五”普法。全面贯彻党的民族宗教工作基本方针，促进民族团结、宗教和顺。

七、持之以恒抓作风能效，着力建设人民满意政府

坚持把党的领导贯彻到政府工作各个方面，践行新思想、承担新使命、展现新作为，加快建设人民满意政府。

对标对表抓落实。深入学习贯彻习近平新时代中国特色社会主义思想，增强“四个意识”，坚定“四个自信”，做到“两个维护”，始终在思想上政治上行动上同以习近平同志为核心的党中央保持高度一致，推动党中央国务院、省委省政府、市委市政府和县委决策部署落地见效。

创新实干争一流。持续开展“抓落实作表率”行动，坚持把“求真务实”作为政府工作的座右铭，在政府系统掀起“崇尚实干、狠抓落实”的蓬勃热潮，形成人人有责任、层层抓落实的良好局面。树立不甘平庸、志存高远、永争一流、追求卓越的发展导向，着力营造勇于创新、善于创造、敢于突破的工作氛围，全力推动各项工作争先进位、走在前列。

依法行政惠民生。深化法治政府建设，严格执行常务会议议事决策规则，提高决策科学化、民主化、法治化水平。继续落实县政府与县人大、县政协常态化工作联系机制。认真落实向县人大及其常委会报告重大事项制度，自觉接受县人大及其常委会的法律监督、工作监督和县政协的民主监督，广泛吸纳社会各界人士的意见建议。积极回应人大代表、政协委员关切，高质量办理人大代表议案建议和政协委员提案。

勤政廉洁守底线。坚持底线思维，做到守土有责、守土担责、守土尽责，从容应对、及时化解各类风险隐患。严格落实中央、省市县转变作风规定及其实施细则，力戒形式主义、官僚主义。牢固树立过紧日子的思想，继续压减一般性支出。加强审计监督，强化对重点领域、关键环节、重要岗位权力运行监管，坚决惩治发生在群众身边的腐败。

各位代表！路虽远行则必至，事虽难为则必成。站在“两个一百年”的历史交汇点，让我们更加紧密地团结在以习近平同志为核心的党中央周围，在县委坚强领导下，同心同德、迎难而上，求真务实、

苦干实干，为实现“十四五”良好开局、加快建设四川丘区经济强县和绵阳后花园而努力奋斗！

名词解释

1. 六大工程：县委提出的文旅兴县、农业富县、工业强县、绿色发展、改善民生和党的建设。

2. 六稳：稳就业、稳金融、稳外贸、稳外资、稳投资、稳预期。

3. 六保：保居民就业、保基本民生、保市场主体、保粮食能源安全、保产业链供应链稳定、保基层运转任务。

4. 四方责任：疫情期间，全面落实属地、部门、单位、个人的四方责任。

5.PCR 实验室：又称基因扩增实验室，利用分子生物学技术，用于放大特定的 DNA 片段，通过 DNA 基因追踪系统，迅速掌握患者体内的病毒含量，可用于新冠肺炎核酸检测。

6. 三品一标：无公害农产品、绿色食品、有机农产品和农产品地理标志。

7.“1+5+N”：“1”即一个集团公司（四川翠云廊建设发展有限公司），“5”即五家一级子公司（聚源公司、汇智公司、七曲山旅游公司、两弹一星旅游公司、梓昌公司），“N”即 N 家二级及二级以上子公司。

8.X123 小伏路：起于绵广高速小溪坝互通收费站外，止于许州与剑阁交界处，全长 25.76 公里，梓潼境内 11.2 公里。

9.S209 线县城至江油河口段：起于县城两路口，止于江油河口界，全长 35 公里。

10. 绵苍高速：绵阳至苍溪高速公路项目全长 101 公里，其中梓潼境内 31.6 公里，途经石牛镇、文昌镇、自强镇。

11.G5 京昆高速绵广扩容：京昆高速公路绵（阳）广（元）段扩容工程全长 124 公里，其中梓潼境内 26.5 公里，途经演武镇、许州镇、宏仁镇、卧龙镇、石牛镇。

12. 茂盐高速：盐亭至茂县高速公路，规划途经宝石乡、自强镇、文昌镇、宏仁镇、黎雅镇。

13.XB15 许青路：起于许州场镇与 S209 交叉路口，止于原小垭乡街坊河，全长 17.7 公里。

14. 金通工程：是乡镇及建制村通客车的提质升级版，以统一乡村客运标识、统一招呼站（牌）、统一车辆外观、统一从业人员标识为抓手，以建设美丽清新、安全绿色、便捷优质、精细管理乡村客运为主要任务，建人民满意乡村客运服务体系。

15. 五大行动：2020 年 3 月，县委、县政府出台《关于实施“五大行动”加快推进美丽乡村建设的实施意见》，在全县开展人居环境整治、村容村貌提升、农村基础改造、产业富民推进、文明乡风培育等“五大行动”。

16. 三个三分之一：贫困户慢性病检查费用由县财政补助三分之一、定点医院减免三分之一和贫困户自付三分之一。

17. 划立治：“划”即集中式饮用水源地保护区划定，“立”即水源地保护区规范化建设，“治”即水源地保护区环境问题整治。

18.“5+1”：旅游服务、文化教育、医疗康养、现代物流、电子商务服务业为重点，商贸流通业为基础，其他服务业为支撑。

19. 先照后证：先申领营业执照后再办理有关许可证。不涉及前置许可经营项目的市场主体，申请人可以直接申请相关经营范围登记，办理营业执照，取得营业执照后再到相关审批部门办理许可手续。

20. 一主一副：“一主”指文昌镇、长卿镇、宏仁镇全域，打造全县城镇化发展核心和县域经济的主增长极；“一副”指许州镇，打造成为县域经济新的增长点和片区中心。

21. 多规合一：在一级政府一级事权下，强化国民经济和社会发展规划、城乡规划、土地利用规划、环境保护、文物保护、林地与耕地保护、综合交通、水资源、文化与生态旅游资源、社会事业规划等各类规划的衔接。

22. 四个不摘：摘帽不摘责任、摘帽不摘政策、摘帽不摘帮扶、摘帽不摘监管。

23. 两不愁三保障：不愁吃、不愁穿，义务教育、基本医疗、住房安全有保障。

（县政府办）

中国人民政治协商会议
梓潼县第十届委员会常务委员会工作报告

——在中国人民政治协商会议梓潼县第十届委员会第六次会议上

梓潼县政协主席　敬友忠

（2021年1月25日）

各位委员，同志们：

我代表政协梓潼县第十届委员会常务委员会，向大会报告工作，请各位委员审议，请同志们提出意见。

2020年工作回顾

2020年，县政协常务委员会在中共梓潼县委的坚强领导、县政府的大力支持和市政协的精心指导下，坚持以习近平新时代中国特色社会主义思想和中共十九大精神为指导，深入学习贯彻习近平总书记关于加强和改进人民政协工作的重要思想，准确把握新时代人民政协性质定位，认真履行"三大职能"，积极投身和服务于"六大工程"，在推进发展中主动作为，在改善民生中献计出力，在促进和谐中发挥作用，为建设四川丘区经济强县和绵阳后花园作出了积极贡献。

一、加强党的领导，坚定正确政治方向

扛起政治责任。面对突如其来的新冠疫情和国际政治、经济环境的风云突变，县政协倾力组织和引导各党派团体、各族各界人士深刻认识中国共产党的初心使命和以人民为中心的执政理念，深刻感受中国特色社会主义制度的显著优势，牢固树立"四个意识"，坚定"四个自信"，做到"两个维护"，始终在政治立场、政治方向、政治原则、政治道路上同以习近平同志为核心的中共中央保持高度一致，把政治责任落实到守土有责、守土尽责和担当实干、建功立业上。

强化理论武装。始终把理论武装摆在首位，切实从思想上政治上扣好履职第一粒扣子，通过党组会议、主席会议、常务委员会会议、委员小组会议、集中培训等形式深入学习习近平新时代中国特色社会主义思想，党的十九大和十九届二中、三中、四中、五中全会精神，深入学习贯彻习近平总书记对四川工作的重要指示精神，认真贯彻落实中央、省委、市委政协工作会议精神和中共中央《关于新时代加强和改进人民政协工作的意见》要求，不断推动学习往深里走、往实里走、往心里走，进一步夯实团结奋斗的共同思想政治基础。

加强党的建设。政协党组充分发挥把方向、管大局、保落实的重要作用，严格执行《中国共产党党组工作条例》规定，重要工作、重大事项、重要议题及时主动请示报告，紧扣县委中心谋划政协工作，做到党委有号召，政协有行动，始终与县委同心同德、同向同行、同频共振。压紧压实党建工作责任，构建政协党组、机关党组、委员综合党委、机关党总支层层抓落实的党建工作责任体系。在重大履职活动中成立临时党组织，积极探索临时党组织发挥作用的具体形式，实现党的组织和党的工作有效覆盖。

二、聚焦主责主业，服务全县发展大局

协商格局不断完善。紧紧围绕中共梓潼县委十二届十七次全体会议暨县委经济工作会议的安排部署，研究制定并精心实施年度协商工作计划，高质量完成协商工作任务7项，重点就全县经济社会发展规划、深化改革扩大开放、产业发展、“三大攻坚战”等重大决策、重大项目、重要事项，认真组织全体会议、常务委员会会议、主席会议协商；围绕“加强城市管理”“进一步提高应对突发性公共卫生事件的能力和水平”“经开区纳税大户工业企业的发展”“文化旅游产业发展”等有序开展专题协商、界别协商、对口协商、提案办理协商，提交专题协商报告、大会发言材料24篇，提出意见建议110余条，形成以全体会议为龙头、常务委员会会议和专题协商、界别协商、对口协商为重点的协商议政格局。高度重视协商议政成果转化，持续跟踪领导签批件落实情况，深入探索协商议政成果的转化方法和途径，积极推进协商议政成果落地生根，开花结果，为推动梓潼高质量发展凝聚强大力量。

监督实效不断深化。重点聚焦党政关注的“红色文化资源现状及保护”“中药材产业发展”“公共法律服务体系建设”等大力开展专题调研，向县委报送5份调研报告供决策参考。重点围绕“实施‘五大行动’建设美丽乡村情况”“脱贫攻坚各项任务完成情况”“农村安全饮用水民生工程建设情况”“城市社区运行情况”“做大做强国有企业”“诉讼服务实质运行状况”等开展专题视察，形成高质量视察报告6篇。搭建“有事来协商”共享平台，深化《政协提案·我们办》直播活动，推动提、办双方就提案办理过程、办理结果开展“面对面”协商，并接受“第三方”专家评估和绩效考核；继续坚持主席会成员牵头督办重点提案制度，不断提升提案工作质效，一年来，共收到提案75件，立案62件，确定重点提案6件。截至2020年11底，提案已全部办复并征求意见，办复率为100%，满意率为98.3%。发挥社情民意信息直通车作用，引导委员深入界别群众、深入基层一线，倾听民声、了解民意，围绕群众的“急、难、愁、盼”反映社情民意34篇，为党委、政府科学决策提供参考。

参政水平不断提升。抗击新冠肺炎疫情行动中，政协系统和广大政协委员闻令而动、向险而行、献计出力，医卫、教育、农业、交通等界别的委员和机关干部冲在医院、卡点、学校和社区（街道）抗疫一线，经济、工商等界别的委员积极筹措资金、大力生产医卫用品，全体政协委员积极捐款捐物。大力开展“走访困难群众和困难企业专项行动”，主席会成员协力重点工程项目建设和深入工业企业调研，协调解决用工、融资、销售等方面的具体问题58个，资金1396.8万元，书写了奋力夺取“双胜利”的政协篇章。积极建言村级建制调整改革工作，由主席会成员带队，组织机关干部和部分政协委员深入基层、深入群众家中，就村级建制调整改革工作听取基层干部、群众意见建议，将收集到的意见整理形成建议案，建议案得到县委的充分肯定，批转相关部门决策参考。提高政治站位，克服厌战情绪，县政协领导班子成员和干部职工积极投身脱贫攻坚战，为结对帮扶村送去帮扶物资和资金9.93万元，县政协脱贫攻坚工作被《四川政协报》9月4日头版头条宣传报道。实行与县人民政府工作联席会议制度，先后就重点工作、经济运行、财政税收、城市建设等方面进一步交流思想、倾听意见、增进共识，共同推动梓潼科学发展、加快发展。着眼梓潼文旅资源丰富的优势，充分发挥文史资料“存史、资政、团结、育人”重要作用，编辑出版《九院在梓潼》系列文史资料第二辑——《九院在梓潼之轶事》，圆满完成绵阳文史资料“绵阳地名故事”之《梓潼城区记忆》征稿统稿工作和《大新花灯》等非物质文化遗产文史资料征集工作，坚定文化自信，讲好“梓潼故事”，助推“文旅兴县”。

三、把握中心环节，汇聚团结奋斗力量

坚持把加强思想政治引领、广泛凝聚共识作为政协履职的中心环节，求同存异、聚同化异，不断汇聚服务大局、促进发展的强大合力。

强化凝心聚力。坚持团结和民主两大主题，注重建言咨政和凝聚共识双向发力，通过真诚协商、真情合作，努力把各方面的智慧和力量最大限度地凝

聚起来。政协全体会议、常务委员会会议上，鼓励各民主党派、工商联、无党派人士以界别名义进行大会发言，提出集体提案；主动邀请各党派团体、工商联和无党派代表人士参加政协的会议、调研、视察等活动，引导他们通过政协组织就全县经济社会发展中的重大问题发表见解和主张、提出意见建议。

助推和谐稳定。积极做好民族宗教工作，充分听取意见、反映诉求，切实把广大少数民族和信教群众凝聚在党和政府周围；认真落实好主席联系常务委员、常务委员联系政协委员、政协委员联系界别群众等联系制度，听取意见、沟通思想、回应关切、增进共识；积极引导委员深入联系界别群众，宣传习近平新时代中国特色社会主义思想，宣传党的路线方针政策和省、市、县委重大决策部署，发挥好人民政协“重要阵地、重要平台、重要渠道”作用，切实担负起把中共中央和省、市、县委决策部署落实下去的政治责任。

广泛联谊交友。主动争取市政协的指导和支持，积极做好市、县政协同题调研等工作，通过市政协发出梓潼“好声音”；不断拓宽联谊交友面，热情接待外地政协到梓潼县考察调研学习40余批次，就文旅发展、农业生产、生态保护等深入交流，多层次展示梓潼发展新气象；带着课题组织委员赴省、市内外考察学习，加强履职理念和实践的交流互鉴，不断促进履职实效提升；发挥人民政协联系广泛的优势，继续加强对梓潼籍在外人士联谊会的指导，对党外知识分子、非公有制经济人士、新的社会阶层人士联系联谊，引导各族各界人士为建设梓潼献计献策、添砖加瓦。

四、加强自身建设，不断提高履职水平

发挥委员主体作用。深入贯彻落实习近平总书记“懂政协、会协商、善议政，守纪律、讲规矩、重品行”的要求，组织政协委员赴厦门大学集中学习培训，在弄清学懂“政协是什么、政协干什么、政协怎么干”上下功夫，切实提高政协委员的政治素养和履职能力；开展政协委员、常务委员履职情况专题调研，分析研判履职总体情况，着力提升委员管理服务水平；实行政协委员“三线”管理，实现了主席、副主席到常委、常委到委员，主席、副主席分管专委会、专委会对接部门和委员小组，委员小组对接委员的三条畅通连接链，形成了委员意见建议通过主席、副主席直报党委、政府，党委、政府决策部署直达委员的双向直通车；初设会风会纪监督组，邀请纪检监察组全程介入，促进会风会纪大力改善，提高参会率；深入开展委员“五个一”和“我为扶贫攻坚做件事”活动，充分发挥委员主体作用。一年来，委员们参加各类调研、视察300余人次，撰写调研视察报告78篇，做好事实事397件，为困难群众捐资28.5万元、募集社会资金127.8万元。

发挥专委会基础作用。优化专委会职能，不断健全完善县政协专门委员会与县级有关部门、驻梓有关单位联系制度，专委会履行职能、联系界别、服务委员的功能进一步强化；政协党组适时专题听取专委会工作情况汇报，统筹研究和安排各项履职工作，有效增强了专委会工作的主动性。一年来，专委会充分发挥自身专业优势，围绕经济发展和社会民生等重大课题，组织委员开展丰富多彩的履职活动，积极建言献策。其中：政协理论研讨、文史、社情民意、调研视察等工作再获市政协表彰，多项调研视察报告得到县委县政府领导肯定性批示。

提高服务保障水平。结合“两学一做”学习教育常态化制度化，扎实开展纪律教育和警示教育，严格落实中央八项规定精神和省、市、县有关规定，从严从实加强机关干部教育管理监督，对“不忘初心、牢记使命”主题教育检视出的问题整改落实情况进行“回头看”，对排查出的问题立行立改。积极配合巡察工作，支持保障纪委监委派驻纪检监察组履行监督执纪职责。会务服务、外出考察、组织人事、财务管理、后勤保障等工作更加规范，视察调研、考勤考核等管理制度更加完善，机关内部管理规范化水平得到进一步提升，为政协事业发展提供了坚实保障。加强新闻宣传，讲好政协故事，传播政协好声音，传递政协正能量，先后在《四川政协报》、省市政协网等媒体发表各类宣传信息和文章120余篇，县政协连续七年被四川省政协评为“全省政协新闻宣传工作先进单位”。

回顾过去一年的工作，我们深深感到，这些成绩的取得，是县委坚强领导的结果，是县人大常委会、县政府大力支持的结果，是各级各部门和社会各界鼎力相助的结果，更是各民主党派、工商联、无党派人士、广大政协委员和各参加单位共同奋斗的结果。在此，我代表县政协常务委员会表示衷心的感谢！

在总结工作的同时，我们也清醒地认识到，对标新时代人民政协新任务新要求，还存在一定差距和不足。主要是：专门协商机构作用发挥还有待提升，政协履职成果转化还需进一步强化，界别联系群众还需加强，委员主体作用发挥还需不懈努力等。对此，我们将在今后工作中切实加以改进。

2021 年主要任务

2021 年是深入学习贯彻习近平新时代中国特色社会主义思想、中共十九届五中全会和中央、省委、市委政协工作会议精神的重要一年。县政协工作的总体要求是：以习近平新时代中国特色社会主义思想为指导，全面贯彻中共十九大和十九届二中、三中、四中、五中全会精神，在中共梓潼县委坚强领导和市政协有力指导下，坚持发扬民主和增进团结相互贯通、建言资政和凝聚共识双向发力，发挥专门协商机构作用，广泛团结动员参加人民政协的各党派团体和各族各界人士，全面落实习近平总书记对四川工作系列重要指示精神和省、市、县委决策部署，履职尽责、凝心聚力，为加快建设四川丘区经济强县和绵阳后花园作出更大贡献。

一、提高站位，加强思想政治引领

坚持把深学笃用习近平新时代中国特色社会主义思想作为统揽政协工作的总纲，把加强政治建设贯穿于政协工作的各方面和全过程，增强“四个意识”、坚定“四个自信”、做到“两个维护”；把学习贯彻中共十九届五中全会精神作为当前和今后一个时期的重大政治任务，积极引导广大委员、各民主党派、无党派人士、各人民团体和各界人士通过多种渠道和形式，有重点、有针对性地组织学习讨论，加深对全会精神和习近平总书记重要讲话精神的理解把握，把思想和行动统一到全会精神和省、市、县委部署要求上来，不断增强奋斗“十四五”、奋进新征程的责任感、使命感，确保政协事业始终沿着正确的政治方向前进。

二、围绕中心，助推经济社会发展

要按照中共梓潼县委十二届十九次全体会议的安排部署，深刻把握经济社会发展新常态和“十四五”时期发展的主题、主线，围绕全面深化改革和政府职能转变，聚焦文旅兴县、农业富县、工业强县、绿色发展和改善民生协商议政、建言献策，不断提升政协履职水平和实效。坚持在参与中支持、在支持中服务、在服务中监督，抓住影响梓潼县转型发展中的突出问题，特别是生态保护、交通建设、环境整治等方面有序有效开展民主监督活动，确保监在关键处、督到点子上。要聚焦发展多议政，广泛开展各种形式的参政议政活动，围绕经济社会发展的热点、焦点、关键点，集中对防范化解重大风险、“六稳六保”、小微企业创业融资、脱贫攻坚成果同乡村振兴有效衔接、乡镇行政区划和村级建制调整改革“后半篇”文章、第三产业发展壮大等课题组织专题调研视察活动，共谋发展之计、共建睿智之言、共献务实之策。

三、开拓创新，深化协商民主实践

深刻认识人民政协是专门协商机构的性质定位和工作定位，按照全面开展“有事来协商”平台建设的要求，切实加强政协协商与党委、政府工作的有效衔接，构建完善“1+2+4+N”有事来协商平台体系。坚持协商于决策之前和决策之中，围绕县委、县政府工作重点、群众生产生活难点、社会治理焦点，通过党政交题、委员荐题、各方征题、政协选题等形式，制定年度协商计划，积极创新方法载体，深入开展全体会议协商、专题协商、对口协商、界别协商、提案办理协商和基层群众有序参与、形式多样的“小微协商”，增加协商密度和广度。坚持把调查研究贯穿于协商全过程，做到“不调研不协商”，围绕协商议题深入基层察实情、出实招，及时报送协商成果，促进协商成果采纳、落实、反馈。

四、同心同向，广泛凝聚各界共识

要积极响应全国政协“大力倡导开展读书活动”的要求，发挥人民政协学习的光荣传统，着力打造线上读书平台、线下读书阵地，深入开展读书交流和“书香政协”建设。准确把握人民政协作为统一战线组织、多党合作和政治协商机构性质定位，进一步做好团结联谊工作，最大限度凝聚共识、凝聚智慧、凝聚力量。健全同党外知识分子、非公有制经济人士、新的社会阶层人士、台侨人士、民族宗教界和“梓潼籍在外人士联谊会”的联络联谊机制，听取意见建议，促进不同思想观点交流交融。要抓住民生领域的教育医疗、社会保障、公平正义等重要问题咨政建言，及时反映社会不同阶层、不同群体的愿望和要求。深入研究新形势下政协群众工作，探索“请群众走进政协”“让政协深入群众”的方法途径，搭建公民有序政治参与的有效载体，不断推进政协工作向新的领域延伸。发挥政协人脉广泛、渠道畅通的优势，扩大对外友好交流和团结联谊，积极为梓潼县引进项目、资金、人才和技术牵线搭桥，协助党委和政府多做宣传政策、理顺情绪、化解矛盾的工作，引导社会各界人士正确对待改革发展中的困难和问题，在汇聚力量上“春风化雨”、在争取人心上“润物无声”，最大限度地包容和吸纳各种利益诉求，努力找到最大公约数、增进最大共识度、形成最大正能量。

五、持之以恒，提升政协工作水平

加强政协领导班子建设，发挥政协党组在政协组织中的领导核心作用，把党委的重大决策部署贯彻到履职工作中。抓好政协党的组织建设，实现党的组织对党员委员的全覆盖、党的工作对政协委员的全覆盖。坚持为国履职、为民尽责的情怀，强化委员责任担当，更好发挥委员在政协工作中的主体作用。进一步探索发挥界别作用的方法和途径，根据界别的特点和要求开展活动，完善界别活动方式，充分调动各界别参政议政的积极性。切实发挥专委会的基础性作用，优化工作运行机制，认真探索工作新思路、新途径、新方法，切实增强工作活力。要以做好巡察反馈问题整改为契机，进一步巩固“不忘初心、牢记使命”主题教育成果，持续推进“学习型、服务型、创新型、和谐型、效能型”机关创建活动，提升政协机关政治把握能力、调查研究能力、联系群众能力、合作共事能力，不断提高政协机关工作的制度化、规范化、程序化和科学化水平。

各位委员，同志们，奋斗创造历史，实干成就未来，让我们紧密团结在以习近平同志为核心的中共中央周围，在中共梓潼县委坚强领导下，只争朝夕、不负韶华，担当尽责、共克时艰，为加快建设四川丘区经济强县和绵阳后花园做出新的更大贡献！

（县政协办）

大事记

DA SHI JI

2020年第一季度大事记

1 月

2 日 十二届县委第 100 次常委会会议召开。会议听取 2019 年第四季度履行党风廉政建设主体责任情况汇报、关于七曲山风景区规范管理的情况汇报，审议《县委十二届十七次全体会议筹备方案（送审稿）》《中共梓潼县委常委会议事决策规则（送审稿）》，以及建立撤销乡镇党委和调整党组织隶属关系事宜、干部任免事项。

同日 十二届县委十六次全体会议召开。会议审议并通过建立撤销乡镇党委和调整党组织隶属关系事项，票决有关人事任免事项。

同日 梓潼县乡镇行政区划调整改革工作实施大会召开。会议宣读《梓潼县人民政府关于长卿镇等 28 个乡镇行政区划调整的通知》和县委任免干部的决定，对任免干部进行党风廉政谈话。

同日 2020 年梓潼新年交响音乐会举行。

3 日 县十七届人大常委会第三十次会议召开。会议决定梓潼县第十七届人民代表大会第五次会议召开时间及建议议程，审议通过《关于梓潼县乡镇行政区划调整有关问题的决定草案》，审议通过《关于梓潼县乡镇行政区划调整新组建乡镇人民代表大会代表选举及有关事项的决定草案》。会议补选梓潼县出席绵阳市第七届人民代表大会的代表。

6 日 县人民政府十七届第 50 次常务会议召开。会议传达学习《中华人民共和国土地管理法（修正案）》，习近平总书记在十九届中共中央政治局第十九次集体学习上重要讲话精神、习近平总书记关于做好“三农”工作重要指示精神、国务院总理李克强在四川考察时的重要指示精神和近期国务院常务会议、中央经济工作会议、中央农村工作会议精神、省委经济工作会议和市委经济工作会议精神；组织学习《中共四川省委关于深入贯彻党的十九届四中全会精神推进城乡基层治理制度创新和能力建设的决定》《中共绵阳市委办公室关于贯彻落实〈中国共产党重大事项请示报告条例〉有关事项的通知》《新时代爱国主义教育实施纲要》，以及全国安全防范暨专项督查工作视频会议、全省安全生产清单制管理工作推进会和全省安全生产视频调度会议精神；审议《梓潼县人民政府工作规则》《梓潼县人民政府常务会议议事决策规则》等13项议题。

7日 县委书记周琳调研经开区工作。

7—8日 绵阳市人民政府督导委、市语委领导和专家一行12人到梓潼县开展全县语言文字工作督导评估、普通话普及县域验收和语言文字达标督导验收工作。

8日 县委书记周琳调研速酶产业链研发生产项目。

同日 十二届县委第103次常委会会议召开。会议传达中央、省委、市委经济工作会议精神，组织学习《中共四川省委关于新时代加强和改进人民政协工作的实施意见》。审议《县委常委会工作报告》《中共梓潼县委关于学习贯彻党的十九届四中全会精神的意见（送审稿）》《中共梓潼县委关于深入贯彻落实党的十九届四中全会精神 推进城乡基层治理制度创新和能力建设的实施意见（送审稿）》等8项议题。

9日 梓潼县2020年脱贫攻坚工作暨当前农业农村重点工作部署会召开。

14日 省林草局一级巡视员骆建国到梓潼县调研森林防火工作开展情况。

15日 市委宣传部副部长韩贵钧到梓潼县看望慰问“四川好人”强菊英。

同日 全县返乡农民工专场招聘会在文兴镇举行。

16日 省司法厅副巡视员陈久明带领调研组到梓潼县调研社区矫正中心建设情况。

同日 市自然资源和规划局及编制单位就《绵阳市国土空间总体规划（2020—2035年）》在梓潼县进行专题调研座谈。

同日 县委宣传部在中国工程物理研究院开展《两弹故事·梓潼篇》赠书活动。

同日 全省、市征兵工作电视电话会议召开。

17日 十二届县委第104次常委会会议召开。会议组织学习绵阳市第七届人民代表大会第六次会议、中国人民政治协商会议绵阳市第七届委员会第五次会议和《市纪委关于6起违反八项规定精神典型案例的通报》等会议和文件精神。

21日 梓潼籍在外人士新春座谈会召开。

25日 县新型冠状病毒感染的肺炎疫情防控工作领导小组办公室情况分析会召开。

28日 十二届县委第106次常委会（扩大）会议召开。会议组织学习习近平总书记1月25日在中央政治局常委会会议上关于疫情防控工作的重要讲话精神以及中央、省、市有关会议精神，通报全县新型冠状病毒感染的肺炎疫情防控工作开展情况，安排部署下一步工作。

31日 县委书记周琳深入疫情防控罗汉桥卡点、石牛镇、市场监督管理局、县人民医院等地，看望慰问战斗在防控一线的干部职工。

››› 2月 ‹‹‹

1日 县委副书记、县长贺旺深入黎雅镇、金龙镇等地检查疫情防控工作开展情况。

2日 县委应对新型冠状病毒感染的肺炎疫情工作领导小组第十一次会议召开。

5日 县人民政府十七届第52次常务会议召开。会议通过网络视频系统向各镇（乡）、部门传达学习习近平总书记、国务院总理李克强关于新型冠状病毒感染的肺炎疫情防控工作重要指示和中央、省、市有关会议精神，听取应急指挥部各小组有关疫情防控工作汇报，审议《梓潼县应对新型冠状病毒感染的肺炎应急物资管理办法》《应对新型冠状病毒感染的肺炎疫情防控复工复产相关事宜和梓潼县莱仕顿精酿啤酒项目投资协议及补充协议》，安排部署当前新型冠状病毒感染的肺炎疫情防控工作。

6日 绵阳市疾控中心免疫规划所、理化检验所相关负责人到梓潼县督导新型冠状病毒感染的肺炎疫情防控工作。

同日 县域内爱心企业四川经纬蓝图测绘有限公司、四川多然科技有限公司到县疫情防控指挥部，分别为指挥部捐赠现金2万元、1万元。

7日 十二届县委第107次常委会（扩大）会议召开。会议学习传达习近平总书记、国务院总理李克强关于新型冠状病毒感染的肺炎疫情防控的讲话及相关指示精神，传达2月7日绵阳市委常委会（扩大）会议精神，安排部署下一步疫情防控工作。

9日 县疫情应急指挥部第十五次会议召开。会议听取各职能小组以及各乡镇负责人关于疫情防控工作汇报，总结近一段时间疫情防控工作情况，分析研判当前疫情形势，并传达学习中央、省市相关疫情防控的文件要求，对贯彻落实相关文件精神做出安排部署。

同日 县疾控中心对全县12个重点交通卡点和乡镇卫生院发热门诊进行督导。

11日 县人社局、农民工服务中心相关负责人到仁和镇、文兴镇、宝石乡、自强镇等镇（乡）卫生院，实地检查相关镇（乡）返岗农民工免费健康体检服务工作开展情况。

14日 县委应对新冠肺炎疫情工作领导小组第十三次会议召开。

18日 县委应对新冠肺炎疫情工作领导小组第十四次会议召开。会议学习习近平总书记在北京市调研指导新冠肺炎疫情防控工作时的重要讲话精神，传达市委有关疫情防控的会议精神，研究讨论《梓潼县应对新冠肺炎疫情防控工作实施意见》，对下一阶段疫情防控和返工复工工作进行安排部署。

21日 县委应对新冠肺炎疫情工作领导小组第十五次（扩大）会议召开。

24日 县委书记周琳到七曲山风景区、两弹城风景区、“两弹一星”干部学院等重点单位实地督导复工复产工作。

25日 2020年县委第2次理论学习中心组（扩大）学习会议召开。县委书记周琳组织学习2月21日中共中央政治局会议精神，2月23日中央统筹推进新冠肺炎疫情防控和经济社会发展工作部署会议精神，2月18日国务院常务会议精神，2月13日、17日、20日中央应对新冠肺炎疫情工作领导小组会议精神，2月20日省委常委会会议精神暨省委应对新型冠状病毒肺炎疫情工作领导小组第五次会议精神和2月23日省委常委会（扩大）会议精神，2月24日市委常委会（扩大）会议精神。

同日 十二届县委第109次常委会（扩大）会议召开。会议组织学习省第十一届纪律检查委员会第四次全体会议和市第七届纪律检查委员会第五次全体会议精神；审议《中国共产党梓潼县第十二届纪律检查委员会第六次全体会议工作报告（送审稿）》；听取2020年食品安全重点工作情况汇报、《关于2019年财政预算执行情况的报告》，审议《关于梓潼县2020年财政预算（草案）的报告》《梓潼县武都引水二期灌区灌溉供水工程建设方案（送审稿）》、梓潼县医用口罩项目《投资协议》等相关报告、方案、协议等事项。

同日 县委常委、组织部部长聂林调研绵阳市“两弹一星”红色经典景区红色旅游研学营地建设项目。

26日 县纪委十二届六次全会召开。

同日 绵阳市委常委、政法委书记荣全到梓潼县调研疫情防控和基层政法工作。

27日 全县统筹推进疫情防控和经济社会发展暨脱贫攻坚工作会议召开。

3月

10日 市委常委、纪委书记、监委主任马骏，市人大常委会副主任代顺兴到梓潼县督导水污染防治攻坚工作。

11日 2020年梓潼县安委会第一次全体会议暨食安委全体（扩大）会议召开。

12日 十二届县委第111次常委会（扩大）会

议召开。会议传达省委常委、宣传部部长甘霖和市委书记刘超到梓潼县考察文化旅游相关工作情况时的重要指示精神。

15日　梓潼县发射4枚火箭弹进行增雨作业。

19日　县政协主席敬友忠到经开区调研企业复工复产情况。

同日　县政府第54次常务会议召开。会议传达全省有效应对疫情大力推动基础设施等重点领域补短板工作电视电话会议精神，通报2019年全县投资和重点项目建设、实施基础设施等重点领域补短板行动有关情况，研究部署2020年相关工作；学习全市一季度经济工作座谈会精神；审议并原则通过《梓潼县2020年食品安全工作要点》《2019年度科技创新专项扶持项目补助资金相关事宜》等一批政策意见。

23日　市委副书记、市长元方到梓潼县调研脱贫攻坚工作。

26日　梓潼县2020年扶贫项目推进会议召开。

27日　十二届县委第113次常委会会议召开。周琳组织传达市委副书记、市长元方到梓潼县调研脱贫攻坚工作时的重要指示精神。会议审议《梓潼县推进村级建制调整改革的实施方案》《关于实行村（社区）党组织书记和村（居）民委员会“一肩挑”实施方案》《梓潼县2020年乡镇行政区划调整改革补助资金使用建议方案》及干部人事事项。

同日　石牛镇现代有机农业科技产业园项目签约仪式在县会议中心举行。

2020年第二季度大事记

4月

1日　全县银（保）政企座谈会召开。

2日　梓潼县实施“五大行动”加快推进美丽乡村建设动员部署大会暨农村人居环境整治、四川省文明城市和国家卫生县城创建工作会议召开。

3日　县委书记周琳调研宏仁镇村级建制调整改革工作。

同日　梓潼县召开推进脱贫攻坚帮扶工作暨清零行动帮扶问题交办会。

7日　全县43所学校、2万余名学生有序开学。在各学校门口，相关单位工作人员和学校教师对入校学生进行体温测量和健康信息核对，组织学生有序报到入学。

8日　十二届县委第114次常委会会议召开。

9日　县人大常委会主任杜林平到自强镇调研村级建制调整改革工作。

同日　县委副书记邓志军主持召开全县2020年部分重点项目建设推进会。

10日　县委书记周琳到文昌镇东风村检查指导人居环境整治工作。

20日　县委书记周琳主持召开县委第115次常委会（扩大）会议。会议传达学习习近平总书记在4月8日中央政治局常委会会议上的重要讲话精神，4月17日中央政治局会议精神，习近平总书记对安全生产作出的重要指示、国务院总理李克强批示精神和全国安全生产电视电话会议精神，中央应对新冠肺炎疫情工作领导小组会议和省委常委会会议暨省委应对新冠肺炎疫情工作领导小组第九次会议精神，市委常委会会议暨市委应对新冠肺炎疫情工作领导小组第十一次会议精神。审议并通过《中共梓潼县城乡基层治理委员工作规则》《县委全面深化改革委员会2020年工作要点》《梓潼县学前教育深化改革规范发展实施方案》《2020年全县统战工作要点》《梓潼县2020年度审计工作要点》等14项议题。

21日　县委书记周琳到黎雅镇、金龙镇、双板镇等乡镇调研实施“五大行动”，加快推进美丽乡村建设工作推进情况。

同日　县人大常委会主任杜林平带领部分县人大代表视察全县公安基层基础工作。

26日　县委副书记邓志军到文昌镇，出席参加“六个一”帮扶力量推进会和“清零”行动推进会。

同日 梓潼县公安局侦办“2·8”特大通信电信诈骗案专案组押解8名犯罪嫌疑人安全抵达梓潼。

27日 “两弹一星”干部学院客座教授聘任仪式在绵阳市举行。

28日 县委副书记、代理县长刘强主持召开梓潼县2020年重点项目推进工作会，会议重点研究梓潼县62个省、市、县重点项目推进情况及存在问题，提出解决建议，安排项目推进工作。

29日 十二届县委第117次常委会（扩大）会议召开，县委书记周琳主持会议。会议传达学习习近平总书记在陕西省考察时的重要讲话精神，学习贯彻4月22日中央应对新冠肺炎疫情工作领导小组会议、省委常委会会议精神和4月28日市委常委会会议精神；学习贯彻《省委办公厅〈关于进一步做好经济工作努力实现全年经济社会发展目标的意见〉》；传达学习市委财经委员会第五次会议精神，贯彻4月22日市委书记刘超到梓潼县调研的重要指示精神；听取近期疫情防控工作开展情况、关于2019年度巡察工作开展情况；传达学习市委书记刘超，市委副书记、市长元方对4月26日安州区森林火灾作出的指示批示，绵阳市森林防灭火工作视频调度会和全省应急系统2020年汛期防汛和地质灾害应对工作视频会议精神；组织学习《中共中央办公厅印发〈关于持续解决困扰基层的形式主义问题为决胜全面建成小康社会提供坚强作风保证的通知〉》；审议并通过《县委常委会2020年工作要点》《关于巡视整改进展情况的通报（向社会公开版）》。

同日 县委副书记、代县长刘强主持召开十七届县人民政府第56次常务会议。会议组织学习《中华人民共和国行政复议法》；传达学习习近平总书记、国务院总理李克强对安全生产作出的重要指示批示、全国安全生产电视电话会议和《国务院安委会办公室应急管理部关于加强疫情防控常态化条件下安全生产工作的通知》等精神。会议听取关于就进一步深化禁毒人民战争工作的情况汇报。会议还研究其他事项。

同日 梓潼县应对新冠肺炎疫情应急指挥部第二十次会议召开。会议传达学习中央和省、市应对新冠肺炎疫情的有关会议精神及习近平总书记在浙江省考察时的重要讲话精神，听取全县应对新冠肺炎疫情近期防控工作情况的汇报，安排部署全县新冠肺炎疫情常态化防控相关工作。

››› 5月 ‹‹‹

6日 县委副书记邓志军到自强镇双河村调研种猪场建设情况。

7日 县委副书记、代县长刘强主持召开县政府第57次常务会议，传达学习全国、全省、全市重要会议文件精神，听取近期全县脱贫攻坚工作开展情况的汇报。

同日 县委副书记邓志军到演武镇、七曲山风景区等地，调研防汛抗旱工作。

8日 梓潼县与绵阳市属重点国有企业座谈交流会召开。

同日 县委副书记、代县长刘强主持召开十七届县人民政府第五次全体会议，总结2019年政府工作，安排部署2020年政府工作，审议《政府工作报告（送审稿）》等报告。

9日 县委书记周琳带领住建、自然资源、文广旅等部门负责人到七曲山风景区，就推动七曲山风景区创建国家AAAAA级旅游景区进行现场办公。

同日 县水利局在长岭水库组织村民举行防汛抢险演练。

11日 十二届县委第118次常委会会议召开。会议传达学习习近平总书记4月29日、5月6日在中央政治局常务委员会会议上的重要讲话精神，学习贯彻4月30日中央应对新冠肺炎疫情工作领导小组会议、4月29日省委常委会会议、5月6日市委常委会会议精神，通报梓潼2019年党风廉政建设责任制工作考核情况，组织学习《省委办关于被巡视党组织进一步加强巡视整改工作的意见》《中共中央 国务院关于构建更加完善的要素市场化配置体制机制的意见》，传达学习国务院督导四川省森林草原防灭火专项整治工作动员会议、全省抓党建促决战决胜脱贫攻坚电视电话会议精神，听取近期全县脱贫攻坚工作开展情况、全县关于进一步深化禁毒人民战争工作、关于学习考察射洪市、船山区河道砂石管理体制改革的情况、县十七届人大五次会议筹备情况、县政协十届五次会议筹备情况的汇报，审议并原则通过《绵阳市梓潼县“十四五”城乡供水保障规划》等17项议题。

同日 县政府第58次常务会议召开。会议传达学习绵阳市食品安全委员会2020年全体扩大会议精神。会议还研究审议其他事项。

12日 县十七届人大常委会召开第34次会议。会议审议通过梓潼县第十七届人民代表大会代表资格审查报告；听取县十七届人大五次会议筹备情况汇报并通过相关建议名单和草案；听取和审查在县十七届人大五次会议上的人大工作报告、政府工作报告、法院工作报告、检察院工作报告、计划工作报告、预算工作报告和关于2019年重点民生实事人大代表票决制项目实施情况和2020年重点民生实事候选项目形成情况的报告。会议还进行人事任免表决。

14日 四川省文化和旅游厅副厅长、省文物局局长王毅到梓潼县调研文物保护利用工作，并就推动文化旅游融合发展提出要求。

18日 政协梓潼县第十届委员会第五次会议第一次全体会议召开。

19日 梓潼县第十七届人民代表大会第五次会议召开。

同日 全县2020年度武装工作暨党管武装述职会议召开。

20日 市发改委主任袁明一行到梓潼县调研重点项目建设、项目投资、“十四五”规划储备项目和对上争取等方面工作。

21日 在梓潼县第十七届人民代表大会第五次会议第二次全体会议上，刘强当选为梓潼县人民政府县长。

同日 县脱贫攻坚领导小组办公室2020年第七次调度会召开。

同日 梓潼县表彰一批在新冠肺炎疫情防控工作退役军人先进集体和个人。表彰大会向获县委退役军人事务工作领导小组表扬的疫情防控退役军人先进集体和先进个人，绵阳市双拥工作领导小组办公室、绵阳军分区表扬的疫情防控表现突出的先进个人、先进集体，县退役军人事务局疫情防控退役军人优秀志愿者颁发荣誉证书及奖牌。表彰仪式结束后，研究创建全国示范型退役军人服务站工作。

22日 十七届县人民政府第59次常务会议暨县应对新冠肺炎疫情应急指挥部第二十一次会议召开。会议传达学习中央政治局常委会会议、中央应对新冠肺炎疫情工作领导小组会议精神，传达学习省委、市委农村工作会议精神，听取全县汛期雨情、汛情预判及地质灾害防治、防汛、备汛工作情况汇报，安排部署相关工作。会议还研究审议其他事项。

24日 2020梓潼莱仕顿啤酒美食节暨七曲杯厨艺比赛开幕。

25日 梓潼县举行第二季度重大项目暨绿色食品产业发展功能区创新服务平台建设项目集中开工仪式。此次集中开工的重大项目共36个，涉及基础设施、产业发展、民生和社会事业等多个领域，总投资51.41亿元，2020年度计划投资18.62亿元。梓潼县绿色食品产业发展功能区科技创新平台建设项目，总投资9.38亿元，占地500亩，将建设创新中心、孵化大楼、人才中心和标准厂房等26万平方米，是绵阳生物医药产业园“一核多区”空间布局的重要组成部分。项目建成后，可引进生物医药、绿色食品企业25家，实现年产值30余亿元，利税1亿元以上。开工仪式前，罗宗志一行参观绵阳生物医药产业园展示厅，听取生物医药产业园发展情况汇报，并就梓潼重点项目建设情况进行调研。

26日 市人大常委会副主任黄正良带领调研组到梓潼县调研文旅融合发展情况。

同日 县委副书记、县长刘强前往四川文化艺术学院梓潼校区、汽车客运站、疾控中心、县人民医院检查督导常态化疫情防控工作。

27日 梓潼县开展2020年度地震桌面演练，副县长杨彬任此次演练总指挥。

同日 绵阳市政府教育督导团专家组一行六人

对梓潼县落实义务教育教师工资收入及义务教育基本均衡发展监测问题整改情况进行专项督导评估。

28 日 省委编办副主任张健带领省委调研督导组督导梓潼森林草原防灭火工作体制机制和党政责任落实情况并召开工作座谈会。

30 日 县委副书记、县长刘强前往四川文化艺术学院梓潼校区、汽车客运站、疾控中心、县人民医院检查督导常态化疫情防控工作。

同日 全市农业社会化服务工作现场推进会在梓潼召开，市农业农村局副局长何晓东主持会议。

6 月

2 日 县委副书记、县长刘强带领相关部门负责人调研城市规划建设工作。

同日 由市委宣传部牵头，来自中央、省、市媒体驻绵阳记者走进梓潼工业企业、农村，就产业发展、脱贫攻坚等情况进行集中采访报道。

3 日 县委副书记、县长刘强带领相关部门负责人调研经开区工业经济发展情况并召开座谈会。

同日 市重点工作督查组到梓潼县开展防灾减灾及安全生产等相关督查工作。

4 日 县委书记周琳主持召开十二届县委第120次常委会（扩大）会议。会议传达学习全国“两会”精神及省市学习贯彻相关要求，安排部署全县贯彻落实意见；传达学习5月14日、15日中央政治局常委会会议精神，习近平总书记在山西省考察时和在党外人士座谈会上的重要讲话精神，5月15日、20日中央应对新冠肺炎疫情工作领导小组会议精神。

8 日 绵阳市妇联“SHOW美绵州她来了”宣传月暨梓潼县妇联“凝聚巾帼力量　建设美丽乡村”活动启动仪式在宏仁镇金宝村拉开序幕。市妇联党组书记、主席刘春涛出席仪式。

同日 县委第八轮巡察工作动员部署会议召开。

9 日 县委副书记、县长刘强到玛瑙镇调研产业发展、便民服务中心建设等工作。

10 日 县人大常委会主任杜林平、副主任白涛调研棚户区改造工作。

11 日 县委书记周琳主持召开县脱贫攻坚领导小组2020年第二次会议。

12 日 县委副书记、县长刘强主持召开十七届县人民政府第60次常务会议暨县应对新冠肺炎疫情应急指挥部第二十二次会议。会议传达学习中央、省、市相关会议精神，审议《〈政府工作报告〉2020年重点工作责任分工表》《梓潼县2020年重点民生实事人大代表票决制项目实施方案》等事项。会议还研究审议其他事项。

16 日 梓潼县召开创建“四川省有机产品认证示范县”动员大会。

同日 省政协常委、副秘书长、民进四川省委专职副主委赵川荣带领省政协委员前往梓潼两弹城、四川文化艺术学院梓潼校区考察文旅融合发展情况。

同日 梓潼县在县人民广场开展主题为“守住钱袋子　护好幸福家”的防范和处置非法集资宣传活动，县财政局、县市场监管局等28个单位通过设立宣传展板、横幅，发放宣传资料等方式，向群众宣传防范和处置非法集资相关知识。

17 日 梓潼县召开创建国家卫生县城市级督导指导反馈会。

18 日 梓潼县开展主题为“创业梓潼·精彩有我”的创新创业活动。

19 日 县人大常委会主任杜林平主持召开县十七届人大常委会第35次会议。会议传达学习十三届全国人大三次会议精神和市人大常委会机关干部职工会议精神，听取县人民政府关于行政审批制度改革情况的报告、关于政府债务管理情况的报告、关于开展法治政府建设情况的报告、关于2020年部门全口径预算编制情况的报告，听取和审议县人民政府关于棚户区改造项目实施情况的报告、《梓潼县人民代表大会常务委员会国有资产管理监督办法（试行）》修订情况的报告。会议还表决通过相关人事任免事项。

22 日 梓潼县文化和旅游资源普查成果县级评审会召开。

24 日 县委书记周琳主持召开十二届县委第121次常委会（扩大）会议。会议组织学习《中华人民共和国保守国家秘密法》、《中共中央 国务院关于新时代推进西部大开发形成新格局的指导意见》、《中共中央 国务院关于新时代加快完善社会主义市场经济体制的意见》、绵阳市项目工作会议等8个重要文件和会议精神，审议《梓潼县2020年中央和省级财政专项扶贫资金（第二批）使用建议方案》《梓潼县2020年优化营商环境工作方案（送审稿）》等16项议题。

同日 县政协召开视察做大做强县属国有企业座谈会。

29日 县委书记周琳主持召开十二届县委第122次常委会会议。会议传达学习习近平总书记关于应急管理、安全生产、防灾减灾救灾和森林草原防灭火工作的重要论述、重要指示批示和国务院督导动员会会议精神，审议《梓潼县脱贫攻坚领导小组关于脱贫攻坚问题整改清零行动审定结果的报告》。

同日 全县庆祝建党99周年暨书记讲党课会议召开，县委书记周琳出席会议并讲党课。

同日 县委书记周琳主持召开2020年县委第七次理论学习中心组学习会议。

30日 绵阳市副市长蒋丽英一行到梓潼县巡查高、中考备考、公办幼儿园建设、全民公共运动中心建设等情况。

同日 县政协主席敬友忠到宝石乡庆祝村走访慰问基层党员，为低收入党员带去党组织的关怀和温暖，送去节日的问候和祝福。

同日 绵阳市社会心理服务现状及人才需求座谈会在梓潼召开。

2020年第三季度大事记

7月

1日 县委书记周琳督导调研金龙镇脱贫攻坚工作。

同日 省政府参事室特约研究员曹德骏一行到梓潼县调研“农村撂荒地问题”和“基层医院建设问题”。

同日 县委副书记、县长刘强到卧龙镇、黎雅镇调研现代农业、城镇建设等工作，督导脱贫攻坚问题整改。

2日 市委常委、副市长吕剑到梓潼县调研民族宗教工作开展情况。吕剑一行实地查看七曲山大庙、敕法台、西岩寺等地。

6日 梓潼县举行2020年抗洪抢险应急救援综合演练暨城区超标洪水防御演练。

同日 县委书记周琳主持召开书记专题会，研究部署全县服务业发展工作。会议就如何推动梓潼服务业高质量发展进行讨论，听取县商务和经济合作局、县住建局等相关部门意见和建议。

7日 县委副书记、县长刘强到石牛镇、观义镇调研。

同日 县委书记周琳主持召开十二届县委第123次常委会会议。会议组织学习《四川省农村扶贫开发条例》《中共绵阳市委绵阳市人民政府〈关于加快构建“8+1”现代服务业体系推动服务业高质量发展的实施意见〉》、习近平总书记对防汛救灾工作作出重要指示和6月29日应急管理部党委书记黄明在视频调度会上的讲话、省委书记彭清华在全省防汛救灾工作调度会上的讲话以及市委刘超书记对全市防汛减灾工作作出批示等精神。审议全县应急物资装备采购及管理有关事宜、《梓潼县农村集体“三变”改革试点方案》和启动梓潼县武引二期灌区农渠工程项目前期工作的有关事宜等议题。

10日 县委书记周琳深入省道S209线改建工程沿线施工现场调研工程建设情况。

同日 省人大代表第五组成员到梓潼专题调研县供销社综合改革情况。

14日 梓潼县召开2016年新一轮退耕还林项目迎接国家检查验收会议。

15日 县委副书记、县长刘强到科伦医药和长林食品走访调研，面对面倾听企业诉求，协助企业解决实际问题。

16日 梓潼县召开第七次全国人口普查动员暨普查业务培训会议。会议传达学习中央、省、市相关会议精神，安排部署全县人口普查工作。

同日 中国国际电子商务中心（公司）副总裁、中国电子商务产业园发展联盟理事长陆建栋到梓潼县调研电子商务发展情况。

20日 四川省社会科学院科研教学基地在“两弹一星”干部学院挂牌。

21日 省人社厅党组书记、厅长胡斌到梓潼县调研农民工就业和援企稳岗工作。

同日 四川中医药高等专科学校校长王飞一行到梓潼就校地合作、附属医院建设等事宜进行考察并举行座谈交流会。

22日 县人大常委会组织部分市县人大代表就全县“三馆”建设工作开展专题视察。

24日 省农业农村厅厅长杨秀彬一行到梓潼县调研农业产业工作。

25日 在成都温江召开的四川省动物保健品协会2020年新版兽药GMP培训会上，梓潼县举行投资推介会，300余名动物医药行业企业家朋友参加会议。

26日 2020年乡村旅游文化节暨第六届自强荷花文化旅游节开幕。县委常委、宣传部部长席斌宣布本届文化旅游节开幕。

28日 县委副书记、县长刘强主持召开十七届县人民政府第63次常务会议。传达学习习近平总书记7月17日在中共中央政治局常务委员会会议上的重要讲话精神、在企业家座谈会上的重要讲话精神和对做好防汛救灾工作作出的重要指示精神，学习贯彻省委应对新冠肺炎疫情工作领导小组会议、省应对新冠肺炎疫情指挥部第31次会议精神，听取全县生猪稳产保供暨“非洲猪瘟”等重大动物疫病防控情况汇报，安排部署防汛减灾等有关工作。

29日 十二届县委第126次常委会会议召开。县委书记周琳主持会议并讲话。会议传达学习习近平总书记关于当前进一步做好防汛救灾工作的重要指示及中央政治局常委会会议精神、《中共四川省委办公厅四川省人民政府办公厅进一步强化县级党委政府防范应对汛期洪涝灾害主体责任的紧急通知》，习近平总书记在企业家座谈会上的讲话精神、国务院总理李克强在经济形势专家和企业家座谈会上的重要讲话精神；传达贯彻中共四川省委十一届七次全会、中共绵阳市委七届九次全会精神，研究梓潼县贯彻落实意见；组织学习《中华人民共和国民法典》《中国共产党基层组织选举工作条例》。

31日 县委十二届十八次全体（扩大）会议第一次全体会议召开。受县委常委会委托，县委书记周琳就《中共梓潼县委关于深入贯彻习近平总书记重要讲话精神积极参与成渝地区双城经济圈建设的决定》起草情况向全会作说明。

同日 中国共产党梓潼县第十二届委员会第十八次全体会议举行。全会坚定以习近平新时代中国特色社会主义思想为指导，深入学习贯彻习近平总书记在中央财经委员会第六次会议上的重要讲话精神，认真落实省委十一届七次全会、市委七届九次全会决策部署，审议通过《中共梓潼县委关于深入贯彻习近平总书记重要讲话精神积极参与成渝地区双城经济圈建设的决定》。县委书记周琳就《决定（讨论稿）》向全会作说明。

8月

5日 省政协副秘书长、致公党四川省委专职副主委肖剑书带领调研组到梓潼县开展“丘陵地区推进乡村振兴”调研。

12日 广安市发改委书记董明刚带领评估核查验收组一行到梓潼县，代表省发改委对梓潼易地扶贫搬迁评估核查工作进行审核验收。

23日 市委副书记、市长元方和副市长郑志恒到梓潼县督导防汛救灾工作。

25日 县委副书记、县长刘强主持召开十七届县人民政府第六次全体会议。会议深入贯彻省委十一届七次全会、市委七届九次全会和县委十二届十八次全会精神，总结分析上半年工作，安排部署下半年工作，动员全县上下坚定信心、鼓足干劲，真抓实干、攻坚克难，全力冲刺全年目标任务。

27 日 市委书记刘超到梓潼县石牛镇、观义镇、宝石乡等地，调研做好两项改革“后半篇”文章。

28 日 县委书记周琳主持召开十二届县委第128次常委会会议。会议组织学习《中华人民共和国公职人员政务处分法》《习近平谈治国理政（第三卷）》（节选第1~5个专题），习近平总书记近期有关重要指示精神，习近平总书记在吉林、安徽考察时的重要讲话精神和在经济领域专家座谈会上的讲话精神，习近平总书记在专家学者座谈会上的讲话精神，全省推动制造业高质量发展现场会和全省现代农业园区建设现场会会议精神。传达贯彻市委书记刘超到梓潼调研做好两项改革“后半篇”文章重要指示精神和做好两项改革“后半篇”文章座谈会会议精神。听取县委常委，县人大常委会、县政协党组书记，县政府党组成员、副县长，法院院长、检察院检察长工作汇报。

9 月

1 日 “两弹一星”干部学院专家委员会在北京市成立。

3 日 绵阳三香汇生物科技有限公司年产600吨植物提取物及其衍生物生产项目投产仪式在经开区举行。

8 日 “两弹城”获国家AAAA级旅游景区授牌。

17 日 “绵州英才荟”·梓潼县首届“文昌乡土人才”颁奖典礼在两弹城举行，47名“文昌乡土人才”受到表彰。

25 日 县委书记周琳主持召开十二届县委第130次常委会（扩大）会议。会议传达学习绵阳科技城建设部际协调小组第十四次会议精神和9月23日市委常委会会议精神，安排部署全县贯彻落实工作。

同日 由省文化和旅游厅主办，县委宣传部和县文广旅承办的四川省2020年“万人赏月诵中秋”群众文化活动在县融媒体中心举行。

29 日 绵阳市公安机关“交所合一”启动仪式在梓潼县仁和镇派出所举行。

2020年第四季度大事记

10 月

10 日 绵阳至苍溪高速公路梓潼段全线征地拆迁启动会召开。

11 日 2020年中华人民共和国第十四届学生运动会乒乓球预赛在四川文化艺术学院梓潼校区运动馆拉开帷幕。

13 日 县委书记周琳带领梓潼党政代表团到重庆市璧山区考察学习大健康产业、科技创新和工业经济发展等情况，并举行交流合作座谈会，两地签订协同发展合作协议。

15 日 四川省供销合作社党组书记、主任任晓春一行到梓潼县开展调研活动。

16 日 梓潼县创建第五届四川省文明城市工作会召开。

同日 梓潼县举行2020年“绵州金英荟”暨梓潼县大学生创业汇活动。

18 日 梓潼县七曲文学艺术协会成立大会暨脱贫攻坚诗咏会举行。全国、省、市艺术家50余人到场祝贺。

20 日 县委副书记、县长刘强主持召开十七届县人民政府第67次常务会议，学习贯彻习近平总书记近期重要讲话精神，以及重要会议精神，安排部署有关工作。会议传达学习习近平总书记在中央政治局第二十三次集体学习时的重要讲话精神。会前，与会人员观看《越界——部分省管干部违纪违法典型案件警示录Ⅲ》。会议还研究审议其他事项。

21 日 中组部干部教育局二级巡视员吴武洲带队到梓潼县调研条例、规划落实情况。

22 日 县委书记周琳主持召开十二届县委第132次常委会会议。会议传达学习习近平在中央党校中青年干部培训班开班仪式上、在深圳经济特区建立40周年庆祝大会上、在广东省考察时、在中央政治局第二十四次集体学习时重要讲话精神和10月16日中央政治局会议精神，习近平总书记对脱贫攻坚工作作出的重要批示精神；传达学习全省河长制湖长制工作推进会议精神、全市现代农业园区建设现场会会议精神和市纪委《关于四起违反中央八项规定精神典型案例的通报》；组织学习《中国共产党中央委员会工作条例》和《关于调整完善土地出让收入使用范围优先支持乡村振兴的意见》；听取全县暴雨洪涝灾害项目重建补助资金争取及推进情况汇报，全县河长制湖长制工作情况汇报；审议梓潼县梓江治理工程（东石闸坝）方案调整等7项议题。会议还研究其他事项。

同日　中国农工民主党梓潼县支部委员会换届大会召开。会议听取梓潼县支部上一届支部工作报告，按程序选举产生农工党梓潼县新一届支部委员会委员。

22—23日　省专家组对县城容貌进行评价。专家组一行对全县公共停车场、垃圾中转站、公厕、广场、农贸市场、在建工地、公园、广告、标牌、公共照明等进行现场察看并通报城市容貌评价结果。专家组对梓潼城市容貌建设管理工作作出的努力与取得的成效给予肯定，并在此之上提出指导性意见与建议。

27日　首批四川省职业院校旅游管理专业“双师型”名师工作室梓潼工作站在七一高级职业中学正式挂牌。

11月

2—3日　全县实施“五大行动”加快推进美丽乡村建设现场会召开。参会人员分A、B两组分别前往自强、文兴、仁和、许州等全县16个镇（乡）进行现场检阅，研究部署当前和今后一个时期全县美丽乡村建设工作，探索一批可复制可操作的先进经验。

3日　十二届县委第133次常委会（扩大）会议召开。周琳专题传达学习十九届五中全会精神和10月30日省委常委会（扩大）会议、11月2日市委常委会（扩大）会议精神。

3—4日　省卫健委二级调研员姜凯一行到梓潼开展省级慢性病综合防控示范区建设工作现场评估。

4日　中国侨联党组成员、副主席程学源一行到“两弹城”调研。

5日　首届科学家精神论坛在“两弹一星”干部学院举行。中国工程物理研究院党委副书记何颖波，中国社会科学院当代中国研究所副所长、研究员李正华，市委书记刘超，市委副书记胥锦，县上领导等出席首届科学家精神论坛。市委常委、组织部部长、“两弹一星”干部学院院长王华蓉宣读首届科学家精神论坛论文获奖作者名单，李正华、李后强为论文获奖代表颁奖。

7日　成都理工大学副校长许强带领各院系师生到梓潼县，就文旅产品研发、融媒体传播人才在职培训、传媒人才培养与学科建设、科普研究与成果转化等方面进行全面、深入地交流，并达成战略合作框架协议。

11日　梓潼县举办“决战脱贫攻坚决胜全面小康”主题演讲活动。

17日　中国银行梓潼支行举行开业庆典。活动中，刘强与陈诗国共同为中国银行梓潼支行揭牌，并参观该行营业厅、办公区等。

20—21日　在“两弹一星”历史研究会的支持配合下，中国国史协会顾问、“两弹一星”历史研究会原理事长张翔及“两弹一星”干部学院专家委员会委员丁锋、袁和平、胡木英等专家和委员到梓潼县调研。

24日　重庆市江津区政协副主席杜长志、江津区聂荣臻元帅陈列馆馆长万金蓉带领聂荣臻元帅精神报告团到“两弹城”举行聂荣臻元帅精神报告会。

30日　十二届县委第137次常委会会议召开。会议学习《优化营商环境条例》；传达学习习近平总书记在10月22日中央政治局常委会会议上的重要讲话精神、在中央全面依法治国工作会议上的重要讲话精神和在全面推动长江经济带发展座谈会上的重要讲话精神，以及习近平总书记对平安中国建设作出的重要指示和平安中国建设工作会议精神，森林草原防灭火专项整治辅导报告会和省市森林草原防灭火专项整治工作领导小组会议精神，全市文化和旅游发展大会会议精神，研究梓潼县贯彻落实意见；听取县直机关工委2020年度工作汇报；研究今冬明春疫情防控工作。

》》》12月《《《

1日 梓潼县举办第一个“公务员无偿献血月”活动启动仪式。

8日 国家无非洲猪瘟小区评估验收专家组一行7人到梓潼县对四川正大畜牧有限公司无非洲猪瘟小区情况进行现场评审工作。

10日 全县中药材产业园区建设推进会召开。会议听取宏仁镇和百草园种植专业合作社中药材产业发展情况汇报，安排部署下一步工作。

22日 十二届县委第139次常委会会议召开。会议学习《中华人民共和国政府采购法》《中华人民共和国退役军人保障法》和中共中央印发《法治社会建设实施纲要（2020—2025年）》《法治中国建设规划（2020—2025年）》；传达学习习近平总书记在全国劳动模范和先进工作者表彰大会上的重要讲话精神，在纪念中国关心下一代工作委员会成立30周年暨全国关心下一代工作表彰大会上的重要讲话精神，在中央政治局第二十五次、第二十六次集体学习时重要讲话精神和在召开党外人士座谈会上的重要讲话精神，以及中央经济工作会议精神，11月30日、12月11日中央政治局会议精神，推动长江经济带发展领导小组会议精神，省委十一届八次全会精神，全省森林草原防灭火工作会议精神、全市今冬明春城乡和森林草原防灭火工作会议精神。研究2020年第四次意识形态工作。

23日 县委组织部（县人才办）组织开展梓潼县首批“文昌乡土人才”工作室观摩暨授牌活动。

29日 县公安局举行集中发还赃物仪式。

（赵　英）

县情概览

XIANQING GAILAN

地理气候

【地理位置】 梓潼县位于四川省绵阳市东北部，位于北纬31°25′27″至31°51′43″、东经104°57′16″至105°27′35″之间，以“东倚梓林，西枕潼水”而得名。是古蜀道南端的一颗耀眼明珠，县境东西宽约35公里，南北长约52.5公里，国道108线斜穿境内，宝成铁路、成广高速公路擦境而过。全县辖区面积1442.32平方公里，其中耕地面积32331公顷，耕地占全县总面积的30%，森林面积42186公顷，森林覆盖率达到38.48%，丘陵和低山占全县总面积的95.3%。

（李海勇）

【地形地貌】 地貌轮廓　梓潼县境地势，东北高，西南低，中部夹一低凹的潼江河谷，东西横剖面呈不对称的马鞍形。县境地势由海拔700米以上的东北高丘、低山区，向西南倾至600米以下的中、浅丘陵区。最高点为东北部文昌镇境内的旺瓢山（海拔911.6米）。最低点为县境之南的玛瑙镇后山村潼江流出县境处的三江口（海拔413米），绝对落差498.6米。全境地形切割深度为100～300米。县境地质构造因受梓潼大向斜宽缓的两翼制约，境内地层平缓，出露地层几乎近于水平产状。岩层分布一般为紫红色和灰绿色砂岩与紫红色页岩、泥岩、互层的沉积韵律，加之接近四川盆地西北边缘，侵蚀风化剥蚀作用强烈，泥岩和页岩疏松，被剥蚀为平台，坚硬的砂岩往往被侵蚀为悬岩状，形成“梓潼台地”地貌。

梓潼县境无构造山脉，所有山丘均系地壳抬升和流水等外力侵蚀切割，使得河谷下降，两岸相对升高而形成的河流间的分水岭，因而山丘的延伸规律与河流流向大体一致。依据地貌相似性原则划分地貌，梓潼县境可划分为3个地貌区：潼江东北高丘低山区，潼江以西丘陵区，潼江河谷平坝区。

侵蚀堆积地貌　梓潼县境内堆积地貌不太发育，沿潼江河谷呈带状分布，赤溪河、石牛河、鹅溪（马鸣河）等河流两岸仅有零星分布，约68.28平方公里，占全县总面积的4.7%。

构造侵蚀剥蚀地貌　梓潼县境属丘陵向低山过渡地域。地质构造属平缓褶皱区。除在接近龙门山脉的金龙场、仙峰、小垭等北面地域因受龙门山褶皱构造影响，有零星缓倾、单斜低山地形外，其余皆为桌状、台状、枝状等低山、丘陵地形，河谷发育以北南向为主。

（王　春）

【气候状况】 2020年梓潼县光热充足、降水丰沛，气象条件能够满足大小春农业生产所需，但极端天气气候事件多，害多灾重，是一个气候极端异常之年，属偏差年景。年平均气温16.9℃，较常年偏高0.4℃；年降水量1171.2毫米，偏多34%；年日照时数1202.2小时，偏多7%。2020年，梓潼县天气气候十分异常，上半年降水持续显著偏少、天气干暖，发生冬春夏三连旱，给农业生产造成不利影响；下半年旱涝急转，盛夏暴雨成灾、秋绵雨偏重、初冬天气湿冷。汛期有5次大暴雨天气过程，8月11—17日大暴雨降水量为历史同期首位，造成严重的洪涝和地质灾害。

光热充足　梓潼县2020年平均气温16.9℃，较常年同期偏高0.4℃，为有气象记录以来第五高位。年极端最高气温38.1℃（6月30日），年极端最低气温-2.3℃（12月21日）。炎热日数68天，较常年多9.7天，酷热日数15天，较常年多8.3天。

年日照时数1202.2小时，较常年偏多7%。上半年各月日照时数均较常年同期显著偏多，总日照时数位列历史同期第1高位；下半年各月日照时数均较常年同期偏少，总日照时数位列历史同期第三低位。

冬春夏三连旱　上半年降水呈现时间分布极为不均的现象，出现冬春夏三连旱。冬季（1—2月）总降水量5.9毫米，偏少64%，出现明显冬干。春季（3—4月）总降水量40毫米，偏少33%；春旱天数为39天。初夏（5—6月）总降水量211.9毫米，偏多5%；夏旱天数为50天。

盛夏大暴雨频繁　盛夏（7—8月）大暴雨天气频繁，其中7月下旬至8月下旬相继出现“7·25”“7·30”“8·11”“8·15”4次暴雨天气过程。大暴雨天气过程次数、强度等为梓潼县有气象记录以来所罕见。特别是8月11日和8月15日两次特大暴雨过程几乎无缝连接。8月11—17日总降雨量351.7毫米，为常年同期的7倍，为有气象记录以来第一高位。

洪涝地质灾害严重　7月下旬至8月下旬大暴雨天气频繁，造成异常严重的洪涝和地质灾害。潼江等干流出现超警戒水位；平坝河谷地区洪水泛滥，淹没大量农田；多地道路等基础设施被损毁。

秋绵雨天气偏重　9月中旬至10月中旬阴雨寡照天气十分明显，降雨日数为26天，位列历史同期第3高位；总日照时数为9.1小时，为历史同期最少值。“秋绵雨”天数为16天，“秋绵雨”天气偏重发生。

大风天气多　年内风力达6级及以上大风次数为40次，风力达8级及以上大风次数为4次，极大风速为20.4米／秒。

气候影响分析　2020年上半年降水持续显著偏少，出现冬春夏三连旱；下半年盛夏暴雨成灾、秋绵雨偏重、初冬天气湿冷。冬季（1—2月）降水偏少6成，加之冬暖显著、空气干燥，冬干十分明显。春3月至初夏6月上半月降水仍持续显著偏少，降水量较常年同期偏少30%；同期气温较常年同期偏高1.3℃，空气湿度（63%）偏低6个百分点，干暖天气导致梓潼县大部分地区发生较严重的春旱和夏旱，部分地区旱情十分严重，水稻“洗手干”、等雨栽秧栽苕现象突出，部分地方夏玉米炕种死苗，给大春播栽工作造成严重不利影响，森林火险气象等级持续居高不下，6月16日出现首场区域性暴雨，夏旱得以解除。盛夏中后期旱涝急转，7月24日至8月31日，30多天时间内出现4次大暴雨，其中8月11日和8月15日两次大暴雨天气过程无缝衔接，8月11—17日降水量创历史极值；2020年盛夏大暴雨天气过程次数之多、间隔时间之短、降雨强度之大、覆盖范围之广为梓潼县有气象记录以来所罕见，大暴雨天气使梓潼县发生严重的洪涝和地质灾害。入秋后，梓潼县阴雨寡照天气十分明显，“秋绵雨”天气更是偏重发生，给小春备耕和播栽工作造成较明显的不利影响。在经历深秋11月难得一见的“小阳春”天气后，急速入冬。入冬后，冷空气频频入侵，气温偏低，湿冷天气十分明显。

（王亚林）

建置区划

【建置沿革】《四川上古史》记载，春秋初期，梓潼为部落国。周灵王十六年（公元前556年），梓潼部落国被蜀国所灭，秦惠文王九年（公元前316年）秦惠文王遣大夫张仪、司马错率军灭蜀，梓潼又为秦国领地。秦昭襄王二十二年（公元前285年）秦国开始在蜀地实行郡县制，置梓潼县，隶属蜀郡。西汉高祖五年（公元前202年）分巴郡割蜀郡之地，在梓潼设广汉郡，新莽始建国元年（9年），王莽为避“汉”字，将广汉郡改名为子同郡。东汉建武元年（25年），公孙述据蜀，建“大成国”，将子同郡改名为就都郡，梓潼县仍置，隶属就都郡。东汉建安十九年（214年）豫州牧刘备入成都，建安二十二年（217年）分广汉郡九地，在梓潼置梓潼郡。三国魏咸熙二年（265年），大将军司马炎逼魏元帝曹奂退位，司马炎接皇帝位，改国号为晋，梓潼仍置郡，隶属晋国梁州。西魏废帝二年（553年），大将军尉迟迥伐蜀，置潼州郡（又名潼川郡、东川郡），梓潼县改名为安寿县，县治迁至稷连（今石牛镇），隶属益州大都督始州（州治今四川剑阁）。隋开皇三年（583年）撤销潼州郡，隋大业三年（607年），安寿县还名梓潼县，隶属西南行台普安郡。唐朝初期沿袭隋朝旧制，于唐武德元年（618年）罢郡为州，推行州县二级制，梓潼、阴平仍置县，隶属于利州（州治今广元）。唐贞观元年（627年）至元至正二十一年（1361年），梓潼仍置县，隶属于保宁府（治今阆中）。明初，在省之下实行府、州、县三级制，普安县、江油县先后撤销，其辖地并入梓潼县，入隶剑州。清朝时期，梓潼仍置县，先后入隶大清保宁府剑州，川北道保宁府剑州、绵州。20世纪初，四川各道的设置渐次被军阀的防区制所代替，梓潼县先后为川军六旅刘存厚防区、川军二十一师田颂尧防区。1928年，省政府明令裁道各省，各县直接隶属省府。自此，梓潼置县历经唐、宋、元、明、清各朝。直至1935年4月，中国工农红军第四方面军进军梓潼，在县境内设置梓潼、百顷、重华3个县级苏维埃政府，隶属川陕省苏维埃政府。当年红军转移后国民党势力重返梓潼，仍置梓潼县，隶属四川省第十三行政督查区（治绵阳）。1949年梓潼解放，仍置县，隶属四川绵阳专区，1985年绵阳改制为省辖市，梓潼隶属之。

（李雨芮）

【行政区划】2020年全县乡镇行政区划和村级建制调整改革后，全县由原来的32个乡镇减少到16个，减幅达50%；乡镇平均面积由原来的45.12平方公里增加到90.24平方公里，乡镇平均户籍人口由原来的1.2万人增加到2.4万人。村（社区）由329个减少到181个，其中社区19个，减幅56%。

（李海勇）

人口民族

【人口情况】2020年，梓潼县户籍人口136719户、370187人，其中城镇人口79089人，乡村人口291098人。男性190397人，占总人口的51.4%，女性179790人，占总人口的48.6%，男女的性别比为105.8。18岁以下人口52909人，占总人口的14.3%；18~34岁人口72038人，占总人口的19.5%；35~59岁人口164007人，占总人口的44.3%；60岁以上人口81233人，占总人口的21.9%。

【民族情况】2020年，梓潼县户籍人口登记有32

个民族类别，总人数370187人，其中汉族368290人，占总人数的99.48%，少数民族类别31个，1897人，约占总人数的0.52%。少数民族主要分布情况如下：回族497人（主要居住在文昌镇），羌族278人（主要居住在文昌镇、黎雅镇），藏族235人（主要居住在石牛镇、卧龙镇、文昌镇），苗族165人（主要居住在长卿镇、文昌镇、仁和镇），彝族161人（主要居住在许州镇、仁和镇），土家族134人（主要居住在长卿镇、许州镇），壮族114人（主要居住在许州镇、文昌镇），布依族68人，侗族53人，满族32人，哈尼族22人，仡佬族24人，瑶族23人，蒙古族20人，黎族10人，白族14人，水族6人，朝鲜族5人，傈僳族3人，纳西族5人，佤族8人，毛南族3人，傣族4人，拉祜族3人，布朗族2人，景颇族3人，土族1人，怒族1人，畲族1人，哈萨克族1人，其他1人（穿青人）。

（何新春）

自然资源

【土地资源】 2020年，梓潼县耕地总面积772732.35亩；园地总面积33458.10亩；林地总面积905815.65亩；草地总面积5228.85亩；城镇村及工矿用地总面积151879.65亩；交通运输用地面积36961.80亩；水域及水利设施用地总面积137932.50亩；设施农用地、裸地等其他土地总面积121904.70亩。

（邵麟雅）

【水资源】 梓潼县境内大小河流均属涪江一级支流梓江水系。主要河流为梓江，发源于江油市文胜乡白洋洞，流经江油、梓潼、盐亭、射洪，最后在射洪天仙寺汇入涪江，全长296公里（梓潼县境内长99.9公里），流域面积5201平方公里（梓潼县境内为965.1平方公里），多年平均流量27.2立方米／秒，最大流量6230立方米／秒，最小流量0.023立方米／秒。梓江在梓潼境内有8条支流，即金天河、双板河、石鸡河、宝石河、马鸣河、太平河、石牛河、大新河，均属梓江水系的一级支流，呈叶脉状分布。

梓潼县是典型的浅丘县，素有“十年九旱”的称号。梓潼县单位面积产水量34.52万立方米／平方公里，低于绵阳市平均56.4万立方米／平方公里，低于全省平均54.02万立方米／平方公里，是四川省产水量较低的地区，多年平均水资源总量为4.98亿立方米，约为绵阳市水资源总量的6%。人均水资源占有量均处于较低水平，总体水平与绵阳市平均水平基本持平，全县人均水资源量1310立方米，略低于绵阳市人均水平1399.8立方米，远低于全省平均水平3027立方米。全县耕地亩均占有水资源量为1123立方米，低于绵阳市亩均水平1871立方米，远低于全省平均2931立方米／亩。

梓江干流贯穿全县，全县多年平均入境水量5.302亿立方米，入境水资源相对丰富。根据梓潼水文站及刘家河水文站实测资料分析，入境水量年际变化较大，径流年内分配也十分不均，5—9月径流所占全年比例达80%以上。梓潼属川北低山向川中丘陵过渡地带，为岭谷相间的丘陵地貌，土地资源少，而且多呈小片散布在山丘区，土层薄瘠，水低田高，水资源开发利用的条件较差，难以大规模利用。

2020年，全县用水总量1.4065亿立方米，其中农田灌溉用水0.9062亿立方米，林牧渔畜用水0.237亿立方米，工业用水0.0210亿立方米，城镇公共用水0.0162亿立方米，居民生活用水0.2156亿立方米，生态环境用水0.0105亿立方米。

（王　敏）

【农业资源】 梓潼县是丘区农业大县，耕地资源丰富，土质结构良好，适宜进行农业种植，2020年全县耕地和园地面积80.62万亩。其中水田30.99万亩，占全县农用地总面积的38.44%；旱地46.29万亩，占农用地总面积的57.42%；果园面积2.12万亩，其他园地面积1.22万亩，分别占全县农用地总面积的2.62%、1.52%。耕地、林地、草皮共占土地面积的三分之二，人均占有耕地面积占全市第一位。先后获“全国生猪调出大县”“全国产油大县”“全国产粮大县”“国家级水稻制种基地”“四川省农业产业化经营工作先进县”“四川省现代畜牧业重点县”等称号，形成水稻制种、蜜柚、生猪、蛋鸡、中药材、蔬菜六大优势农业，水稻制种规模居全国首位，常年水稻制种面积稳定在5万亩左右，“添宝蜜柚”已有一定知名度，蜜柚种植面积17万亩，许州镇连片种植蜜柚约4.5万亩，景观壮丽，生猪年出栏50.034万头，小家禽出栏462.9万羽。形成中药材、粮油、蔬菜、食用菌、蚕桑等九大特色农产品，有以桔梗、丹参、葛根、芍药、油牡丹等为主的5万亩中药材基地，培育圣迪乐蛋品、文昌添宝蜜柚、梓潼桔梗、靓绿瓜果、长林分割肉、和香米业等优势农产品品牌，其中全国驰名商标1个（圣迪乐），省级著名商标2个（圣迪乐和喜福临），凤桔质优味浓，已载入《中国药典》。

（王雪冰）

【森林资源】 2020年，全县林地面积62578.87公顷（有林地面积60632.17公顷、疏林地569.1公顷、灌木林地766.17公顷、未成林地252.36公顷、苗圃地1.14公顷、无立木林地128.23公顷、宜林地229.11公顷，林业辅助生产用地0.59公顷）；非林地面积82774.92公顷。

按森林资源类别划分：公益林总面积6199.49公顷。国家级公益林6194.32公顷，省级公益林5.17公顷。其中，国家级公益林中，国有1163.66公顷，集体（含个人）5030.67公顷。

县境内森林覆盖率为43.88%，活立木蓄积量为343万立方米。

（王玉兰）

【矿产资源】 *石油天然气*：梓潼大向斜东南翼之老关庙和三合场鼻状构造，皆为一短轴背斜，闭合良好。构造周围广泛存在含油砂岩层，又长期处在利于油气运移储集的川西北凹陷向川中地块过渡的斜坡上。四川石油局川西北矿区已在老关庙构造钻井9口。在地腹的中生界三叠系上须家河组之须四、须三、须二（地层深4200~4500米）层段，均获气藏。川西北矿区在三合场背斜东翼二洞至文兴场之间钻井10口，在中生界三叠系上统须家河组之须二、须三、须四测试，获工业气流，已投资4口井，供城乡生活生产用气。

煤：梓潼大向斜东南翼老关庙背斜之中生代侏罗纪下统大安寨组（地层深3100~3200米），属半深水湖相沉积，介壳灰岩，总厚60.5米，介壳个体较大，多为瓣鳃类和腹足类化石。足见侏罗纪（距今约1.95亿年）沉积前，古生物丰富。三叠系上统须家河组二段（层深4500米左右），古地温80℃~117℃，对油气生成有利。在三叠系上统须二层段（井深4500米），获无烟煤储藏，层厚4.5米，占三叠系上统须二段总厚度的27.6%，尚无可开采的技术。

卤水：川西北矿区在老关庙背斜钻井至230米处，打出卤水，含盐量较高，在三叠系下统嘉陵江组（地层深5700~5800米）亦获卤水，涌出量大，含盐量高。县境西北宏仁镇之太皇铺，东北文昌镇及县城均有咸水泉孔，涌水量微小，昼夜仅数百升，含盐量低。清咸丰《重修梓潼县志》载，昔产盐，今不产。

硝：梓潼县境内，水质含硝酸根较高。旧志载，清乾隆年间县内有硝厂，民间亦多用屋基土渗水过滤后熬硝。中华人民共和国成立后，县城亦组建硝（硝酸钾）厂，供做爆竹和打蜡之用。

膨润土：梓潼县境内白垩系下统苍溪组出露地层的泥岩，经风化后成为膨润土。在玛瑙镇境内有出露，2016年第三轮矿产资源规划远景资源量168万吨，已设采矿权1宗，年产膨润土3万吨。

页岩：梓潼县境内泥质页岩丰富，可供制作墙体烧结砖。2021年第四轮矿产资源规划，保有资源储量866万吨，拟规划页岩矿山采矿权10宗。

建筑砂岩：主要产于白垩系白龙组，品质中等、规模小、分布零散，在仁和、宝石、文兴、许州、观义、石牛、文昌镇等显有出露，不利于集中开发，开采成本较高。目前仅石牛镇境内御海石材厂一宗采矿权，生产规模1.5万立方米/年，保有储量6万立方米。2021年第四轮矿产资源规划建筑砂岩矿保有资源储量370万立方米，拟规划10宗采矿权。

卵石及河沙:潼江流域河道及沿岸两侧分布一定储量的卵石、河沙,可供适量开采,生产规模可达40万立方米/年。

(王　春)

【气候资源】 梓潼县属亚热带湿润性季风气候,大陆性季风气候显著。其特点是季风明显,气候温和,年平均气温16.5℃,四季分明,热量充沛;冬暖、春早、夏长,大雨迟、结束早,无霜期264天,多秋绵雨,汛期集中在7月,体现较为明显。

(王亚林)

【野生动物资源】 梓潼县陆生野生动物达230多种,分布于全县林区。其中属于国家一级保护的动物有四川山鹧鸪;属国家二级保护动物的有猕猴、穿山甲、黄羊、苍鹰、猫头鹰、白冠长尾雉、红腹锦鸡、小灵猫、鹦鹉、白腹黑啄木鸟、虎纹蛙、藏原羚等30多种,属国家重点保护动物30多种;属四川省重点保护的动物有50多种;属四川省有益、有重要经济价值、科学研究价值的动物110多种。梓潼丰富的生态资源更是各种鸟类的天堂。最常见的有八哥、翠鸟、骨定鸡、冠鱼狗、黑尾蜡嘴雀、红翅旋壁雀、红头山雀、红头蓝尾鸲、扁尾沙雉、相思鸟、黑枕黄鹂、戴胜、麻雀、斑鸠等60多种。

【野生植物资源】 野生植物数量及分布情况:有高等植物4门154科448属711种,其中苔藓植物15科30属31种,蕨类植物23科40属80种,裸子植物7科14属14种,被子植物109科364属586种。植物种类较丰富,优势科属明显,中国特有植物种属较多,起源古老,多单型、少型属。植物区系成分复杂,表现出从热带向北温带过渡的多类型。裸子植物有银杏、杉木、苏铁、柏树、罗汉松、红豆杉、马尾松;被子植物有香樟、杨树、洋槐、法国梧桐、桉树、青杠等。林下植被有马桑、黄荆、铁仔、火棘、小果蔷薇、勾子、黄茅、地瓜藤、葛藤、衰草等。经济植物主要有梨树、桃树、柑橘、枇杷、油桐、油橄榄、核桃、石榴,还有兰草、丹桂、紫薇等观赏植物。

古树名木资源:全县古树名木共11950株(其中死亡1株),全部为古树,树种包括柏树、苏铁、黄连、桂花等21种。其中:一级古树236株(其中死亡1株,位于七曲山大庙山上),二级古树605株,三级古树11109株。

古树名木分布于16个镇(乡)1个林场,涉及118个村,以文昌镇最多,共8047株(其中七曲山8046株),其次为长卿镇1330株(其中长卿山1327株)、演武镇1454株(其中长岗寺1284株)、玛瑙镇404株(其中兜鍪山392株)、国有林场146株、卧龙镇127株、黎雅镇112株(其中龙泉寺108株),此8个乡镇(林场)古树名木数量占全县的97.2%,除经开区无古树名木分布外,其余乡镇各有古树名木1~37株。

(王玉兰)

【旅游资源】 梓潼县以"东倚梓林,西枕潼水"而得名,是中国建县最早的古县之一,梓潼有悠久的历史和丰富的自然遗迹。境内有七曲山大庙、长卿山李业阙、卧龙山千佛岩3处全国重点文物保护单位。在全国尚存的24座汉阙中梓潼汉阙就占了六分之一。金牛古道自秦汉至明被演绎成为翠云廊。红军长征过梓潼县建立3个县级苏维埃政权,留下许州红军桥、马迎红军墓等革命遗迹。三线建设后,梓潼又成为中国"两弹城"遗址所在地。七曲山国家森林公园有纯古柏林700余亩,千年古柏2万余株,被誉为"古柏大观园""森林活化石""天然氧吧"。

七曲山大庙相传为晋人张亚子的祀庙,历经1000余载,存阁楼寺殿集元、明、清三代建筑之精华。庙内的"应梦仙台",相传是唐明皇得梦之所。民俗文化旅游资源有"文昌出巡",发源于梓潼七曲山的文昌洞经古乐被联合国教科文组织誉为"音乐活化石",文昌大庙会成为川西北乃至整个四川最大的集商贸、宗教、文化于一体的民俗活动,已有上千年历史,影响到全川及周边省市。因此,梓潼成为文昌文化发祥地,有"文昌祖庭"之称。

"两弹城"景区原是中国工程物理研究院院

部旧址。景区占地面积1200余亩,有当年的红色建筑物167栋,为中国第二代核武器研制基地,也是“两弹红色文化”的发源地。两弹城景区独特的历史背景和鲜明的时代文化,成为人们怀旧体验、休闲度假、红色旅游、拓展训练的首选之地,已被列入“全国红色旅游经典景区”,先后被有关部门命名为“国防科技工业军工文化教育基地”“全国社会科学普及基地”“四川省爱国主义教育基地”、中国“两弹一星”红色文化社科普及基地、四川省“中共党史教育基地”、四川省“统一战线中国特色社会主义教育基地”。

梓潼县文昌艺术小镇景区总面积约595404平方米,位于文昌大道东侧,潼江河与马鸣河交“三江六岸”处。文昌艺术小镇旅游景区是集文昌文化体验、艺术体验、科普教育、亲子旅游、餐饮休闲、科技娱乐综合体验于一体的综合旅游目的地,是四川首家以“文昌文化”为艺术文化主题景区。

梓潼聚焦创建天府旅游名县、历史文化名城、全域旅游示范区目标,努力加快A级旅游景区建设。建成2个AAAA级旅游景区,1个AAA级景区,七曲山风景区创国家AAAAA成功进入文化和旅游部申报景观质量评审名单。

(魏雨珊)

名优特产

【概况】 梓潼自古有“五谷皆宜之乡,林蚕丰茂之里”的美称,梓潼名特小吃众多。梓潼酥饼、梓潼片粉、镶碗被称为“梓潼三绝”,享誉全国。

【梓潼酥饼】 梓潼酥饼,因其薄而脆,民间又称“薄脆子”。入口即化,酥香可口,是人们食用之美食,请客送礼之佳品。梓潼县酥饼制作历史十分悠久,相传早在汉代就有酥饼,司马相如与卓文君寄居梓潼时,常以酥饼伴酒吟诗,因此有“金樽美酒香酥饼,相如弹琴醉文君”的诗句。唐明皇幸蜀时也曾品尝过酥饼,后来被列为“贡品”。其制作工艺系以面粉、化猪油、菜油、砂糖、芝麻为主要原料,以头道面粉做发酵面,与干面混合拌匀,不再发酵;二道面与花生油和面,加入糖或者食盐、花椒粉揉搓制成饼坯,然后用双面铓烘烤,掌握合适温度,烤至烤发后重叠置平板上,加压冷却,10分钟后摊开,搌平,即为成品。其特点是色泽黄亮,圆如秋月,向以质地酥脆,香甜化渣著称,且久贮色、香、味、形不变,以其制工精细,风味独特而驰名古今。2011年7月,梓潼酥饼制作技艺被四川省人民政府列入第三批省级非物质文化遗产保护名录。

【梓潼片粉】 片粉,被誉为梓潼乡土风味小吃三绝之一。食之有麻、辣、冲之味。秉性尚热,嚼之,柔韧凉爽。片粉不仅吃起来味香爽口,解饥除渴,且具有清热解毒,益气通脉的功效。相传,清光绪年间,梓潼东坝一位仇姓厨师,在为人做席的长期实践中,不断总结经验,经多次实验而创造这一美肴。做片粉的原料,采用优质绿豆、豌豆、红苕淀粉为主料,其中以绿豆为最佳。其做法是,按照民间传统工艺,配以清甜井水,精细操作。绿豆片粉、苕淀粉一般是将青菜汁、韭菜汁中的自然色素与淀粉稀释成浆,舀入平底圆形金属锅内荡平,放入沸水锅中摆动数下,待粉浆凝结成薄膜状,将平锅提出,放入清水冷却,然后起出,平铺在桌上,照此分法码至约1~3寸高,用刀切成宽约1寸的长条,吃时一片一片撕开,薄滑透明,故称片粉。梓潼片粉,色绿质嫩,柔滑而富弹性,整洁而层次分明,食时兑料讲究,多配以麻辣酸调料,浇以豆豉酱汁、窝油高醋、辣椒香油、大蒜芥末,视之绿盈水泛,食之麻辣冲,嚼之柔韧凉爽,寒热俱佳,清嫩爽口,阴阳相宜,鲜味独特。2011年7月,梓潼片粉制作技艺被四川省人民政府列入为第三批省级非物质文化遗产保护名录。

【梓潼镶碗】 梓潼镶碗,是地方上的一道特色大菜。接待贵客,必有镶碗。镶碗用料有鸡蛋、豆粉、豆腐、肉馅;底料有木耳、黄花、豆皮、酥肉、时令蔬菜等。制作时蛋清、蛋黄分别上笼分蒸，呈黄白二色，造型美观，滋润可口，深受食客喜欢，镶碗又是“十大碗”中的第一道盖面菜。镶碗最早是宫廷御膳，明世宗时，总督营成政的仇鸾，失势后举家迁居梓潼，并将此菜的制作方法一并带回家乡。此后，便在民间的“田席”上增加了这道必不可少的镶碗大菜，一直传到现在，成为梓潼的一道名菜，令人百吃不厌，享誉久远。

【许州凉粉】 许州凉粉是许州镇传统美食、特色名小吃，因其做工考究，口感细腻而广受群众青睐。它不断、不躁、不黏，有韧性，口感细腻，调以酱油、醋、花椒、油熟辣椒而食，味道上乘，回味香醇，非语言可表达，食者往往采购以赠送他人。

（魏雨珊）

经济社会发展

【概况】 经济从第一季度下滑而后逐步回升，总体保持增长。据绵阳市统计局地区生产总值统一核算结果，全县地区生产总值148.94亿元，同比增长4.2%。其中，第一产业增加值36.73亿元，同比增长5.5%；第二产业增加值45.51亿元，同比增长3.4%；第三产业增加值66.70亿元，同比增长4.3%。三次产业对地区生产总值增长的贡献率分别为26.3%、32.3%、41.4%。三次产业结构由上年的21.6∶32.6∶45.8变化为24.6∶30.6∶44.8。民营经济实现增加值895748万元，同比增长2.9%，对地区生产总值的贡献率为49.6%。

【农业】 2020年，农林牧渔业增加值38亿元，同比增长5.8%。实现农林牧渔业总产值62.41亿元，同比增长6.1%。分行业看：农业总产值28.18亿元，同比增长4.81%；林业总产值2.62亿元，同比增长7.18%；牧业总产值27.51亿元，同比增长7.32%；渔业总产值2.01亿元，同比增长5.02%；农林牧渔服务业总产值2.08亿元，同比增长5.89%。

主要农产品产量稳定增长。粮食作物稳定增长。2020年，全县粮食播种面积76.1万亩，同比增长0.02%，粮食总产量29.32万吨，同比增长0.5%。其中，小春粮食播种面积25.0万亩，同比下降1.1%，小春粮食产量7.3万吨，同比增长2.0%；大春粮食播种面积51.1万亩，同比增长0.6%，大春粮食产量与去年持平。经济作物明显增长。全县经济作物播种面积48.16万亩，同比增长9.6%。其中：油料播种面积32.15万亩，同比增长7.0%，油料产量6.18万吨，同比增长9.2%；蔬菜播种面积11.77万亩，同比增长23.3%，蔬菜及食用菌产量23.27万吨，同比增长4.0%；中草药材播种面积0.74万亩，同比下降1.0%，中草药材产量0.3万吨，增长1.0%；瓜果播种面积2.07万亩，同比下降2.2%，瓜果产量4.33万吨，同比下降3.2%。

出栏生猪50.03万头，同比增长24.9%；肉类总产量5.38万吨，同比增长15.72%；禽蛋产量3.09万吨，同比增长9%；蚕茧产量0.1吨，同比下降8.8%。

农业生产条件继续改善。2020年末，全县有各类水利设施12745处，水利工程总水量能力25355.47万立方米，实际供水14065万立方米。全县耕地有效灌溉面积22790公顷。农机总动力达38.6万千瓦。

【工业和建筑业】 2020年，工业增加值308598万元，同比增长3.3%。全县工业增加值占地区生产总值的比重为20.7%，工业对地区生产总值的贡献率为23.5%，工业拉动地区生产总值增长0.99个百分点。其中，规模以上工业总产值62.47亿元，同比增长3.9%；规模以上工业增加值增长5.2%；规模以上工业企业实现营业收入58.37亿元，增长1.3%。

资质以上总专业承包和专业承包建筑企业23个，有工作量的22个，完成建筑业总产值32.73亿元，同比增长9.1%。

【固定资产投资】 2020年，全社会固定资产投资增长15.7%。其中,房地产开发投资增长133.7%;工业投资增长28.1%;技术改造投资增长0.9%;全年农户投资25500万元,同比增长2%。分产业看:第一产业投资增长45.9%;第二产业投资增长27.7%;第三产业投资增长8.4%。

【国内贸易】 2020年,实现社会消费品零售总额54.53亿元,同比下降1.5%。其中,批发业47.01亿元,同比增长13.8%;零售业17.87亿元,同比增长4.7%;住宿业0.86亿元,同比下降3.9%;餐饮业17.07亿元,同比下降7.9%。

【财政金融和保险】 2020年,县级地方财政收入98047万元,同比增长5.3%。其中,一般公共预算收入33020万元,同比增长10%;一般公共预算支出232196万元,同比增长0.1%。

金融运行平稳。金融机构人民币各项存款余额1518592万元,同比增长9.9%;各项贷款余额1014637万元,同比增长19.3%;城乡居民储蓄存款余额1283472万元,同比增长12.3%。

有保险支公司或营销部16家,其中,财产险公司7家,寿险公司9家。全年各类保险保费收入36652万元,同比增长9.5%。其中,人身险24717万元,同比增长5.1%;财产险11935万元,增长20%。

【教育卫生文化】 小学34所,在校学生15264人。普通中学10所,在校学生10368人。中等职业教育学校1所,在校学生1633人。公共图书馆1个、艺术馆、文化馆(站)33个,博物馆、展览馆1个。全县广播覆盖率99.16%,电视覆盖率99%。

医疗卫生机构452个(含社区卫生服务中心、村卫生室),其中等级医院10个,卫生人员2396人,卫生技术人员1801人,执业(助理)医师767人,注册护士711人,卫生机构床位1984张。

【社会保障】 2020年,全县农村居民人均可支配收入18554元,同比增长8.7%;农村居民人均消费支出14257元,同比增长8.0%。全县城镇居民人均可支配收入36081元,同比增长5.9%;城镇居民人均消费支出22058元,同比下降2.4%。企业职工养老保险参保人数4.57万人;城乡居民社会养老保险参保人数21.43万人;参加城乡居民医疗保险人数30.2万人。城市低保对象6844人,支付城市低保资金2499.63万元;农村低保对象9487人,支付农村低保资金2336.6万元。

【交通、邮电和旅游】 公路通车里程2574.58公里。其中,等级公路2011.66公里,同比增长6.8%;等级外公路562.92公里。电信业务总量55770万元。本地固定电话用户50451户,同比增长5.2%;移动电话用户98377户,同比下降65.8%;互联网宽带接入户数45782户,同比下降51.2%。2020年,受新冠疫情冲击,全县累计实现旅游总收入68.41亿元,同比下降12%。

(李佳昌)

地方文化

【文昌文化】 伴随文昌崇拜的流行,文昌文化应运而生。

宋元以来,不少道士假借文昌之名以扶鸾降笔的方式撰写了大量著述,“多劝人以忠孝为本”。加上民间崇奉人士的演绎著述,这类经籍善本达二百余万字。主要著作:神迹和身世类,如《清河内传》《梓潼帝君化书》等;伦理教化类,如《文昌帝君阴骘文》《文昌忠经》《文昌孝经》等;印证诠释类,如《文昌帝君阴骘文注》;符箓科仪类,如《文昌大洞治瘟宝箓》《文昌正朝全集》等。其中,《文昌帝君阴骘文》被誉为中国古代三大善书之一,对明清劝善运动影响极大。

中华文昌文化脱胎于恬淡自然的道教文化、融合了儒家忠孝仁义的思想,植入了佛家济世度人的理念,成为中华民族独具特色的文化形态,是弥足珍贵的文化遗产。它实际上是一种以儒家思想为核心，以民间良俗为基础，以释道教义为辅翼的民间文化。

文昌文化内容丰富，包含了伦理道德、科举教育、文学艺术、民风民俗、中医中药等诸多领域。表现形式多种多样，既有宫庙、书院、善堂、碑刻、铸像、字库等有形载体，也有祭祀、敬惜字纸、刊行经文、诞日庆祝等民间习俗。在文昌帝乡梓潼，有“文昌洞经古乐”“文昌出巡”“文昌庙会”等十余项各级非物质文化遗产。

文昌文化具有高度的人文生命关怀，长期以来，既受到历代统治者和士大夫的推崇，也受到广大下层民众的拥护。文昌文化的广泛传播，表明它具有很强的适应性、包容性和融合力，其所包含的对善良和谐、公平幸福、文明昌盛、健康长寿的情感关照，正符合世人的普遍心愿。

文昌文化彰显的是崇文重教的价值取向，传承的是忠孝仁义的精神文明，表达的是福国祐民的家国情怀。所谓“文昌”，体现的正是文兴则国昌。

【三国文化】 梓潼“路当扼蜀”，《资治通鉴》称：“梓潼失，成都危。”此地历来为兵家必争之地。

东汉建安十九年（214年），刘璋战败投降，刘备入成都。为了嘉奖霍峻在葭萌（今广元昭化镇）拒敌之功，即于建安二十二年（217年），分广汉郡设梓潼郡，以霍峻为梓潼郡太守。刘备之所以于梓潼置郡，一则是嘉奖霍峻的战功，再就是梓潼乃战略要地，因为梓潼既有剑门天险，又有白水关（今青川白水镇）要隘。《华阳国志》载：“梓潼郡属县有梓潼（郡治）、剑阁、涪县、汉寿、白水、昭欢、汉德县。”

梓潼，又是诸葛亮北伐的必经之地，故三国遗迹众多。境内金牛道上的三国遗迹有：演武铺、张飞柏、瓦口关、趟脚石、骂牛坝、邓芝墓、三堆子、漏风垭；龙台道上的三国遗迹有张飞靴、御马岗、点将台、饮马缸、马蹄印、拴马树、进宝寺、李尹墓。紫云道由绵阳徐家到卧龙，经石台、许州到演武合路。其间的卧龙山为三国遗迹集中地。遗迹有卧龙镇、诸葛寨、卧龙山、饮马池、拴马树、孔明泉、牛头寨、孔明庙、魏延祠、三义宫。

梓潼县三国演义学会于1985年6月成立，是全国第一个研究《三国演义》的县级社团。30多年来，学会在国内外发表学术论文400余篇，深入全县11个乡镇发掘三国遗迹35处。

【中医文化】 作为文昌帝乡的梓潼，长期受中华传统文化和医学理论的传承与熏陶，又深受文昌文化的影响，岐黄之术，仲景之医，植根于这里深厚的土壤，根深叶茂。迄至清代，梓潼已被誉为“中医之乡”。中医铺堂诊所，遍及城乡，中医英才名流，群星闪烁，光被杏林。

清末民国初，境内中医名家有陈（树英）、郝（荆余）、蒲（清川，蒲辅周之父）、郭（德信），闻名遐迩，时称“四大家”。此外，还有以各种专长著称的仇大邦（治虚弱）、黄承湘（治时症）、邓万富、赵栋材（骨科）、薛崇明（治瘫软）、李尊荣（外科）、李迎春（妇科）、薛崇成（针灸）等，英才汇聚，杏林生辉。

老中医们遵循“医乃仁术，诚以济世活人为本”的信条，携手承命，济世扶贫。蒲辅周15岁辍学习医，终成大家；陈树英习医“延生堂”，老师患“背褡”恶疮化浓，他口吸浓血，化瘀除毒，至疮愈；郭德信少而聪慧，启蒙后研习《黄帝内经》《黄帝八十一难经》《金匮》《伤寒杂病论》，广收并蓄；仇大邦把“不为良相，当为良医”奉为座右铭；郝荆余以白居易读书至“口舌生疮”激励自己。由于他们刻苦勤奋，一丝不苟，成为学识、经验俱丰的医林高手。

由于这些名老中医的传道授业，典范楷模及耳提面命，呕心沥血，才使得梓潼中医之乡名传海宇，并培养出一批又一批人才，如陈新三、郭崇智、黄先德、肖安相、蒲志孝、何绍奇、张耀等后起之秀，使中医之乡人才辈出，绵延不绝。

【红色文化】 梓潼红色文化资源丰富，是中宣部、财政部、文旅部、国家文物局2019年3月公布的第一批革命文物保护利用片区县之一。现存红四方面军在梓潼战斗遗址6处、红军宣传石刻标语3处、三线工业遗址12处。2019年10月，以梓潼两弹城为重点的“三线核武器研制基地旧址”被公布为第八批全国重点文物保护单位。

中国两弹城是原九院（中国工程物理研究院）院部旧址，建于20世纪60年代中后期，占地3000余亩，建筑面积20万平方米，是中国第二个核武器研制基地的总部。

核武器小型化、中子弹研制成功是九院在“梓潼时期”构筑的惊世辉煌的物质丰碑，也催生了特色鲜明、光照后人的精神财富——“两弹精神”。

1992年，九院搬离梓潼后，留下了大量红色文化资源，为了保护和合理利用这些资源，2013年，成立了四川省梓潼两弹城红色旅游开发有限公司，开发了两弹陈列馆和三防教育馆、邓稼先旧居等旅游项目。2014年，两弹城景区被认定为国防科技工业军工文化教育基地；2017年，绵阳市“两弹一星”国防科技教育基地入选《全国红色旅游经典景区名录》；2020年5月，两弹城景区晋级为国家AAAA级旅游景区。

（刘升荣）

中共梓潼县委员会

ZHONGGONG ZITONGXIANWEIYUANHUI

综　述

【概况】 2020 年，中共梓潼县委克服疫情影响，准确把握国内外形势变化，坚持稳中求进工作总基调，全县各项事业发展迈上新台阶。全年地区生产总值同比增长（以下简称“增长”）4.5%；农业增加值增长 3%；规模以上工业增加值增长 5.1%；服务业增加值增长 5%；地方一般公共预算收入增长 10%；全社会固定资产投资增长 15.6%；社会消费品零售总额下降 1.4%；城镇居民人均可支配收入增长 6%；农村居民人均可支配收入增长 8.5%。

【疫情防控】 第一时间推进复工复产，支持一康制药、华西药业等企业跨界整合资源，科学转产紧缺防疫物资，出台支持企业共渡难关的若干政策措施，帮助 24 家企业落实各类补贴资金 4000 余万元，协调解决贷款 1.75 亿元。自第二季度起全县主要经济指标由负转正，疫情防控和经济社会发展取得“双战双胜”。64 个省、市、县重点项目推进情况均高于时序进度，全面完成固定资产投资 79 亿元的目标任务。

【脱贫攻坚】 累计投入资金 15.5 亿元，着力破解住房保障、安全饮水、农村道路、产业发展等方面存在的瓶颈问题。全县 6458 户 19582 名贫困人口、29 个贫困村完成脱贫任务，通过省级成效考核。

【改革创新】 优化设置建制村 162 个，减幅 50.76%；社区 19 个，减幅 5%；村（居）民小组 1501 个、减幅 34.28%。制定“1+24+5”方案体系。召开县委十二届十八次全会，确定梓潼参与成渝地区双城经济圈建设的“四个发展定位”和“七个着力点”，与重庆市璧山区和成都理工大学、重庆大学产业技术研究院搭建合作平台。压缩企业开办时间，全年新登记企业 469 家，增速 17%。构建“5+1”现代服务业体系，争取国家电子商务进农村综合示范县项目、农商互联项目资金2342万元。落实支持民营经济发展28条措施，实现民营经济产值63.66亿元，增长1.4%。加快推进国资国企改革，组建四川翠云廊建设发展有限责任公司。全面落实减税降费各项政策，减税降费累计2.04亿元。

【现代工业】 出台《抓项目促投资18条硬措施》，食品加工类企业实现年总产值20.63亿元，同比增长3.5%。速酶生物、辉氏药业等6家高新医药类企业相继建成投产，园区生物医药产业集中度达85%，生物医药类企业实现年总产值10.96亿元，同比增长15.4%。全面启动省级高新技术产业园和绿色食品产业功能区建设。投资9.38亿元的绵阳生物医药产业园二期工程开工建设，工业污水处理厂进入设备安装调试阶段。

【现代农业】 培育省级现代农业园区1个，建成市级农业园区3个（五星级2个、四星级1个）、县级农业园区8个，动态储备各级农业园区14个，成功承办全市现代农业园区现场会。整合项目资金5.94亿元，建成高标准农田39.1万亩，新建改造村组道路170公里，农机化综合水平67%，新增灌面4万亩，全县有效灌面达47万亩，农业灌溉率61.8%。实现粮食总产量29.88万吨，出栏生猪60万头、蛋鸡450万只，中药材、水稻制种、蜜柚种植基地分别达2万亩、5万亩、20万亩。正大18万吨饲料厂、金柚谷产业园等一批项目投产达效。创建“全国生猪调出大县”“省级有机产品认证示范创建县”“全省农业社会化服务示范县”。

【文旅发展】 两弹城景区创建为国家AAAA级旅游景区，文昌艺术小镇创建为国家AAA级旅游景区。中国两弹城、七曲山文昌书院、崇文大艺·文昌艺术小镇艺术聚落入选全省首批试点研学旅行基地（营地）。举办首届科学家精神论坛、两岸青年巴蜀文化创意设计大赛评审及作品展等系列文化活动。累计投入资金6亿元以上，文昌文化广场、游客中心装饰及功能完善、核心区步游道及下山步游道等维修改造项目竣工投用，商业街、雷神庙、水观音、南北圣境坊、七曲村民宿等改造提升项目有序推进。加快推进“两弹一星”干部学院红色旅游研学营地、三线建设博物馆、航天科技馆、长卿山森林公园景观和广场配套项目、两弹城大桥等项目建设。成立县文物局，出台《文物管理保护办法》，成立七曲山大庙博物馆和两弹城博物馆，全面开展文化和旅游资源普查，普查文化类资源6009个。“两弹一星”干部学院红色旅游研学营地项目被评为“全省文旅融合示范项目”，全年开办各类专题培训班154期、培训学员26301人次，较上年同比增长62%。

【绿色发展】 农作物秸秆综合利用率97%，全年空气质量优良天数350天，优良率96.4%。落实“河湖长”制工作要求，收回河道采砂权，禁止施肥养殖。建成农村规模自来水厂1处，在建2处，新建管网452公里，有效解决11万余人安全饮水问题；建成农村污水集中处理示范点6个，29个污水处理站规范运营，16个乡镇场镇和64.2%的行政村生活污水得到处理；16个垃圾处理中转站运行，全县集中处理垃圾总量减少30%以上。完成中央和省生态环境保护督察及“回头看”交办、反馈的7大类130个问题整治。开展长江经济带生态环境问题集中排查整治工作，排查问题111个，完成整改110个，完成率99%。实施34个农村集中安置点路灯亮化工程，新增林地面积5959亩，全县森林覆盖率43.88%。完成20个老旧小区综合治理改造任务。滨江公园投入使用，新增绿地面积60余亩。创建为“第五届四川省文明城市”，通过“四川省生态园林县城”市级验收。

【民生保障】 全面建成小康社会目标，开展人居环境整治、村容村貌提升、农村基础改造、农业产业富民、文明乡风培育“五大行动”，60个子项目全面开工，完工49个，完工率82%。累计投入资金2.59亿元，全面完成36件省、市级民生实事和4个市级、7个县级民生实事人大票决制项目。稳岗就业成效显著，城镇登记失业率2.66%。中考成绩连续5年名列全市前茅，高考重点本科上线121人，本科上线率52.27%。承办中国乒乓球超级联赛、四川省"轮转冰"选拔赛等体育赛事活动，全民公共运动中心项目主体完工。县中医院医养结合项目、社区养老服务综合体项目有序推进，县人民医院内儿科综合楼建成投用，实施农村中心敬老院"县直管"管理模式，公共服务体系和能力持续优化。

【党的建设】 完成省委第九巡视组反馈问题整改44个。建成党政宣传网站13个、政务微博账号26个、微信公众号9个。深入实施"3+2"书记项目，制定村常职干部"1+5"激励机制，打造"潼江法盾·红亮"等党建示范品牌5个。深入实施"践行'两弹一星'精神领航队伍培养计划"，累计培训4800余人次，选送63名干部参加省、市调训。严格执行中央八项规定精神及其实施细则，扎实做好"以案促改"工作。突出巡察"利剑"作用，对县委第八轮被巡察乡镇所属的39个村（社区）党组织开展延伸巡察。全年处置问题线索343件，转党纪政务立案202件202人，党风廉政建设社会评价群众满意度不断提升。

（魏　坤）

县委组成人员名单

书　　记：周　琳
副 书 记：贺　旺（2020年4月前）
　　　　　刘　强（2020年4月后）
　　　　　罗八和（挂职）
　　　　　邓志军
常　　委：杨飞涛　唐　扬　卢　昊
　　　　　黄　建　龚建新　聂　林
　　　　　石国安　蒋来用（挂职）
　　　　　高　安　李红芳（挂职）
县委办主任：魏永国

重要会议

县委常委会（扩大）会议

【十二届县委第100次常委会会议】 1月2日，县委书记周琳主持召开十二届县委第100次常委会会议。县委副书记、县长贺旺，县委副书记邓志军、罗八和，县委常委杨飞涛、唐扬、卢昊、黄建、龚建新、席斌、聂林等出席会议。县政协主席敬友忠、县人大常委会副主任梁安君列席会议。会议听取关于七曲山风景区规范管理的情况汇报，审议《县委十二届十七次全体会议筹备方案（送审稿）》和《中共梓潼县委常委会议事决策规则（送审稿）》。

【十二届县委第103次常委会会议】 1月8日，县委书记周琳主持召开十二届县委第103次常委会会议，县委副书记、县长贺旺，县委副书记罗八和、邓志军，县委常委杨飞涛、唐扬、卢昊、黄建、席斌、聂林、石国安出席会议。县人大常委会主任杜林平，县政协主席敬友忠列席会议。会议传达中央、省委、市委经济工作会议精神，组织学习《中共四川省委关于新时代加强和改进人民政协工作的实施意见》，审议《县委常委会工作报告》《中共梓潼县委关于学习贯彻党的十九届四中全会精神的意见（送审稿）》《中共梓潼县委关于深入贯彻落实党的十九届四中全会精神　推进城乡基层治理制度创新和能力建设的实施意见（送审稿）》等8项议题。

【十二届县委第104次常委会会议】 1月17日，县委书记周琳主持召开十二届县委第104次常委会会议。县委副书记邓志军，县委常委杨飞涛、唐扬、卢昊、黄建、龚建新、席斌、聂林等出席会议。县政协主席敬友忠、县人大常委会副主任陈红列席会议。会议组织学习绵阳市第七届人民代表大会第六次会议、中国人民政治协商会议绵阳市第七届委员会第五次会议精神和《市纪委关于6起违反八项规定精神典型案例的通报》等精神。

【十二届县委第106次常委会(扩大)会议】 1月28日,县委书记周琳主持召开十二届县委第106次常委会(扩大)会议。县委副书记、县长贺旺,县委副书记邓志军,县委常委杨飞涛、唐扬、卢昊、黄建、龚建新、席斌、聂林、石国安出席会议。县人大常委会主任杜林平、县政协主席敬友忠等县领导列席会议。会议组织学习习近平总书记1月25日在中央政治局常委会会议上关于疫情防控工作的重要讲话精神以及中央、省、市有关会议精神,通报全县新型冠状病毒感染的肺炎疫情防控工作开展情况,安排部署下一步工作。

【十二届县委第107次常委会(扩大)会议】 2月7日,县委书记周琳主持召开十二届县委第107次常委会(扩大)会议。县委副书记、县长贺旺,县委副书记邓志军,县委常委杨飞涛、唐扬、卢昊、黄建、龚建新、席斌、聂林、石国安等出席会议。县人大常委会主任杜林平,县政协主席敬友忠,县政府副县长蒲应平,县政府党组成员张国勇,副县长汪敏、蒲远富、高安、杨彬,经开区党工委副书记张锐列席会议。会议学习习近平总书记在2月3日中央政治局常委会会议研究加强新型冠状病毒感染的肺炎疫情防控工作时的重要讲话和在中央全面依法治国委员会第三次会议上的重要讲话精神,1月31日、2月2日、2月4日中央应对新型冠状病毒感染肺炎疫情工作领导小组会议精神,2月2日省委应对新型冠状病毒感染肺炎疫情工作领导小组会议精神、四川省应对新型冠状病毒感染肺炎疫情工作会议精神和省委办公厅、省政府办公厅印发的《关于贯彻落实习近平总书记重要讲话精神进一步加强新型冠状病毒感染肺炎疫情防控工作的通知》精神以及市委应对新型冠状病毒感染肺炎疫情工作领导小组会议精神。

【十二届县委第108次常委会(扩大)会议】 2月11日,县委书记周琳主持召开十二届县委第108次常委会(扩大)会议。县委副书记、县长贺旺,县委副书记罗八和、邓志军,县委常委杨飞涛、唐扬、卢昊、黄建、龚建新、席斌、聂林、石国安等出席会议。县人大常委会主任杜林平,县政协主席敬友忠,县政府副县长蒲应平,县政府党组成员张国勇,副县长汪敏、蒲远富、高安、杨彬,经开区党工委副书记张锐列席会议。会议学习习近平总书记在十九届中央纪委四次全会上的讲话和《中国共产党第十九届中央纪律检查委员会第四次全体会议公报》《中共中央、国务院关于抓好"三农"领域重点工作确保如期实现全面小康的意见》《中共四川省委四川省人民政府关于推进"三农"工作补短板强弱项确保如期实现全面小康的意见》《四川省贯彻〈中国共产党政法工作条例〉实施细则》等文件。

【十二届县委第109次常委会会议】 2月25日,县委书记周琳主持召开十二届县委第109次常委会会议。县委副书记、县长贺旺,县委副书记罗八和、邓志军,县委常委杨飞涛、唐扬、卢昊、黄建、龚建新、席斌、聂林、石国安等出席会议。县人大常委会主任杜林平,县政协主席敬友忠,县政府副县长蒲应平,县政府党组成员张国勇,副县长汪敏、蒲远富、高安、杨彬,经开区党工委副书记张锐列席会议。会议组织学习2月21日中共中央政治局会议精神,2月23日中央统筹推进新冠肺炎疫情防控和经济社会发展工作部署会议精神,2月18日国务院常务会议精神,2月13日、2月17日、2月20日中央应对新冠肺炎疫情工作领导小组会议精神,2月20日省委常委会会议精神暨省委应对新型冠状病毒肺炎疫情工作领导小组第五次会议精神和2月23日省委常委会(扩大)会议精神,2月24日市委常委会(扩大)会议精神。

【十二届县委第110次常委会(扩大)会议】 3月4日,县委书记周琳主持召开十二届县委第110次常委会(扩大)会议。县委副书记罗八和、邓志军,县委常委杨飞涛、唐扬、卢昊、黄建、龚建新、席斌、聂林等出席会议。县人大常委会主任杜林平，县政协主席敬友忠，县政府副县长蒲应平，县政府党组成员张国勇，副县长汪敏、蒲远富、高安、杨彬列席会议。会议组织学习2月26日中共中央政治局常务委员会会议精神，2月25日国务院常务会议精神，2月24日、2月27日中央应对新冠肺炎疫情工作领导小组会议精神，2月28日省委常委会会议暨省委应对新型冠状病毒肺炎疫情工作领导小组第六次会议精神，省委书记彭清华在省应对新冠肺炎疫情应急指挥部调研时的重要讲话精神，省政府党组成员王一宏到绵阳市调研指导统筹推进疫情防控和经济社会发展工作精神，3月2日市委常委会（扩大）会议精神。

【十二届县委第111次常委会（扩大）会议】 3月12日，县委书记周琳主持召开十二届县委第111次常委会（扩大）会议。县委副书记罗八和、邓志军，县委常委杨飞涛、卢昊、黄建、龚建新、席斌、聂林等出席会议。县人大常委会主任杜林平，县政协主席敬友忠，县政府副县长蒲应平，县政府党组成员张国勇，县政府副县长高安、杨彬列席会议。会议传达贯彻省委常委、宣传部部长甘霖和市委书记刘超3月11日到梓潼县调研文化旅游工作重要指示精神。

【十二届县委第112次常委会（扩大）会议】 3月20日，县委书记周琳主持召开十二届县委第112次常委会（扩大）会议。县委副书记邓志军，县委常委杨飞涛、唐扬、卢昊、黄建、龚建新、席斌、聂林等出席会议。县政协主席敬友忠，县人大常委会副主任梁安君，县政府副县长蒲应平，县政府党组成员张国勇，副县长汪敏、蒲远富、高安、杨彬列席会议。会议组织学习3月10日习近平总书记在湖北省考察新冠肺炎疫情防控工作时的重要指示精神，和省、市重要会议精神，审议《关于实施"五大行动"加快推进美丽乡村建设的意见》等文件。

【十二届县委第114次常委会会议】 4月8日，县委书记周琳主持召开十二届县委第114次常委会会议。县委副书记罗八和、邓志军，县委常委杨飞涛、卢昊、黄建、龚建新、席斌、聂林、石国安等出席会议。县人大常委会主任杜林平，县政协主席敬友忠列席会议。会议组织学习习近平总书记在浙江省考察时的重要讲话精神，4月2日中央应对新冠肺炎疫情工作领导小组会议精神，4月6日中央应对新冠肺炎疫情工作领导小组会议精神，4月7日市委常委会（扩大）会议暨市委应对新冠肺炎疫情工作领导小组第十次会议精神和《关于在全党开展"不忘初心、牢记使命"主题教育总结报告》等文件精神。

【十二届县委第115次常委会（扩大）会议】 4月20日，县委书记周琳主持召开县委第115次常委会（扩大）会议。县委副书记罗八和、邓志军，县委常委杨飞涛、唐扬、卢昊、黄建、龚建新、席斌、聂林、石国安出席会议。县人大常委会主任杜林平、县政协主席敬友忠等县领导列席会议。会议传达学习习近平总书记在4月8日中央政治局常委会会议上的重要讲话精神，4月17日中央政治局会议精神，习近平总书记对安全生产作出的重要指示、国务院总理李克强批示精神和全国安全生产电视电话会议精神，中央应对新冠肺炎疫情工作领导小组会议和省委常委会会议暨省委应对新冠肺炎疫情工作领导小组第九次会议精神，市委常委会会议暨市委应对新冠肺炎疫情工作领导小组第十一次会议精神。审议并通过《中共梓潼县城乡基层治理委员工作规则》《县委全面深化改革委员会2020年工作要点》《梓潼县学前教育深化改革规范发展实施方案》《2020年全县统战工作要点》《梓潼县2020年度审计工作要点》等。

【十二届县委第117次常委会（扩大）会议】 4月29日下午，十二届县委第117次常委会（扩大）会议召开，县委书记周琳主持会议。县委副书记、代理县长刘强，县委副书记邓志军，县委常委唐扬、黄建、龚建新、席斌、聂林等出席会议。县人大常委会主任杜林平等列席会议。会议传达学习习近平总书记在陕西省考察时的重要讲话精神，学习贯彻4月22日中央应对新冠肺炎疫情工作领导小组会议、省委常委会会议精神和4月28日市委常委会会议精神；学习贯彻《省委办公厅〈关于进一步做好经济工作努力实现全年经济社会发展目标的意见〉》；传达学习市委财经委员会第五次会议精神，贯彻4月22日市委书记刘超到梓潼调研的重要指示精神；听取近期疫情防控工作开展情况、关于2019年度巡察工作开展情况；传达学习市委书记刘超，市委副书记、市长元方对4月26日安州区森林火灾作出的指示批示，绵阳市森林防灭火工作视频调度会和全省应急系统2020年汛期防汛和地质灾害应对工作视频会议精神；组织学习《中共中央办公厅印发〈关于持续解决困扰基层的形式主义问题为决胜全面建成小康社会提供坚强作风保证的通知〉》；审议并通过《县委常委会2020年工作要点》《关于巡视整改进展情况的通报（向社会公开版）》。

【十二届县委第118次常委会会议】 5月11日，县委书记周琳主持召开十二届县委第118次常委会会议。县委副书记、代县长刘强，县委副书记邓志军，县委常委唐扬、卢昊、黄建、龚建新、席斌、聂林、石国安出席会议。县人大常委会主任杜林平，县政协主席敬友忠列席会议。会议传达学习习近平总书记4月29日、5月6日在中央政治局常务委员会会议上的重要讲话精神，学习贯彻4月30日中央应对新冠肺炎疫情工作领导小组会议、4月29日省委常委会会议、5月6日市委常委会会议精神，通报全县2019年党风廉政建设责任制工作考核情况，组织学习《省委办关于被巡视党组织进一步加强巡视整改工作的意见》《中共中央 国务院关于构建更加完善的要素市场化配置体制机制的意见》，传达学习国务院督导四川省森林草原防灭火专项整治工作动员会议、全省抓党建促决战决胜脱贫攻坚电视电话会议精神，听取近期全县脱贫攻坚工作开展情况、全县关于进一步深化禁毒人民战争工作、关于学习考察射洪市、船山区河道砂石管理体制改革的情况、县十七届人大五次会议筹备情况、县政协十届五次会议筹备情况的汇报，审议并原则通过《绵阳市梓潼县“十四五”城乡供水保障规划》等。

【十二届县委第119次常委会（扩大）会议】 5月15日，县委书记周琳主持召开十二届县委第119次常委会（扩大）会议。县委副书记、代县长刘强，县委副书记邓志军，县委常委杨飞涛、唐扬、卢昊、黄建、龚建新、席斌、石国安出席会议。县人大常委会主任杜林平、县政协主席敬友忠列席会议。会议传达学习省两会精神和省委书记、省人大常委会主任彭清华在参加绵阳代表团全体会议审议时的讲话精神以及5月13日市委常委会（扩大）会议精神，传达学习全市森林草原防灭火专项整治工作会议精神，审议《梓潼县森林防灭火专项整治实施方案》。

【十二届县委第120次常委会（扩大）会议】 6月4日，县委书记周琳主持召开十二届县委第120次常委会（扩大）会议。县委副书记、县长刘强，县委常委唐扬、卢昊、黄建、龚建新、席斌、聂林、石国安出席会议。杜林平、罗盛军、陈红、白涛、蒲应平、张国勇、蒲远富、杨彬、周厚春等领导列席会议。周琳传达学习全国两会精神及省市学习贯彻相关要求，安排部署梓潼县贯彻落实意见；传达学习5月14日、15日中央政治局常委会会议精神，习近平总书记在山西省考察时和在党外人士座谈会上的重要讲话精神，5月15日、20日中央应对新冠肺炎疫情工作领导小组会议精神。周琳强调，各级各部门要把学习贯彻全国两会精神作为当前的一项重大政治任务，及时传达学习，全面深刻领会，狠抓贯彻落实。要全面落实“六保”任务，扎实做好“六稳”工作。加快包装一批符合政策取向和梓潼实际的重大项目，加大对上汇报和争取力度，最大程度把政策红利转变为发展实效。要深入贯彻“以人民为中心”的发展理念，下大力气保障和改善民生。要大力加强民主法治建设，支持市人大及其常委会依法行使职权，支持市政协依照章程履行职能，支持社会各界人士围绕中心服务大局，为加快建设四川丘区经济强县和绵阳后花园做出更大贡献。

【十二届县委第121次常委会(扩大)会议】 6月24日,县委书记周琳主持召开十二届县委第121次常委会(扩大)会议。县委副书记、县长刘强,县委副书记邓志军,县委常委杨飞涛、唐扬、卢昊、黄建、龚建新、席斌、聂林、石国安出席会议。敬友忠、梁安君、蒲应平、张国勇、蒲远富、高安、杨彬等领导列席会议。会议组织学习《中华人民共和国保守国家秘密法》《中共中央 国务院关于新时代推进西部大开发形成新格局的指导意见》《中共中央 国务院关于新时代加快完善社会主义市场经济体制的意见》及绵阳市项目工作会议等8个重要文件和会议精神,审议《梓潼县2020年中央和省级财政专项扶贫资金(第二批)使用建议方案》《梓潼县2020年优化营商环境工作方案(送审稿)》等。

【十二届县委第122次常委会会议】 6月29日,县委书记周琳主持召开十二届县委第122次常委会会议。县委副书记、县长刘强,县委常委杨飞涛、唐扬、卢昊、黄建、龚建新、聂林出席会议。县人大常委会主任杜林平,县政协主席敬友忠,副县长汪敏、杨彬列席会议。会议传达学习习近平总书记关于应急管理、安全生产、防灾减灾救灾和森林草原灭火工作的重要论述、重要指示批示和国务院督导动员会会议精神,审议《梓潼县脱贫攻坚领导小组关于脱贫攻坚问题整改清零行动审定结果的报告》。周琳强调,当前,脱贫攻坚大考的冲锋号已经吹响,决战决胜的总攻战已经打响,全县上下要进一步提高政治站位,坚定决战决胜脱贫攻坚的思想自觉和行动自觉,发扬连续作战精神,奋力夺取梓潼县脱贫攻坚战全面胜利。各级各部门要认真贯彻落实党中央和省委、市委关于脱贫攻坚安排部署,聚焦问题整改,夯实脱贫基础,切实做好问题清零扫尾工作,确保整改到位、见底清零。要对标对表,加强档案精细化管理,完善档案资料。要严格落实“四个不摘”要求,学深学透扶贫政策,用足用活政策,保持目标不变、靶心不散、频道不换,确保政策支持力度只增不减。要持续关注低收入群体、脱贫监测户和易致贫边缘户的“两不愁三保障”实时情况,做好常态监测预警,用好致贫返贫预警处置基金,采取政策保障、就业扶贫、产业扶贫等方式,建立健全相对贫困人口发展的基础性机制,把脱贫攻坚与乡村振兴有机衔接,统筹推进贫困人口当期脱贫和乡村产业发展,进一步巩固提升脱贫成效,确保脱贫成效稳定可持续。

【十二届县委第123次常委会会议】 7月7日,县委书记周琳主持召开十二届县委第123次常委会会议。县委副书记、县长刘强,县委常委杨飞涛、唐扬、卢昊、黄建、龚建新、席斌、聂林、石国安出席会议,县政协主席敬友忠,县人大常委会副主任梁安君,副县长汪敏、杨彬列席会议。会议组织学习了《四川省农村扶贫开发条例》《中共绵阳市委绵阳市人民政府〈关于加快构建“8+1”现代服务业体系推动服务业高质量发展的实施意见〉》及习近平总书记对防汛救灾工作作出重要指示和6月29日应急管理部党委书记黄明在视频调度会上的讲话、省委书记彭清华在全省防汛救灾工作调度会上的讲话以及市委书记刘超对全市防汛减灾工作作出批示等精神。审议全县应急物资装备采购及管理有关事宜、《梓潼县农村集体“三变”改革试点方案》和启动梓潼县武引二期灌区农渠工程项目前期工作的有关事宜等议题。

【十二届县委第126次常委会会议】 7月29日,十二届县委第126次常委会会议召开。县委书记周琳主持会议并讲话。县委副书记、县长刘强,县委副书记邓志军,县委常委杨飞涛、唐扬、卢昊、黄建、席斌、聂林、石国安出席会议。县政协主席敬友忠,县人大常委会副主任陈红列席会议。会议传达学习习近平总书记关于当前进一步做好防汛救灾工作的重要指示及中央政治局常委会会议精神、《中共四川省委办公厅四川省人民政府办公厅进一步强化县级党委政府防范应对汛期洪涝灾害主体责任的紧急通知》,习近平总书记在企业家座谈会上的讲话精神、国务院总理李克强在经济形势专家和企业家座谈会上的重要讲话精神；传达贯彻中共四川省委十一届七次全会、中共绵阳市委七届九次全会精神，研究梓潼县贯彻落实意见；组织学习《中华人民共和国民法典》《中国共产党基层组织选举工作条例》。

【十二届县委第128次常委会会议】 8月28日，县委书记周琳主持召开十二届县委第128次常委会会议。县委副书记、县长刘强，县委副书记邓志军，县委常委杨飞涛、唐扬、卢昊、黄建、龚建新、聂林出席会议。杜林平、蒲应平、张国勇、高安、杨彬、杜登元列席会议。会议组织学习《中华人民共和国公职人员政务处分法》《习近平谈治国理政（第三卷）》（节选第1～5个专题），习近平总书记近期有关重要指示精神，习近平总书记在吉林省、安徽省考察时的重要讲话精神和在经济领域专家座谈会上的讲话精神，习近平总书记在专家学者座谈会上的讲话精神，全省推动制造业高质量发展现场会和全省现代农业园区建设现场会会议精神。传达贯彻市委书记刘超到梓潼调研做好两项改革“后半篇”文章重要指示精神和做好两项改革“后半篇”文章座谈会会议精神。听取县委常委，县人大常委会、县政协党组书记，县政府党组成员、副县长，法院院长、检察院检察长工作汇报。

【十二届县委第129次常委会（扩大）会议】 9月9日，县委书记周琳主持召开十二届县委第129次常委会（扩大）会议。县委副书记、县长刘强，县委副书记邓志军，县委常委杨飞涛、唐扬、黄建、龚建新、蒋来用出席会议。县领导敬友忠、陈红、蒲应平、汪敏、蒲远富、高安、杨彬、杜登元、杨世茹、王子成、周厚春列席会议。会议传达学习近期省委、市委相关会议精神，安排部署当前工作。

【十二届县委第130次常委会（扩大）会议】 9月25日，县委书记周琳主持召开十二届县委第130次常委会（扩大）会议。县委副书记、县长刘强，县委常委杨飞涛、黄建、石国安出席会议。县领导杜林平、敬友忠、王和平、陈红、白涛、蒲应平、汪敏、杨彬、杜登元列席会议。会议传达学习绵阳科技城建设部际协调小组第十四次会议精神和9月23日市委常委会会议精神，安排部署全县贯彻落实工作。

【十二届县委第131次常委会会议】 9月29日，县委书记周琳主持召开十二届县委第131次常委会会议，县委副书记、县长刘强，县委副书记邓志军，县委常委杨飞涛、唐扬、卢昊、黄建、龚建新、聂林、石国安、蒋来用出席会议。县领导杜林平、白涛、蒲应平、汪敏、高安、杜登元列席会议。会议组织学习《中华人民共和国香港特别行政区维护国家安全法》；传达学习习近平总书记在中央财经委员会第八次会议上的重要讲话精神和在科学家座谈会、基层代表座谈会、教育文化卫生体育领域专家代表座谈会上的重要讲话精神；传达贯彻全市推动制造业高质量发展现场会会议精神；传达学习绵阳市生态环境保护委员会第八次会议暨绵阳市生态环境保护督察工作领导小组会议精神；传达学习习近平总书记向中国人民警察队伍授旗并致训词精神；传达学习中纪委常委王鸿津在全国市县巡察办主任提级培训班上的讲话和省委市委领导批示精神；组织学习《关于加强新时代民营经济统战工作的意见》；组织学习《关于巩固深化“不忘初心、牢记使命”主题教育成果的意见》；审议并通过《县委常委会县政府常务会安全生产职责清单》《县委县政府领导安全生产职责清单》。

【十二届县委第132次常委会会议】 10月22日，县委书记周琳主持召开十二届县委第132次常委会会议。县委副书记、县长刘强，县委副书记邓志军，县委常委杨飞涛、唐扬、黄建、龚建新、聂林、石国安、蒋来用、高安出席会议。县人大常委会主任杜林平，县政协主席敬友忠列席会议。会议传达学习习近平在中央党校中青年干部培训班开班式上、在深圳经济特区建立40周年庆祝大会上、在广东省考察时、在中央政治局第二十四次集体学习时重要讲话精神和10月16日中央政治局会议精神，习近平总书记对脱贫攻坚工作作出的重要批示精神；传达学习全省河长制湖长制工作推进会议精神、全市现代农业园区建设现场会会议精神和市纪委《关于四起违反中央八项规定精神典型案例的通报》；组织学习《中国共产党中央委员会工作条例》和《关于调整完善土地出让收入使用范围优先支持乡村振兴的意见》；听取梓潼县暴雨洪涝灾害项目重建补助资金争取及推进情况汇报，梓潼县河长制湖长制工作情况汇报；审议梓潼县梓江治理工程（东石闸坝）方案调整等7项议题。

【十二届县委第133次常委会（扩大）会议】 11月3日，十二届县委第133次常委会（扩大）会议召开。县委书记周琳主持会议，县委副书记、县长刘强，县委副书记邓志军，县委常委杨飞涛、唐扬、卢昊、黄建、龚建新、聂林、石国安、蒋来用、高安出席会议。县人大常委会主任杜林平，县政协主席敬友忠列席会议。会议专题传达学习中共十九届五中全会精神和10月30日省委常委会（扩大）会议、11月2日市委常委会（扩大）会议精神。

【十二届县委第134次常委会会议】 11月10日，县委书记周琳主持召开十二届县委第134次常委会会议。县委副书记、县长刘强，县委副书记邓志军，县委常委杨飞涛、唐扬、卢昊、黄建、龚建新、聂林、蒋来用、高安出席会议。县人大常委会主任杜林平，县政协主席敬友忠列席会议。会议组织学习《法治政府建设与责任落实督察工作规定》，传达学习《四川省贯彻落实〈新时代爱国主义教育实施纲要〉实施方案》，传达全省基层统战工作提升年现场会精神。会议要求，各级各部门要认真学习贯彻习近平新时代中国特色社会主义思想，全面落实党中央、国务院关于法治政府建设的决策部署，充分发挥党委在推进梓潼法治政府建设中的领导作用，及时研究解决有关重大问题，将法治政府建设纳入梓潼经济社会发展总体规划和年度工作计划，与经济社会发展同部署、同推进、同督促、同考核、同奖惩，自觉运用法治思维和法治方式深化改革、推动发展、化解矛盾、维护稳定。要把青少年作为爱国主义教育的重中之重，创新爱国主义教育形式，开发体现爱国主义教育要求的非物质文化遗产进校园活动，将爱国主义精神贯穿于学校教育全过程。要深刻把握经济社会发展的演进趋势，切实把基层统战工作摆在更加突出的位置，推进工作提档升级、提质增效，不断夯实党的群众基础和执政根基。

【十二届县委第137次常委会会议】 11月30日，十二届县委第137次常委会会议召开。县委书记周琳主持会议。县委副书记、县长刘强，县委常委杨飞涛、卢昊、黄建、龚建新、聂琳、蒋来用、高安、李红芳等出席会议，县人大常委会主任杜林平，县政协主席敬友忠等列席会议。会议学习《优化营商环境条例》；传达学习习近平总书记在10月22日中央政治局常委会会议上的重要讲话精神、在中央全面依法治国工作会议上的重要讲话精神和在全面推动长江经济带发展座谈会上的重要讲话精神，以及习近平总书记对平安中国建设作出的重要指示和平安中国建设工作会议精神，森林草原防灭火专项整治辅导报告会和省市森林草原防灭火专项整治工作领导小组会议精神，全市文化和旅游发展大会会议精神，研究梓潼县贯彻落实意见；听取县直机关工委2020年度工作汇报；研究今冬明春疫情防控工作。

【十二届县委第139次常委会会议】 12月22日，十二届县委第139次常委会会议召开。县委书记周琳主持会议，县委副书记、县长刘强，县委副书记邓志军，县委常委杨飞涛、卢昊、黄建、龚建新、聂林、蒋来用、高安出席会议。县人大常委会主任杜林平，县政协主席敬友忠列席会议。会议学习《中华人民共和国政府采购法》《中华人民共和国退役军人保障法》和中共中央印发的《法治社会建设实施纲要（2020—2025年）》《法治中国建设规划（2020—2025年）》；传达学习习近平总书记在全国劳动模范和先进工作者表彰大会上的重要讲话精神，在纪念中国关心下一代工作委员会成立30周年暨全国关心下一代工作表彰大会上的重要讲话精神，在中央政治局第二十五次、第二十六次集体学习时重要讲话精神和在召开党外人士座谈会上的重要讲话精神，以及中央经济工作会议精神，11月30日、12月11日中央政治局会议精神，推动长江经济带发展领导小组会议精神，省委十一届八次全会精神，全省森林草原防灭火工作会议精神、全市今冬明春城乡和森林草原防灭火工作会议精神。研究2020年第四次意识形态工作。

【十二届县委第140次常委会（扩大）会议】 12月30日，县委书记周琳主持召开十二届县委第140次常委会（扩大）会议。县委副书记、县长刘强，县委副书记邓志军，县委常委杨飞涛、卢昊、黄建、龚建新、聂林、石国安、蒋来用、高安、李红芳出席会议。县人大常委会主任杜林平，县政协主席敬友忠等列席会议。会议组织学习《中华人民共和国档案法》；传达学习中央、省委、市委深改委相关会议精神，省委经济工作会议和市委七届十次全会精神，《中共四川省委办公厅关于印发〈四川省选拔任用党政领导干部分析研判和动议工作办法〉等5个文件的通知》《中共四川省委关于印发〈四川省贯彻《中国共产党机构编制工作条例》实施办法〉的通知》；听取县人大常委会党组、县政府党组、县政协党组、县法院党组、县检察院党组工作情况汇报，听取县委常委、县人大常委会、县政协党组书记、县政府党组成员、副县长，法院院长、检察院检察长工作汇报；专题研究2020年党风廉政建设和反腐败工作，审议《县委常委会2020年工作报告（送审稿）》《中共梓潼县委关于制定梓潼国民经济和社会发展第十四个五年规划和2035年远景目标的建议（送审稿）》。

【梓潼籍在外人士新春座谈会】 1月21日上午，梓潼籍在外人士新春座谈会召开。县委书记周琳出席会议并作重要讲话。杜林平、敬友忠、罗八和、邓志军、杨飞涛、唐扬、卢昊、黄建、龚建新、聂林等县领导出席座谈会。周琳指出，刚刚过去的2019年是梓潼经济社会转型发展、跨越发展的关键一年，在全县上下的共同努力下，梓潼取得许多骄人的成绩。这些成绩的取得，得益于上级的坚强领导，更得益于梓潼籍在外人士与全县人民一道拼搏奋斗、笃定前行。

【应对新型冠状病毒感染的肺炎疫情工作领导小组第十一次会议】 2月2日，县委应对新型冠状病毒感染的肺炎疫情工作领导小组第十一次会议召开，贺旺、邓志军、杨飞涛、唐扬、卢昊、黄建、龚建新、席斌、聂林、石国安等县领导出席会议。周琳强调，各级各部门要把新型冠状病毒感染的肺炎疫情防控工作作为当前一项主要工作来抓。要进一步加大联防联控力度，对从湖北省、广东省等地返乡人员再进行深入排查，逐一核实清楚。县、乡镇、村都要建立往来台账，采取“居家隔离、自我隔离”等措施，做好隔离观察。各级党委政府要做好服务工作，切实解决被隔离家庭遇到的实际困难。要认真落实中央、省市关于新型冠状病毒感染的肺炎疫情防控的各项规定、措施，充分发挥基层党组织的战斗堡垒作用和共产党员的先锋模范作用。战斗在一线的干部群众要按照防疫要求，注意安全，增强防范意识。要坚定信心，振奋精神，齐心协力，一鼓作气，把梓潼各项疫情防控工作做好做实，坚决打赢新型冠状病毒感染的肺炎疫情防控阻击战。

【七曲山风景区创建国家AAAAA级旅游景区工作专题会】 4月20日，召开七曲山风景区创建国家AAAAA级旅游景区工作专题会。会议听取景区创建工作情况汇报，安排部署下一步重点工作。县委书记周琳、县委副书记罗八和、邓志军，县委常委杨飞涛、唐扬、卢昊、黄建、龚建新、席斌、聂林等县领导出席会议。

【全县安全生产工作会】 5月7日，县委书记周琳主持召开全县安全生产工作会议。县委副书记、代县长刘强，县委常委、常务副县长黄建，县委常委、统战部部长龚建新出席会议。周琳强调，安全生产事关全县经济社会高质量发展大局，各级各部门要高度重视，提高政治站位，深入学习贯彻习近平总书记关于安全生产的重要指示精神和党中央重大决策部署，要始终绷紧安全生产这根弦，认真落实森林草原防灭火暨安全生产各项部署，抓紧抓细各项防范措施，坚决保障人民群众生命财产安全。

【全县做好两项改革“后半篇”文章动员部署会】 9月15日，全县做好两项改革“后半篇”文章动员部署会召开。县委书记周琳出席会议并作重要讲话。刘强、邓志军、杨飞涛、黄建、聂林、蒲应平、张国勇、汪敏、蒲远富、高安、杨彬等县领导出席会议。会议安排两项改革“后半篇”综合试点工作，对做好两项改革“后半篇”文章进行动员部署。

【第36个教师节庆祝大会】 9月9日，全县召开庆祝第36个教师节大会。县委书记周琳，县委副书记、县长刘强，县委副书记邓志军，县人大常委会副主任陈红，副县长蒲远富，县政协副主席杨世茹出席大会。县委副书记、县长刘强主持会议，县委副书记邓志军宣布表彰决定。

【全县实施“五大行动”加快推进美丽乡村建设工作会议】 11月3日，全县实施“五大行动”加快推进美丽乡村建设工作会议召开。周琳、刘强、杜林平、敬友忠、邓志军、杨飞涛、唐扬、卢昊、黄建、龚建新、聂林、石国安、蒋来用、高安出席会议。周琳强调，加快实施美丽乡村建设“五大行动”，事关全面建成小康社会成色、事关经济社会发展大局，意义重大、任务艰巨。全县上下要坚定信心、咬定目标，苦干实干、久久为功，以更加昂扬的斗志、更加务实的举措，奋力夺取美丽乡村建设全面胜利，为加快建设四川丘区经济强县和绵阳后花园作出新的更大的贡献。

【全县迎接省级脱贫攻坚成效考核工作会议】 11月9日，全县迎接省级脱贫攻坚成效考核工作会议召开。周琳、刘强、杜林平、敬友忠、邓志军、杨飞涛、唐扬、卢昊、龚建新、聂林、石国安、蒋来用、高安等县领导出席会议。会议传达学习省脱贫攻坚考核验收部署会会议精神，安排部署迎接省级脱贫攻坚成效考核和干部帮扶工作。

（魏　坤）

重要调研

【调研内容】 2月28日，县委书记周琳对城市建设工作进行调研，邓志军、唐扬、黄建、龚建新、高安等县领导参加调研。周琳在调研中强调，要紧紧围绕建设绵阳后花园目标，科学规划，合理布局，建设好、管理好、经营好城市，努力打造宜居县城，不断提升城市品位和市民的幸福指数。

4月3日，县委书记周琳调研宏仁镇村级建制调整改革工作，详细了解宏仁镇村级建制调整改革前期准备工作开展情况，并提出指导性意见，县政协副主席周厚春参加调研。周琳在调研中强调，村级建制调整改革是省委、省政府根据四川发展实际作出的重大决策部署，是推进农村改革、加快乡村振兴的重要举措，各级各部门要进一步提高政治站位，全面增强思想自觉和行动自觉，切实把思想和行动统一到省委、省政府决策部署上来；要始终按照有利于巩固党在农村的执政基础、有利于服务人民群众、有利于特色产业发展、有利于增加村级集体经济收入、有利于加强乡村治理等相关要求，因地制宜调整优化建制村的结构和布局；要广泛听取基层干部群众意见，做好思想疏导和村组干部稳控，进一步选贤任能配强班子队伍，确保调整改革后的工作不脱节、任务不打折，不断夯实村级基层基础；要进一步压实责任，确保既定规划和安排部署有序有力推进，统筹抓好疫情防控和村级建制调整改革各项工作。

4月21日，县委书记周琳到乡镇调研实施“五大行动”，加快推进美丽乡村建设工作推进情况。县委常委、组织部部长聂林参加调研。周琳强调，产业富民事关人民群众福祉，各级各部门要高度重视，坚持可持续发展理念，以人为本，高标准推进农村基础设施建设，做细做实各项工作。要借助农村经济合作社、农业企业的力量，利用村级经济组织把闲散的资源组织起来，使产业发展成为美丽乡村建设的核心动力，促进村集体和村民增收。要提升规划水平，确保规划实效，建设好、管理好美丽乡村，把村容村貌的改善与农民的素质提升紧密联系起来，建立和完善整治农村“脏、乱、差”的长效管理机制，进一步加大整治工作力度，改善村容村貌和农民人居环境，让乡村面貌焕然一新。

5 月 7 日，县委副书记邓志军到演武镇、七曲山风景区等地，调研防汛抗旱工作。邓志军一行先后到演武镇红光村、玉泉村和七曲山风景区七曲村等地，实地察看水库、塘堰，并深入贫困户家中，了解近段时间农村取水用水情况。听取当前旱情急需解决的困难及应对措施等情况介绍。

6 月 1 日，县委副书记邓志军到宝石乡、自强镇等地，调研扶贫项目建设情况。在道路项目施工现场，邓志军实地察看通组道路建设项目进展情况，详细询问项目工程建设中存在的问题和困难。

7 月 10 日，县委书记周琳到省道 S209 线改建工程沿线施工现场调研工程建设情况。周琳要求，工程承建和施工单位要紧盯目标任务，保证工程质量，精心组织施工，细化责任，确保建设进度、建设质量“两不误”。要强化现场管理和质量监管，树立安全意识，坚持做到安全施工、文明施工。相关部门和建设单位要牢固树立大局意识，在保证安全和质量的前提下，抢抓施工有利时机，积极组织人员、机械，加快工程建设步伐，按照时间节点，顺利推进工程建设任务。

9 月 9 日，县委副书记邓志军，副县长高安到县融媒体中心调研指导工作。邓志军一行实地察看融媒体中心指挥调度平台，召开座谈会详细了解融媒体中心各项工作开展情况。

11 月 24 日，县委书记周琳到潼江河谷优质粮油现代农业园区调研项目建设工作。县委副书记邓志军、副县长汪敏参加调研。周琳指出，相关部门要把国家粮食生产政策与梓潼县产业发展实际相结合，明确目标任务、提高建设质量、加快建设进度。全县各镇（乡）要以种养循环为抓手，因地制宜发展蔬菜、水果产业，建 1~2 个小型农业园区，形成“一乡一业”“一村一品”，把全县连成一个大园区。园区建设标准要高，抓基地、抓基础、抓龙头，对标软件硬件，完善短板，加大争创国家、省、市现代农业园区力度，改善产业发展条件，促进农民增收、产业增效。

11 月 26 日，县委书记周琳到文兴大桥、工业污水处理厂、文创小镇等地调研项目建设、环境保护等工作。县委常委、政法委书记杨飞涛，县委常委、统战部部长龚建新，副县长汪敏参加调研。周琳强调，工业园区污水处理厂建成使用后，要进一步推进节能减排工作，严格按照规范标准运营管理，加强与环保部门的联系，实时关注水质监测，对出水水质进行严格把关；相关部门要加强指导服务，强化监督检查，在园区污水处理厂试运行阶段发现问题、解决问题，通过污水处理厂项目建设，带动园区企业自觉增强环保意识，积极推进环境保护和生态文明建设。

12 月 17 日，县委副书记邓志军到仁和镇调研两项改革“后半篇”文章工作。邓志军到仁和镇大新村、上游水库等地，详细了解镇村在两项改革中抢抓机遇，加快便民服务、场镇建设、产业发展等方面工作开展情况。

（魏　坤）

县委办公室工作

【概况】 2020 年，县委办坚持以习近平新时代中国特色社会主义思想为指导，把狠抓落实的要求贯穿“三服务”工作全过程，扛牢抓落实的政治责任，履行抓落实的核心职责，推动上级各项决策部署落地见效，为加快建设四川丘区经济强县和绵阳“后花园”提供有力保障。

【以文辅政】 承办省委、市委领导及其他单位（部门）到梓潼调研活动34场次；承办县委常委会会议、书记专题会50余场，编写纪要39份，撰写领导讲话材料296篇、调研报告12篇、汇报材料65篇，协调各类会议266次，陪同领导调研工作305次，集中开展调研60余次，撰写编印调研报告18篇，理论、实践、探索文章2篇。建立信息沟通机制，向省、市上报经验信息140余条，采用40余条，编发《梓潼信息》31期、《美丽乡村建设》专报8期，刊载信息320余条，编发《领导动态》《领导工作计划》各50期。

【综合协调】 发挥办公室的桥梁和纽带作用，加强常态化沟通，建立完善协调、协商和协作机制，确保各方力量向党委中心工作聚焦。对中央、省委、市委和县委部署的工作坚持立收、立办、立转，对领导交办的事项坚持立办、立转、立追，有效搭建起"领导+部门"直通车，确保工作要求不遗漏、工作进度不耽误。2020年，处理"上三级"文件709件，下级请示报告187件，简报172件，签发稿200余件，未出现漏件、丢件等情况。

【办会工作】 持续执行"无会日"制度和会议提前申报制度，坚决做到不在"无会日"召开非紧急的全县性大会。完成县委十二届十八次、十九次全体会、"五大行动"现场会、"科学家精神"论坛、"聂荣臻元帅精神"宣讲会等会议工作。按照整治形式主义为基层减负有关工作要求，严格控制会议数量、规模、规格。2020年，全县性会议同比减少28.6%。

【文秘工作】 落实中央《关于持续解决困扰基层的形式主义问题为决胜全面建成小康社会提供坚强作风保证的通知》要求，推动《整治形式主义、官僚主义大力精简文件规范文件制发的措施》落地见效，印制《中共梓潼县委办公室办事指南》，修订《中共梓潼县委常委会议事决策规则》《关于贯彻落实〈中国共产党重大事项请示报告条例〉有关事项的通知》等重要文件。2020年，全县发文309件，同比减少28.8%，精简范围内同比减少2.9%。

【规范审查】 学习《中国共产党党内法规制定条例》《中国共产党党内法规和规范性文件备案审查条例》《中国共产党党内法规执行责任制规定（试行）》，开展合法性审查31次，反馈起草单位重大修改16件。31件党内规范性文件按要求上报市委备案审查，及时率100%，未发生不报、漏报和选择性报备现象，无被上级纠正、提醒的情况。对2001年1月至2018年12月制定的县委规范性文件，及对之前集中清理后继续有效的县委规范性文件445件进行全方位审核清理，废止137件，宣布失效8件，完成党内规范性文件清理工作任务。

【督查督办】 2020年，收集县委主要领导批示2400余件，对其中的172件进行重点追踪，对30件进行重点督查督办，办结率100%。协助县委制定《2020年县级督查检查考核计划》《梓潼县督促重点工作落地落实实施办法（试行）》《梓潼县重点工作督查及镇（乡）专项工作督导方案》，结合整治形式主义工作要求，组织各类督查47次，反馈督查问题217个，完成整改215个，形成《督查专报》11期，督查通报27期，推动33项重点挂牌督战工作基本完成。

【应急值守】 发挥县委应急指挥调动机制作用，严格实行24小时值班和领导带班制度，细化工作职能，对各种自然灾害、重大灾情、疫情、事故等突发事件做到有登记、有报告、有落实、有反馈。落实重大突发事件零报告制度，特别是在安全防汛、森林防火等特殊时期严格实行"一日双报"，协助县委印发《关于切实做好突发事件信息报送工作的通知》，及时收集报送紧急情况，信息报送统一口径。在节假日、森林防火、汛期等特殊时期对县级各部门（单位）不定时开展值班抽查120余次，严格记录值班情况，做到有据可查，全年未发生漏报情况。

【国安、保密、机要工作】 开展《中华人民共和国密码法》宣讲和国家安全教育宣传工作，全年累计组织内部学习讨论会13次，发放国家安全宣传资料3.5万余份。完善国安保密规章制度，签订密码安全保密责任书，如实填写机要干部个人事项年度报告表。加强对通信和计算机信息系统以及重点部门、要害部门和重大节日的国安保密专项检查，指导督促相关单位落实完善相关制度。全年收发办理密码电报316份，未发生任何失密、泄密事件。

（魏　坤）

深化改革工作

【概况】 2020年召开县委深改委会议4次，传达学习中央、省市全面深化改革工作会议精神，审议改革方案，研究全面深化改革重大事项，解决工作中存在的问题和困难。建立县领导直接抓专项改革方案清单，县委书记、县委副书记分别牵头负责4项，县领导分别牵头负责1～2项。审议出台《梓潼县进一步推进学前教育发展的实施方案》《关于鼓励和引导人才向基层流动加强基层治理人才支撑的实施意见》等专项改革文件20余个，专题研究2020年乡镇行政区划调整改革补助资金使用、村建制调整改革涉改村党组织设置和临时党组织书记拟任人选等重大事项。

【专项改革】 印发《县委全面深化改革委员会2020年度改革落实台账》《中共梓潼县委全面深化改革委员会办公室2020年梓潼县全面深化改革工作考核细则》，印发《关于做好乡镇行政区划和村级建制调整改革"后半篇"文章的实施意见》《关于优化乡镇机构编制资源配置的工作方案》等29个工作方案（对接落实清单）的"1+24+5"方案体系。2020年，完成专项改革方案销账27个、改革试点销账5项、改革任务清单28项。

【改革成果】 落实支持民营经济发展28条措施，实现民营经济产值63.66亿元，增长1.4%。参与成渝地区双城经济圈建设的"四个发展定位"和"七个着力点"，与重庆市璧山区和成都理工大学、重庆大学产业技术研究院搭建合作平台，促进人才、资本、技术等发展要素互利共享。梓东路、国道G347线县城至长卿村段、国道G108线文昌干道至龙凤垭段道路建成通车，绵苍高速梓潼段、省道S209线县城至江油河口段改建工程、国道G108线大修工程等项目稳步推进，国道G5线京昆高速绵广扩容、省道S209线县城至三台界前期工作有序开展。完成乡镇行政区划调整改革、村级建制调整改革和村（居）民小组优化调整改革任务。开展"一窗受理、集成服务"，实现"就近办、一次办、多点办"，企业开办时间压缩至7.5个小时，全年新登记企业469户，增速达17%。

（魏　坤）

组织工作

【概况】 2020年，县委组织部坚持以习近平新时代中国特色社会主义思想为指导，在县委的坚强领导下，围绕全县"六大工程"、建设美丽乡村"五大行动"和梓潼县在成渝地区双城经济圈建设中的"四个定位"，融入中心、服务大局，不断开创组织工作新局面，为坚决打赢疫情防控阻击战、决战脱贫攻坚、决胜全面建成小康社会、加快建设四川丘区经济强县和绵阳后花园提供坚强组织保障。

【基层党建工作】 持续巩固主题教育成果。坚持推进主题教育常态化长效化，全面抓好"8+8+2+1"检视出的270个问题和省委巡视组反馈8类27项问题专项整治。两项改革后，党组织运行更加高效，乡镇党委由原来的32个减少到16个，村（社区）党委由原来的5个增加到33个、党总支由原来的0个增加到115个、党支部由原来的344个减少到33个。乡镇领导干部平均年龄36.9岁，年龄结构下降4岁，大学本科学历125人，本科学历提高8.7%；村（社区）临时党组织书记（工作委员会主任）人选平均年龄49.3岁，高中以上学历占比达70.6%，乡村干部队伍结构整体优化。完成村（社区）党组织换届。新一届村级党组织书记高中和中专及以上学历133人、占73%，45周岁以下44人、占24%，机关下派11人、占6%，返乡优秀农民工142人、占78%，农村致富带头人161人、占89%。制订《2020年度村（社区）党员干部教育培训工作计划》，推广用好“天府先锋”“绵州先锋”，借助22个基层党校、组工学堂等平台，完成181名村级党组织书记和230名入党积极分子全覆盖培训。排查整顿农村发展党员违规违纪问题，全面梳理中共十八大以来发展的1530名农村党员，排查出违规违纪党员125人、问题171个。

【村集体经济发展】 启动县司法局、文昌派出所、文昌中学、许州镇天宝村、自强镇二洞村5个党建品牌创建工作，打造出“潼江法盾·红亮”“潼城卫士·和谐先锋”2个党建品牌。“潼江法盾·红亮”品牌在人民网等媒体宣传，得到省、市司法部门认可。新建“两新”党组织8个，全覆盖选派党建指导员62名，落实“两新”党建经费保障30余万元。

用活中省每个扶持村80万元资金，发展产业发展型、土地经营型、服务创收型等8类村集体经济21个。运用“合作社+集体经济+村民劳动力”模式，发展壮大村集体经济路子。运用“1+5”生猪代养循环模式，出台文件明确凡批准新建生猪代养场必须有村集体经济合理股份，确保每个村每年村集体收入超过5万元。建成生猪扶贫代养场中村集体经济占股的有59个，年实现分红600余万元。推行“渔场代养”模式，将塘、库、堰集体统一收回，入股合作经营。

【干部队伍建设】 全年提拔95人，进一步使用45人，免职94人，将13名有干劲及41名优秀80、90后年轻干部充实到乡镇领导班子，班子结构进一步优化。落实《党政领导干部选拔任用工作条例》，完成梓潼县第十七届人民代表大会第五次会议和政协梓潼县第十届委员会第五次会议大会选举任务，选举产生县长1名，政协常委3名。完成森林防灭火专职副指挥长、教体局总督学等关键岗位配备刚需。重用优秀干部，7名扎根基层、实绩突出、表现优秀的乡镇事业干部、村（社区）党组织书记通过“四类人员”选拔进入乡镇领导班子，3名参公、2名事业干部转任、调任为行政科级领导。注重在脱贫攻坚、招商引资一线锻炼培养干部，选派32名干部赴彝区、藏区支援建设，选送12名干部到成都、长三角、珠三角等地挂职锻炼，选派8名选调生到村任职。破格评优7名在重点一线表现突出的公务员，妥善安排9名受处分干部到合适岗位。用活职级激励机制，2020年累计晋升299名，其中三级调研员10名，四级调研员22名，一级主任科员48名，二级主任科员40名，三级主任科员114名，四级主任科员65名。

实施“践行‘两弹一星’精神领航队伍培养计划”，设置乡村振兴、深化改革等40余个培训班次。举办年轻干部铸魂工程暨中青年干部培训班、“一把手”提能班、科级领导干部读书班等主体班、专题班32期，累计培训4800余人次，选送63名干部参加省、市调训。

【干部监督管理】 开展16个单位的选人用人专项检查，做好政治“体检”，防止“带病提拔”和“带病上岗”。核查整改17名领导干部在社团兼职情况，清理600余名科级领导干部证照上交情况，发挥“12380”监督作用，查处举报事项，受理、核查举报案件6件。做细干部负面清单动态管理，将结果充分运用到干部调整、职级晋升、评先评优中。贯彻《中华人民共和国公务员法》，推进招考选调提质增效，招录公务员（参公）18人、选调生4人。推进综合执法队伍改革，完成综合行政执法改革和森林公安48人转隶划转。印发《关于开展公务员平时考核工作的通知》，构建日常考核、分类考核、近距离考核的识人体系。推进干部人事档案专项审核“回头看”工作，从严管理干部档案，重点对全县公务员及事业副科领导1484名干部的“三龄两历一身份”进行鉴别认定，完成档案专审结果认定表630份、专审表840份，并按程序规范归档。

【人才工作】 实施梓归人才回引计划，回引干部人才100余人，空编率从上年19%下降至7%，缓解干部人才流失快、基层缺人问题。实施文昌乡土人才培养计划，出台《梓潼县文昌乡土人才培养四项措施（试行）》，建立专项资金100万元，实施四大培养计划。9月举办颁奖典礼表扬47名文昌名师、名医、农博士、村干部和新乡贤、工匠。研究梓潼县“人才新政”，安排200万元专项资金、由县财政兜底，构筑人才引育用管服“全链条”支撑体系。研究起草《绵阳市绿色食品产业功能区人才支持十条措施（试行）》，引导绿色食品产业人才向先进制造产业功能区加速流动和高效聚集。制定《梓潼县分类推进人才评价机制改革方案》。启动编制“十四五”人才发展规划。举办2020年“绵州金英荟”暨梓潼县大学生创业汇，打造“人才＋金融”合作发展新平台，达成意向金融合作6000余万元。开展校地合作，与13所高校签订合作协议。开展“弘扬爱国奋斗精神　建功立业新时代”活动，首届科学家精神论坛在“两弹一星”干部学院举办，先后承接重点高校社会实践学生、优秀企业家、高校高层次人才等政治研修活动。举办小小讲解员培训等活动、“最美科技工作者”颁奖活动，在县人民广场专题展出“两弹一星”功勋奖获得者展板。参与成渝地区双城经济圈建设，先后与成都温江区、重庆璧山区签订合作协议，搭建人才合作交流平台，建立常态化的人才合作机制。印发《梓潼县关于鼓励和引导人才向基层流动加强基层治理人才支撑的实施方案》。落实党委联系服务人才制度，集中开展人才走访慰问活动。推行“文昌英才卡”服务，保障持卡人享受政治待遇、创业支持、健康疗养、生活服务等优惠政策。

【老干部管理服务】 建立常态化学习机制，为老干部和43个离退休支部订阅学习资料10余种，通过召开专题座谈会、网络送学送课、举办经济通报会等形式，定期组织老干部进行政治学习50余次。2020年累计走访慰问老干部300人次，协调解决个人诉求10件次。

老干部创作书画作品60余幅。43个离退休支部开展扶贫政策宣讲和种养殖技术宣讲活动12场次，举办“扶贫捐款活动”3场次，捐助资金11700元，联合机关党支部开展“党建扶贫”11场次，开展“以购代扶”活动1次，帮助销售价值3700元的农副产品。

【脱贫帮扶】 制发《关于全面从严做好脱贫攻坚帮扶工作的通知》，“点对点”式对116户监测户、181户边缘户进行动态精准跟踪帮扶，联系就业、人社等部门，收集招聘、培训信息1.8万余条。深化帮扶问题“清零”行动，完成帮扶问题整改销号2.3万余个。动态调整154名驻村帮扶干部，村级建制调整改革后，新选派28个非贫困村第一书记和11个农技巡回小组。编印帮扶工作《应知应会手册》7000余册，分批次对帮扶力量开展“个性化”“菜单式”全覆盖培训。

开展“党员志愿服务周”活动，组织全县117个帮扶责任单位、5000余名党员干部和帮扶责任人以“七个一”志愿服务活动为载体，下沉到帮扶“点”“位”，掌握帮扶村发展现状，了解解决帮扶户“急难盼愁”问题。

【疫情防控和抗洪抢险】 出台《充分发挥组织优势抓落实作表率打赢疫情防控阻击战十条措施》，成立440余支党员志愿服务队深入一线联防联控，组建12个“跨界临时联合党支部”联手作战，开展“红色代购代售”专项行动。拨付50万元县管党费支持基层党组织用于购买保险等防疫工作。推进企业复工达产和农民工就业，县内就业383人，市内就业2.2万人。制发《关于动员组织基层党组织和党员干部投身防汛救灾工作的通知》，因地制宜制定预案，排除隐患130余处，疏散、转移安置群众8800余人。拨付中央专项党费、省市县管党费12.5万元，及时慰问因灾生活困难的党员、群众104人。

（李 伟）

宣传工作

【意识形态】 做好省委巡视整改，更新和完善整改内容7处，撰写整改阶段性报告2篇，完成对整改资料的整理归档；县委常委会召开意识形态工作专题研究4次，收集辖区内需研究的问题4类6个，意识形态工作重点单位每月报送各系统各单位意识形态研判表，县委宣传部牵头召开季度研判会4次，形成研判报告向县委常委会进行工作汇报4次；会同县委组织部在《县委党建领导小组2019年工作要点》中，明确各级党组织把意识形态工作作为民主生活会和述职报告的重要内容，明确把意识形态工作作为党建工作的重要内容，纳入党建工作责任制，列入领导班子、约谈领导干部综合考核体系的目标管理；成立意识形态工作督查组，分组分批对全县各级党组织进行意识形态督查1轮，与县委巡察办同步对经开区、县教体局、县公安局、仁和镇、宏仁镇等16个单位开展意识形态专项检查1次，约谈1人；开展2020年度扫黑除恶专项斗争信息网络领域乱象整治工作，清理整治网络谣言、网络诈骗、网络赌博、网络敲诈、网络侵权等信息网络领域乱象。学习《网络信息内容生态治理规定》《新形势下网信工作意识形态领域存在的突出问题对策及建议》《网络意识形态的新动向及应对策略》。

【理论工作】 印发《关于进一步加强和改进党委（党组）理论学习中心组学习的实施意见》，制定《党委（党组）理论学习中心组学习测评细则》，进一步贯彻落实党委理论学习中心组学习制度、课题调研制度、讲课辅导制度、检查考核和评比表彰制度、学习档案制度等，全年县委中心组集中学习12次，达60多个学时；加强"学习强国"推广使用，举办1期"学习强国"培训班，发放平台操作手册150余份。深入16个镇（乡）进行现场指导，全年对"学习强国"学习平台推广使用工作通报7次；深化学习宣讲教育，落实组建县委宣讲团16个，开展中共十九届五中全会以及省委、市委全会精神宣讲150余场次，加强党员干部集中培训，举办各类培训5期，培训1200余人次；加强理论研究，组织开展全面建成小康社会"百城千县万村"调研活动，通过开办专栏，专题节目等形式，在"梓潼发布"APP、"梓潼发布"微博等刊发各类理论调研文章30余篇；成功申报市级社科研究规划项目6项。

【新闻宣传】 推进融媒体中心建设，指导县内商业自媒体平台。指导配合县融媒体中心完成省级交叉验收，在评比中位列全市第三，指导建立完善"3+2"稿件审核制度、外宣稿件激励制度，配合做好"梓潼发布"手机客户端推广、"梓潼融媒"官方抖音号开设等相关工作，着力抓好对内对外宣传，大型融媒体行动《走村直播看脱贫》走进梓潼，在央视、央广经济之声等平台联合播出；《政协提案·我们办》第三期节目在央视频、四川观察、直播绵阳等媒体同步直播；中央、省、市媒体深入梓潼，刊发脱贫攻坚系列深度报道10余篇。全年编播新闻312期2000余条，辖区网站、微博、微信平台累计发布网络新闻信息4900余条；中央、省、市电视台播发新闻626条，其中中央电视台上稿37条，四川电视台上稿78条，绵阳电视台上稿349条，"直播绵阳"上稿162条。

【思想政治工作】 推荐绵阳市第五届道德模范和疫情防控最美绵阳人物、感动绵阳人物10人，选树典型，邮政社投员王永生获评第五届绵阳市敬业奉献道德模范，村医张明华获评2020年度疫情防控"感动绵阳人物"；七曲山风景区开办文昌书院作为研学旅游基地。"两弹一星"梓潼纪念馆开展20场红色文化宣讲队进校园、进企业、进社区、进农村活动，持续举办“小小讲解员”培训等研学活动；设立善行义举道德公示榜，试点建设乡村“爱心银行”，在城区广场、建筑围栏、交通要道、车站、旅游景区等重点区域悬挂张贴各类宣传标语2000余幅；利用户外大型显示屏、出租车顶滚屏、商铺电子显示屏投放宣传标语500余处；各镇（乡）、企业、机关、学校、社区、医院制作张贴宣传标语800余幅；利用两微一端、手机报等媒体设置专栏推送宣传标语、公益广告100余次；推送展示美丽乡村图片230余张、视频30余条、抖音12条。

【文化建设】 推进文化惠民工程，开展送文化下乡30场。打造翠云社区和金牛街社区2个“扫黄打非”省级示范点。拍摄公益电影《爱在何方》《生命的春天》《一本红岩》等，农村公益电影放映3948场次。组织《战疫记》编撰工作，拍摄抗疫宣传片《守护》。七曲山文昌祖庭荣膺国家级海峡两岸交流基地。七曲山风景区成为首批川台文旅交流合作示范基地。两弹城入选“全国红色旅游发展典型案例”“四川省文化和自然遗产活化利用最佳案例”“四川省文旅融合示范项目”，申报为第八批中国华侨国际文化交流基地。文昌艺术小镇通过市级验收，创建为国家AAA级旅游景区。中国两弹城、文昌艺术小镇入选全省首批试点研学旅行营地。绵阳三线建设博物馆、航天科技馆全面开工。出台《梓潼县文物保护管理办法》，梓潼县文物局、七曲山文化遗产保护中心、七曲山大庙博物馆和两弹城博物馆挂牌成立。首届科学家精神论坛成功举办。“争气弹596”获全省红色旅游文创产品大赛金奖。

【网信工作】 编制《网络舆情月报》12期、《舆情专报》2期，抓好领导批示督查督办。收集整理、组织撰写上报社会信息823篇，市级采用117篇，省级采用16篇，中央级采用1篇，《调研显示：超八成餐饮企业现金流吃紧》被省委办公厅《四川信息专报》和《每日要情》采用。受理办结网络理政信件495件，满意率达98.2%。

【文明城市创建】 印发《关于报送创建第五届四川省文明城市测评网上申报材料的通知》（梓创建办〔2020〕1号）、《关于做好2020年第五届四川省文明城市网上材料报送工作的紧急通知》（梓创建办〔2020〕5号）等系列规范性文件，将创建任务落实到各级各部门。在县人民广场制作社会主义核心价值观和道德模范公益广告宣传栏，在县城200余个路名牌设置公益广告，在县城进出口、主干道、广场、绿化带等区域设置温馨提示牌200个，在县城建筑工地围栏设置大型户外公益广告50余处。

【文明单位、村（镇）创建】 印发《梓潼县2020年精神文明建设工作要点》（梓文明委〔2020〕3号），明确提出抓好文明单位创建工作。有全国文明单位1个，省级文明单位11个，市级（最佳）文明单位58个，县级文明单位83个，全国文明村2个，省级文明村3个，市级文明镇（乡）14个，市级文明村17个，县级文明村62个。推荐梓潼县8户家庭参评市级文明家庭，取得成功；推荐县人民医院范艾家庭参评第二届省级文明家庭，并取得成功。梓潼县被评为四川省家庭工作先进集体。

【新时代文明实践中心】 制定《新时代文明实践中心建设试点工作推进机制》《新时代文明实践中心建设试点工作标准》，完善领导联系、问题梳理、督导指导、考核评估等工作机制，加强文明实践志愿服务队伍建设，争取建立新时代文明实践服务中心机构，核定事业编制4名。建成梓潼县文昌镇、梓潼县许州镇、梓潼县许州镇红军桥社区、梓潼县黎雅镇文昌宫社区、梓潼县长卿镇中心村、梓潼县宏仁镇金宝村新时代文明实践试点所（站）6个。利用10个新时代文明实践所（站）阵地优势，开展多形式的志愿服务活动。举办知识大讲堂50余次，开展孝老敬老活动300余次、环境保护活动120余次，围绕春节、国庆等节点，开展丰富多彩的群众性文娱文体活动90余次。

【志愿服务】 印发《梓潼县2020年志愿服务工作方案》。利用全国志愿服务信息系统，建立健全志愿者登记注册、褒奖激励机制，已注册志愿者52442名、志愿团体356个。

打造品牌志愿服务项目。协调组织部、文广旅局、七曲山风景区管理局等部门持续做好“党员志愿服务进景区”志愿服务活动。文昌镇崇文社区被评为2020年绵阳市十佳志愿服务社区。疫情期间组织开展“共克时艰抗疫情　文明单位在行动”志愿服务活动，号召全县71个文明单位积极有序参与疫情防控；组织开展“志愿服务暖人心　疫情防控显真情”学雷锋志愿服务活动，组织开展孝老爱老、环境保护等志愿服务活动。

【公民思想道德建设】 选树典型。推荐绵阳市第五届道德模范和疫情防控最美绵阳人物、感动绵阳人物10人，其中石牛邮政代办所社投员王永生获评第五届绵阳市敬业奉献道德模范，梓潼退役军人、梓昌公司员工饶春雷获评2020年度疫情防控“最美绵阳人物”，仁和镇檬椏村村医张明华获评2020年度疫情防控“感动绵阳人物”。

未成年人思想道德建设。县委宣传部、团县委等单位组织开展2020年度梓潼县“新时代好少年”评选表彰活动，评选表彰出20名梓潼县新时代好少年，6月1日，在梓潼东辰国际学校举行2020年梓潼县“新时代好少年”发布会；向市文明办推荐2名市级“新时代好少年”，并在全市进行发布。8月，举行第二届小小讲解员比赛，评出小学组、中学组一等奖各5名；11月开展童谣征集活动，推荐报送童谣作品20件。会同县教体局，对梓潼县乡村学校少年宫项目学校进行督促检查，下达2020年中央专项彩票公益金支持乡村学校少年宫项目建设运转经费30万元。指导黎雅小学、自强小学创建市级文明校园，指导双板小学创建特色少年宫。建成省级文明校园3个，市级文明校园6个，县级文明校园34个。梓潼县还被命名为四川省第三届未成年人思想道德先进县。

弘扬时代新风。印发《关于开展文明礼仪教育活动的通知》（梓委宣〔2020〕35号），编写《梓潼市民文明手册》资料并印制20000份，发放给全县各部门、镇（乡）、社区及县城各商家。

（宋　忱）

统战工作

【概况】 县委常委会专题研究统战工作3次，召开县委统战工作领导小组会议4次，传达全省统战部长会议精神、全省基层统战工作提升年现场会精神，学习新修订的《四川省宗教事务条例》，审议《全县统战工作要点》、教职人员社保补贴、民族工作星级社区等事项。举办梓潼县统一战线庆祝新中国成立70周年系列活动，在各族群众中开展“中华民族一家亲·同心共筑中国梦”教育实践活动，在宗教界人士和信教群众中开展“坚持中国化·同圆中国梦”教育实践活动，在港澳台同胞和海外侨胞中开展“海联金桥同心逐梦”教育实践活动。在民主党派成员中开展“大学习、大讨论、大调研”“不忘合作初心，继续携手前进”等教育活动；先后组织民主党派成员到中共一大会址、广安小平故里、仪陇朱德故里等地开展红色传统教育。先后制定《民主党派、无党派人士年度工作座谈会制度》和《县委重大决策部署通报制度》，在春节前和县两会前召开专题座谈会，向民主党派和无党派人士通报全县经济社会发展情况，征求他们对政府工作报告的意见建议。建立健全民主党派和无党派人士建言资政人才库、信息库。各民主党派成员共开展乡村观光旅游、食用菌种植及采摘、加强中医人才队伍建设巩固中医先进县等调研活动3次，形成高质量调研报告5篇。民主党派人士提出或参与提出各级议案、提案30余件；建立党外干部动态管理评价机制，2020年以来，全县新提拔党外科级领导干部4人，同级重用4人。截至2020年，梓潼县有党外科级以上领导干部27人，其中副县级5人，正科级4人，副科级18人，法院及检察院班子成员、人大专委会正副职、政协副秘书长、政协委室正副职、政府工作部门正职等职位均按要求设置党外干部。

【非公经济】 与宣传部、融媒体中心合作,制作7期宣传专题片对重点非公企业大力宣传;建立村企共建型、结对帮扶型、公益援助型、就业扶持型"四型"模式,推进"百企帮百村"精准扶贫行动。捐款捐物1000余万元,提供就业岗位500余个。复工复产期间提供1000多个就业岗位。组织网络人士借助电商平台帮助困难群众销售土鸡(蛋)、土鸭(蛋)、水果等土特产,累计为群众增收60余万元。

【民族宗教】 印发《梓潼县民间小庙专项治理工作方案》,先后6次召开县委宗教工作领导小组会议进行安排部署,对进度滞后的乡镇党委进行约谈。调整成立县委宗教工作领导小组,指导各乡镇相继成立党委宗教工作领导小组,各村(社区)设置协管员和信息员,辖区内有开放宗教活动场所的乡镇同时成立宗教活动场所日常管理小组,明确各级责任领导和责任人,宗教工作"三级网络""两级责任制"持续完善。2020年,完成242个民间小庙的拆、改工作,占比63%。按照"五个一律"要求巩固七曲山大庙涉宗教问题整改成果。引导宗教发挥作用,组织宗教界人士投身社会公益慈善、脱贫攻坚等工作,宗教界累计捐款捐物约10万元;扶贫日当天,县佛协、道协捐款1.9万元,并向17户贫困户送去3700元慰问金;重阳节期间,组织县佛协深入文兴镇敬老院,看望慰问老人,送去价值1.4万元的棉被等生活物资。常态化推进宗教界"三大提升"活动。

【对台统战工作】 成立县委对台工作领导小组。先后成功举办4届海峡两岸文昌文化交流活动,台湾嘉宾均在200人左右,代表性强、涉及面广,在台湾地区产生了广泛而积极的影响。近年来,共组织11批135人次"文昌文化交流团"到台开展交流活动;到梓潼县交流的台湾有关团体达到85批4000余人次。与台湾苗栗县互结为友好县,县文昌一小与台湾新竹县桃山小学结为友好学校。中国国民党原副主席林政则、新党主席郁慕明、台北市官员秦慧珠、台湾地区原经济事务主管部门领导人尹启铭等分别带团到梓潼参观,拜谒文昌帝君,领略文昌文化内涵,感受两弹城的国防科技精神。

(李　萌)

巡察工作

【概况】 开展县委第八轮巡察工作,组织精干力量先后对县人大、县政法委、县公安局等26个单位进行巡察。发现问题344个,移交问题线索2条,向有关部门移交问题9个,反馈整改问题333个。县委书记主持召开巡察工作领导小组暨书记专题会议1次。完成市委第五联动巡察组对梓潼开展为期1个月的政府采购专项巡察的联络配合工作。

【联动巡察】 梓潼县抽调13人参加市委第三联动巡察组对三台县政府采购专项巡察工作,市委第五联动巡察组于2020年12月8—29日进驻梓潼县开展政府采购专项巡察。县委巡察办主动对接市委第五联动巡察组,组织协调县财政局、县政府采购中心等单位,按照巡察准备工作规范要求,做好市委第五联动巡察组联动巡察期间的联络服务、支持保障、信访办理等各项工作。

【巡视巡察整改】 配合县委做好省委第九巡视组巡视反馈意见整改工作,开展巡视整改档案移交检查,下发《关于做好县委第七轮巡察整改工作的通知》,指导第七轮被巡察单位结合疫情防控扎实开展巡察整改工作。把中央、省委、市委、县委巡视巡察反馈意见整改落实情况纳入县委第八轮巡察重要内容,对4个县级部门开展巡察"回头看"。

【县委第八轮巡察】 制定《中共第十二届梓潼县委第八轮巡察工作方案》,组织召开巡察动员会1次,抽调26名业务骨干，组建4个县委巡察组，于6—9月对16个县级部门、乡镇、学校、国有企业开展常规巡察，对6个机改新建或重新组建单位开展专项巡察，对4个单位开展巡察“回头看”。巡察期间，发放调查问卷795份，开展谈话1024人次，调阅相关工作资料8456册（份），受理群众来信来电来访9件（次）。发现问题344个，其中问题线索2个，向有关部门移交问题9个，向被巡察单位反馈整改问题333个。

【巡察延伸】 采取“巡察组主导、被巡察镇乡参与，县乡统筹推进”的工作方案，全面统筹力量，深入县委第八轮被巡察乡镇所属村（社区）开展延伸巡察，切实打通巡察“最后一公里”。延伸巡察村级党组织39个，发现问题196个。

【专业队伍建设】 新调整充实巡察干部6人，对巡察干部实施动态管理，由原来的“三库”增至“四库”，组建组长库13人、副组长库18人、人才库112人、智库28人，为深化政治巡察工作，提供人才队伍保障。

【工作制度建设】 对标省委市委巡视巡察工作，起草《县级领导参加巡察整改专题民主生活会》等实施办法，牵头研析制定《中共梓潼县委巡察工作领导小组办公室工作规则（试行）》《关于建立县委巡察组与被巡察党组织主要负责人沟通机制的意见》《县委巡察工作领导小组组成人员主要职责》，协同议定县委巡察机构与县纪委监委、宣传部、信访局等部门的协作运行机制。

（史　璇）

机构编制

【乡镇行政区划调整改革】 在镇（乡）统一设置党建工作、综合行政执法、社会事务等综合办事机构和便民服务中心、农业服务中心、农民工服务中心等直属事业单位。将水利局派驻乡镇的水利水保站、文广旅局派驻乡镇的广播电视站等机构的职能职责、人员编制整合到乡镇直属事业单位，畜牧兽医站、自然资源所统一设置，武引水管站保留。设置党委书记、镇（乡）长、人大主席、副书记、组织宣传委员、政法委员、统战委员及副镇（乡）长等乡镇党政领导班子职数。印发《梓潼县委托下放乡镇的行政权力事项清单》，委托下放乡镇行政权力43项。印发《梓潼县乡镇属地事项责任清单（2020年本）》，明确乡镇权责主体，为县级部门与乡镇履职、监管等责任界定提供重要依据。

【机构编制管理】 根据乡镇面积、管辖村（社区）、人口数量等因素重新核定乡镇各类编制。划转公务员254人、事业人员214人、机关工勤17人。批准机关事业单位使用空缺编制380名，办理上下编439人次，开具245份用编通知单。为县委城乡基层治理委员会办公室增核领导职数，增加行政编制，增设内设机构。新设县新时代文明实践服务中心、县深化改革研究中心、七曲山大庙博物馆、两弹城博物馆等事业机构。为县机关事务服务中心、县社保中心、县就业服务中心、县人民医院、县中医院等单位增核领导职数。调整县科技局、县社保中心、县医疗保险中心、县工人文化宫等单位职能职责和优化设置内设机构。完成森林公安机关机构编制事项调整

10月15日，梓潼县委编办召开委托下放乡镇行政权力事项清单专题研讨会
（高雨茳／供图）

工作。配合县委巡察办在16个单位开展常规巡察时进行机构编制巡察,对6个机构改革新建或重新组建单位开展机构编制专项巡察,对4个单位开展机构编制巡察“回头看”。

在县自然资源局设立火灾预防股,增核县森林防灭火指挥部专职副指挥长领导职数1名,明确自然资源局、水利局分管副局长作为县应急管理局兼职副局长,增加县应急事务服务中心事业编制3名,增加自然资源局行政编制1名。

【事业单位登记管理】 办理事业单位设立登记14家,注销登记59家,证书延期115家,变更登记145家;机关设立、变更统一社会信用代码证书13个,注销登记16个,对全县16个乡镇直属事业单位法定代表人进行培训。

(高雨茳)

目标绩效

【概况】 印发《2020年梓潼县目标绩效管理办法》,将新冠疫情防控、对上争取和绵苍高速公路建设等工作新增纳入目标绩效考核。提高被上级通报表扬的工作、被上级推广的重大改革创新等工作的加扣分标准。

印发《2020年市考核目标责任分工方案》,明确县级牵头领导、责任部门和责任人,做到每项任务都有县级领导主管、部门主责,确保工作量化到位、任务分解到位、责任落实到位。

综合考虑党群部门、政府部门的职能职责以及各乡(镇)的地理位置、发展环境、经济状况等因素,分别制定下达目标绩效评估指标,分项核定考核权重,体现差异化考核。除法庭、检察室、派出所、司法所外,将县级部门在各镇(乡)派驻机构目标绩效考核纳入驻地镇(乡)管理,年终绩效奖由各镇乡负责申报并根据各镇乡和派驻主管部门考核得分发放。

制订下发《2020年县级督查检查考核计划》,对全年各类督查严格实行计划管理,严防督查检查考核过多过频、过度留痕。坚决压缩一般性业务督查检查考核,取消导向不明、增加基层负担的督考事项,开展各类督查检查考核事项48项,比2019年减少1项,达到督查检查考核事项只减不增的要求。

【疫情防控督查】 印发《中共梓潼县委目标绩效管理办公室关于印发〈新冠肺炎疫情防控工作考核细则〉的通知》,从疫情防控、医疗救治、宣传舆情、物资供应、后勤保障、交通运输、市场监管等方面对各级各部门提出具体要求。由县纪委和县委目标绩效管理办公室牵头组建梓潼县新冠肺炎疫情防控工作督查督办组,成立6个督查小组,自2020年1月26日开始,制定新冠肺炎疫情防控专项督查方案,开展首轮督查暗访,根据县防控工作指挥部各阶段工作安排,先后调整4次督查工作方案。各督查小组坚持每日以“四不两直”方式不间断开展督查督办,督查突出问题导向,做到发现一个问题于当日反馈被督查单位主要领导,提出整改要求和时限,并针对每个问题开展“回头看”,确保问题整改到位。发出督查通报8期,督查专报2期,通报涉及经开区、各镇(乡)及相关部门5类126个问题,全部整改落实。

【督查检查】 全年开展各项督查督办40余次,推动中央、省委、市委、县委各项决策部署落地生根。2020年,办理领导批示、交办件30余件,确保工作落地落实。跟踪督办人大代表票决制重点民生实事、易地扶贫搬迁、村道建设、农业扶贫项目等,形成《督查专报》《督查通报》。

印发《梓潼县重点工作督查及镇(乡)专项工作督导方案》,建立镇(乡)专项工作督导组,对脱贫攻坚、土坯房改造、农村人居环境治理等重点工作开展派驻式督导。建立县委县政府重点挂牌督战工作督查专员制度,对县委“六大工程”重点项目、建设美丽乡村“五大行动”和七曲山风景区创建国家AAAAA级旅游景区等重点挂牌督战工作进行全程跟踪督办，定期形成《督查专报》和问题台账，督促其限期整改落实。

【民生实事管理】 印发《2020年梓潼县22件省级民生实事实施方案》《2020年梓潼县22件省级民生实事目标任务分解和进度安排表》《2020年全县14件市级民生实事实施方案》《2020年全县14件市级民生实事目标任务、资金分解和进度安排表》等文件，将任务分解到各责任部门和乡（镇），确定项目实施责任领导和责任人，对民生实事项目推进和资金拨付时间节点提出明确要求。

根据民生工作目标任务、时间节点，建立项目台账，实行动态管理，按月收集汇总民生实事进度，形成工作专报上报。建立分类推进机制。对进度滞后的项目责任单位发送“点球”督办函、工作提示函。印发督办函7份，工作提示函6份。建立高效的督查机制。全年开展民生工作督查20余次，印发督查专报9期。

修改印发《梓潼县民生实事绩效管理办法》，把组织管理、过程管理、新闻宣传、季度通报、督办整改等情况作为民生工作日常考核内容，实施的22件省级民生实事、14件市级民生实事和4个市级民生实事人大代表票决制项目均全部完成，其中14件省级民生实事、7件市级民生实事和2个市级民生实事人大代表票决制项目超额完成。

【提案建议】 针对县人大代表提出30件代表建议、批评和意见，县政协委员提出62件提案，通过“两征集、一协商”的方式科学确定承办单位。9月，针对办理进度滞后的承办单位进程进行专项督查，确保办理工作不走过场，在规定时间内高质量全面完成。对各承办单位抄送的办理答复文件逐一审核、认定，30件代表建议、批评和意见，62件提案均在规定办理时限内办结，代表、委员的满意和基本满意率达100%。

【省委巡视整改】 省委第九巡视组反馈梓潼县的8个方面46个具体问题整改完成44个，有序推进2个。省委第七巡视组向绵阳反馈巡视整改意见后，中共梓潼县委目标绩效管理办公室积极对标市委《落实省委第七巡视组反馈意见整改工作方案》并结合梓潼县实际，主动认领问题17个，并将省委第九巡视组巡视梓潼反馈未整改到位的2个问题纳入整改清单统一管理。按照省委巡视办《关于在十一届省委第七轮政府采购专项巡视中开展巡视巡察联动有关事项的通知》精神和省委第五巡视组工作要求，协调相关部门，抽调13名干部配合联动巡察，设立3个信访收件箱和1处巡察信访接待点，做好后勤保障工作，全面翔实提供检查资料，态度端正配合巡察工作。

（吴党琛）

公务服务

【接待工作】 2020年，梓潼县接待来宾346批次，6428人次（其中公务接待5560人次，商务接待868人次，接待厅级及以上领导305人次）。全市现代农业园区建设现场会、全市食品安全应急演练大会、首届科学家精神论坛活动在梓潼县举办；完成全省脱贫攻坚成效考核组、省市各部门“两项”改革专题调研组、市委联动巡察组等在梓潼开展考核、调研活动的后勤保障工作，先后接待邓建军院士、杨俊华院士、张翔将军等重要接待20余批次。

【疫情防控】 遵守新冠肺炎疫情防控各项规定，做好接待场所通风、消毒等工作，接待过程中全程提供消毒、防疫用品，接待人员佩戴口罩、手套提供就餐服务；转变就餐形式，以分餐、简餐方式接待，并配备公筷、公勺。保障新冠肺炎疫情下接待工作的安全、有序进行。落实关于“坚决制止餐饮浪费行为”指示，接待中提供“半份菜”“小份菜”，在全县带头厉行勤俭节约、反对餐饮浪费，实现接待经费逐年递减。

（饶　萍）

党史地方志工作

【史志编研】 完成《四川年鉴（2020）》《绵阳年鉴（2020）》《中国共产党绵阳执政实录（2019）》梓潼篇的组稿工作。收集《绵阳市名镇志》入志图片，名镇志编纂工作涉及文昌镇、许州镇、长卿镇、卧龙镇的资料收集、图片征集工作完成，上报文稿和图片。采集关于红军在梓潼的历史记忆图片，收集完成“绵阳红军石刻标语”图片资料。向川渝方志馆高校分馆、四川省方志馆高校分馆、四川方志文化宣传基地、云南部分高校捐赠地方志成果书籍计100余本。编辑出版《中国共产党梓潼执政实录（2019）》《梓潼年鉴（2020）》。

【资政研究】 参与创建天府旅游名县工作，形成资政报告《史志视阈下天府旅游名县创建路径思考》，得到县委主要领导的肯定性批示。参与全县旅游资源普查、天府旅游名县答辩词修改、村级建置调整地名的核准、三线建设博物馆的建设和邓稼先小道打造等工作，及时提出合理建议，得到有关部门的肯定。

【课题研究】 由党研室牵头负责的省科技厅课题《以弘扬“两弹一星”精神为核心的四川特色创新文化研究》项目成果完成验收。《“两弹一星”精神传承与青少年研学旅行——以中国两弹城实践教育基地为例》在《绵阳论坛》2020年第一期刊发。2020年3月29日，《三线建设助推“两弹一星”事业成功》在四川方志网“三线建设”专题刊发。

【教育宣传】 推进史志“七进”有关工作，宣传梓潼史志文化，弘扬“两弹一星”精神、历史文化大县梓潼、梓潼地方红色历史等专题课，先后进入绵阳师范学院、梓潼县中青年干部培训班、梓潼县新发展党员培训班。收集红军长征在梓潼的有关资料，做好《红军长征过梓潼》的修订、翻印工作，对书中有争议的内容重新进行核实和修正，增加有关遗址图片、红四方面军主要领导回忆录、梓潼县籍红军人物事迹介绍等内容，全面准确反映红军长征在梓潼的情况，增强该书的史料价值。推进许州天宝红军纪念园和天宝苏维埃遗址的保护利用开发工作，设计出氛围整体营造的初步方案。同时抓好信息报送工作，提高信息的质和量，全年报送50余篇信息，均被市上和省上采用。

【史志成果】 参与拍摄的大型纪录片《中国影像方志·四川卷梓潼篇》在央视科教频道播出，该片从地理、历史、文化、美食等方面向全国观众多角度展示梓潼形象。协同县社科联创办《梓襄潼论》，开辟《梓潼史话》栏目，撰写创刊辞，提供相关稿件。做好部门志书《梓潼县公安志》的审稿把关工作，8月完成印刷出版。参与绵阳市政协文史资料《梓潼城区记忆》审核、梓潼县政协文史资料《九院在梓潼之轶事》编纂等工作。名镇志编纂经费拨付给许州镇、石牛镇，实时对《许州镇志》《石牛镇志》的编纂进展情况进行摸底了解，及时掌握进度，做好相关咨询工作。

（李雨芮）

党　校

【干部培训】 与县委组织部、县政府办、县教体、卫健等部门合作，举办培训班10期，培训干部1265人次。其中主体班培训2期，参训人员184人次（年轻干部铸魂工程和中青年干部培训班、年轻干部培训班）；专题培训班3期，参训人员478人次；其他培训班5期，参训人员603人次。县委书记周琳、县委常委、组织部部长聂林等县级领导应邀为参训学员做专题报告。

【科研工作】 组织立项并结项课题15个，其中省委党校课题 2 项，市级课题 10 项。公开发表理论文章 25 篇，其中有 4 篇文章入选“学习强国”。理论研讨会征文 20 篇，其中中央宣传部优秀理论宣讲报告 1 篇，省委党校征文 5 篇，市委党校征文 14 篇。理论研讨会优秀论文集 10 篇，其中严新志、黄元武的文章分获绵阳市脱贫攻坚理论与实践优秀文集二等奖和三等奖。决策资政成果 5 项，先后获得市、县级主要领导的肯定性批示，其中雍支康撰写的《关于加强我市县域网格化管理服务的建议》被选编入《市委党校资政专报》2020 年第 3 期。

【社会理论宣讲】 围绕习近平新时代中国特色社会主义思想和中共十九届五中全会精神先后深入县级各部门和各乡镇等基层单位开展理论宣讲 30 余场次，受众 2000 余人次。其中，黄元武的《弘扬“两弹一星”精神　建功立业新时代》被中组部纳入中国干部网络学院“党性教育精品课程”。

【学历教育】 成人专科、本科报名人数 35 人，上线人数 28 人，其中专科上线 17 人，本科上线 11 人；2020 年度省委党校在职研究生梓潼报名点组织报名 51 人，录取 7 人。因受疫情的影响，函授教学采取线上线下相结合的方式进行，全年开展集中面授 3 次，在线学习不低于 400 学时。

【基层党校建设】 按照市委组织部和县委组织部的安排开展调研，起草关于基层党校建设的实施方案，加强对乡镇和有关部门建立党校工作的指导。截至 7 月 30 日，16 个镇乡和 6 个行业基层党校均正式挂牌成立。7 月，绵阳市委办印发《绵阳市县级党校分类建设计划实施方案》（绵委办发〔2020〕10 号），明确实行“独立办学”模式，依托“两弹一星”干部学院，通过“党校＋基地”融合发展，走特色办学之路。9 月，县委召开常委会，专题研究党校分类建设的具体事宜。10 月，县委印发《梓潼县委党校分类建设计划实施方案》。

（赵　锐）

档案工作

【概况】 与县档案局一起做好梓潼县 2019 年度档案事业统计年报工作。对改革中不再保留建制的 16 个乡镇持续开展文书档案归档指导、移交工作。接收涉及行政区划调整乡镇档案 55360 件，2417 盒。指导乡镇做好废止印章、吊牌（牌匾）的收集、整理和移交工作，接收废止印章共 240 枚，吊牌（牌匾）129 个。接收县民政局 2018—2019 年婚姻纸质档案和数字化档案 150788 页，10679 件，407 盒；接收原民生工委 2007—2019 年文书档案、组织部 2016—2018 年文书档案 4223 件，118 盒。开展 2020 年省、市重点项目档案管理登记工作，全面掌握和动态跟踪项目档案工作进展情况。

【档案民生服务】 接待查阅人员 3000 余人次，利用档案 6300 余卷，500 余件，异地查阅档案办结 46 人次。完成馆藏档案 67 万页数字化工作，2020 年馆藏档案数字化共 3694461 页。做好民国档案目录录入工作，65000 条著录工作全面完成。

【档案安全建设】 健全档案安全工作机制，构建人防、物防、技防“三位一体”的档案安全防范体系。落实信息安全等级保护和涉密信息系统分级保护管理要求，建立风险分级管控和隐患排查治理双重预

6 月 9 日，县档案局、档案馆宣传档案法律法规（邱　欢/供图）

县档案馆举行庆七一活动，重温入党誓词 （邱　欢/供图）

防机制。每周对库房和监控进行检查，对档案库房温度湿度进行监测调控，对检查存在的问题及时登记整改。抓好档案馆库房整理和馆藏档案消杀毒工作。组织安排2020年档案馆库房整理和档案消杀毒工作，对馆藏存量档案和新接收档案进行全面消杀毒处理。

【档案文化建设】 组织开展“6·9国际档案日——档案见证小康路、聚焦扶贫决胜期”专题宣传活动。邀请电视台记者对宣传活动进行综合报道，普发手机公益短信6000条，发放档案宣传资料1000余份，现场接受群众咨询100余人次。利用“6·9”国际档案日、“7·1”建党节等重要节点，开展档案馆爱国主义教育基地主题展览和参观学习活动，2020年接待参观人员200余人次。参加全市档案馆爱国主义教育基地讲解员风采展播评比，展现兰台人的风采。加强档案文化编研，做好《九院在梓潼》中《九院在梓潼之轶事》的文化编研工作。

（邱　欢）

梓潼县人民代表大会

ZITONGXIAN RENMINDAIBIAODAHUI

综　　述

【概况】 2020年，县人大常委会坚持以习近平新时代中国特色社会主义思想为指导，深入贯彻中共十九大和十九届二中、三中、四中、五中全会精神，全面落实省委、市委、县委重大决策部署，在县委的坚强领导下，勇于担当抓落实，依法履职做表率，全年召开常委会会议9次、主任会议16次，听取和审议工作报告43项，开展专题视察9次、执法检查1次、专题询问1次，作出决议决定13项，提出审议意见和工作建议117条，依法作出决议决定13项，任免国家机关工作人员27人次，全面完成县十七届人大五次会议确定的各项工作任务。

重要会议

人民代表大会

【县十七届人民代表大会第六次会议】 1月26—29日，梓潼县第十七届人民代表大会第六次会议在县影剧院召开。会议审查县人民政府工作报告、“十四五”规划纲要（草案）、计划工作报告、预算工作报告、县人大常委会工作报告、法院工作报告、检察院工作报告并通过各项决议，对2020年县级重点民生实事项目完成情况进行满意度测评，投票表决出7项2021年县级重点民生实事项目，依法选举梓潼县第十七届人大常委会副主任和县人民检察院检察长。

人大常委会会议

【县十七届人大常委会第三十三次会议】 4月27日，梓潼县第十七届人大常委会第33次会议召开。会议听取和审议县人民政府关于全县公安基层基础建设工作和四川省中医药产业发展示范县创建工作情况的报告。

【优化营商环境工作情况专题询问会议】 6月19日，县十七届人大常委会优化营商环境工作情况专题询问会议召开。会议听取县人民政府关于优化营商环境工作情况的报告，并就相关工作情况进行专题询问，县人民政府及相关部门和单位负责人进行现场回答，常委会对相关部门工作进行测评。

【县十七届人大常委会第三十五次会议】 6月19日，梓潼县第十七届人大常委会第35次会议召开。会议听取和审议县人民政府关于棚户区改造项目实施情况的报告。

【县十七届人大常委会第三十六次会议】 8月21日，梓潼县第十七届人大常委会第36次会议召开。会议听取和审议县人民政府关于2020年1—6月国民经济和社会发展计划执行情况、1—6月预算执行情况的报告，2019年县级财政预算执行和其他财政收支情况的审计工作报告，以及项目投资情况、贯彻执行《中华人民共和国就业促进法》情况的报告。

【县十七届人大常委会第三十七次会议】 10月23日，梓潼县第十七届人大常委会第37次会议召开。会议听取和审议县人民政府关于全县医疗保障工作，代表建议、批评、意见办理情况，供销合作社服务“三农”工作以及学前教育情况的报告。

【县十七届人大常委会第三十八次会议】 12月24—25日，梓潼县第十七届人大常委会第38次会议召开。会议听取和审议县人民政府关于社区矫正、综合执法运行、政府重大投资项目绩效评价，贯彻执行《梓潼县人民代表大会常务委员会讨论决定重大事项的规定》《梓潼县人民代表大会常务委员会国有资产管理监督办法》情况的报告。

主任会议

【县十七届人大常委会第50次主任会议】 3月27日，县人大常委会主任杜林平主持召开县十七届人大常委会第50次主任会议。会议听取县人民政府关于乡镇行政区划调整实施情况、减税降费工作情况的汇报。

【县十七届人大常委会第53次主任会议】 5月28日，县人大常委会主任杜林平主持召开县十七届人大常委会第53次主任会议。会议听取县人民政府关于县域旅游产业发展情况、安全生产责任制贯彻落实情况以及财政预算绩效管理情况的汇报。

【县十七届人大常委会第55次主任会议】 7月24日，县人大常委会主任杜林平主持召开县十七届人大常委会第55次主任会议。会议听取县人民政府关于现代农业园区建设、贯彻落实县人大常委会审议意见、落实重大事项报告制度等情况的汇报。

【县十七届人大常委会第58次主任会议】 9月23日，县人大常委会主任杜林平主持召开县十七届人

7月16日，县人大常委会开展涉农项目及现代农业园区建设情况专题视察 （杨小明/供图）

9月18日，县人大常委会专题视察全县工业经济运行情况
（杨小明/供图）

大常委会第58次主任会议。会议听取县人民政府关于全县工业经济运行情况、大气污染防治工作和城市管理工作情况的汇报。

【县十七届人大常委会第61次主任会议】 1月19日，县人大常委会主任杜林平主持召开县十七届人大常委会第61次主任会议。会议听取县人民政府关于大数据中心建设和运行情况、"十三五"规划执行和"十四五"规划编制工作情况以及不动产数据整合工作情况的汇报。

【代表工作】 坚持代表主体地位，支持和保障代表依法履职，代表作用得到发挥。

夯实代表服务保障。常委会致力于人大代表履职能力提升，通过人代会会前集中培训、专题培训、分批调训等方式，有计划、有重点地开展代表学习培训265人（次），代表履职能力不断增强。全年邀请120名市县人大代表参加常委会组织的调研、视察、执法检查，列席常委会会议，向代表通报重要工作，保障代表知情知政权。加强对全县12个人大代表之家、22个代表联系群众工作站的管理和指导，强化代表履职平台建设。落实县、镇（乡）两级无固定工资收入人大代表履职补贴的政策，保障人大代表的履职活动。

发挥代表主体作用。组建231支疫情防控志愿服务队，奔赴机关企事业单位、集市商场、车站、村（社区）等地，宣传普及防控知识，发放《"疫情防控从我做起"倡议书》等宣传资料20余万份，捐赠消毒酒精、口罩等防疫物资23万余元。围绕企业复工复产开展专题调研，助推企业在生产经营、要素保障、用工需求等7个方面的问题得到基本解决。25名代表的抗疫先进事迹被《民主法制建设》杂志、绵阳电视台新闻综合频道、《绵阳晚报》等媒体报道，为夺取疫情防控和经济社会发展双胜利作出贡献。坚持以"三联"活动、代表之家、"脱贫攻坚——人大代表在行动"活动为载体，扎实开展人大代表"双走访"活动，在解决实际困难、助力脱贫攻坚、推进基层治理等方面，收集反映问题和建议105条，切实解决一批群众最关心、最直接、最现实的问题。

强化代表建议办理。坚持把代表满意、群众认可作为办好建议的重要标准，及时召开建议办理交办会，成立由常委会分管领导牵头负责的督办小组，对代表集中反映的问题进行重点督办，专题听取和审议办理情况报告。代表在县十七届人大五次会议期间提出的30件建议、批评和意见全部按时办结，办理结果满意率98.7%，一批代表关注、群众反映强烈的问题得到切实解决。

加强对镇（乡）人大工作的指导。落实县人大各专委会和常委会各委室联系镇（乡）人大工作制度，密切工作交流沟通和协调联动。组织镇（乡）人大主席开展集中业务培训，指导全县建制调整后的12个镇（乡）完成人大代表选举工作。

县十七届人大常委会组成人员名单

杜林平	白　涛	王和平	陈　红
魏永国	王子文	兰开凤	刘继平
杨　攀	何山平	宋木全	张　露
张云华	张廷忠	景朝晖	温云强
王　兵	欧阳运隆	王兴林	李　健
张　潇	陈　俊	周　平	贾明理
顾安飞	梁　鸣		

绵阳市第七届人民代表大会梓潼代表团代表一览表

（2021年1月，共34名）

表1

姓名	性别	民族	出生年月	政治面貌	文化程度	工作单位及职务
唐浪生	男	汉	1966.9	中共党员	大学	绵阳市委常委、纪委书记、提名监察委员会主任
王永忠	男	汉	1969.1	中共党员	大学	中国铁塔股份有限公司绵阳分公司总经理
王明华	男	汉	1961.11	中共党员	大学	绵阳市公安局
奉光明	男	汉	1965.6	中共党员	硕士	绵阳市人大监察和司法委员会主任委员
李作虎	男	汉	1964.3	中共党员	硕士	绵阳市人大常委会副主任
彭时荣	男	汉	1964.2	中共党员	硕士	绵阳市总工会党组书记、副主席
董　泓	女	汉	1968.9	中共党员	硕士	绵阳市高新区党工委副书记、管委会副主任
韩晓清	男	汉	1971.7	中共党员	大学	绵阳市经信局局长
李　勤	男	汉	1966.5	中共党员	博士	提名绵阳市中级人民法院院长
赵　伟	男	汉	1964.7	中共党员	大学	绵阳市人民检察院
郝剑峰	男	汉	1967.4	中共党员	大学	绵阳市公安局党委委员、副局长
王春燕	女	汉	1967.3	无党派	大专	梓潼县人民医院医疗质控管理部部长
邓　莉	女	汉	1981.11	无党派	大学	梓潼县委宣传部社科联秘书长
邓志军	男	汉	1971.8	中共党员	大学	梓潼县委常委、县委副书记
邓碧桂	女	汉	1970.11	无党派	大专	梓潼县文昌中学教师
白　罡	男	汉	1971.7	中共党员	大学	梓潼县委组织部常务副部长、县公务员局局长
白忠培	男	汉	1970.12	中共党员	大学	梓潼县住建局局长
刘继平	男	汉	1962.8	中共党员	大学	梓潼县林江苎麻纺织有限责任公司董事长、总经理
杜林平	男	汉	1964.3	中共党员	硕士	梓潼县人大常委会党组书记、主任
李建兵	男	汉	1967.7	无党派	中专	梓潼县建丰林业有限公司董事长、总经理
杨　静	女	汉	1986.12	无党派	大专	梓潼县许州镇牛蹄山村五组农民
汪　敏	女	汉	1970.12	无党派	大专	梓潼县人民政府副县长
张国勇	男	汉	1966.9	中共党员	大学	梓潼县人民政府党组成员
陈　龙	男	汉	1963.2	无党派	高中	梓潼县敕法仙台道观（陈宗玄）
罗彩林	男	汉	1971.11	无党派	高中	梓潼县石牛镇雁门村村委会主任
周　琳	男	汉	1966.6	中共党员	硕士	梓潼县委书记
赵　云	男	汉	1969.9	中共党员	硕士	梓潼县交通运输局局长
刘　强	男	汉	1974.10	中共党员	硕士	梓潼县人民政府县长
徐兴全	男	汉	1965.10	无党派	大学	梓潼县农业农村局农业推广研究员、植保首席专家
徐春银	男	汉	1963.6	无党派	大学	绵阳一康制药有限公司董事长（梓潼）
涂　莉	女	汉	1983.10	无党派	大学	梓潼县水利局政策法规和水资源管理股股长

续表1

姓名	性别	民族	出生年月	政治面貌	文化程度	工作单位及职务
黄　建	男	汉	1977.12	中共党员	大学	梓潼县委常委、县人民政府常务副县长
唐　扬	男	汉	1977.6	中共党员	硕士	梓潼县委常委、纪委书记、监察委员会主任
聂　林	男	汉	1977.12	中共党员	大学	梓潼县委常委、组织部部长、党校校长、县直机关工委书记

梓潼县省人大代表一览表

表2

姓名	性别	民族	政治面貌	工作单位及职务
黄运洪	男	汉	中共党员	梓潼县靓绿瓜菜专业合作社理事长
范文菊	女	汉	中共党员	梓潼县许州镇天明村村委会主任

（杨小明）

梓潼县人民政府

ZITONGXIAN RENMINZHENGFU

综　　述

【概况】 2020年，在党中央国务院、省委省政府、市委市政府和县委坚强领导下，在县人大、县政协监督支持下，梓潼县政府坚持以习近平新时代中国特色社会主义思想为指导，深入贯彻中共十九大和十九届二中、三中、四中、五中全会精神，全面落实习近平总书记对四川工作系列重要指示精神，坚持稳中求进工作总基调，坚持新发展理念，紧紧围绕“团结奋进勇登攀，创新打造后花园”奋斗目标，深入实施“六大工程”，扎实做好“六稳”工作、全面落实“六保”任务，较好完成县十七届人大五次会议确定的目标任务。全年实现地区生产总值148.94亿元，同比增长（以下简称“增长”）4.2%；地方一般公共预算收入3.3亿元，增长10%；全社会固定资产投资79.01亿元，增长15.7%；城乡居民人均可支配收入36081元、18554元，分别增长5.9%、8.7%。

【疫情防控】 启动突发公共卫生事件Ⅰ级响应，建立县、镇（乡）、村（社区）三级防控体系，组织动员各级干部和群众参与疫情防控，动态排查重点疫区到梓潼人员4.4万人。实施差异化防控策略，组建成立“一企一组”工作专班，分类别、分步骤、分人群推动企业全面复工复产。出台支持中小企业共渡难关14条政策措施，补助、减免和缓交各类资金4473万元，惠及1582户企业和个体工商户。组织点对点、一站式“春风行动”运输服务，实现4.9万名农民工安全有序返岗。建成卫生应急综合指挥信息中心、45个公立医疗发热哨点和3个PCR实验室，全县核酸日检测能力达到1万人次。

【文旅产业】 七曲山文昌祖庭荣膺国家级海峡两岸交流基地。七曲山风景区成为首批川台文旅交流合作示范基地。两弹城入选“全国红色旅游发展典型案例”“四川省文化和自然遗产活化利用最佳案例”“四川省文旅融合示范项目”，申报为第八批中国华侨国际文化交流基地。中国两弹城、文昌艺术小镇入选全省首批试点研学旅行营地。风凰湖环湖路等5个项目建成投用，红色旅游研学营地主体完工，水观音景区改造等13个项目加快推进，绵阳三线建设博物馆、航天科技馆全面开工。出台《梓潼县文物保护管理办法》。梓潼县文物局、七曲山文化遗产保护中心、七曲山大庙博物馆和两弹城博物馆挂牌成立。首届科学家精神论坛举办。“争气弹596”获全省红色旅游文创产品大赛金奖。

【现代农业】 第一产业增加值增长5.5%，增速位居全市第一。生猪、蜜柚、优质粮油、蔬菜、中药材5条全产业链初步成形。全面贯彻粮食安全省长责任制，建成高标准农田2.4万亩，粮油播种面积77万亩，新增优质粮油基地10万亩。完成省市下达生猪出栏年度目标任务，纳入四川“川猪”产业集群。推进蜜柚品质改良，推出蜜柚特色保险，蜜柚种植面积稳定在17万亩。“蜜柚＋生猪生态循环现代农业园区”“潼江河谷优质粮油现代农业园区”创建为市级五星级园区。新增“三品一标”农产品15个、省市级家庭农场示范场13个。获评全省有机产品认证示范创建县、全省农业社会化服务示范县。

【工业经济】 经开区创建省级农产品加工示范园区和省级循环经济产业园。一康制药入选全省第二批“瞪羚”企业。正大年产18万吨饲料厂、三香汇生物、莱仕顿啤酒等13个项目建成投产。县科技孵化中心创建省级大学生创新创业示范基地。全年新增高新技术企业和科技型中小企业24家、规上工业企业7家，完成工业投资13.01亿元，增长28.1%，规模以上工业增加值增速5.2%。

【第三产业】 创建国家电子商务示范县，实现电子商务交易额16亿元。梓潼酥饼、片粉传统制作工艺入选全省首批农村生产生活遗产名录。开展“七曲杯”厨艺大赛暨莱仕顿啤酒美食节、名优特产品展销会等系列活动，实现社会消费品零售总额54.53亿元，服务业增加值增长4.3%。

【改革开放】 实施中央和国家、省市重大改革试点14项，完成改革试点销账任务4项。村级建制调整和村（居）民小组调整优化改革全面完成，建制村（社区）由349个调整为181个，村（居）民小组由2284个调整为1501个。在全市率先高质量完成村（社区）“两委”换届工作。县属国有企业整合重组完成，形成“1+5+N”国有资本投资运营组织架构，国有企业资产总额达到121亿元。砂石资源管理体制改革成效显著。开展全国第四批农村集体产权制度改革试点。参与成渝地区双城经济圈建设，与重庆市璧山区、成都理工大学等建立战略合作关系。全年新签约空管装备综合基地、科技智慧物流服务平台等项目23个，实现国内省外招商引资到位资金19.5亿元。申报地方政府一般债券项目、政府专项债券项目和抗疫特别国债项目35个，债券发行金额6.06亿元，发行金额创历史新高。推进“放管服”改革，不断提升网办能力，政务服务事项100%实现“最多跑一次”。全年新登记各类市场主体2654户，增长13.6%。推行政务服务“好差评”制度，主动评价好评率100%。全面落实减税降费政策，减免税费2.14亿元。搭建银政企合作平台，累计为336家民营企业和个体工商户融资2.37亿元。

【城乡建设】 实施城建攻坚项目26个，完成投资11.5亿元。新建西崖街等城市道路5.29公里。城市备用水源地、垃圾处理厂填埋区扩容工程建成投用，生活垃圾无害化处理率97.2%。完成棚户区改造781户，治理老旧小区20个。新增城市绿地8万平方米。通过省级生态园林县城验收。推进城区违建综合整治，依法强拆东郊庭院违法建筑。完成交通投资10亿元。首条高速公路连接线梓东路、国道G347线县城至长卿村段、国道G347线至两弹城连接线、国道G108线文昌干道至龙凤垭段、县道X123线小伏路建成通车，国道G108线县城段完成大修，绵苍高速梓潼段、省道S209线县城至江油河口段改建等项目加快推进，新改建农村公路156公里。完成水利投资1.74亿元。武引二期灌区3条斗渠开工建设、4条支渠主体完工。东方红水库、雄狮水库除险加固完工。宝石、玛瑙、七曲供水工程建成投用，有效解决农村12万余人安全饮水问题。整合资金4亿元，推进"五大行动"。培育"美丽四川·宜居乡村"达标村102个，打造市级农村人居环境整治示范点2个。创建乡村振兴省市级先进镇2个、示范村5个。许州镇创建为乡村振兴省级先进镇、入选全省"十三五"特色小城镇，黎雅镇申报为全国第十批"一村一品"示范镇，双板镇通过国家卫生镇技术评估，石牛雁门村获评"全国文明村"。

【脱贫攻坚】 截至年底，全县2811个脱贫攻坚问题全面"清零"。累计投入2.85亿元，全面实施15个扶贫专项，完成危房改造265户，土坯房改造1844户，住房安全保障和功能完善3910户。"1+5"生态循环产业扶贫模式成效明显，实现贫困户户均增收2000元，村集体增收2万元。创新实施"三个三分之一"模式，彻底解决慢性病鉴定难题。

【生态环境】 空气质量持续改善，优良天数达到353天。完成县城饮用水源地生态保护治理和乡镇及以下水源地"划立治"工作。建成生活垃圾分类收集点182个。重新调整畜禽养殖禁养区，畜禽粪污综合利用率98%。完成天然水域禁捕及渔民转产安置保障工作。创建国家级生态文明建设示范县并通过省级评审。许州栏杆村创建为国家首批森林乡村。中央电视台多次专题报道梓潼县优良的生态环境。

【社会事业】 全面完成34件省、市重点民生实事和11件市、县重点民生实事人大代表票决制项目。城镇登记失业率控制在2.66%。新改建公办幼儿园23所，新建校舍6800平方米。高考本科上线率、高职升学率分别达到52.3%、96%。县人民医院内儿科综合楼暨医联体、妇幼保健院综合保障楼建成投用。创建省级慢性病综合防控示范区、四川省中医药产业发展示范县。县人民医院成功创建为三级乙等综合医院，县疾控中心创建为二级甲等疾控中心。文昌宏仁、文昌民胜中心敬老院建成投用。推进文化惠民工程，开展送文化下乡30场。

【社会治理】 健全社会矛盾纠纷防范化解机制，化解信访积案难案38件。开展森林防灭火专项整治，组建成立森林专业扑火队和半专业扑火队。安全生产形势持续向好，全年未发生较大以上生产安全事故。创建省级食品安全示范县。有效应对"8·12"洪灾，及时处置八一水库、凤凰水库等险情。社会治安持续稳定，破获"8·22"涉恶等13件大案要案。创建全国示范型退役军人服务站11个。获评全省"七五"普法中期先进县。第七次全国人口普查工作开展。

【政府自身建设】 学习贯彻习近平新时代中国特色社会主义思想，巩固"不忘初心、牢记使命"主题教育成果，开展"抓落实作表率"行动。推进依法行政，落实重大行政决策法定程序。建立县政府与县人大、县政协常态化工作联系机制，自觉接受县人大及其常委会的法律监督和工作监督，主动接受县政协的民主监督，定期向县人大及其常委会报告、向县政协通报重大事项。办理人大代表建议30件，政协提案62件。开展审计监督，切实整改审计发现问题。落实中央、省、市、县转变作风规定及实施细则，持之以恒纠正"四风"。抓好省委巡视反馈意见2020年整改工作和市委巡察反馈问题整改工作。

重要会议

【政府常务会议】 2020年，县人民政府组织召开政府常务会议共22次。

第一次常务会议　会议于1月6日召开，学习《中华人民共和国土地管理法（修正案）》，传达学习国务院总理李克强在四川考察时的重要指示精神，传达学习近期国务院常务会议精神，传达学习中央经济工作会议、省委经济工作会议和市委经济工作会议精神，传达学习《中共四川省委关于深入贯彻党的十九届四中全会精神推进城乡基层治理制度创新和能力建设的决定》，传达学习《中共绵阳市委办公室关于贯彻落实〈中国共产党重大事项请示报告条例〉有关事项的通知》，传达学习习近平总书记对做好“三农”工作重要指示精神和中央农村工作会议精神，传达学习《新时代爱国主义教育实施纲要》，传达学习全国安全防范暨专项督查工作视频会议、全省安全生产清单制管理工作推进会和全省安全生产视频调度会议精神，传达学习习近平总书记在十九届中共中央政治局第十九次集体学习上重要讲话精神，审议《梓潼县人民政府工作规则》《梓潼县人民政府常务会议议事决策规则》，审议《2020年全县经济工作要点》，审议《开展特色农产品保险试点推动现代农业发展实施方案》，审议《梓潼县委托社会中介机构参与政府投资建设项目工程造价审核管理办法》，审议《2020年县重点项目建议名单》，审议《G108线K2040+450和K2041+500处公路灾害防治工程变更方案》，审议梓潼县2020年中央和省级财政专项扶贫资金（扶贫发展）项目方案，审议梓潼金驰阳农牧有限公司在二洞乡双河村、工农村新建2400头种猪场的相关事宜，审议七曲山风景区规范化管理的相关事宜，审议终止梓潼县污水处理及管网配套工程PPP项目合同的相关事宜，审议实施智慧路灯建设项目的相关事宜，审议解决残疾人托养中心功能性装修、设施设备购置资金等相关事宜，审议人事任免。

第二次常务会议　会议于1月19日召开，听取关于2019年财政预算执行情况的报告，审议梓潼县2020年财政预算（草案），审议2019年第二批土地储备专项债券使用调整方案，审议《梓潼县年产300万件精密汽车零部件项目投资协议及补充协议》，审议《梓潼县莱仕顿精酿啤酒项目投资协议及补充协议》。

第三次常务会议　会议于2月5日召开，学习贯彻习近平总书记关于新型冠状病毒感染肺炎疫情防控工作重要指示精神和中央政治局常委会会议、中央应对新型冠状病毒感染肺炎疫情工作领导小组会议、国务院总理李克强在湖北武汉考察指导新型冠状病毒感染肺炎疫情防控工作有关指示、省委常委会会议暨省委应对新型冠状病毒感染肺炎疫情工作领导小组会议、省委书记彭清华到绵阳检查督导防控工作有关指示、省应对新型冠状病毒感染肺炎疫情应急指挥部会议、市委常委会会议暨市委应对新型冠状病毒感染肺炎疫情工作领导小组会议精神、市政府常务会议暨市应对新型冠状病毒感染肺炎疫情应急指挥部第六次会议精神，审议《梓潼县应对新型冠状病毒感染肺炎应急物资管理办法》，审议应对新型冠状病毒感染肺炎疫情防控复工复产相关事宜，审议应对新型冠状病毒感染肺炎疫情防控监测服务点设置相关事宜，安排部署当前新型冠状病毒感染的肺炎疫情防控工作，审议《梓潼县莱仕顿精酿啤酒项目投资协议及补充协议》，审议人事任免。

第四次常务会议　会议于2月21日召开，审议绵阳市商业银行融资贷款资金使用方案，审议镇（乡）和县级部门办公用房维修资金安排建议方案，审议乡镇行政区划调整后公务用车编制调整方案，审议《梓潼县主城区城市设计及控制性详细规划》《四川梓潼经济开发区控制性详细规划和城市设计》，审议《梓潼县2020年专项债券提前发行额度分配建议方案》，审议《梓潼县医用口罩项目投资协议》，审议绵苍高速地材供应有关事宜，审议《梓潼县国民经济和社会发展第十四个五年规划编制工作方案》，审议梓潼县生活垃圾热解气化处理项目相关事宜，审议梓潼县武都引水二期灌区灌溉供水工程建设相关事宜，听取复工复产情况汇报，传达学习中央、省、市疫情防控会议精神，听取梓潼县新冠肺炎疫情防控工作汇报，审议宏仁镇增加临聘岗位的相关事宜，传达学习《市纪委关于6起违反八项规定精神典型案例的通报》《市纪委关于沈家坝电力小区供水改造问题处理情况的通报》。

第五次常务会议　会议于3月19日召开，传达学习新修订的《四川省宗教事务条例》，传达学习全市一季度经济工作座谈会精神，传达学习习近平总书记、国务院总理李克强对全国春季农业生产工作作出重要指示批示和全国春季农业生产工作电视电话会议精神，传达学习习近平总书记在武汉考察新冠肺炎疫情防控工作时的重要讲话精神学习提纲，传达学习省长江经济带生态环境突出问题暨中央生态环境保护督察反馈意见整改工作电视电话会议精神，传达学习《保障农民工工资支付条例》，传达贯彻全省有效应对疫情大力推动基础设施等重点领域补短板工作电视电话会议精神，通报2019年全县投资和重点项目建设、实施基础设施等重点领域补短板行动有关情况，研究部署2020年相关工作，审议《梓潼县2020年食品安全工作要点》，审议《梓潼县食品小作坊禁止生产加工食品目录清单》，审议四川华西动物药业有限公司中药萃取生产线项目产业发展专项资金相关事宜，审议国道G108线文昌干道至龙凤垭段道路工程占用林江苎麻公司有机苎麻基地及其附着物补偿经费相关事宜，审议2019年度科技创新专项扶持项目补助资金相关事宜，审议《梓潼县均益魔芋出口食品生产厂区建设项目投资协议及补充协议》，审议《梓潼县年产10万吨稻米精深加工项目投资协议及补充协议》，审议《梓潼县演武30兆瓦风电场项目和马迎27兆瓦风电场项目投资协议》，通报《新型光电成像与显示产品全产业链基地项目投资协议及补充协议》，审议《高福记福田食品工业园产能转移及技改扩建项目投资协议》，审议《梓潼县七曲山温泉度假酒店项目投资协议及补充协议》，审议绵阳市魏城河（梓潼县段）防洪治理工程相关事宜，审议梓潼浩源农业科技有限公司在文昌镇三清村新建3000头规模种猪场项目相关事宜，审议实施西河西坝片区生活污水排水工程相关事宜，审议西崖街西段道路建设附属物拆除补偿的相关事宜，审议拨付梓潼县城市生活污水处理厂污水处理费结算资金的相关事宜，审议拨付梓潼县城市生活污水处理厂污水处理费结算资金的相关事宜，审议解决梓潼县城南棚户区（“城中村”）改造项目资本金的相关事宜，审议梓潼县城区部分路段增设物理隔离相关事宜，审议《关于实施“五大行动”加快推进美丽乡村建设的实施意见》，审议县级财政专项扶贫资金使用方案，审议2020年农业保险实施方案，审议革命老区资金分配方案，审议2020年农村综合改革转移支付资金使用方案，审议国有建设用地使用权出让方案，审议聚源浩创砂石公司清淤疏浚富余砂石料加工劳务外包招标有关事宜，审议人事任免。

第六次常务会议　会议于3月26日召开，传达学习《党委（组）落实全面从严治党主体责任规定》，传达学习市长元方到梓潼调研脱贫攻坚工作重要指示精神，传达学习《中共中央办公厅　国务院办公厅印发〈关于全面加强危险化学品安全生产工作的意见〉》，传达省委书记彭清华、市委书记刘超关于做好第七次全国人口普查工作重要批示精神，安排部署梓潼县第七次全国人口普查工作，听取阶段性下调水电气价格切实降低企业用能成本的情况汇报，审议《梓潼县推进村级建制调整改革的实施方案》，审议《梓潼县2020年乡镇行政区划调整改革补助资金使用建议方案》，审议《梓潼县仙峰供水巩固提升工程建设地址调整方案》，审议2020年预下达中央和省级城镇保障性安居工程补助资金使用方案，审议实施2020年“厕所革命”相关事宜，审议人事任免。

第七次常务会议　会议于4月29日召开，传达学习《中华人民共和国行政复议法》，传达学习习近平总书记、国务院总理李克强对凉山森林火灾作出的重要指示批示，省委书记彭清华、省长尹力对凉山州木里西昌冕宁盐源森林火灾作出的批示，3月31日省委常委会（扩大）会议和全省森林草原防火灭火暨安全生产工作会议精神，传达学习国务院总理李克强对防汛抗旱工作作出的重要批示和全国防汛抗旱工作电视电话会议精神，传达学习习近平总书记、国务院总理李克强对安全生产作出的重要指示批示、全国安全生产电视电话会议和《国务院安委会办公室　应急管理部关于加强疫情防控常态化条件下安全生产工作的通知》精神，传达学习《中央全面依法治国委员会办公室关于法治政府建设示范创建活动的意见》，传达学习《四川省消防安全责任制实施办法》，审议《梓潼县国有企业融资相关情况建议方案》，审议《2020年农村综合改革转移支付资金支持幸福美丽乡村建设的建议方案》，审议《梓潼县2020年常规产粮大县奖励资金使用建议方案》，审议《梓潼县进一步促进有机农业发展奖补办法》，审议使用绵阳市招商引资和工业技改扩能重点项目建设用地周转资金的相关事宜，审议《2020年提前下达中央和省级财政残疾人事业发展补助资金分配建议方案》，审议《梓潼县人民政府 绵阳市科粮农业融资担保有限责任公司信贷担保合作协议》，审议《绵阳市梓潼县"十四五"城乡供水保障规划》，听取关于学习考察射洪市、船山区河道砂石管理体制改革的情况汇报，审议《梓潼县2020年省级示范村农村"厕所革命"整村推进财政奖补项目实施方案》，审议《梓潼县农村住房安全保障和功能完善实施方案》，审议2020年度生活垃圾治理的相关事宜，审议梓昌公司注入资本金的相关事宜，审议2020年度新增专职消防站的有关事宜，审议解决县级部门干部人事档案数字化工作经费的相关事宜，听取梓潼县关于进一步深化禁毒人民战争工作的情况汇报，审议人事任免。

第八次常务会议　会议于5月7日召开，传达学习5月6日中共中央政治局常委会会议和国务院常务会议精神，传达学习习近平总书记在陕西考察时的重要讲话精神，学习贯彻4月22日中央应对新冠肺炎疫情工作领导小组会议、省委常委会会议精神和4月28日市委常委会会议精神，学习贯彻《省委办公厅〈关于进一步做好经济工作努力实现全年经济社会发展目标的意见〉》，传达学习市委财经委员会第五次会议精神，传达贯彻4月22日市委书记刘超到梓潼调研的重要指示精神，传达学习《中共中央办公厅印发〈关于持续解决困扰基层的形式主义问题为决胜全面建成小康社会提供坚强作风保证的通知〉》，传达学习国务院督导四川森林草原防灭火专项整治工作动员会议精神，安排部署有关工作，传达习近平总书记在决战决胜脱贫攻坚座谈会上的讲话精神和省、市决战决胜脱贫攻坚工作推进会议精神，审议《政府工作报告（送审稿）》，审议《关于办理十七届人大四次会议代表建议、批评、意见情况的报告（送审稿）》，审议《梓潼县人民政府关于2019年重点民生实事人大代表票决制项目完成情况和2020年重点民生实事人大代表票决制候选项目形成情况的报告（送审稿）》，审议《梓潼县2019年国民经济和社会发展计划执行情况及2020年计划草案的报告（送审稿）》，审议《梓潼县2019年财政预算执行情况和2020年财政预算草案的报告（送审稿）》，审议梓潼县2020年市级财政专项扶贫资金使用建议方案，听取近期全县脱贫攻坚工作开展情况的汇报，审议有线电视网络参与"全国一网"整合发展工作的相关事宜。

第九次常务会议　会议于5月11日召开，传达学习中共中央党外人士座谈会会议精神，传达学习绵阳市食品安全委员会2020年全体扩大会议精神，审议有关部门资金请示事项，审议《2020年度第2批拟出让国有建设用地使用权的方案》，审议《四川文泰文化旅游开发有限公司改变土地用途并补缴土地出让金的情况报告》，审议偿还梓潼县2014年危旧户棚户区改造项目到期贷款的相关事宜，审议《梓潼县村级建制调整方案》，审议梓潼县2020年中央和省级财政专项扶贫资金（第二批）使用建议方案。

第十次常务会议　会议于5月22日召开，传达学习4月29日、5月14日中共中央政治局常委会会议，5月15日中共中央政治局会议，4月30日、5月7日、5月15日中央应对新冠肺炎疫情工作领导小组会议，4月28日国务院会议，省应对新冠肺炎疫情应急指挥部第二十七次会议，全省2020年二季度经济运行分析调度电视电话会议暨省应对新冠肺炎疫情应急指挥部第二十八次会议精神，安排部署梓潼县相关工作，传达学习习近平总书记在山西考察时的重要讲话精神，传达学习《中共中央、国务院关于新时代推进西部大开发形成新格局的指导意见》，传达学习省十三届人大三次会议、省政协十二届三次会议精神和省委书记彭清华在参加绵阳代表团全体会议审议时的重要讲话精神，传达学习《贯彻落实国家森林草原防灭火指挥部办公室约谈事项整改方案》，安排部署梓潼县工作，传达学习省委、市委农村工作会议精神，审议《梓潼县2019年度大中型水库移民后期扶持项目规划设计方案》，审议《关于夯实"三农"发展基础确保与全国全省全市同步建成小康社会的意见》，审议裕援牧业在文昌镇凤泉村新建3000头种猪场的相关事宜，听取梓潼县汛期雨情、汛情预判及地质灾害防治、防汛、备汛工作情况汇报，安排部署相关工作（气象局汇报汛期气候趋势情况，自然资源局汇报汛期地质灾害发生趋势及防治情况，水利局汇报汛期汛情趋势及防汛备汛工作情况），听取创建天府旅游名县推进情况的汇报，审议梓潼县演武镇等5个城乡建设增减挂钩项目有关事宜，审议回购梓潼县汇智投资发展有限公司一宗国有建设用地使用权的有关事宜，审议《梓潼县2020年优化营商环境工作方案（送审稿）》审议《梓潼县2020年优化营商环境工作方案（送审稿）》，审议《梓潼县2020年专项债券提前批第二批次发行额度分配建议方案》，审议《梓潼县2020年重点生态功能区转移支付资金使用建议方案》，审议拟划转国有资本股权充实社保基金建议方案，审议绵阳生物医药产业园二期标准厂房（绿色食品产业发展功能区服务平台）项目建设相关事宜，审议《农村生活污水治理专项规划》及2020年农村生活污水治理相关事宜，审议乡镇及以下集中式饮用水水源地规范化建设和环境问题整治有关事宜。

第十一次常务会议　会议于6月12日召开，传达学习习近平总书记在专家学者座谈会上的重要讲话精神，5月20日、6月4日中央应对新冠肺炎疫情工作领导小组会议精神，5月18日省委常委会会议精神，省应对新冠肺炎疫情指挥部第29次会议精神，安排部署梓潼县相关工作，传达学习十三届全国人大三次会议、全国政协十三届三次会议精神，习近平总书记参加十三届全国人大三次会议湖北代表团和内蒙古代表团审议、出席十三届全国人大三次会议解放军和武警部队代表团全体会议、看望参加全国政协十三届三次会议的经济界委员时的重要讲话精神，传达学习习近平总书记在中央政治局第二十次集体学习时的重要讲话精神，传达学习省委第七巡视组巡视绵阳市工作动员会会议精神，传达学习《中共绵阳市委办公室关于江油市大堰镇原党委书记严浩工作作风不实典型问题的通报》，传达学习全省、全市防汛减灾工作推进会精神，传达学习全省抓项目促投资现场会精神，传达学习全省服务业发展大会精神，传达学习国务院总理李克强对全国普通高等学校毕业生就业创业工作作出的重要指示和全国普通高等学校毕业生就业创业工作电视电话会议精神，传达学习习近平新时代中国特色社会主义思想和习近平总书记关于应急管理、安全生产、防灾减灾救灾、森林草原防灭火工作的重要论述和重要指示批示，国务院督导四川省森林草原防灭火专项整治工作动员会议精神，应急管理部党委书记、部长黄明，省委书记彭清华在国务院督导四川省森林草原防灭火专项整治工作动员会议上的讲话精神，省森林草原防灭火整治工作领导小组会议精神，安排部署梓潼县相关工作，审议《〈政府工作报告〉2020年重点工作责任分工表》，审议《梓潼县2020年重点民生实事人大代表票决制项目实施方案》，审议梓潼县2020年价格临时补贴资金使用有关事宜，审议梓潼县新冠肺炎疫情防控资金清算有关事宜，审议《关于2020年农村厕所革命、农村生活垃圾治理及农村生活污水治理项目资金整合建议方案》，审议关于调整2020年县级财政专项扶贫资金用途有关事宜，审议划拨国有建设用地使用权给梓潼县汇智水务有限公司的相关事宜，审议全县应急物资装备采购及管理的有关事宜，审议《2017年度和2018年度农村客运出租车成品油价格补助资金发放方案》，审议《国道108线文昌镇七曲山至文昌镇文丰村大修工程项目调整实施方案》，审议《交通脱贫攻坚建制村破损路面应急抢修养护方案》，审议《数控粉末自动成型机械设备制造项目投资协议及补充协议》，审议《九洲北斗智慧物流服务平台项目投资协议及补充协议》，审议《碧隆建筑工程项目投资协议》，审议《高福记福田食品工业园区辣椒酱生产线、蔬菜初加工生产线、“饭扫光”生产线二期项目投资协议及补充协议》，审议《梓潼县莱仕顿精酿啤酒项目补充协议（二）》，审议《梓潼县七曲山高端温泉度假酒店项目补充协议（二）》，审议梓潼县公安局购买执法勤务用车的相关事宜，审议解决文昌一幼等三所公办幼儿园2020年度保教费的相关事宜，审议人事任免。

第十二次常务会议　会议于6月17日召开，

传达学习《优化营商环境条例》，通报当前新冠肺炎疫情形势，安排部署梓潼县疫情防控工作，传达学习习近平总书记关于统计工作重要论述，中央《关于深化统计管理体制改革提高统计数据真实性的意见》《统计违纪违法责任人处分处理建议办法》《防范和惩治统计造假、弄虚作假督察工作规定》，国家统计督察四川省反馈意见有关精神，听取关于地区生产总值统一核算改革和固定资产投资工作情况汇报，安排部署梓潼县相关工作，听取四川省绵阳市梓潼县川猪优势特色产业集群项目申报工作的情况汇报，审议《梓潼县2020年耕地轮作休耕制度试点工作实施方案》，审议《梓潼县蜜柚种植保险试点方案》，审议《梓潼县农村生产生活遗产名录》，审议《梓潼县2020年中央财政产油大县奖励资金集中使用示范县项目实施方案》，审议《梓潼县2019年"天府菜油"示范基地建设项目实施方案》，审议《梓潼县农村集体"三变"改革试点方案》，审议解决梓潼县省级现代农业园区培育项目工作经费的相关事宜，审议《变更2019年畜禽粪污资源化利用项目建设内容》，审议《梓潼县2020年中央和省级财政专项扶贫资金（奖励部分）使用建议方案》，审议启动梓潼县武引二期灌区农渠工程项目前期工作的有关事宜。

第十三次常务会议　会议于7月9日召开，传达学习《中华人民共和国保守国家秘密法》，传达学习习近平总书记在宁夏考察时的重要讲话精神，传达学习习近平总书记对禁毒工作作出的重要指示及全国禁毒工作先进集体和先进个人表彰会议精神，传达学习习近平对防汛救灾工作作出重要指示和省、市对防汛救灾工作的重要指示精神，传达学习近期国务院常务会议精神，传达学习中共中央办公厅、国务院办公厅关于做好当前信访工作的文件精神，传达学习全国、全省长江流域重点水域禁捕和退捕渔民安置保障工作推进电视电话会议及全国打击长江流域非法捕捞专项整治行动视频部署会精神，听取梓潼县工作开展情况汇报，传达学习《四川省人民政府办公厅关于雅安市名山区、眉山市仁寿县、宜宾市江安县及临港经济技术开发区、德阳市广汉市统计违纪违法案件情况的通报》，研究部署相关工作，传达学习《四川省农村扶贫开发条例》和省、市脱贫攻坚领导小组会议精神，传达学习《中共绵阳市纪委关于四起新型冠状病毒感染的肺炎疫情防控工作履责不力典型问题的通报》《中共绵阳市纪委关于四起违反中央八项规定精神典型案例的通报》《中共绵阳市纪委　绵阳市监察委员会关于六起违反中央八项规定精神典型案例的通报》，传达学习全市项目投资工作会精神，审议《梓潼县文物保护管理办法》，审议《梓潼县畜禽养殖污染防治规划（2019—2030年）》，审议《梓潼县宝石乡国土空间规划（2020—2035年）》《梓潼县许州镇国土空间规划（2020—2035年）》《梓潼县国土空间规划"一张图"建设项目》所需资金的有关事宜，审议《关于2020年度第四批拟出让国有建设用地使用权的方案》，审议《关于回购梓潼中机国能智慧能源有限公司国有建设用地使用权的报告》，审议《关于公开出让文昌镇桅杆村大坪盖建筑用砂岩采矿权的方案》，审议《梓潼多能互补集中供热项目投资协议及补充协议》，审议《梓潼县第四次全国经济普查公报》，审议梓潼县公安局购买道路交通管理执法执勤用车的相关事宜。

第十四次常务会议　会议于7月28日召开，观看四川森林草原防灭火警示教育片，传达学习习近平总书记在企业家座谈会上的重要讲话精神、国务院总理李克强在经济形势专家和企业家座谈会上的重要讲话精神，传达学习习近平总书记对做好防汛救灾工作作出的重要指示和7月17日中共中央政治局常务委员会会议精神，传达学习近期国务院常务会议精神，传达学习《中共四川省委办公厅　四川省人民政府办公厅关于进一步强化县级党委、政府防范应对汛期洪涝地质灾害主体责任的紧急通知》《四川省地质灾害指挥部办公室关于8起地质灾害成功避险案例的通报》，传达学习全省推动制造业高质量发展现场会精神，传达学习成都平原经济区联席会议2020年专题会议精神，传达学习四川省双拥模范命名表彰大会精神，传达学习省委应对新冠肺炎疫情工作领导小组会议、省应对新冠肺炎疫情指挥部第31次会议精神，安排部署梓潼县新冠肺炎疫情防控工作，传达学习全省交通运输脱贫攻坚“两通”验收工作会议精神，听取梓潼县生猪稳产保供暨非洲猪瘟等重大动物疫病防控工作情况，审议《关于建设绿色食品产业功能区和省级高新技术产业园区的实施意见》，审议《梓潼县抓投资促发展十八条硬措施》，审议《梓潼县进一步加快服务业发展的若干政策措施》，审议《关于加快构建“5+1”现代服务业体系推动服务业高质量发展的实施意见》，审议梓潼县2020年抗疫特别国债使用方案，审议梓潼县2020年革命老区转移支付资金使用建议方案，审议《梓潼县2019年县域经济工作先进集体和先进个人表彰表扬名单》，审议《关于表扬梓潼县促进服务业发展工作先进集体和先进个人的通报》《关于表扬梓潼县优秀服务业企业的通报》。

第十五次常务会议　会议于8月21日召开，传达学习近期省市主要领导关于防汛减灾工作指示精神及相关会议精神，听取防汛救灾和灾后恢复生产生活情况汇报，安排部署下一步工作，传达贯彻全国、全省农村乱占耕地建房问题整治工作电视电话会议精神，审议《梓潼县2020年第三批次新增专项债券和新增一般债券发行额度分配建议方案》，审议《市财政防洪应急专调资金使用建议方案》，审议《梓潼县2020年窄路面加宽实施方案》，审议《梓潼县2020年度村道安全生命防护工程建设方案》，审议成立梓潼县砂石资源管理体制改革工作机构的相关事宜，审议《梓潼县砂石资源管理体制改革工作实施方案》，审议梓潼县2019年高标准农田建设项目（许州片区高效节水灌溉）工程量增加及使用暂列金的相关事宜，审议《梓潼县2020年高标准农田建设项目实施方案》，审议《关于促进生猪产业健康发展的实施意见》，审议《梓潼县镇（乡）村建制调整改革“后半篇”文章乡村教育学校布局调整方案》，审议增加社区矫正社会工作者名额的相关事宜。

第十六次常务会议　会议于9月2日召开，传达学习《中华人民共和国公职人员政务处分法》，传达学习习近平总书记对制止餐饮浪费行为作出的重要指示精神，传达学习习近平总书记在经济社会领域专家座谈会上的讲话精神，传达学习习近平总书记对“十四五”规划编制工作作出的重要指示，传达学习习近平总书记在吉林、安徽考察时的重要讲话精神，传达学习近期国务院常务会议精神，传达学习全省现代农业园区建设现场会会议精神，传达学习《中共四川省纪委　四川省监察委员会〈关于服务保障民营经济健康发展的十八条措施〉》《关于推进2020年全面从严治党、党风廉政建设和反腐败工作的意见》《中共绵阳市纪委关于四起重点行业领域突出问题典型案例的通报》，传达学习市委书记刘超到梓潼调研做好两项改革“后半篇”文章重要指示精神和做好两项改革“后半篇”文章座谈会会议精神，传达学习市委办《关于开展巡视反馈意见、主题教育检视问题、审计指出问题、脱贫攻坚、意识形态、环保督察反馈问题整改专项抽查的工作方案》，传达全省全市2019年度公务员绩效奖管理工作会议精神，听取梓潼县1—7月经济运行情况的分析报告，听取2020年重点民生实事人大代表票决制项目推进情况，审议2020年养老服务业建设实施方案及解决配套资金相关事宜，审议解决文昌民胜敬老院扩建工程建设和配套设施设备资金相关事宜，审议梓潼县污水处理及管网配套工程PPP项目退出PPP管理库的相关事宜，审议关于增加城市生活垃圾处理预算资金的相关事宜，审议2019年涪江生态补偿资金分配方案，审议关于收购七曲山大酒店的相关事宜，审议关于梓潼县向因“8·11”特大暴雨受灾严重的平武县和北川羌族自治县捐赠资金相关事宜，审议建设县公安局中心机房的相关事宜，审议预存梓潼县2020年第一批次建设用地被征地农民养老补偿费的相关事宜，审议《关于2020年度拟供应国有建设用地使用权方案》的有关事宜，审议缴纳梓潼县2019年建设用地新增建设用地有偿使用费、耕地开垦费和耕地占有税的相关事宜，审议梓潼县地质环境监测站更新购置车辆的相关事宜，审议梓潼县人民检察院购买执法执勤用车的相关事宜，审议省道S302线宏仁乡五星村至黎雅镇西安村大修工程第一标段工程款支付相关事宜，审议人事任免。

第十七次常务会议　会议于9月21日召开，

传达学习8月31日中共中央政治局会议精神，传达学习习近平总书记在中央财经委员会第八次会议上的重要讲话精神，传达学习习近平总书记在全国抗击新冠肺炎疫情表彰大会上的重要讲话精神，传达学习习近平总书记向中国人民警察队伍授旗并致训词和9月3日省委常委会会议精神，传达学习近期国务院常务会议精神，传达学习市疫情常态化防控推进会议精神，安排梓潼县疫情防控工作，传达国家脱贫攻坚普查领导小组第一次会议和省、市脱贫攻坚普查动员部署电视电话会议精神，听取全县脱贫攻坚调查工作情况汇报，审议《梓潼县行政权力指导清单（2019年本）》有关事宜，审议《县政府常务会安全生产职责清单》《县政府领导安全生产职责清单》，审议梓潼县2020年价格临时补贴资金使用有关事宜，审议关于做好乡镇行政区划调整改革“后半篇”文章完善镇（乡）党政机关办公用房的有关事宜，审议《梓潼县2020年美丽乡村建设财政奖补资金使用建议方案》，审议《梓潼县2020年省级农村公益事业财政奖补资金使用方案》，审议城北新区行政集中办公区行政主楼东西两侧防雨处漏改造工程相关事宜，审议梓潼县2020年生猪调出大县省级统筹奖励资金使用计划的相关事宜，审议梓潼县2020年省级财政专项扶贫资金（第四批）使用建议方案，审议梓潼县2020年市级财政专项扶贫资金（第二批）使用建议方案，审议实施翠云路西段等3个建设项目的相关事宜，审议潼江路瑞仕名城段配套基础设施建设补助资金的相关事宜，审议梓潼县智慧停车项目特许经营权的相关事宜，审议《梓潼县事业单位工作人员年度考核奖励实施方案》，审议《关于发放疫情防控一线城乡社区（村）工作者补助建议方案》，审议人事任免。

第十八次常务会议　会议于10月20日召开，会前学纪：观看《越界——部分省管干部违纪违法典型案件警示录Ⅲ》，传达学习习近平总书记在中央党校（国家行政学院）中青年干部培训班开班仪式上的重要讲话精神，传达学习习近平总书记在中央政治局第二十三次集体学习时的重要讲话精神，传达学习习近平总书记在教育文化卫生体育领域专家代表座谈会上的重要讲话精神，传达学习9月28日中共中央政治局会议精神，传达学习10月9日国务院常务会议精神，学习传达全省乡村客运“金通工程”现场会精神，传达学习四川省文化和旅游发展大会、第六届中国（四川）国际旅游投资大会、第七届四川国际旅游交易博览会精神，观看四川省2020年第一轮河长制湖长制工作暗访发现典型问题汇报片，传达学习全省河长制湖长制工作推进会议精神，听取梓潼县河长制湖长制工作情况汇报，安排部署相关工作，传达学习全省推进家庭农场和农民合作社高质量发展现场会会议精神，传达学习全省第七次全国人口普查办公室主任会议精神，听取全县第七次人口普查工作汇报，安排部署相关工作，审议《梓潼县激励人才13条措施》，通报梓潼县暴雨洪涝灾害项目重建补助资金争取及推进情况，审议2020年取消政府还贷二级公路收费省级补助资金使用建议方案，审议关于调整《梓潼县2020年乡镇行政区划调整改革补助资金使用方案》的有关事宜，审议《2020年第5次国有建设用地使用权出让方案》，审议关于梓昌公司参与全县生猪全产业链建设营运培育壮大集体组织经济的有关事宜，审议《绵阳市梓潼县2020年农业生产社会化服务项目实施方案》，审议2020年中央财政农业生产发展资金支持农民合作社（含奶农合作社）项目的相关事宜，审议梓潼县梓江治理工程（东石闸坝）方案调整的相关事宜，审议《梓江梓潼县长卿镇柴坝村和玛瑙镇瓦苍村段河道清障实施方案》，审议武引一期灌区红岩分干渠及各支斗渠“8·11”洪灾水毁的情况汇报，审议解决保障性安居工程专项资金的相关事宜，审议《梓潼县兽用消毒剂生产项目投资协议及补充协议》，审议《兽药（GMP）改迁建项目投资协议及补充协议》，审议《梓潼县兽药消毒剂、杀虫剂生产项目投资协议及补充协议》，审议《梓潼县50万头生猪屠宰加工项目投资协议及补充协议》，审议《梓潼县莱仕顿饮料项目投资协议》，审议国道G108线文昌大道段维修工程相关事宜，审议《G347线路面改善提升工程实施方案》，审议县道三梓路维修方案，审议梓潼县2020年窄路面加宽

工程相关事宜，审议梓潼县法院更新购置执勤执法车辆的相关事宜，审议人事任免。

第十九次常务会议　会议于11月12日召开，传达学习中国共产党第十九届中央委员会第五次全体会议、10月30日省委常委会会议及11月2日市委常委会（扩大）会议精神，传达学习习近平总书记在纪念中国人民志愿军抗美援朝出国作战70周年大会上的重要讲话、给四川省革命伤残军人休养院全体同志的重要回信和全国双拥模范城（县）革命暨双拥模范单位和个人表彰大会、10月23日省委常委会会议及省委书记彭清华对退役军人事务工作作出的批示精神，传达学习10月21日、11月6日、11月11日国务院常务会议精神，传达学习《国务院办公厅关于坚决制止耕地“非农化”行为的通知》，安排部署当前有关工作，传达学习省财政厅关于印发《关于实行支出预算执行管理十条举措坚决防止年底突击花钱的工作方案》的通知，传达学习全省交通强省建设推进会议精神，传达学习全省农村生活污水治理工作现场会议精神，听取2020年全县农村生活污水治理、饮用水源地环境问题整治工作情况汇报，安排部署相关工作，传达学习关于全市信访联席（扩大）会议精神，听取梓潼县重复信访治理专项工作情况汇报，传达学习森林草原防灭火专项整治辅导报告会、省市森林草原防灭火专项整治工作领导小组会议精神，听取全县秋冬季森林防灭火工作情况和安排部署相关工作，审议组建专业森林扑火队的相关事宜，审议委托下放乡镇的行政权力事项清单，审议《梓潼县2020年度移民项目实施方案》，审议《梓潼县农业产业融合示范园一期项目实施方案》，议绵阳市帮盛生猪养殖有限公司在文兴镇盘龙村新建3000头原种猪场建设的相关事宜，审议开展三埝等6座病险水库除险加固前期工作的相关事宜，审议实施防汛抗旱水利提升工程中央财政支持项目清单内三条中小河流治理工程的相关事宜，审议镇（乡）及以下饮用水水源地规范化建设的相关事宜，审议2020年符合政府安排工作条件退役士兵和退出消防员安置方案，审议解决文昌宏仁中心敬老院新建工程配套资金相关事宜，审议殡仪馆购置殡仪车有关事宜，审议《乡镇行政区划和村级建制调整改革“后半篇”文章乡镇卫生院和村卫生室布局调整实施方案》，审议2020年中央财政工业企业结构调整稳就业奖补资金使用方案，审议中考英语听说考试考场建设资金支付比例调整的相关事宜，审议人事任免。

第二十次常务会议　会议于12月3日召开，传达学习《宗教团体管理办法》，传达学习习近平总书记近期系列重要讲话精神和重要指示精神，传达学习11月18日、25日国务院常务会议精神，传达学习全国根治欠薪冬季专项行动动员部署电视电话会议精神，听取全县根治欠薪工作开展情况，安排部署相关工作，传达学习四川省抗击新冠肺炎和防汛救灾表彰大会、省应对新冠肺炎疫情应急指挥部第三十五次会议和市应对新冠肺炎疫情应急指挥部第十八次会议精神，安排部署梓潼县新冠肺炎疫情防控工作，传达学习省污染防治攻坚战领导小组会议精神，安排部署相关工作，审议《梓潼经开区争创省级高新技术产业园区三年行动方案》，审议《梓潼县鼓励使用天然气分布式能源蒸汽补贴办法》，审议福欣食品公司二期项目基础设施建设补助资金和三香汇生物公司年产600吨植物提取及衍生物生产项目基础设施建设补助资金相关事宜，审议《2020年省预算内基本建设投资计划（园区循环化改造）资金和第二批省级工业发展（省级农产品加工示范园区）资金分配使用方案》，审议《梓潼县长江流域重点水域禁捕资金使用方案》，审议调整梓潼县2020年农村厕所革命整村推进省级示范村建设项目部分村建设任务的相关事宜，审议梓潼县2020年农村“厕所革命”第二批中央财政补助资金使用计划，审议《梓潼县探索小型水库管理机制改革实施方案》，审议关于调整现役军人立功受奖家庭奖励金的相关事宜，审议梓潼县“智慧交通”建设项目相关事宜，审议《梓潼县行政审批和监管联席会议制度》《梓潼县行政审批和监管协调制度》《梓潼县行政审批现场联合核查制度》，审议《梓潼县水功能区划》，听取申报创建省级农业科技园区工作情况汇报，安排部署相关工作，审议《梓潼县属国有企业集团公司设立方案》，审议国有企业增加注册资本金、融资、资金安排及资产收购等有关事宜，审议关于梓潼县全域旅游基础设施建设PPP项目退出PPP管理库的有关事宜，审议关于拨付梓潼县城市生活污水处理厂结算资金的相关事宜，审议村级建制调整改革奖扶资金分配建议方案，审议关于解决长卿镇长卿村征地补偿费用的有关事宜。

第二十一次常务会议　会议于12月24日召开，学习《中华人民共和国政府采购法》，传达学习习近平总书记在中央政治局第二十五次、二十六次集体学习时的重要讲话精神、在召开党外人士座谈会上的重要讲话精神、在中央全面依法治国工作会议上的重要讲话精神和在全面推动长江经济带发展座谈会上的重要讲话精神，以及习近平总书记对平安中国建设作出的重要指示和平安中国建设工作会议精神，传达学习习近平总书记对推进农村土地制度改革、做好农村承包地管理工作作出的重要指示和国务院总理李克强批示要求，传达学习习近平总书记在中共中央政治局常务委员会听取脱贫攻坚总结评估汇报的重要讲话精神，通报2020年脱贫攻坚成效考核工作，安排部署近期脱贫攻坚工作，传达学习中央经济工作会议精神，传达学习《中共中央印发〈法治社会建设实施纲要（2020—2025年）〉》《法治中国建设规划（2020—2025年）》，传达12月14日、21日国务院常务会会议精神，传达学习《中华人民共和国退役军人保障法》，传达学习全国、全省安全生产工作会议精神，听取全县安全生产专项整治三年行动工作情况，传达学习省委十一届八次全会精神、市委七届十次全会精神，传达学习近期国家、省市森林草原防灭火有关会议精神及领导批示指示精神，传达学习市委、市政府领导关于农村乱占耕地建房问题摸排工作批示精神，审议《梓潼县属国有企业整合重组实施方案》，审议《梓潼县生活垃圾分类和处置工作实施方案》，审议关于追加2020年新增政府债券利息和服务费的有关事宜，审议《梓潼县2020年预算调整初步方案》，审议《关于梓潼县2020年政府债务限额的报告》，审议《关于政府债务管理情况的报告》，审议关于解决城南片区棚户区改造项目和文昌镇棚户区（城中村）改造项目服务费的有关事宜，审议关于实施省道S209线连枝段居民生活污水排放工程有关事宜，审议关于实施潼江两岸夜景亮化工程的有关事宜，审议解决2014—2016年新建民办养老机构床位补助资金的有关事宜，审议实施梓江梓潼县东石乡柴坝段堤防工程的相关事宜，审议《梓江梓潼县长卿镇皇观村段等八段河道清障实施方案》，审议《2021年生猪调出大县省级统筹奖励资金使用方案》，审议《梓潼县2020年"天府菜油"示范基地建设项目实施方案》审议梓潼县"两弹一星"英烈纪念园（一期）及长卿山森林公园配套建设工程项目的相关事宜，审议梓潼生态环境局增加特种专业技术用车编制的相关事宜，审议《梓潼县国家生态文明建设示范县规划（2020—2030年）》。

第二十二次常务会议　会议于12月29日召开，传达学习省委经济工作会议精神，审议《九洲商业综合体及人民广场改造提升项目投资协议及补充协议》，审议《兽药GMP生产扩能迁建项目投资协议及补充协议》，审议《饲料添加剂及动物药品生产项目投资协议及补充协议》，审议《梓潼县年产20万吨畜禽饲料厂项目投资协议及补充协议》，审议《核酸定性定量检测试剂生产线项目投资协议及补充协议》，审议《空管装备综合基地建设项目投资协议及补充协议》，审议《四川文化艺术学院梓潼校区二期项目投资协议及补充协议》，审议《梓潼县2020年国家级电子商务进农村综合示范县项目工作方案》，审议人事任免。

【政府全体会议】 2020年5月7日，梓潼县十七届人民政府第五次全体会议召开，县委副书记、县长刘强主持并作重要讲话。县委常委、县政府常务副县长黄建，县政府领导蒲应平、张国勇、汪敏、蒲远富、高安出席会议。

2020年8月25日，梓潼县十七届人民政府第六次全体会议召开，县委副书记、县长刘强主持并作重要讲话。县委常委、县政府常务副县长黄建，县政府领导蒲应平、张国勇、汪敏、蒲远富、高安出席会议。

【县政府党组会】 2020年5月7日，县委副书记、县政府党组书记、县长刘强主持召开县政府党组会议。会议学习《中共绵阳市纪委关于四起违反中央八项规定精神典型案例的通报》《脱贫攻坚帮扶工作应知应会手册》等重要文件，研究2020年第一季度意识形态工作，听取县政府党组成员2020年第一季度履行党风廉政建设主体责任情况汇报。

2020年6月1日，县委副书记、县政府党组书记、县长刘强主持召开县政府党组会议。会议学习《中国共产党党组工作条例》《党委（党组）落实全面从严治党主体责任规定》等重要文件精神，传达学习全国“两会”精神，传达学习《中共绵阳市委办公室关于江油市大堰镇原党委书记严浩工作作风不实典型问题的通报》，传达学习习近平总书记在决战决胜脱贫攻坚座谈会上的讲话精神，传达学习习近平总书记在统筹推进新冠肺炎疫情防控和经济社会发展工作部署会上的讲话精神，听取常态化疫情防控和经济发展情况汇报。

2020年6月12日，县委副书记、县政府党组书记、县长刘强主持召开县政府党组会议。会议传达学习习近平总书记在专家学者座谈会上的重要讲话精神，传达学习习近平总书记在中央政治局第二十次集体学习时的重要讲话精神，传达学习习近平总书记参加十三届全国人大三次会议湖北代表团和内蒙古代表团审议、出席十三届全国人大三次会议解放军和武警部队代表团、看望参加全国政协十三届三次会议的经济界委员时的重要讲话精神，传达学习省委第七巡视组巡视绵阳有关会议精神，传达学习5月20日、6月4日中央应对新冠肺炎疫情工作领导小组会议精神，5月18日省委常委会精神、省应对新冠肺炎疫情指挥部第29次会议精神，传达学习习近平总书记关于应急管理、安全生产、防灾减灾、森林草原防灭火重要论述和重要指示批示、国务院督导四川省森林草原防灭火专项整治工作动员会精神，省森林草原防灭火整治工作领导小组会议精神。

2020年7月9日，县委副书记、县政府党组书记、县长刘强主持召开县政府党组会议。会议学习习近平总书记对防汛救灾工作作出的重要指示和省、市队防汛救灾工作的重要指示精神，学习习近平总书记对禁毒工作作出的重要指示及全国禁毒工作先进集体和先进个人表彰会精神，学习全国、全省长江流域重点水域禁捕和退捕渔民安置保障工作推进电视电话会议及全国打击长江流域非法捕捞专项整治行动视频部署会精神，学习《四川省农村扶贫开发条例》和省、市脱贫攻坚领导精神，学习全市项目投资工作会议精神，学习《四川省人民政府办公厅关于雅安市名山区、眉山市仁寿县、宜宾市江安县及临港经济技术开发区、德阳市广汉市统计违纪违法案件情况的通报》，学习《中共绵阳市纪委关于四起新型冠状病毒感染的肺炎疫情防控工作履责不力典型问题的通报》《中共绵阳市纪委 绵阳市监察委员会关于六起违反中央八项规定精神典型案例的通报》《中共绵阳市纪委关于四起违反中央八项规定精神典型案例的通报》，听取县政府党组成员2020年第二季度履行党风廉政建设主体责任情况汇报。

2020年9月21日，县委副书记、县政府党组书记、县长刘强主持召开县政府党组会议。会议学习全国“放管服”改革优化营商环境电视电话会议精神，学习《中共梓潼县委关于印发〈梓潼县县级领导干部政务工作要求〉的通知》，学习《中共梓潼县纪委关于三起形式主义、官僚主义典型问题的通报》。

2020年11月5日，县委副书记、县政府党组书记、县长刘强主持召开县政府党组会议。会议传达学习中国共产党十九届中央委员会第五次全体会议精神。

2020年12月3日，县委副书记、县政府党组书记、县长刘强主持召开县政府党组2020年第七次（扩大）会议暨理论学习中心组会议，听取县政府党组成员履行党风廉政建设主体责任情况汇报，研究部署县政府党组和县政府系统党风廉政建设和反腐败工作。

2020年12月30日，县委副书记、县政府党组书记、县长刘强主持召开县政府党组会议。会议传达学习中央经济工作会议和省委经济工作会议精神，传达学习省委十一届八次全会和市委七届十次全会精神，传达学习近期国家、省市森林草原防灭火有关会议精神及领导批示指示精神，讨论《政府工作报告》，听取县政府党组成员2020年第四季度履行党风廉政建设主体责任情况。

【其他重要会议】 2020年7月30日，梓潼县举行县政府廉政会议。刘强、黄建、张国勇、汪敏、蒲远富、杨彬等县领导出席会议。

政府工作部门

【部门构成】 2020年，政府工作部门有政府办公室、发展和改革局、审计局、财政局、人力资源和社会保障局、住房和城乡建设局、自然资源局、公安局、交通运输局、科学技术局、工业和信息化局、文化广播电视和旅游局、司法局、统计局、市场监督管理局、教育和体育局、卫生健康局、应急管理局、农业农村局、水利局、民政局、信访局、医疗保障局、商务和经济合作局、综合行政执法局、行政审批局、武管局、退役军人事务局、扶贫开发局。

重要政务活动

【政务活动介绍】 2020年1月7日，市纪委书记马骏调研瑞正保安、七曲山大酒店等服务业企业并召开座谈会。县委副书记、县长贺旺，县政府副县长蒲应平陪同调研。

2020年1月13日，梓潼县召开2019年全县经济社会发展情况老干部通报会。县委书记周琳出席会议并讲话，县委副书记、县长贺旺主持会议，县委副书记邓志军，县委常委杨飞涛、卢昊、黄建、席斌、聂林出席会议。

2020年5月14日，四川省文化和旅游厅副厅长、省文物局局长王毅到梓潼县调研文物保护和文化和旅游融合等工作。省文物局文保处副处长牟锦德，市政府副市长罗蒙，市文广旅局局长代宏，县委副书记、代县长刘强，县委政法委书记杨飞涛，县委宣传部部长席斌等领导陪同调研。

2020年5月28日，省委编办副主任张健带领省委调研督导组督导梓潼县森林草原防灭火工作体制机制和党政责任落实情况并召开工作座谈会。市政府副市长赵迎春陪同调研督导，市政府副市长罗蒙出席工作座谈会，县委副书记、县长刘强陪同调研督导并主持会议。

2020年6月30日，副市长蒋丽英一行到梓潼巡查高考、中考备考、公办幼儿园建设、全民公共运动中心建设等情况。梓潼县委副书记、县长刘强，县委常委、宣传部部长席斌，副县长蒲远富陪同巡查。

2020年7月2日，市委常委、副市长吕剑到梓潼县调研民族宗教工作开展情况。县委副书记、县长刘强，副县长蒲远富陪同调研。

2020年7月6日，绵阳市副市长、市公安局局长周述到梓潼县调研指导工作。县委副书记、县长刘强，县委常委、政法委书记杨飞涛，副县长、公安局局长杨彬陪同调研。

2020年7月10日，在绵阳省人大代表第五组成员到梓潼县专题调研县供销社综合改革情况。县委副书记、县长刘强，县人大常委会副主任白涛，县政府党组成员张国勇陪同调研。市人大常委会副主任黄正良，县人大常委会主任杜林平参加座谈会。

2020年7月16日，中国国际电子商务中心（公司）副总裁、中国电子商务产业园发展联盟理事长陆建栋到梓潼县调研电子商务发展情况。县委副书记、县长刘强，县委常委、经开区党工委书记卢昊，县政府副县长、经开区管委会主任蒲应平陪同调研。

2020年7月20日，四川省社会科学院科研教学基地在“两弹一星”干部学院挂牌，省社科院党委书记李后强，副院长胡学举，市委副秘书长田丛荣，县委书记、“两弹一星”干部学院第一副院长周琳，县委副书记、县长刘强，“两弹一星”干部学院常务副院长罗盛军，县委常委、宣传部部长席斌等领导出席挂牌仪式。

2020年7月21日，省人社厅党组书记、厅长胡斌到梓潼县调研农民工就业和援企稳岗工作，县委副书记、县长刘强，副县长蒲远富陪同调研。

2020年7月21日，四川中医药高等专科学校校长王飞一行到梓潼县就校地合作、附属医院建设等事宜进行考察并举行座谈交流会。县委副书记、县长刘强，县委常委、县政府常务副县长黄建参加考察和座谈。

2020年7月25日，在成都市温江区召开的四川省动物保健品协会2020年新版兽药GMP培训会上，梓潼县举行投资推介会，300余名动物医药行业企业家朋友参加会议。县委副书记、县长刘强出席并致辞。

2020年8月5日，省政协副秘书长、致公党四川省委专职副主委肖剑书带领调研组到梓潼县开展“丘陵地区推进乡村振兴”调研。绵阳市政协副主席、致公党绵阳市工委主委田荣华，县委副书记，县长刘强，县委副书记邓志军，县政协副主席王子成等领导陪同调研。

2020年8月7日，副省长李云泽到梓潼县调研省级重点推进项目及服务业发展情况。省商务厅厅长刘欣、省水利厅副厅长李勇蔺、省市场监管局副局长宋昌勇参加调研，市委副书记、市长元方，副市长赵迎春、郑志恒，县领导刘强、邓志军、蒲应平陪同调研。

2020年8月7日，副市长郑志恒调研梓潼县重点项目推进情况，县委副书记、县长刘强，县委副书记邓志军陪同调研。

2020年8月25日，市委常委、纪委书记、监委主任马骏督导梓潼县生态环境污染防治攻坚工作。县委副书记、县长刘强，县委常委、纪委书记、监委主任唐扬，县委常委、经开区党工委书记卢昊陪同督导。

2020年8月27日，四川省委党校孙继琼副教授应邀到梓潼县为梓潼县领导干部作大力推进生态文明建设专题讲座。县委副书记、县长刘强主持会议并讲话，杨飞涛、黄建、龚建新等13名县级领导及县级部门、企事业单位主要负责人出席此次会议。

2020年9月7—8日，县委副书记、县长刘强带队赴南充市嘉陵区、西充县、南部县等地考察学习现代农业、城市规划建设和管理、乡村振兴等方面的先进做法和经验。

2020年9月29日，副市长赵迎春带领市市场监督管理局等单位负责人到梓潼县督查节前食品安全工作，县委副书记、县长刘强，副县长蒲应平陪同检查。

2020年10月14日，县委书记周琳，县委副书记、县长刘强带领县党政考察团到重庆大学产业技术研究院学习考察并召开座谈会。重庆大学科学技术发展研究院副院长杨永齐等参加考察和座谈。

2020年11月4日，四川省自然资源科学研究院党委书记邹若力一行到梓潼县调研指导科技创新及省级高新区创建工作。周琳、刘强、邓志军、卢昊、汪敏、张锐等县领导陪同调研。

2020年11月3—4日，省卫健委二级调研员姜凯一行到梓潼县开展省级慢性病综合防控示范区建设工作现场评估。县委副书记、县长刘强，县委常委、宣传部部长高安，副县长蒲远富出席汇报访谈会。

2020年11月5日，首届科学家精神论坛在“两弹一星”干部学院举行，共同缅怀老一辈科学家的丰功伟绩，感悟老一辈科学家的家国情怀，挖掘科学家精神的时代价值。中国工程物理研究院党委副书记何颖波，中国社会科学院当代中国研究所副所长、研究员李正华，市委书记刘超，市委副书记胥锦，县上领导周琳、刘强、杜林平、敬友忠等出席论坛。

2020年11月7日，成都理工大学副校长许强带领各院系师生到梓潼县，就文旅产品研发、融媒体传播人才在职培训、传媒人才培养与学科建设、科普研究与成果转化等方面进行全面、深入地交流，并达成战略合作框架协议。县委书记周琳，县委副书记、县长刘强，县委常委、副县长蒋来用，副县长胡鹏出席签约仪式。

2020年11月17日，中国银行梓潼支行举行开业庆典。县委副书记、县长刘强，中国银行绵阳分行行长陈诗国，县领导王和平、杨彬、周厚春、张锐参加开业庆典。

2020年11月24日，重庆市江津区政协副主席杜长志、江津区聂荣臻元帅陈列馆馆长万金蓉带领聂荣臻元帅精神报告团到“两弹城”举行聂荣臻元帅精神报告会。周琳、刘强、敬友忠、罗盛军、邓志军、杨飞涛、龚建新、聂林、蒋来用、高安、李红芳、梁安君、陈红、白涛、蒲远富、王子成、周厚春等县级领导出席聆听报告。

2020年12月8日，国家无非洲猪瘟小区评估验收专家组一行7人到梓潼县对四川正大畜牧有限公司无非洲猪瘟小区情况进行现场评审工作。县委副书记、县长刘强，副县长汪敏陪同。

2020年12月12日，国家林草原局党校专职副校长、局管理干部学院副院长严剑带领国家林草局党校第56期党员干部进修班到梓潼县开展现场教学调研。县委副书记、县长刘强陪同调研。

2020年12月24日，梓潼县举行2020年森林火灾扑救暨火案查处能力提升实战应急救援演练。县委副书记、县长刘强现场观摩演练并作点评讲话。县委常委、统战部部长、应急救援演练指挥部指挥长龚建新参加演练。

2020年12月29日，梓潼县在七曲山风景区举行森林专业扑火队揭牌仪式。县委副书记、县长刘强，县委常委、常务副县长黄建参加揭牌仪式。

（郑奇华）

县政府组成人员名单

县　　　长：贺　旺（2020年4月前）
　　　　　　刘　强（2020年4月后）
常委副县长：黄　建
副　县　长：蒋来用（挂职）
　　　　　　李红芳（挂职）
　　　　　　蒲应平
　　　　　　汪　敏
　　　　　　蒲远富
　　　　　　杨　彬
　　　　　　高　安（2020年7月前）
　　　　　　胡　鹏（2020年7月后）
县政府办主任：何　青

（郑奇华）

县政府办工作

【办文办会】 全年收转各级文电13000余件、请示报告900余件，办理领导批示件2000余件。进一步优化文件流转程序，明确以县委、县政府名义印发文件、召开会议的标准和要求。落实机要保密和档案管理有关规定，全年没有发生失密、泄密现象。做好会务工作，加强议题、议程的协调把关，从源头上确保会议的权威性和高效性。对文件、会议实行统筹和申报管理，严把审核关，全年以县政府（政府办）名义制发公文790余份，其中属于上级要求精简范围内文件84份，同比下降40%。

【综合协调】 协助县政府领导处理好日常事务，做好县政府领导的工作衔接和活动安排。加强与市政府办公室的沟通联系，请示汇报、寻求业务指导。做好各类会议、活动的衔接工作。落实省市县机构改革工作要求，推进乡镇行政区划调整和村级建制调整改革工作。加强与县级各部门、各镇（乡）的联系沟通和业务指导，传达决策部署，了解反馈基层情况，协助县政府领导科学决策。

【以文辅政】 坚持严把程序关、法规关和文字关，在材料起草上注重吃透上级政策精神、领会领导意图、把握工作重点，对重要文件、大型会议领导讲话材料组织文秘人员讨论推敲提高文稿质量。全年完成政府工作报告、全县经济工作会议讲话材料以及工作汇报、工作总结等综合性材料600余篇，起草政府常务会议、各类专题会议纪要40余篇，协助县政府领导完成推进文旅融合发展、经营性国有资产重组整合等8篇调研报告。

【督查督办】 建立县政府每月重点工作安排制度。将政府工作报告目标任务分解落实到具体责任部门，对县政府重要文件、重要会议议定事项、重大工作部署和领导批示，适时调度和督促检查，做到及时跟踪把握工作进展、反馈落实情况。全年围绕县政府中心工作和阶段性工作重点，跟踪督查、跟效督查，推动政府决策落地落实。认真办理人大代表建议和政协委员提案，全年办理人大代表建议30件，政协委员提案62件。

【疫情防控】 严格落实疫情防控各项部署要求，坚定不移贯彻落实习近平总书记关于疫情防控的重要指示精神和中央、省、市决策部署，立足高标准、着眼新形势、依托新载体，灵活采取多种形式开展疫情防控宣传工作。印发《关于取消春节期间文化旅游活动的通告》《关于进一步加强新冠肺炎疫情防控期间禁止群体性聚餐的通告》《打赢疫情防控阻击战十条措施》《关于对外出务工和返岗农民工行前免费健康服务的公告》等系列文件，为压紧压实防控责任奠定政策基础。

【政务公开】 采取集中培训、QQ群交流、点对点指导等方式，开展信息业务网上培训40余次、累计培训300余人次。强化信息报送整理，全年收集、整理各类信息628条，编发《政务快讯》40期，被市政府采用64期（条），被国办、省政府办采用51期（条），超额完成市下达的目标任务。

【脱贫攻坚】 全年组织干部职工深入联系村开展帮扶12次，开展“以购代扶”精准扶贫活动4次，服务宣传脱贫攻坚政策100余人次，解决村级扶贫发展资金12万元。

【外事工作】 定期向县宣传部门报送意识形态领域信息情况，加强沟通联系、配合协作，形成外事工作的强大合力。会同县公安部门依法做好境外非政府组织及外籍人员在县内活动管理服务工作，更好地促进交往与合作。坚持管理与服务并举，完善外事接待管理制度，规范因公出国（境）报批手续和外事接待管理，从严把好出访人员的预审、呈报关口，进一步加强出访团组安全教育管理工作。主动掌握疫情防控形势下的因公出访政策及管理规定，按照最新要求做好2021年县级因公出国（境）出访计划，确保出访安全合规并取得实效。

【热线办理】 落实24小时值班制度，坚持第一时间报告突发事件、第一时间受理和交办省市热线转办事项。加强热线办理督查指导，提前催办国家政务服务热线和省长、市长热线的交办事项，督促承办单位按期办结并向来电群众反馈。定期回访群众，及时给予政策性解释和相关问题的答复，化解矛盾、提高办理满意度。全年受理“12345”热线27644件，其中政策性解释2049件，交办件2294件；转办省、市长公开电话交办单14983件，办结率100%，满意率达95%以上。

（郑奇华）

人力资源工作

【概况】 2020年，梓潼县公开招聘事业单位工作人员76人，直接考核招聘事业单位工作人员40人、招聘特岗教师4人；直接考核招聘2020年四川省属公费师范生6人、农村订单定向免费医学毕业生4人；办理人员流动手续813人，其中外县调入51人（含“梓归”人才回引48人），调出县外30人，县内调动701人（含乡镇行政区划调整后人员划转480人），办理辞聘27人，开除备案4人。提请县人大常委会人事任免3次6人；提请县政府人事任免9次92人。

【事业人员管理】 2020年办理岗位聘用275人（含转正定级41人），岗位晋升541人。完成全县329个事业单位3309名一般工作人员2019年度考核工作，评定优秀等次452人、合格等次2839

人、基本合格等次1人、不合格等次6人、不确定等次11人。完成全县70个单位191名机关工勤人员2019年度考核工作，评定优秀等次14人、合格等次175人、不确定等次2人。办理初定、确认初中级专业技术职务资格50人；推荐申报评审中级职称10人、高级职称22人；授予中、高级专业技术职务资格122人；办理专业技术资格证书102本，受理验证注册专业技术资格证56人次。制定《梓潼县事业单位工作人员年度考核奖励实施方案》，建立事业单位工作人员定期奖励制度。对482名2019年度考核优秀等次的事业人员、机关工勤人员予以嘉奖，对14名在脱贫攻坚工作中表现优秀的事业人员予以嘉奖，推荐脱贫攻坚专项1名事业人员申报记大功、2个事业单位集体申报记功、5名事业人员申报记功。

【工资福利退休】 审核事业单位工作人员和机关工勤正常晋升薪级、级别工资3500余人次，年增资约230万元；核定新招聘人员、调动人员、岗位晋升人员750人次的工资；审核执行中层、乡镇补贴待遇25人次；审批机关工勤、事业人员退休79人；审核机关工勤、事业人员47人死亡、一次性抚恤金和丧葬费249.5万元；审批认定连续工龄60人次；审批36个医疗卫生机构核增一次性绩效工资总量208.1万元；审批19名遗属享受生活困难补助标准；审核机关事业单位清临人员951名享受定额补助103.5585万元；审批2014年、2015年175名退休“中人”一次性退休补贴645.9058万元。

【高校毕业生就业】 提供就业指导300余人次，接收、核查高校毕业生自主创业申请2人，拨付创业补贴2万元；认定县级见习基地1家，发布10家就业见习基地见习岗位46个，受理见习人员申请45人（大学生42人、失业青年3人），审核见习补贴7.829万元；新招募“三支一扶”基层项目人员6名，续签“三支一扶”协议2人，开展“三支一扶”基层项目人员服务期满考核、2020年度考核15人次，办理解除协议2人；对425名离校未就业高校毕业生进行系统实名制登记并电话跟踪就业情况。接收、录入档案1110份，转出档案277份；开具调档函85份，存档证明19份；提供档案查询服务970余人次；接收档案资料1135份；清理事编专审人事档案646份、梳理问题6126条，完成档案专审全覆盖273人、回头看373人，出认定表210份。

（仇彬云）

民政工作

【村级建制调整改革工作】 2020年4月2日，梓潼县召开村级建制调整改革培训会，全面拉开全县村级建制调整工作的序幕。

县、镇（乡）均建立健全领导机构，分层分类明确工作职责，进行安排部署，审核审议程序，2020年5月18日，全县村级建制调整改革涉改村（社区）正式挂牌运行。全县由改革前辖建制村329个、社区20个，调整为改革后辖建制村162个、社区19个（城镇社区5个，场镇社区14个）。

【村（居）民小组调整优化改革工作】 在村级建制调整改革推进的同时，梓潼县委提早安排，要求各镇（乡）扎实深入村、社、户，全面摸清家底、掌握民情、了解民意。各镇（乡）于2020年4月初便完成全覆盖的调查摸底，并对村组“三资”情况在村务公开栏进行公示；6月初，再次对村民小组调整优化工作进行调研摸底，切实做到底数清、情况明。

2020年9月14日，梓潼县村（居）民小组调整优化改革工作动员部署会召开，县委副书记、县村级建制调整改革领导小组副组长邓志军，县委组织部部长、县村级建制调整改革领导小组副组长聂林，县政府党组成员张国勇、村级建制调整改革领导小组成员及各镇（乡）党委书记参加会议，会议通报分析村（居）民小组基本现状和村（居）民小组调整优化改革工作前期调研准备情况，安排部署调整优化改革各阶段工作，细化明确时间节点和工作步骤，还对村（居）民小组调减比例、村（居）民小组组长推选、村（居）民小组未调整优化的原因及村（居）“两委”换届选举等重点工作作强调说明。

2020年10月，梓潼县有涉改村（居）民小组1522个，减少村（居）民小组783个，减幅达34.28%，调减后全县有村（居）民小组1501个。村民小组平均50户141人增至77户221人，居民小组平均2005户4107人调整为1055户2830人。

【梓潼县第十一届村（居）民委员会换届选举工作】 梓潼县按照省委省政府、市委市政府关于村（社区）“两委”换届工作的部署要求，在2020年9月底全面启动换届选举工作。

11月6日，梓潼县召开第十一届村（居）民委员会换届选举工作培训会。截至2020年12月29日，全县181个村（社区）“两委”换届选举在全市率先完成，181名党组织书记（主任）经提名推荐、资格审查等程序全部高票或满票当选，此次选举，村（社区）党组织书记、主任“一肩挑”176人，占书记、主任总人数的97.24%；新一届村（社区）“两委”的年龄、文化结构得到提升，整体素质加强。

【疫情防控工作】 成立疫情防控工作领导小组，建立115人组成的防疫队伍。坚持疫情期间每天安排党组成员带队对每个敬老院进行督查暗访。突出婚姻登记、敬老院管理、殡葬服务3个重点防控领域，采取防控措施，有效避免人员扎堆、交叉感染的情况发生。开展社会救助工作，被救助对象1053人，救助资金3.33万元。开展联防联控工作，做好机关自身、干部家属及共建街区的防疫工作。

【两项改革“后半篇”文章先行先试工作】 宏仁镇红星村“三评两审”积分制管理办法在梓潼县全面推广，并被省司法厅确定为绵阳市“七五”普法特色亮点工作试点。率先在观义镇红旗社区成立梓潼县第一个社区企业。法治示范村创建取得成效，梓潼县全年创建30个县级法治示范村（社区），6个市级法治示范村（社区）。2020年度建立黎雅改革创新养老“3211”模式，即三级服务平台（县集中管理的区域养老中心、镇集中管理的日间照料站、村集中管理的间断性服务点）、两支服务队伍（镇村建立农村老年人、残疾人、留守儿童巡访队伍，社区成立社会化服务专业合作社，组织社会智能服务队开展不定期服务）、建立一套基层民政机构服务制度、开展一系列活动。将城乡最低生活保障、特困人员救助供养、急难型临时救助审批权限下放至黎雅、观义两个试点镇；指导黎雅镇完成居家养老服务项目先行试点工作；指导试点镇建立农村留守老人巡访制度。

【救助福利与养老工作】 特困人员供养。做好特困人员供养工作，从2019年10月1日开始，农村集中供养特困人员、分散供养标准为每人每月533元；城市集中供养特困人员、分散供养标准为每人每月标准为793元。2020年度全县城乡特困供养人员1706人，累计发放特困供养资金1113.9万余元。慈善事业。按照省市金秋助学活动文件精神，对46个申报对象走访调查，做到真正困难的学生不漏报，不困难的学生不虚报，不让任何一个困难群众子女因贫失学。2020年资助困难学生36人（其中省市资助大学生29人，高中生2人；县慈善总会资助大学、高中新生5人），发放资助金11.6万元。疫情期间，接收社会捐赠765178.21元。梓潼县裕援牧业生猪发展养殖协会免费捐赠给敬老院仔猪73头。

【社会事务】 完成“游梓线”“盐梓线”两条县级边界和镇（乡）行政区划调整改革后乡镇界线的勘定工作。儿童关爱保护保障工作有序进行。保障人数做到无遗漏。全县儿童督导员和儿童主任坚持“边排查、边发现、边报告、边帮扶”的原则，更新全国儿童福利信息系统，系统内有4082名留守儿童、35名孤儿、20名事实无人抚养儿童。

【流浪乞讨人员救助】 救助流浪乞讨人员65人次，其中救助未成年人2人次。结合“救助管理服务质量大提升行动”和“防范打击侵害未成年人违法犯罪，关爱保护未成年人健康成长”活动，协助县政法委做好儿童关爱救助保护工。

【殡葬改革】 在重大祭祀活动中，向各镇（乡）发放文明祭祀倡导书，要求各镇（乡）加强文明祭祀监管工作。在城乡低保、特困人员、重点优扶对象等困难群众中，宣传殡葬改革和惠民殡葬政策。推行节地生态安葬，倡导文明祭祀，鼓励家庭采用合葬方式提高墓位使用率。倡导骨灰撒散等不保留骨灰的安葬方式；推广骨灰植树、植花、植草等生态方式。截至2020年年底，县殡仪馆共火化遗体数533具，其中享受绿色惠民普惠533人（享受惠民殡葬减免的低保、特困人员、重点优抚对象279人）；长卿镇公益性墓地（6000个墓位）正在筹建中。

【婚姻登记和收养工作】 2020年办理结婚登记2021对（其中补办113对），补发结婚证1914对；离婚登记792对，补发离婚69对；办理收养1对。

【社会组织管理】 社会组织登记监管。2020年，全县注册登记社会组织222个，其中社会团体155个，民办非企业单位67个，涉及种养殖业、交通、卫生、教育等19个类别，有会员82200余人。社会组织清理工作。2020年年初，在组织部的领导下，召集教体局、武管局等业务主管单位联合调研，对全县社会组织的日常管理、年度检查等工作交流意见，清理出僵尸社会组织50余个，提出整改意见和建议，并已注销僵尸社会组织38个。社会组织党建工作。2020年，社会组织综合党委进一步加强对已经登记注册的222个社会组织的监管，督促其健康运行。清理出“空壳”“僵尸”以及正在注销的社会组织61个。社会组织建立党组织的87个，其中建立党委1个，单独建立党支部81个，活动型联合党支部5个（覆盖社会组织17个）。向11个社会组织选派党建指导员。社会组织参与扶贫工作。梓潼县中药材协会到自强镇开展精准帮扶暨桔梗种子、肥料免费发放活动。向贫困户发放桔梗种子180公斤、化肥5.5吨，价值2.1万元。

【城乡居民最低生活保障】 全市最低生活保障标准从2019年7月1日起实行城市610元／月，农村410元／月（4920元／年），2020年城乡低保保障13681户17477人，发放资金5388万元，其中兜底保障建档立卡贫困户2145户3207人。

【困难残疾人生活补贴和重度残疾人护理补贴】 困难残疾人生活补贴按每人每月100元的标准发放。重度残疾人护理补贴按一级重度残疾人每人每月不低于80元、二级重度残疾人每人每月不低于50元的标准发放。残疾人扶贫对象生活费补贴按照一级1500元／年、二级1200元／年、三级1000元／年、四级800元／年标准发放。2020年发放困难残疾人生活补贴4595人531万元、重度残疾人护理补贴4944人350.9万元；发放残疾人扶贫生活补贴538人49.6万元。

【临时生活救助】 2020年，梓潼县为908人发放临时救助资金147.5万元；为全县16个镇乡和经开区、七曲山风景区管理局下拨临时救助备用金122.2万元。

【城乡居民养老保险扶贫代缴工作】 落实政府为困难群体代缴养老保险费政策，按100元／人·年的标准为参加城乡居民基本养老保险的建档立卡未标注脱贫的贫困人口、低保对象、特困人员等困难群体代缴城乡居民基本养老保险费。2020年代缴低保对象7767人，特困对象400人，共8167人，合计金额81.67万元。

（廖肖霞）

信访工作

【概况】 2020年，有102批次领导到县群众来访接待中心值班接访，接待群众97批249人次，签批各类信访问题49件，化解突出信访问题19件。全年办理各类信访案件650件。县信访局被省信访局评为“人民满意窗口”单位。

【信访问题跟踪办理】 2020年，国家及省市县信访局通过四川省信访信息系统向全县各责任单位转送信访事项601件（其中交办件9件，督办件3件，满意度评价件532件），梓潼县及时受理率、按期办结率、群众参评率均100%；群众对信访部门满意率99.43%，对责任单位满意率99.24%。“三率”均高于全省、全市平均水平，名列全市前茅。省委第七巡视组巡视期间移交信访件42件，中央、省、市交办的重点案件、信访积案17件，均按期规范办结上报。

【积案难案攻坚化解】 县信联办坚持每季度对全县突出信访问题进行排查梳理，并将排查出的53件突出信访问题、“化解积案、为民解难”专项攻坚行动排查的26件信访积案、中央省市交办的34件重复信访件逐一建立台账，按照“五个一”的工作要求，发函落实给18名县级领导包案和36个相关责任单位，做好化解工作。通过县包案领导、县信联办、责任单位共同努力，化解信访突出问题16件、“为民解难、化解积案”专项行动21件案件、重复信访件15件已经办结上报，完成中央、省、市下达目标的194%。

【信访联席会议机制落实】 发挥信访工作联席会议牵头抓总、统筹协调、督导落实作用，信联办定期分析研判全县信访形势，针对一些久拖未决疑难复杂案件及时召开协调会议分析讨论案情，综合运用政策、法律、经济、行政等手段和教育、协商、调解、疏导、困难帮扶和信访事项第三方评价等方法，制定切实可行的化解措施，促进息诉息访，案结事了。2020年召开信访协调已会162次，化解矛盾纠纷57件。实时开展信定工作联合督查，确保县委、县政府信访工作决策部署落实落地。

【法治信访建设】 通过广播、电视、会议、橱窗、展板、发放宣传资料等多种形式广泛宣传信访法律法规，发放宣传资料2000多册，接受600余人次信访咨询，在全县范围内营造良好的信访新秩序。匡正社会风气，依法治访工作走在全市前列。

【干部队伍建设】 实行条块结合，划片指导。县信访局将全体干部划分为4组，对全县镇（乡）进行划片，根据业务工作对重点部门进行链接，负责督促、指导、协调辖区和部门信访工作。举办全县16个镇（乡）和35个重点县级部门的分管领导和专兼职信访干部参加的为期两天的业务培训班，邀请市局领导和相关科室业务骨干到场进行业务培训指导，提升信访干部的能力和水平。针对个别镇（乡）、部门信访干部调整、接访办信能力较弱的情况，采取到信访局跟班学习一个月的方式，点对点进行业务指导，增加实战经验，有针对性地进行业务能力提升。开展信访业务知识竞赛，激发信访干部“比、学、赶、超”创先争优的激情。

（赵小英）

行政审批

【概况】 落实相对集中行政许可权改革，开启“一枚印章管审批”新局面。落实“三定”规定。按照全县机构改革总要求，在县委编办的指导下，学习参考兄弟单位的经验做法，与相关部门多次沟通，严格按照国家法律法规及相关文件要求，完成“三定”规定的起草工作。加强审批服务队伍建设。通过转隶、“梓归”计划、公开选调等多种方式，落实行政审批局工作人员26名，组织开展专题业务知识培训，为下一步审批工作正式运行打下坚实基础。配合县委编办，协同相关职能部门，对拟划转事项进行逐项专题研判，制定承接准备工作方案，梳理拟划转事项清单及时送审。划转事项规范有序运行。起草《梓潼县行政审批和监管联席会议制度》《梓潼县行政审批和监管协调制度》《梓潼县行政审批现场联合核查制度》三个制度，保障在行政审批过程中和“审管分离”机制下各部门既能各司其职又能协同配合。县政府于2020年9月印发《梓潼县县级行政权力清单（2019年本）》，划转行政许可事项89项，12月2日正式接件以来，共办件450件，按时办结率和满意率均达100%。

深化不动产交易登记“一窗受理”改革，将住建、税务、不动产三个部门协同办理的涉及住建、税务、不动产三个部门的“三合一”业务和税务、不动产两个部门协同办理的“二合一”业务纳入并联窗口审批，进一步缩短业务办理时间，在所有登记事项已实现5个工作日内办结的基础上，分类压缩办理时限，预告登记、更正登记等7个登记业务实现1个工作日办结和即时办结，申请材料由原来三个部门三套材料，精简至三个部门只需一套材料，专门为企业开设绿色通道，基本实现当日办结。

【企业开办便利化改革】 在县政务服务中心搭建企业开办和注销专区，实现“一窗受理，集成服务”。巩固“证照分离”“多证合一”改革成果，全面实施企业开办“六零”服务，实现网上办理“零见面”、现场服务“零等待”、印章刻制“零成本”、资料印制“零费用”、寄递服务“零跑腿”、全程电子化“零纸张”，申请材料由原来的5种减少至2种，审批时间由原来的2个工作日减少至现在的7.5个工作小时内办结。2020年1—12月，通过“一窗通”办理注册登记275户，完成企业全程电子化登记269户，新登记企业408户，新登记农专社27户，与上年同期相比增长25%。

【工程建设项目审批制度改革】 牵头制定并推进《梓潼县投资建设项目审批代办服务实施方案》，在县政务服务中心设置工程建设项目服务专区，2020年5月，全面启用四川省工程建设项目审批管理系统（2.0版），率先在全市配置完成一般政府投资房屋建筑、一般政府投资城市基础设施等8种类型模块，设置“我要建商品房、我要建学校、我要建工厂”3种场景式服务模块，工程建设项目审批流程不断优化，审批效率进一步提高，5月20日系统正式上线运行以来，在线受理122个办理事项，全部按时办结。

（童丽娜）

信　息

大数据管理

【掌上大厅“i绵阳”建设】 “i绵阳”是新型智慧城市建设的重要内容，是全市政务服务、公共服务、社会服务统一的移动互联网入口和市民办事的重要平台。按照市统一要求，县大数据中心积极与供水公司、燃气公司、县医院、中医院等协调，与“i绵阳”开发公司对接，将查询、缴费等便民服务应用接入“i绵阳”APP。

【政务数据开放共享】 组织县级部门梳理梓潼县公共数据开放共享清单，编制梓潼县开放数据资源目录清单，并整理出第一批开放共享数据资源涉及6个部门10条数据资源，上报市政务大数据中心，经审核后在绵阳市政务数据资源共享交换平台予以开放共享。

【“互联网+政务服务”】 制定《梓潼县县、乡、村三级一体化智慧政务服务体系信息化建设方案》。在试点镇观义镇、黎雅镇便民服务中心（站）、村（社区）部署云电脑办公，云电脑功耗低、发热量小、无噪声、节能环保，体积小、省空间，功能完全实现后将能够进行云电脑的集中部署管理，节省购买大量应用软件的费用，减少维护费用，提升“互联网＋政务服务”能力。

协调相关部门做好绵阳市房产交易和不动产登记“一窗受理”平台建设和使用。利用绵阳市房产交易和不动产登记“一窗受理”平台，实现与住建、税务等相关部门信息互通、数据共享，办事群众只需提供一套资料就可以办理房产交易、不动产登记、税务核缴税及水电气过户等事项。

（童丽娜）

政务服务

【概况】 巩固和完善政务服务“一窗受理，集成服务”改革成果。进一步落实《梓潼县推进政务服务“一窗综合受理、集成服务”工作实施方案》，通过“一窗无差别受理、后台分类审批办理、一窗统一出件”的服务新模式，实现“三个转变”和“三减少三提高”，设置水电气服务专区，供水、供电、供气、通信等报装服务事项全面入驻县政务服务中心，政务服务大厅“一站式”功能进一步发挥，推进政务服务“一窗受理，集成服务”改革向乡镇延伸。2020年，综合受理大厅全面使用省一体化政务服务平台，接件9918件，办结9918件，按时办结率和满意率均达100%。

梳理2020年“全程网办”事项1400项、“就近办”事项115项、“全县通办”事项76项、“零材料”事项49项，“最多跑一次”实现100%。开展“一件事只跑一次”改革，梳理公布梓潼县群众常办的“一件事一次办”事项清单目录53项。开展减证便民行动，清理取消各类证明事项21项。推进服务事项、服务指南、服务流程、受理审查标准化，编制《政务服务事项办事指南汇编》，行政许可事项在法定时限基础上实现平均提速80%。精减办事申请材料819个，申请材料减少60%以上。推进四川省一体化政务服务平台运用，实现县级部门和镇（乡）全覆盖。

【镇村便民服务体系建设】 印发《梓潼县乡镇区划调整后便民服务工作方案》《梓潼县关于优化完善镇（乡）村（社区）便民服务体系的工作方案》《梓潼县两改“后半篇”便民服务体系建设试点重点任务清单》等系列文件，公布进驻乡镇便民服务中心受理办理的行政审批事项36项、下放乡镇直接办结类公共服务事项46项、下放乡镇初审转报类公共服务事项33项、村（社区）代办高频事项12项。11月11日，全市镇村便民服务体系建设现场会在梓潼县召开。

【规范涉审中介服务】 贯彻执行《绵阳市“中介服务网上超市”管理暂行管理办法》，建立中介机构目录库，清理具备相应资质的中介机构37家。组织县财政局、县发改局等10余个相关部门召开“中介服务网上超市”运行业务专题培训会，推进中介服务网上超市注册入驻。

【政务服务中心管理】 开辟绿色通道，开展特色服务。在综合服务大厅设置“老弱病残孕”“农民工”“企业”服务专窗，在排队叫号机上设置专号，开辟绿色通道，为特殊人群提供更加温馨便捷的服务。按要求于10月17日恢复周六延时服务，办理各类事项382件，按时办结率、群众满意率均达100%。强化服务队伍教育培训。按照《梓潼县政务服务中心大厅及大厅窗口工作人员绩效考核办法》《梓潼县政务服务中心管理制度汇编》等规定进行考核，坚持每天至少对大厅各窗口开展一次例行监督检查，对发现的问题，及时提醒纠正，并作为季度考核和年度绩效考核的重要依据。畅通投诉渠道。公布宣传“12345”政务服务热线，办理投诉咨询事项4件，及时落实问题整改，回访满意率达100%。落实政务服务“好差评”制度，在县政务服务中心、部门办事大厅和乡镇便民服务中心窗口均安装“好差评”插件，2020年，主动评价总数6.1万件，主动评价好评率达100%。政务服务亲老化改造。为老年人开辟出入大厅的“快速通道”，配置“四川天府健康通——健康码”专用打印机，提供代办、代查、打印“一条龙”服务。设立老年人及特殊群体“爱心专区”，在服务大厅设置“老弱病残孕”服务专窗和排队专号，提供“一对一”帮办代办服务。

【公共资源交易工作】 完成公共资源交易中心场

地标准化建设。完成公共资源交易中心标准化建设试点改革任务，制定完善《梓潼县公共资源交易参与各方现场守则》《梓潼县公共资源交易服务中心党员干部行为规范》、交易受理、交易组织、交易评审和交易现场监督管理六个工作规范，实现公共资源交易现场规范化管理。协同县财政局建成全县电子化政府采购管理系统。公共资源交易分中心全年组织实施公共资源交易107宗，交易金额2680.31万元，节约资金达100.94万元。其中：工程建设项目11宗，完成交易额245.53万元，节约资金2.17万元，节约率0.88%；政府采购项目58宗，完成交易额2062.26万元，节约资金86.83万元，节约率4.04%；国有资产交易项目38宗，完成交易额372.52万元，增值11.93万元，增值率3%。

（童丽娜）

机关事务管理

【综合管理】 2020年，投入肥皂380块、卫生卷纸66件、洗手液60余公斤、消毒粉40余公斤、酒精1700余公斤、免洗手消毒凝胶200余瓶。完成机关食堂屋面处漏和各楼栋室内室外墙面污损、反碱、地砖起拱、人行道沉陷凹凸等多起大中型维修，制定严格的零星维修流程开展日常维修处理。2020年，完成大中小维修项目20余个，日常维护维修中央空调、电路开关、用电设施、门锁等各类故障1800余件次。通过加强与相关部门协调沟通，维护集中办公区公共秩序。定时对消防重点领域实行巡查，加大物业安保夜间检查力度，加强日常电梯巡查与维护，确保集中办公区日常运行安全。开展物业消防培训2次，处理智能消防系统故障6起，维修报警设施5次，维修及更换消防指示灯56处。电梯应急救援演练2次，对9部电梯进行维保24次，应急故障处置13次，更换电梯轿厢内设施设备5处。在集中办公区避难广场、假山等区域新栽植一批麦冬、万年青、三角梅以及铺植混播草坪，在原绿化带区域重新种植格桑花，对办公区环境进行全面提升。加强车辆停放秩序的管理，2020年规划停车位572个。

【综合服务】 完成各级各类会议服务540余场，会议服务人数8万余人次。对机关食堂所有劳务人员进行上班消毒、体温检测并逐一进行登记，每周对机关食堂进行一次全面消杀，在门口设置人脸体温测量仪对全体用餐人员进行体温测量，张贴标语和发送温馨提示短信鼓励干部职工错峰到机关食堂就餐，减少人员聚集。加强对食品采购、加工、供应、储存等关键环节的安全管理，邀请县市场监管局业务人员进行食品卫生安全培训13次，实现安全就餐人数26.6万余人次。

【公务用车管理】 全体司勤人员坚持每天进行体温测量和全身消毒，出车前对车辆室内外进行消毒，出车时全程佩戴口罩，做好全县党政机关公务出行、应急抢险和全县重大活动的车辆保障工作。协助政府办完成乡镇行政区划调整后公务出行车辆保障工作及编制核定工作。累计出车10000余趟次，安全行驶近80万公里。

（刘瑾希）

政协梓潼县委员会

ZHENGXIE ZITONGXIAN WEIYUANHUI

综　述

【概况】 2020年，梓潼县政协准确把握新时代人民政协的性质定位，认真履行“三大职能”，投身和服务于“六大工程”，在推进发展中主动作为，在改善民生中献计出力，在促进和谐中发挥作用。坚定正确政治方向。面对突如其来的新冠疫情和复杂的国际政治、经济环境，县政协倾力组织和引导各党派团体、各族各界人士深刻认识中国共产党的初心使命和以人民为中心的执政理念，深刻感受中国特色社会主义制度的显著优势，牢固树立“四个意识”，坚定“四个自信”，做到“两个维护”，始终在政治立场、政治方向、政治原则、政治道路上同以习近平同志为核心的中共中央保持高度一致。助推全县加快发展。研究制定并精心实施年度协商工作计划，有序开展专题协商、界别协商、对口协商、提案办理协商，提交专题协商报告、大会发言材料24篇，提出意见建议110余条，为推动梓潼高质量发展凝聚强大力量。重点聚焦党政关注的“红色文化资源现状及保护”“中药材产业发展”等大力开展专题调研，向县委报送5份调研报告供决策参考。重点围绕“实施‘五大行动’建设美丽乡村情况”“脱贫攻坚各项任务完成情况”等开展专题视察，形成高质量视察报告6篇。开展“走访困难群众和困难企业专项行动”，书写奋力夺取“双胜利”的政协篇章。汇聚团结奋斗力量。邀请各党派团体、工商联和无党派代表人士参加政协的会议、调研、视察等活动，引导他们通过政协组织就全县经济社会发展中的重大问题发表见解和主张、提出意见建议；做好民族宗教工作，听取意见、反映诉求，把广大少数民族和信教群众凝聚在党和政府周围；加强对梓潼籍在外人士联谊会的指导，对党外知识分子、非公有制经济人士、新的社会阶层人士联系联谊，引导各族各界人士为建设梓潼献计献策、添砖加瓦。不断加强自身建设。深入贯彻落实习近平总书记“懂政协、会协商、善议政，守纪律、讲规矩、重品行”的要求，组织政协委员赴厦门大学集中学习培训，在弄清学懂“政协是什么、政协干什么、政协怎么干”上下功夫；实行政协委员“三线”管理，形成委员意见建议通过主席、副主席直报党委、政府，党委、政府决策部署直达委员的双向直通车；优化专委会职能，从严从实加强机关干部教育管理监督，县政协履职水平不断提高。

重要会议

【政协梓潼县第十届委员会第六次会议】 中国人民政治协商会议梓潼县第十届委员会第六次会议于2021年1月25—28日召开。此次会议应到委员190名，因事、因病请假26名，共164名委员出席会议。县委、县人大、县政府、“两弹一星”干部学院、县人武部、县法院、县检察院和县经开区各位县级领导周琳、刘强、杜林平等到会祝贺；县政协十届委员会主席敬友忠，副主席杜登元、杨世茹、王子成、周厚春，秘书长罗祥君出席会议；县级部门（单位）主要负责人、省市在梓潼县部门主要负责人、县委巡察组（办）负责人、重点工业企业负责人、驻梓潼市政协委员、政协机关工作人员和三个片区政协工委特邀委员应邀列席会议。会议在团结、民主、求实、鼓劲的气氛中完成各项议程。

【政协梓潼县第十届委员会常务委员会第18次会议】 2020年4月29日，政协梓潼县第十届委员会常务委员会第18次会议召开。县十届政协常委参加会议，县政府办、县委组织部、县委统战部有关负责人参加会议，县政协各参加单位负责人、委员小组组长，文昌、许州、长卿三个片区政协工委主任，县政协机关副科级以上干部，县纪委驻县政协纪检组负责人列席会议。会议由县政协主席敬友忠主持。会议听取县纪委监委2019年度党风廉政建设情况通报；听取县政府办关于委员提案办理情况通报；协商讨论县人民政府工作报告（送审稿）；听取县政协办关于县政协十届五次会议筹备情况的汇报；审议通过《政协梓潼县第十届委员会常务委员会工作报告》《政协梓潼县第十届委员会常务委员会关于十届四次会议以来提案工作情况的报告》（送审稿）及报告建议人；审议《县政协2020年工作要点》；审议通过召开县政协十届五次全体会议相关事宜；通过人事事项。

【政协梓潼县第十届委员会常务委员会第19次会议】 5月19日，政协梓潼县第十届委员会常务委员会第19次会议召开。县政协副主席杨世茹主持会议，秘书长罗祥君及十届政协常委参加会议。会议听取大会秘书长罗祥君汇报政协十届五次会议联组讨论情况；通过十届五次会议提案审查情况的报告（草案）、十届五次会议决议（草案）、选举办法、增补县十届政协常务委员会委员候选人名单等事项。

【政协梓潼县第十届委员会常务委员会第20次会议】 5月20日，政协梓潼县第十届委员会常务委员会第20次会议召开。会议由县政协主席敬友忠主持。会议听取和审议县政协十届五次会议选举大会选举结果。

【政协梓潼县第十届委员会常务委员会第21次会议】 8月20日，政协梓潼县第十届委员会常务委员会第21次会议召开。会议由县政协主席敬友忠主持。会议专题协商“关于加强城市管理的建议”；协商讨论“红色文化资源的现状及保护情况”调研报告和“中药材产业发展情况”调研报告；通过人事事项；县政协各位副主席对分管工作进行安排部署，县政协主席敬友忠作重要讲话，对县政协1—8月工作进行小结，对今后几个月工作进行安排部署。

【政协梓潼县第十届委员会常务委员会第22次会议】 9月29日，政协梓潼县第十届委员会常务委员会第22次会议召开。会议由梓潼县政协主席敬友忠主持。会议专题协商“进一步提高应对突发性公共卫生事件的能力和水平”；协商讨论《梓潼县公共法律服务体系建设情况》调研报告；传达学习省委十一届七次全会、市委七届九次全会精神。

【政协梓潼县第十届委员会常务委员会第23次会议】 11月13日，政协梓潼县第十届委员会常务委员会第23次会议召开。会议专题协商“经开区纳税大户工业企业的发展情况”；协商讨论“镇（乡）、村社行政区划调整后运行情况”调研报告和“县政协委员履职情况”调研报告；学习中共十九届五中全会精神、10月30日省委常委会会议精神、11月2日市委常委会会议精神。梓潼县政协主席敬友忠主持会议。

（吴在义）

重要活动

【专题协商】 8月24日，梓潼县政协在深入调研和学习借鉴先进经验的基础上，召开专题议政性常务委员会会议，专题协商加强城市管理。会议由梓潼县政协主席敬友忠主持。会议听取综合行政执法局、公安局等部门工作情况汇报，与会委员围绕城市管理存在的问题积极建言献策。

9月10日上午，梓潼县政协专题协商办理十届五次会议第26号提案——《关于发展文化旅游产业的建议》。梓潼县政协主席敬友忠，梓潼县副县长高安，梓潼县政协副主席杜登元、杨世茹参加协商办理活动。在协商办理中，提案者一行到两弹城景区实地查看景区建设情况，召开座谈会听取提案办理情况汇报，与提案承办单位就提案办理情况协商沟通，对提案办理工作及文化旅游产业发展建言献策。

9月29日，梓潼县政协召开专题议政性常务委员会会议，专题协商“进一步提高应对突发性公共卫生事件的能力和水平”，会议由梓潼县政协主席敬友忠主持。会议听取卫健局关于应对突发公共卫生事件工作的情况汇报，听取县政协教科卫体委《关于提高应对突发性公共卫生事件的能力和水平调研报告》起草及有关情况说明，市场监督管理局、公安局和部分政协常委、政协委员围绕主题协商讨论，积极建言献策。

【专题视察】 4月8—9日，梓潼县政协组织部分市、县政协委员深入两弹城、许州镇等地对梓潼县红色文化资源现状进行调研，8月20日召开常务委员会会议，专题协商讨论，建言红色文化资源保护利用。梓潼县政协建议，要深化认识，以时不我待的紧迫感，全力抓好梓潼县革命文物为重点的红色文化资源保护利用工作；要摸清家底，挖掘整理梓潼县红色文化资源第一手资料，及时做好革命文物的定级申报及管理；要深入研究，形成具有梓潼红色文化特色的成果，鼓励和支持文艺工作者创作出能够反映梓潼革命历史，具有鲜明的爱国主义、集体主义、革命英雄主义精神高质量的文化艺术作品；要科学利用，高质量规划实施体验参与项目，统筹考虑红色文化资源区域内遗址的开发布局，因地制宜开发体验项目，让“文物”发声；要培养人才，为加强红色文化资源保护利用工作提供人才保障；要多元投入，努力探索“政府主导、企业主体、社会参与”的红色文化资源保护利用运作模式，充分调动各方面的积极主动性。

6月24日，梓潼县政协组织部分驻梓潼市政协委员和县政协委员视察县属国有企业复工复产情况，助力做强做优做大。县政协主席敬友忠，副主席杜登元、周厚春参加视察活动。视察组一行实地察看绵阳“两弹一星”文化发展有限公司梓潼县全民运动中心项目建设现场、聚源公司文昌干道至龙凤垭道路项目建设现场和汇智公司工业污水处理厂项目建设现场。在随后召开的座谈会上，听取县财政局等部门和聚源公司、汇智公司等县属国有企业运行及管理工作情况汇报。

7月7日，梓潼县政协组织部分政协委员调研中药材产业发展情况，县政协主席敬友忠，副主席杜登元参加调研。调研组一行先后深入宏仁、黎雅、卧龙等镇（乡）田间地头实地察看艾草、泽泻、射干等中药材的长势情况，详细了解梓潼县中药材产业发展的基本情况以及所面临的困难和问题。

8月19日，梓潼县政协组织部分市县政协委员专题视察县人民法院“一站式”诉讼服务中心建设，县政协主席敬友忠参加视察活动。视察组一行先后察看县人民法院诉讼服务中心建设情况以及参观信访接待室、法律援助服务室，并召开座谈会，听取相关工作情况介绍。视察组对县人民法院一站式诉讼服务中心建设给予高度评价，并建议：要继续加大投入，完善硬件设施，打造“智慧诉讼服务中心”；将立案大厅与诉讼服务中心整体打造，一体化建设，充分发挥两者功能；强化服务中心人员配备，注重干部培养；健全完善中心管理制度，提高服务规范化水平；创新工作方式，积极对接专业性调解组织，为矛盾纠纷提供全方位的化解方式；加强服务中心职能宣传，不断提高人民群众的知晓度和认同感。

8 月 25 日，梓潼县政协组织部分市、县政协委员前往翠云社区、紫阳社区、步行街等专题视察城市社区运行情况，梓潼县政协主席敬友忠参加视察活动。

8 月 28 日，梓潼县政协组织部分市、县政协委员视察农村安全饮用水民生工程建设情况。视察组一行，先后到宝石乡集中供水站、七曲山供水工程建设现场，视察梓潼县农村安全饮用水民生工程规划、建设、运行、管理等情况。视察组建议，要高度重视农村饮用水水源地保护，加强日常监管，确保人民群众饮水安全；加大资金投入，形成国家、地方、企业和农户共同建设农村饮水安全项目多渠道投入机制；创新管理机制，加快推进城乡供水一体化建设，切实改善农村饮用水条件。

9 月 17 日，梓潼县政协组织部分市、县政协委员对梓潼县脱贫攻坚各项任务完成情况开展专题视察。梓潼县政协主席敬友忠参加视察活动。视察组一行先后到文兴镇火花村易地搬迁住房集中安置点、光辉村产业扶贫项目现场、宝石水厂实地查看，召开座谈会听取相关部门工作情况汇报，听取基层干部群众、政协委员对脱贫攻坚工作的意见和建议。视察组认为，梓潼县脱贫攻坚收官战取得阶段性成效。梓潼县仍处于脱贫攻坚决战决胜的关键时刻，要对标补齐安全饮水、农村道路、产业发展等短板，着力解决好群众普遍关心的热点难点问题，以全力决战之势夺取全面胜利；要积极探索解决相对贫困长效机制，在加大土地流转、壮大农村集体经济、带动农民群众务工和发展产业上苦下功夫，确保农民群众持续增收，稳定脱贫，如期全面完成脱贫攻坚各项目标任务。

【梓潼县政协建言公共法律服务体系建设】 6—8 月，梓潼县政协组织社会法制和台侨民宗委员会以及部分市、县政协委员就全县公共法律服务体系建设情况进行专题调研。在调研的基础上，并于 9 月 29 日召开政协梓潼县第十届委员会常务委员会第 22 次会议，专题协商讨论“梓潼县公共法律服务体系建设情况”调研报告。

10 月 28 日，梓潼县政协组织部分市、县政协委员专题调研全县乡镇行政区划调整和村级建制调整改革工作。调研组实地察看长卿镇三泉便民服务站、三泉卫生院、三泉小学、南桥社区两项改革后运行情况，调研组建议：要紧密联系实际，抓好两项改革后镇（乡）、村发展规划，一张蓝图绘到底；统筹抓好镇（乡）、村基础设施建设，不断改善人民群众生产生活条件；进一步优化产业布局，增强发展后劲；配齐配强村社干部，强化作风建设，切实提升服务水平；加强两项改革宣传，形成全社会都来关心支持改革发展的良好氛围。

10 月 30 日，梓潼县政协组织部分市、县政协委员视察梓潼县实施“五大行动”，加快推进美丽乡村建设情况，梓潼县政协主席敬友忠参加视察活动。视察组实地察看宏仁镇金宝村等镇（乡）美丽乡村建设工作推进情况，召开座谈会上听取相关部门工作情况通报，委员们建议：进一步提高认识，牢固树立绿色发展理念，不断满足人民群众美好生活的需要，推进高质量发展；以农村基础设施改造、人居环境整治和村容村貌提升为主攻方向，加快补齐突出短板；大力推进农业全产业链和现代农业园区建设，着力强化三产融合，夯实农业农村发展基础；做好乡镇行政区划调整和村级建制调整改革“后半篇”文章，提升农村基层治理能力和加强乡风文明建设；加大投入，有序推进，激发动力，形成合力，加快推进全县美丽乡村建设。

【"政协提案·我们办"融媒体直播活动】 11月24日晚，梓潼县政协举办的"政协提案·我们办"融媒体直播第三期特别节目在县融媒体中心演播大厅举行。绵阳市政协副主席郭兴林，县委、县政府、县政协有关领导，部分政协委员、部门负责人、社会各界人士在现场参与直播活动。直播活动随机抽选3件提案进行公开交流、评议，并通过多家媒体平台进行网络、电视、广播全媒体同步直播。主持人邀请提案人和办理单位代表在演播室面对面沟通交流，其间在大屏幕上播放视频短片，用生动的镜头语言展示相关提案的办理过程。观众采取现场提问、投票等方式对提案办理工作的满意度进行现场评议。不少观众和网友通过电视、网络、手机收看节目并踊跃留言，对自己关心的问题和这种公开评议提案办理的方式发表自己的意见。节目就提案办理落实情况展开协商对话，实现提案办理从"幕后"走到"台前"，从"结果公开"到"过程公开"，受到政协委员和社会各界的广泛关注和一致好评，推动提案办理质量不断提升。

12月24日，梓潼县政协组织部分市、县政协委员专题视察梓潼县七曲山旅游风景区创建国家AAAAA级旅游景区工作，梓潼县政协主席敬友忠参加视察活动。

视察组先后前往游客中心、水观音景区、圣境坊、文昌文化广场等地实地查看，召开座谈会听取七曲山景区创建国家AAAAA级旅游景区情况汇报。

（吴在义）

委员工作

【概况】 县政协委员工作始终坚持深入贯彻落实习近平总书记"懂政协、会协商、善议政，守纪律、讲规矩、重品行"的要求，组织政协委员赴厦门大学集中学习培训，在弄清学懂"政协是什么、政协干什么、政协怎么干"上下功夫，切实提高政协委员的政治素养和履职能力；开展政协委员、常务委员履职情况专题调研，分析研判履职总体情况，着力提升委员管理服务水平；实行政协委员"三线"管理，实现主席、副主席到常委、常委到委员，主席、副主席分管专委会、专委会对接部门和委员小组，委员小组对接委员的三条畅通连接链，形成委员意见建议通过主席、副主席直报党委、政府，党委、政府决策部署直达委员的双向直通车；初设会风会纪监督组，邀请纪检监察组全程介入，促进会风会纪大力改善，提高参会率；深入开展委员"五个一"和"我为扶贫攻坚做件事"活动，充分发挥委员主体作用。委员们参加各类调研、视察300余人次，撰写调研视察报告78篇，做好事实事397件，为困难群众捐资28.5万元，募集社会资金127.8万元。

（吴在义）

政协梓潼县第十届委员会组成人员名单

敬友忠	杜登元	杨世茹	王子成
周厚春	罗祥君	丁　乙	王仁刚
甘晓梅	李　强	李建忠	杨荣理
吴　飞	张碧爱	赵旭东	赵利蓉
段会容	陈少明	蒋　玉	黄映泉
刘　攀	张　波	王元亮	邓林波
田文娟	冯勤先	李发清	杨　雪
杨雪峰	何运强	张　季	罗云龙
赵昀森	胡香君	秦子娟	谢皆才
甄　丽			

政协梓潼县第十届委员会委员一览表

（2020.4.29）

表3

姓名	性别	民族	出生年月	党派	文化程度	单位	职务
敬友忠	男	汉	1965.1	中共	大学	政协	主席
杜登元	男	汉	1962.1	中共	大专	政协	副主席
陈少明	男	汉	1981.11	中共	研究生	人武部	副部长
景　琴	女	汉	1982.8	中共	大学	许州镇	镇长
罗祥君	男	汉	1968.8	中共	大学	政协	秘书长
张义强	男	汉	1964.2	中共	本科	组织部老干部股	干部
江贤友	男	汉	1966.9	中共	大学	科技局	副局长
梁正才	男	汉	1964.12	中共	大专	七曲山风景区管理局	局长
王　胜	男	汉	1972.10	中共	大学	七曲山旅游公司	总经理
罗云龙	男	汉	1978.11	中共	大学	纪委	副书记
范晓彬	男	汉	1970.8	中共	大学	教体局	局长
崔　弘	女	汉	1971.10	中共	大专	武管局	局长
王　杉	男	汉	1974.2	中共	大学	农业农村局	局长
董文玺	男	汉	1977.12	中共	大学	生态环境局	局长
王　强	男	汉	1971.10	中共	本科	商业银行	行长
赵庄年	男	汉	1963.8	中共	大学	审计局	副局长
何　青	男	汉	1973.11	中共	大学	政府办	主任
陶岸青	男	汉	1971.1	中共	研究生	县政协环资委	副主任
赵　洪	男	汉	1967.5	中共	大专	县政协环资委	主任
杨世茹	女	汉	1966.4	无党派	大学	政协	副主席
胡香君	女	汉	1979.4	民进	大学	医保局	局长
赵利蓉	女	汉	1975.5	致公	大学	县政协委工委	主任
赵昀森	男	汉	1987.1		大学	川文艺	部长
廖洪波	女	汉	1973.11	民进	大学	自然资源局	整理中心主任
陈海瑶	男	汉	1979.5	民进	大学	加尔华商贸	总经理
谢皆才	男	汉	1963.9	无党派	大学	绩效办	干部
耿　薰	男	汉	1958.5	无党派	大学	政协	咨询员
冯　路	男	汉	1988.7	民建	大学	残联	副主任
宋晓莉	女	汉	1973.9	农工	本科	梓潼中学	教师
张　波	男	汉	1982.11	农工	大学	民宗局	干部
冯勤先	男	汉	1966.8	中共	大专	工商联	干部
张　季	女	汉	1972.10	无党派	高中	聚源酒店	总经理
王仁刚	男	汉	1964.5	无党派	大专	华鑫家电	董事长
梁淑琴	女	汉	1963.8	无党派	高中	君晖膨润土	董事会成员
童涪江	男	汉	1976.7	无党派	初中	萧山食品	董事长
张碧爱	女	汉	1970.4	无党派	初中	大东洋超市	董事长
谭开互	男	汉	1980.11	无党派	本科	和裕商混	董事长

续表3

姓名	性别	民族	出生年月	党派	文化程度	单位	职务
刘　攀	男	汉	1988.8	中共	研究生	瑞正保安	董事长
李申亮	男	汉	1976.6	无党派	大学	文昌贡酒业	总经理
赵希文	男	汉	1964.5	无党派	中专	鸿锋商贸	董事长
李　震	男	汉	1986.11	中共	大学	同发公司党支部	书记
刘　鑫	男	汉	1966.4	中共	大学	瑞正保安	董事长
吴大红	女	汉	1969.3	无党派	高中	林江苎麻	麻条分厂厂长
宋雨佳	男	汉	1983.4	无党派	大学	东石百菇养生园	总经理
李　强	男	汉	1963.10	无党派	研究生	蓝烽燃气	总经理
魏　己	男	汉	1980.8	中共	本科	南苑机械厂	总经理
何运强	男	汉	1976.6	中共	大专	长林公司	财务总监
黄运洪	男	汉	1968.6	中共	初中	靓绿蔬菜	董事长
邓兵育	男	汉	1972.9	无党派	大学	太极大药房	法人代表
陈天顺	男	汉	1967.8	中共	大专	科艺柔印	董事长
钟利明	男	汉	1963.6	中共	本科	惠泉生物科技	董事长
李　冬	男	汉	1975.12	无党派	大专	超兰纸业	总经理
王　涛	男	汉	1970.9	中共	大专	一康制药	总经理
徐文龙	男	汉	1973.9	无党派	大学	圣迪乐生态	总监
吕　静	男	汉	1980.1	无党派	本科	农发行	行长
周建军	男	汉	1972.6	中共	本科	党校	校长
王皓颖	女	汉	1987.12	中共	大学	人社局	劳动仲裁院长
邓云林	男	羌	1971.6	无党派	高中	建丰公司	主管
黄映泉	男	汉	1965.12	无党派	本科	教育体育局	后勤股长
薛国兵	男	汉	1975.6	中共	本科	两弹城	董事长
李自成	男	汉	1974.9	中共	大学	创王酒业	董事长
蒋　玉	女	汉	1977.11	无党派	大专	县委办	行政股股长
赵　怡	女	汉	1985.10	无党派	大学	交通局	办公室主任
许秀华	女	汉	1971.8	无党派	大专	团委	干部
杨旭静	男	汉	1971.1	无党派	大专	县科技孵化中心	总经理
韩璐	女	汉	1985.12	无党派	本科	公安局	民警
罗　莉	女	汉	1982.5	无党派	本科	自然资源局	工作人员
李小兰	女	汉	1979.8	中共	大学	妇联	副主席
朱　菲	女	汉	1986.2	中共	大学	文昌镇	社区网格员
田文娟	女	汉	1983.7	无党派	本科	教体局	
魏　静	女	汉	1976.12	中共	大专	政务中心	副主任
董春蓉	女	汉	1974.6	无党派	初中	许州镇天宝村	妇女主任
王子成	男	汉	1964.8	无党派	大专	政协	副主席
李建忠	男	汉	1966.6	无党派	大学	商务经合局	副局长
袁艺文	女	汉	1972.12	无党派	大学	教体局教仪站	副站长
杨雪峰	男	汉	1982.4	无党派	大学	水利局	总工程师
赵　阳	女	汉	1981.1	无党派	大学	自然资源局	副主任

续表3

姓名	性别	民族	出生年月	党派	文化程度	单位	职务
张建平	男	汉	1978.10	无党派	大学	农业局	副站长
刘金祥	男	汉	1955.2	中共	大专	工人医院	院长
贺均良	男	汉	1964.11	中共	大学	重督组	组长
罗　君	男	汉	1965.3	无党派	高中	生姜协会	理事长
陈文军	男	汉	1969.12	无党派	中专	芦笋协会	理事长
毛　虎	男	汉	1981.1	无党派	高中	观义镇花生协会	秘书长
涂　莉	女	汉	1983.10	无党派	大学	水利局	招标办副主任
杨　佳	男	汉	1981.3	无党派	大学	林业局	防火办主任
罗彩贵	男	汉	1966.1	中共	大专	牛头山生态农业	董事长
戴期胜	男	汉	1970.6	中共	大学	信访群工局	局长
阮贤银	男	汉	1939.11	无党派	小学		侨属
杨洪彦	男	汉	1964.11	无党派	大专	绵阳隆猫公司	台属
白林安	男	汉	1962.9	无党派	本科	司法局	援助中心主任
释仁海	男	汉	1976.4	无党派	本科	弘佛寺	住持
释理辉	男	汉	1966.7	无党派	本科	西岩寺	住持
释通明	男	汉	1954.1	无党派	初中	青龙寺	住持
丁　乙	男	汉	1972.2	无党派	本科	县道协	副会长
刘　剑	男	汉	1971.12	无党派	中专	三自爱国会	主席
吴思昊	男	回	1983.1	无党派	本科	自然资源局	干部
甘晓梅	女	羌	1975.7	无党派	大专	财政局	总会计师
兰　蓝	女	回	1981.12	无党派	大学	统战部	副部长
金继光	男	回	1953.2	无党派	中专	清真寺	管委会副主任
何晓燕	女	汉	1978.8	无党派	本科	县政协社法委	副主任
马学全	男	回	1964.7	无党派	初中	全旧机动车公司	总经理
王　超	男	藏	1987.11	无党派	大学	人社局	工作人员
王明菊	女	羌	1986.10	无党派	大学	人社局	工作人员
王茂平	男	藏	1981.8	无党派	初中	石牛镇	社区居民
王和全	男	藏	1968.7	无党派	初中	许州镇	个体工商户
白朝君	男	汉	1967.10	中共	大专	民政局	副局长
谢东森	男	汉	1960.1	无党派	大专	人社局	结业培训股股长
马晓丽	女	汉	1971.7	无党派	大学	民政局	社团工委办公室主任
王　燕	女	汉	1972.6	无党派	大专	人社局	事业管理股股长
周芷君	女	汉	1978.5	中共	大学	红会	常务副会长
邓　立	男	汉	1965.1	中共	大学	公安局	副局长
杨　雪	女	汉	1977.8	中共	大学	政法委	副书记
贾朝钒	男	汉	1966.1	中共	大学	法院	副院长
温菊华	女	汉	1981.3	无党派	大专	公安局治安大队	副大队长
赵继坤	男	汉	1986.2	无党派	大专	公安局刑侦大队	副中队长
贾定飞	男	汉	1978.8	无党派	大学	人民法院	副院长
杨荣理	男	汉	1976.2	无党派	大学	检察院	检委会委员

续表3

姓名	性别	民族	出生年月	党派	文化程度	单位	职务
刘蒨霖	女	汉	1986.5	无党派	本科	司法局	司法助理员
曹佳富	男	汉	1968.11	中共	本科	档案局	局长
张　超	男	汉	1974.10	无党派	高中	广电台	广告部主任
何海翔	男	汉	1989.10	无党派	本科	广电台	播音员
吴俞啸	女	汉	1991.10	无党派	本科	文广新旅局	工作人员
李晓燕	女	汉	1976.11	中共	本科	县政协办公室	主任
王义富	男	汉	1965.6	中共	大专	文昌一小	校长
王永林	男	汉	1974.4	无党派	本科	梓潼中学	教科室主任
严　蓉	女	汉	1976.8	无党派	大专	文昌中学	教师
杨小梅	女	汉	1973.7	无党派	大专	文昌二小	教师
罗智婉	女	汉	1966.1	中共	本科	文化馆	副馆长
陈周述	男	汉	1942.11	无党派	初中	洞经乐团	顾问
张兴发	男	汉	1952.4	无党派	大专	文旅局	
王志明	男	汉	1966.5	中共	本科	政协	文史委主任
尹安国	男	汉	1960.4	中共	本科	政协	退休干部
杨小玉	女	汉	1985.8	无党派	本科	文化馆	办公室主任
赵莉华	女	汉	1970.1	无党派	大专	图书馆	办公室主任
张春犁	男	汉	1984.4	中共	本科	黎雅镇	人大主席
强　勇	男	汉	1970.10	中共	本科	卫计局	副局长
赵旭东	男	汉	1972.11	无党派	大专	市场监管局	食品综合股长
叶蒸勇	男	汉	1983.4	无党派	硕士	鸣兴医院	副院长
魏大海	男	汉	1974.2	中共	本科	县医院	院长
敬朝强	男	汉	1973.6	无党派	大专	中医院	儿科主任
车国平	男	汉	1965.5	中共	大学	政协社法委	主任
蒲　娥	女	汉	1979.10	中共	大专	巡察二组	副组长
陈应培	男	汉	1966.7	无党派	初中	仟禾生态	理事长
于天兵	男	汉	1969.5	中共	大专	农业局	主任
吴　飞	男	汉	1985.4	无党派	本科	县政协	副秘书长
杨发林	男	汉	1965.4	中共	大专	许州镇	天宝柑橘协会
敬华忠	男	汉	1973.4	中共	本科	县政协经济委	副主任
杨大树	男	汉	1976.10	中共	大学	长卿镇	政协工委主任
何晓银	男	汉	1974.2	民进	大专	玛瑙镇	养殖大户
钟海涛	男	汉	1974.10	中共	本科	自然资源局	副局长
汤兰英	女	汉	1983.8	无党派	本科	水利局水保站	副站长
何　青	女	汉	1968.12	无党派	大专	武管局黎雅水管站	站长
范政举	男	汉	1971.11	无党派	高中	自强镇黎雅村	致富能手
李仕宝	男	汉	1975.8	无党派	初中	文昌镇嘉运农牧科技有限公司	总经理
何　敏	男	汉	1981.5	中共	本科	气象局	局长
张志敏	男	汉	1967.1	中共	大学	扶贫开发局	局长
魏小清	男	汉	1973.7	中共	大学	应急管理局	局长

续表3

姓名	性别	民族	出生年月	党派	文化程度	单位	职务
李发清	男	汉	1965.11	中共	大学	县政协经济委	主任
胡登艳	女	汉	1968.6	中共	大学	教科卫体委	主任
杨旭渊	男	汉	1973.5	无党派	中专	石牛梦想水果合作社	理事长
古国洪	男	汉	1971.7	无党派	中专	三泉佳裕家庭农场	场长
吴　蓉	女	汉	1969.12	无党派	高中	绿环生态科技有限公司	法人
汤云朋	男	汉	1962.6	无党派	高中	黎雅镇	养牛大户
何平贵	男	汉	1975.12	无党派	初中	自强蜜柚种植大户	业主
刘星平	男	汉	1963.10	中共	本科	政协	四级调研员
何万仁	男	汉	1965.10	中共	大专	县政协提案委	主任
甄　丽	女	汉	1984.9	中共	本科	农商行	行长
王元亮	男	汉	1976.11	中共	本科	国税局	副局长
张　芳	女	汉	1973.8	中共	本科	农业银行	行长
杨虎林	男	汉	1975.10	中共	大学	成都新星教育集团	董事长
段会容	女	汉	1969.2	中共	本科	汇智公司	监事会主席
黄　军	男	汉	1978.1	民进	本科	友谊超市	总经理
李晓梅	女	汉	1969.3	无党派	大学	农发行	会计
孙有文	男	汉	1964.8	中共	本科	人行	行长
郝培云	女	汉	1971.8	中共	大专	商行	办公室主任
赵章雄	男	汉	1962.11	无党派	本科	个体诊所	负责人
李云辉	女	汉	1974.12	无党派	大学	天富金房物业	董事长
赵锦霞	女	汉	1979.10	无党派	大专	科技局	股长
潘演军	男	汉	1965.11	无党派	本科	重督组	副组长
谢成勇	男	汉	1989.3	中共	本科	供电局	办公室主任
陈道林	男	汉	1970.10	无党派	大学	川渝商会	会长
梁胜朝	男	汉	1971.4	中共	大学	干部学院	副院长
白林银	男	汉	1971.11	中共	大专	梓潼县太康医院	院长
蒲永康	男	汉	1965.4	中共	大学	县委党校	高级政工师
秦子娟	女	汉	1981.7	无党派	本科	仁和镇	副镇长
张仁宝	男	汉	1975.5	中共	本科	教体局	副局长
周厚春	男	汉	1970.3	无党派	本科	县政协	副主席
梁　双	男	汉	1975.7	无党派	大专	文兴乡	上海企业家
王　斌	女	汉	1988.8	无党派	大专	工商银行	营业室主任
冯　松	男	汉	1974.10	中共	本科	宣传部	副部长
梁　洁	女	汉	1992.7	无党派	本科	聚源公司	职工
梁育蓉	女	汉	1979.1	无党派	大专	商务经合局	信息股长
邓林波	男	汉	1970.2	中共	大学	卫健局	局长
陈建洲	男	汉	1982.4	无党派	本科	天籁艺术学校	校长
赵红波	男	汉	1970.1	中共	研究生	许州粮站	站长

综　　述

【概况】 2020年，梓潼县纪检监察工作坚持以习近平新时代中国特色社会主义思想为指导，贯彻落实中共十九大和十九届二中、三中、四中、五中全会精神，按照中央、省、市、县纪委全会工作部署，巩固深化"不忘初心、牢记使命"主题教育成果，不断增强"四个意识"、坚定"四个自信"、做到"两个维护"，聚焦主责主业，扎实开展纪检监察各项工作，推动全面从严治党向纵深发展。

督促县委自觉履行党风廉政建设主体责任，坚持每季度专题听取领导班子成员及人大常委会、政府、政协、法院、检察院党组书记履行党风廉政建设主体责任情况汇报。督促县委班子成员落实"一岗双责"，每半年听取一次分管单位主要负责人党风廉政建设工作汇报。2020年县委书记专题听取班子成员履行党风廉政建设主体责任情况报告4次。印发《关于推进2020年全面从严治党、党风廉政建设和反腐败工作的意见》，对2020年党风廉政建设总体工作进行统筹安排部署。印发《关于做好2020年度党风廉政建设主体责任清单编制工作的通知》，将党风廉政建设和反腐败工作任务细化分解，逐项落实县级责任领导和牵头单位、责任单位，对县级领导、全县各级党组织负责人落实党风廉政建设主体责任实行清单化管理，形成认识到位、责任到人、任务明晰、履职尽责的主体责任落实体系。严格实行考核问责，深化述责述廉工作。开展2019年党风廉政建设述责述廉工作，选取2名县委政府班子成员、3名镇（乡）、县级部门主要负责人、2名纪检监察组织负责人进行述责述廉；对2019年党风廉政建设责任制考核排名靠后的9个单位主要负责人进行约谈，进一步强化各级党政"一把手"落实党风廉政建设主体责任意识；2020年给予1个党组织、13名党员领导干部党内问责处理。

【作风建设】 坚持重大决策部署到哪里、政治监督就跟进到哪里，将各级党委（党组）贯彻落实中央、省委、市委和县委重大决策部署情况以及意识形态工作纳入日常监督和县委常规巡察的重要内容。坚守重要时间节点，抓细节、抓具体，聚焦突出问题，紧盯享乐奢靡老问题，关注隐形变异新动向。2020年开展重要时段纪律作风、节日期间值班督查4次，发现问题90余个，向18个单位发放问题整改函；查处违反中央八项规定精神案件25件34人。做好疫情防控监督工作，发现并督促整改问题130余个，给予党纪处分2人，组织处理21人。对全县16个镇（乡）在行政区划调整改革后各项工作落实情况、村级建制调整改革前期工作准备情况开展全覆盖实地督导，座谈干部群众122名，收集6大类17个问题，形成调研报告1篇。发挥基层党组织监督作用，开播1期《阳光问廉——走进梓潼》专题节目。

【专项治理】 开展“脱贫攻坚纪律作风保障年”活动。细化梳理扶贫领域腐败和作风问题，整合监督力量，成立8个监督检查组对全县16个镇（乡）开展全覆盖暗访督查。2020年查处扶贫领域案件6件7人。开展重点行业领域突出问题系统治理，查处在工程招投标、建筑企业资质审批、人防工程监管等方面存在的违纪违法问题。2020年查处重点行业领域突出问题案件2件4人，移送司法2人。全面贯彻落实中央关于做好扫黑除恶专项斗争“三年为期目标的实现之年”安排部署，2020年立案查处涉黑涉恶腐败和“保护伞”案件9件13人。

【管党治党】 2020年接收检举控告124件，同比下降24.8%，及时流转处置率、重要转交办件按时办结率、实名检举控告反馈率均为100%，信访总量下降。启动实施全覆盖规范化谈话室建设项目，改善提升机关和16个镇（乡）“走读式”谈话硬件环境。会同县卫健局在全市率先制定《谈话场所驻点医疗保障工作办法（试行）》，建立纪检监察机关与卫生主管部门及县属医院的联络配合机制。2020年处置问题线索346条，党纪政务立案202件202人，采取留置措施5件5人，移送司法9件9人。开展安全检查2次，全年无一例安全事故发生。

【宣传教育】 2020年，全县4000余人次党员干部开展廉洁文化教育活动。向全县发放家规家风专题片200余套、《中国共产党纪律处分条例》漫画50份。组织开展2020年度全覆盖纪律教育知识测试。组织32名县处级领导干部集中观看警示教育片《越界》；将省级警示教育读本《忏悔实录Ⅷ》作为县委中心组学习会、民主生活会的重要内容，收回读后回执30份。发放市纪委警示教育读本《忏悔实录Ⅳ》600余本，作为常态化纪律教育学习教材，组织全县党员干部学习并撰写读后感言；选取梓潼县典型案例编印县级警示教育读本《潼城镜鉴》，扎实推进“以案促改”工作。发送节假日廉洁提醒短信，拍摄廉洁过节短视频2部。开展全县“一体推进不敢腐、不能腐、不想腐”有关情况调查，发出问卷300余份，汇总结果并认真研判。发挥各类媒体作用，向中央、省、市相关媒体报送梓潼县党风廉政建设和反腐败斗争工作开展情况。2020年被上级媒体采用稿件141篇，其中，《闭环监督，助力脱贫攻坚圆满收官》被《光明日报》刊发，《封坛退鲊》微动画被学习强国平台刊播。

【深化体制改革】 对照市委全面深化改革领导小组2020年度改革落实台账等相关文件要求，认真研究部署，明确专项改革方案上会审议计划1项、专项改革方案推进实施项目5项、重大改革试点项目1项、县领导直接抓专项改革方案2项。其中，结合《扶贫领域问题线索移送函告办法（试行）》要求，对2020年脱贫攻坚纪律作风相关工作作出详细安排部署，明确扶贫项目资金实施、扶贫政策落实、扶贫领域干部作风等重点内容，指明目标任务、时间安排、工作措施及要求，进一步压紧压实各主责部门、行业监管部门的责任，为各项工作稳步推进提供坚实基础。

【自身建设】 从委机关中层干部中提拔2人任县纪委常委，1人任县监委委员，完善领导班子配备；2名检察院转隶干部进入领导班子；公开、择优选调10名干部到委机关和派驻组工作，提名考察镇（乡）纪委书记13名、副书记12名，深入8个镇（乡）开展落实“三转”情况调研，收集分析纪检监察干部履职和对“三转”精神认识情况，督促镇（乡）纪检监察干部聚焦主责主业，积极履职尽责。传达学习、贯彻落实中共十九大、十九届五中全会精神以及习近平总书记重要讲话和指示批示精神，增强干部政治意识，不断提升党性修养；通过业务脱产培训班、实战轮训、“线上”学习测试和抽派干部到上级跟班锻炼。严肃查办反映纪检监察干部的问题线索。2020年处置反映纪检监察干部问题线索2件，全部予以了结。2020年有5名干部内部提拔任职，4名干部交流提拔任职，9名干部晋升职级，20名年轻干部提拔担任委机关（派驻组）中层股级领导职务，落实纪检监察系统谈心谈话制度，开展派驻组全覆盖谈心谈话和新进干部集体谈心谈话，班子成员定期对分管人员谈心谈话累计70余人次。落实纪检监察干部关心关爱帮扶制度，开展办案人员、生病住院职工、困难退休人员慰问40余人次。

（杨　勇）

重要会议

【县纪委十二届六次全会】　2月26日，中国共产党梓潼县第十二届纪律检查委员会第六次全体会议召开，县委书记周琳出席会议并讲话。县委常委，县人大常委会主任，县政协主席，“两弹一星”干部学院常务副院长，县人民政府党组成员和副县长，县人武部部长，县人民法院院长，县人民检察院检察长，经开区党工委副书记和有关方面负责人参加会议。县委常委、县纪委书记、县监委主任唐扬主持会议。

3月17日，梓潼县审查调查暨扫黑除恶专项斗争监督执纪问责工作推进会召开　　（杨　勇／供图）

【梓潼县审查调查暨扫黑除恶专项斗争监督执纪问责工作推进会】　3月17日，县纪委监委召开全县审查调查暨扫黑除恶专项斗争监督执纪问责工作推进会。会议传达市纪委审查调查暨扫黑除恶专项斗争监督执纪问责工作推进会议精神，对全县审查调查和扫黑除恶专项斗争工作任务进行再安排、再部署。

2月26，中国共产党梓潼县第十二届纪律检查委员会第六次全体会议召开　　（杨　勇／供图）

民主党派·群众团体

MINZHUDANGPAI QUNZHONGTUANTI

民主党派

民进梓潼县支部

【概况】 民进梓潼县支部有会员12人，其中主委1人，副主委2人，委员2人。支部中7人在机关事业单位工作，其中正科级2人，副科级1人，另有5人在民营企业工作。支部中有市政协委员1人，县人大代表2人，县政协委员6人。会员平均年龄42岁。2020年，民进梓潼县支部凝心聚力，不断加强自身建设，认真履职尽责、参政议政，扎实开展各项工作，努力服务县域经济发展，圆满完成全年工作任务。学习中共十八大、十九大，十九届二中、三中、四中、五中全会精神及中国共产党党史、《中国共产党统一战线工作条例》、中共中央关于参政党5个文件，引导广大会员自觉树立社会主义核心价值观。

【学习培训】 以创建学习型参政党为目标，通过集中学习、举办专题辅导讲座、会员座谈交流等形式，围绕党和国家重大会议、重大决策部署组织会员开展学习讨论，拓宽会员视野，增强凝聚力和战斗力。推荐会员参加各类学习培训，五年来，支部会员参加民进市委、梓潼县委统战部、梓潼县政协举办的各类学习、培训班38人次。通过学习，广大会员知国情、明方针、讲政治、守法规、谋发展的自觉性和积极性不断增强。

【参政议政】 支部围绕中共梓潼县委中心工作开展调研。调研时注重邀请相关部门联合开展调研，丰富调研资源，加大调研深度，拓展调研视野，提升调研质量。通过撰写提案、议案，社情民意等方式加强调研结果运用，巩固调研成果。撰写的《做好康养产业发展，打造康养城市品牌》的提案作为全县的重点提案，参加县政协“提案去哪儿”活动，获得好评。基本完成《加强村级卫生队伍建设，做好服务群众健康“最后一公里”的建议》，2020年正在进行报告的完善提升。

【为民建言献策】 2020年，提交提案、建议、社情民意10余件。县人大常委会委员张潇参加做好医疗保障工作的专题调研，并就医疗保障的队伍建设、总额控费、村卫生室接入医保报账平台等方面提出建议意见；县政协常委胡香君参加做好乡村两项改革后半篇文章的调研视察工作，并在座谈会上进行发言；会员廖洪波、赵阳参加如何做大做强国有企业的调研视察活动，并在座谈会上作“做强做优做大国有企业，服务县域经济高质量发展”的专题发言。

【疫情防控】 疫情期间，支部会员先后到滨江小区、翠云路、家福来小区等地参与值班值守，清洁消毒，为武汉返乡人员送药等。为抗击疫情出钱出力，会员们捐款7000余元，捐助酒精25公斤、口罩200个、消毒液50公斤。

【脱贫攻坚】 参与民进省委电商扶贫项目“进扶阁”，宣传推介贫困地区特色农产品，开展捐购活动。按照民进绵阳市委安排，组织会员捐款2000余元，用于国家级贫困县的帮扶工作。会员马聪长期联系一户贫困家庭，个人资助近2万元，会员李冈所开办的电子计算机学校为贫困学生减免学费、书本费、生活费等费用5万余元。五年来，会员利用各种方式为脱贫攻坚捐款捐物达10万余元，为贫困地区争取项目资金1000余万元。

【自身建设】 开展“支部是我家、人人都爱她”思想教育，把分散在不同单位的会员团结在一起，随时掌握会员思想动态、家庭情况、健康状态，在会员工作、学习、生活等方面尽力关心，分期分批选派会员参加不同的学习。日常工作中严格会费收取和开支，特别是在会费使用方面，严格申报制，年底向会员通报会费使用情况。2020年完成支部完成换届工作，胡香君当选为新一届支部主委，张潇、马聪为副主委，廖洪波、黄军为支部委员。

（吴在义）

农工党梓潼县支部

【概况】 2020年，农工党梓潼县支部凝心聚力，不断加强自身建设，履职尽责、参政议政，开展各项工作，服务县域经济发展，完成全年工作任务。参加由农工党市委、县政府、县人大、县政协、县委统战部组织召开的会议或培训班共20次。支部召开会议7次，学习《习近平：坚决打赢疫情防控的人民战争、总体战、阻击战》《习近平主持中央政治局常务会会议研究加强疫情防控工作》《农工党中央疫情防控专题会议精神》等，以及中共四川省委、农工党四川省委、绵阳市委、梓潼县委等重要会议、重要文件精神。协助市委撰写《关于顺利推进我市垃圾分类工作的建议》调研报告。在县“两会”中，支部撰写议案提案，经过集体调研、汇集智慧、形成共识，提交集体提案2份，议案、建议4篇，其中《关于推进中医药产业助推县域经济发展的建议》作大会发言。

【疫情防控】 疫情防控期间，支部主任宋木全被任命为梓潼县中医院冠状病毒肺炎防治专家组组长，全程参与全院疫情防治工作，主要负责专家组调配工作。党员苏义鸿主动调整到感染门诊，坚持在疫情防治一线工作。党员白帆、陈川、涂鹏飞作为医护人员，放弃春节休假，坚守自身岗位、严阵以待。党员文静大年初三提前上班，参与走村入户、宣传严禁集体聚餐、加强疫情防控等知识。党员张波春节期间向全县宗教活动场所宣传疫情防控知识，在大年初二深入多个场所检查疫情防控情况，并到翠云社区参加联防联控工作。

【社会服务活动】 支部党员参加各种社会服务活动，支部主委宋木全到仁和镇中心卫生院指导工作并开展义诊服务；支部副主委张波参加无偿献血活动，并到七曲村开展社会服务工作；党员陈川深入双星村开展健康讲座，并到村民家中进行义诊服务。

【脱贫攻坚】 深入贫困户开展帮扶工作，宣传脱贫攻坚政策、防疫知识等，引导贫困户养成良好卫生习惯；在国家扶贫日期间，支部全体党员捐款1200元。

【完成换届工作】 在农工党绵阳市委和县委统战部全程指导下，支部按照市委印发的《基层组织换届方案》，对具体人选进行调查摸底、层层推荐，与市委和统战部门沟通协商并经同意后，召开换届大会，完成换届工作，形成以旧带新、工作高效、年龄结构合理、文化层次较高的新一届领导班子。

【参加征文活动】 参与"纪念农工党成立90周年主题征文活动"和"三八妇女节摄影作品征集活动"等，撰写提交征文2篇，提供摄影作品2张。

【宣传工作】 2020年度报送各类新闻稿件及宣传文章15篇，其中12条新闻稿件及宣传文章被农工党四川省委网站采用，1条被团结网采用。

（吴在义）

群众团体

总 工 会

【帮扶工作】 开展"四季送"活动。为281名困难职工、农民工发放送温暖资金27.8万元；开展"春风送岗位、就业暖民心"大型集中招聘会，进镇乡、社区开展小型专场招聘活动，开展"建设绵阳、成就梦想"走进梓潼专场招聘会，推送就业岗位信息20000余条，为5000余名下岗职工、失业人员和农民工等提供就业服务，达成意向就业协议400余人次；开展夏季送清凉活动，走访慰问150名职工，发放防暑降温物资1.5万元；实施"圆梦工程"，为159名困难职工子女发放助学金43.4万元。做实农民工关爱服务。开展"温暖回家路·工会伴你行"活动，从北京接回农民工34人，召开返乡农民工座谈会暨法律援助政策咨询会；开展职工（农民工）子女关爱活动，六一儿童节前夕，为209名抗疫医护人员子女、贫困村农民工留守子女送上祝福与慰问，累计送去价值2.9万元的玩具、书籍等慰问品。赴上海市、深圳市慰问梓潼籍困难农民工、抗疫一线农民工、优秀农民工、艰苦岗位一线农民工54人，送去慰问金3.24万元。

【基层工会组织建设】 新建16个基层工会组织，新增示范单位1个。举办2020年基层工会主席培训班，全县行政事业单位、乡镇、社区、规模企业工会主席和社会化工会工作者申报对象141名参训。开展"互联网＋工会工作"建设，建好并使用好四川工会网上工作平台。

【法律保障工作】 做好劳动关系领域风险防控，加强职工队伍矛盾纠纷排查化解。利用送岗位、困难职工档案核查进企业进乡镇，对职工队伍和谐稳定情况进行摸排调研，建立健全劳动关系监测、预判、预防、调处机制，完善舆论引导机制。开展法律维权服务。聘请翠云律师事务所专业律师当工会维权顾问，从调查开始，律师全程参与，给出专业意见，对于调解不成的，联系劳动人事争议仲裁介入，形成受理、调查、调解、企业法人恳谈、劳动争议仲裁一整套工作程序。2020年办理工伤维权案例1例。

【基础建设】 全面建设工人文化宫，11月建成投入使用。建筑面积2545平方米，总投资1060万元。其中三楼通过公开竞租方式对外招商建设职工健身房，一、二楼结合职工需求打造展示厅及乒乓球室，更好地为职工提供公益性的文体活动阵地。

【普惠工作】 职工普惠服务及创业扶持工作。开展"加油满减"活动。协同邮政、邮储筹集活动经费7.1万元，惠及职工2367人。开展"五折乘公交"活动。截至11月20日，补贴"优惠金"117.5元，惠及职工371人。做好创业扶持申报。主动为农民工、下岗失业人员、困难职工家庭大学生等对象申报创业补助金和小额贷款资金。申报15户，获批3户，发放创业扶持资金2.5万元。

【疫情防控】加强对疫情防控一线职工的关心慰问、心理关爱和帮扶救助。配合有关部门处理疫情防控期间劳动关系问题，促进企业安全有序复工复产。预算疫情防控专项资金，指导基层工会依法依规管理和使用，使用自筹及专项资金8万余元用于关爱一线职工，为坚守在一线的人员送去县委、县政府和工会组织的关心关爱。宣传疫情防控工作中涌现出的先进个人，对事迹突出的疫情防控先进典型在评优表彰中优先考虑，充分凝聚疫情防控工作的强大正能量。

（罗　赛）

共青团

【概况】2020年，共青团梓潼县委紧紧围绕县委、县政府中心工作，认真履行“服务青年、服务社会、服务大局”三大职能，贯彻落实各项决策和部署。24个童伴之家常态化运行，青年创新创业培训、金秋助学、公益电影展播、绵阳青年创业小额贴息贷款项目和四川青年创业促进计划项目等五大民生实事工作完成；引领青年团员思想政治共识，助推脱贫攻坚，关爱重点群体，参与打响抗疫阻击战，党建带团建持续推进，志愿服务活动常态开展，基层团干队伍不断巩固，团员规范化建设不断提升，学社衔接成功接转，团教协作不断深化。

【思想政治引领】动员各级团干部和广大团员青年积极参加“青年大学习”网上主题团课，全年累计6.6万人次参加4季42期学习。召开纪念五四运动101周年暨2020年共青团工作会议，全县各级团组织以“三会两制一课”、主题团日、学习研讨会、故事分享会等各种主题纪念形式，寓教于实践活动中，引导青年铭记历史，爱党爱国，坚定理想信念，传承和弘扬五四精神，做好新时代五四精神传人。5名团员团干部和2个团组织分别被授予市级两红两优称号；选树县级优秀，评选出五四红旗团委及团支部14个、优秀共青团干部和共青团员33名；开展“2020年梓潼县新时代好少年”活动，20名少先队员获评2020年梓潼县“新时代好少年”。

【脱贫攻坚】开展脱贫攻坚问题整改清零行动，对标对表，查漏补缺，确保脱贫攻坚整改任务完成；开展下乡送水志愿服务，6月上旬，在梓潼县严峻的旱情形势下，团县委将从爱心企业募集到的瓶装饮用水900箱，送到吃水困难的12个贫困村中420户贫困户家中，保障困难群众饮水安全，解决群众燃眉之急。疫情期间，为帮扶户送去口罩、肥皂、毛巾等生活物资；在农作物生长期间，为帮扶户送去肥料等生产物资；根据帮扶户意愿，组织单位干部职工进行以购代扶活动，按照市场价格购买大米等农产品，助力贫困户增收。

【服务青年创新创业】推进绵阳青年创业小额贴息贷款项目和四川青年创业促进计划，2020年申报4个青年创业项目，获得23万元创业资金支持；开展青年就业培训，全年联合教育培训机构举办行政事业单位考前公益讲座5次，联合开展公益赠书活动4场，惠及200余人次。联合县委组织部、县科技局、县人社局、四川文化艺术学院共同承办2020年“绵州金英荟”暨梓潼县大学生创业汇活动，完成全年青年就业创业培训任务。实施“逐梦计

12月3日，梓潼县2020年西部计划志愿者团支部工作总结交流会暨主题团日活动举行　（施　江/供图）

划”，依托全县各行政事业单位、各乡镇和 10 家青年创业就业实习企业，为在校大学生和待就业青年提供 89 个实习岗位。

【关爱重点群体】 开展“世界读书日”送书活动，为全县童伴之家、留守学生之家送去涉及思想教育、人物传记、名著、科普、童话故事等各类图书 21 套 500 本，满足广大青少年读者的阅读需求，开阔青少年眼界和思维。开展“暖冬行·爱传递”活动，对全县 300 名留守儿童、农民工子女、困境青少年送上暖冬慰问物品；开展“特别的爱给特别的你”儿童关爱主题活动，为特教学校全体儿童送去书包、铅笔、尺子、橡皮擦、笔记本等学习用品 85 套和篮球、跳绳、羽毛球拍、乒乓球、足球等体育用品各 10 套。继续实施全省第二批“童伴计划”，建设 3 处“童伴之家”活动室；切实履行关工委、未保委、预青办工作职责，开展法治教育、安全教育、禁毒防艾进校园等宣传活动，参与未成年人涉及案件的侦查、审讯、提审等工作 8 次，对涉案未成年人进行心理辅导和人文关怀。开展未成年人公益电影展播，在全县 15 所中小学进行公益电影放映，逾 800 名未成年人观影。开展金秋助学，做好推荐、审核、报送和资金发放等工作，为 8 名家庭困难贫困学子资助助学金 2.8 万元。

【志愿服务管理】 省级卫生县城复审中，数十名文明劝导志愿者在最一线维护公共秩序、开展精神文明宣传教育；做好西部计划项目管理，2020 年争取到 6 个大学生志愿者名额分配至梓潼县服务，引导人才向基层一线流动，争取到 6 个乡镇事业编制用于考核招聘梓潼县 2018 年度招募的和服务期满两年及以上正常离岗三年内的，服务期满且考核合格的大学生西部计划志愿者；开展共青团三大品牌志愿服务，1 月，团县委组织青年志愿者在县客运站开展为期 10 天的“青春志愿·爱在旅途”春运志愿服务活动；全县各级团组织开展“两爱一靓”青年志愿服务活动。

（施　江）

12 月 12 日，县关工委、团县委、县青年志愿服务队前往特教学校开展关爱行动

（施　江/供图）

妇　　联

【活动开展】 策划“凝聚巾帼力量　建设美丽乡村”系列活动。重新组建巾帼志愿者队伍 18 支，统一制作巾帼志愿服务队队旗，县妇联扛旗行动，到基层开展志愿收割活动。动员各镇（乡）巾帼志愿队开展大战红五月，农村环境整治等各类志愿服务活动 36 场。重阳节前夕，举行“情暖重阳——听党话、跟党走，永做党的好女儿”主题关爱行动。

【妇联队伍建设】 评选出 60 岁以上梓潼县“最美老妇女主任”58 名。以 4 月“全民阅读月”为契机，召开以“姊妹话阅读　同聚沐书香”为主题的镇（乡）女干部读书分享活动。

9 月召开梓潼县妇联干部培训班（第 4 期），150 余名妇女干部参加为期 3 天的集中学习。邀请党校教授、礼仪讲师等，从《中华人民共和国民法典》解读到疏导技巧，从省委、市委全会精神解读到政务礼仪培训，从维权理论讲授到具体工作安排，提升妇女干部自身素质、履职能力。

按照中央、省、市妇联关于深化妇联组织建设改革实施“破难行动”的工作要求，与组织部对接，对上报告，确定挂职主席 1 名；召开梓潼县妇联第十一届五次执委（扩大）会议，增替补梓潼县第十一届执委 20 人（新增企业、社会组织、广场舞领带三个领域），增替补常委 2 人，兼职副主席 1 人。

举行“童乐童趣　同心同行”活动，给儿童普及急救知识

（王　佩／供图）

【“童乐童趣　同心同行”暑期活动】 7月初，面向全县村（社区）“儿童之家”征集评选出“童乐童趣　同心同行”暑期活动优秀方案20个，按照500元的标准补助每一场活动。7月下旬到8月底，20个村（社区）妇联主席利用“儿童之家”阵地，开展包含安全知识宣讲、维权知识宣讲、文艺表演、少年志愿行、集中阅读等活动，以“妇联妈妈”的身份促进孩子们德、智、体的全面发展，教会他们懂得感恩。

（王　佩）

科　　协

【概况】 2020年，梓潼县科学技术协会贯彻《科普法》和《全民科学素质行动计划纲要》，履行“四服务”职能，围绕县委、县政府中心工作，坚持科学发展观，坚持创新驱动发展，发挥科协团体在科学技术普及方面的作用。全年向上争取基层科普项目3个，项目经费36万元，支持社区科普、农技协新品种、新技术推广。

【重大科普活动】 5月29日，在全国第四个“全国科技工作者日”来临之际，根据省、市科协相关文件精神，梓潼县科学技术协会结合工作提前谋划、筹备，在活动期间组织开展以“科技为民、奋斗有我”为主题的第四个“全国科技工作者日”和“天府科技云服务”宣传推广系列活动。11月初，为办好“首届科学家精神论坛”，梓潼县科学技术协会按照县委、县政府的要求，对上汇报，争取中科协和省、市科协的支持，上三级科协派出领导或相关人员参加市委、市政府和中国工程物理研究院等主办的“首届科学家精神论坛”。

【技术培训】 与有关学会、镇乡、专业协会配合，围绕脱贫攻坚、乡村振兴，结合各地主导产业的持续发展，开展针对性、经常性、实用性的技术培训。全年各协会、学会举办各类培训会60余期，培训各类专业技术近5000人次。针对不同层次的需求进行培训，为发展产业，培养一批有文化、懂技术的新型农民和留得住、用得着、不离乡土的技术人才，在引领广大农民依靠科技发展生产、增收致富上发挥作用。

【科普进学校】 多次组织科技工作者深入学校进行科学技术的宣传和培训。与教育部门协调，组织学校参加绵阳市第36届青少年科技创新大赛，参赛作品有科幻画95件、科技竞赛项目9件、优秀科技实践活动4件、科技辅导员项目3件，参赛作品为历年来最多的一次。

【乡土人才】 组织梓潼县农村乡土人才参加绵阳市第五届农村乡土人才创新创业大赛，评选推荐的梓潼县三泉乡全康养殖专业合作社、绵阳市通泽农业科技有限公司代表梓潼县参加绵阳市第五届农村乡土人才创新创业大赛决赛，并获得“铜奖”，为历年来成绩最好的一届。开拓农村乡土人才视野，学习先进地区的经验和技术，更好地服务梓潼县脱贫攻坚、农业农村改革和农民增收。

【中国流动科技馆二轮四川巡展绵阳梓潼站巡展】 9—10月，经绵阳市科协安排，县科协牵头，在“两弹一星”国防科技科普基地三防教育馆举办“中国流动科技馆二轮四川巡展绵阳梓潼站”活动。巡展期间吸引4万余人到流动科技馆参观、体验（其中中小学生1.5万余人）。流动科技馆体验活动受到广大青少年的欢迎和喜爱，为包括青少年在内的广大群众"零距离"体验和共享科技成果搭建良好平台，提供学习、体验、感悟、探索科学奥秘的新载体，为梓潼县提升全民科学素质提供支撑和保障。

【"天府科技云服务"建设】 向县委、县政府领导汇报，争取党委、政府对"天府科技云服务"建设工作的支持；以开展"全国科技工作者日"活动为契机，利用电视台、LED电子显示屏、群发短信、悬挂标语、发放宣传书籍等，宣传"天府科技云服务"平台的功能作用和价值；组织召开"天府科技云服务"工作推进会；动员广大科技工作者、企事业单位、社会公众（含社区居民等）注册、使用、推广"天府科技云服务"平台；县科协干部、职工深入部门、镇乡、村（社区）等，与相关领导协调，面对面指导机关、村（社区）干部、农技协等注册、使用"天府科技云服务"APP。梓潼县天府科技云服务中心建成并投入使用。到2020年，梓潼县注册天府科技云用户8014户，其中个人用户7202户，企事业单位用户812户，完成交易额500余万元。

（张　晖）

侨　联

【侨联基层阵地建设】 开展全县归国留学人员信息和欧美同学会在梓人员信息调查，推荐相关人员加入市侨联青年联谊会组织，拓展侨联工作对象队伍。开展梓潼县"侨胞之家"建设工作，创新侨胞活动阵地。县侨联带队考察盐亭县城东路社区"侨胞之家"，向先行者学习问计取经。按照共建共享原则，在文昌镇翠云社区规划建设梓潼县侨胞之家，通过市侨联检查验收并挂牌。聘请县涉侨法律问题调解员1名，入驻县法院调解平台。编撰并在社区群众办事大厅放置《梓潼县为侨服务工作口袋书》，在科普E站上建立侨法侨规和侨联工作职责及活动情况查询平台。布置"侨胞之家"活动室。开展侨法宣传工作，保护扩展归侨侨眷合法权益。印制侨法宣传资料400份，走上街头，发放宣传资料。

【梓潼优秀文化传播】 与两弹城旅游公司合作，做好中国两弹城创建中国华侨国际文化交流基地的申报工作。按照中国侨联的要求，整理编撰和完善相关文字、图片和视频等资料十二大类，展示两弹城的创建优势。中国两弹城获批为第八批"中国华侨国际文化交流基地"。先后接待中国侨联副主席乔卫、王永乐、程学源和省侨联主席刘以勤前来调研梓潼的侨文化和侨联工作。在参加中国侨联基层负责人培训班时代表内陆地区侨联作经验交流发言，发言材料被中国侨联《基层建设》第15期刊载；在省侨联举办的侨胞之家负责人培训班上受邀讲述"两弹一星"元勋的先进事迹。参与中国侨联组织的"亲情中华为你讲故事"网上夏令营活动，向省侨联推送文昌文化、两弹文化的相关故事，宣传梓潼县品牌文化；配合省华侨华人学会与省社科院历史研究所开展《四川华侨口述史实录》工作，收集、编撰和推送邓稼先、王淦昌的先进事迹和生平故事资料。开展青少年爱国主义教育，收集"世界华人学生作文大赛"参赛作品。协调县教体局和梓潼中学，组织学生参加由中国侨联、全国台联、《人民日报（海外版）》、《快乐作文》杂志等共同主办的"世界华人学生作文大赛"。经过初选，选送优秀稿件98篇。

【为侨服务】 关注关爱困难归侨侨眷，争取上级侨联和县委统战部专项资金，在2021年春节前看望慰问困难侨眷14户，送去慰问金7600元。落实2021年春节慰问名额43名，慰问金25600元。县侨联与县侨办、县工商联一起，先后调研风斗山种猪场开工建设情况、坤酶益源生物科技公司、绵阳金柚日用品公司等企业复工复产情况，召开企业座谈会，了解企业需求，建立企业信息库，密切与侨资企业的联系。绵阳市角声华恩儿童村民办非企业单位登记证书年审工作停滞3年，面临冻结账户的问题。经过多方沟通协调，协助儿童村通过年审，保障机构的正常运转和教学。配合县委统战部做好全县民间小庙专项治理工作。

【疫情防控】 响应省侨联号召，带领和发动县侨联委员和侨界群众参与“抗击新型肺炎 侨界在行动”慈善捐款活动，为防疫工作助力。向上争取抗疫救援物资，争取到日本庄原市友协捐赠的医用手套6000副，并分赠给县人民医院、县中医院、县妇幼保健院、县红十字医院，为梓潼县抗疫工作贡献侨联力量。建立梓潼侨家微信群，向侨界群众推送梓潼县抗击新冠肺炎工作的即时情况和指挥部公告，做好宣传稳定工作。按照上级侨联的要求，统计上报梓潼县从境外返回的华侨、留学生及海外务工人员情况，配合县抗疫指挥部做好相关人员的联系工作；及时总结和向上级侨联推荐报送在抗疫工作中成绩突出的侨界先进人物的典型事迹。

（刘明霞）

工 商 联

【非公经济人士思想政治工作】 提高政治站位，立足教育抓好非公人士理想信念教育。组织执委企业开展“不忘创业初心·坚定发展信心”为主题的系列活动，通过活动引导非公经济人士不忘初心跟党走，凝心聚力谋发展，切实提高政治站位。鼓励非公企业负责人发展企业、回馈社会，洲际建设、范多聪等获得绵阳市委爱心企业和扶贫达人称号。县工商联被省工商联评为县级“五好”工商联。

【回馈社会工作】 推进“百企帮百村”精准扶贫行动，对个别帮扶不力的企业进行调整，通过捐赠物资、智力支持、安排就业、发展产业、商贸流通以及其他形式的多种途径开展帮扶。捐款捐物100余万元，提供就业岗位1000余个，国家扶贫日期间29家企业捐款25万元。组织商会、企业参与公益慈善事业。在抗击新冠疫情中，与县委统战部一起发出倡议，全县非公经济界为武汉和县防疫指挥部、公安、医院、学校村社捐款捐防疫物资120余万元，其中圣迪乐公司30万元，观瀚商贸20万元。行业商会、部分执委企业开展重阳节慰问活动、助学助残活动。29个执委企业结对帮扶29个建档立卡贫困村。

【优化营商环境】 组织企业参加县委、县政府组织召开的政企恳谈会，就优化县域营商环境提出意见建议。深入华西动药、宁瑞电子、鸿峰商贸等多家非公企业进行走访调研，组织工商联界别政协委员履行参政议政职能。开展落实《优化营商环境条例》调研。加强与县级相关部门的沟通联系，打造非公经济发展的良好环境，加强与县检察院、县法院、县“两新工委”、县科工商务局等部门的联系和协调，民营企业反映的问题得到解决。

【非公经济服务工作】 召开银企对接会、法律咨询会等形式解决小微企业面临的相关问题，协助企业把控运营风险，提升管理水平，促进区域非公有制经济健康和谐发展。组织30余家企业负责人到成都等地学习参观，学习企业先进管理理念，了解经济发展大局，坚定企业发展信心。为融入成渝地区双城经济圈建设，到重庆市北碚区工商联进行对接，签订战略合作协议。

（赵小俊）

残 联

【概况】 帮助3014名城乡残疾人居家灵活就业，扶持666名农村困难残疾人发展生产，为符合条件的残疾人适配基本型辅助器具650件，帮扶贫困残疾大学新生和贫困残疾家庭大学新生14名，实施的市级民生实事100%完成。被市残工委评为残疾人工作先进单位，被市残联评为办公室（组联、维权、量服）工作、扶贫工作、宣传工作单项残疾人工作先进单位。

【残疾人康复】 制定2020年度贫困残疾人辅助器具全覆盖工作实施方案，完成长卿等8个镇（乡）、900余名残疾人摸底调查。协助绵阳万江眼科医院和梓潼爱尔眼科医院到各镇（乡）开展眼疾筛查

3800余人次，实施白内障手术补助1040例。安装假肢6人，人工耳蜗救助1人，残疾儿童康复救助45人，为全县30名重度视力残疾人开展盲人定向行走指导师培训，为石牛镇70名肢体残疾人开展社区康复训练。依托梓潼鸣兴精神病医院对50名重度精神残疾人进行住院治疗康复救助。

【残疾人教育、就业（社会保障、托养）】 落实困难残疾学生资助政策，为符合助学条件的91名残疾学生发放助学金5万元。组织指导残疾人参加市县残疾人就业专场线上招聘活动，用人单位安排残疾人就业情况审核32家，分镇（乡）为800名残疾人进行职业技能、实用技术培训。推动成年无业重度残疾人单独施保，协助相关部门为5632名一、二级重度残疾人代缴城乡医保，做好残疾人“两项补贴”审核及数据比对工作，发放残疾人扶贫对象生活费补贴2120人次、50.995万元，贫困残疾人走访慰问1400余人次、慰问资金46.08万元，贫困残疾人无障碍改造42户，196名下肢残疾人发放机动轮椅车燃油补贴7.154万元，为460名就业年龄段的智力、精神和重度残疾人提供居家生活照料、自理能力训练。为11个镇（乡）、143户长期卧床行动不便的残疾人上门残疾评定163人次。

【残疾人组联宣传文体】 完成2020年全国残疾人基本服务状况和需求信息数据动态更新各项工作。召开2020年全县残疾人事业工作会，建立全县优秀残疾人人才库，选送推荐的脱贫奔康达人1人、残疾人创业达人2人、最美残疾人家庭2户、基层优秀残疾人专委专干2人，第30次“全国助残日”受到绵阳市表扬。

【残疾人疫情防控】 成立县残联疫情防控领导小组，做好残疾人群体的疫情防控工作。残疾人康复服务中心一楼设立预检、登记处，责任区域设立劝导点，参加街区共建联防联控志愿服务，对德汇花园、浩鑫小区封闭管理，发放宣传资料2000余份。通过微信等推送康复训练音视频资料，线上指导40余名残疾儿童家长居家康复训练。狮子会绵阳服务队、四川康乐倍医疗器械有限公司、四川凯纳医疗器械有限公司向残疾人及工作者捐赠医用口罩370个、消毒液100瓶。

【残疾人基础设施和组织建设】 县十七届政府第50次常务会议审议同意县残疾人托养中心文化体育活动广场、附属设施建设、装饰装修、设备采购电力扩容所需资金531万元，附属及配套设施二期工程按期施工建设。根据机构设置变动情况及时调整县残工委成员单位，明确成员单位职责，出台残工委会议制度。推进残联改革，出台县残联改革方案，全面启动残联改革工作。成立县残联工会，规范工作机制。开展县残联机关及所属事业单位人员、镇（乡）残联理事长及专职干事、村（社区）残协专委及上述人员亲属违规持证排查清理工作，未发现违规持证问题。全年为12803名残疾人提供“量体裁衣”服务56755项次，人均4.43项次，新办残疾人证348人，变更类别等级52人，到期换证984人，依法注销残疾证405个，迁出残疾证7个，遗失补办及残损换新150余个。

（白长华）

文　联

【概况】 梓潼县文联围绕县委、县政府中心工作，聚焦文艺使命，坚持文艺工作的“二为方向”和“双百方针”，发挥文联职能，团结引领全县文艺爱好者，立足梓潼文艺事业发展实际，创作文艺精品，开展文艺活动，繁荣发展梓潼文艺事业，为加快建设四川丘区经济强县和绵阳后花园贡献文艺力量。面对新冠肺炎疫情，及时向全县文艺界发出倡议，众志成城抗击疫情，用文艺方式把党中央的决策部署和县委、县政府的防控要求宣传下去，以多种文艺形式唱响疫情防控的阻击战歌。广精选优秀抗疫文艺作品，在各级各类媒体推送。精心设计，印制抗疫文艺作品集。

【文化活动】 牵头组织梓潼县2020新年交响音乐

会，开展梓潼县迎新春“写送春联”文艺活动，配合完成“文昌杯”两岸青年巴蜀文化创意设计大赛相关工作，举行梓潼县2020年重阳节庆祝文艺活动，指导“中秋·国庆”诵读比赛。

组织各文艺协会（团体）骨干会员围绕决战脱贫攻坚、众志成城抗击疫情、决胜全面建成小康社会等主题，创作文艺节目，先后走进金龙镇龙凤村、文兴镇、文兴敬老院、县人民医院、文昌镇翠云社区、汇智投资公司等，开展主题为“‘艺’起战疫、脱贫攻坚、同奔小康”的文艺志愿服务走基层活动，送去文艺惠民演出和书画作品。

全面总结梓潼县文艺工作经验、特色、亮点，作为唯一县级文联代表在市文联全委会上作经验交流发言。充分利用省文联在梓潼县开展新文艺组织培训班、市文联在梓潼开展中青年文学创作骨干培训班的有利契机，与其他县（市、区）开展交流，促进文艺工作的开展，达到资源共享，助推文艺发展。支持文艺协会（团体）经常性组织各种采风活动，捕捉鲜活的创作素材。

催生精品力作参加各级各类比赛，举办梓潼县2020新春摄影作品展，举办梓潼县2020新春书画作品展，发动“脱贫攻坚”文艺作品创作。

（袁　林）

红十字会

【概况】 2020年，梓潼县红十字会本着为县委、县政府分忧、为群众解难的指导思想，以实行人道主义为宗旨，以办好社会福利、全心全意为人民服务为己任，凝聚和组织群众发扬“人道、博爱、奉献”的红十字会精神，推动公益事业发展，发挥红十字在人道主义运动中的引领作用。

【社会捐赠】 2020年新型冠状病毒感染肺炎疫情以来，梓潼县红十字会接收到捐赠资金213.245876万元。按照相关财金要求专户管理，按照捐赠法等相关法律法规和捐赠单位协议将捐赠款转给梓潼县应对新型冠状病毒感染的肺炎疫情应急指挥部、武汉市红十字会、梓潼县公安局、梓潼县卫生健康局、梓潼县人民医院、梓潼县中医院、梓潼县医学会等定向捐赠单位。

【无偿献血、造血干细胞捐献、遗体和人体器官捐献】 利用微信、网络、广播、电视、展板、横幅、发放宣传资料等手段，以世界红十字日、红十字博爱周、世界献血者日等纪念活动为契机，与有关部门协调配合，宣传推动无偿献血、造血干细胞捐献、遗体和人体器官捐献等“三献”工作。2020年8月在梓潼县中医院遗体器官捐献志愿者罗女士不幸因病死亡，按照她生前遗愿罗女士女儿在医生和县红十字会协调员见证下，填写遗体组织捐献登记表，成为梓潼县第一例眼角膜捐献者、第二例遗体捐献者。截至年底，梓潼县网上登记遗体器官捐献者237名。

【应急救护培训】 培训急救员知识156名，对企业职工，教师学生等人群进行普及应急救护知识培训，全年培训2460余人。

【人道救助】 开展救助工作，向贫困人群宣传红十字会系统内的人道救助。2020年向中国红十字基金会申报符合条件天使阳光基金（贫困先天性心脏病患儿）和小天使基金（贫困先天白血病患儿），为1名贫困家庭先天性心脏病患儿成功申报天使阳光基金，为1名贫困家庭白血病患儿成功申报小天使基金和8名受新冠肺炎疫情影响的特殊困难群体申报成功省红十字会人道救助项目，共争取到10.8989万元救助资金。

【脱贫帮扶】 结对帮扶4户，全年投入帮扶资金物资折合3100余元。开展问题整改“清零”行动，对查出的9个问题除危房改造资金未到账问题外已全部整改，进行贫困户基础信息核查，进行贫困户收入核算、预估年人均纯收入，介绍1人到绵阳正大养鸡场打工，向贫困户宣传脱贫攻坚政策、动员整治环境卫生、励志感恩教育等。

（杨文博）

法　治

FA ZHI

综　述

【概况】 2020年，梓潼县全面依法治县工作围绕统筹推进新冠肺炎疫情防控和经济社会发展，推进城乡基层治理制度创新、能力建设服务保障“三大攻坚战”，推动成渝地区双城经济圈建设等重大战略部署，推进全面依法治县各项工作，为加快建成四川丘区经济强县和绵阳后花园提供法治保障。

【法治保障】 利用“梓潼发布”等新媒体，推出“每日一法”疫情防控法律宣传栏目。录制梓潼县疫情防控法律知识问答音频，通过乡村大喇叭、法治宣传车等方式在16个镇（乡）、349个村（社区）进行定时播放。组织16个法治宣传小分队，开展送法进社区、村组、企业等法治宣传活动85次。发放疫情防控“以案释法”宣传单和《防控疫情·法治同行》防疫法律口袋书50000份，张贴《依法处置疫情防控期间违规违法行为通告》30000余份。成立合法性审查、重大行政处罚案件指导、重大行政复议案件指导、重大纠纷调解指导和公共法律服务应急小组等5类法治专业小组，通过线上交流、书面函询和预约办理等方式畅通法律服务渠道，开展全县涉及野生动物规范性文件的清理和《梓潼县医用口罩项目投资协议》等合同（协议）合法性审查。累计审查合同10余份，办理公证23件、法律援助3件。

【党委依法执政】 召开中共梓潼县委全面依法治县委员会第二次会议。审议并通过《中共梓潼县委全面依法治县委员会2020年工作要点》，对2020年全面依法治县工作进行安排部署，细化工作责任和任务。按照党委（党组）会前学法要求，各级各部门对习近平法治思想，以及《中华人民共和国民法典》《中华人民共和国公职人员政务处分法》《中国共产党党和国家机关基层组织工作条例》等法律法规进行学习。发挥“中国两弹城”省级廉洁文化基地功能，年内组织全县党员干部2000余人次参观学习。组织全县3000余名党员干部参加年度党纪法规常规化学习考试，组织县级领导干部学习省级警示教育读本。贯彻落实市委组织部《关于落实从严要求加强干部监督管理的实施意见》，建立“关键少数”履职尽责和问责办法。建立年度述职述廉述法制度，并将依法治县工作纳入各级领导班子和领导干部年度考核内容。

【依法行政】 完成县级行政规范性文件合法性审核10件，提出修改意见60余条，审查县政府常务会议各类议题70件，提出意见750余条，审查政府合同162件，出具审查意见800余条，办理急难法律事项50余件。在县政府门户网站建立行政执法公示专栏，公开行政执法主体、行政权力清单等信息46条。全县622名行政执法人员在行政执法中推行音像记录，规范文字记录，做到音像记录与文字记录的衔接。县司法局联合编办、发改、市场监管、住建等部门对4738项行政处罚、192项行政强制、671项行政许可、28项行政征收、275项行政检查进行梳理。贯彻落实《优化营商环境条例》和各项助推民营经济发展的政策措施。按照“谁起草谁清理、谁实施谁清理”的原则，对376件县政府工作文件、27个县级部门、16个镇乡人民政府和经开区管委会现行规定进行清理。统筹推进工程建设项目审批、房产交易和不动产登记、企业开办与注销三大重点领域改革，全面落实企业登记小时办结制，建立企业开办小时清单台账。规范行政复议案件审理程序，完善行政复议案件监督机制。加强行政应诉工作，推动行政机关负责人出庭应诉和旁听审理制度，提高行政应诉能力。

【司法公正】 推动“捕诉一体”改革。将刑事诉讼监督融入捕、诉工作中，开展生效裁判结果、执行活动、支持起诉和虚假诉讼监督，适应民事诉讼监督案件繁简分流办案机制，开展行政非诉执行监督专项活动。开展诉源治理工作。健全案件繁简分流机制，发挥一审的分流功能，节约司法资源。依法推进认罪认罚从宽制度，提高认罪认罚案件适用率。深化民事诉讼制度改革，深化少年家事审判制度改革，提高民事、行政诉讼审执质效。集中公布一批失信被执行人名单，限制其高消费、限制出境，始终保持对“老赖”的高压态势。累计受理各类执行案件993件，执结603件，执结率60.73%。落实员额检察官一线办案、入额院领导带头办大案、办疑难复杂案件机制。“3+2”内设机构改革全面完成运行，推进聘用制书记员建设改革。

【依法治理】 抓实普法宣传工作。累计开展各类普法宣传活动15场次，编印各类普法宣传单3万份。完成“七五”普法宣传教育工作，并通过省、市评估验收。健全纠纷多元化解机制。全年各调解组织累计开展矛盾纠纷排查312次，排查矛盾纠纷519件。持续推进基层治理。结合做好镇乡机构改革“后半篇”文章工作，印发《关于优化乡镇机构编制资源配置的工作方案》《关于设置乡镇综合行政执法办公室的通知》，首次在全县16个镇乡设立综合行政执法办公室，优化组织结构，统筹编制资源，创新管理方式，推动权力下放、资源下沉和管理服务下移。

（曾　玲）

政法委与综治

【概况】 2020年，全县政法工作在县委的坚强领导和市委政法委的关心指导下，始终坚持以习近平新时代中国特色社会主义思想为指导，全面贯彻落实中央十九届五中全会和中央、省委、市委政法工作会议精神，以维护社会稳定、创新社会治理、维护社会公平正义、加强队伍建设和防控新冠疫情为抓手，锐意进取、真抓实干，为建设四川丘区经济强县和创新打造绵阳后花园提供坚强的政法保障。

【社会维稳】将定期排查、重点排查、专项行动相结合，将各种不稳定因素纳入视线，对排查出的涉稳隐患及时分析研判，对排查出的40件涉稳案（事）件，全部落实县级领导包案。组织召开全县稳定形势研判9次，研判分析稳定形势，更新稳定台账，形成《维稳信息》5期并报送县委、县政府。开展重点涉稳疑难信访案件专案攻坚，坚持一案一策，分类处理。2020年，妥善化解处理城北中央、状元府、城市中心等涉房，文昌镇文丰二社拆迁，三桥土地赔偿等突出涉稳问题。做好重要时间节点稳定工作，在全国两会、中共十九届五中全会等重要时段和时间节点，对重点涉稳问题以函的形式"点对点"交办到各相关责任单位，明确工作任务，落实工作责任，确保社会大局和谐稳定。

【扫黑除恶专项斗争】全县立案104件，破案104件，打击处理203人，打掉涉恶集团5个、涉恶团伙11个，刑事拘留153人，依法逮捕52人，移送审查起诉126人。县纪委监委对9名公职人员给予党纪、政纪处分。全县68个软弱涣散村党组织完成整顿转化，把政治上不合格、受过刑事处罚、存在"村霸"和涉黑涉恶等问题的从村干部队伍中清理出去。组织开展重点行业领域乱点乱象大排查，全县先后查处非法占地案件27件、超越批准矿区范围采矿案1件、擅自改变林地用途案26件；打击整治河道非法采砂行为2起；处置非法运营车辆35起、涉事人员35人；针对保健品市场的乱象，重点整治其虚假宣传、产品不合格等违法行为，立案调查5起。

【综治中心建设】在全县打造综治中心规范化建设，整合网格化服务管理中心、矛盾纠纷多元化解协调中心、司法服务中心等机构和人员，进一步规范联动工作室、视频监控室、矛盾纠纷调处室、心理疏导室、法律服务站等四室一站建设，逐步实现综治中心的实战化运行。

【"雪亮工程"延伸项目】开展"慧眼工程"建设，推动"雪亮工程"进农户、进厂矿、进学校、进单位、进小区。

【矛盾纠纷多元化解】完善矛盾纠纷多元化解工作机制体制，成立县、镇（乡）矛盾纠纷多元化解工作领导小组，以镇（乡）矛盾纠纷多元化解协调中心为平台，对矛盾纠纷实行统一受理、集中梳理、归口调处、限期办理，并建立健全管理档案和案卷档案。在黎雅、宏仁、宝石等试点建设镇（乡）矛盾纠纷多元化解协调中心，整合公调对接、诉调对接、访调对接、行业性调解等多元调解机制，开启矛盾纠纷一站式服务平台。在村一级设立矛盾纠纷多元化解工作站，以10~30户为单位设立矛盾纠纷多元化解中心户，构建矛盾纠纷多元化解四级网络。着力排查化解矛盾纠纷，继续推行并健全完善"三天三一"排查制度，建立动态性排查台账，做到底数清、情况明，持续预防化解重点领域矛盾纠纷，全县排查出矛盾纠纷1487件，化解1461件，化解率98.3%，全县未发生重大矛盾纠纷和"民转刑"案件。

【网格化服务管理】分3批次对全县500余名专（兼）职网格员开展理论业务培训。结合镇（乡）区划和村级建制调整，对全县网格化系统账号分步进行科学合理调整。全县网格员走访流动人口1200余人次，走访见义勇为人员20名，发送协助执行案件信息36件，协助开展消防巡查913次。

【疫情防控】在新冠肺炎疫情防控工作中，政法系统统筹网上网下"两个战场"，着眼县内县外"两条战线"，面对疫情、舆情、社情的相互交织影响，及时启动应急响应机制，联合印发《依法打击处理疫情防控期间违法犯罪行为公告》，设立疫情防控卡点22个，排查过往车辆30万辆（次），发放疫情防控宣传资料9万余份，入户排查7.3万户11.5万人，线上调解、远程开庭案件17件（次），远程提讯79次，依法办理涉疫刑事案件8件、行政案件3件，网络辟谣12起。

（蒋才荣）

公 安

【概况】 梓潼公安工作全年业务绩效名列全市第三。脱贫攻坚受到省委表彰，疫情防控保持“零感染”。推出“六常态”绩效运行管理办法，归纳提炼“保本份、防扣分、挣加分”的“九字工作法”，实现工作业绩持续名列全市前茅。成立维权行动队，查办各类侵权案件15件，移送妨害公务嫌疑人10人，先后为31名民辅警及家属维权正名。破获部省挂牌督办“3·9”跨境网络开设赌场案，在全市作交流发言。挑选精兵强将组建专班，建立“人力+智力+技法”的科学追逃模式，实现当年和历年追逃工作的绩效最优。

【职工保障】 组织2批次职级晋升考试、完成职级晋升194人次；3名民警记三等功，75名民辅警受到嘉奖；提供心理健康服务22人次，为民辅警家属解决就业问题13人，看望慰问民警28人，发放慰问金4.3万元；人均提高500元民警住房公积金缴存标准，为辅警缴存人均150元住房公积金；为民辅警购买工伤、医疗等保险25万元。

【严打违法犯罪】 扫黑除恶实现线索案件“双清零”，55件案件实现全破，移送起诉58人。破获刑事案件2518件，同比上升452.2%，移送起诉263人，同比上升41.4%。查处治安案件252件，同比下降29.6%。抓获逃犯188人，同比上升22%。毒品案件移送起诉34人，完成率100%，吸毒人员查处179人，完成率105.29%，强戒36人，完成率112.5%。经侦案件破案23件，打击33人，稳控涉众型经济犯罪利益受损群众2100余人。侦破涉林刑事案件21件，打击处理15人，查处火案6件，行政处罚6人。深挖扩线“5·11”生产、销售不符合安全标准的食品案，新移送起诉52人。侦破“3·9”部督特大跨境网络开设赌场案、“6·20”部督跨国电诈案等大案要案。

【社会治理】 整合城区巡防警力实施高密度巡防和敏感节点武装联勤，“135”快反机制得到深入落实；组建“潼城护卫”等92支巡防队伍，“两车防盗”系统推广安装1230台，安装率123%，有效刑事、治安警情同比分别下降38.9%和66.2%。连续17年未发生一起死3人以上道路交通事故、连续46年未发生较大森林火险、连续47年未发生监所安全事故，未发生涉枪爆、危化品、大型活动安全事故，全县安全态势持续平稳。

【自身建设】 增设局党委副书记1名，4名班子成员得到进一步任用；率先签订领导干部离职下基层承诺书，下沉机关警力32人；率先启动“交所合一”“特巡治控”改革，建立森警大队、派出所火案查处和打击破坏野生动物资源犯罪新机制；将指挥、情报、网安三个党支部合并为情指党支部，将机关党委与政治处合署办公，把办公室从指挥中心划出单设，以新机制增添了新动力、提升了新效能。落实监督检查，计分1109人次，开展廉政谈话185人次，提醒谈话62人次，停止执行职务3人，采取禁闭措施1人，追究党纪政纪责任7人，辞退问题辅警9人。

下沉机关警力到派出所，落实资金240万元更新和补充所队车辆、修缮改造房屋，落实专职调解员强化公调对接。将16个派出所收缩至9个运行，率先启动农村派出所“交所合一”勤务改革、承办全市现场会，构建派出所火案查处和打击破坏野生动物资源犯罪新机制，推行城区派出所和特巡警“特巡治控”实现“五共联防”，建立“潼城护卫队”推行“警社、警企、警校联盟”。

【脱贫攻坚】 帮扶责任人“以购代扶”，购买3.26万元的菜油等农副产品，2.35万元的肥料等生产发展资料。争取到10万元资金，建起分类垃圾房4个，安装村道主路路灯50盏。争取提灌站配套设施建设项目，投资45万元建修4口蓄水池、1口精修堰塘、2000米输水管道，新培育藤椒产业致富带头人2名，发展扶贫藤椒产业园300亩以上，巩固壮大养牛、养猪、养羊3个大户的发展。脱贫攻坚工作被表彰为全省先进集体。

【疫情防控】 把疫情防控作为首要的政治任务，核查上级指令4500余人次，检查过往车辆10万余辆次，核查涉疫区到梓潼车辆101辆，关联核查116人；侦破涉疫刑事案件5件，抓获犯罪嫌疑人4名；网络辟谣12起。

（何新春）

检　察

【概况】 梓潼县检察院深化“不忘初心、牢记使命”主题教育成果，不断增强“四个意识”，坚定“四个自信”，做到“两个维护”。坚持重大事项报告制度，向县委、县委政法委和上级检察院主动报告检察工作开展情况，确保党对检察工作的绝对领导。全面落实党建工作责任制，配强党建工作队伍，认真落实“三会一课”制度，扎实开展主题党日活动，严肃党内政治生活。将意识形态教育纳入党组会、党组中心组理论学习议程，执行意识形态工作报告制度，规范检察文化阵地管理，确保检察工作正确政治方向。

【打赢“三大攻坚战”】 参与防范化解重大风险攻坚战，办理1起受害人数众多、涉案区域遍及境内大部分地区、涉案金额特别巨大的境外特大电信诈骗案件，依法起诉30人。服务脱贫攻坚战，推动联系村基础设施改建和文化阵地建设，协调解决资金9万元，捐赠鸡苗1140只，办理国家司法救助案件7件，发放救助金14.44万元，在改善民生上持续加力。参加污染防治攻坚战，打击破坏生态环境资源犯罪，起诉2件2人；办理生态环境保护领域行政公益诉讼案件8件，发出公益诉讼检察建议，督促相关部门从源头减少垃圾乱堆、柴草乱积、污水乱倒等影响农村人居环境的现象和不文明行为。

【服务经济发展】 依法打击生产销售不符合安全标准的食品、虚开增值税专用发票等侵害企业合法权益的犯罪行为，起诉53件54人，保障企业生产经营活动正常进行。开展涉民营企业刑事诉讼“挂案”专项清理工作，清理2件刑事诉讼“挂案”。在办理阳某某、李某某等4人虚开增值税专用发票案中，考虑经济下行和疫情影响等因素，对于犯罪情节轻微不需要判处刑罚的民营企业家，依法不起诉，保障和服务民营企业健康发展。加强检企互动，会同工商联建立联合调研、信息共享工作机制，举办“服务‘六稳’‘六保’护航民企发展”检察开放日活动，为企业提供法律服务，推动优化营商环境。

【扫黑除恶专项斗争】 坚持“扫黑除恶”与“破网打伞”协同推进，加强与监委、法院、公安机关等部门联动协调。成立专班办理涉黑涉恶案件，依法起诉1件14人，并向县纪委监委移送“保护伞”线索。向教体局、公安局、综合行政执法局发出社会治理检察建议并公开宣告，着力解决在社会治理、队伍建设等方面存在的问题。向乡镇、企业、社区等发放扫黑除恶宣传折页、挂历等宣传资料10000余份。

【建设平安梓潼】 贯彻宽严相济刑事司法政策，批捕抢劫、盗窃等侵财案件19件28人，起诉44件107人，起诉涉枪涉爆案件6件8人；对犯罪情节轻微案件不批捕16件32人，不起诉29件40人。办理羁押必要性审查案件5件，对不需要继续羁押的5人及时变更强制措施。全力投身疫情防控工作，成立疫情防控突击队，配合紫阳社区开展联防联控，从严从快批捕起诉疫情期间销售假口罩的诈骗案件2件3人，起诉疫情期间扰乱医院管理秩序案件1件1人，对看守所进行防疫工作专项检查2次，协助公安机关、监察机关利用远程视频系统办理有关案件，帮助律师开展远程视频会见，累计81次107人。完善12309检察服务中心，同步建设实体、热线、网络三大平台，提供一站式服务。落实“群众来信件件有回复”制度，做到7日内程序性回复，3个月办理结果或进程回复,依法妥善处理群众信访44件次。化解最高检督办的1起长达15年的信访积案,获得最高人民检察院检察长张军肯定性批示,最高检第十检察厅发来感谢信,《检察日报》头版进行专题报道。发出社会治理类检察建议9份,通过公开宣告提升监督刚性。

【刑事检察】 全年受理提请审查批捕各类刑事犯罪案件48件83人,批捕31件45人,受理移送审查起诉171件276人,起诉143件253人,"捕诉一体"机制运行良好,办案周期大幅缩短,办案质效显著提升。运用认罪认罚从宽制度,建立集中受理、起诉、审判机制,办理案件158件216人,适用率78.26%,提出量刑建议120人,采纳率90.00%,适用速裁程序28件,受到绵阳市人大常委会调研组肯定。监督公安机关立案2件、撤案2件,发出书面纠正违法通知书6份,检察建议8份。追诉5人,追捕1人,提出刑事抗诉2件。监督行政执法机关移送涉嫌犯罪案件2件。开展监外执行活动专项检查8次,办理监外执行违法违规案件6件,办理财产刑执行专项监督案件2件。全面落实未成年人司法保护政策,批捕侵害未成年人权益的犯罪嫌疑人1人,起诉1人;不批捕未成年人犯罪嫌疑人1件1人,起诉2人,附条件不起诉1人。持续督促落实最高人民检察院"一号检察建议",对梓潼县教体系统法治骨干开展培训,与相关部门会签《关于建立预防校园性侵害制度的实施意见》,推动教职员工性侵违法犯罪记录查询工作,对全县107所学校、1897名人员开展入职查询。持续开展线上线下"法治进校园"活动,进行法治进校园巡讲5场;录制阳光微课堂3期,在绵阳网络教育电视台、绵阳教育频道播出,被省检察院微信公众号、官方微博及四川长安网转发。

【民事行政检察】 开展虚假诉讼专项监督活动,提出虚假诉讼民事再审检察建议4件。办理民事审判程序监督案件4件,民事执行程序监督案件7件,行政审判程序监督案件1件,行政非诉执行监督案件4件。办理民事支持起诉案件8件,为农民工追回劳动报酬4万余元。

【公益诉讼检察】 受理公益诉讼线索56件,立案56件。发出行政公益诉讼诉前检察建议10件,行政机关均按时整改并回复;提起刑事附带民事公益诉讼62件,依法办理一批销售不符合安全标准的食品刑事附带民事公益诉讼案,保护人民群众舌尖上的安全。通过办理服刑人员违规领取基本养老金公益诉讼监督案件分析社会治理问题,联合相关部门制定《关于建立退休人员被羁押、判处刑罚情况通报制度的意见》,防范和化解社会保险基金风险。与剑阁、昭化、阆中、南江检察机关协作配合,会签《关于加强翠云廊古柏资源保护公益诉讼工作协作配合的实施意见》,发出《蜀道古柏资源保护联合倡议书》,共同致力自然和文化遗产保护。

【队伍建设】 聚焦司法公信力提升,完善检察官职权清单,入额院领导带头办理疑难复杂案件机制,开展检察官业绩考评工作,完善员额进退机制。聚焦业务素能提升,实施分层分类培训,通过网络专题研修、检校共建、结对共建、实务研讨等模式开展培训500余人次。抓好八小时以外的人员管理,开展警示教育8次,促进检察人员廉洁自律。抓好绵阳市检察院党组巡察反馈意见的整改落实,用好监督执纪"四种形态",紧盯检察权运行的各个环节,开展检务督查14次。贯彻落实"三个规定"和《关于建立过问或干预插手检察办案等重大事项记录报告制度的实施办法》,登记上报有关事项7件。

【接受监督】 向县人大及其常委会专题报告公益诉讼工作开展情况、认罪认罚从宽制度落实情况、社区矫正工作开展情况,落实县人大对检察工作的决议决定和审议意见。密切同代表委员日常联络,邀请各级人大代表、政协委员参加控告申诉接访、检察开放日、听庭评议、法治进校园、公开听证等活动38人次,征求意见18条,征订《检察日报》13份。深化检务公开,公布法律文书110份,公开案件程序性信息

424条，发布重要案件信息10条。邀请各界人士走进检察机关了解检察工作情况，邀请人民监督员监督评议案件5人次。加强检媒互动，接受舆论监督，推送微信公众号推文137期，发布微博528条、官网信息109条、头条号信息41条，多条信息被《检察日报》《四川法治报》刊发，被《人民日报》APP最高人民检察院公众号、最高人民检察院微博、四川检察公众号、四川省人民检察院微博、四川长安网微博及法治四川APP采用。

（邓　姗）

法　院

【概况】 2020年，梓潼县人民法院围绕“团结奋进勇登攀，创新打造后花园”奋斗目标和“六大工程”发展战略，全面落实各项重大决策部署，忠实履行宪法、法律赋予的职责。全年受理各类案件5150件，受理案件数比上年增加474件，同比增加10.14%，审结5001件，结案率97.11%。

【刑事审判】 全年受理各类刑事案件167件，审结114件，结案率68.26%，判处罚金4.8亿元，没收违法所得327.7万余元，为被害人、被害单位挽回经济损失154.2万余元。对腐败犯罪始终保持高压态势，审结职务犯罪案件6件，判处罪犯6人；打击涉食品领域犯罪，全力维护人民群众舌尖上的健康，审理生产、销售不符合安全标准牛肉系列案件64件，已宣判17件24人；依法严惩毒品犯罪，依法从重从快打击涉毒犯罪分子16人，其中判处有期徒刑15年及以上2人；持续推进庭审实质化建设，全年通过庭审实质化审理案件5件，并强化侦查人员出庭作证，律师参与辩护率达案件数的85%，召开庭前会议2次。

【民商事审判】 县法院受理各类民商事案件3138件，审结3096件，结案率98.66%。运用诉前调解等手段，审结婚姻家庭、继承、“三养”等家事案件878件；审结劳动争议、劳务合同等案件117件；审理欠薪案件85件，为农民工讨薪1900余万元；审结医疗损害责任纠纷、机动车交通事故等侵权责任纠纷83件；注重判后释疑，从源头上解决涉诉信访和网络舆情，县法院处理的鑫驰·城市中心小区与近百位业主房屋买卖合同纠纷系列案件，通过诉前调解，判后释疑，化解各方矛盾。

【行政审判】 县法院受理行政案件21件，审结20件，审结率95.24%。行政非诉审查6件，准予执行6件，准予执行率100%，准予执行标的1163余万元。助推法治政府建设，保护行政相对人合法权益，监督行政权力运行，支持行政机关依法履职案件1件；加强阳光司法，全面推进行政案件审判流程公开和庭审公开，所有行政案件均采取网络直播的方式进行，行政裁判文书公开率100%，对有影响力的行政审判案件，邀请人大代表、政协委员、相关单位代表和人民陪审员参加旁听，全程公开透明，落实行政机关负责人出庭应诉制度，行政机关负责人出庭应诉案件8件，出庭应诉率100%。

【执行工作】 2020年，县法院严格按照省高院“执行长效机制建设年”要求。受理各类执行案件1802件，执结1749件，执结率97.06%，实际执行到位标的金额1.03亿余元。联合人大、政协开展护航“六稳六保”专项执行行动，与公安、发改、人社等多部门信息共享、协作配合，组织参与社区、企业、学校诚信建设宣传，召开执行工作新闻发布会和执行联席会议，逐步完善法院与党委、政府及社会各方的协调联动机制，定期循环公示曝光失信被执行人名单，发布失信被执行人信息1144条，限制高消费963例，发布失信典型案例2例，促使237名被执行人主动履行义务，同时依法拘留拒不履行、转移隐匿财产或妨碍执行的被执行人7人；深化推进执行指挥中心实质化运行，构建员额法官主导下的“三分”办案机制，明确繁简分流标准和转换程序。

【诉源治理及信访】 推进诉源治理建设，将诉源治理工作的相关情况报告县委政法委，将“万人起诉率”“无讼村社”等纳入镇（乡）党委政法委员业务目标考核；推动多元化解矛盾纠纷。推进“人民调解”模式建设，与五家单位签订社会矛盾纠纷化解的合作协议；推动建设矛盾纠纷多元化解中心，通过制定方案、实地查看、与相关部门座谈等方式，推动中心进入良好运行状态；推进涉诉信访工作实体化建设，全年接访案件23件，接待来访人员66人次，其中领导接访14件，领导参加接访率60.87%，期限内完成省委巡视组交办件18件。对可能引发“民转刑”案件的突出民间纠纷以及涉民生保障和改善的执行案件进行排查。

【扫黑除恶】 2020年，扫黑除恶专项斗争进入“收官战”，县法院提前谋划，加强横向沟通协作，与县扫黑办、公安、检察机关建立扫黑除恶联席会议制度，并成立“8·22”专案组，院庭长靠前指挥、带头审理案件，召开小组专题会7次，向省、市法院多次汇报案情，听取指导性意见。县法院坚持“打稳、打准、打狠”和“不拔高、不降低”的原则，通过不懈努力、担当作为，“8·22”专案审结，彭某、何某等14人两个恶势力犯罪集团分别判处1年零3个月至13年不等的有期徒刑。

【法治化营商环境】 依法审结涉民间借贷、金融借款、买卖合同、房地产等各类案件1047件，调解涉案金额近千万元的江苏大都建设工程有限公司诉绵阳通力汽车运输有限公司、绵阳市盛鑫房地产有限公司建设工程施工合同纠纷案件，2020年受理破产类案件4件，审结1件。依法有序推进梓潼锦诚商贸有限公司破产重整案、四川老山磨坊食品有限公司破产清算案等有影响的案件。县法院遵照上级法院指定，办理在县内有社会影响的“潼江国际名都”烂尾楼盘开发商四川华忆房地产开发有限公司破产清算案，该案涉债权人213户，申报债权总额4.11亿元，办理过程中，县法院一手抓疫情防控，一手抓复工复建，在一季度末转为重整程序后，县法院批准重整计划草案，进入重整实施阶段，并组织200余名干警进行强拆清退，“潼江国际名都”已全面复工复建。

【疫情防控】 2020年年初，县法院按照县委、县政府新冠防疫工作部署，深入社区开展联防联控工作，先后组织120余人次，10支党员服务队，协助社区入户排查130余户；坚持主责主业不打烊，以四川移动微法院、刑事远程视频庭审系统、互联网庭审系统等平台为依托，开展网上办公。全年通过线上调解、远程开庭案件179件，依法严惩妨害疫情防控犯罪，从严从快审理利用疫情实施诈骗、销售伪劣防疫物资犯罪案件2件3人；开展护航“六稳”“六保”专项执行行动。深入部分被执行企业开展现场办公，通过与企业家代表面对面座谈、组织案件和解等方式，对因疫情暂时性生产经营困难的被执行企业，稳妥使用查封、冻结、扣押等保全措施，服务保障企业复工复产。

【脱贫攻坚】 在脱贫攻坚收官之年，县法院联系村已全部脱贫且未出现返贫现象。依法就地化解矛盾纠纷，从源头上化解涉脱贫攻坚合同纠纷系列案件；邀请专家和技术员，对贫困户进行了技术培训。针对同心村一、二社人畜饮水困难、水库渗漏的问题，多方协调，向县农业农村局争取堰塘清淤整治资金60万元，向县水务局争取水库处漏资金200万元；牢固树立扶贫先扶智、医疗保障不返贫的理念。加大对贫困家庭子女助学力度，严格落实贫困户医疗保障政策，对纳入农村低保的建档立卡贫困户开展定期回访。

（罗登堂）

司　法

【概况】 2020年，梓潼县司法局坚持政治引领、党建先行，以“潼江法盾·红亮”党建品牌创建为统揽，推进“四型机关”建设，开创司法行政系统党的建设和司法行政工作新局面。司法局集体及多名个人获"全国法律援助工作先进个人""省级规范化司法所""全省脱贫攻坚先进个人""全市社区矫正工作先进单位"等殊荣。社区矫正工作经验被省依法治省委员会办公室和省司法厅转发全省学习，典型做法被《绵阳日报》刊载；"潼江·法盾红亮"党建品牌创建经验被《人民日报》客户端、"学习强国"四川频道、《绵阳日报》报道。

【战疫法治保障】 强化物资保障，安排专项资金采购口罩、消毒液、喷壶等防护物资，保证一线工作需要。组织党员干部第一时间捐款14980元。成立5类法治专业小组，印发《新冠肺炎疫情防控法律问答》口袋书3000册、宣传单20000份，录制《新冠肺炎疫情防控法律问答》音频资料，为疫情防控提供法治保障。

【创建"潼江法盾·红亮"党建品牌】 出台《关于加强政治建设创建"潼江法盾·红亮"党建品牌实施方案》，构建"党组+党总支+党支部+党小组"的"1+3"组织体系、"党建+群建+业务+党风廉政建设"的"1+3"工作体系、"十个标准化"规范体系和党组提目标、总支提方案、支部提措施、党员提建议的"四提"实施体系。成立党建品牌创建工作专班，统筹选派力量，党组定期研究部署和跟踪督导，机关支部、经义律师事务所支部、文昌法律服务所支部同步开展创建，拓展延伸到镇乡司法所、村（社区）、法治示范户、企业、部门，实现全域创建、全员创建。以党建统领业务各项工作，创新建立五个"1+3"公共法律服务体系，创办"法治梓潼"栏目、法治观摩课，组建"巾帼维权女子小分队"，巩固"白林安五心法援"工作法、"老邓交调门诊室"、"石仁清调解室"，打造"潼城法治诊所"，建立"1+1"法律服务机制，推广"智能法律体检"等，一体推进法治梓潼、法治政府、法治社会建设。省委党建办、省司法厅、市委组织部、市委政研室、市民政局、市司法局等进行专题调研。

【依法治县】 印发《关于进一步落实党委（党组）会前学法制度的通知》《关于进一步做好法治示范创建工作的通知》，深化法治示范创建，开展"法律七进"系列法治宣传活动。举办"法治梓潼行"一月一主题活动，开展法治宣传活动20场次、网络知识竞答6期、法治视频展播150次。开展"巾帼女子维权分队宣传"，由女警察、女检察官、女法官、女法律工作者组成"巾帼维权女子小分队"，采用"图文讲解+语音说明"的形式进行线上维权知识宣传。

【法治政府建设】 加强法治政府制度体系建设，打造"潼城法治诊所"，创新建立并推行合法性审查"四诊三化"工作法，审查县政府常务会议各类议题77件，提出意见800余条，县政府法律顾问团办理重大法律事项50件。贯彻落实《优化营商环境条例》，对376件县政府工作文件和27个县级部门、16个乡镇人民政府和经开区管委会现行规定进行清理。深化综合行政执法改革，对16个镇（乡）开展行政执法体制改革调研，贯彻落实行政执法"三项制度"，构建"县政府+法制机构+执法部门"工作协调机制，公示行政权力清单等信息46条。加强行政复议和行政应诉工作，编制行政复议流程图，规范行政复议案件审理程序，落实"谁执法谁普法"普法责任制，营造全社会关心、支持和参与法治政府建设的良好氛围。深化司法体制综合配套改革，健全保证宪法全面实施的体制机制，完善基层公共法律服务多元供给机制、依法规范管理宗教事务常态化机制、诉源治理等矛盾纠纷多元预防调处化解综合机制。

【普法宣传】 全县有法治宣传专栏300个、法治文化长廊（墙）65处、法治文化广场40处、法治宣传画面185幅、法治标语1000条、各类媒体法治专栏45个，建立"三团三库两队"，普法队伍542支，法律明白人336人，突出《中华人民共和国宪法》学习宣传，制定《关于深入开展宪法学习宣传教育活动的通知》，开展"12·4"《中华人民共和国宪法》集中学习宣传活动。累计开展各类法治宣传活

法治宣传材料 （曾 玲/供图）

9月29日，梓潼县公共法律服务中心工作人员在人民广场开展“崇尚科学 远离病毒 防范邪教”现场法律知识宣讲活动

（曾 玲/供图）

动10场次，编印和发放《防控疫情·法治同行》宣传手册、《中华人民共和国社区矫正法》《中华人民共和国民法典》等宣传单3万份，运用户外LED等新媒体进行法治视频展播达80次，编辑和转发“法治梓潼”普法宣传微信公众号120期，邀请西南财大专家举行《中华人民共和国民法典》专题法治讲座1次。累计拍摄《希望》《曙光》等法治微电影和法治公益宣传片6部。

【法律服务】 2020年，受理各类法律援助案件168件，办理各类法律援助事项2368件次，为2704人次提供法律援助服务。开展法律援助宣传活动10余次，发放宣传资料达3800余份，宣传咨询1354人次，提供上门服务4次，回访受援人56人，满意度100%。组建企业法律服务团，提出风险防控建议81条，开展专项法律服务2次，开展“法律体检”“春风行动”等活动3次。坚持和发展新时代“枫桥经验”，完善人民调解、行政调解、司法调解衔接联动工作机制，推进司法所规范化建设，抓好矛盾纠纷预防调处。开展矛盾纠纷排查339次，排查矛盾纠纷1133件，成功化解1114件，成功率98.3%。参与“枫桥式司法所”试点创建工作，卧龙、仁和、宏仁等3个司法所被省司法厅授予“省级规范化司法所”称号。

梓潼县宪法广场 （曾 玲/供图）

【社区矫正】 深入贯彻落实社区矫正法，率先完成社区矫正改革试点。根据省司法厅社区矫正管理局社区矫正工作改革试点部署，制定试点工作方案，在全市率先成立“梓潼县社区矫正委员会”及“梓潼县社区矫正管理局”，理顺工作机制体制。省司法厅、绵阳市委依法治市委员会办公室和绵阳市司法局专门发文转发梓潼县改革经验做法，《绵阳日报》以“先行示范推进社区矫正规范化、全市首个社区矫正委员会成立”为题报道。强化社区矫正规范化建设，开展“互学互促、依法矫正”主题活动，对镇乡司法所社区矫正工作档案观摩点评，以问题促整改，提升业务能力。开展判前评估调查38件，完成市县检察院抽检、调研2次，全年无社区服刑人员发生社会影响较大的恶性刑事案件、参与严重影响社会和谐的重特大案事件。

【基层司法】 成立城乡基层治理工作领导小组，制定《关于全面推进城乡基层治理工作的实施方案》和项目责任分工方案，将涉及司法局的18项工作任务分解到各业务股室。结合村级建制调整改革，跟进调整设置村调委会162个、社区调委会19个、专业性行业性调委会9个，实专兼职人民调解员826名。

【脱贫攻坚】 切实履行帮扶部门职责任务，调整优化帮扶力量，全力支持驻村工作队员和援彝干部工作。落实“三个捆绑”责任，领导班子成员定期到新桥村开展调研工作，制定切实可行的脱贫措施，落实帮扶资金2.6万元。严格落实帮扶责任“五到位”要求，督促指导干部职工落实一户一策帮扶措施，开展“走进农家助春耕”“共建美丽乡村”“以购代扶”等系列主题活动，入户走访14次，引导环境卫生整治40人次，励志教育80人次，协调解决实际困难22件。开展法治扶贫，接受法律咨询6人次，法治宣传2场次，发放宣传资料262套。选派的驻村工作队员被省委表彰为优秀驻村干部，帮扶工作成效顺利通过省市县各级验收。

（曾　玲）

军　事

JUN SHI

综　述

【概况】 2020年，梓潼县军事工作坚持以习近平新时代中国特色社会主义思想为指导，深入贯彻习近平强军思想，学习贯彻中共十九届五中全会精神，认真落实四川省军区“抓党建、强备战、建队伍、严作风、防风险”工作思路，做到抗击疫情不松懈，工作推进不松劲，在上级和县委的正确领导下，军事工作年度各项任务圆满完成，梓潼县人民武装部被四川省军区表彰为“安全稳定先进单位”，被绵阳军分区表彰为“践行强军目标先进单位”。

（赵　楠）

人民武装

【政治工作】 梓潼县人民武装部深入学习贯彻习近平新时代中国特色社会主义思想、习近平强军思想，学深悟透做实，提升理论水平，提高政治站位，贯彻军委主席负责制。开展“八个一”配合活动，深化“传承红色基因，担当强军重任”教育、“不忘初心、牢记使命”主题教育。实施“红色资源挖掘工程”，编辑出版12万余字的《红军长征在梓潼》，作为主题教育、党史教育、爱国主义教育和国防教育辅助教材。

【党的建设】 学深悟透军委党的建设会议精神、《关于加强新时代军队党的建设的决定》和习近平关于加强军队党的领导和党的建设的重要论述。修订完善《梓潼县人武部加强党的建设的措施》，集中开展军队人员参加社团、担任职务、发表言论、开设微博和政治领域官僚主义、形式主义等专项整治和清理清查。召开全县武装工作会议，组织党管武装述职，任命镇乡武装部政治教导员和镇乡武装干事。

【战备建设】 修订完善“3+1”预案，完善响应机制，为应对突发情况和实兵演练提供依据。贯彻《民兵战备工作规定》《省军区系统“四个秩序”规范》，强力推进机关“四个秩序”规范建设。协调县应急管理部门将民兵执行非战争军事行动所需装备纳入地方应急保障体系。规范“三室两库”建设，补充各类应急装备器材。协调资金购买战备器材，规范基层武装部库室。

【军事训练】 以《军事训练条例》和《军事训练大纲》为抓手，按纲施训、依法治训，落实首长带机关每天1小时训练制度。组织干部、文职人员参加军事职业教育、上级军事训练和军事考核，开展作战制胜理论研究。结合上级组织的“二分之一”轮训，组织实战化指挥所演习。加大民兵训练科技含量，突出抓实专武部长、民兵干部和应急分队规范化训练。

【兵员征集】 适应“两征两退”改革，推动征兵工作转型升级，在辖区普通高中、职业技术学校和社区建立征兵工作站，以“五率”为抓手，探索征兵体检政考“一站式办理”“一条龙服务”，加强征兵执纪监察，防止征兵“微腐败”，完成兵员征集工作。

【安全稳定】 坚持依法治军、从严治军，层层压实安全责任，定期分析安全形势，加强安全教育管理，持续开展“三责”活动。结合重大节日，开展安全专项大检查，查找安全隐患，及时进行整改，更换办公楼密码门锁、消防器材等，对水、电、气线路进行全面检修，对部分屋面进行维修加固。汲取“7·23”案件教训，组织全员安全教育整顿，重点组织驾驶人员开展“学交通法规、行文明车辆、树军车形象”专题教育活动。

【党管武装】 坚持党管武装原则，贯彻中央军委、国防动员部党管武装规范性文件，落实党委议军、工作述职、任前谈话、岗前培训等制度。深化新时代全民国防教育，在人民广场开展第20个全民国防教育日宣传和纪念抗美援朝出国作战七十周年系列活动。持续推进国防教育“五进”活动，在中小学生中开展“讲英雄故事、学光荣传统、做红色传人”读书演讲。

【双拥共建】 推进省双拥模范城（县）创建，推进落实公立医院就医、公共交通服务、红色旅游景点军人优惠优待政策，对立三等功以上的军人和家属进行走访慰问和送喜报上门活动。推行“党建+”扶贫模式，开展“精准扶贫”，投入资金落实文化广场建设、农村基础设施建设等项目，宝石乡长梁村顺利退出贫困村行列。现役干部、文职人员和职工帮扶的18户贫困户全部稳定脱贫。

（赵　楠）

民兵和预备役

【整组编组】 2020年，持续深化民兵调整改革，根据《梓潼县民兵力量调整实施方案》，深化新兴领域民兵建设试点，重点建好民兵应急力量森林（草原）灭火分队。完成民兵整组和国防动员潜力调查，推进民兵基层规范化建设，按照省《民兵基层建设实施细则》，实现民兵营（连）规范化建设全覆盖。按照编组要求和编组任务，编实编强普通民兵和应急队伍，做到实兵实册。完成上级下达的训练任务。

【遂行任务】 组织民兵成功处置观义镇武引干渠渗漏、观义水库漫堤、国道G108线梓潼到演武段塌方等险情。组织民兵参与疫情防控，应急力量、专业分队参与辖区防汛抗洪。县民兵应急分队2次参加县政府主办的抗洪抢险和森林灭火演练，镇乡武装部开展抗洪抢险、森林灭火演练3次。

【预备役登统计】 复退转军人转服役备役达到100%，按照规定授予预备役军衔。预备役登统计准确无误，服一类、二类预备役人数达到上级要求，军事训练人数、内容、时间按规定完成任务。

（赵　楠）

人民防空

【概况】 结合"9·18"纪念日、科普活动日开展经常性的人防宣传教育活动，并成立宣讲团，采取"走出去、请进来"的方式，深入机关、企事业单位、学校、社区宣讲"人防(民防)知识"和红色文化；充分利用各种载体增强人防知识普及性，特邀请四川电视台、绵阳电视台、梓潼电视台、《绵阳日报》、《绵阳晚报》等媒体召开新闻推介会对基地开展的各类人防宣传活动进行报道；在官方网站、微信公众平台等进行人防知识的宣传普及并开设人防知识有奖竞赛等一系列活动，使基地最大限度地产生社会和文化效益。

【应急训练】 2020年11月参加市人防办组织到陇南、汉中的人防应急通信拉动训练，人防指挥通信车运行良好，装备得到检验，人防队伍的素质得到锻炼，实战的水平得到提升，人防专业队伍建设质量进一步提升。

【人防建设】 对正在建设的人防工程项目纳入日常监督管理。对人防工程前期工作开展指导，同时对开发建设项目的设计和标准进行把关。

(严　静)

“两弹一星”干部学院

LIANGDANYIXING GANBUXUEYUAN

综　述

【概况】“两弹一星”干部学院（“两弹一星”精神研究院）是2019年8月经中共四川省委编委批准成立的中共绵阳市委直属的正县级事业单位，是以弘扬“两弹一星”精神为主题的全国干部党性教育培训基地，其前身是2017年7月成立的绵阳市“两弹一星”干部学院，于2020年1月21日挂牌成立。2019年4月被中组部纳入全国首批《省（部）级党委（党组）批准的干部党性教育基地备案目录》。

学院地处中国工程物理研究院院部旧址“中国两弹城”，占地面积350余亩，可同时容纳800人学习培训。学院新区占地面积300亩，一期将于2021年6月建成投入使用，可同时容纳700人学习培训。

职能工作

【干部培训】培训规模实现新增长。开展培训班154期，培训学员8687人，26301人次，与上年相比，培训人数增长16.78%，培训人次增长62.18%。培训范围覆盖北京、广东、重庆、河南、陕西等多个省、直辖市。培训对象涵盖党政机关、企事业单位、公安武警、高校、科研院所以及社会团体等不同行业学员。培训模式实现新变化。首次承担市委组织部和市级相关部门外培班，与多所高校建立交流合作关系。全年承办培训12期，参训学员760人，分别前往清华大学、北京大学、上海交通大学、浙江大学、厦门大学、深圳大学、电子科技大学、四川大学8所高校进行异地交流培训。培训流程实现新标准。按照《培训管理规范化操作流程工作方案》操作，把开班仪式、课前介绍、每顿巡餐、合影留念、异地教学、就寝查夜、结业典礼、车上礼仪等方面进行模版式训练，每位教学助理均能按规范独立带班。

【后勤保障】 出台《“两弹一星”干部学院采资产管理制度》《“两弹一星”干部学院采购管理办法》等制度。为首届科学家精神论坛提供保障服务，全程参与专家委员会调研活动。全力保障单位用车、专家教授和培训班学员接送，配合教学助理布置教室、准备资料、茶歇供给，完成部室清洁整理、午餐配送。全年按程序完成招标采购项目5项，询价采购10多项，办公、教学、生活等零星物品采购，保障培训工作顺利实施。为新校区建设建言献策，参与新校区建设现场例会，多次实地查看，对学院内道路及停车位的规划、标志性建筑物设计与定位、绿化设计与布局、C区功能室划分等方面提出合理化建议。通过多方考察、询价、比较，选择餐饮、住宿、交通等合作单位，按程序签订合作协议，加强过程监管，确保学员吃、住、行、学各个关节得到优质服务。

【承办首届科学家精神论坛】 2020年11月4—6日，由中国工程物理研究院、中国社会科学院当代中国研究所、四川省社会科学院和绵阳市委、市政府共同主办，当代中国文化建设与发展史研究中心、中共梓潼县委、梓潼县人民政府、“两弹一星”干部学院和邓稼先干部学院共同承办的首届科学家精神论坛在“两弹一星”干部学院举办。论坛邀请中国科学院院士欧阳自远通过远程视频作主旨报告，中国工程院院士邓建军、国际宇航科学院院士杨俊华，中科协科学家精神报告团成员朱明远，四川省社会科学院党委书记李后强分别作现场主旨报告。中国工程院院士胡思得、赵宪庚、杜祥琬，九三学社中央委员、科学家精神报告团成员许进，中国科学院昆明植物研究所原所长、中国民族植物学会主席裴盛基，解放军中将、原第二炮兵副司令员、“两弹一星”历史研究会原理事长张翔为大会寄来祝词。论坛征集到中国科学院、中国社会科学院、武汉大学、电子科技大学、中央财经大学等全国各地专家学者撰写的优秀论文109篇，评选出一等奖3名、二等奖5名、三等奖10名、优秀奖43名。加强对外合作交流。争取“两弹一星”历史研究会、省社科院、九三学社省委的支持，成为“两弹一星”历史研究会常任理事会员单位，挂牌四川省社会科学院科研教学基地，与九三学社省委签订共建合作框架协议。整合市内市外资源，与航天国际交流中心、绵阳师范学院等单位，就特色课程体系、优质师资技术、培训教材编撰等方面，达成共识，相关合作项目持续推进。参与三峡精神论坛征文活动，撰写的论文获评二等奖。

【课程宣讲】 2020年，在“两弹一星”历史研究会支持下，成立“两弹一星”干部学院专家委员会，聘请胡思得、杜祥琬等12名专家学者担任学院专家委员会委员。11月20—21日，中国国史协会顾问、两弹一星历史研究会原理事长张翔及“两弹一星”干部学院专家委员会委员丁锋、袁和平、胡木英等专家和委员到梓潼县调研考察，同时召开学院第一次专家委员会，各位委员针对学院的发展，都提出了意见和建议。聘请袁和平、王炳林等国家级专家、中物院从事“两弹一星”研制的科学家以及省委、市委党校、高校和科研院所各专业专家教授，组建150余人的专兼职教师队伍。邀请科学家精神报告团成员朱明远（朱光亚之子），以《朱光亚“三进三出”北大与中国的核武器事业》为题作专题报告；邀请报告文学《两弹元勋的秘密历程》作者、科普科幻作家、四川省政府原副秘书长吴显奎，以《报告文学〈两弹元勋的秘密历程〉写作前后——我心中的邓稼先》为题作专题报告。通过中国社科院、四川省社科院、四川省委党校、中物院党校的支持，邀请到胥锦诚、范植开等到院授课。学院兼职教授黄元武专题讲座《弘扬“两弹一星”精神 建功立业新时代》被中共中央宣传部评为2019年度“优秀理论宣讲报告”，2020年入选中国干部网络学院“党性教育精品课程”专栏。

【对外交流】 学院坚持以开放合作为抓手，打造对外交流窗口。拜访省市党政部门、高校、科研院所62

家，到中国井冈山干部学院、江西干部学院、恩来干部学院、红旗渠干部学院等干部学院考察学习，建立交流合作机制。与“两弹一星”历史研究会、中国（卢作孚）民营经济学院、国网四川电力集团、西科大等单位签订合作协议10个，挂牌省社科院科研教学基地、北碚区干部人才研修基地等基地6个，成为“两弹一星”历史研究会永久会址。推进与梓潼县委党校融合发展。推广全媒体宣传，建立完善学院门户网站和公众号，推送和发布信息187期，浏览量达15万余次，被人民网、光明网等省级以上媒体转载信息7次，学院在“学习强国”平台上发布“两弹一星”知识竞答活动，成为四川首个在“学习强国”平台上发布的专项答题活动。

（冉光荣）

经济管理

JINGJI GUANLI

综　　述

【概况】 2020年，实现地区生产总值148.94亿元，同比增长4.2%；其中第一产业增加值36.73亿元；规模以上工业（以下简称"规上"）增加值增长5.2%；服务业增加值增长4.3%；完成全社会固定资产投资79.01亿元，增长15.7%；地方一般公共预算收入3.3亿元，增长10%；社会消费零售总额54.53亿元；城乡居民人均可支配收入36081元、18554元，分别增长5.9%和8.7%。

（何永胜）

规划管理

【"十四五"规划】 县委、县政府多次就全县"十四五"规划编制工作作出安排布置，并指导制定下发《梓潼县国民经济和社会发展第十四个五年规划编制工作方案》（梓委发〔2020〕5号）。成立以县委书记为组长的"十四五"规划编制工作领导小组，通过公开招标方式聘请西南科技大学负责规划纲要的编制工作。组织开展前期重大课题研究20余项，协助对县级主要部门、大部分乡镇进行全方位调研，向编制团队提供资料400余份。梓潼县储备"十四五"项目超700个，总投资超1500亿元。

【项目建设】 坚持项目审批必须符合国家法律、法规和产业政策要求，严格遵循国家基本建设程序和审批管理；严格规范项目备案管理，认真审核企业投资项目在产业政策、行业准入等方面是否合规。有效运用项目投资在线审批监管平台，多途径指导项目单位通过在线审批平台进行网上申报工作。全年通过四川省投资项目在线审批监管平台办理项目693个，总投资389.35亿元。其中审批立项项目417个，总投资263.32亿元；备案项目276个，总投资126.03亿元。2020年，全县省市县重点项目64

个，总投资144.46亿元，2020年计划投资32.73亿元，累计完成投资36.65亿元，占2020年计划投资的111.94%，高于时间进度11.94个百分点。超额完成年度计划投资。三香汇天然香精香料生产线、年产18万吨饲料厂、人民医院内儿科综合楼及医联体建设项目等项目相继完工投产。

【固定资产投资】 全年完成全社会固定资产投资790090万元，同比增长15.7％。超额完成市委、市政府下达的任务，同比增长15.6%。全年申报城建、社会、环资、商贸、基础设施等领域中央预算内和新增中央投资项目99个，总投资147.76亿元；申报地方政府专项债券项目49个，总投资270.32亿元；申报2020年信贷支持县城补短板强弱项项目累计55个，申请贷款金额47.7648亿元。高标准农田建设、梓潼生物医药产业园建设等专项债项目已发债4.5亿元；乡镇及以下集中式饮用水水源地“划、立、治”、梓潼县传染病医院、城市排水防涝等中央、省预算内资金到位4938万元。申报2021年地方政府专项债券项目25个，总投资144.16亿元。

【构建区域协同】 成立积极参与成渝地区双城经济圈建设暨区域协同发展领导小组，并出台《积极参与成渝地区双城经济圈建设的决定》，县委深改办出台《积极参与成渝地区双城经济圈建设的决定责任分工方案》；与重庆市璧山区签订区域协同发展合作协议。与成都市温江区、绵阳市游仙区等地协同融合发展5类53项合作事项加快推进。

【专项扶贫】 电力扶贫。与供电公司共同成立局长为组长的电力脱贫领导小组，组建工作专班。落实“低保五保户”减免电费和丰水期居民生活阶梯电价下移政策，降低居民生活用电成本325.53万元。协调县供电公司将贫困户土坯房纳入年度重点电力迁改工作，投入专项改造资金617.25万元，投入电力配套资金92.5万元，累计完成易地搬迁和贫困户土坯房改造2767户，惠及贫困人口8126人。完成梓潼县29个贫困村中29个农网升级改造工程任务，投资2368.16万元。完成28栋扶贫代养场新建及续建项目的电力业扩配套工程，总投资10万元。完成梓潼县生猪代养场电力配套设施建设工程36项，总投资15.6万元。全县所有行政村（社区）均已实现稳定供电，所有群众（包括建档立卡贫困户）均已实现安全用电。自查自纠再梳理，推动“清零行动”问题真抓实改。行动期间，协调县供电公司组立电杆5基，架设低压线路290米，改造下户线15户，安装或迁移电表箱8个。

【以工代赈项目和易地扶贫】 围绕搬迁群众配套道路80余公里，整治精修塘堰13座，建提灌站5座、渠道6480米、拦河堰1座、蓄水池2口、安置点文化生活广场1处。累计报送“项目作支撑、投资唱主角”宣传报道信息20余次，其中17条信息采用；《群众挪穷窝、百姓安居梦圆》《梓潼县发展和改革局开展脱贫攻坚纪实》等易地扶贫搬迁相关工作成果在省市相关媒体报道10余次，顺利通过全省脱贫攻坚考核验收。

（何永胜）

价格管理

【价格监测】 依法做好重要商品和服务价格监测，按时发布价格监测动态，全年开展价格监测270次，发布价格监测动态44期，获全省价格监测工作先进集体。2020年1—9月，启动价格临时补贴，累计向全县城乡低保对象、特困人员、孤儿、事实无人抚养儿童、享受国家定期抚恤补助的优抚对象、大中专院校家庭经济困难学生、失业人员等特定群体发放价格临时补贴1348.31万元。

【普惠性民办幼儿园认定】 会同教体局、财政局拟定《梓潼县普惠性民办幼儿园认定和管理办法》，进一步促进广覆盖、保基本、有质量的学前教育公共服务体系有效建成。

【涉案财物价格鉴证】 全年累计受理价格认证案件53件，认定评估总金额368.57万元，委托认定率100%。获评全省价格认证工作先进单位。

（何永胜）

审　计

【概况】 2020年，全年完成审计计划项目27项，查出违规和管理不规范金额58292万元，责成上缴财政和归还原资金渠道金额264万元；出具审计报告和专项审计调查报告32篇，提出审计合理化建议68条；向纪检监察等相关部门移送审计发现违纪违法案件线索6条，8名相关责任人员被立案审查并给予党纪政纪处分，其中党内严重警告1人，党内警告7人，并对3名相关责任人员书面诫勉，1人谈话诫勉。上报《审计要情》4期、《审计专报》2期。

【跟踪审计】 按照上级审计机关统一安排部署，完成全年4个季度的重大政策措施落实情况跟踪审计。根据审计署和省审计厅统一安排，成立应对新冠肺炎疫情防控资金和捐赠款物专项审计工作领导小组，开展新冠肺炎疫情防控资金和捐赠款物专项审计。

投资审计“三个转变”后，审计机关采取竣工结算审计、过程跟踪审计、专项审计、专项审计调查、项目稽查等方式对政府投资项目实施审计监督，改变以前的事后结算审计为事前过程跟踪审计。开展对绵苍高速梓潼县征地拆迁项目跟踪审计和“两弹一星”干部教育研学营地跟踪审计。

【预算管理审计】 开展对县级财政预算执行和其他财政收支情况及县级总决算草案审计。开展对县信访局、县退役军人事务局等2个部门的决算草案审签。开展对县人民检察院、县行政审批局2个部门的预算执行审计。对全县58个一级预算单位的部门预算执行情况电子数据进行全覆盖审计筛查。

【领导干部审计】 开展对卧龙镇原党委书记赵国文、原镇长赵泽寿，住建局局长白忠培，七曲山风景区管理局局长梁正才，聚源公司董事长曾长垠等4个单位5人任期经济责任审计。对卧龙镇原党委书记赵国文、原镇长赵泽寿开展领导干部自然资源资产离任审计。

【专项审计】 对梓潼县发展和改革局、绵阳两弹一星文化发展有限公司、四川华西动物药业有限公司、绵阳三香生物科技有限公司、梓潼县聚源资产经营投资有限责任公司相关责任单位2020年1—4月省市县重点项目新开工准备情况进行专项审计调查。

【财务收支审计】 对梓潼县文昌、许州、黎雅、仁和、玛瑙5所乡镇卫生院2015—2019年财务收支进行审计，针对审计发现的问题，依据现行相关法律法规分别作出处理，出具《审计报告》5份、《审计决定》1份、《审计移送处理书》5份、《审计要情》1份，向县委审计委员会提出《综合报告》1份。

【农业农村工作审计】 对推进乡村治理、稳定粮食生产、恢复生猪生产、“一卡通”治理情况开展乡村振兴专项审计调查。对梓潼县2019年度基本医疗保障情况、义务教育保障情况、住房安全保障情况、农村饮水安全保障情况、就业扶贫情况、易地扶贫搬迁及后续扶持情况、扶贫项目建设管理情况、金融扶贫情况进行脱贫攻坚审计。

【信息化建设】 开展计算机审计并形成审计实例和方法，运用计算机技术开展审计项目19个，编写信息化应用案例14篇。

（宋唯玮）

统　计

【统计基础工作】 严格执行入规企业申报条件、要求和流程。凡新纳规入库企业，分管领导和专业人员进行实地查看，及时与相关部门进行对接核实，坚决拒绝未达规格的企业入库；实行数据上报动态监控制度和数据异动查询制度。每月数据上报期间，要求各专业人员密切关注企业上报情况，在系统审核的基础上加大人工审核力度，及时向部门发出预警，做到发生异动立即过问、立即纠正，做到即审、即改、即验，确保数据质量。坚持主动执法，成立统计法治领导小组，制定下发《2020年统计法治工作要点》及《关于开展统计数据质量检查的通知》，持续深化“七五”普法工作，落实统计工作人员学法用法制度，全面提升干部职工行政执法水平和工作能力。

【统计管理】 按照《梓潼县统计局职能配置、内设机构和人员编制制定》（梓委办发〔2019〕52号）精神，县统计局内设统计执法监督股，落实中央、省、市、县党委政府关于加强统计数据监管提高统计数据质量要求。按照《中共梓潼县委机构编制委员会〈关于给部分事业单位增加编制的通知〉》（梓编发〔2019〕15号），落实在梓潼县普查中心增加3名参公编制供统计局统一调配使用事宜，缓解局机关事多人少，跨专业兼职严重问题。进一步强化对乡镇专（兼）职统计人员动态管理，督促乡镇专（兼）职统计人员交接工作“传帮带”，及时更新乡镇专（兼）职统计人员信息库，确保县乡两级统计工作实现百分百动态链接。

【统计服务】 始终把《统计年鉴》《统计月报》《统计资料》作为“拳头”产品定期编发，向社会各界提供及时、完整的统计数据。每月定期整理统计月报发送给县领导及相关部门，通过梓潼县人民政府门户网站向社会公布，为梓潼县各项指标、数据的参考、查询提供权威资料。编发工作动态及统计信息101篇，县委、县政府信息专刊采用11篇，编发专报2期及《梓潼县统计年鉴（2019）》。

【统计监督】 组织开展“双随机”执法检查。严格落实“管行业就要管统计，管统计就要管数据质量”要求，全年配合上级督察检查4次，对相关企业开展“双随机”检查10余次，对企业统计报表、统计台账、财务报表等相关资料进行排查梳理，从源头上提高统计数据质量。全面开展统计数据质量核查。根据《绵阳市统计局关于开展统计督察整改工作督导和“双随机”检查的通知》（绵统计发〔2020〕22号）要求，扎实开展自查。2020年，全县有“四上”企业138家，其中，规模以上工业56家、资质建筑业23家、房地产业12家、商贸业39家、重点服务业8家。

（李佳昌）

国有资产管理

梓潼县聚源资产经营投资有限责任公司

【概况】 2020年，公司经济目标为1亿元，实现各类收入11141.69万元，完成全年总目标的111.42%。1—12月累计上缴土地出让金7163.22万元，上缴税金1507.01万元；融资到位资金3.59亿元，融资贷款还本14362.49万元，付息3038.13万元。固定资产投资入统目标4亿元，完成入库15亿元、入统3.8亿元。

【国有资产管理】 完成经济适用住房办证179套，办理过户手续23户、完成拍卖资产过户办证11户；对步行街门面、保障性住房小区、仁和国税所等200余处资产进行维修及水电改造；对乡镇兽医站、新瑞木业、瀚山等12处资产进行接收；配合相关部门处理来信来访30余次。

县委书记周琳（右二）对文昌干道修建进行现场调研

（何昊雨/供图）

县长刘强（左四）对国道 G347 道路修建进行现场调研

（何昊雨/供图）

【融资担保业务】 全年融资到位 3.59 亿元，协助“两弹一星”文化公司融资担保 3.5 亿元，为七曲山公司融资担保 1000 万元。办理创业担保贷款 28 户，金额 480 万元；开展依法追偿，收回担保逾期贷款、代偿款 241.32 万元。与法院协调沟通，将公司 39 笔案件划至专人执行。向公安经侦大队报案 4 笔，深挖财产线索，帮助收回贷款。

【工程项目】 2020 年交通专项扶贫道路建设，实际完成道路里程 12.84 公里，总投资 717 万元；西崖街道路建设工程，实际完成道路里程 0.15 公里，总投资 240 余万元，6 月底完工并通车；完成长卿村旅游道路项目建设，实际完成道路里程 1.15 公里，总投资 1400 余万元，12 月底完工并通车；2020 年窄路面加宽项目建设，全长 98.8 公里，总投资 2590 余万元；打造生态、休闲、宜居为一体的滨江公园，总投资 4900 余万元，该项目完工 70%，确保 2021 年春节能投入使用；2020 年应急抢险工程，总投资 2000 余万元，完成 80%；承建梓潼县农村公路安全生命防护工程，全长 34.1 公里，计划总投资 759 万元，截至 2020 年 12 月底正在施工中；启动梓潼县三梓路维修工程，全长 23.163 公里，投资 800 余万元，预计春节前通车；启动文昌干道、国道 G347、长卿村村道 LED 路灯工程，总投资 800 余万元，该项目已完成招投标工作，进入施工阶段；对文昌干道至龙凤垭和国道 G347 连接线两个 EPC+ 道路建设项目加大管控，建设进展顺利；推动梓潼县文昌镇及长卿镇棚户区改造项目，完成项目前期可研、勘察、设计等工作；协调多方加强河道清淤疏浚项目建设管理，通过清淤利用富余砂石料实现收入 4870.66 万元。

西崖街道路拓通工程现场办公 （何昊雨/供图）

县水务局开展河道砂石资源开采界限确定工作 （何昊雨/供图）

【城市供水】 2020年,有用户37914户,新增用户1742户,实现经营收入2439.55万元,占年初经营目标任务2000万元的121.98%(其中,自来水销售收入1377.69万元,工程安装收入1023.63万元,其他收入38.23万元,上缴税金260.28万元);完成县域水质监测16000项次,综合合格率98%,对潼江河上游水取样检测4次、疾控中心水质抽检12次、送检连枝出厂水样到绵阳水质检测中心2次,水质综合合格率均100%;推进户表安装和老旧管网改造工作,完成自来水安装4520户,旧户改造195户,智能水表应用4299个,占总用户数的11.6%,完成金牛大道、西崖街等街道管网铺设及改造10444米;加强老旧小区供水管网改造工作,全年查漏巡线549次,查出主管网53处暗漏,抢修处理319处,供水产销差从一季度的32.82%下降到四季度的14.92%。配合绵阳两弹一星文化发展有限公司和梓潼县汇智水务有限公司实施大手笔至两弹城输水主管线、玛瑙片区联合供水建设,通过自控系统改造,重启长岭水厂。投资3000余万元完成梓潼县城市备用水源工程项目建设,并通过初步验收。

【公墓建设销售】 新建墓位40座,改建草墓255座,销售墓位208座,实现各类收入516.97万元,同比增收70%。完成冯包岭取土工作,完成新建停车场、消防通道等的初步设计。完成御龙园新建墓区的绿化栽植和老墓区的绿化补植工作,栽植塔柏、扁柏600余株,灌木360平方米。

(何昊雨)

梓潼县梓昌投资有限责任公司

【概况】 2020年,全年融资到位480万元,完成固定资产投资3260万元,净资产为3082万元,资产负债率为27%,亏损27.25万元。2020年,成立7个项目公司(1个合伙公司、6个生猪代养场)。

【项目建设】 承建的民俗文化创意园建设项目位于经开区南桥村,占地66亩,总投资1.25亿元。项目于2020年6月完成EPC总承包招标,2020年7月入场施工。

项目地址位于梓潼县长卿山麓,经开区南桥村,总占地面积77亩,总投资1.1亿元。长卿山森林公园重要节点景观、“两弹一星”文化广场等配套建设,占地面积约28500平方米,含广场、雕塑、景观绿化、停车场等配套设施;忠义街节点景观工程,占地面积约6500平方米,新建汉阙主题公园及相关配套设施,提升改造李业阙保护设施;潼江两岸综合环境治理,占地面积约16000平方米,新建广场、绿化、管网等基础设施,配套建设用房约2800平方米。

经县政府常务会议通过同意,决定参与全县生猪全产业链的建设,已在玛瑙、宝石、观义等条件成熟的代养场进行试点,分别在玛瑙和观义注册成立2个项目公司,2处共6栋代养场正在修建中。

【对外投资】 2020年,与梓潼福欣食品和观义观仓农业开发公司合资成立绵阳人和天润农业科技有限公司,主要在全县建立农业基地,从事农业开发、农产品种植、加工和销售等。

(李昕霞)

梓潼县汇智投资发展有限公司

【概况】 梓潼县汇智投资发展有限公司经营范围覆盖农村供水、污水处理、工程建设、投资运营、再生资源、水产经营等领域。截至2020年12月初,资产总额达28亿元;固定资产18亿元,其中国有经营性资产10亿元,国有非经营性资产8亿元;全年实现收入887万元,净利润240万元,上缴资金82万元。

【项目建设】 成立梓潼县汇智水务有限公司,全面负责农村饮水安全巩固提升项目,推动城乡供水一体化建设。通过“划立治”项目实施,全县已建成天生堰、栏杆大桥、黎雅圆窝子等9个水源地。宝石片区已全部竣工并投入运行,玛瑙、文昌片区工程已进入试运行阶段。新建水厂2座,铺设各类输配水管网3900公里，新建高位水池、增压泵房等配套设施62处（幢），项目总投资1.8亿元，项目覆盖10个镇（乡）、93个村、6.5万人，其中贫困村29个，贫困人口8400余人。

【污水处理】 成立梓潼县汇智环保科技有限公司，承接全县工业和乡镇污水处理厂（站）的运营。投资5000万元的“5+2”乡镇污水处理及配套项目全面完成，24个乡镇污水处理厂项目建设基本完成，总投资1.35亿元的工业污水处理厂及管网配套项目完成90%工程量，已进入设备安装及调试阶段。全县有25个乡镇污水处理厂正常运营。

【投资运营】 公司作为政府购买服务方，持续推进城南和文昌两个棚改项目，完成投资8.8亿元，安置补偿1580户3744人。公司对外总投资16620万元（资金投资12120万元），其中：“多肽原料药物及生物诊断试剂开发生产”平台建设项目正在进行设备采购、厂房装修、设计；“梓潼县速酶产业链研发生产项目”年初已投入试生产；中匆光电项目正在进行厂房装修和公开采购设备；莱仕顿精酿啤酒项目于2020年3月正式动工建设，年底正式投产。

【基础设施建设】 公司成立以来，先后承担25个政府投资建设项目，其中8个县重点建设项目，总投资26亿元，2020年完成项目9个，在建项目16个。经开区金佳宝片区道路建设项目总投资4500万元，新建市政道路总长度约为2公里；经开区太平河改道项目总投资约1.15亿元，改道原太平河约1.5公里，规划整理土地400余亩，并配套建设桥梁、市政道路、河堤等项目，已完成总体工程量的60%；梓江柴坝堤防工程预计总投资4500万元，已完成项目论证、征地及前期准备工作；投资1.3亿元，建成绵阳生物医药产业园，已投入营运，共入驻企业7家；估算投资2亿元的科技创新孵化中心项目正式进场施工。

【创新企业发展】 拓展能源经营业务，将建设综合性加油站2个，预计投资9200万元，2020年完成土地收购和规划设计工作。注册成立梓潼汇智再生资源利用有限公司，构建全县城乡环卫一体化发展模式，实现全县环卫保洁作业市场化，已启动县城环卫保洁、镇乡垃圾清运、垃圾压缩中转站资产移交等工作。探索小型水库管理体制改革，将全县小（一）型水库委托汇智水务公司实行公司化集中管理，已完成小型水库改革方案审定和摸底调查工作。

（张成满）

绵阳七曲山旅游开发有限公司

【概况】 2020年，公司资产总额248284万元，与2019年同期30928万元比增加217356万元；负债总额25756万元，与2019年同期13631万元比增加12125万元；所有者权益总额222528万元，与2019年同期17297万元比增加205231万元，增长1186.52%；资产负债率10.37%。

截至2020年，景区接待游客15.7万人次，同比减少89.14%，经营收入合计5215万元，同比减少833万元，减少13.77%；经营支出合计5535万元，同比减少32万元，减少5.74%；全年实现税后利润–320万元。

截至2020年，公司银行贷款19214.6万元，其中：农业银行贷款8100万元，农商银行贷款3900万元，农业发展银行贷款6214.6万元，中国银行贷款1000万元。或有负债（担保债务），主要是为县属国有企业担保45000万元，其中：为聚源公司在商业银行担保债务40000万元，为汇智公司在农发行担保债务5000万元。

【景区建设】 2020年，景区新开工项目16个，累计投入资金3.4亿余元。水观音罗汉堂、观音堂、大雄宝殿、药师殿、南北山门、民宿、雷神庙维修改造、文化广场、南北圣境坊、核心区及下山步游道正在加紧施工中，其中文化广场、南北圣境坊、核心区步游道大面积完工并投入使用；景区内民房风格风貌改造、水观音文化广场入场施工，计划春节前完工投入使用；南山门回程终点站中心文化商业街完成场地平整，正在进行原住民通道施工；南、北山门改造、南山门游客中心文化广场改建完成施工图设计工作。

【旅游建设】 公司加大对旅游配套设施的完善及提升，其中七曲村居民安置点、南山门游客中心装饰装修工程、酒店道路及景区断头路已完工；景区道路亮化项目路灯设计已基本完成。

景区智慧旅游系统，标识标牌系统已完成招标，正在加紧施工；在各类配套设施建设完善的同时，按照上级指示要求及景区发展需要，公司完成对七曲山大酒店的回购工作。

（巩万举）

绵阳两弹一星文化发展有限公司

【概况】 绵阳两弹一星文化发展有限公司是梓潼县人民政府出资成立，并授权县国有资产监督管理委员会履行出资人职责设立的国有独资有限责任公司，成立于2018年6月，注册资本10000万元。2020年12月按梓潼县政府统一部署将绵阳两弹一星文化发展有限公司股权划转至四川翠云廊建设发展有限公司。2020年绵阳两弹一星文化发展有限公司实现收入155万元，亏损401万元，缴纳土地出让金5670万元，上缴税金4万元，员工28人。

【融资业务】 2020年银行融资到位资金9831万元，偿还债务本金950万元，偿还银行借款利息745万元。

【项目建设】 绵阳市“两弹一星”红色经典景区品质提升工程——红色旅游研学营地建设项目。项目总投资30080.92万元，占地面积43810.6平方米，总建筑面积46828.42平方米，预计2021年6月完成全部建设项目，7月正式投入使用，项目建成后能同期满足2000～2500人集中教学及食宿。梓潼县“全民公共运动中心”建设项目。项目位于梓潼县文昌镇沙河村，项目总投资30200万元，占地面积83840平方米，总建筑面积36141.6平方米，项目于2019年12月开工，预计2021年9月投入使用。项目建成后，游泳馆可容纳1500名观众，体育馆可容纳5000余名观众。绵阳市“两弹一星”红色经典景区品质提升工程——红色旅游研学营地建设项目（二期）。项目位于四川省绵阳市梓潼县长卿镇，项目估算总投资约45000万元，占地面积约66667平方米，总建筑面积37800平方米，涵盖绵阳三线博物馆、航天科技馆，该项目于2020年10月正式开工建设。

（蒋小林）

市场监管

【概况】 2020年，全县新登记市场主体1944户，其中企业376户，市场主体总数达到21754户，其中企业3280户；开展食品安全示范县创建工作，在全县开展食品安全示范社区、示范街区、示范单位创建，梓潼县已命名授牌2个示范社区、2个示范街区、24家示范单位，同步开展药品质量安全示范店、“放心肉菜”示范超市等活动，推动许州镇“食品安全示范镇”创建工作，在县城宏德广场打造食品安全文化广场。以“梓潼有机”为主阵地，采取“线上＋线下”的模式，配合消费升级大趋势，为梓潼有机开拓消费大市场。已发展有机认证企业6家，认证面积8110.5亩，认证品种15个，涵盖生猪、猕猴桃、蘑菇等产业。

（王　粒）

食品药品监管

【概况】 梓潼县有药品生产企业1家——绵阳一康制药有限公司，其生产的药品面向全国销售流通。梓潼县有药品批发企业2家，分别是科伦医药贸易有限公司、四川嘉红医药有限公司；药品销售连锁公司总部1家——梓潼嘉合堂医药连锁有限公司;药品零售企业174家,其中,单体药店11家、加盟连锁店163家。2020年,成药品质量及价格投诉总数57件,接受咨询60余次,投诉和咨询数目每月9件以上。2020年以来,梓潼县重点组织开展以新冠疫苗质量、中药饮片、第二类精神药品、药品网络销售等专项整治5次,重点整治无证经营、超范围经营、非法渠道购进药品、销售假劣药品、经营使用假冒伪劣和过期失效药品、执业药师"挂证"、网络违规销售药品、疫苗冷链储存运输不符合规定要求等违法违规行为。全年检查医疗机构154家次、零售药店642家次,药品经营单位检查覆盖面100%,县直医疗机构、乡镇卫生院检查覆盖面100%,村级医疗机构检查覆盖面40%以上,发出责令整改通知书20余份,查办药品违法案件24件。

梓潼县完成300批次的食品和340批次食用农产品抽样检测,发现不合格15批次,对1家抽检不合格的单位进行约谈;开展全县生产流通环节食品安全风险等级评定,覆盖率75%;开展餐饮服务食品安全量化分级管理工作,量化分级评定率100%;大力推进学校食堂(含托幼机构)"灭C行动"。全年检查食品生产企业148家次,食品经营店5010家次,餐饮服务单位5708家次,食品小作坊、小经营店及摊贩1021家次,网络餐饮服务平台1家。

【监管机制改革】 深化"多证合一""简易注销"等商事制度改革,探索推行"营商通"掌上办证APP等,助力企业全程电子化登记,简化市场主体准入和退出程序,降低企业投资创业的制度性成本;继续实行营业执照小时办结制,在企业办照"136工程"的基础上探索企业办证6小时办结制,试行经营范围规范化登记。

严格落实《市场监管领域轻微不处罚工作制度》,对一般性违法违规经营活动进行教育指导,对符合条件的首次违法行为,作"首次不处罚",对主观无恶意、未造成严重社会后果的违法行为责令限期改正,不予行政处罚。严格依法行政,正确运用行政处罚的自由裁量权。

为县内包括卧龙农贸市场在内的7个农贸市场,协调8台消毒机。为部分困难个体工商户和小微企业发放10350个口罩、1050瓶酒精、1080瓶84消毒液、协调66个体温枪。

(王　粒)

产品质量监管

【概况】 2019年12月梓潼县获批"四川省有机产品认证示范创建县"称号,出台《梓潼县创建"四川省有机产品认证示范县"实施方案(2020—2022年)》与《梓潼县进一步促进有机农业发展奖补办法》,引导有机生产主体建立完善的品牌培育机制。

开展"春雷行动2020"——油品行业乱象行动,联合公安、交通运输、工信、应急管理等部门开展联合执法检查,在梓潼县文昌、石牛、文兴等路口设点,对广元进入绵阳、绵阳进入梓潼的过境大型货车、油罐车进行检查,出动执法人员497人次,检查过境大型货车、油罐车17辆,检查加油站56家次,加油机124台次,成品油抽检25批次,立案查处6件违规违法案件,向县公安局移交有关"黑加油车"线索1条;印发《梓潼县2020年重点工业产品质量监督目录》,对梓潼县3家工业产品生产许可证获证企业及重点工业产品进行监督检查;开展儿童用品、中高考销售考试作弊器材等专项执法行动,针对梓潼县口罩生产企业开展2次产品抽检工作;开展了重点农产品、农业投入品、重点工业品和流通商品日常监督检验工作,2020年抽检重点产品60批次,抽检合格率86.7%,其中重点工业产品抽检合格率100%。

【商标管理】 加大对商标申报企业的指导,动员企业争创省、市政府"质量奖",根据企业的亮点特色,对19家企业进行一对一专利、商标咨询服务,对因疫情影响超出办理期限的企业,提供办理专利、商标、集成电路布图设计事务的专门服务,落实5家企业办理恢复权利请求。梓潼县拥有有效商标累计数1359件，其中2020年注册229件。2020年，专利授权数23件。梓潼酥饼、梓潼桔梗、天宝蜜柚获得地理标志产品，梓潼桔梗获地理证明商标。

【消费者权益保护】 起草《放心舒心消费景区建设规范》地方标准，发展18家ODR企业入驻全国12315互联网平台；梓潼县消委会各理事单位以推进供给侧结构性改革为主线，扎实开展消费者权益保护工作，推动消费维权社会共治。2020年全年接待群众来电、来访251人次，受理并处置各类投诉、举报、咨询251件，成功调解251件，成功率100%，涉及金额327.78万元，为消费者挽回经济损失110.3万元；通过各类媒介发布节日消费、餐饮服务、食品安全等消费警示50余条。

（王　粒）

抽样调查

【概况】 2020年，梓潼县城镇居民恩格尔系数37.8%，比2019年上升2.3个百分点；农村居民恩格尔系数38.7%，比2019年上升1.5个百分点。

2020年，梓潼县城镇居民每百户汽车拥有量40辆、摩托车19辆、助力车49辆、洗衣机94台、电冰箱（柜）100台、微波炉41台、空调140台、热水器101台、抽油烟机79台、智能手机190台。农村居民每百户汽车拥有量21辆、摩托车76辆、助力车47辆、洗衣机94台、电冰箱（柜）99台、微波炉13台、空调74台、热水器93台、抽油烟机17台、智能手机201台。

【居民支出调查】 梓潼县2020年城镇居民人均食品烟酒支出8328元，比2019年增加313元，上涨3.9%，对消费的贡献率最大。食品价格上涨是食品烟酒支出增长的一项重要因素，特别是猪肉价格大幅上涨，全年城镇居民人均肉类消费1658元，增长31.9%，人均猪肉消费量25.1公斤，下降21.1%。

【农村居民交通通信支出】 梓潼县2020年农村居民人均交通通信支出1751元，比去年增加284元，增长19.3%，在八大类消费中增长最快。近年来农村居民购买汽车数量不断增多，汽车消费成为农村居民消费增长的主要增长点，全年农村居民人均交通支出1220元，增长23.8%。受疫情影响，居民居家隔离，带动通信支出增长，全年农村居民人均通信支出532元，增长10.2%。

（蒋亚楠）

农业农村

NONGYE NONGCUN

综　　述

【概况】 2020年，全年粮油作物播种面积77.04万亩，总产量29.88万吨，巩固17万余亩蜜柚种植面积，中药材规模种植面积1.3万亩，以海椒为主的蔬菜基地面积5万亩；水产品生产总量1.25万吨，产值2.5亿元；全县已建成高标准农田面积14万余亩，总投资2.4亿元。完成第一产业增加值增长率5.5%；完成农村居民人均可支配收入增长率8.7%。

激发农村发展活力，争创县级示范场个数111个，市级示范场个数31个，省级家庭农场示范个数65个，有家庭农场示范场的行政村个数65个；建成县级现代农业园区8个、市级现代农业园区3个，省级先进乡镇1个、示范村5个，市级先进乡镇2个、示范村6个；完成“三品一标”培育计划15个。

坚持绿色发展道路；建立统防统治绿色防控示范片3.5万亩；秸秆综合利用率97%，农药包装废弃物回收率85%。

【生态循环农业】 按照3头猪1亩地的标准配套发展“蜜柚+生猪”生态循环农业，分类推行市场大循环、合作中循环和园场小循环三个生态循环农业发展模式，提高粪污资源化利用率，既能降低粪污处理和运输成本，又能改良土壤、培肥地力，实现现代农业“高产量、高质量、高效益”：每亩蜜柚一年可节约农药化肥成本和人工成本约600元，平均亩产增加500公斤，蜜柚甜度增加1度，每公斤价格提高0.5元，每亩增收1000～2000元。

【高标准农田建设】 按照省委、省政府“新建高标准农田亩均投入不低于3000元”的要求，2020年，县委、县政府统筹整合抗疫国债和各类涉农资金，成功申报梓潼县2020—2022年高标准农田建设专项债券项目，总投资3.5亿元，申报地方政府专项债券2.4亿元，解决连续三年高标准农田建设缺口资金。创新建管机制，提升项目建设效益。梓潼县从高标准农田建设项目初期开始，不断探索创新建管体制机制，对高效节水灌溉项目采取购买社会化服务的方式进行建设运营管护，并与项目施工同时招标，预先将“由中标企业自行出资新建气象观测和施肥、过滤等配套设施”写入招标文件，并在招标文件中载明“工程完工后直接由中标企业负责系统后期运行管护，并提供不少于5年技术服务期限”等条款，实现“建管无缝衔接”，加快项目竣工投入运营。专业公司维护能进一步延长工程使用寿命，使项目区群众享受到更专业的技术服务，提高群众满意度。通过铺设管网将项目覆盖区域延伸向周边村社，辐射更多群众受益，起到“四两拨千斤”的财政投资效果，实现项目建成后可长期高效利用。

【农业产业化经营】 圣迪乐蛋鸡、水稻制种、生猪现代化养殖、蜜柚基地规模等四大优势产业实现全省“四个第一”，全县农业标准化生产基地达到27万亩，其中蜜柚基地18.25万亩，天宝蜜柚作为国家地理标志保护产品，纳入绵阳市十大主导产品之一；建成县级以上现代农业园区8个、休闲农业专业村3个、现代经济作物标准化示范基地建设1.4万亩。

【产业扶贫】 新建高标准农田2.5万亩，新建提灌站5处，渠道23.8公里，田间作业道21.4公里，整治山坪塘17座，新建维修蓄水池24口，新增农机动力0.4万千瓦。新建和改造粮油基地1万亩，继续深化“1+5”生态循环产业扶贫新模式，共建设生猪扶贫代养场56栋，实现贫困户户均增收4000元以上，惠及28个贫困村1.2万名贫困人口。建成县级以上现代农业园区8个，省级现代农业园区培育对象1个，新建农产品初加工设施5座。培育村级集体经济组织9个、农民合作社省级示范社4个、家庭农场省级示范场1个。有效期内“三品一标”产品总数30个，组织蜜柚、圣迪乐鸡蛋、猕猴桃等特色农产品等参加中国粮食交易大会、西博会、川渝特色农产品交易会、十八届农博会等各类展示展销会。

【农村人居环境整治】 2020年是人居环境整治三年行动收官之年，县委、县政府紧紧围绕农村垃圾治理、污水治理、“厕所革命”及畜禽粪污资源化利用、村容村貌提升、村庄清洁行动等重点内容，全面开展农村人居环境整治各项工作，先后整合各类资金5128万元集中投入农村垃圾治理、污水治理、厕所革命、村容村貌改造提升当中，完成各项目标任务。完成新（改）建农村生活垃圾分类收集点570个，新建农村生活垃圾压缩式转运站6座，新建镇（乡）回收站32个，村级回收点完成329个，生活垃圾分类试点村59个，组建保洁队伍329支，100%的行政村生活垃圾得到有效治理。完成“水美新村”建设试点6个，实施“千村示范工程”19个，建成农村生活污水治理示范点2个，29个镇（乡）污水处理厂建成并运行。到2020年年底，64.2%的行政村污水得到有效治理。2020年累计完成农村户厕改造22608户，新（改）建公厕89座［其中：镇（乡）公厕50座，农村公厕20座，交通公厕5座，城市公厕6座，景区公厕8座］，配备农村粪便抽运一体机329台，建成田间储粪池438个，农村卫生厕所普及率90.26%，全县畜禽粪污综合利用率98%以上，规模养殖场粪污处理设施装备配套率100%以上，大型规模养殖场粪污处理设施装备配套率达到100%，畜禽粪污基本实现资源化利用。到2020年年底，建设农村公路200公里，通村硬化路率100%，通组硬化路率70%，创建“四好农村路”市级示范乡（镇）4个，县级示范村33个，省级卫生乡镇创建完成7个，省级卫生村创建88个，“美丽四川·宜居乡村”达标村200余个，完成四旁植树90万株，营造林12.75万亩，完善乡村道路绿化9公里、河道绿化9公里，全县生态林覆盖率43.52%，全县秸秆综合利用率97%，废旧农膜回收利用率90.12%，农药包装废弃物回收处置率85%，全县范围内总的图集采用率90%以上。围绕“扫干净、摆整齐、能保持”干干净净迎小康的工作目标，以“三清两改一提升”为主要内容，采取定期与不定期相结合的方式，组织全县上下集中开展村庄清洁行动400余场次，累计清理死角垃圾2万余吨，清理残根断臂1520余处，安装固定宣传标语150处。

【农村能源建设】 2020年，梓潼县已建成大型沼气工程2处，2300立方米；新村集中供气工程10处，供气农户705户；联户沼气、小型养殖场粪污处理沼气池100余处。强化沼气安全生产，全年召开沼气安全培训会6次，培训人员近1000人，宣传沼气安全，发放沼气安全挂图5万份，接受群众来电来访、现场咨询500余人次，广播宣传200次，板报6期，悬挂宣传标语20幅。开展沼气安全隐患排查、宣传教育。派出沼气技术员和乡镇农技员180人次，深入乡镇对沼气农户和已建、在建沼气工程进行严格细致的检查，排查沼气用户1500余户，查出沼气安全隐患11例，处理11例。派出12名沼气技术员进村入户张贴安全挂图20000余份，检测灶具、管件500户，维修60户。

【种植业】 2020年，全年粮油作物播种面积77.04万亩，总产量29.88万吨。小春粮食作物播种面积24.9万亩，其中小麦23.8万亩、其他作物1.1万亩；经济作物31.1万亩，其中油菜26.2万亩（比2019年增加1.03万亩）、其他作物4.9万亩；大春粮食作物播种面积52.14万亩，其中水稻22.77万亩、玉米26.43万亩、马铃薯0.11万亩、红苕1.6万亩、大豆等豆类粮食作物1.23万亩，花生、蔬菜等经济作物15万亩。推进撂荒地复耕复种、旧房改造后的宅基地扩种、间作套种等，扩种大春作物4000余亩。推广小麦、水稻、玉米主要粮食作物"四新"绿色高产高效应用技术，全县粮油作物新品种、新技术覆盖率98%。全面完成2019年产油大县项目、5.3万亩油菜基地建设、1.02万亩花生示范片建设、2019年"协同推广油菜重大技术"项目、2019年油菜轮作休耕扩种项目和2020年协同推广小麦重大技术项目。加快推进2020年产油大县项目、2020年耕地轮作休耕项目及2019年"天府菜油"项目。全年发放耕地地力补贴187290户次，补贴面积37.2万亩，补贴总金额4045.58万元。2020年，梓潼县主要农作物病虫发生面积214.8488万亩（次），防治554.97万亩（次），防治挽回主要农作物产量损失50832.84吨。其中：水稻、小麦、玉米等主要粮食作物病虫发生面积59.741万亩次、防治面积292.62万亩次，防治挽回粮食作物产量损失31675.94吨；花生、油菜等主要油料作物病虫发生14.88万亩次，防治73.85万亩次，防治后挽回油料作物产量损失8210.5吨。按照产地检疫操作规程，实施完成产地检疫作物面积3.38万亩，其中：小麦产地检疫8335亩，油菜1433.1亩，水稻20292.5亩，玉米360亩，苹果种苗3320亩，豌豆60亩，甘蓝20亩，萝卜14亩，均未发现检疫性有害生物，签发产地检疫合格证书57份，调运检疫证书742份。围绕六大重点产业和九大主导产品，对全县现代农业园区进行总体布局，以蜜柚、生猪、水稻制种、中药材等主导产业为重点，精选培育对象，初步建立未来五年涵盖19个园区储备项目的全县现代农业园区体系，其中省级储备2个、市级储备4个、县级储备13个。选取潼江河谷区、种业核心区、蜜柚核心区三个重点区域开展试点，将梓潼县天宝蜜柚现代农业园区、梓潼县牛头山产业融合现代农业园区、梓潼县水稻制种＋优质粮油现代农业园区三个重点园区作为省市现代农业园区培育对象。与四川农业大学、四川省农业科学院、西南科技大学等科研院校开展校地合作，实施院地共建、校地合作，建立合作平台、向园区提供科技支撑和人才支持，开展品种选育、技术推广、产品开发、服务指导，强化园区科技投入。巩固17万余亩蜜柚种植面积，中药材规模种植面积达1.3万亩，以海椒为主的蔬菜基地面积达5万亩。抓好"两项改革"后半篇文章农业产业基地建设试点，持续推进产业基地规模做大，黎雅镇凭借水稻制种产业成功申报全国第十批"一村一品"示范村镇。围绕产业基地和园区建设，结合农业产业化龙头企业监测评定工作开展，分类引导培育各级龙头企业37家，涵盖蔬菜、粮油、禽畜、中药材、蜜柚、木材等主要类别，全面提升农产品产地初加工和精深加工整体水平。鼓励引导企业及新型经营主体共享构建冷链物流设施，配套农产品加工与仓储物流、营销服务体系，通过电子商务、直供直销等手段，积极开展特色农产品采摘品尝、直播带货、旅游节会活动壮大农业休闲旅游模式。

【养殖业】 落实以生猪为主的"菜篮子"市长负责制，紧紧围绕年出栏50万头生猪目标任务，对标支持生猪产业健康发展的十六条措施，以川猪特色优势产业集群和畜禽粪污资源化利用等畜牧项目为抓手，推进正大18万吨饲料厂和兽药企业建设，加快生猪全产业链闭环发展，2020年全年新建成投产生猪代养场52栋、规模种猪场7个，累计出栏生猪50.03万头；大力发展牛、羊和小家畜禽，稳步提高除生猪以外的其他畜禽产业比重，2020年末优质蛋鸡存栏256万羽，出栏小家禽914.5万羽，禽蛋产量3.328万吨；出栏肉牛2.9万头以上、肉羊出栏34.67万头。

县委、县政府研究出台《支持生猪产业健康发展的十六条措施》（梓委办发〔2020〕14号），深化推广"村集体经济+"利益联结模式，根据老百姓意愿，因地制宜采取"村集体经济组织+农户+社会资本或龙头企业"模式，引入梓昌公司作为龙头企业参与发展利益联结模式，对生猪全产业链建设提出发展总体要求、切实加强措施保障等，已开工建设村集体经济共享代养场20栋，其中已建成投产2栋。

落实"非洲猪瘟"常态化防控。严格网格化管理，成立"3+1"网格化管理体系，落实951名网格员对全县9329家生猪养殖场（户）和12个生猪定点屠宰企业实行"3+1"网格化管理，实行县级领导分片包镇（乡），镇（乡）干部分片包村，村社干部分片包组，驻场官方兽医负责屠宰企业，坚持"村村有人看、场场有人管"，实行生猪生产网格化管理月报、周报制，对接直联直报系统，全面摸清生猪生产底数。做好生猪及其产品调运监管，打击违法违规行为，在高风险环节和重点场所开展"大清洗、大消毒"行动，严格动物检疫，监管屠宰企业开展肉品品质检验和PCR自检、严格病死畜禽无害化处理，大力提升养殖场生物安全水平。畅通调运通道，跨县调入仔猪93227头、种猪6000头。持续开展"大消毒、大培训、大宣传"三大行动，做好重点场所消毒工作；指导恢复生猪产能，完成优质生猪出栏50.034万头。

严厉打击制售贩假、劣兽药、饲料的违法行为，加大兽药、饲料市场秩序整顿和规范力度。组织全县兽药生产、经营企业召开进一步推进兽药追溯管理工作培训会，开展兽药追溯实施情况专项检查。组织参与兽药生产、经营企业GMP、GSP验收，严格兽药生产经营企业日常监管。按新修订的《饲料添加剂管理条例》规范全县106家饲料经营企业、2家饲料生产企业、145个畜禽规模养殖场，清理整顿2家不合格饲料经营门市部。组织开展执业兽医注册和乡村兽医备案工作，全县有注册执业兽医45名、备案乡村兽医207名。

坚守不污染环境的红线，统筹考虑生猪养殖与资源环境承载力，按照3头猪1亩地的标准，以种定养、以养定种，坚持种养结合生态循环，分别推行市场大循环、合作中循环和园场小循环模式，变废为宝，全面实施畜禽粪污资源化利用，解决粪污治理难题。每栋生猪代养场同时配套建设粪污处理池1210立方米，其中集粪池100立方米、盖泻湖式沼气360立方米、暴晒池550立方米、稀释池200立方米，配套购置固液分离机1台，建设干湿分离棚和粪污灌溉管网，将干粪及农作物秸秆等废弃物变废为宝用于生产有机肥，沼液用于灌溉农田，实现粪污处理无害化、资源化。

（王雪冰）

【林业】 2020年改造工业原料林基地0.8万亩，改造核桃产业基地0.15万亩，新建林下种菌基地0.65万亩，新建珍稀林木基地0.42万亩。积极推进梓潼县世界银行贷款长江上游森林生态系统恢复项目建设，已完成抚育0.8万亩，新造林0.6万亩，低效林改造0.6万亩的建设任务。继续推进林业生态旅游产业发展，壮大森林旅游业。以七曲山国家森林公园为重点，大力发展森林康养产业、森林人家、森林小镇、生态旅游产业村等。七曲山风景区成功申报为国家级森林康养基地，金凤湾度假村成为第二批市级森林康养试点示范基地。县城周边市级森林康养人家增加5家，市级四星级森林人家申报2家，规模不断增大。已成功申报2家四星级森林人家。实现林业产业总产值34.6亿元，农民从林业获得的年人均收入达2520元，林业生态游客数量达605万人次，林业生态旅游产值达9.8亿元。

（张梦云）

水　利

【概况】 2020年，梓潼县水利工作综合考核名列全市12个县（市、区）第一名，2020年7月20日，《人民日报》第13版以《统筹做好疫情防控和防汛救灾工作，与洪峰赛跑，每一步都要抢在前面》为题，以四川省绵阳市梓潼县为例，介绍了梓潼县堤库排查——用好“千里眼”的经验和做法。水资源管理、农村水利、水利工程建设和水利宣传工作分别被水利厅表彰为先进集体，两项改革“后半篇”文章农村水利基础设施建设经验交流现场会召开，并被列为全省试点县。

【水利建设】 完成梓江梓潼县城区段堤防工程水毁灾后重建项目和长卿镇柴坝段、许州段堤防工程前期工作；完成梓潼县仁和镇、自强镇宝石河以及绵阳市魏城河（梓潼县石牛镇段）防洪治理主体工程，石牛镇防洪治理工程完成工程量的80%以上；完成文昌镇马鸣河、宏仁镇石鸡河、自强镇宝石河防洪治理工程验收工作；推进防汛抗旱水利提升工程中央财政支持项目前期工作，梓潼县宝石河、文兴镇以及魏城河卧龙镇防洪治理工程已进入初步设计招标阶段。水库除险加固工程建设。完成同心水库除险加固前期初设编制工作；正式启动2021年规划外病险水库除险加固前期工作，上报三埝、蒲家沟、八一、瓦子垭、白鹤咀、白雀6座规划外病险水库，水利部已通过审核4座水库；2020年水库大坝安全鉴定工作进展顺利，全面完成29座水库大坝安全鉴定工作。农村饮水安全巩固提升工程建设。玛瑙供水巩固提升工程完成厂区主体工程，厂外管网完成安装330公里；七曲供水巩固提升工程完成主体工程完成管道安装90公里，宝石片区持续推进自来水入户工程建设；完成省级扶贫专项项目，投资240万元，在文昌飞龙等6个村建设供水保障工程；启动2020年省级财政专项资金项目，下达资金72万元，用于农村饮水类项目建设；专项债券项目获批，总投资8.46亿元，实施县城水厂扩容与农村供水管网延伸。

【防汛抗旱】 2020年，梓潼县水利局开展汛前安全隐患大排查工作，排查出问题74个，并将所有问题纳入台账管理，进行整改销号，对于一时不能整改的问题落实好预警监测工作，设立警示标牌，并及时编制上报完成物资需求计划，先后通过发放抗旱应急物资、拉水送水、自来水入户、蓄水保墒和人工影响天气等有力措施，投入资金50万元、人力8200余人，发放背水袋1.5万个、拉水桶140余个、动用抗旱设备210余台套、出动运水车辆130辆，临时解决1.98万人饮水困难，灌溉农田7180公顷，成功应对干旱、强降雨气象灾害影响，特别是“8·15”中期强降雨带来的短时特大暴雨天气。

【河长制】 督促各级河（湖）长开展日常河（湖）巡查工作。全体县级河湖长先后深入9条县级河流、22座水库、1条武引干渠等流域巡河湖、问河湖281次，跨流域召开工作推进会1次；各镇（乡）级河湖长、村级巡河员累计巡河湖、问河湖1221次；组织志愿者、河道巡查保洁员打捞河道垃圾110余吨、清理河道30余公里、湖库100余座；梓江、魏城河湖管理范围划定工作已完成界桩安装立牌工作，全县流域面积50平方公里及以上河流管理范围划定工作年底完成。开展河湖问题大排查工作，完成问题整改303个；常态化开展河湖“清四乱”专项整治行动，清理岸边砂石制料点17处，复垦复绿河湖岸线13公里；整改完成四川省河长制湖长制基础信息平台卫星遥感影像反馈存在75个疑似“四乱”（乱占、乱采、乱堆、乱建）现象；完成省河长办核查组发现长卿镇黄桠村“四乱”突出问题整改。

【水资源管理】 2020年，组织20余名志愿者、两艘橡皮艇开展节水护水河道垃圾清理活动，同时在清明节后组织机关干部职工对河道白色垃圾进行清理；利用各类媒体进行宣传活动，在机关显示屏长期播放水法、水土保持宣传片，利用宣传栏3期、电视播放50分钟节水宣传、电信移动手机短信2万余条等形式宣传;加强自身学习培训,举办各类涉水法规及相关法规学习培训10期,受教育达800余人次;5月中旬,完成全县21座小(一)型水库计量设施安装,全面完成59处取水工程的整改提升工作,全年收缴水资源费65万元,网络取水办证49户,省级节水机关创建工作通过市局验收。全面完成2019年遥感监管认定查处生产建设项目水土保持问题的整改,依法依规约谈项目10个、曝光项目7个、立案查处项目1个,并同步将整改信息录入生产建设项目水土保持信息化监管系统,下发水土保持整改通知61份,重点关注名单1个,审查审批水土保持方案27个,征收水土保持补偿费170余万元,完成年初目标任务的170%。

【水利改革】 砂石资源管理体制改革初见成效。抽调公安、水利、交通、自然资源、农业、环保等部门人员,组建全县砂石资源管理办公室,成立水环境综合整治和砂石资源管理执法大队;积极探索小型水库管理改革新机制。制定《梓潼县探索小型水库管理机制改革实施方案》,明确小(一)型水库和小(二)型水库所有权,全县小(一)型水库实行国有公司化集中管理,鼓励各镇(乡)积极探索小(二)型水库管理新机制,既可通过政府购买服务等方式统一管理,也可委托村集体经济组织负责管理,水库收支实行专账核算、政府监督的管理模式;全面推进城乡供水一体化建设。通过以"建大、并中、减小"为导向进行科学规划、整合原30个乡镇供水站资源统一移交由县汇智公司(国有平台公司)统一运营管理、利用企业贷款和争取债券资金等解决农村饮水安全建设资金等方式,大力实施农村饮水安全巩固提升工程,根据全县水源建设条件及城乡经济社会发展状况,建立全县农村区域性骨干供水网络运管体系,稳妥、分步全面实现城乡供水一体化。扎实推进农业水价综合体制改革。完成武引大型灌区和东方红水库中型灌区的改革目标任务,改革面积为20.3万亩,涉及武引一期灌区8个镇,配套工程包括红岩分干渠、复兴分支渠、宏仁、卧龙、三合、东升、石牛、双峰、柏梓等斗渠共9条及若干条农渠,干支斗农各级渠系总长161.614公里,各类渠系建筑物1627处。

【扫黑除恶】 深化扫黑除恶专项斗争工作,严格按照"六清"行动任务清单,报送线索摸排表200份,扫黑办每月梳理、审查、汇总,并上报市水利局,形成"一点一清单",与市局保持"上下一致、更新同步";2018年以来排查的涉水领域问题10项,已全部销号;扎实推进河湖管理保护突出问题整改,发现问题303个,整改完成率100%;充分发挥"河长+警长+水行政执法"执法效力,查处盗采砂石案件2起;深入开展水土保持监督执法专项行动,约谈企业12个次,发放调查通知31份次,处罚企业1家。

【安全生产】 制定《梓潼县水利行业安全生产专项整治三年行动实施方案》,落实企业安全生产明责卡制度,在春节、五一、"安全生产月"、国庆节等重大节庆开展水利工程安全大检查和专项整治,成立检查组6个,督导检查次数34次,检查单位(企业)89个,排查隐患点位55处,全部整改完成;完成市水利局在安全巡检中反馈武都饮水第二期灌区工程西梓干渠第五标段高家山隧洞支护失效未及时补强衬砌安全问题整改工作。

【脱贫攻坚】 每月组织1~2次扶贫帮扶责任人深入贫困村和贫困户开展脱贫攻坚工作和"以购代扶"活动,共帮扶仁和镇、宏仁镇贫困户52户,直接从贫困户手中购买家禽、蛋类、花生、水果等农副产品,总成交额达8000余元,覆盖贫困户40余户;完成脱贫攻坚"自查自纠"、"两不愁三保障"问题整改"回头看"、历年反馈脱贫攻坚行业问题"回头看"三类问题整改,贫困户安全饮水指标通过2020年全省非国家贫困县脱贫攻坚调查,达到了脱贫标准,顺利通过全省脱贫攻坚成效交叉考核,圆满完成水利脱贫攻坚任务。

【疫情防控】 新冠肺炎疫情发生后,梓潼县水利局迅速组织55名在职党员、干部进翠云社区(负责五丁北段，翠云路口至崇文街口及周边，主要是水利局家属院、104车队家属院、物资公司家属院、九院技校家属院，沿途的商铺）开展疫情联防联控工作，参与疫情知识宣传120人次、掌握返乡人员动态720条，安排重要责任区域值守20天，下发《关于有序推进水利工程建设项目复工复产的通知》，严格按照国家规定时间、程序，方可开工建设。

（王　敏）

武引工程

【春灌供水】 春灌前，武管局与各管理站（所）分别签订了工程管理、供水管理目标责任书，层层压实责任，召开灌区管委会及灌区代表大会，对全年的供水、工程管理、水费征收等作出全面安排部署。武管局制定每条渠道的用水计划，分别与各水管站签订年度水量、水费合同，纳入各水管站年度目标考核。按照“统一领导，分级负责”“下级服从上级，局部服从全局，首灌区服从尾灌区”的供用水调度管理制度。各武引水管站之间按调度指令交接水量，每天不少于2次，并上报县局管理股，由管理股统一平衡渠道水位水量。加强与兄弟区县局协调、沟通，保证下游用水。2020年梓潼武引灌区最终农业用水总量为4914万立方米。

【抢险救灾】 受“8·11”连续强降雨影响，武引一期灌区各级渠系受损非常严重，多处发生渠道内外边坡滑坡裂缝、边墙和底板破损垮塌等现象，受损160余处，长度约5236米。经现场勘查、统计、设计，此次洪灾水毁共需维修资金843万元。武管局领导向上级有关部门汇报并多方筹措资金，抓紧抢修险段。

【武引二期灌区建设】 大宝、仁柏、元山、公柘4条支渠累计完成工程投资13578万元，完成98%的工程量。马东、建新、大兴3条斗渠工程建设。2020年8月，大兴斗渠Ⅰ、Ⅱ标、马东斗渠Ⅰ标、建新斗渠Ⅰ、Ⅱ标施工单位陆续进场施工，斗渠工程全面开工建设。斗渠工程建设完成11.6公里的明渠平台开挖，完成0.5公里的隧洞开挖，完成0.4公里的倒虹管基础开挖。累计完成投资4752万元。

【征地搬迁】 完成西梓干渠、中小渠系补征地工作。完成武引二期灌区西梓干渠梓潼境内补征地、票据开具、资金拨付及资料收集整理工作。西梓干渠工程补征地完成永久占地2.19亩，临时占地10.22亩，资料整理26册。完成大宝等四支渠补征地、票据开具、资金拨付及资料的收集整理工作，完成公柘支渠和仁柏支渠的补征地永久1.8亩，临时占地3.94亩。完成斗渠占地拆迁工作。完成对文昌镇、自强镇、玛瑙镇境内马东、建新、大兴斗渠占地拆迁工作进行技术指导和监督工作，三条斗渠完成占地754.48亩。建新斗渠Ⅰ、Ⅱ标、马东斗渠Ⅰ标、大兴斗渠Ⅱ标占地拆迁工作均完成，大兴Ⅰ标占地拆迁工作完成70%。

【维修养护及农渠规划】 完成东方红水库维修养护工作，通过完工验收；完成雄狮水库除险加固工作，通过完工验收；完成凤凰水库日常管护、环保专项验收、水土保持设施自主验收、竣工结算资料送审工作；完成农渠工程项目可行性研究报告的编制工作；完成大宝支渠Ⅱ标7月洪灾渠道应急除险工作；完成学塘垭隧洞和云峰农渠竣工验收；完成天宝、深沟、范家沟水库除险加固工程竣工验收。

【防洪度汛】 2020年初，武管局领导成员落实包片责任制，签订防洪度汛责任书，把防汛责任分解到每个股室、每个水管站、每个人。加强防汛值班值守，保障信息畅通。从5月1日起，领导班子成员轮流带班，值班人员昼夜值班，所有武引工作人员电话24小时畅通，确保防汛联络。实行中小型水利工程每天报汛制度。每座水库、每段渠系都有严格的巡查制度，出现险情能够迅速组织抢险。

（冯　艳）

工业

综述

【概况】 2020年，全县各类工业企业1200余户，从业人员6900余人，规模以上工业企业56户。其中年产值过5亿元企业1户，过亿元企业19户，过5000万元企业20户。规模以上工业企业实现工业总产值62.4亿元，同比增长3.81%，工业增加值增速5.2%，实现营业收入58.7亿元，同比增长1.33%；利润总额1.74亿元，同比增长22.72%；工业招商引资到位资金8.5亿元；实现工业投资增速28.1%，工业技改投资增速0.9%；民营经济占地区生产总值的60.1%，民间投资增速47.8%。工业园区建成面积达4.17平方公里，入驻各类企业104户，园区规模工业总产值51.22亿元，园区产业集中度达77%，汇智公司和四海大禹成功申报省级中小企业创新创业示范基地，经开区获得省级农产品加工示范园区、小型微型创新创业示范基地、绿色园区、循环化改造示范园区称号。2020年，全县工业经济实现税收收入8664万元，福欣食品率先突破千万大关，500万元以上税收企业达到3户。

【项目建设】 2020年，全县在建工业项目21个，总投资18.11亿元，其中续建项目14个，新建项目7个。截至2020年12月，三香汇年产600吨香兰素、莱仕顿年产10万吨精酿啤酒等13个项目已建成投产。梓鸿兽药GMP、华西动物中药萃取、谦禾魔芋出口加工等6个新开工项目正在按时序推进。

【技术创新】 深入实施“领航计划”“瞪羚计划”，深化“小巨人成长型”“专精特新”企业培育工程，惠泉生物成功认定为国家小巨人企业，一康制药为省级高成长型企业，福欣食品、辉氏生物、宁瑞电子为省级专精特新企业；林江苎麻成功创建省级企业技术中心，一康制药成功认定省级瞪羚企业，完成宁瑞电子等17家工业企业规范化改制，新增建立现代企业制度的企业5家，新增规模工业企业7家。

【资金项目申报】 充分掌握国家、省、市产业发展政策靶向,精心谋划、强化对接、积极包装，2020 年帮助凯瑞华创、一康制药、林江苎麻、圣迪乐等 16 家企业争取民营经济、技术创新、技术改造、园区产业发展、复工复产、农产品加工等上级各类先进制造业发展资金 2372.73 万元,帮助汇智公司争取市级项目建设用地周转金 3000 万元,帮助创王酒业争取市级应急转贷资金 450 万元。启动梓潼县先进制造业发展资金项目申报,支持企业做大做强。

【企业复工复产】 针对新冠疫情对企业的影响，2020 年 2 月 5 日印发中小企业复工复产指南,实行“一企一组”派驻联络员,指导企业做好防疫工作的同时尽快复工复产。2020 年,为全县各类企业协调购买一次性医用口罩 14.4 万余个、劳保口罩 4 万个、消毒液 1000 件、消毒酒精 3000 余瓶、红外线体温计 148 支。帮助福欣食品、君辉膨润土等 30 余家企业协调解决原材料调运、产品外运、用工、融资、工人返岗等困难问题 34 个,引导 2900 余名农民工实现本地就业。为田宝生物、大湖粮油等 8 家企业开具原材料调动函、产品外运函 15 单次、企业员工返岗督办函 23 人次;积极为符合条件的中小企业申请减免房租,全力支持企业复工复产,加快生产。

【要素保障】 坚持项目代办、服务绿卡制度,落实县级领导联系帮扶企业制度,及时协调解决水、电、气、路、土地、资金等主要生产要素问题。2020 年 4 月 1 日组织召开“银(保)政企业座谈会”,参会企业 80 余户,当月中小微企业新增贷款 1.13 亿元。2020 年 10 月 16 日组织召开 2020 年“绵州金英荟”暨梓潼县大学生创业汇活动，5 家银行和 5 家企业现场签约融资合同,授信金额 0.62 亿元;帮助企业减免税费 1301.64 万元,缓缴社保、延期缴税 196.53 万元;2020 年 5 月 7 日召开重点企业座谈会,收集企业困难问题 7 类 46 个,分解到国土、住建、交通运输局等 18 个相关部门，2020 年 12 月 31 日已解决困难问题 37 个,持续推进 9 个;利用“春风送岗位”“就业援助月”“民营企业招聘周”等专项活动,组织现场招聘会 4 场,帮助 40 余家工业企业完成招工，4424 人达成意向性协议。为圣迪乐等 13 户企业和中机国能等 12 个项目发放“服务绿卡”,为企业提供“一站式”“一条龙”服务。

【安全生产】 2020 年,开展“森林防灭火”“全国安全生产月”“安全生产清单制管理”“新冠肺炎疫情防控”“淘汰落后产能”“工业窑炉现场核查”“长江经济带生态环境问题排查整治”等 16 项专项行动及日常安全环保工作。进行各项检查 60 余次,检查企业 200 余家。配合市节能监察中心对四川天磁、金鑫石灰、凯特玻璃、砖瓦企业开展节能监察和工业窑炉进行现场核查;完成中央及省环保督察核查销号备案工作;完成全县安全生产清单制管理工作;完成长江经济带生态环境问题排查整治工作;办理回复市长公开热线交办单 3 件,完成安全环保问题整改。推进加油站油气回收装置安装工作,全面完成各加油站点地下油罐防渗透改造。完成全县 38 个加油站成品油经营许可证的年检初检工作。

【节能减排】 加大对砖瓦行业特别是工业炉窑的排查和淘汰力度，2020 年重点淘汰轮窑砖瓦企业 2 户;淘汰燃煤锅炉 6 台,推动落后产能有序退出。抓好现有企业的节能改造,督促企业认真落实节能节水对标工作,积极开展节能节水监察,全县 7 家重点能耗企业万元工业产值综合能耗同比下降 4%,节约标煤 9600 余吨。

【脱贫攻坚】 2020 年,为罗桥村贫困户发放防疫口罩、肥料、饲料、鸡苗鸭苗帮扶物资折合 1.76 万元,解决改厨改厕项目资金 1 万元;开展“以购代扶”活动 6 次,购买贫困户农副产品 1.15 万元;召开政策解读和教育引导会议 3 次(参会贫困户 73 人次),详细解读党和国家的脱贫攻坚政策,教育引导贫困户努力发展生产、脱贫致富;协调落实外出务工岗位 14 个,外出务工户 6 户 11 人,务工人员人均月收入都在 2000 元以上。支持建丰、福欣等企业与自强、演武、宝石等贫困村建立以原料采购为主的精准扶贫模式,采购金额 370.7 万元。鼓励凯特玻璃、林江苎麻、君辉膨润土等4家企业解决建档立卡贫困户就业8人。

（白　雪）

四川梓潼经济开发区

【概况】 四川梓潼经济开发区其前身为2002年4月30日成立的梓潼县经济技术产业园区，2014年7月10日四川省人民政府《关于设立四川梓潼经济开发区的批复》（川府函〔2014〕128号）同意设立四川梓潼经济开发区。

开发区地理坐标介于北纬31°37′9″和东经106°8′56″之间，海拔最高484米，最低468米。规划区四至范围：东至潼江河，南至长交路和污水处理厂，西至长卿山和百家湾，北至白虎嘴。文昌镇青龙工业集中区、长卿西侧圣迪乐村和位于宏仁的华信铁合金项目作为经开区控制发展区域。控制面积10.5平方公里，规划控制面积4.17平方公里，规划范围在国道108线和绵梓路之间，与绵江产业带相衔接，向国道108线南面延伸。开发区辖一个南桥社区，总户数6051户，总人口14789人。

【工业经济】 2020年，经开区集聚各类企业121户，其中规模企业42户。1—12月，规模以上企业实现产值51.22亿元，同比增长4.14%；实现营业收入47.48亿元，同比增长0.69%；实现利润1.37亿元，同比增长13.87%；园区企业共实现税收7720.77万元，同比增长0.11%（其中：规模以上企业实现税收5730.13万元，同比增长9.69%，较2016年增长142.94%）。1—12月，完成三香汇、金正康、大湖粮油等固定资产投资入库项目15个，累计完成固定资产投资入统8.78亿元，入库9.02亿元。

【项目建设】 2020年，经开区在建工业项目25个，总投资20.11亿元。其中开展前期工作项目5个，在建项目8个，竣工项目4个，投产项目8个。

【对企服务】 落实“保姆式”代办服务，在项目落地、企业发展等过程中，安排项目专员全程跟踪项目前期准备、企业注册、行政审批、工程建设、竣工验收各个环节，及时掌握项目动态，确保项目开工各个环节的无缝对接。2020为金正康生物、凯瑞华创、莱仕顿实业、三香汇生物等30余家企业代办事项约100余件次，涉及企业营业执照、食品经营许可、施工许可、土地使用不动产证件等。根据各企业办理业务需求，制作企业代办服务手册，做好跟踪服务，扎实为企业排忧解难。

【招商引资】 以新版兽药GMP认证为契机，成立绵阳生物医药产业园驻外招商工作小组，借助四川省动物保健品协会这个平台，以招商专班的形式深入全省13个市（州）94家企业进行投促推介和调研拜会，送政策上门、送服务到家、存疑虑解答，详细解读绵阳生物医药产业园兽药产业集聚发展的十条优惠政策（试行）。经开区全年累计签约莱仕顿精酿啤酒、中匆光电、辣椒（蔬菜）以及“饭扫光”系列产品生产线、永生和药业、成邦药业等项目13个，引进协议资金7.7亿元。

【基础设施建设】 完成征地930亩，其中：幸福片区362亩，南桥片区85亩，石河片区483亩。完成企业供地349亩，其中：三香汇80亩，福欣食品30亩，谦益丰24亩，魔小玉20亩、文创小镇65亩，生物医药产业园80亩，星星食品50亩。同时，全面启动长卿棚改工作，完成调查摸底，方案编制，正在进行安置房建设。绵阳绿色食品产业功能区科技创新孵化大楼（标准厂房二期）项目已经完成项目区内太平河改道和区间道路工程，开始实施标准厂房（加速器）基础建设工程。工业污水处理厂建设项目总投资1.54亿元，已投入1.2亿元，已经完成污水池、10千伏管网敷设、配套用房工程和设备采购。

【绿色食品产业功能区建设】 经开区依托丰富的农副产品资源，立足食品加工为主导产业的基础，采取“三个一批”，强力推进绿色食品产业功能区建设。发展壮大一批食品加工企业。梓潼县经开区已集聚食品企业27家，其中产值上亿元食品企业6家，绿色食品生产企业20家，已培育长林、福欣2家食品加工龙头企业。通过技改扩能和承接“产业转移”的方式，壮大一批食品加工企业：星星米业投资1.2亿元，新建一条年产10万吨稻米精深加工生产线，该项目前期工作正在顺利推进；福欣食品将原有的高福记福田食品辣椒酱生产线、蔬菜初加工生产线、“饭扫光”生产线进行搬迁和扩建，项目正在进行污水池修建。招商引资一批食品加工项目。根据绿色食品功能区定位，梓潼县经开区围绕绿色食品类项目，以开放的政策环境、优质的载体环境、真诚的服务环境推进招商引资工作新引进三香汇、谦禾魔芋等三家食品加工企业落户园区。努力盘活一批闲置食品企业。强化精准帮扶，协助锦诚商贸进行资产重组，通过二次招商引进优质企业盘活闲置资产，该企业已与合作方达成协议；依托奥威啤酒相对完备的生产线，引入“莱仕顿集团”对其进行“嫁接”发展。该项目总投资1亿元，在原奥威啤酒厂址上新建三条啤酒生产线，目前精酿啤酒生产线已投产。

【专业园区建设】 通过出台兽药产业聚集发展的十条优惠政策、建立科级领导联系机制等一系列举措开展“以创促建”工作，园区食品加工、生物医药两大主导产业分别完成产值18.63亿元、10.54亿元，同比增长5.34%、15.33%，一大批骨干企业产值持续快速增长，福欣食品增速超过20%，华西动药、均益农业等8家企业增速超过10%，园区产值过亿元企业达到15家，新增规模工业企业3家。2020年4月，经开区被省发改委正式确定为省级循环化改造示范试点园区；6月，被省经信厅认定为省级农产品加工示范园区；7月，被省经信厅正式确定为2020年省级绿色制造示范单位；8月，被省人社厅表彰为四川省中医药传承创新发展先进集体。

【绵阳生物医药产业园】 2020年1—12月，生物医药企业实现总产值10.54亿元，同比增长15.33%。生物医药产业园一期5万平方米标准厂房及孵化中心建成运营，入驻四川坤酶益源（F栋）、四川驷博生物（D栋）、四川中匆科技（C栋）和梓潼健旺（A栋一层）4家企业，已租（使）用厂房面积19300平方米，可出租标准厂房面积9300平方米、孵化办公用房4000平方米，产业园已实现全面管理和运营。绵阳绿色食品产业功能区科技创新孵化大楼（标准厂房二期）项目正在加紧建设，项目建设正式启动并分两期实施，一期总投资2亿元，总建筑面积55689.7平方米；建设6栋两层厂房建筑面积31416平方米，项目区内太平河改道和区间道路工程已经完成，开始实施标准厂房（加速器）基础建设工程。

【安全环保】 实行网格化管理，严格按照安全环保监管网格化管理总体要求和工作目标，认真履行安全与环境保护监管责任，落实安全环保“党政同责，一岗双责”工作制，按照管党建必须管安全环保、管发展必须管安全环保、管生产必须管安全环保、管行业必须管安全环保的要求，实行各局办中心分工负责，党员领导干部和职工定点联系企业村（社区）的安全环保工作责任制度。安排专职人员持续加强企业安全生产、环保巡查，累计巡查企业1300余次，集中培训12次，普查雨污管网154公里。联合县级主管部门对园区涉特种设备企业开展特种设备集中整治和安全生产执法、环保工作的突击检查，加强对入河排污口的监管和散乱污企业的清理整顿，累计梳理环保问题24件，其中涉及环保手续办理11件，企业环保设施运行13件，全年未发生较大安全环保事故。

【社会民生】 做好全民参加城乡居民基本医疗保险、城乡居民养老保险的登记工作，2020年城乡居民基本医疗保险的信息核对、申报录入银行代扣成功缴费6679人，医保覆盖率97.5%。按时足额、安全发放各类民政补助资金，全年支付发放各类民政补助资金492.9万元。做好基础养老金待遇申报、核实和发放工作。做好已脱贫贫困户7户18人的“回头看”“回头帮”工作。开展信访矛盾化解工作,坚持定期召开矛盾纠纷、信访维稳排查工作例会,建立台账、落实责任单位、包案领导和调解员,明确化解时限,实行责任倒查,全年接待处置群众来信来访90余件次,化解各类矛盾纠纷60余件次,信访维稳工作整体比较稳定。完成法律援助咨询服务200人次,录入法律援助信息系统50人次,占全年目标任务的100%以上。完成2020年度小额人身意外保险1022人,占县下达任务的102.2%。自新冠肺炎疫情以来,经开区做实管委会至企业的疫情防控三级分包制度落实,严把企业复工复产和常态化管控,不断坚持常态化物资储备,确保安全生产和疫情防控“两手抓、两不误、两促进”。

(罗佳文)

重点企业

食品企业

【概况】 坚持以长林、正大等企业为依托,着力抓好生猪生产、屠宰及肉食品深加工产业;以圣迪乐、将台等企业为依托,大力发展蛋品生产加工、酒类和饮料业;以大湖粮油、陈家河米业等企业为依托,大力发展粮油加工;以福欣食品等企业为依托,大力发展蔬菜加工业。依托“全国食品工业强县”和“省级农产品加工示范园”两块金字招牌,助力建链强链延链补链,打造区域品牌,推动食品产业高质量发展。2020年,全县16家规模食品企业实现产值21亿元,利润5451万元,税收1381万元。

【四川福欣食品有限公司】 四川福欣食品有限公司成立于2014年,是一家集生产、销售调味品、蔬菜制品以及食品技术开发、推广服务为一体的企业,总投资1.6亿元,占地160余亩,员工231人,公司拥有国内最先进的乳酸菌生物发酵技术,主打产品“饭扫光”系列获评中国驰名商标,“川老汇”系列获评四川著名商标。公司拥有发明专利6项,外观专利8项,科技成果1项。2020年,实现产值1.6亿元,营业收入1.7亿元,实现税收1450万元。

【正大饲料(绵阳梓潼)有限公司】 正大饲料(绵阳梓潼)有限公司由绵阳正大有限公司于2020年9月析产分离成立,股东为正大投资股份有限公司和成都中际投资集团有限公司。占地面积75亩,员工118人,其中80%以上人员具有大、中专以上学历。公司于2020年投资1.2亿元,新建年产18万吨饲料生产线,项目于2020年10月竣工投产。2020年实现销售收入8100万元,利润410万元,税收76万元。

【绵阳长林食品股份有限公司】 长林食品是一家集生猪养殖、屠宰加工、冷链物流、肉类加工出口于一体的外向型民营企业。公司员工400余人,是商务部指定的国家储备肉定点生产企业,省级农业产业化经营龙头企业。2003年经省外贸厅批准获得生产企业的自营进出口经营权,产品出口俄罗斯、乌克兰、朝鲜等国家和地区,并销往香港。2020年,实现产值7.15亿元,营业收入7亿元,利润153万元。

【四川莱仕顿精酿啤酒有限公司】 莱仕顿啤酒成立于2018年,是一家集啤酒、果酒、饮料、矿泉水、乳制品研发、制造、销售服务于一体的大型集团公司。公司于2020年2月投资1.5亿元,建设年产10万吨精酿啤酒生产线项目,项目于2020年9月竣工投产。2020年实现产值600万元,销售收入200万元,税收200万元,解决劳动就业69人。

【四川大湖粮油有限责任公司】 四川大湖粮油有限责任公司是由成都市青白江红旗油脂有限公司全资收购的食用油加工企业,拥有日榨油菜籽和玉米胚芽120吨的预榨车间、日出产80吨菜粕和玉米胚芽粕的浸出车间、日产50吨的炼油车间,仓容6000吨,油库容量6000吨。公司员工56人,主要从事植物油的加工、销售，公司于2019年投资5324万元开始实施“中国好粮油”项目，公司已建成2万亩绿色菜籽基地。2020年实现销售收入7372万元，利润-43万元，税收24.8万元。

生物医药企业

【概况】 围绕打造“绵阳生物医药产业园”，依托凯瑞药业、驷博生物大力发展生物制剂、体外诊断试剂；依托一康制药、辉氏生物，大力发展“基地—加工—提炼”全产业链中药产业模式；依托华西、金正康、金坤等企业，加大动物药业的精深开发，扩大产品种类，着力发展宠物药品、保健品；依托三香汇、惠泉生物、健腾生物，大力发展生物技术，拓展植物提取在医药、化工、食品等行业领域的应用。2020年，全县11家规模生物医药企业实现产值11.33亿元，利润4017万元，税收1805万元。

【绵阳一康制药有限公司】 一康制药公司始建于1992年，位于绵阳市高新区，2014年1月，整体搬迁至梓潼县经开区幸福路，总投资1亿元，建设植物药前处理、提取车间、药物合成、包装车间及相关功能用房，项目于2015年10月25日建成并通过国家GMP认证，公司有27个品种33个规格的产品，其中“独活寄生合剂”“清淋颗粒”“复方天麻颗粒”“开塞露”等品种的生产和销售均处于全国前茅。2020年实现产值1.13亿元，利润435万元，税收684万元。

【四川华西动物药业有限公司】 华西公司是在原梓潼县华西兽药厂基础上改制设立的股份制企业，占地68亩，2005年3月被山东信得药业有限公司和青岛信得药业有限公司全资收购。公司是集兽用药制剂的研发、开发、生产、销售于一体的现代化企业，职工66人，主要生产动物用粉针剂、水针剂、片剂、散剂、丸剂、口服液药品6大产品、100余个品种。2020年实现产值4.63亿元，利润874万元，税收75万元。

5月25日，市委常委罗宗志（右三）到三香汇调研项目推进情况
（罗佳文/供图）

【绵阳三香汇生物科技有限公司】 三香汇公司成立于2019年，占地80亩，注册资本1000万元人民币。主要从事制造、销售天然香料、合成香料。公司总投资1.5亿元，2019年12月开工建设年产600吨天然香兰素生产线项目，2020年10月竣工投产。拥有“一种香兰素制备用搅拌装置”等专利技术10项，2020年实现销售收入4363万元，税收33万元。

（白 雪）

电 力

【国网梓潼县供电公司】 国网梓潼县供电公司成立于1967年，是国网绵阳供电公司下属的二级机构，是梓潼县境内电网规划、建设、运营和电力供应企业，拥有电力客户16.1万户。获2020年四川省最佳文明单位、省电力公司“最佳精神文明单位”、四川省电力公司安全先进集体、绵阳供电公司先进基层党组织、梓潼县企事业单位履行安全生产责任先进单位等多项称号。

【供电规模】 供区内有110千伏变电站4座：文昌站、长卿站、小亭站、宏仁站。35千伏变电站7座：金宝站、许州站、黎雅站、观义站、交泰站、自强站、演武站。变电容量5.07万千伏安，公变2363台，总容量28.06万千伏安。2020年，新建及改造10千伏线路16.28公里，低压线路35.52公里，实现35千伏线路8条，总长143.35公里；10千伏线路46条，总长1767.15公里。

【电网建设】 2020年，公司累计完成售电量4.21亿千瓦时，同比增加0.48亿千瓦时，增幅12.84%，首次突破4亿千瓦时大关，售电均价同比下降7.0%。开展转供电加价清理，帮助建丰林产、长林食品等企业开展直购电、富余电量等市场化交易，累计降低客户用电成本1790.95万元。落实“三零＋三省”服务，推行“阳光业扩”，推进服务规范化与智能化，线上缴费率、办电率分别提升至77.75%、99.48%，高、低压平均接电时限分别压减至27天、2.6天。开展隐患台区治理、城区老旧小区改造工程，累计改造城区老旧小区电力设施5个，治理隐患台区47个，解决农村重过载、低电压问题423个。2020年建成投产东辰国际学校、四川文化艺术学院、兴发广场商圈等重点项目11个，投运35千伏变电站1座（演武变电站），协调推进绵苍高速、国道G347、省道S209电力迁改等工程。

【中广核绵阳梓潼风力发电有限公司】 中广核绵阳梓潼风力发电有限公司于2014年注册登记，2016年4月建成投产。位于梓潼县文昌镇境内，占地面积约40平方公里，主要从事风力发电项目开发、建设、管理、风力发电技术咨询和服务。已建成36兆瓦风力发电站一座，采用18台2兆瓦风力发电机组，年发电量约6000万千瓦时，年节约标准煤约20000吨，减少二氧化碳排放约50000吨。

【疫情防控】 疫情期间对9886户居民实行欠费不停电政策；落实电费减免政策，2020年优惠电费242.2万元；加强对10家疫情防控重要单位的供电保障，组织对43家企业进行安全用电“义诊”。

（白　雪）

交通运输·邮政·信息

JIAOTONGYUNSHU YOUZHENG XINXI

交通运输

【概况】 2020年，梓潼县充分利用上级财政补助、政府债券、PPP模式、EPC模式等多种方式，拓宽交通建设融资渠道，全力做好项目包装策划，努力扩大交通有效投资。全年争取省道S209梓潼县城至江油河口段改建工程等交通项目9个，超目标任务1亿元完成项目投资4.6亿元。争取各类补助资金18.16亿元，其中上级补助资金5.76亿元，社会资本7.5亿元，银行贷款资金4.9亿元。

【交通运输安全管理】 坚持“安全第一、预防为主、综合治理”原则，聚焦源头安全风险管控，建立健全安全生产制度，进一步明确领导干部的安全管理责任和生产经营单位的安全主体责任，采取职能部门“双随机、一公开”明察暗访和动员社会第三方力量监督等方式，切实把交通运输领域安全生产抓细、抓实、抓到位。强化安全隐患排查整治，有序推进安全生产专项整治三年行动，组织开展“安全生产月”、扫黑除恶、排险隐患专项整治、森林防灭火等专项行动，深入开展道路运输、公路桥梁、在建工程、货运车辆、水上交通等各类安全检查100余次，发现并整改安全隐患60余个。扎实做好汛期应急抢险工作，洪灾期间全面排查道路灾毁情况，有序推进灾后抢通保畅工作。全年全系统未发生重大交通安全责任事故。

【疫情防控】 新冠肺炎疫情防控期间，迅速启动交通运输行业应对突发事件应急方案，牵头设立罗汉桥疫情防控监测服务点，临时组建由交通干部、公安干警、医护人员、村社群众、志愿者等200余人组成的防控执勤队伍，落实24小时应急值守，严密监控需重点防控的人员和车辆，帮助接送防控物资、接驳服务群众，累计消毒过往车辆58023辆，检测驾乘人员体温88480人，劝返外来车辆313台、人员540人。全面加强客运站场的防疫措施，在辖区客运站配置门框式红外线测温仪对进出站人员进行快速高效测温，坚持每天对站场公共区域及运营车辆定时消毒，规范驾乘人员口罩佩戴并按要求严格控制乘坐率。利用车站、公交站、出租车等客运平台加强交通运输行业阵地的防疫社会宣传，通过播放宣传片、张贴宣传海报、发放倡议书等形式向群众宣传普及防疫知识技能。开展“春风行动”加强返校学生、返岗员工运输服务保障，督促指导新建、续建交通项目安全有序复工复产。

（董　凡）

基础设施建设

【高速公路建设】 成立高速公路建设指挥部，出台《梓潼县高速公路建设征地拆迁补偿安置实施办法》《绵阳至苍溪高速公路（梓潼段）房屋拆迁奖励办法》等政策文件，抽调近20名专（兼）职工作人员成立高速公路建设综合协调维稳、征地拆迁安置、资金保障监管等3个工作组全力配合业主、设计和施工单位开展工作。绵苍高速公路梓潼段于2019年11月在自强镇望瓢山水库4.1公里进行先期开工建设，2020年4月中旬交付4.1公里先期开工点用地，2020年10月下旬启动全线征地拆迁工作，全年完成土地、青苗等清丈20公里、林地清丈500亩（已砍伐300亩）、房屋清丈109处，签订房屋拆迁协议68户（已拆除41户），拨付征拆资金2000万元。茂县至盐亭高速公路（梓潼段）已纳入省高速公路网规划。

【国省干线建设】 2020年复工复产后，省道S209、国道G347、县道X123、梓东路等项目建设均高速推进，干线公路路网结构加速提档升级。梓东路（绵苍高速公路首条连接线）、国道G347连接线（梓潼县城至长卿村段）新建工程、国道G108文昌干道至龙凤垭道路工程3个重点项目建设完工，累计完成投资8.16亿。省道S209线梓潼县城至江油河口段改建工程，于2019年9月开工建设，2020年累计完成投资4亿元。县道X123小溪坝至梓潼县仙峰乡（今许州镇，绵广界）改建工程，2020年3月全面开工建设，累计完成投资1.2亿元。

【民生工程项目】 2020年完成窄路加宽建设100公里，目标任务完成率100%。新建道路及扶贫道路80.305公里，目标任务完成率122.5%，总资金投入6872.02万元。农村公路生命安全防护工程整治隐患里程34.1公里，建设乡镇综合运输服务中心站1座，成功与重庆市璧山区签订共建“四好农村路”示范区合作协议。

【工程质量监督】 2020年累计审查、规范工地试验室5个、驻地监理机构4个，两次集中组织监督、检测单位对全县6个在建交通项目开展施工原材料抽检。2020年全县新建、在建项目工程质量总体良好，全年累计实施监督检查17次，抽查数据126个，单点合格率94%，关键指标合格率92%。累计分层监督检测路基次63.83公里，路面基层28.69公里，质量合格率达100%。

（董　凡）

交通运输管理

【道路运输执法】 2020年出动执法人员2243人次，出动执法车辆数549次，检查客运班车车辆数3224次，检查出租汽车车辆数513辆次，检查货运源头企业19次，检查机动车驾驶培训机构41次，查扣非法营运车辆数5辆，受理行政处罚案累计12件，收集扫黑除恶专项斗争行业乱点乱象线索4条。严把道路运输证年度审验，全年年审客运车辆道路运输证278辆次、货运车辆道路运输证415辆次、出租车道路运输证95辆次、教练车道路运输证145辆次。

【环境污染防治】 在2019年的基础上继续加强“黄标车”老旧车的淘汰工作，全年报废更新出租车3辆，报废班线客运车22辆，新购班线客运车4辆。强化汽修行业污染防控日常监管，鼓励汽修企业使用低（无）挥发性有机物含量涂料，全年开展对涉喷烤漆作业的机动车维修单位环保检查90余次，督促相关企业及时更换吸附过滤材料并在臭氧污染时实施错峰喷涂。

（董　凡）

公路养护

【公路日常养护】 2020年投入公路养护资金1515.84万元，其中农村公路养护资金较上年度增长140万元。规范清理边沟82640米／月，清理疏通涵洞316道／月，整治公路边坡崩塌隐患点7处，整治安全隐患4处，清除路堑边坡塌方落石16916立方米，修补路面52651平方米，恢复或更换路侧护栏314米，应急抢修水毁路段7处。国道G108和G347路面使用性能指数PQI达90以上，路况质量达到优等。除正在大修的三梓路外，其余县道路面使用性能指数PQI达80以上，路况质量达到良等。

【养护工程项目】 2020年，以“迎部评”工作为重点，专题研究部署，投入资金528.84万元，全面实施境内G108和G347两条国道全线路容路貌整治。恢复缺损百米桩里程碑150个，油漆百米桩里程碑946个，恢复损毁路侧护栏96米，恢复损毁平交道口标柱123根，恢复损毁轮廓标156根，恢复缺损标线12000平方米，增设振荡标线431平方米，更换桥梁伸缩缝24米，增设桥梁信息公示牌22个，增设桥梁限载标志14个，规范和整治养护站站容站貌和规范化图表上墙，清洗路面63公里。完成预防性养护清缝灌缝8381米，修补裂缝5815米、薄层修复路面6270.9平方米，修补路面40291.65平方米，修补沥青路面7159平方米，路面超薄微罩面1944平方米。国道G108文昌镇七曲山至文昌镇文丰村6.914公里一级公路大修工程顺利完工。国道G347梓潼境内63公里（含城市区段）路段全部接受部检，迎检路段占全市迎检路段里程的37.3%。

（董　凡）

路政管理

【路政执法】 加大路政执法力度，2020年上路巡查291天、30000余公里，出动执法车600车次，出动执法人员1700人次，查处损坏公路路产、公路标志和安全防护设施的行为，查处路政案件24起，查获超限运输车辆119台次，监督卸载、转运货物675.74吨，收取公路路产赔（补）偿费83255.20元，结案率100%。

【道路安全防范】 开展“路政宣传月”工作，发放宣传资料7000余份，设立多立柱广告牌2处，接受群众咨询1800余次。坚持排查隐患常态化，全年发现安全隐患85起，现场立即排除整改57起，上报相关部门28起，向相关部门、乡镇发放安全提示函8份。规范养护现场施工秩序管理，监督施工地段标志标牌设置安全有效，施工现场配备专职安全监管员，确保交通管制路段有2名以上协管员维持施工路段畅通。针对省道S209大修工程路段散落物严重污染路面问题，就施工现场的安全管理问题向施工方提出整改意见并送达安全告知函。

（董　凡）

邮　政

【概况】 2020年全县邮政累计实现收入4218.41万元，完成计划进度102.28%，进度排名全市第六位；收入增幅10.85%，排名全市第一位；新增收入贡献绝对值增加417.22万元。累计完成收入利润总额1899.77万元，完成计划进度的102.28%，全市排名第二位，同比增长4.29%，增长净额78.1万元。在市公司年度绩效评定跻身全市A类企业第二名。

【疫情防控】 响应邮政寄递“绿色通道”“四免

费办”，公开承诺“四不中断”，全力做到“五个确保”。疫情期间为19个网点、1个营业班组、1个投递班组均配发电子体温计和防毒面具、橡胶手套、口罩、酒精、消毒液、喷壶，组织基层一线员工和机关人员向当地慈善总会分支机构捐款2530元。

【普遍服务】 网点营业服务时长达标率均100%。全县建制村实地打卡率98%以上，建制村通邮、乡镇投递频次、周三频次建制村投递率均100%。制作或重新更换2个代办所、店招牌，为21个纯普遍服务网点配齐营业场所上墙制度牌、便民箱、灭火器、防护用具等设施，确保信箱、局铭牌的规范安装完成普遍服务的标准化改造。

【经营发展】 代理金融业务：2020年全县余额规模16.05亿元，点均余额8919.33万元，新增余额9836.39万元，完成金融收入2959.64万元，完成市公司计划的103.27%，增幅11.35%，同比绝对值增加301.57万元，总资产完成2.26亿元，在2019年同期完成1.98亿元的基础上增长0.28亿元，同比增幅14.14%。

全年完成手机银行新增8381户，完成市公司计划的107.45%，排全市第一名；快捷绑卡新增绑卡11886户，结存72300户，完成市公司计划的152.38%，排名全市第一名；腾讯联名卡发放3202张，完成市公司计划的169%，排全市第一名；聚合支付安装1744户，完成年计划的116.27%，排全市第二名。

代理保险业务：全县新增保费8504.5万元，其中趸缴保费5737.8万元，期缴保费2766.7万元，中邮保险完成总保费1361.6万元，完成市公司计划的107%，期交完成1053.7万元，完成市公司计划的104%，长期期交完成549.6万元，完成市公司计划的103.51%。

寄递业务：收入完成448.5万元，完成年度计划的102.63%。较2019年同比增幅22.69%。绝对值增长82.94万元。其中标快业务标快完成117.69万元，完成年度计划113万元的104.15%。较2019年同比增幅31.14%，绝对值增长27.95万元。快包完成327.89万元，完成年度计划311万元的105.4%，较2019年同比增幅23.82%，绝对值增长63.07万元。

文化传媒业务：实现总收入340.49万元，完成计划进度338万元的100.74%，其中：函件业务实现收入101.18万元，集邮业务实现收入106.8万元，报刊业务实现收入131.5万元。

【板块融合】 拓宽特色农产品进城销售渠道，自主开发电商助力农产品邮政精准扶贫“邮乐购”线上营销及寄递项目。惠农项目方面，推进邮政+农民合作社生态圈项目建设工作，完成71户专业合作社、8个家庭农场的走访及信息录入目标任务，走访进度100%，其中活跃合作社37户、示范合作社69户，活跃合作社信息完整率92.57%；综合服务协议签订率89.19%；个人客户（家庭农场）走访264户。平均信息完整率83.28%，会员率59.56%，一项及以上业务合作率100%；二项及以上业务合作率81.08%；三项及以上业务合作率118.92%。

（张　薇）

信　　息

工业信息

【通信基础设施建设】 2020年，全县有固定宽带用户12.82万户，移动互联网用户数26.22万户；城区实现光纤入户全覆盖，行政村光纤通达率100%；新建、优化4G基站114个，累计开通4G基站1091个，全县实现4G网络全覆盖，行政村4G通达率100%；开通5G基站107个，实现主城区、学校、医院、景区等重要场景覆盖。

【通信项目建设】 各通信公司以5G建设为引领，

持续加大5G新基建项目投入。加大技术应用创新，助力经济社会数字化、网络化、智能化发展，推进信息服务消费潜力释放。2020年，各通信公司主营业务收入约2.48亿元；成功申报5G建设项目5个，投资总额0.997亿元。

【基站不合理收费清理】 8月25日—9月25日联合铁塔公司、供电公司等部门对全县党政机关、事业单位等公共机构、政府出资企业所属建筑物及公共设施上附挂电信设施的电费、场地费、租金等不合理收费情况进行为期一个月专项整治。全县涉及的30个收费不合理基站全部整改完成，基站用电单价降幅32%，年场地费、租金费用降幅达75%，大幅降低电信设施的建设和网络运行成本。

【工业化和信息化融合】 支持工业企业数字化、网络化、智能化转型，推动“两化深度融合，千家企业上云”，组织推进企业参加全市“5G+工业互联网”宣介活动、“数字经济·智慧四川”市州行绵阳专场活动，推荐上云服务企业到工业企业进行宣传推广，鼓励企业利用云计算、大数据、移动互联网等信息技术，深入推进研发设计、生产制造、经营管理等环节的数字化改造，推动主要设备和业务系统上云。2020年，全县有20家企事业单位接入云平台；工业企业技术改造信息化建设金额达2000万元，圣迪乐村、长林肉业、建丰林业等企业建设工业互联网，运用533信息化系统、数字化生产线、智能化管理系统等工业互联网技术开展智能化生产和智能化定制，实现生产、仓储、物流等环节信息化；中匆光电等装备制造企业开展数字化生产；宁瑞电子、威远电子等企业从事行业应用数字产品制造；300余个通信基站具备NB物联网功能，为智慧水务、智慧电力、智慧金融等提供无线采集、无人抄表等服务；经开区等工业集中发展区覆盖5G信号，为“5G+工业互联网”提供基础保障。

【信息化应用】 信息化应用水平在民生、政务、教育、金融、健康、农业等领域大幅度提升。2020年，申请将14个现代农业园区纳入5G建设规划，为智慧农业做好通信基础保障；通过物联网信息化手段构建农产品追溯管理信息平台，监管经营主体60余家；潼江河谷优质粮油园区、天宝蜜柚等现代农业园区建设现代智慧农业试验示范基地，实现土壤、水分、温度、农业病虫害测报等农业生态环境的智能监测；建立村级益农信息社297个，覆盖全县所有镇（乡），有效解决信息为民服务“最后一公里”问题；电商物流体系基本形成，配套设施建设日趋完善，建成电子商务县级服务中心3个、乡镇服务站64个、村级服务站107个，初步构建起工业品下乡、农产品进城双向流通渠道；打造“梓潼金宝李”“红心猕猴桃”“梓潼酥饼片粉”“高品营养蛋”四大网销品牌，线上销售超过1亿元；依托各级数字教育资源公共服务体系，促进网络学习空间与物理学习空间的融合互动和创新发展，强化信息技术在课堂教学的深度融合应用；以公立医疗机构线上服务应用推进互联网医疗，全县3家二级及以上医疗机构实现居民电子健康卡“一卡（码）”通用，县人民医院达到电子病历系统应用水平分级评价四级水平标准；积极推进智慧文旅平台建设，布点第一期公共文化服务免费WiFi热点50余个，七曲山风景区、两弹城景区实现智慧化改造，县文化馆、图书馆、博物馆等文化设施利用网站、公众号等方式开展智慧化改造；省一体化政务服务平台已实现镇（乡）全覆盖，黎雅镇试点智慧化宅基地管理系统，潼江社区等5个党群服务中心开展三务公开电子化工作；全面实施雪亮工程、慧眼工程，为城乡综合治理和城市精细化管理提供技术保障；积极推进公共数据开放共享，第一批开放数据资源10条，政务服务事项申请人实际提交材料减少50%以上，落实49个“零材料提交”事项线上线下办理，政务服务事项网上可办率达100%，公布公共服务“全县通办”清单388项，政务服务事项网上信息公开100%，全程网办政务服务事项1400项，占比90.6%，政务服务实现实体大厅、网上大厅、自助终端、微信公众号等多渠道数据同源、服务同步。

【疫情防控】 移动、联通、电信等通信公司强化网络保障、数据分析、服务保障，组织应急队伍做好全县重点单位特别是卫健、医院、疾控等单位及重要交通干线通信保障，确保疫情防控期间信息通畅，配合政府部门向全县群众发送疫情防护公益短信，持续推进线上业务办理。

（白　雪）

大数据管理

【掌上大厅“i 绵阳”建设】 “i 绵阳”是新型智慧城市建设的重要内容，是全市政务服务、公共服务、社会服务统一的移动互联网入口和市民办事的重要平台。按照市统一要求，融媒体中心与供水公司、燃气公司、县医院、中医院等协调，与“i 绵阳”开发公司对接，将查询、缴费等便民服务应用接入“i 绵阳”APP。推进政务数据开放共享。组织县级部门梳理梓潼县公共数据开放共享清单，编制《梓潼县开放数据资源目录清单》，并整理出第一批开放共享数据资源涉及 6 个部门 10 条数据资源，上报市政务大数据中心，经审核后在绵阳市政务数据资源共享交换平台予以开放共享。

【“互联网 + 政务服务”】 结合实际，制定《梓潼县县、乡、村三级一体化智慧政务服务体系信息化建设方案》。在试点镇观义镇、黎雅镇便民服务中心（站）、村（社区）部署云电脑办公，云电脑功耗低、发热量小、无噪声、节能环保，体积小、省空间，功能完全实现后将能够进行云电脑的集中部署管理，节省购买大量应用软件的费用，减少维护费用，提升“互联网 + 政务服务”能力。协调相关部门做好绵阳市房产交易和不动产登记“一窗受理”平台建设和使用。利用绵阳市房产交易和不动产登记“一窗受理”平台，实现与住建、税务等相关部门信息互通、数据共享，办事群众只需提供一套资料就可以办理房产交易、不动产登记、税务核缴税及水电气过户等事项。

（童丽娜）

通　信

【中国电信有限公司梓潼分公司】 2020 年，梓潼电信分公司固定资产投入 6200 万元，建设 5G 基站 53 个，新增 4G 基站 63 个，基站总数 270 个，270 个基站均具备 NB 物联网功能，为农村智慧水务、经济开发区工业园招商提供物联网技术基础；新增宽带乡村用户端口建设 6000 个，新建乡镇环路光缆 120 皮长公里，扩容县—乡中继、镇—乡中继光缆 80 皮长公里，累计新建 200 余皮长公里。积极投入梓潼县美丽乡村建设慧眼建设，累计达到 11000 户慧眼，新建 160 个天网，参与县智慧小区建设，为全县及乡镇综合治理提供强有力的技术支持。

梓潼电信分公司积极开展防疫工作，努力复工复产，积极服务地方经济、服务于老百姓，全年利用 100 余个窗口或到农户家里与卫健部门一道为老百姓提供健康码等便利服务 10 万人次，全年业务营收 8000 余万元，增幅 17% 以上，全市排名靠前。

【中国移动有限公司梓潼分公司】 截至 2020 年年底，梓潼移动公司逻辑基站共 793 个，其中 2G 基站 211 个，4G 基站 546 个，5G 基站 36 个。光缆 4536 皮长公里，管道 121 公里。4G 信号已经 100% 覆盖全县，5G 已经覆盖县城主城区。

截至 2020 年年底，梓潼移动公司宽带端口数达到 9.3 万个端口，宽带用户数达到 5.3 万户，手机通信上网用户数 16.7 万户，其中 4G 用户数达到 14.8 万户。

2020 年年底，梓潼分公司主营业务收入达到 1.05 亿，同比增长 -0.02%。

2020 年梓潼移动公司先后获得 2020 年度 5G 拓展先锋奖二等奖、2020 年春旺网络品质领先区县一等奖，2020 年度宽带攻坚二等奖，2020 年度网络技能比武全业务专业一等奖。

【中国联通有限公司梓潼分公司】 2020 年，中国联通梓潼分公司继续加大对城区、乡镇、村庄及交通沿线进行移动信号覆盖,截至2020年12月,共有基站416个,其中2G基站29个,3G基站138个,4G基站208个,5G基站41个。中国联通梓潼分公司现有合作商家48家,公司主要经营移动业务、家庭业务、集团专线等传统业务;信息化建设、物联网、大数据、云计算等创新性业务。全公司2020年主营业务收入累计完成0.39亿元,同比增长6%。

【广电网络】 2020年,四川省有线广播电视网络股份有限公司梓潼分公司已运行10年。公司本着为政府分忧、服务当地的原则,扎实抓好全县有线广播电视网络的管理、经营、发展,固定资产从成立之初的2087万元增加到3327.49万元,净增长1240.94万元。分公司有员工66人,内设综合部、资产财务部、公众业务部、工程技维部、政企业务部5个部门,下设滨河路经营部、长卿经营部、文昌经营部、观义经营部、许州经营部、黎雅经营部、仁和经营部7个片区经营部和23个经营网格。分公司行政主管直属于中共梓潼县委宣传部,业务经营发展主管直属四川省有线广播电视网络股份有限公司。

2020年,全年完成经营收入2425.34万元。其中完成现金收入1558.87万元,占1500万元目标任务的103.92%。完成梓潼县文广旅局2020年广播电视民生实事项目建设,脱贫攻坚广播村村响项目建设,文化信息共享工程建设。完成梓潼县公安局“雪亮”工程第四期建设。完成29个精准扶贫村村村通广播系统的维护与改造。对全县6400余户建档立卡贫困户基本收视情况再次进行全面排查补漏,逐户核实电视基本收视情况,准确了解不通电视的具体原因,全面掌握贫困村、贫困户分布区域和本地电视信号通达情况,针对具体情况分类实施,百分之百保证精准扶贫户电视基本收视信号的通达。到2020年年底,梓潼分公司有线电视网络覆盖用户数已达69025户,双向数字电视网络覆盖60399户,有效数字电视双向网用户有32017户。

(姚小慧　李仕伟　白　雪)

文旅·科技

WENLV KEJI

文　化

文化活动

【概况】 将送文化（文艺）下乡活动纳入政府向社会力量购买公共文化服务的范围，根据“自下而上、以需定供”的原则，在全县乡村更大范围推动送文化（文艺）下乡活动的开展，全面完成送戏曲下乡演出、剧场免费公演30余场次，全年依托“我们的节日”开展送文化（文艺）下乡活动20场次以上，全年支持并组织各镇乡、村群众文化活动队伍利用村文化院坝开展较大型的文化活动1~3次。服务主体以市区、县域戏曲艺术表演团体为骨干，广泛动员基层群众文化艺术组织、团体共同参与，共创共享文化发展成果和美好幸福生活。

全年在全县基层文化服务中心举行200余场次各具特色的群众文体活动，惠及群众达30余万人次。

【文化活动】 举办“2020年梓潼县迎春群众联欢晚会”，统筹县内创作、编导和演出力量，大部分节目为原创或改编；举办“梓潼县迎新春2020年大型书画作品摄影展览”，展出书画作品45幅；开展送春联送年画活动8场，送出春联2400幅、年画700幅。川剧惠民公演活动。开展以“美的旅程　发现传统文化艺术之美”为主题的惠民公演活动，其中在宇通川剧团剧场驻场演出15场次，下乡公演10场次，另有5场次结合送文化下乡，进行川剧选段演出；举办四川省2020年万人赏月诵中秋集中展演——绵阳市梓潼县分会场诗词诵读比赛活动，活动以“传承中华优秀文化·礼赞伟大时代精神”为主题，演出形式以诵读为主，辅以多种艺术形式呈现。依托重阳节文化传统，陆续开展重阳节戏曲进乡村活动，共演出9场，剧目包括《孝顺儿女》《背娃赶会》等；元旦来临之前，在仁和镇、金龙镇、宝石乡、黎雅镇等镇（乡）开展元旦春节送文化下乡系列活动，活动紧扣“学习贯彻党的十九届五中全会精神，建设文化强国”主题；全年各镇（乡）、村结合“我们的节日”举办1次以上的大型群众文化活动。

1月21日,梓潼县召开迎春群众联欢晚会

(白鹤林/供图)

疫情期间,创作和演绎一批包括歌曲、手语舞、健身操、诗朗诵、快板书、金钱板、采莲船新唱、梓潼(木刻)年画、何氏面塑和被单戏在内的各种抗疫主题文艺作品,共22件;开展网上文艺培训(慕课)、网上闹元宵、网上少儿培训(以少儿演讲比赛为主)、各类抗疫主题文艺作品等线上群众文化活动百余场。

疫情稳定后做好“绵州英才荟”·梓潼县首届“文昌乡土人才”颁奖典礼;完成“绵阳市2020年市级示范初中小学校长联谊会”素质教育成果展演;结合乡村旅游和扶贫,开展送文艺活动下乡两场;文化馆公共设施(非遗展厅、摄影展厅、书法美术展厅等)和公共文化服务项目(暑期青少年及成人铜管乐免费培训、美术书法免费培训等)免费开放。

(唐　娟　杨小玉)

【文化市场监管】 落实疫情防控期间专职值班工作人员负责24小时应急处置、行业投诉受理等应急工作,组织复工复产。做好对文化旅游市场的监管和宣传引导等各项工作,加强县内文旅市场检查,对业主进行疫情政策宣导,协同多面发力,打赢疫情防控阻击战。开展行政审批服务。进一步规范保留的审批项目,进一步减少审批环节,简化办事程序,实行行政审批资料“一户一卷”管理,加强监督检查,切实制止和纠正各种违反法律规定的审批行为。针对审批事项的性质、特点,进一步制定和完善操作性强、透明度高的审批操作规程,规范审批行为、创新审批方式、加强责任追究,推进行政审批改革。

【信用体系建设】 营造诚信建设强有力的宣传舆论声势,开展有针对性的诚信教育实践,建立健全激励诚信、惩戒失信的长效机制,把推进诚信建设制度化摆上重要位置,推动诚信建设与业务工作、诚信教育与管理举措融为一体,全年组织对7家“中+”信用企业进行信用体系修复培训,确保诚信建设制度化各项要求落到实处。

【法治宣传教育】 因地制宜开展有特色的文旅法治宣传教育,利用村级文化广场、七曲山旅游景区、两弹城景区、农家乐以及各种特色乡村旅游节,悬挂或张贴法治宣传标语或插图等多种宣传形式,宣传文旅法律法规。继续开展法治宣传教育“七进”活动,深入七曲山风景区大庙经营部、讲解组、两弹城景区、七曲山大酒店、开展宣传活动,发放旅游法、安全生产法、职业病防治法、员工安全素质教育图卡等宣传资料。在县人民广场开展“防风险、除隐患、遏事故”“禁毒”“食品卫生”等安全宣传咨询活动。设立咨询台,现场解答群众关心的问题。

【安全生产管理】 落实责任,推进安全生产清单制管理,压实安全生产领导责任,健全安全工作责任体系落实经营单位主体责任。加强宣传教育和应急值守，持续开展安全宣传，组织安全教育培训，5月对全部文旅企业网吧、KTV、星级农家乐进行安全培训，推动完善应急预案和演练，加强值班值守和信息报送。强化重点领域重点时间安全专项整治，消防和森林防火、防汛减灾和地质灾害防治、网络安全、电气火灾综合治理、食品安全、安全播出和网络传输，特种设备，强化特殊时段的安全监管，持续开展行业领域安全专项治理，加强隐患排查和督导工作。在两会、疫情期间等重要保障期做好安全播出工作。

【文旅市场的监管】 为对县内网吧、电子游戏游艺、歌舞娱乐、演出场所和演出团体、旅行社及服务网点、星级农家乐和旅游景区景点、文物保护站等主体开展日常检查和专项检查，深化监管力度，积极回应群众涉及文旅行业的投诉及诉求，加强执法人员执法培训和经营业主守法培训工作；多措并举不断规范好梓潼县文旅市场，促进文旅市场健康有序发展。

（彭　灏）

物质文化与非物质文化遗产保护

【物质文化保护】 理顺文物管理体制。成立梓潼县文物局，为绵阳市唯一设立文物局的区、县，制定出台《梓潼县文物保护管理办法》，以规范性文件强化文物保护工作。成立梓潼县七曲山文化遗产保护中心，组建两弹城博物馆、七曲山博物馆两个专题性博物馆，负责七曲山大庙和两弹城文化遗产资源的调查、文物安全保护管理等工作。挖掘整理文物资源。3月，聘请省考古院、成都文物考古研究院、西南科技大学等专家就七曲山大庙古建筑的工艺手法、建筑风格、修建年代等学术问题逐栋推敲、勘察甄别，形成权威性考证报告。抽派业务骨干成立普查队，对风景区109.3公里范围内现存的文化资源进行大普查，梳理存档。组织编撰《文昌祖庭七曲山》《梓潼人物》《七曲山志（草稿）》等书籍画册。精心包装维修项目。针对三处全国重点文物保护单位保护现状，坚持文物资源活化利用理念，完成七曲山大庙、两弹城、李业阙文物修缮展示工程项目计划书，上报至省文物局。委托有资质的设计单位编制双峰寺、上清观二处省级文物保护单位的抢险维修加固方案。

【非物质文化遗产保护】 在抗击新冠疫情中，组织非遗项目传承人创作非遗抗疫作品多个。其中，梓潼年画3幅、何氏面塑4组、被单戏2个、金钱板2个，并通过电视新媒体和印制张贴等方式，开展防疫、抗疫知识宣传。做好资源普查和项目申报。填报“非物质文化遗产调查表”“传统器乐乐种普查报表”“地方戏曲戏种普查表”，涉及非遗项目50项，乐种1个，地方戏曲戏种1个。申报县级和市级“文昌洞经古乐技能大师工作室”。开展非遗文化宣传。6月10日，在人民广场开展“文化和遗产日”宣传活动，用展板通过“文字＋图片”形式，介绍展示梓潼县非遗项目50项，发放传单1000份。组织文昌洞经古乐、梓潼木刻年画、糖画、被单戏、梓潼酥饼、梓潼片粉、黎雅盐包蛋7个项目参加绵阳市组织的“文化遗产日”活动。“非遗”年度大赏收获丰富。在2020年“绵阳市‘非遗’传承人技能大赛”颁奖仪式上，梓潼（木刻）年画代表性传承人罗智婉的作品《带子上朝》获得“传承创新奖”，王利荣的梓潼（木刻）年画作品《加官进禄》获得“创意设计奖”。何平的面塑作品《福禄寿》获得优秀作品奖。梓潼大新小学被评为“绵阳市非物质文化遗产传习基地”。

（刘升荣）

图　书

【概况】 梓潼图书馆是政府举办的公益性文化事业单位，成立于1978年11月，是全县的文献集散中心、古籍保护中心、文化信息资源共享工程支中心、青少年课外阅读基地，获评“国家二级图书馆”。图书馆在场馆开设“报刊阅览室”“图书外借室”“少儿阅览室”“电子阅览室”“盲人阅览室”“咨询服务及资料查询”等服务窗口，阅览座席200个。建立“梓潼县图书馆门户网站”“梓潼县图书馆微信公众平台”，可实现网上文献资源馆藏查询。设置电子阅读触摸屏、开通手机移动图书馆。在县政府办、县政协机关、老干部活动中心、县武警中队、定远小学、县残疾人联合会等10余个机关、学校设有图书漂流站点。

【图书馆建设】 截至2020年年底，图书馆馆藏图书87263册，其中盲文图书830册，古籍5764册，报刊20370册，视听文献675件，地方文献1800册。在藏量中开架书刊100381册，少儿文献7000册，电子文本、图片文献资源年总量3TB。全年服务81800人次，书刊文献外借册118450次，线上服务18000人次，2020年新增藏量2180册，购买报刊164种，实际持证读者2912人，组织各类讲座6次，270人次参加，网站访问总量446150次。

（王　利）

文艺创作

【书画创作】 元旦、春节期间，组织县美术书法协会组织骨干会员开展迎新春“写送春联”文艺惠民活动，分别在文兴、宝石、石牛、自强等乡镇和金牛社区、翠云社区等社区义务为广大群众书写春联4000余副。春节期间，组织县美术书法协会举办“迎新春书画作品展”展出作品50余件，展期1天。

【摄影创作】 春节期间，举办梓潼县2020年迎新春书画摄影展，展出摄影作品290余幅，作品内容丰富、纪实性强，集中反映梓潼县各条战线取得的新成就。组织部分会员深入各乡镇拍摄图片资料。积极为县级部门拍摄宣传影像资料，为打造地方产业，创建特色品牌奠定基础。

【文艺创作】 制作抗疫音乐作品MV，在“学习强国”发布，在市文艺网上展出，在QQ音乐、酷狗音乐、“梓潼发布”等平台推送。精选部分优秀抗疫文艺作品，在各级各类媒体推送，如《致敬白衣战士——梓潼原创抗疫歌曲〈最亲爱的人〉倾情献上》《书墨挥毫抗疫情怀——梓潼抗疫书画作品选》《咔嚓定格抗疫画面——梓潼抗疫摄影作品选》《【赞】MV〈最亲爱的人〉——梓潼原创抗疫歌曲，致敬白衣战士！》等。收集、整理抗疫期间文艺骨干创作的音乐、快板、文学、书法、美术、年画、篆刻、剪纸、摄影等抗疫文艺作品，印制《梓潼抗疫文艺作品集》，记录梓潼抗疫时刻，传递战疫必胜信心。

（袁　林）

融媒体

【移动平台建设】 按照省委宣传部融媒体中心“一地一端”的建设标准，改版原“直播梓潼”手机APP，升级为“梓潼发布”手机APP。自2020年6月试运行以来，新版“梓潼发布”APP下载注册用户达2.8万人，编发稿件2900余条；“梓潼发布”微信公众号粉丝10万余人，编发稿件289期848条；“梓潼发布”官方微博粉丝1万余人，编发稿件1600余条；“梓潼手机报”编发稿件143期，“今日梓潼”旬报36期。

【宣传矩阵建设】 坚持“移动优先、内容为王”，聚焦新闻热点，挖掘新闻亮点。在手机客户端首发的同时，联动微信、微博、网站、抖音、电视、广播、报纸等多个平台同时发声，着力形成“一点发声、全媒共鸣”的强大宣传合力。2020年以来，各县级官方媒体共发布梓潼新闻信息17000余条，其中《梓潼新闻》（含《一周要闻》）312期2000余条，《新村进行时》播出3期，《帝乡风情》播出1期，《法治梓潼》播出7期。

【对外宣传】 瞄准中央电视台、“学习强国”、四川电视台等中央、省、市级主流媒体，加强联系沟通，主动策划选题，积极上送稿件，借势发力，对全县文旅融合发展、生态循环农业、生物医药产业等方面工作的特色亮点、经验成效等进行全方位、多角度报道。全年,在绵阳电视台上稿349条;在“直播绵阳”APP上稿162条;在四川广播电视台上稿78条;中央广播电视总台上稿37条。

【广电事业】 继续开办“潼城之声”(调频FM104.9),开设有《壳子冲起来》《新闻18点》等广播节目,每天直播达10个小时以上。9月实施直播能力提升改造项目,新购置电台播出设备,对电台直播间进行整体包装和升级改造,新增加新闻实景录播台。

【中心建设】 融媒体中心的大屏和装修完成,指挥平台初步建好,其中涉及的APP新平台的网站注册、上线和技术参数调整以及办公区域的文化建设正在逐步实施,布局合理、功能齐全的融媒体中心新格局效果初显。2020年9月,融媒体中心以全市第三名的成绩通过省级验收。

【媒体深度融合】 按照“随身手机看资讯、及时快捷刷微博、生动鲜活看广电、海量互动上网站”的融媒体发展理念,有效整合原有1端(“梓潼发布”手机客户端)、1屏(户外大屏)、2微(“梓潼发布”微信公众号、官方微博)、2网(“梓潼政务网”“梓潼党政网”)、2报(“梓潼手机报”“今日梓潼”旬报)、2台(梓潼电视台和FM104.9广播电台)等10个官方媒体,2020年9月,新开设“梓潼融媒”抖音号,形成“10+1”媒体矩阵。接通央视频、四川观察、“学习强国”等平台端口,构建起内联外通的全新宣传格局。

【拓展宣传渠道】 “梓潼发布”APP开通乡镇、部门端口,建立由各单位通讯员、书画协会、摄影协会等多个社会供稿通讯员群,吸纳本地有影响力的优秀社会媒体入驻,与梓潼人生活网微信、微博号,梓潼在线微信、微博号签署入驻协议。2020年8月,与四川文化艺术学院签订院地共建战略合作协议,被确定为四川文化艺术学院学生教学实践基地。

【融合发展】 接入水电气缴费、违章办理等便民服务平台,接入人民网地方领导留言板、问政四川、书记县长信箱等平台,与县委网信办联合办公,明确梓潼发布APP互动平台上的群众诉求办理的相关工作机制和流程,提升网络信访办理质量和效率,有效疏解群众诉求。

(田小芸)

社 科 联

【概况】 确定13个理论研究课题,为县委、县政府科学决策提供依据。县委书记周琳带头撰写调研文章《着力实施“五大行动”加快建设美丽梓潼》。推进全县第三次社会理论项目评选表彰工作,评定出优秀社科理论成果16项、先进社科人才5名、先进学会5个。研究梓潼特色中医文化,助推梓潼医疗产业发展的课题进行专题研讨3次,“梓潼战疫记”项目正有序推进。动员两项改革“后半篇”文章调研,助力乡村振兴,组织参加各类调研、培训20余次。

【社科普及】 在县委、县政府的统一领导下,组织“两弹一星”干部学院做好“弘扬科学家精神 建功立业新时代”首届科学家精神论坛。来自中央、省、市有关单位部门、科研院所、干部学院、高等院校的300余名领导嘉宾、专家学者齐聚在中国“两弹一星”红色文化社科普及基地,就继承和弘扬科学家精神展开讨论,发表建议,达成共识。

多名梓潼社科工作者参与的中央电视台大型纪录片《中国影像方志·梓潼篇》于8月30日在中央电视台科教频道播出,反响热烈。除电视播出外,各级媒体新媒体平台转载阅读量达300余万次。

搭建县内社科人才交流平台,创刊《梓潼论坛》。2020年出版2期,编发各类社科理论稿件27篇,开办乡村振兴、党建论坛、六大工程、脱贫攻坚、建言献策、梓潼史话等具有地方特色的栏目,为热爱梓潼的仁人志士提供一个思想融合、文化交流载体。

开展"科技战疫、创新强县"科技活动周宣传,发放宣传资料5000余份,接受各类咨询300余人次。坚持深入贯彻《四川省科学技术普及条例》,组织开展集中性科普宣传活动。全年发放宣传资料1万余份,接受各类咨询3000余人次。组织开展全县"小小讲解员"比赛,推荐10名优秀学生参加市级比赛,获小学组十佳2名(分别位列第二、十名),中学组十佳1名,宣传部(社科联)获优秀组织奖。

【社科基地】 中国"两弹一星"红色文化社科基地采取"走出去、请进来"的方式,深入学校、乡镇干部学院等开展《英雄·丰碑》情景宣讲,进校园、乡镇、干部学院宣传近20场,观众4万余人。以中小学生为主要对象,通过"文昌祖庭开笔礼""文昌祖庭感恩礼"的形式,开展"文昌文化"及地方历史文化普及教育活动5场,参加学子2000余人。

(李海峰)

旅 游

综 述

【概况】 梓潼县地处四川盆地西北边缘,绵阳市东北部,位于北纬30°25′27″~31°25′43″和东经104°51′16″~105°27′35″;东北与剑阁县为界,西北与江油市毗连,东南与南部县、盐亭县接壤,南与三台县相邻,西南与游仙区为界;东西宽约35公里,南北长约52.5公里,面积1442平方公里,辖32个乡镇1个园区。梓潼县地处四川盆地西北边缘丘陵向低山过渡地带,丘陵和低山占全县面积的95.3%,平均海拔413~911米。属中亚热带湿润季风气候类型,年平均气温16.5℃,年平均降水902.4毫米。梓潼历来为川北交通要道,被誉为联结川陕的"金牛蜀道",是"地联秦关,矜领益州"之重镇,国道G108斜穿梓潼境内长达42公里。县内公路以国道G108为轴线,以连接四周邻县的10条干线公路为骨干,形成四通八达的交通网络。

【重点活动】 2020年举办宏仁贵斐紫采桑节、华沙采桃节、川文艺音浪水上乐园开幕、自强荷花文化旅游节、"文昌杯"两岸青年文化创意设计大赛终评、1095届文昌庙会、许州天宝蜜柚节等旅游节庆活动。

【重点项目】 重点项目投资和完成情况:2020年完成投资4.7亿元,完成率107%。省重点项目绵阳市"两弹一星"红色经典景区品质提升工程——红色旅游研学营地工程,总投资3.008亿元,总建筑面积约5万平方米,涵盖研学区、研学住宿区、餐厅、学术多功能礼堂等基础配套设施,2019年7月底正式开工建设,2020年完成投资0.88亿元;市重点项目绵阳"两弹一星"红色旅游经典景区建设(三线建设博物馆、航天科技馆)项目,计划总投资4.5亿元,2020年完成投资1亿元;省重点项目梓潼县七曲山风景区配套及基础设施建设项目,总投资6.9亿元,南、北山门停车场、凤凰湖环湖路、步游道、七曲村安置点已全面完工,水观音景区维修改造工程、雷神庙维修改造工程和祈福朝圣广场正在加快施工。2020年完成投资1.1亿元;市重点项目四川文化艺术学院梓潼校区暨四川(梓潼)大学生文化旅游产业创业园项目,总投资30亿元,2016年开工建设艺术创意工坊、艺术家部落、文昌宴舞、艺术水街、游泳馆、产业创业园等文化旅游项目。2020年完成投资1.52亿元;市重点项目卧龙牛头山农业观光园项目,总投资7亿元,2015年开工建设"农业+旅游"观光及配套设施设备建设。2020年完成投资0.2亿元。招商引资情况:绵阳"两弹一星"红色旅游经典景区建设项目("三线"建设博物馆、航天科技馆)为2020年新开工的市重点项目,计划总投资4.5亿元,2020年计划投资1亿元,已完成可研、用地预审、立项和规划施工图的编制;绵阳市党建公园位于长卿镇长卿村,绵阳两弹一星文化发展有限公司为业主单位。总用地面积56757平方米,绿化面积15390平方米,主要节点占地总面积6810平方

7 月 26 日，梓潼县 2020 年乡村旅游文化节暨第六届自强荷花文化旅游节启动仪式举行　（白鹤林／供图）

米，主园路占地面积 3060 平方米，消防通道占地面积 2910 平方米，运动区占地面积 3080 平方米。项目包含入口广场、中国历史朝代介绍、中国近代屈辱史、复兴之路、改革开放新时期、入党宣誓平台、中国共产党基本知识、绵阳故事、绵阳展望未来等篇章及运动场。项目建成后将有效推动党员干部群体的红色教育活动。

【行业管理】 新冠疫情以来，文广旅局第一时间成立局疫情防控领导小组，全方位落实防控要求。下发《关于印发新型冠状病毒感染肺炎应急处置预案的通知》，关停文化娱乐场所、景区、文化馆、图书馆等 33 家，暂停旅游企业经营和文化艺术活动，强化旅行社、星级酒店、星级农家乐等重点领域排查，出动执法人员 500 余人次，出动执法车辆 180 余辆次，对全县 28 家文化娱乐经营场所进行 700 余家次执法检查，组织干部职工 380 余人次到社区开展联防联控工作，阻断疫情“文旅传播”。疫情稳定后积极投入复工复产，加大景区创建和各项活动开展。两弹城被评为全国红色旅游发展典型案例——国家发改委正式发文确定为重大改革创新工作。梓潼文昌祖庭被国台办设为海峡两岸交流基地——国台办正式发文确定为重大改革创新工作。“两弹城”景区创建为国家 AAAA 级旅游景区，文昌艺术小镇景区创建为国家 AAA 级旅游景区。绵阳市“两弹一星”红色经典景区品质提升工程——红色旅游研学营地工程项目申报为“全省文旅融合示范项目”，获得省级支持资金 1000 万元。中国两弹城、文昌艺术小镇艺术聚落入选全省首批试点研学旅行基地（营地）。两弹城被评为第八批中国华侨国际文化交流基地。七曲山被评为川台文旅交流合作示范基地。承办“文昌杯”两岸青年巴蜀文化创意设计大赛，59 件作品通过复审，19 件作品获奖。文创产品“争气弹 596”文具套装获得四川省红色旅游文创产品大赛金奖。

（魏雨珊　杨　燕）

景区景点

【七曲山风景区】 全国重点文物保护单位七曲山大庙、七曲山国家森林公园，位于剑门蜀道风景名胜区南端，是九寨环线的分流干线，是蜀汉三国旅游线上的精品景区，以全国文昌文化发祥地和全国最大的纯古柏林闻名海内外，众多的文昌文化、三国文化景观令人流连陶醉。文昌祖庭七曲山大庙，最早为善板祠，唐玄宗封张亚子为左丞相，更名为七曲寺。南宋以王宫格局重建，敕封为灵应祠。元仁宗诏封为文昌帝君，改为“佑文成化庙”。大西王张献忠联宗认祖，把七曲山文昌宫认作太庙。大庙古建历经兴废，现存元、明、清古建23处，占地1.3万平方米。百尺楼的雄伟，文昌正殿的威严，桂香殿的典雅，盘陀殿的古朴，构成了文昌宫多样化的古建群体组合，既像人间王府，又似天上宫阙。由于建造年代不同，风格各异，被著名建筑学家梁思成誉为古建博物馆。

文昌洞经古乐因谈演《文昌大洞仙经》而得名，又称之为“檀炽钧音”“钧天妙乐”“七曲洞音”。《文昌大洞仙经》南宋由西蜀道士传降于梓潼，谈演时编配了音乐。洞经古乐融合古代道教、宫廷、民间音乐，韵味高雅，风格古朴，是一个少见的古代乐种，被联合国教科文组织所属的世界音乐理事会誉为“全人类的宝贵文化遗产”，“无形的文化财富”。文昌祖庭洞经乐团，先后参加全国农运会、中央电视台夕阳红电视大赛、宝光寺祭祖节等活动的演出，受到中外游客的青睐。

1994年七曲山新老柏林景区，经林业部批准为“七曲山国家森林公园”。全国最大的七曲山纯古柏林，古柏参天挺拔，姿态万千，林冠翻波，涛声盈耳。信步林中，古柏苍翠欲滴，蝉鸣悠悠，罕见的古柏寿星群落，令人叹为观止。“飞行翠云里，如入仙境中”，被游客誉为“蜀道奇观”“古柏大观园”。目睹这千山成壑的古代生态遗存，林科专家称为“森林化石”，诗人誉为“蜀道翡翠”，环保专家称之为“天然氧吧”。

金牛蜀道纵贯梓潼之南北，由此往北，剑门群峰耸立，险象环生；由北向南，川西平原绿野，尽收眼底。送险亭成为蜀道路标，是金牛蜀道“坡去平来”的分界线，留下“地崩山推壮士死”，“五丁开山遗剑泉”的故事。蜀道景观灿若珠玑，长卿山司马读书台、诸葛演武七星山、张飞植柏表蜀道、孔明屯

七曲山文昌祖庭　　（王远全/供图）

兵卧龙山、刘备饮马“御马岗”、李严故居潼江边、唐明皇幸蜀闻铃上亭铺、李自成大战倒马坎、张献忠伏击在庙垭……蜀道沿线有景点30多处。沿古蜀道跋涉，方能体味古蜀人的伟大创举“陆地交通活化石”的古韵遗风。

（巩万举）

【“两弹城”风景区】 基础建设　2020年“两弹城”基础设施建设包括：继续推进研学营地一期项目建设工程，完成工程量的85%；完成以两弹元勋家国情怀为背景、以邓稼先、陈能宽等两弹元勋家风家训为主题的四川省廉洁文化基地（家风馆）建设项目，并对外开放；按照国家AAAA级旅游景区标准，对生态停车场、旅游厕所等必备基础设施进行整体提升改造，对原游客中心进行内部、外部装修及整修，规范设置景区全景图、导览图、指示牌、安全警示牌等多种语言文字的标识标牌，景区基础设施和软硬件设施服务功能逐步完善。

品牌创建　2019—2020年，景区成功创建为“国家AAAA级旅游景区”，并先后获得“文化和自然遗产活化利用最佳案例”“第八批中国华侨国际交流基地”“首批川港澳台青少年交流基地”“绵阳市2019年最美景区”“绵阳金牌研学基地”等荣誉，包括“邓稼先旧居”在内的7栋院士旧居公布为全国重点文物保护单位，两弹城职工驿站通过省上验收。

研学实践　结合中小学生实际，组织有关专家学者编撰适合中小学生阅读的《邓稼先的故事》手绘书、《中国两弹城读本——国防教育国家安全研学实践教育》《“两弹一星”元勋风采集》等书籍，印制《少年强中国强》中、小学生版研学手册10000本。完善研学路线及课程，增加军事模型展览点、家风家训展陈点、王淦昌旧居展陈点；深入挖掘基地资源，编导反映科学家们隐姓埋名投身核武器研究的情景剧《英雄丰碑》等教学课程，《英雄丰碑》作为干部学院常态化教学体验课程，2020年上演31场。2019—2020年接待近10万名中小学生进行研学活动，接待党政团队3000余批次75000余人次。成立“两弹一星”红色文化工作室，邀请县内外相关文化专家，组建一支优秀文化研究队伍，进入梓潼县潼江中学、文昌中学、七一职高等学校，受教育学生达50000余人次。

对外交流　继续巩固与青海原子城、山东荣成郭永怀纪念馆和中国工程物理研究院的四地合作，互通有无，成果共享；强化与中核集团、航天涡轮院等科研单位的联系，争取支持，增加实物展陈，丰富三防教育馆展陈内容。加入市文化旅游促进会、四川省研学教育会等旅游教育协会，与成渝地区相关革命旧址纪念馆签订成渝地区双城经济圈革命旧址纪念馆合作发展协议，实现资源共享，开启旅游业发展新模式。主动走出去向先进学习，先后到山东荣成郭永怀纪念馆、青海原子城、重庆聂荣臻元帅陈列馆等地进行实地考察和交流，学习先进的管理经验和优秀做法。

景区抗疫　成立疫情防控指挥部和领导小组，明确责任，细化分工，按照中央、省市县委安排部署，统筹做好疫情防控工作，定期对景区各个展馆、洗手间等公共区域和公用设施进行消毒。2020年1月31日至5月1日，景区实施关闭，利用景区官网、微信公众号、抖音短视频等各类渠道，向公司员工及游客公布专业可靠的疫情防控知识。景区开放后，在游客中心门口、购票窗口和各景点入口处设立游客体温检测站和健康码检查站点，实行“一进一测一登记”制度。配备消毒液、酒精、体温计、洗手液、口罩等基本防疫物资，以备值班人员、游客或应急突发事件使用。受新冠肺炎疫情影响，2020年景区全年接待游客9.9万人次，同比下降57.87%，实现旅游综合收入332.38万元，同比下降36.33%。

景区经营　2020年，景区新成立宣传教育部和运营管理部两个部门，并根据各部门职能分岗位制定说明书，做到职责分工明晰；完善横向到边，垂直到底的内部管理体系；分层次、分阶段对景区讲解员、工作人员开展常态化游客接待、岗位技能等培训。景区先后获梓潼县2020年迎国庆中秋诗歌诵读二等奖，讲解员田玉姣和郭小莎被评为绵阳市“百姓学习之星”，讲解员赵梓君获得“四川省红色讲解员大赛”金牌讲解员称号；讲解员范恒、赵洁参加2020年全省研学旅行指导师技能大赛并获得二等奖的优异成绩。

（谭显林）

【文创小镇】 文昌艺术小镇旅游景区位于四川省绵阳市梓潼县文昌大道东侧，潼江河与马鸣河交汇“三江六岸”处，景区距离绵阳市区42公里，距绵阳南郊机场60公里，距离绵阳火车站50公里，景区与全国红色旅游经典两弹城和道教主流全真派圣地七曲山大庙，形成梓潼旅游“金三角”格局，景区占地面积约为595404平方米，文昌艺术小镇是集文昌文化体验、艺术体验、科普教育、亲子旅游、餐饮休闲、科技娱乐综合体验于一体的综合旅游目的地，是四川首家以“文昌文化”为艺术文化主题景区，景区获四川省旅游“特别贡献单位”、“四川省文明单位”、四川省“全域研学试点基(营)地”等称号。

游客中心是咨询中心，也是景区的集散中心和中转中心，内设影视厅、购物商店、游客休息区、行李寄存、投诉等服务。

文昌宴舞，是梓潼及周边地区最大，最具影响力的大型宴会厅，承接婚宴、生日宴、会议宴会及其他庆典宴会、园区游客就餐场所，可实现容纳1000人的庆典大型演艺用餐。

景区的生态停车场，派专人值守，大小车停车线、残疾人车位齐全，停车场的树木、花卉植被布置整齐，对整个景区起到烘托作用，整个景区不收取停车费。

艺术水街占地面积132681平方米，建筑面积53974平方米，艺术水街融合“水街”“广场”“创意”为特色，打造街头艺术表演，作为小镇艺术景观，向游人展示才艺和文化，让游客在游览体验中感受到小镇的文化范儿和“温度”。

超级乐器广场是世界首创的“超级乐器系列”实现功能雕塑与艺术互动的完美结合，超级乐器广场在工程结构和科技技术上进行创新，研发出多种关键性器件，如不怕风雨的“原声传感器”、准确解析演奏力度的“力度分析触发电路”“激光粒度传感器”等，完美将艺术与科技结合，打造出世界瞩目的“功能雕塑”工程，正在积极申报“吉尼斯世界纪录”。

文昌学宫，占地面积约23999平方米，建筑面积约6648平方米，结合中国传统文化，传承文昌文化精神，作为世界文昌文化永久性会址，给世界一个文化交流平台。融合文昌养生文化与艺术养心理念，形成以食、疗、禅、茶、曲、琴、棋、书、画为抓手，突出精神图腾，演绎神话意境。收藏、陈列梓潼地方特色文化(文昌文化、年画、洞经音乐、马鸣阳戏、大兴花灯等)和巴蜀特色文化等。

文昌学宫内设置有“电影博物馆”“老相机博物馆”，展示中国电影的长期发展过程与奋斗历程；收集了1万余张电影发展历史相关的画报，体现电影史的发展阶段，吸取着文学、戏剧、绘画、音乐、舞蹈等各种艺术的成就与经验，力争打造成具有特色的“电影小镇”。

音浪水上乐园，音浪水上乐园占地2万平方米，乐园采用海洋世界主题乐园的设计理念，融入高科技游乐项目，结合绚丽的水上演出，让游客在体验快乐的同时，感受到热带异国风情的浪漫与激情。

（赵　军）

乡村旅游

【概况】 2020年，因新冠肺炎疫情和大棚房清理整治双重冲击，乡村旅游经济损失惨重。疫情期间，根据疫情防控形势需要，为避免人员聚集引发交叉感染，各景区、星级农家乐、酒店严格按照疫情防控工作要求，做好疫情防控工作，自1月24日起各景区全部暂停营业、取消一切文旅活动。3月、4月开始，乡村旅游逐渐恢复，但仍萎靡不振，且景区和星级农家乐开放后，游客量少，运营成本增高，入不敷出，经营压力大。已建成许州镇万亩蜜柚基地、自强镇千亩荷花观光园、石牛镇千亩胭脂脆桃生态旅游度假村、十里花卉长廊、千亩梨花园、百菇养生园、牡丹种植园、芍药基地、水滴沟天然种养殖体验园等现代农场示范区。因地制宜开展菜花节、石牛桃花节、宏仁镇贵斐紫采桑节、自强荷花节、许州天宝蜜柚节等乡村旅游节庆活动，打造“乡乡有项目、村村有特色、月月有活动”的乡村旅游品牌。

【旅游节会】 4月24日至5月10日，举办“梓潼县宏仁镇贵斐紫采桑节”。7月26日至8月24日，举办自强荷花节。10月20日至11月8日在许州镇天宝村举办第三届天宝蜜柚节活动，结合“自驾游”开展“采摘乐”“农家乐”、举行柚王评选活动、蜜柚（柚子茶）品鉴活动、名优特产、小吃、旅游资源展示、蜜柚造型创作展示等活动。

【脱贫攻坚】 完成文化扶贫专项目标任务。完成29个贫困村文化院坝建设，文化室达标。按照省文化和旅游厅贫困村文化室达标建设内容和指导标准，村文化室设置图书室、广播室、阅览室等室内活动场所，文化制度上墙，文化管理人员到位。配置电脑、电视、广播器材及笔墨纸砚、演出道具等相关文化活动器材用品，每村硬化200平方米以上的室外活动场地，修建简易舞台，配备羽毛球、乒乓球、室外健身路径器材。提升改造贫困村村级广播系统29个，广播村村响实现全覆盖。利用省级财政广电扶贫专项资金27万元，县配套资金20万元，通过政府招标单一采购的方式，采购广播专业设备，通过与有线电视共览传输的方式完成实施29个贫困村广播系统提升改造工程，较系统地改造、维护300个行政村广播系统，保障日常广播和应急播出的需要，广播常响率90%以上。实现退出的贫困户广播电视户户通。着力抓好全县6471户贫困户的基本收视问题，全面掌握贫困村、贫困户分布区域和当地广播电视信号通达情况后，针对具体情况并按照群众自愿的原则分别通过地面数字电视、直播卫星、有线电视和异网（移动、电信、联通）四种形式覆盖，其中安装有线广播电视网络的用户3779户，安装直播卫星的1114户，安装地面无线数字广播电视网络的508户，其余户为用户为自愿安装使用异网（移动、电信、联通）信号。

（魏雨珊　杨　燕）

科　技

科技工作

【概况】 2020年，县科技局实施创新驱动发展战略，突出以培育创新主体、搭建创新载体、激发创新活力、壮大创新产业为重点任务，助推产业转型升级，全县科技创新工作取得新的成效，全面完成“十三五”科技创新目标任务。2020年完成企业R & D经费支出0.09亿元；高新技术产业主营业务收入22亿元；新增田宝科技和金临机械2家高新技术企业；新增科技型中小企业22家、新增规上科技型企业3家、完成科技型中小企业评价入库65家；全年实施科技成果转化项目7项；全年技术合同登记额3091.5万元。县科技局被省科技厅、省人社厅评为科技系统先进集体。

【科技创新】 着力构建产业创新体系，助推产业转型升级。以经开区创建省级高新区为目标，提升园区产业创新能力。启动实施创建工作，着力推进以升促建，引导创新资源要素向园区集聚，培育发展高新技术产业，引领和带动县域经济高质量发展。推进创建省级农业科技园区。以创建省级农业科技园区为重点，推进现代农业科技创新。编制完成《梓潼省级农业科技园区建设规划》，启动申报创建工作，着力强化农业科技支撑，引领现代农业产业创新发展。统筹推进科技城加快发展工作。以推进科技城加快发展工作为契机，提升县域科技创新能力。推进年度重点任务、重大项目，确保科技城加快发展各项任务落地落实。加强科技型中小企业孵化培育。加大科技型中小企业扶持力度，推进科技型中小企业申报认定、评价入库和升规入统，促进科技型中小企业发展壮大。大力培育高新技术企业。持续推进高新技术企业数量质量“双提升”行动，建立高企培育后备库，针对“一企一策”加强辅导培育，扶持发展高新技术企业。新增田宝科技和金临机械2家高新技术企业，全县有效高企7家，高新技术产业主营收入22亿元，同比增长18.9%。引导企业加大研发投入。落实企业研发投入后补助政策，健全引导企业加大研发投入激励机制，指导企业做好研发费归集和统计上报工作。推进企业研发机构建设。指导圣迪乐公司成功创建为省级工程技术研究中心，申报市级工程技术研究中心和重点实验室7家，认定县级企业技术研发中心3家。

【科技活动】 加强创新平台建设，提升科技创新服务能力。推动生物医药产业和电商孵化中心建设。推进已有孵化载体提质升级。县科技孵化中心创建为省级大学生创新创业示范基地；石牛优怡源返乡农民工创业园创建为市级星创天地，全县拥有市级以上"双创"孵化载体3家，在孵企业41家。加强创新服务平台建设。引进四川首创致合知识产权代理公司在梓潼设立检验检测、知识产权代理等工作站，全县创新服务平台4家，科技服务企业20余家。推进科技金融服务。与邮储银行梓潼支行建立科技金融合作机制，加强银企融资对接服务，先后开展"绵州金英荟"等科技金融对接活动2场（次），新增科技型中小企业信贷融资0.62亿元。推进产学研合作。推进企业与高校院所开展产学研合作技术攻关，支持凯瑞华创与第三军医大学合作开展新冠病毒快速检测试剂项目研发、辉氏药业与西北农林大学合作开展艾叶产业化研究，全县开展产学研合作的企业24户。促进科技成果转化应用。实施科技成果转化项目7个，完成技术合同交易登记额3090万元。开展"双创"系列活动。6月14日举办以"创业梓潼·精彩有我"为主题的创新创业汇活动；10月16日举办"绵州金英荟"及大学生创业汇活动，开展创新创业政策宣讲、项目推介、企业人才招聘、银企融资对接等系列活动。引进培育创新创业人才，中匆光电获得市人才项目支持，与成都理工大学等高校合作新建大学生创业实践基地1个。评选"农博士"7人。优化营商环境。制定《优化营商环境促进科技创新工作指南》22条，建立干部职工联系服务企业机制，开展"服务企业活动月"，加大科技创新政策宣传培训力度，强化企业科技创新服务，按时完成营商环境"包容普惠创新测评"工作。

流动科技馆巡展

（张　晖/供图）

实用技术培训　　（张　晖/供图）

【科技项目管理】 组织申报各类科技项目。抓好国、省、市科技计划项目申报工作，组织企业申报市级及以上科技项目33个，已获得立项14个，争取项目资金440万元；实施县本级支持科技创新专项奖补政策，兑现落实县本级科技创新专项资金104万元；加强项目实施管理，开展项目中期检查和到期验收评估，确保项目实施质量和资金效益。

【科普宣传】 持续开展"科技活动周""科普日"等集中宣传活动，配合开展疫情防控、防灾减灾等各类专题科普活动，举办"最美科技工作者"评选等活动，强化农业实用技术培训。举办各类科普宣传活动7场（次），举办各类种养技术培训140余场（次）。加强科普基地建设。梓潼博物馆创建为市级文昌文化及中医康养科普基地，全县有省级科普基地2家、市级科普基地1家。推进科技扶贫。突出抓好贫困村科技特派员服务团项目实施，全面完成项目培训任务，深入贫困村举办技术培训116次，培训人员4300余人次。

（张　晖）

气象监测与服务

【概况】 梓潼县气象局坚持贯彻观测质量管理体系，保持基础业务质量稳定、观测仪器运行正常、网络传输准确及时、各类资料信息按时上报。2020年地面气象测报错情率为0，各类上行气象资料传输质量平均值均达到省气象局考核标准，自动站资料可用率99%以上；完成国家自动气象观测站检定、雨量传感器、土壤水分站年检任务；完成国家站天气现象视频智能观测及多温多雨自动观测系统安装并开始试运行；完成ISOS系统新版本升级、精细化预报业务平台升级及天元系统基础信息录入。

【气象服务】 密切监视天气变化，做好常规预报预测工作，每日通过QQ群、钉钉群、LED、"直播梓潼"新媒体等方式向有关部门发布未来24小时天气预报。准确预报关键性、转折性及重大灾害性天气过程，为地方政府及相关部门作出科学决策提供参考，提供决策材料《梓潼气象工作要情专报》33期。全力做好各类重大活动气象保障服务工作，全年制作春运专题38期、节假日专题12期、中高考专题6期。

做好气象为农服务工作，了解农业生产、农村经济和农民增收的实际需求，完善重点服务对象信息库，重点做好春播、夏收夏种、秋收秋种等关键农事季节服务工作，制作《农业气象旬月报》32期、《农用天气预报》26期，发布发送手机气象服务短信1300余次82万余条，为农业政策性保险提供准确的气象灾害信息14期。

疫情期间，与防疫指挥部对接，与应急、卫生、民政等部门构建工作联动机制，发布梓潼县新冠肺炎防控专题天气预报56期；汛期加强与应急、水利、武管等部门会商研判，通报天气变化趋势，为县委政府科学决策提供气象数据支撑；利用重要的时间节点与多部门联合开展防灾减灾科普宣传4次，在"3·23世界气象日"之际，通过拍摄科普视频、开展气象知识手抄报比赛等项目，与梓潼东辰国际学校联合开展创意比赛和主题班会等加强气象科普宣传。

【人工影响天气】 从2019年12月开始梓潼县出现的冬春夏三连旱天气过程，森林火险气象等级持续偏高，制作发布城市森林火险警报267期、森林火险气象等级警报 8 期，向县委、县政府防汛抗旱指挥部提交关于抗旱的工作材料 7 期，开展人工增雨作业 15 次，用弹 60 枚，作业影响面积累计 5802 平方公里，增加降水 3631 万立方米，对缓解旱情和降低森林火险气象等级起到促进作用。

【气象防灾减灾】 强化防灾减灾气象服务，做好重要时间节点和灾害性天气的监测、预报及预警工作；参加绵阳市气象局组织的全市气象部门 2020 年气象综合应急演练和国家气象观测数据网络应急演练、梓潼县抗洪抢险应急救援综合演练等各项应急演练 4 次；重新收集各部门和乡镇气象协理员、气象信息员名单，更新气象灾害防灾减灾平台接收人员信息，预警信息公众覆盖率提升；印发《梓潼县气象局灾害性天气应急叫应制度（试行）》，复杂天气多次开展“叫应”服务；准确预报 5 月 20 日、6 月 16 日、7 月 23—24 日、7 月 30—31 日、8 月 11—17 日区域性暴雨天气过程，启动暴雨应急响应 13 次。为全县安稳度汛、农业生产、经济发展和人民生活提供优质气象服务，监测预报预警和气象服务工作受到县委、县政府领导高度赞扬和肯定。

履行社会安全监管职责，对全县 53 家重点防雷安全监管单位开展双随机执法检查，全年易燃易爆场所新建建（构）筑物防雷设计审核 1 项；做好升空系留气球施放工作的管理，全年升空系留气球施放审批 1 项；加强与县住建局、县自然资源局沟通，不定期开展气象探测环境和设施保护的执法检查工作；结合国务院安委会考核巡查发现问题的整改工作方案和专项整治三年行动方案，开展相关的安全生产检查和宣传工作，强化单位职工安全生产意识以及监管部门和企业的安全生产主体责任意识。

（王亚林）

商贸·物流

SHANGMAO WULIU

商　　贸

综　　述

【概况】 2020年，全县商贸流通工作以扩大总量、优化结构、产业升级为主线，组织协调商贸流通企业和复工复产，有效减少新冠肺炎疫情对经济的影响，不断提高服务业发展规模和水平，实现商贸流通服务业持续健康发展。

【优化营商环境】 贯彻落实省、市服务业大会精神，召开全县服务业发展大会，表彰奖励一批优秀服务业企业和企业家，带动服务业各行业快速发展。出台《关于加快构建"5+1"现代服务业体系推动服务业高质量发展的实施意见》《梓撞县进一步加快服务业发展的若干政策措施》，设立专项财政资金支持服务发展。鼓励"个转企"，支持企业专业化、规模化发展，将服务业发展工作纳入全县各部门、镇（乡）年度绩效考核，推动全县服务业健康快速发展。

【重点服务业】 做好服务业"十四五"规划的前期摸底、调查、评估工作，明确服务业的重点产业、重点企业、重点项目、重点品牌，圆满完成服务业"十四五"规划，指导服务业持续、快速发展。贯彻落实《绵阳市关于加快服务业发展建设西部现代服务业强市的意见》和《梓撞县加快发展现代服务业的实施意见》精神，制定《梓潼县服务业"5+1"重点产业2020年度行动方案》。深入分析行业发展情况，协调解决困难问题，增添措施办法，促进行业快速健康发展，培育规上限上企业，争取更多入库企业纳入核算，扩大全县服务业总量，为服务业持续发展奠定坚实基础。2020年，新增规上服务业企业1户、限上商贸流通企业8户。

【"万村千乡市场工程"】 改造提升各镇（乡）商贸流通基础设施，推动商业网点向村、社区延伸，持续运营农家店296家，全县村、社区综合配送率达到95%，城乡商业体系基本形成。加快发展现代连锁经营、共同配送、直销配送、社区便民店等新型流通业态，降低流通成本和销售价格，促进消费增长。为四川圣迪乐村生态食品股份有限公司鲜鸡蛋商品化处理设施建设、四川福欣食品有限公司农产品供应链供需、四川供销金柚农业科技有限公司日处理400吨天宝蜜柚商品果分级包装线、绵阳和香米业有限公司和香玉优质大米后商品化处理设施建设等4个项目争取省市2020年农商互联暨农产品供应链项目资金342万元。

【外贸出口】 2020年新增对外贸易备案企业6家，对外贸易企业24家，实现外贸出口实绩企业11家，实现对外出口实绩3700万元人民币。组织四川福欣食品有限公司参加第三届上海进博会，协调服务梓潼昌华公司在肯尼亚进行业务拓展，促进外贸流通工作。

【商贸流通】 2020年，全县有规上限上企业54户，其中限上商贸流通企业46户、规上服务业企业8户，全年实现社会消费品零售总额实现54.53亿元，增速-1.5%；完成服务业增加值66.70亿元，增长4.3%。全年外贸进出口贸易总额完成3700万人民币，到位外资135万美元。

【商贸活动】 持续深入开展“惠民购物全川行动”“川货全国行”“万企出过门”等三大活动，打造以时代广场、兴发广场、鑫驰广场为重点的城市商业综合体。不断完善商业业态，健全服务功能，创新服务模式，组织商贸企业梓潼名优特产品参加“绵阳造”产销对接活动暨“县长来了”直销梓潼专场活动、川货网购节、绵阳电商直播节暨海赋外滩368市集等系列商贸活动，为促进消费提供强力支撑。

【消费复苏】 贯彻落实国家、省、市“共渡疫情难关、恢复餐饮经济”文件精神，联合七曲山旅游开发公司、四川莱仕顿实业集团有限公司等企业发放30万元消费促进券，先后举办2020年梓潼“七曲杯”厨艺大赛、“2020梓潼莱仕顿啤酒美食节”、“梓潼县餐饮名店、名厨、名小吃评选”、“梓潼县名优特新产品展销会”等系列节会促销专项活动，点亮夜经济，促进全县餐饮行业经济复苏、推动服务业健康发展。

【区域合作】 持续深入实施与绵阳市游仙区、仙海区、江油市、三台县及广元市剑阁县、重庆市璧山区等地区的区域协作战略，建立协作发展机制，研究制定协同发展方案，立足自身优势，重点推进文化旅游、健康养老、交通运输、电子商务等领域的合作，加快形成区域联动、相互衔接、错位发展的服务业跨越发展大格局。

【商务扶贫】 组织公益性扶贫产品参加“县长来了”“品质川货网购节”等直播活动，在鸿峰商贸、张氏超市、永辉超市等县内大型商场超市设立扶贫产品专柜，鼓励福欣食品、圣迪乐、富库葛根、荷莲盛等企业的扶贫产品参与“四川扶贫”公益性集体商标注册，促进“梓潼造”扶贫产品拓展市场。利用生猪代养“1+5”产业扶贫模式，与正大、大北农一道与农信互联协作，搞好“互联网+生猪”的网络建设，为贫困养殖户搭建生猪网上交易的综合信息平台。

【疫情防控】 疫情期间成立疫情防控物资保供工作组，指导督促全县规上商贸流通企业加强生活必需品市场供应，启动疫情防控期生活必需品市场日报监测、应急商品数据库日报、生活必需品供求情况报送等制度。加强商场、超市、餐饮店和农贸市场防疫防控工作的检查力度，扎实开展疫情防控工作。疫情防控稳定后，采取“一企一策”的办法，积极组织服务企业复工营业，兑现物流、电费等资金补贴，帮助商贸流通企业渡难关，最大限度地减少疫情对经济的影响。

（余周源）

供销合作

【农资供应】 发挥农资流通主渠道作用，依托县供销农资公司、加盟企业，储备农资货源，做好农业生产资料组织、供应、销售和价格监测，发挥基层社、社有企业和农资行业协会作用。2020年，累计供应化肥50000吨、农药100吨、农膜160吨、其他农资2000吨。

【农产品购销】 发挥流通渠道作用，做好以蜜柚为主的农特产品购销工作，2020年与农户签订蜜柚购销协议3000亩。依托渠道优势组建鲜销网络，销售半径覆盖华北、东北、西南地区，利用参加俄罗斯国际农产品博览会成果，开展蜜柚出口业务，产品远销俄罗斯、迪拜、哈萨克斯坦等国家，截至2020年年底，累计鲜销蜜柚突破50000吨，出口突破10000吨。

【农村电子商务】 累计建成县级运营服务中心1个、乡镇服务站5个、村级服务点75个，培训2700人次，初步形成较为完整的农村电子商务服务体系，全年实现销售额800余万元，供点商城电商扶贫专区上传贫困村农特产品29个，通过综合合作和综合服务，惠及全县90000余户农户。

【“供销云”服务体系建设】 按照《梓潼县供销云服务体系建设实施方案》，利用供销云系统，升级现有模式，为村社和新型农业经营主体提供代理记账、项目咨询、工商登记等服务，着力解决农村小微企业聘请专业会计成本高、计账难、不规范等问题，公司为全县29个扶贫代养场、2个家庭农场、8家涉农企业、7个专业合作社、19家小微企业进行代理记账，并完成“梓潼县供销云农业服务中心”项目验收。

【农村产权流转交易】 2020年，农村产权流转交易中心办理鉴证21宗，面积10330.29亩，总金额2015.57万元。完成农村产权抵押融资51笔，金额4175.1万元，其中农商行25笔，金额2930万元；邮储银行8笔，金额390万元；农业银行18笔，金额855.1万元，超额完成全年抵押融资贷款4000万元目标任务。

【农业社会化服务】 采取“保姆式”全托管和“菜单式”半托管两种服务模式，为农民提供农资供应、良种推广、配方施肥、节水灌溉等某些关键环节或全程服务，实现从耕、种、管、收到贮、加、销产业延伸的托管目标。县供销社通过基层供销社、社有企业、参控股企业、领办的农民专业合作社实现土地托管服务5.7万亩。

【基层组织建设】 在石牛、文兴、仁和等5个乡镇通过共同出资、共享利益方式建成村级基层社5个，于2020年5月联合县财政局完成验收。依托村级社建成农业社会化服务中心2个、庄稼医院1个，通过农村社区综合服务社建设推进农村社区基础设施提升，实现农村社区服务综合化、系列化、集约化发展。

【蜜柚精深加工】 促成首家央企中国供销惠农服务有限公司入驻梓潼，与四川供销金柚农业科技有限公司于2020年12月29日在北京签订合作协议。协议约定：中国供销惠农服务有限公司以股权形式首期投资项目资金5000万元，对四川供销金柚农业科技有限公司进行企业重组。中国供销惠农服务有限公司计划在两年内再投资2亿元用于项目建设，用5~10年时间把四川供销金柚农业科技有限公司包装打造成一家上市企业，助力县域经济发展，实现产业扶贫不返贫，柚农持续致富、企业持续增效、财政持续增收的目的。

（赵建斌）

【粮油购销】 保障市场有效供给。适时调控成品粮油储备，落实国有粮站、加工企业、大型超市大米和菜油库存量，保障全县城镇居民的口粮（油）供应需求；协调解决企业困难和问题，推动粮油应急加工企业复工复产，疫情期间落实库存成品粮油4560吨，采购储备新增应急小包装大米500吨。推进优质粮油工程建设。“中国好粮油”示范县建设项目2019年10月经省粮食和物资储备局批复备案正式进入实施阶段，2020年，“中国好粮油”四川行动示范县项目实施近两年，总投资9054万元，其中中央、省补助3000万元，地方及企业自筹6054万元。已完成项目签约及投资6122.46万元（其中：县级统筹资金14.64万元、大湖2928.82万元、和香3179万元），占总投资额的67.62%，实际支付建设资金5356.48万元。粮油购销量逐年增加。全年全县粮食行业收购粮食13.48万吨，其中：小麦1.67万吨，稻谷5.76万吨，玉米3.78万吨、油菜籽2.27万吨。国有粮食企业充分发挥主渠道作用，购进粮油2.47万吨，销售粮油2.61万吨。保障存粮仓储安全。新建粮油产业园、粮食低温库、粮食烘干清理中心、智能化储备库等，提升科学绿色储粮能力；开展全国粮食库存检查、秋粮收购和秋季安全储粮专项检查等，确保粮食储存安全。全县国有粮食企业库存粮油总量9.16万吨，其中国家存储托市稻谷（最低收购价粮）19674吨，省级储备稻谷2550吨、小麦2903吨、菜籽油340吨，市级储备稻谷1000吨、小麦2000吨，县级储备稻谷1000吨、小麦2000吨、成品小包装大米300吨、菜籽油100吨。深入贯彻落实粮食安全省长责任制，实行粮食安全分级责任制和部门分工负责制，加大考核力度，将粮安考核纳入县政府对部门、乡（镇）政府目标管理考核，梓潼县粮食安全责任制考核连续4年被市政府考评为优秀等次，2019年考核名列全市第一。

（何永胜）

【商场超市】 2020年，全县有永辉超市、思源超市、世纪联华、华泰超市、新世纪购物中心、鸿锋超市、华鑫超市、张氏超市等16家大型商场超市，从业人员800余人，实现年销售额3.5亿元。其中，永辉超市从业人员110人，总资产4000万元以上，2020年实现销售额7000万元。

（余周源）

电子商务

【概况】 2020年，全年电子商务交易额16.18亿元，网络零售额7.06亿元。成功申报国家电子商务进农村综合示范县项目，争取国家项目资金补助2000万元。完成新增电商服务站（点）数6个。全年开展电商培训4场次，培训农村电商人才200人次，培育2个农特产品网销品牌、1个工业网销品牌。

【电商平台建设】 继续加强与阿里巴巴、京东和邮政合作，完善县级服务中心功能，建设乡（镇）、村（社）级电商服务站点，建立健全县、乡、村三级电子商务网络服务体系，现有村级邮政便民服务站点120个、鸿锋服务站点6个。与县科技孵化中心融合建设集商品贸易、物流仓储、融资支持、研发创意等多功能、多业态于一体的梓潼县电子商务园区，引导电商企业入园入孵。已累计入孵电商企业120户，成功孵化46户。依托供销社共点商城网络平台，建设梓潼县土特产精品线上线下展示展销馆及营运中心，打造梓潼县电子商务产业发展示范楼宇，现入驻电商企业、专业合作社36家。利用淘宝平台建立范多多梓潼特产馆，引导特色农产品企业、专合组织入驻，推进“互联网＋农业”。重点培育壮大以供销社共点商城、鸿锋电子商城、华鑫电子商城等为代表的综合型平台，以圣迪乐、福欣食品旗舰店为代表的蛋品、调味品类行业平台，以薪能网络为代表的梓潼特产店铺，以及以观瀚商贸为代表的服装网销店铺。全县53户规上工业企业和39户商贸流企业运用天猫、京东、拼多多等第三方平台或企业官网实现电子商务交易。大力发展电子商务在文化旅游企业中的运用，推进“互联网＋旅游”，协调七曲山风景区、两弹城风景区、华沙度假村、川文艺小镇、鸭鹤岩等旅游景点网络宣传。改造升级梓潼政务服务网，实现互联网咨询、预约、信息交流、下载表册等相关业务互动功能。开展“三证合一”等商事制度改革工作，实现部门之间数据共享。开展跨区域审批，实现居民异地身份证异地办理，进一步推进“互联网＋政务”。

【网络直播带货】 聚焦提升主播带货能力、创新直播带货机制、抢占节日消费市场，开展“梓潼产、梓潼造”直播带货活动。2020年邀请县内外主播达人累计200人次分别在抖音、快手、今日头条、《绵阳晚报》等平台媒体开展“梓潼造”特色农副产品直播带货，持续推动梓潼酥饼、梓潼片粉、贵斐桑葚酒、天宝蜜柚、宝石金宝李、三泉有机猕猴桃、圣迪乐鸡蛋等特色农副产品进行网络直播销售，打造特色品牌。支持福欣食品、圣迪乐、莱仕顿啤酒等食品类企业持续开展内容丰富的直播带货活动，饭扫光系列产品年网销量6800余万元，高品营养蛋年网销量1.1亿元，"金宝李"网络销售量5万公斤。

【投资服务】 2020年，梓潼县新引进招商引资项目23个，实现招商引资签约金额38.9亿元，其中5亿以上的重大招商引资项目3个，分别是投资15亿元的空管装备综合基地建设项目、投资6亿元的中广核新能源（梓潼）演武30兆瓦风电场和马迎27兆瓦风电场项目、投资5.2亿元的七曲山温泉度假酒店项目，签约总金额26.2亿元。全年实现招商引资国内省外到位资金19.04亿元，完成目标任务的126.93%；引进到位外贸资金135万美元，实现突破，完成目标任务的135%。纳入省级平台重点活动的4个签约督办项目履约率100%，开工率75%，资金到位率30.32%。

【外出招商】 2020年，县委、县政府主要领导围绕生物医药、绿色食品、文化旅游、现代农业等主导产业先后赴京津冀、长三角、粤港澳大湾区、成渝等地区外出招商考察24次，对接在谈招商引资项目45个。

【创新招商】 2020年，全县招商引资工作人员克服新冠疫情影响，创新招商方式，争取绵阳市经济合作局驻外平台支持，选派人员赴深圳、上海、成都、重庆等地驻点招商，重点围绕绵阳生物医药产业园建设，主动承接沿海地区和成渝地区兽药产业转移，壮大梓潼兽药产业集群。参加四川医药健康产业创新发展网络推介会，中外知名企业四川行、西博会、科博会、川商发展大会等省市各类重大投资促进活动，举办四川区县进北方百日线上招商活动梓潼县网络招商推介会、四川省动物保健品协会新版兽药GMP培训会梓潼投资推介会。加强与招商引资专业中介机构、驻外商会对接，探索以商招商，通过闲置土地利用、低效厂房盘活来招商留商聚商力度，已通过二次招商的方式招引四川莱仕顿实业集团有限公司盘活奥威啤酒生产线项目。

【项目管理】 2020年，全县招商引资工作按照"热情招商、紧追洽谈、审慎签约、全力落实"的要求，将重点在谈项目协议进行合法性审查，征求相关部门和涉及镇乡意见，分别报送县投促委会议、县政府常务会议、县委常委会会议讨论，及时修订完善，严把项目科学决策关，优化招商引资项目议事规则和决策程序。围绕招商引资项目的"洽谈—签约—落地—投产—效益"这条主线，印发《梓潼县重点招商引资项目"服务绿卡"管理办法》和《梓潼县重点企业"服务绿卡"管理办法》，全方位、立体化、系统性推进项目的对接跟踪服务和动态监管，做好签约引进项目开工、建设、投产、运营等跟踪服务，协调解决招商引资项目建设和发展中遇到的突出困难和重大问题。

（杨清兰）

天然气经营

【概况】 建成经营性的液化石油气站1家，总储量110立方米，销售点1家，气瓶数量7600个，2020年销售量达120吨；CNG加气站2家，年销售量475万立方米；管道燃气经营企业4家，建成供气管网2940公里，管道燃气用户9.47万户，管网已基本覆盖全县各个乡镇及大部分村社，供气覆盖率90%。

（严　静）

烟草专卖

【卷烟销售】 全年累计销售卷烟8725箱，同比增加152箱，增幅1.78%；实现销售收入30315万元，同比增加1904万元，增幅6.70%；单箱结构34743元，同比增加1604元，增幅4.84%；实现税利总额8077.74万元，同比增加719万元，增幅9.77%；上缴税金1441万元，同比增加61万元，增幅4.44%；重点品牌

“3·15”前夕，稽查员开展市场专项整治行动　（刘蜀君/供图）

累计销售7220箱，同比增加733箱，增幅11.30%；地产烟累计3869箱，同比增加154箱，增幅4.16%。

【专卖管理】 全年保持专卖管理打击强度、监管力度、基础厚度，查获各类违法违规案件83起，查扣各类涉案卷烟50.70万支，较2019年同期增长53.68%，涉案金额29.67万元，罚没款3.45万元，完成“三烟”查缉任务202.8%，查获万元以上案件9起，其中查获“双五”案件一起，实现近年来“5万元”案件零的突破，受理处理各类举报投诉24起。全年办理烟草零售许可业务110项，其中：新办42户（不予许可5起），停业4户，变更9户，延续1户，恢复1户，歇业50户。开展服务型执法活动，利用“3·15”“6·29”“12·4”等节点，开展法治宣传活动。累计接待咨询群众260余人，发放宣传资料450余份。

【疫情防控】 成立疫情防控领导小组，制定疫情防控工作方案，组织志愿者配合政府、社区开展志愿服务活动，形成联防联控体系，向奋斗在一线的公安干警、疫情防控人员，捐赠5000元慰问物资。全体党员自发捐款3940元，支援疫情防控工作。支部参加市烟草专卖局（公司）“奋力夺取双胜利，共为党旗添光彩”主题实践活动，在基层党建成果展演活动中，获一等奖。

【脱贫攻坚】 扎实开展脱贫攻坚工作，按照每月至少入户1次的帮扶要求，组织帮扶责任人进村开展帮扶工作，一户一策制定帮扶措施。向上级部门争取资金2万元，安装太阳能路灯11盏，实施道路亮化工程，与镇、村两级沟通协调，集中解决27户贫困户基础设施、住房安全、用水、用电等问题，并为贫困户添置1.75万元生活必需品。支部与兰花村村委会结成对子，以“强化支部联建，助力脱贫攻坚”为主题，开展“七个一”党员志愿服务周活动，研究部署脱贫攻坚工作，交流基层党建工作经验。

（刘蜀君）

物　流

【概况】 2020年，全县有物流企业37家，从业人员1600人，营业收入1.18亿元。按物流资源分类：货物运输企业28家，年营业收入7137万元，从业人员350人；货运个体802户，从业人员1032人；快递类9家，年营业额969万元，从业人员407人，年派送件1000余万件，年收件量310余万件。

【现代物流业】 持续贯彻落实《绵阳市现代物流业发展规划（2016—2025）》，依托鸿锋商贸物流基础及绵苍高速连线条件，加快梓潼物流园区规划建设，以长林物流、龙瑶物流、兴鸿达配送为引领，与县内外物流产业对接，加强协调整合，构建跨区域物流产业发展园。推动物流企业稳步发展，鼓励长林食品、建丰木业、鸿锋商贸、华鑫商贸等企业主辅分离，单独开展运输、仓储、配送业务。鼓励支持金英商贸、速达物流、新韵达物流不断壮大经营规模。2020年，全县规上物流企业2家，列入重点培育企业15家。加强长林3000吨冻猪肉冷藏库、兴梓农业3000吨鲜活农产品气调保鲜库、锦诚商贸4000吨蔬菜水果保鲜库、福欣食品和蜀国农业10000吨的蔬菜原料保鲜贮存池日常管理，依托农村淘宝、京东配送和邮政等电商平台，大力构建县、乡、村三级农村物流体系。

2020年梓潼县物流企业一览表

表4

序号	名称
1	四川蜀国醇酿食品科技有限公司
2	绵阳市正通物流有限公司
3	梓潼县益通物流有限公司
4	四川长林肉类食品集团有限公司
5	四川金马生态农业开发有限公司
6	四川金辉生物工程有限公司
7	四川梓潼兴鸿达物流配送有限公司
8	绵阳市华鑫物流服务有限公司
9	四川福欣食品有限公司
10	四川贵斐紫就要有限责任公司
11	绵阳世杰商业管理有限责任公司
12	绵阳众合物流有限公司
13	四川长林物流有限公司
14	四川奕冠农业科技有限公司
15	绵阳兴业商业经营管理有限公司
16	四川嘟嘟宝生物科技有限公司
17	梓潼县鑫飞捷运物流运输有限公司
18	四川供销社金柚农业科技有限公司
19	绵阳泽川物流有限公司
20	绵阳市众诺食品有限责任公司
21	绵阳果欢源贸易有限公司
22	梓潼君发顺物流有限公司
23	四川莱仕顿精酿啤酒有限公司
24	梓潼金英商贸有限公司
25	梓潼百润物流有限公司
26	梓潼龙泰物流有限公司
27	梓潼县益通路桥有限公司
28	梓潼县速达物流有限公司

2020年梓潼县快递公司一览表

表5

序号	名称
1	绵阳市新快捷快递有限责任公司梓潼县分公司
2	四川顺丰速运有限公司绵阳分公司梓潼营业部
3	绵阳众合物流有限公司
4	中国邮政速递物流股份有限公司四川省梓潼县分公司
5	梓潼县大新乡东华兽药经营部
6	梓潼县速达物流有限公司
7	梓潼金英商贸有限公司
8	绵阳市隆兴快运有限公司梓潼营业部
9	绵阳市新韵达快递有限公司梓潼县分公司

（余周源）

财税·金融

CAISHUÌ JINRONG

财 政

【概况】 2020年，面对新冠肺炎疫情和“8·12”洪灾等前所未有的冲击以及错综复杂的经济形势，梓潼县财政局围绕县委、县政府中心工作和目标任务，加大“六稳”工作力度，落实“六保”任务，财政工作有序推进，财政运行总体平稳。2020年地方一般公共预算收入实现3.3亿元，增长10%，位于全市第三位。全县政府性基金预算收入6.5亿元，增长3.1%。全县支出合计33.47亿元，增长25.9%，其中：一般公共预算支出23.19亿元，政府性基金预算支出10.28亿元。

【县级财政收支】 2020年，全县地方一般公共预算收入3.3亿元，完成预算的101.9%，增长10%。其中，税收收入1.98亿元，增长19.2%。加上上级补助等收入后，收入总量为27.2亿元。全县一般公共预算支出23.19亿元，完成预算的99.6%，与上年基本持平。加上上缴上级等支出后，支出总量为27.2亿元。全县实现收支平衡。全县政府性基金预算收入6.5亿元，完成年初预算的130%，完成调整预算的100%，加上上级补助等收入后，收入总量为11.99亿元。全县政府性基金预算支出10.28亿元，加上调出资金、债务还本等支出1.71亿元，全县政府性基金预算支出总量为11.99亿元，全县实现收支平衡。

县级管理的社会保险基金预算收入1.49亿元，完成预算的111%，社会保险基金预算支出0.86亿元，完成预算的98.7%。2020年收支结余0.63亿元。

【财政转移支付】 2020年，对上争取资金18.94亿元。一般公共预算18.15亿元，其中一般性转移支付16.5亿元，专项转移支付1.65亿元，政府性基金预算0.79亿元，增长24.69%。

【财政支持经济发展】 全面落实国家减税降费政

策，全力支持实体经济。全县减税降费累计2.14亿元。严格直达资金使用方向，加快直达资金执行，直达资金2.67亿元支付进度达97.6%，将直达资金精准用于最困难的地方和最急需的领域。争取转贷地方政府债券资金6.06亿元，支持乡村振兴、污水治理、交通基础设施等重点项目，推进棚户区改造、生物医药产业园区建设。投入资金3.26亿元，助推工业经济增长，提升农业现代化水平，着力文旅产业提档升级。持续优化营商环境，全面落实财政金融互动政策，协助企业融资2.37亿元，财政贴息66.85万元，缓解新冠肺炎疫情期间企业"融资难""融资贵"的问题。

【财政支持民生和社会事业】 兜牢"三保"底线，切实保障改善民生。"三保"支出实行"三单列三专项"预算管理新机制，工资、民生、社保、扶贫资金专户管理，确保资金及时足额拨付。构建稳定民生投入机制，新增财力优先保障各类民生和社会事业发展的政策性支出。坚持教育优先发展。有序推进医疗卫生体制改革。全面落实养老保障、城乡低保、特困供养等提标扩面政策，阶段性加大价格临时补贴力度。全力支持重点群体就业创业，落实援企稳岗政策。教育、社保等民生支出投入16.37亿元，占一般公共预算支出的70.6%，较上年提高12.6个百分点。

【财政改革】 聚焦改革重点任务，抓好改革举措落地见效。进一步健全完善预算绩效管理制度，牵头制定全面实施预算绩效管理的实施意见等规范性文件。选取17个项目进行重点绩效评价，涉及资金2.05亿元。加大财政投资评审力度，评审预决算项目302个，审减金额1.2亿元，审减率6.32%。加速推进"互联网+"与政府采购的深度融合，实现政府采购全流程操作电子化率100%，完成政府采购评审专家库网络终端建设。落实国有企业深化改革三年行动，加强国有企业运行监管，提升国有企业经营效益。完善国有资产管理制度，加大国有企业改革，完成国有企业资源整合，净增国有企业资产73亿元。

【三大攻坚战】 集中财力支持打好精准脱贫攻坚战，投入资金2.85亿元，支持15个扶贫专项计划实施，确保脱贫攻坚年度目标任务圆满完成。筹措资金4.05亿元，深入实施人居环境整治等五大行动。健全与污染防治攻坚任务相匹配的投入保障机制，支持打好蓝天、碧水、净土保卫战等标志性战役。严格政府债务限额空间，加强政府债务和隐性债务风险防范化解。加强库款运行动态监测，保障国库资金稳定运行。持续推进财政暂付款清理消化"三年攻坚行动"，全年消化财政暂付款1.9亿元。

（王　秀）

税　务

【概况】 2020年，县税务局自制党建专题片《回望》获得四川省中华经典诵写讲演系列活动三等奖。顺利通过省级最佳文明单位复查验收。在全市税务系统党建优秀项目展评中获三等奖，"五个一"工作法获评支部工作法优秀项目。获得市税务局"揭榜挂帅"税收经济分析项目优秀单位。全年税收经济分析、减税降费、社保费划转等工作获县委、县政府领导批示肯定9次。获绵阳市工会经费征收工作先进集体、梓潼县促进民营经济发展先进单位、梓潼县促进服务业发展工作先进集体、梓潼县社会治安综合治理工作先进单位、梓潼县社会舆情信息工作先进单位等荣誉。2020年，县局纳税人满意度排名全省57名、全市6名，得分95.29分，较2019年全省68名、全市11名，得分91.33分，实现得分、排名双提升。被市级以上主流媒体及地方党政内刊正面宣传报道15次。10人次先后获得省、市、县级个人荣誉。

【征收管理】 税费并重，组织收入快速增长。坚持组织收入原则。对全县43个重点项目进行走访和跟踪统计，结合"一县一策""一企一策"工作方案，持续开展税源摸底调查工作，分门分类建立税收台账，精准监控税收进度，努力挖掘收入潜力，强化收入质量监控，完成收入任务。夯实社保费和非税收入征缴基础。推动社保费征收和非税收入职责顺利划转，夯实城乡居民医保征缴基础，加强与县人社局、县医保局、各乡镇的协同配合，加强申报辅导，强化政策宣传辅导，拓宽社保征收渠道。持续加强同县残联、总工会的配合，做好残保金及小微企业工会经费支持政策宣传辅导和征收工作。加强同县交通运输局路政管理大队、县水利局、县行政审批局和县住建局的协同配合，深化信息共享，做好非税收入征收的基础工作。全年组织各项税费收入7.52亿元，同比增长21.1%，其中：税收收入4.1亿元，同比增长7.2%；社会保险费收入3.26亿元，同比增长44.8%；非税收入0.16亿元，同比增长22.2%；办理出口退税232万元，同比增长27.5%。实现县级收入1.98亿元，同比增收3200万元，增长19.2%，完成税收占地方一般公共预算60%的奋斗目标。

严格遵守退税审批流程，坚持纸质资料传递和电子数据审批流程并重，认真比对退税信息，及时办结退税手续，进一步做好增值税留抵退库、个税和企业所得税汇算清缴退库工作，确保各项红利在县域全面释放。2020年，累计退付各项税费3070万元，其中：6户增值税留抵退库1860万元、3937人次个人所得税汇算清缴退税155万元、77户个税扣缴手续费退付19万元。

11月2日，灵活就业人员社保划转征收首日，县税务局干部宣传缴费政策，讲解缴费申报操作流程 （向 泽/供图）

深化落实“放管服”改革。精简税收征管业务事项50%，精简资料报送48%，精简表证单书26%，纳税人首次申领发票平均耗时压缩至5分钟内，超7成新办纳税人享受“套餐式”服务，限时办结事项按期办结率超过99%，14大类255个涉税事项实现“最多跑一次”。加强税收协同共治。联合人民银行开通电子退库业务，全县出口退税企业无纸化申报比例达100%；发票首次申领税控设备领用在“企业开办”窗口同步完成。软硬件升级改造，提升信息化水平。进行网络机房改造和电教室建设，优化专线网络布局，提升征管信息化保障水平。

【税制改革】 制发《梓潼县税务局企业社保费征收职责接收工作实施方案》，坚持“税费同管”“税费统征”，落实主体责任。加强与县人社局、县财政局、县住建局、县水利局和县环保局等部门的协同合作，多次召开部门联席会议、专题工作研讨会，做好非税收入划转的基础工作，形成工作合力。2020年完成企业社保费、自备水源污水处理费等5项非税收入顺利划转。全年组织社保费收入32603万元，其中：企业职工基本养老保险基金收入7292万元，职工基本医疗保险基金收入5629万元。组织非税收入1586万元，其中：工会经费399万元，残疾人就业保障金收入169万元。

组建个税综合所得年度汇算工作领导小组、业务专班、专家团队，设置个税汇算服务专区、专厅、专窗，严格落实网格化管理责任，按月下发事项清单，实行联络员制度，步调统一推进个税改革。2020年，累计3937人次个人所得税汇算清缴退税155万元。

按照《国家税务总局绵阳市税务局关于加强税收业务建设提高税收治理能力的意见》要求，对照清单抓好30条措施54项具体任务的执行落实，严格落实省税务局税收信息化建设三年规划和大数据发展战略，进一步夯实税收业务的主体地位，稳步提升税收治理能力。

专项部署试点工作的重点内容及相关工作要求，配足配齐办税服务厅设施服务，确保专票电子化相关宣传辅导和咨询解答口径统一，确定梓潼县梓联畅科技有限责任公司1户企业为专票电子化试点纳税人，落实一对一现场辅导，保障企业正确使用电子专票。

【税收政策落实】 精准落实小微企业普惠性减税、研发费用加计扣除、增值税增量留底退税、降低社保费率、支持疫情防控和复工复产税费优惠政策，落细落实党中央、国务院新出台的7批28项税费优惠政策。2020年，减免税费21393万元，同比增长41.5%，增加6277万元。其中：减税20718万元，同比增长41.6%，增加6090万元；降费675万元，同比增长38.3%，增加187万元。累计退付各项税费3070万元，其中：6户增值税留抵退库1860万元、3937人次个人所得税汇算清缴退税155万元。

深入落实《新冠肺炎疫情防控税收优惠政策指引》及"六税两费"十二项具体政策，确保新政策精准落地，做好《中华人民共和国城市维护建设税法》和《中华人民共和国契税法》实施准备工作，落实好"行政执法三项制度"，持续规范税收执法行为。

【纳税服务】 落实《优化营商环境条例》，开展税收宣传月活动，抓住两会召开的契机，把税收宣传"干货"送进两会现场，持续推进办税缴费便利化举措，"放管服"改革不断深化，税收营商环境不断优化。在2020年全省纳税人满意度调查中，县税务局满意度排名由2019年的68位，上升到57位，实现分数、排名双提升。

开展"便民办税春风行动"。走访企业162家，派发宣传折页1500余份，宣传辅导面达100%。建立网办咨询中心，接听电话咨询日均150余次，微信群、QQ群问答条数日均50余条次。

制定网上办税7条措施，实现216项业务"全程网上办"；建立发票寄递中心，全年免费邮寄发票1万余户次，为纳税人节约办税成本逾5万余元。2020年，县税务局"非接触式"办税绩效考核累计办理业务总173212笔，"非接触式"办理总量171056笔，"非接触式"办税率为97.3%，居全市税务系统第五位。

深化"银税互动"，构建诚信体系。通过"税务贷""纳税e贷"等产品为19家企业办理贷款2829万元。评出A级纳税人55户，B级纳税人855户，M级纳税人778户，A、B、M级占参评纳税人总数的91.8%，较上一年度提高15.3个百分点，高出全市平均水平1.5个百分点，纳税信用持续向好。2020年，有17家企业通过"税银互动"获得贷款2689万元。

【税务担当】 成立"运用税收大数据服务抗击疫情决策分析"领导小组，开展收入增减分析、经济分析、税收调研等多维分析，落实全市税务系统《税收经济分析项目揭榜挂帅管理办法》。全年向县委、县政府报送税收分析专报6期，获肯定批示4次。完成扶贫数据校核，落实脱贫攻坚"清零行动"，入户送鸡苗、送化肥，开展党员扶贫志愿服务活动、村容村貌整治行动等，组织开展帮扶工作每户每人11次以上，参加帮扶人次900人次以上，单位投入资金折合人民币14万余元，组织开展"扶贫日"捐款，累计捐款8350元。落实常态化疫情防控工作。春节期间，组织成立"党员突击队"1支、"党员志愿者队"7支、"团员志愿者队"1支，组织342人次在机关办公区域、联防联控社区及劝导点等重点地区开展值守工作，累计值守40天。组织开展党员捐款，共104人捐款12550元。

2020年梓潼县税收及其他收入情况表

表6

税费名称	金额（亿元）	同比增长（%）
全年税费收入	7.52	21.1
税收收入	4.10	7.2
社会保险费收入	3.26	44.8
非税收入	0.16	22.2
出口退税	0.02	27.5
县级收入	1.98	19.2

（向　泽）

金　融

综　述

【概况】 2020年，梓潼县金融工作围绕县委、县政府年初的总体布局，深入推动金融改革、落实金融精准扶贫、发展农村普惠金融、支持实体经济和新型农业经营主体融资，进一步拓宽融资渠道，激活金融市场，有效推动乡村振兴战略的落地实施，全面助推地方经济发展步入新台阶。

2020年，各商业银行存款余额151.86亿元，同比增长9.9%，贷款余额101.46亿元，同比增长19.3%。全县保险机构实现保费收入3.83亿元，同比增长14.3%，已决赔付金额0.83亿元。全年新增商业银行1家。

（龚　微）

银行业

【概况】 2020年，全县各商业银行存款余额1518592万元，同比增长9.9%，同比净增137241万元；贷款余额1014637万元，同比增长19.3%，比年初净增贷款164359万元。存贷比为66.8%，其中：县农商行净增贷款55407万元；县农行净增贷款24748万元；县农发行净增贷款30814万元；县商业银行净增贷款27401万元；县邮政储蓄银行净增贷款15442万元；县工行净增贷款4108万元；县中行净增贷款6439万元。

【存贷款特点】 居民储蓄存款增长平稳。居民储蓄1283472万元，比同期增加140144万元，同比增长12.3%。农业贷款持续增长。农业贷款余额763241万元，比2019年同期增加95462万元，同比增长14.3%；中小企业贷款余额428239万元，比年初增加89573万元，同比增长26.4%。

【各商业银行存贷比】 县农商行存贷比72%，农行存贷比42%，商行存贷比71%，邮储银行存贷比20%，工商银行存贷比47%。

中国银行梓潼支行

【概况】 中国银行梓潼支行于2020年11月17日成立。全行员工13人，其中行长1人，副行长2人，客户经理2人，理财经理1人，消贷经理1人，综合柜员3人，大堂经理2人，大堂助理1人。13人均为大专及以上学历，平均年龄29岁，均通过银行从业人员资格考试；行长李沛雨、副行长张艳娟、理财经理杨君霞、消贷经理吕小军均取得金融理财师（AFP）资格；11人取得会计证。

【存贷业务】 到2020年年末，存款余额1100万元，年净增1100万元，其中：个人存款641万元，年净增641万元；公司存款459万元，年净增459万元，在支行成立不到两个月时间里支持县域经济发展，公司贷款投放6409万元。业务良性发展，涌现出两名先进个人：副行长张光田被市分行评为“忠诚员工”，客户经理严柯被市分行评为“青年先锋”。全县行政事业单位基本账户、各类专项资金账户开设于工行、农行、农商行等。

中国农业银行梓潼支行

【概况】 2020年年末，中国农业银行梓潼支行有在职员工72人，辖内对外营业机构4个；内设综合管理部、客户部、财会运营部、风险管理部4个部室。各项存款余额23亿元，年增量5960万元；本外币贷款余额9.8亿元，年增量2.5亿元。

【服务地方经济发展】 2020年积极服务实体经济重点领域，持续提升综合化金融服务能力。贷款规模9.7亿元，较年初增加2.5亿元，其中：公司类贷款余额4.8亿元，较年初增加0.9亿元，个人贷款余额4.9亿元，较年初增加1.6亿元。2020年支持地方企业复工复产，宣传疫情时期特别信贷政策，对涉及疫情防控的信贷业务，开辟绿色通道，全额满足疫情防控信贷需求、匹配普惠型小微企业专项贷款规模，发放应对疫情贷款3615万元；对政府机构、防疫相关企事业单位取现、资金划转、账户开立、企业贷款等开通特事特办、优先办理。

【金融扶贫普惠工作】 2020年末，精准扶贫贷款比年初增加13500万元，完成任务168.75%。利用惠农e贷、微捷贷、税银e贷等产品，对接小微和民营企业金融需求，民营企业贷款余额27150.8万元，小微企业贷款余额14209.8万元；惠农E贷余额6385万元，年增量10341万元。在县域和乡镇布放各类金融机具设备491台（部），满足城乡转账、小额取现、代缴话费等需求，实现金融服务16个乡镇和21个贫困村的覆盖。

【资产质量管理控制】 不良贷款余额388万元、不良率0.39%。到期贷款现金收回率99.91%，完成任务的100.01%。

【精神文明创建工作】 继续保持省级文明单位称号；青年文明号巩固率100%，辖内省分行级青年文明号营业机构1个，市分行级青年文明号2个；支行营业部创建为四星级“中国银行业文明规范服务星级示范单位”。

中国农业发展银行梓潼支行

【概况】 中国农业发展银行梓潼县支行内设办公室、信贷业务部、会计结算部。2020年年末，在职员工17人。2020年，累计投放贷款49732.45万元，贷款余额136461万元，同比增加30815万元，增幅29.17%；各项存款余额15823万元，存款日均余额27333万元，同比增加3585万元，增幅15.1%；实现账面利润1653万元，同比增加765万元，增幅86.23%。

【服务地方经济】 全力抓好疫情防控，金融助力复工复产，疫情期间投放应急救灾县级储备大米贷款225万元。坚守主责主业，服务国家粮食安全，全年累计投放各类粮油购销储贷款7202.32万元。聚焦重点项目，服务乡村振兴，支持梓潼县城南片区棚户区（城中村）改造项目，投放贷款6550万元；支持绵阳市“两弹一星”红色经典景区品质提升红色旅游研学营地项目建设，投放贷款9279.07万元；支持农村饮水安全巩固提升项目建设，投放贷款8958万元；支持绵阳市“两弹一星”红色旅游经典景区项目建设，投放贷款52.39万元；支持梓潼县海峡两岸文化交流基地旅游扶贫提质改造项目建设，投放贷款6214.66万元；支持梓潼县梓江沿岸生态环境综合治理项目建设，投放贷款10876万元。助力实体经济，支持小微企业发展，全年支持小微客户2户，投放贷款600万元，有效缓解疫情对小微企业造成的冲击。获“2020年县域经济工作先进企业”称号。

梓潼农村商业银行

【概况】 2020年，梓潼农商行在县域内设置营业机构38个，员工277人，服务38万户个人客户、2013户对公客户。全年累计投放贷款45亿元，年末余额52.29亿元，比年初净增4.04亿元，其中：涉农贷款余额39.71亿元，比年初增长3.29亿元。贷款主要投向“三农”，用于支持地方经济发展。秉承“服务‘三农’、服务小微、服务县域经济”的宗旨，梓潼农商银行融入地方发展，助推脱贫攻坚事业，组织动员全体职工投入脱贫攻坚事业，获评绵阳市金融精准扶贫劳动竞赛先进集体。成功创建四川省级文明单位；全面加强疫情防控，支持企业复工复产。被梓潼县委、县政府授予2020年度优秀服务业企业称号。

中国工商银行梓潼支行

【概况】 2020年，中国工商银行梓潼支行机构和网点数量无变化，即设网点机构1个，附行式自助银行

1个，离行式自助银行2个，存取款ATM机5台。在职员工16人。

【支持地方实体经济】 重点项目信贷支持包括：发放贷款4000万元，用于支持县域农业龙头企业——某食品股份有限公司扩大再生产；支持地方交通建设，投放项目贷款6700万元，用于梓潼县高速公路建设。

【普惠金融】 小微金融开展情况。2020年，为7户企业投放税务贷1067万元；为1户企业投放烟火贷178万元；为4户企业投放e抵快贷570万元。支持实体经济复工复产。为12户符合条件的企业新增发放普惠信用贷款。除流动资金贷款、项目抵押贷款等传统信贷产品线之外，同工信局合作推出设备仪器贷、同税务局合作推出税务贷、同烟草局推出金叶e贷以及经营快贷、烟火贷、e抵快贷等创新信贷产品。

【消保工作】 指定专人负责消费者权益保护日常工作，主要包括员工培训学习与客户投诉处理。通过晨会、夕会不定期组织全员学习消保知识，通过工银大学参加人行消保专题培训学习1次；开展“普及金融知识，守住‘钱袋子’”“金融知识普及月”“金融知识进万家”“争做理性投资者”“争做金融好网民”等宣传活动。

中国邮政储蓄银行梓潼支行

【概况】 2020年，邮储银行梓潼县支行全年自营个人存款结余7.16亿元；单位存款结余1.31亿元；贷款结余4.95亿元。全行不良贷款23.73万元，不良率0.05%。信贷支持辖内经营主体及企业507户，满足辖内居民936户开展消费金融需求。

【金融支持复工复产】 在抗疫之初，率先提取2月、3月底到期的法人贷款明细，第一时间与企业沟通对接，对受疫情影响较大、暂时存在到期偿还困难的客户，落实“不抽贷、不断贷、不压贷”要求，通过增加贷款、贷款展期、办理续贷、调整贷款利率和还款计划等方式，全力支持企业恢复生产经营。送“贷”上门。进企业走访调研，了解企业生产经营状况及资金周转情况，妥善制定金融助力方案适度增加授信额度、调整还款计划、开通绿色通道、提升办贷效率、优化信贷政策等方式，支持企业复工复产，帮助企业渡过难关。打通“最后一公里”金融政策宣传。下工业园、进企业、结对子的方式，开展“用好金融政策，助力复工复产金融政策宣讲活动”从信贷支持、财政贴息优惠、征信等方面介绍金融支持新冠肺炎疫情防控和企业复工复产相关政策措施，围绕当前企业融资问题，鼓励企业利用当前政策机遇，拓宽融资渠道，缓解资金难题。

【金融扶贫】 定向帮扶双板镇凉泉村、菱角村、松柏村贫困户14户，通过赠送谷种、化肥、鸡苗等进行产业扶持，联系商家回购，实现增收。号召党员、员工对帮扶对象进行捐助，用于逢年过节上门慰问、购买扶贫保险，帮助贫困户解决生活中的实际困难，对有自救能力的帮助协调贴息贷款进行项目支持。对口帮扶的14户贫困户已全部实现脱贫。全年发放产业扶贫贷款2000万元，间接带动12户贫困家庭实现脱贫。

绵阳市商业银行梓潼支行

【概况】 绵阳市商业银行梓潼支行被县委、县政府评为“2020年度县域经济工作先进企业”；支行团支部被共青团梓潼县委评为“梓潼县五四红旗团支部”；在总行组织开展的2020年度旺季增存活动中被评为“县域市场份额提升之星”。

【经营指标】 存款：到12月末，各项存款余额21.91亿元，较年初净增4.6亿元，在县域同业存款占比14.43%，较年初上升2个百分点。其中，储蓄存款余额14.48亿元，较年初净增3.61亿元，县域占比11.28%，较年初上升1.77个百分点；对公存款余额

7.44亿元，在县域同业存款占比31.66%，较年初上升4.54个百分点。

贷款：到年末，各类贷款余额15.59亿元，较年初新增2.74亿元，在县域同业存款占比15.37%。

委托业务：到12月末，累计发放职工住房公积金委托贷款2.07亿元。

2020年，实现账面利润5443万元。

2020年，完成支行营业部、文昌支行装修扩建升级工作；经监管部门批准新设机构梓潼崇文支行完成选址装修工作，向监管部门报送开业；加强员工业务学习培训；强化安全监督检查，全面落实整改，实现全年无安全事故发生。

【服务社会】 开展精准扶贫对口帮扶工作，全年投入资金7万余元用于产业帮扶、医疗帮扶，实现帮扶户全部脱贫不返贫，为2020年扶贫验收交上完美答卷；开展防疫工作，做好自身防疫工作的同时服务社会，向梓潼县政府捐款10万元用于梓潼县环卫工人防疫，向梓潼中学捐赠防疫口罩4000个、体温枪5把、洗手液5件、消毒液5件，助力梓潼中学抗击新冠肺炎疫情；组织员工在人民广场、七曲山大庙山开展征信、反诈骗等系列宣传活动。

（王　秀）

保险业

【概况】 2020年，全县有16家保险公司及营销服务部。其中从事寿险业务的9家，从事财险业务的7家，从业人员2068人。全县保险机构实现保费收入38294.73万元，同比增长14.4%，已决赔付金额8253.7万元。其中2020年政策性农业保险全年总保费3349.99万元，赔付金额2514.35万元；农村小额人身保险参保人数11.69万人，实现总保费584.5万元，全县符合参保条件总人数覆盖面40.3%，赔付金额456.82万元，赔付比例78.2%；地震保险承保签单19821户，其中优抚人群12305户、普通7516户，保费金额128.14万元，赔付金额1.19万元。

【人保财险梓潼支公司】 负责人童晓芳，公司位于梓潼县金牛路中段38号，2020年有员工300人，全年总保费5360.9万元，同比增长21.6%，赔付金额3497.63万元。

【中华联合财险梓潼支公司】 负责人蒲飞，公司位于梓潼县文昌大道中段，2020年有员工7人，总保费1259.33万元，同比增长46.8%，赔付金额561.69万元。

【平安财险梓潼支公司】 负责人孙亚敏，公司位于梓潼县文昌镇迎宾路AC广场，2020年有员工10人，总保费3652.8万元，同比增长74.7%，赔付金额831.93万元。

【太平洋财险梓潼支公司】 负责人王铃，公司位于梓潼县文昌镇和平路东段，2020年有员工5人，全年总保费1217.81万元，同比增长15.1%，赔付金额646.92万元。

【中国人寿财险梓潼支公司】 负责人侯晋，公司位于梓潼县万安街AC商业广场，2020年有员工7人，总保费926.46万元，赔付金额483.82万元。

【大地财险梓潼营销服务部】 负责人陈剑军，公司位于梓潼县和平路181~183号，2020年有员工4人，总保费634.55万元，同比增长30.2%，赔付金额301.14万元。

【天安财险梓潼营销服务部】 负责人袁蓉蓉，公司位于梓潼县文昌镇金牛路南段，2020年有员工10人，总保费619.74万元，同比增长56.8%，赔付金额232.76万元。

【中国人寿梓潼支公司】 负责人李毅，公司位于梓潼县文昌镇金牛大道中段216号、文昌镇和平路东段1号。2020年有员工699人（含销售人员），新单首期保费3725万元，总保费12954万元，同比增长8.7%，赔付金额724万元。

【人保寿险梓潼支公司】 负责人尚朝海，公司位于梓潼县金牛路中段38号，2020年有员工365人（含外勤业务代理员），个险新单首期保费650.29万元，总保费2444.74万元，同比增长-31.1%，赔付金额130.1万元。

【平安人寿梓潼营销服务部】 负责人谢伟，公司位于梓潼县万安街347号AC商业广场二楼，2020年有员工15人，个险新单首期保费70.83万元，总保费358.63万元，同比增长3.6%，赔付金额39.8万元。

【太平洋寿险梓潼营销服务部】 负责人黄潞路，公司位于梓潼县文昌镇宏仁大道东段26号，2020年有员工23人，个险新单首期保费234.44万元，总保费1199.15万元，同比增长5.5%，赔付金额57.73万元。

【新华人寿保险梓潼支公司】 负责人吴景春，公司位于梓潼县文昌镇万安街347号AC商业广场，2020年有合同制员工550人（含外勤代理业务员），个险新单首期保费1658.81万元，总保费6224.45万元，同比增长21.9%，赔付金额644.8万元。

【泰康人寿梓潼支公司】 负责人王世海，公司位于梓潼县崇文街时代广场三楼，2020年有员工15人，个险新单首期保费17.72万元，总保费201.58万元，同比增长170.6%，赔付金额7.37万元。

【阳光人寿梓潼支公司】 负责人陈思宇，公司位于梓潼县文昌镇宾辉路金柏林小区，2020年有员工9人，个险新单首期保费收入为2.04万元，总保费50.78万元，同比增长-28.2%，赔付金额8.9万元。

【富德生命人寿梓潼营销服务部】 负责人仲亮，公司位于梓潼县文昌镇金牛路158号，2020年有员工43人，个险新单首期保费47.37万元，总保费848.19万元，同比增长-2.2%，赔付金额42.58万元。

【民生人寿梓潼营销服务部】 负责人邓弟龙，公司位于梓潼县文昌镇和平路东段88号，2020年有员工6人，个险新单首期保费38.31万元，总保费341.62万元，同比增长-24.23%，赔付金额42.53万元。

（龚　微）

城乡建设与管理

CHENGXIANGJIANSHE YUGUANLI

概　述

【概况】 2020年，梓潼县完成四川省生态园林县城的创建工作，并通过省人民政府的检查验收。新建瑞仕名城至宏仁闸坝间河堤段滨江路景观带2000米，绿化面积约6.7万平方米，补植行道树290余株，摆放草花20万盆，对景观大道进行改造提升，栽植桂花300株、木春菊940平方米、红叶石楠80株。对太极广场进行维修改造，安装市政座椅65个、健身器材10套。对金牛大道绿化进行改造提升，栽植月季、贴梗海棠、红叶石楠等3780株。2020年年底，城市绿地总面积298.86万平方米，人均公园面积9.83平方米，绿地率38.17%，绿化覆盖率41.08%。争取上级支持，获得上级资金补助17600.21万元，分别是保障性住房建设资金1931.86万元、农村危房改造365.9万元、垃圾污水治理三年推进项目477万元、公厕建设110万元、2020年排水设施建设1698万元、内涝治理17.45万元、专项债券资金13000万元。完成饶玉兰、史国平、文丰村委会保管室、平祥药业、邓代正、自来水厂厂房6户国有土地上房屋征收，完成棚户区改造781套。完成455户农村危房改造和1763户土坯房改造任务，累计完成土坯房改造29750户，建成65个农村住房集中安置点。维修沥青主路面2000余平方米，各类人行道地砖4000余平方米。

（严　静）

城乡规划管理

【创新研究城市规划】 按照“功能修复、设施修补、文化修缮”的目标，推行以“单元更新”为抓手的协商式规划改造模式，明确老城区有机更新的策略和路径，规划“人口疏解、功能完善、配套增强、交通优化、环境改善、风貌提升”的宜居宜人城市空间。

有序推动各片区改造提升，启动棉麻厂片区改造研究。实施“城市双修”战略。实施滨江公园、计划实施文昌大道及景观提升工程；规划建设两弹城大桥等重点基础设施。

【优化城市发展格局】 将以“七曲山风景区、城北集中办公区、城中商贸区、潼江河沿岸商住区、城南工业集中区”五大功能分区为主，城市发展方向以“南进、东拓”为主，重点打造沙河片区，建设文化体育、购物休闲、教育科研、高端居住的城市新区。依据城市设计，优化提升片区城市空间形态，规划勾勒出轮廓清晰、形态优美的城市天际线。结合绵苍高速公路及预设东石高速出入口的建设，通过沙河片区、经开区提档升级，推进产业兴城建设，实现产城融合，打造沙河片区城市客厅，展示现代梓潼城市形象。用2~3年时间以“潼江河谷”为重点，在基础建设和公共服务设施上体现高质量建设思路，完善道路、绿化、亮化、雨污水管网配套设施，尽快体现建设效果，提升城市总体形象。

【城市规划管理】 进一步完善城乡规划管理标准与制度体系。启动编制《梓潼县城市规划管理技术规定》修订，为依法规划提供技术标准和制度保障。为落实规划调控作用，实现有效的规划监管，切实加强建设项目的全程监管。加强批后管理工作，改进建设项目批后跟踪管理办法，制定《梓潼县建设工程规划批后管理规定》，通过建章立制的形式，完善监督机制，明确监管责权，确保工程按批准的规划条件和建设工程规划许可规定进行建设，及时制止工程建设过程中的违法行为。

【规划服务】 2020年，依法出具规划设计条件40余份、建设用地规划许可证69件、建设工程规划许可证85件，核发建设工程规划核实合格证28件，实现按时办结率100%。推行“阳光规划”。严格执行城乡规划和建设项目批前公告、批后公布。

（吴飞宏）

城市基础设施建设

【概况】 推进市政基础设施建设，实施梓潼县城建攻坚行动27个项目，总投资15.66亿，完成投资11.5亿元，新建道路2.75公里，城市公厕新建2座，镇乡公厕新建18座，改建9座。

梓潼县文昌镇（城中村）棚户区改造配套基础设施沙河路等四条道路建设项目，新建道路总长1750米，配套建设雨污水管、路灯、绿化等设施。总投资3811.5万元。

西崖街西段道路建设工程，建设道路长300米，配套建设雨污水管、路灯、绿化等设施，总投资480万元。

城市备用水源建设项目。拟在任家沟水库新建取水设施、输水管道3.1公里和保护区规范化建设，项目实施单位为县聚源公司，总投资3439万元。

梓潼县公厕新建改建项目。城市公厕新建2座，乡镇公厕新建18座，改建9座，项目实施单位为县住建局，总投资820万元。

文昌镇棚户区（城中村）第二批改造项目。改造范围为棉麻片区、老人大、兴发广场二期周边、城管局片区、糖果厂片区、酱园厂片区等，涉及821户，项目实施单位为县住建局，总投资70000万元。

梓潼县长卿镇棚户区（城中村）改造项目。改造范围为长卿山下永利街片区、老丝绸厂家属区、煤建公司等涉及320户，项目实施单位为县住建局，总投资30000万元。

梓潼县老旧小区改造项目。对食品公司小区、富康小区等15个老旧小区进行改造，项目实施单位为县住建局，总投资564万元。

生活垃圾热解气化处理项目。新建一座日处理200吨生活垃圾热解气化处理厂，占地6.5亩，估算总投资4000万元。通过招商引资方式由中生能环保产业有限公司负责建设。

滨江公园项目。拟在魁星大桥西侧新建一座公园，占地74亩，新建辅道500米、宽10米，以及景观、绿化园林配套建设相关附属设施，项目实施单位为聚源公司，估算总投资6000万元。

潼江两岸亮化工程。对潼江河两岸建筑物、长卿山、崇文塔公园进行亮化打造，项目实施单位为县住建局，总投资1600万元。

文创小镇。建设特色街区、商业服务、景观、中医展陈体验馆、李有行纪念馆、文艺大师工作室、非遗教习馆、川菜名师馆，项目实施单位为梓昌公司，总投资25000万元。

农村土坯房改造行动提升工程。拆、保、改、建1884户土坯房，项目实施单位为县住建局，总投资10000万元。

梓潼文昌镇棚户区（城中村）改造项目。征收危旧房棚户区1214户，拆除房屋32万平方米，项目实施单位为县住建局，总投资10亿元。2020年计划完成征收房屋400户，拆除房屋300户，完成投资30000万元。

（严　静）

镇村建设

【概况】 完成65个农村集中化安置点基础设施配套项目建设，总投资2800余万元。完成文创特色小镇二期项目规划设计、招标等。完成省“百镇建设行动”扩面增量黎雅镇建设试点建设任务，综合文化广场、雨污分离管网建设、营盘梁便民道路建设及场镇停车场建设项目全面完成，完成仁和镇“百镇建设行动”扩面增量考核工作，启动申报许州镇、黎雅镇为省级中心镇工作，全力推动百镇建设行动向做大做强中心镇转变。完成第五批国家传统村落保护规划设计评审工作，完成文兴镇火花村、玛瑙镇高垭村传统村落和传统民居保护修缮等55栋12000平方米农房规划设计。全县镇（乡）新建垃圾分类收集房182个，为宏仁镇金宝村等5个村配置800套生活垃圾分类桶，新建镇乡公厕18座，改建9座。全县镇乡29个污水处理站已全部建成并投入运行。新建天然气管网40公里，推动天然气向农村覆盖。

【建筑业管理】 新增三级建筑业企业6家，全县建筑业企业总数23家，其中二级资质7家，三级资质16家。新增绿卡企业2家，四川瀚阳建设工程有限公司被评为绵阳市对外拓展先进企业。建筑经济总量持续攀升，实现建筑业总产值35.36亿元。建立梓潼县建筑工地智慧化管理平台，将危险性大的塔吊、施工电梯等全面纳入预警监控，全县19个在建项目37台塔吊和施工电梯已接入；工地现场视频监控，大气扬尘和噪声监控也在逐步推进中。协调兑付1200余名农民工工资2459万元。全年办理施工许可证18份，完成塔吊及施工升降机备案48台，验收15栋房建施工吊篮，完成施工图审查和节能备案30项，办理抗震设防专项审查6个，办理安全监督计划31个。监督工程项目62个，总建筑面积240.55万平方米，其中住宅工程22个，公共建筑29个，工业企业4个，市政工程7个。监督竣工验收工程20个，建筑面积21.3万平方米，验收合格率100%。验收消防工程11个，出具消防验收、备案意见书11份。竣工备案15个单位工程，建筑面积25.87万平方米。召开系统安全生产培训会6次，开展季度联合大检查4次、专项检查5次，日常抽查、巡查100余次，发出限期整改通知书80余份，处罚款8万余元。对在建工程大气污染防控开展专项检查4次，检查项目24个，下发整改通知书16份，立案查处2件，处罚款3万余元。

（严　静）

住房建设

【房地产开发】 2020年，全县有房地产开发项目19个，分别是中田瑞仕名城、宏泰水岸花都、城北中央、碧桂园、瀚山壹号、东润书苑名家、凤栖庭苑、凤栖台温泉度假区、阳光翡翠澜湾、梓州悦府、东辰一品、林江美郡、儒嘉名都、金域上亭、金域南亭、金域府公园里、潼江国际名都、梓锦公馆、文峰国际。项目开发面积60余万平方米。主要楼盘：

中田·瑞仕名城 位于梓潼县潼江路北段，开发商为四川中田房地产开发有限公司梓潼分公司，一期于2015年4月11日开工，占地面积69725.02平方米，规划总面积98000平方米，预售建筑面积81779.52平方米。二期于2017年9月6日开工，占地14287.74平方米，规划总面积86934.39平方米，预售建筑面积58314.04平方米。

宏泰·水岸花都五期 位于梓潼县文昌镇潼江路南段143号，开发商为绵阳宏泰实业有限公司，2020年3月1日开工，占地面积46443.29平方米，规划总面积85669.02平方米，预售建筑面积69028.42平方米。

城北中央 位于梓潼县五丁路，开发商为绵阳浩源房地产开发有限公司，一期于2016年3月1日开工，占地面积26053.68平方米，规划总面积15724平方米，预售建筑面积15650.48平方米。二期于2017年4月20日开工，占地面积9403.07平方米，规划总面积28122.76平方米，预售建筑面积27561.86平方米。

梓潼碧桂园 位于文昌镇文昌大道北段51号，开发商为梓潼碧盛耀世房地产开发有限公司，于2018年7月26日开工，占地面积48755.70平方米，规划总面积104404.02平方米，预售建筑面积102246.08平方米。

瀚山壹号 位于经开区金牛路中段西侧，开发商为四川瀚山置业有限公司，于2019年3月30日开工，占地面积20083.52平方米，规划总面积71472.00平方米，预售建筑面积61636.83平方米。

园城中心花园 开发商为绵阳市中泰房地产开发有限公司，于2018年5月12日开工，占地面积8961.09平方米，规划总面积18800.07平方米，预售建筑面积15770.64平方米。

东润书苑名家一期 位于文昌镇沙河村，开发商为绵阳市东润房地产开发有限公司，2018年12月18日开工。占地面积33336.19平方米，规划总面积83293.87平方米，预售建筑面积57825.9平方米。

凤栖庭苑 位于梓潼县花果山302线南侧，开发商为绵阳梓州置业有限公司，2014年8月15日开工，占地面积45887.64平方米，规划总面积90068.61平方米，预售建筑面积35037平方米。

阳光·翡翠澜湾 位于梓潼县经开区，开发商为梓潼县富凯置业有限公司，2019年9月18日开工，占地面积36497.58平方米，规划总面积96500.16平方米，预售建筑面积53955.55平方米。

梓州悦府 位于梓潼县宾晖大道南侧、文昌大道东侧，开发商为四川冠坤房地产开发有限公司，2020年5月8日开工，占地面积28958.58平方米，规划总面积79592.41平方米，预售建筑面积46395.68平方米。

东辰一品 位于梓潼县经开区文昌大道南段239号，开发商为梓潼东辰房地产开发有限公司，2020年4月9日开工，占地面积61753平方米，规划总面积61753平方米，预售建筑面积154383平方米。

林江美郡 位于梓潼县文昌镇五丁路北段83号，开发商为梓潼林江贸易有限公司，2020年9月30日开工，占地面积24509.16平方米，规划总面积107281.55平方米，预售建筑面积55150.86平方米。

儒嘉名都 位于梓潼县中和街原老县医院，开发商为四川儒嘉商贸有限公司，2019年11月18日开工，占地面积3783.55平方米，规划总面积15779.5平方米，预售建筑面积13163.26平方米。

金域上亭 位于文昌镇翠云路西段，开发商为梓潼县金域府壹号房地产开发有限公司，2019年3月1日开工，占地面积6890.39平方米，规划总面积30101.98平方米，预售建筑面积26768.56平方米。

金域南亭 位于梓潼县文昌镇沙河村二社，开发商为梓潼县金域府壹号房地产开发有限公司，2020年7月30日开工，占地面积9187.97平方米，规划总面积26690.35平方米，预售建筑面积23088.53平方米。

金域府公园里　位于梓潼县文昌镇文丰村，开发商为梓潼县金域府壹号房地产开发有限公司，2020年12月4日开工，占地面积62868.42平方米，规划总面积225505.8平方米，预售建筑面积（一期）34451.42平方米。

【商品房销售】 2020年商品房预售面积42.59万平方米（其中商品住宅37.56万平方米，商业营业用房2.78万平方米，车位面积1.32万平方米，其他用房0.93万平方米），销售面积27.97万平方米，同比下降22.33%，其中，商品住房销售面积25.14万平方米，同比下降24.07%；商业营业用房销售面积2.08万平方米，同比上涨31.65%；车位销售面积0.74万平方米，同比下降43.94%；全年商品房成交金额13.46亿元，同比下降9.87%。商品房库存69.02万平方米（其中商品住宅37.16万平方米，商业营业用房21.15万平方米，地下停车位9.58万平方米）。2020年供应土地约151.287亩，同比减少60%，土地供应量锐减明显。房地产业入库税收收入7958万元，同比增收170万元，增长2.2%。

2020年梓潼县商品住房价格，在品牌地产、教育地产和施工成本增加等因素的拉动下，销售均价节节攀升，全年最低销售均价为3月份（4206元／平方米），因受商业销售较好影响，全年最高销售均价出现在6月份（6670元／平方米），全年销售均价4813元／平方米。就项目而言，碧桂园、梓州悦府等项目的商品住房销售单价已突破5000元／平方米的大关。

【商品房质量】 商品住宅存量从2016年开始逐步减少，到2019年继续保持在较低的水平，去化周期约15个月，去库存效果明显。按照《房地产开发经营管理条例》《商品房销售管理办法》及市、县相关文件精神，办理商品房预售许可证30本。按照《四川省物业管理条例》《绵阳市物业管理条例》等相关文件要求规范梓潼县22家物业管理服务公司的日常物管服务工作。

（严　静）

住房保障

【概况】 以建档立卡贫困户住房安全保障为重点，完成455户农村危房改造和1763户土坯房改造任务，累计完成土坯房改造29750户，建成65个农村住房集中安置点，保障脱贫攻坚新村建设扶贫专项工作圆满收官。投入资金2400余万元，完成建档立卡贫困户、五保户、低保户、持证残疾人家庭、非建档立卡贫困户（边缘户）及2014年以来实施的危房改造4000余户贫困户的厨房、厕所、房屋局部漏风、漏雨、墙面风化等功能完善工作。完成2万余户农村住房安全鉴定信息录入工作，对6503户建档立卡贫困户进行住房安全核验。配合完成709户易地扶贫搬迁验收工作。

【安居工程】 2020年，市政府下达租赁补贴发放任务25户，实际发放30户，发放资金5.562万元，完成872户续租审核、22户新申请廉租房轮候审核工作。

【棚户区改造】 2020年，市政府下达棚户区改造任务700套，包括3个项目：文昌镇棚户区（城中村）改造项目、文昌棚改第二批次项目、长卿镇棚改项目。完成棚户区改造781套，占市下达年度任务700套的112%，完成投资5.15亿元，占年度任务4亿元的129%。2020年新建文昌棚改第二批次项目和长卿棚改项目2个，改造总户数1141户，改造总面积15万平方米。

（严　静）

住房公积金管理

【概况】 梓潼县全年新增缴存单位22个，新增缴存职工227人；归集17164.53万元；为2516名职工办理提取11890.68万元;发放贷款6245.10万元;回收贷款5057.81万元。全县累计归集总额125519.46万元,归集余额56929.75万元;累计发放贷款总额64645.43万元,贷款余额23997.20万元。逾期贷款控制在0.65‰。

【政策宣传】 突出部门合作,在县"两会"期间和"春风行动就业扶贫及东西部劳务协作招聘会""梓潼籍在外人士新春座谈会"上进行政策宣传,面对面听取各方意见建议,了解企业和职工住房需求和缴存意愿,解答难点热点问题。突出"金银"协作,会同商业银行深入林江苎麻、蓝烽燃气、超兰纸业3家重点规模企业宣传,并将扩面工作列入对受托银行考核的重要内容。突出"全方位"宣传,全年开展"进广场、进乡镇(社区)、进企业、进楼盘"宣传活动12次,进行现场宣传,"零距离"服务;9月、10月分两批次召开"优化营商环境业务网办培训会",进行政策宣讲和业务培训,全面推进企业"非接触式"缴存和贷款延伸服务。

【扩面建制】 将民营企业主担任人大代表和政协委员的企业纳入年度建制重点,会同县工信局上门宣讲政策3次,宣传支持新冠肺炎疫情防控有关公积金政策和优化营商环境惠企政策,督促企业建制。

【资金安全】 健全逾期贷款催收制度,按月清理逾期户,分类梳理,采取发函、电话、上门、不定期回访和谈话提醒等方式进行催收,加大监控力度,防止风险累积而转化为不良贷款,有效控制逾期率。加强业务操作人员培训,准确完整录入和扫描各项要素,纸质档案专人专柜管理,建立档案管理台账,做到妥善归档、资料完整、查阅方便。合理配置人员和优化审批环节,加快业务办理进度,职工贷款审批10个工作日内办结。

推行综合窗口服务　　（周　钰/供图）

【风控管理】 开展扫黑除恶专项斗争,以贾某某骗提住房公积金为反面教材,开展以案促改工作。以打击骗提、骗贷为重点,开展小广告专项整治行动3次。做好"双查"整改。对企业破产、改制、撤销、解散等原因形成的单位挂账及个人长期封存账户进行全面清理核查,全部清零。对改制重组企业封存多年的睡眠账户,通过解决,清退174笔睡眠账户。全年风控数据分类率100%,归集财务风控数据整改率80.66%,贷款风控数据整改率99.89%。

【窗口服务】 业务办理实行责任倒查,岗位互相协作提醒,审批人严把审核关,督促业务限时办结,办理的业务无一件超时。服务窗口被县行政审批局评为2020年度政务服务先进窗口。

疫情防控期间,推行"网上办理为主、临柜受理为辅"的服务模式,引导单位和职工通过i绵阳、微信公众号等办理相关业务,尽量减少临柜办理。对受新冠疫情影响的碧盛耀世房地产公司、通力汽车运输梓潼公司、佳士医养管理公司3家经营困难企业开通绿色通道,办理缓缴业务,减轻企业负担。

（周　钰）

城乡综合行政执法

【概况】 根据《梓潼县机构改革实施意见》(梓机改〔2019〕1号)精神,将城市管理办公室更名为县城市管理服务中心,是隶属于县住建局管理的公益性事业单位，由综合执法局局长代管城管中心；2019年12月17日，县深改领导小组会议决定由县综合行政执法局代管县城市管理服务中心，统一管理县城管中心的人、财、物等事项。县城管中心有工作人员90名，其中，城市管理服务中心事业编制23名（主任1名，副主任2名，机关党总支书记1名，已全部到位。在编事业人员12名，原政府专职消防队事业工勤人员11名），临聘协管员67名（原联合执法大队转入16名，其中含10名退伍伤残军人；临聘人员51名）。

【城市管理】 全年投资160余万元，安装机动车隔离护栏1388米，非机动车隔离护栏983米、行人隔离护栏1184米，安装禁令标志11套、铁马护栏200套、反光弹性警柱50根。督查考评体系逐步健全。制定综合行政执法局各部门月考核制度，通过月排名通报、季末位约谈、年度考核奖惩等方式进行综合行政执法工作考评，全年开展日常督查500余次，专项督查100余次，发现问题200余个。全年数字城管指挥中心立案派遣案件2133件，处置结案2133件，处置结案率100%。违停抓拍系统向县公安局交警大队提交机动车辆违法停车（机动车违反禁令标志标线）记录28341起，经市公安局交警支队证据审核合格9000余条，核定交警抄牌与抓拍信息1750条。

城乡综合行政执法人员帮助残疾游动商贩规范经营

（陈　果/供图）

【市容市貌整顿】 全年累计规范游商小贩1.3万余处、占道和跨门店经营1.6万余处，依法暂扣物品1000余件；劝导纠正非机动车乱停乱放1.9万余起，拖离暂扣处罚4900余辆。先后组织专业清拆队伍拆除煌朝KTV墙体灯箱广告20余平方米、水岸花都墙体喷绘广告400余平方米、文昌路南段年久失修大型路名牌12平方米，拆除东辰国际学校附近未批先建道旗杆100余个，整治期间共组织专业清拆人员开展58次集中清理行动，拆除58块大型违规户外广告、路名牌等，总面积2000余平方米；清除建筑物外墙、电杆、护栏等公共设施上的违法小广告1.7万余处，清理公共信息栏719处。违建专项治理推进有力。全年开展违建巡查200余次，发放责令改正通知书12份。动员业主自行拆除综合街中段60号钢架遮阳棚、桂香路北段100号彩钢棚、长卿村老村委会未经审批的围墙50余平方米；强拆文昌镇城郊村二社东郊亭院违法建筑物353.8平方米。市容环境不断改善。全年查处未封闭覆盖车辆57辆，不按规定带泥上路、沿街滴洒遗漏的运输车辆98辆，并依法处罚款6万余元。全年劝导纠正不文明、不规范养犬行为4000余起。收容捕捉流浪犬、无证犬2000余只。

【舆论宣传】 全年通过走访入户，印发宣传手册宣传城市管理法规和综合行政执法工作1000余条次，利用梓潼发布、部门动态等新闻媒体宣传报道城市管理工作动态，全年发布信息60余条。

【疫情防控】 疫情期间每天对市场周边、车站、广场、办公场所等重点公共场所进行消毒，累计消毒面积达3.2万平方米；联合公安部门快速封闭城区内各广场、潼江河堤约1200平方米，设立公告警示牌30个，张贴公告90张；取缔各类占道经营、店外经营行为460余处，督促关停夜市烧烤、火锅串串等40余家，筑牢疫情防控关口，确保疫情防控不留死角。

（陈　果）

应急管理

概　　述

【概况】 全县有非煤矿山企业2家，涉及采矿作业的制砖企业12家，危险化学品生产经营企业52家［其中，加油（气）站45家、甲醛生产企业1家、票据交易企业6家］，液氨储存使用企业1家，非药品类易制毒生产企业1家，烟花爆竹企业170家（其中，批发企业2家，零售网点168家）。2020年，全县发生各类安全生产事故3起，死亡2人，重伤1人，实现连续8年未发生较大生产安全事故的目标。

【疫情防控】 以县安办与县应急办名义下发《关于做好新型冠状病毒感染的肺炎疫情防控期间安全防范工作通知》，进一步明确各镇（乡）人民政府、安委会成员单位工作职责，细化措施，压实责任，确保疫情防控安全防范工作有序有力开展。与住建局、交通运输局、工信局、交警、消防等部门做好联防联控工作，重点对疫情定点收治医院和涉疫留观场所、客运站、居民小区等重点单位疫情防控工作进行专项督查，排查隐患3处，提出整改意见4条。做好企业复工复产工作，组建3支复工复产服务队深入企业开展服务指导。对危化品生产企业、加油（气）站、烟花爆竹零售网点等重点单位的安全监管与疫情防控工作开展督查，检查危化品、烟花爆竹企业35家，排查隐患23处，先后调拨帐篷、棉衣棉被、折叠床等物资7种类100余件（套），为全县疫情、安全防控大局提供有力保障服务。向28个商户、4个责任小区开展入户宣传劝导、排查登记工作，张贴并发放宣传资料300余份。

【安全检查】 年内开展七大专项整治，拟发各类专项整治文件30余份。组织协调全县综合性安全生产检查14次，出动检查人员80人次，召开专题会议7次、安全生产风险研判会6次。全年检查生产经营单位2400余家次，排查隐患1100余处并已全部整改；实行安全生产方面行政处罚62次，责令停产整顿企业1家，约谈警示企业8家。

【事故调查】 按照“四不放过”的原则，依照国家相关法律法规组织开展事故调查，全年牵头调查事故3起，处理相关人员8人，处以罚款8.1万元。无行政复议、行政诉讼、防震减灾等方面案件。

【清单制管理】 推行清单制管理工作，明确全县安全生产领导责任、部门安全生产监管责任和企业安全生产管理责任，在建立16个党委政府属地责任的基础上，明确经开区、七曲山风景区管理局的属地管理责任，全县168家烟花爆竹零售店以及45家加油（气）站制定完成安全生产明责卡。开展专项整治三年行动。以“清单制”管理为抓手，深入推进“2+9”实施方案，加大监管执法力度，完善和落实安全生产“三个责任”和管理制度。

（赵九钦）

【应急演练】 2020年7月6日，梓潼县开展2020年抗洪抢险应急救援综合演练暨城区超标洪水防御演练，设置应急指挥决策及救援力量集结拉动、道路抢通保通、河堤抢险加固、城市内涝应急排险、群众疏散转移安置、消防应急救援（横渡救援、水上救援、被埋车辆人员救援）6个演练科目。全年组织、指导开展防汛、地质灾害、森林防火等行业（领域）应急演练70余次，参与演练人员3万余人次。以“实战＋模拟”的方式，提高各镇（乡）、部门（单位）及人民群众应对突发性自然灾害的快速反应和应急处置能力。

【应急能力建设】 2020年12月9—11日，举办2020年全县应急管理干部学习教育培训活动，邀请专家对安全生产综合监管、灾情报送、防灾减灾救灾、消防安全管理等进行业务指导，全县重点行业

6月11日，县应急管理局组织部分企业、重点部门、镇乡安全管理负责人及工作人员100余人前往中铁二十三局集团成绵苍巴高速公路项目经理部安全体验馆，开展安全应急体验工作

（赵丸钦/供图）

部门、镇乡120余人参加培训。开展镇（乡）应急值班室和物资装备库规范化、标准化建设，明确值班室规模，实行24小时应急值守和领导带班制度，规范事故应急响应、现场处置工作流程，提升应急响应速度，提高应急救援调度能力和现场处置能力。

【防灾减灾救灾】 组建“1+18”的物资储备模式，按照属地管理原则，在县级物资储备库的基础上，为经开区、七曲山和16个镇乡的应急物资装备库配置防汛、防火及应急抢险装备和物资。全年向各镇（乡）、单位（部门）调拨帐篷、棉大衣、棉被、背水袋、编织袋、棉鞋、棉衣裤、毛毯等救灾物资21种20000余件。建立全国灾害信息员台账，将经开区、七曲山、各镇（乡）及村（社）灾害信息员AB岗录入全国应急信息员管理系统，每个镇乡设置2名灾害信息员，各村（社区）至少明确一名灾害信息员，对灾害信息员进行规范化、系统化管理；2020年上报地震产出42次，发布预警通告、防灾减灾提示33期，制作自然灾害风险分析报告15期。2020年，全县遭受7次较大自然灾害，其中旱灾1次、风雹灾害2次、洪涝灾害4次。造成全县255143人次受灾，紧急转移安置人口1509人次，因旱需救助人口5696人。

【宣传教育】 全年县应急管理局累计发放各类科普宣传资料5000余份，解答群众提问400余人次。开展安全体验活动，组织部分企业、重点部门、镇乡安全管理负责人及工作人员前往中铁二十三局集团成绵苍巴高速公路项目经理部安全体验馆，现场体验通过模拟现场施工环境等方式，开展安全应急体验。开展警示教育活动，在城区各交通要道、广告牌、公交车站等公共场所电子显示屏，持续滚动播放科普短视频、安全提示、公益广告等300条次。

（赵丸钦）

消　　防

【概况】 2020年12月29日，县政府依托县消防救援大队挂牌成立林场森林扑火队，主要负责全县森林火灾扑救工作。县消防救援大队有79人，其中干部6人、专职消防队员73人。下辖3个乡镇专职消防站、1个林场森林扑火队。

全年办理公众聚集场所投入使用、营业前消防安全检查10件。

年内接警105起，出动车辆163辆，出动警力839人，抢救被困人员43人，疏散被困人员120余人。其中灾害事故抢险救援35起、社会救援413起、火灾57起。火灾造成直接财产损失约30.8万元，过火面积443.4平方米，受灾户数6户，无人员伤亡。

【疫情防控】 疫情期间，县消防救援大队始终战斗在第一线，按照洗消规程、灭火救援处置等级进行安全防护，确保在救援中不发生感染事件，在处置过后按照规程进行消毒和体温测量。采购大量口罩、消毒液、防护服、护目镜等防疫物资，设立消毒设施，对外来车辆、人员进行严格消毒，坚持每日对营区进行消毒，开窗通风，空气清新，确保营区内外卫生清洁、无死角。

【消防基础工作】 县消防大队全年提请县政府召开消防工作专题会议3次、县政府安委会发文5次，先后部署全县居民住宅小区消防安全大检查、疫情期间火灾防控、城乡消防安全、消防安全三年专项整治及消防宣传“五进”等工作，开展行业部门联合检查10余次，督促各镇（乡）政府、职能部门依法履行属地、行业监管职责。大队每季度开展火灾形势分析研判，针对典型突出问题，实时函告相关行业部门落实监管责任。

督促各社会单位建立健全消防安全责任制，重点监管62家消防安全重点单位落实“6+1”措施、“三自主两公开一承诺”和户籍化管理，开展全员“一懂三会”培训、落实消防设施维保检测、防火检查巡查等要求；推动实施“打通消防车通道工程”，利用登高平台消防车落实对全县已建成82栋高层住宅小区开展消防车通道的调查研判，督促指导小区和单位开展消防车通道画线工作。全县居民小区已画19家，中小学校（幼儿园）已画55家，重点单位已画33家；全面推行“微消防”平台运用，完成初始化重点单位62家、一般单位269家、九小场所295家。

【消防监督执法】 大队全年开展辖区城乡消防安全、疫情火灾防控、消防安全三年专项整治、排险除患等专项行动，持续深入人员密集场所、危化品企业、文博单位、易燃易爆场所等开展消防安全专项检查，有效督促整改火灾隐患；规范和加强“双随机、一公开”消防监管工作，坚持线上线下一体化监管，提升监管公平性、规范性和有效性，优化消防执法营商环境。检查单位414家次，发现火灾隐患157处，督促整改火灾隐患149处，下发责令改正通知书134份，下发行政处罚决定书14份，罚款5.5万余元，有效整治一大批火灾隐患。

12月29日，县政府挂牌成立林场森林扑火队 （王 琴/供图）

【宣传教育】 深化消防宣传“五进”工作，定期组织开展消防安全培训及应急逃生演练；联合县教体局发文2次，先后部署“中小学校寒假前”“119消防宣传月”相关活动，组织各学校开展上消防课、开展消防演练、参观消防站、布置消防家庭作业、征集消防安全文化作品等消防宣传活动，强化学校师资、教材、课时、场地“四有”有效落实；在“3·15”“11·9”消防主题宣传日期间，开展全民消防体验、集中宣传等活动；在重要节日和重大活动期间向目标人群发送消防安全提示短信，强化全民消防安全意识；举行微型消防站比武竞赛，颁发团体奖4名，有效提升全县微型消防站初起火灾扑救能力。大队开展各类消防宣传教育活动50余次，受教育人数8000余人，开展联合疏散应急演练20余次，发放消防宣传资料15000余份，落实每周一宣48次，每日一宣100余次，流动宣传车69次，向目标人群发送消防安全提示短信10000余条。

（王　琴）

自然资源管理

【概况】 对照基本农田保护任务，确保全县耕地保有量75.4万亩，永久基本农田62.3万亩面积不减少，质量不降低。全方位梳理梓潼县境内4个自然保护地优化整合工作，将梓潼县七曲山国家森林公园、四川翠云廊古柏省级自然保护区自然保护地2处整合优化为四川翠云廊古柏省级自然保护区1处，面积1732.35公顷。持续推进演武镇、自强镇（原马迎乡）2个镇城乡建设用地增减挂钩试点项目，预计集中安置点可安置农户189户、占地35亩，货币化安置75户、预留16亩，计划拆除面积235亩，拆除农户247户，预计节余挂钩周转指标180余亩；完成宏仁、长卿2个镇小挂钩项目施工，预计新增耕地28.95亩；完成宝石乡白马村、场坝村等五个行政村土地综合整治试点发改立项与入库等前期工作，拟纳入面积2567.4公顷。

【森林资源管护】 继续实施天然林保护工程（二期），管护公益林75543亩，兑现森林生态效益补偿金118.98万元；管护天然林2087亩，发放天然林停伐管护补助3.29万元；管护国有林19809亩，发放国有林管护经费24.5万元。开展集体公益林抚育7000亩、国有林抚育8000亩。完善全县11950株古树名木数据库信息，并开展古树名木挂牌工作。针对古树群和零星古树，采用集群立碑和单株挂牌两种方式，立碑18个，单株挂牌2318个。

【森林灾害防线】 下发《关于切实做好近期森林防灭火工作的通知》等6个文件，根据森林防灭火专项整治工作要求，组织8个督查组先后3次对全县16个镇（乡）、相关县级部门、国有林场等重点地段森林防火工作进行督查；完成50人的专业扑灭火队伍的组建；建设扑火营房1处、森林防火蓄水池15口、消防通道5.23公里，改扩建林区道路30余公里；维修森林防火瞭望塔4座；开展全县森林防火及安全宣传54次、防火扑救技能培训1次、防火实战应急演练6次；印发禁火令2万余张，发放宣传图册1万余册，发送森林防火信息、气象预报等2万余次，在重点林区、重点地段、公路沿线、七曲山风景区设置森林防火警示牌200余块、宣传展板20余个；处理火情16起，立案查处5人，收缴罚款2500元。紧抓森林病虫害防治工作。编制《梓潼国家级林业有害生物中心测报点2020年度监测预报工作历》，于3月和6月对全县森林病虫害发生情况展开调查。2020年全县林业有害生物发生面积28.9万亩（包含非监测对象面积），监测覆盖率和监测准确率均达91%以上。开展七曲山大庙等重点林区药物防治6000亩、全县灯光诱蛾10万余亩、玛瑙镇鞭角华扁叶蜂防治1000亩，防治效果达85%。

【土地管理】 合理编制年度土地、林地征收供应计划，加快报件力度，全力保障重点项目用地。2020

年，实施征收补偿土地28宗，面积1297.71亩，兑付补偿费用6422.3708万元，保障城镇基础设施建设、工业企业等重点项目用地需求；完成2020年第1批次建设用地、梓G347连接线（县城至长卿村段）道路建设项目建设用地、PSC-5项目建设用地报批工作，面积87.9897公顷（其中非基本农田耕地32.0024公顷）；拟上报梓潼县2020年第二批次建设用地、S209项目、3797部队项目、元坝—德阳输气管道项目、九州宏仁项目5个项目建设用地，征收土地101公顷（其中非基本农田耕地35公顷）；领取省林草局G347项目、S209项目、森林学校、康养医院、"两弹一星"研学营地、南山门6个项目使用林地批复，面积23.69公顷；2020年共办理临时用地10宗410亩。

【项目建设】 完成4个省级投资土地整理项目，涉及宝石乡、金龙镇、文昌镇、文兴镇4个乡（镇）13个村，建设规模41916.82亩，项目总投资4661.75万元。建成高标准农田34537.33亩，新增耕地2731.3亩。格田整理1634.53亩，坡改梯3189亩，水田整理7728亩，旱地整理16881亩，整治渠道29公里，整治山坪塘94座，新建蓄水池103口，硬化道路53公里。加速推进文昌镇、许州镇等6个地方性债券投资项目，建设规模24692.04亩，项目总投资4044万元。建成高标准农田19398.83亩，新增耕地1183.41亩，整治渠道7.541公里，整治道路27.58公里，整治山坪塘23口，新建蓄水池19口。完成全县16个镇（乡）农村房地一体确权登记的外业调查和资料收集工作。2020年3月，不动产登记中心窗口荣获市妇联授予的"巾帼文明岗"称号。

【依法行政】 2020年，县自然资源局接办信访事项55件；按时间节点完成农村乱占耕地建房问题摸排整治工作；治理违建小庙385宗（依法拆除12宗、改作他用154宗、整合封存137宗、规范管理82宗）；完成土地例行督察挂账问题整改54项；经排查核实，梓潼县无新增违建别墅问题，不存在违规确权、征收、出让、使用"河滩地"等问题，未发现涉及黄河、长江流域相关自然资源违法线索。发现和制止自然资源违法行为112起（其中土地76起，矿产2起，林业34起）；下达停工通知112份、整改通知112份，立案查处国土资源违法案件10件，罚款113.68万元，办理宗地合法性审查18件。

（罗阆妮）

教育·体育

JIAOYU TIYU

教育

概述

【概况】 2020年，梓潼县有各类公办学校46所。其中幼儿园3所、小学32所、初级中学7所、普通高中1所、中等职业学校1所、特殊教育学校1所、教师进修学校1所。在校在园学生27657人。民办学校62所，其中民办高校1所（四川文化艺术学院），民办中小学1所（东辰国际学校），民办幼儿园27所，在校在园学生、幼儿3938人；培训机构33所，年培训人次4000人左右。县教体局机关设办公室、政工股、计财股、教育股、职成教股、后勤产业股、体卫艺股等9个股室，下属教育工会、招办、教仪站、核算中心等8个事业单位，工作人员100人（其中公务员13人，事业干部87人）。全县教职工1942人，另有特岗教师7人，校（园）长46人。

【教育设施建设】 全年投入资金23000万元，完成文兴小学、二洞小学、卧龙小学等6所小学附属幼儿园建设；新建公共体育场田径跑道和足球场建设项目1个；续建全民公共运动中心项目，占地面积84679平方米（127亩）；新建综合体育馆14048平方米、室内游泳馆9911平方米、群艺活动馆2394平方米，室外标准运动场完成总体任务的80%。新开工经开区幸福幼儿园、文昌中学食堂，许州小学学生宿舍等项目。

【教育布局调整】 结合两项改革“后半篇”文章，加强学校规划建设，加快推进中小学、幼儿园的布局调整和内部设施建设，撤并马鸣中学、豢龙小学、建兴小学三所生源不足的学校。启动新一轮学校建设工程，在县委、县政府的大力支持下，高标准建设一批设计理念超前、教学设施先进的现代化学校。加快文昌一小、文昌二小现有硬件设备设施的更新升级速度，计划新建文昌三小、文昌四小，不断满足日益加快的城市化进程，彻底消除城区学校大班额问题。

【教育质量提升】 2020年获市级教育督导工作先进集体特等奖，普通高中技术学科学业水平考试教育质量一等奖，普通教育质量综合评价一等奖，全市幼儿园骨干教师培训暨幼儿园健康领域教育教学成果展评活动先进集体，绵阳市校外教育工作先进集体，“十三五”期间绵阳市教师教育、语言文字工作先进集体，“学宪法讲宪法”演讲比赛和知识竞赛活动优秀组织奖，中小学实验教学说课评选活动优秀组织奖。

【校园安全】 下发《2020年教体系统管理工作要点》《全县教体系统安全专项整治三年行动实施方案》《梓潼县教体系统安全生产“排险除患”集中整治工作方案》《梓潼县教体系统安全监管责任清单》等文件30余份，指导学校开展安全管理工作。为提高师生安全防范意识，各校开展各项应急演练260余次，印发森林防火宣传资料5000余份，开展专题讲座70余场次，办板报80余期，参选征文和绘画800余幅。加强安全信息的报送，校园安全工作在教育网发表信息650余条。推动食堂标准化建设，全县B级及以上食堂68所，全县学校食堂实现“明厨亮灶”全覆盖。加强隐患治理，累计投入资金近300万元，整改一般安全隐患49起、地质灾害隐患3处。加强安全从业人员培训，培训人数1500余人次，召开培训会议30余次，确保从业人员每学年培训不少于40学时。

（王明蓝）

4月23日，2020年绵阳市校外教育工作会在梓潼县召开

（王明蓝/供图）

教育管理

【概况】 出台《梓潼县普惠性民办幼儿园认定和管理办法》《梓潼县义务教育阶段学生课后服务管理办法》《梓潼县“文昌名师”评选实施方案》，完善《机关考勤制度》《机关管理制度》《机关股室和直属事业单位量化考核办法》《机关职工出差及差旅费管理办法》，规范职工管理、出差及差旅费报销制度；完善教体系统项目采购、项目建设监督管理机制以及《梓潼县教体系统采购管理办法》《梓潼县教体系统基本建设项目管理办法》《梓潼县教体系统党支部书记履行党建工作职责考核办法》，增强基层党组织的战斗力。坚持每月研究党建工作和会前学纪学法。主题教育期间，组织教体系统人员坚持每周进行一次延时学习，通过调研列出群众急需急盼问题清单32个，建立整改台账。2020年，以学党章、习近平系列讲话等为重点，开展党员学习教育活动20余次，培训党员近2200人次。

【师资队伍建设】 根据全县各学校编制使用现状，科学测算未来5年教师增减情况。逐步增加免费师范生的引入比例，2020年签约聘用免费师范生6人，转正2名特岗教师。针对农村教师招聘难、稳定难问题，结合县委提出的“梓归”计划，实施“教师人才回引工程”，建立回引人才库，借助“乡情”实施人才回引，选调外县在编教师15人。2020年新任小学主持工作副校长1人，通过择优选调方式补充27名教师到文昌中学、文昌一小、文昌二小。建立完善县域内义务教育阶段校长、教师交流制度，2020年交流中小学校长11人，学校其他领导人员和教师交流50余人。加强名师和骨干教师培养，评选出文昌名师10名，进入梓潼县乡土人才评选和入库管理。加强先进典型宣传，激发教体系统广大教师形成创先争优良好氛围。2020年教师节，11名教师、2名校长获市教育局表彰，40名教师、10名教育工作者获县委、县政府表彰。

（王明蓝）

学前教育

【概况】 扩大公办幼儿园办园规模，提高公办幼儿园占比，全县在园幼儿 8021 人，其中公办幼儿园在园人数 4090 人，占比 50.99%；认定民办普性幼儿园 22 所，普惠性幼儿园 57 所，覆盖率 82.12%，基本完成公办幼儿园占比 50%，普惠幼儿园占比 80% 的目标任务。

【管理培训】 开展“学前学说普通话”试点工作，通过文昌一幼、文昌二幼、东风幼儿园“学前学说普通话”试点向全县幼儿园辐射，带动幼儿及家长规范使用汉字，学会讲普通话。在特殊时间节点举办学前教育宣传月活动，组织全县幼儿园举办以“科学做好入学准备”为主题的宣传活动，通过发放宣传资料、制作展板和节目表演宣传学前教育小学化的危害，倡导科学育儿的观念。举办第三届保育员培训班，全县 100 余名保育员参加培训。学前教育形成以公办幼儿园为龙头、普惠性幼儿园为主体、民办幼儿园为有效补充的学前教育体系，有效解决入园“难”和“贵”的难题。

（王明蓝）

义务教育

【概况】 2020 年梓潼县义务教育阶段教学质量整体提升，文昌中学等 5 所中小学校被评为绵阳市义务教育先进学校，初中教育质量连续五年居全市前五名。2020 年参加中考 1847 人，上省一级示范高中录取线（绵中南山）746 分人数达 87 人，比 2019 年增加 11 人，增长率 14.5%。上省二级示范高中（梓潼中学）录取线 561 分人数达 1005 人，上线率 54.4%。

（王明蓝）

高中教育

【概况】 2020 年高考本科上线人数持续上升，2016 年到 2020 年每年重点本科上线人数分别为 52 人、101 人、103 人、108 人、121 人，本科上线人数分别为 332 人、472 人、574 人、583 人、564 人。未来课堂班本科上线率 100%，绵外班本科硬上线率 100%，成都七中直播班本科硬上线率 90.3%。高考 600 分以上特优生 4 人。高中教育特色彰显，活动育人、五育并举、促进学生全面发展，艺体本科上线 88 人。

8 月 31 日，县委副书记、县长刘强赴文昌中学检查开学工作

（王明蓝／供图）

【教学多样化】 2020 年高一、高二针对农村孩子英语基础差，影响升学愿望实现的情况，开设日语教学，提升高中升学率。实施“高中教育质量提升”工程，改革完善评价制度，建立分类推进、公平竞争、奖惩并举的目标管理体系，深入推进课堂改革，建立学生发展指导制度。加强对外交流，充分发挥梓潼绵外班、未来课堂班和成都七中直播班引领作用，对接清华大学扶贫项目，加快远程教育站点建设。为适应国家高考制度改革，推进新高考改革和高中阶段教育攻坚计划，研究、探索高中教育教学模式转型。高中招生首次试行网上填报、录取即生成学籍改革。

（王明蓝）

职业教育

【概况】 梓潼现有教育部门管理的全日制职业高中一所——七一高级职业中学，学校占地 237 亩，建筑面积32950平方米，拥有标准的400米环形跑道和足球场地，各类运动场地设施齐全。学校在册学生1627人，全日制中职在校生1474人，教职工110人，其中专任教师75人。职高新生注册学籍人数504人，在校学生达到1474人。学校开设有计算机应用、电子技术应用、汽车运用与维修、数控技术应用、高星级饭店运营与管理、中草药种植、航空服务、社会文化艺术8个专业，其中，电子技术应用专业为市级示范专业。

【职业培训】 创新发展职业教育，继续拓宽职业教育思路。实行校企合作和“升学＋就业”的办学模式，大胆创新专业“企业化”管理，让每一个专业直接与企业接轨，在锻炼学生实践能力的同时也让专业发展与市场同步，充分利用好已有的专业资源特色。实现七一职高与台湾宏碁纬创集团、皇城老妈餐饮集团等企业联合办学，实行订单培养，学徒制教学，毕业生就业率100%；打通中职升学渠道，参考和升学人数迅速增长，2020年升学153人，其中，高职院校单招入学130人，对口高考升学23人，就业率100%。2020年度在绵阳市中小学电脑制作大赛中，获得一、二、三等奖各1个，在2020年绵阳市中等职业学校教师教学能力大赛中，获得优秀组织奖。

（王明蓝）

民办教育

【概况】 围绕“办好人民满意教育”目标，树立一批品牌民办学校，推进民办学校上档升级。引进总投资15亿元的四川文化艺术学院梓潼校区，在校学生8220人，总投资5亿元的梓潼东辰国际学校现有学生1627人。民办教育已经基本形成涵盖学前教育、义务教育、高等教育、文化艺术体育及职业技能培训等多层次的格局。

【教育规范化管理】 加强民办教育市场的规范化管理，建立健全质量管理体系和质量评估体系，切实保证教育质量。支持鼓励自身办学实力较强，有较好社会影响的优质民办学校，走集团化办学道路。引导民办学校向提供优质教育资源转变，借鉴梓潼中学和绵阳外国语学校、成都七中合作办学的成功范例，充分发挥两种机制优势，探索政府和民办学校合作办学新体制机制，构建公私合作伙伴关系，共享办学资源。建立自动调节、规范运作、科学发展、健康有序的民办教育市场规则，促进民办教育健康发展。

（王明蓝）

社区教育

【概况】 2020年4月在梓潼县七一高级职业中学加挂“梓潼县社区教育学院”牌子。文昌镇崇文社区等10个挂牌成立的社区教育站分别深入小区挨家挨户入户排查返梓人员并做好疫情防控宣传。

（王明蓝）

艺术教育

【概况】 打造谢无量纪念馆传承国学经典，以“文昌洞经音乐”为抓手，编撰《文昌洞经古乐》校本教材，建设传习所开展常态化教学弘扬文昌文化。将李有行纪念馆作为年画传承阵地，编撰《梓潼年画》校本教材，成立“文昌二小年画社”，聘请“梓潼年画”传承人罗智婉女士、青年画家何庆林先生、书法家宋正贵教授、国画大师郝勛挺等书画名家进校园，为梓潼年画发展增色添彩。2020年，中央电视台报道梓潼年画的传承，对“文昌二小年画社”作专题采访，教师节期间，组织参加绵阳市教育成果展，绵阳市委书记刘超、市长元方及教体系统退休老干部到现场观看，并给予一致好评。梓潼县各中小学将文昌洞经古乐、大新花灯、马鸣阳戏等，打造成“一校一品”的校园特色文化，依托四川文化艺术学院（梓潼校区）的音乐、美术、舞蹈等艺术人才，与全县各中小学深度合作，共同提高艺术水平和艺术创作能力。

（王明蓝）

教育改革

【概况】 围绕解决梓潼教育发展不平衡、不充分问题，贯彻落实《国务院关于统筹推进县域内城乡义务教育一体化改革发展的若干意见》（国发〔2016〕40号）和《四川省人民政府关于统筹推进县域内城乡义务教育一体化改革发展的实施意见》（川府发〔2017〕17号）精神，加快推进县域内城乡义务教育生均公用经费基准定额、学校建设、教师编制、基本装备配置标准统一，“三免一补”政策城乡全覆盖，推进梓潼义务教育向优质均衡迈进。

【乡村教师保障】 落实乡村教师工资待遇，在乡镇补贴的基础上，再按100~300元的标准发放边远教师补贴，提高乡村教师生活待遇。加强乡村学校教师编制管理，完善乡村教师职务（职称）评聘办法，农村30年等职称政策，逐步解决教师岗位晋升难的问题。落实乡村教师培训经费，对进修校、教研室、电仪站等进行整合，综合高效利用培训资源，发挥好“文昌名师”和“特级教师”示范引领作用，形成高校、培训机构和学校一体化的教师专业发展体系。加强典型宣传。结合中高考结束、教师节等时间节点，营造全社会尊师重教良好环境，激发教体系统广大教师形成创先争优良好氛围。

（王明蓝）

教育工会

【概况】 派往凉山州参与教育脱贫攻坚工作2人，派往阿坝州红原县支教4人。为教体系统68名困难职工、困难党员、退休教师、困难教师，送上慰问金和慰问品共5.38万元。开展励耕计划，资助建档立卡贫困教职工13人，发放资助金13万元。2020年完成国家各项资助政策、救助基金救助学生68850人次，金额1993.5万元，实现贫困学生资助全覆盖。

（王明蓝）

特色教育

【研学旅行】 开展文昌故里研学旅行线路规划与建设。开发如红色研学、文博研学、科技创新与综合实践研学、绿色环保及健康养生等研学旅行专线。探索建立学校研学旅行活动体系。各学校根据学段特点和地域特色，探索建立小学阶段以乡情县情为主、初中阶段以县情市情为主、高中阶段以省情国情为主的研学旅行活动体系，并逐步将研学旅行纳入学校教育教学计划和学生综合素质评价。

【研学旅行基地建设】 2017年，将“两弹城”纳入中央彩票公益金支持中小学生研学实践教育基地建设项目，合力开展基地人员培训、教材编写以及“两弹一星”精神进校园活动和情景剧编排等。配合七曲山开展各项创建活动，七曲山成功创建为全国文明单位、国家重点风景名胜区、国家森林公园等，成为省内外闻名的中小学生研学旅行地。

【区域协作】 与游仙区、广元市等地联手推动校外教育资源的开发和建设。结合各地资源基础和发展现状，集聚专业团队骨干力量进行资源梳理和分类，建立适合学生开展研学旅行活动的教育资源库，开发跨区（县）研学旅行精品路线。利用寒暑假或其他时间组织开展社会调研、假期夏（冬）令营等多种形式的活动，为孩子健康快乐成长提供更好的服务。

（王明蓝）

中心工作

【疫情防控】 按照中央、省委、市委、县委的统一要求全面做好学生、教师、员工及其共同生活人员的健康监测。严防死守，防控工作有效开展，全县各级各类学校无一新冠肺炎病例和疑似病例发生。复学和复工顺利推进。各中小学、幼儿园顺利开学，教体系统各项目工程顺利复工，疫情防控工作常态化推进。

【教育脱贫攻坚】 制定、下发《2020年帮扶工作计划》《2020年教育扶贫专项实施方案》《县教体局脱贫攻坚督办工作制度》《关于开展2020年脱贫攻坚督查工作的通知》，全面落实帮扶措施。党委领导班子召开党委委员会8次研究思公村扶贫工作，局主要领导召集驻村工作队8次研究帮扶村工作。督促指导学校脱贫攻坚工作，共18000余人次，参与投入资金80万余元，扶贫日募得善款135789.5元。继续选派4名优秀教师到阿坝州红原县支教，到凉山彝族自治州脱贫攻坚帮扶2人。

（王明蓝）

2020年梓潼县各类学校一览表

表7

学校名称	地址	班级数（个）	学生人数（人）	全校建筑面积（平方米）	全校占地面积（平方米）
四川省梓潼中学校	梓潼县文昌镇东风街61号	66	3302	45540	146229
梓潼县七一高级职业中学校	梓潼县文昌镇宏仁大道西段149号	36	1480	32950	158000
梓潼县文昌初级中学校	梓潼县文昌镇和平街东段5号	62	3329	26548	79519
梓潼县潼江初级中学校	梓潼县经开区金牛大道南段1435号	19	1034	24760	58476
梓潼县许州初级中学校	梓潼县许州镇吉阳东街369号	10	480	24364	60230
梓潼县黎雅初级中学校	梓潼县黎雅镇富民路202号	11	417	13602	19568
梓潼县观义初级中学校	梓潼县观义镇学府街25号	12	418	19174	43200
梓潼县仁和初级中学校	梓潼县仁和镇松林村二组1号	9	333	12589	18960
梓潼县自强初级中学校	梓潼县自强镇中兴街2号	12	494	9580	34742
梓潼县特殊教育学校	梓潼县宏仁镇宏仁街60号	9	103	2415	4900
梓潼县文昌第一幼儿园	梓潼县文昌镇三圣路北段249号	16	722	4172	5008
梓潼县文昌第二幼儿园	梓潼县文昌镇西崖街15号	16	767	3126	2682
梓潼县东风幼儿园	梓潼县文昌镇迎宾路1号	13	571	2075	3877
梓潼县文昌第一小学校	梓潼县文昌镇崇文街北段9号	61	3552	19539	42015
梓潼县文昌第二小学校	梓潼县文昌镇三圣路北段187号	62	3299	23929	30144
梓潼县文昌镇青龙小学校	梓潼县文昌镇文峰路92号	6	238	5667	14325
梓潼县马鸣镇小学校	梓潼县文昌镇马鸣场弘德路39号	7	208	3537	7453
梓潼县宏仁镇小学校	梓潼县宏仁镇宏仁街58号	6	89	3592	11397
梓潼县长卿镇小学校	梓潼县长卿镇金牛路南段1459号	16	689	6593	22000
梓潼县卧龙镇小学校	梓潼县卧龙镇前进街300号	9	341	5471	18936
梓潼县三泉小学校	梓潼县长卿镇三泉村龙泉路35号	6	95	3377	14868
梓潼县东石小学校	梓潼县东石场镇玉皇街08号	6	134	3976	6840
梓潼县许州镇小学校	梓潼县许州镇梓江街178号	23	1046	14458.73	20313
梓潼县双板镇小学校	梓潼县双板镇双福街51号	6	186	6259	15180
梓潼县仙峰小学校	梓潼县许州镇仙峰社区甘滋路1号	6	159	5215	14723
梓潼县小垭小学校	梓潼县许州镇小垭场龙凤街239号	6	114	3930	10052

续表7

学校名称	地址	班级数（个）	学生人数（人）	全校建筑面积（平方米）	全校占地面积（平方米）
梓潼县演武镇小学校	梓潼县演武镇杨武街南段2号	6	73	2763	6650
梓潼县黎雅镇小学校	梓潼县黎雅镇文昌街67号	12	451	7734	6460
梓潼县金龙镇小学校	梓潼县金龙镇青龙街14号	6	217	5159.96	10200
梓潼县仙鹅小学校	梓潼县黎雅镇仙鹅场镇仙尼路168号	6	215	2700	10200
梓潼县白云小学校	梓潼县宏仁镇白云场向阳街85号	6	99	4385	11710
梓潼县石台小学校	梓潼县石台场镇老街1号	6	93	3566	8370
梓潼县观义镇小学校	梓潼县观义镇兴隆街230号	11	346	6699	13112
梓潼县石牛镇小学校	梓潼县石牛镇永乐街104号附69号	12	590	8969.27	17378
梓潼县玛瑙镇小学校	梓潼县玛瑙镇场镇临江街9号	6	190	3996	14980
梓潼县交泰乡小学	梓潼县玛瑙镇交泰场交龙路4号	6	112	5659	17381
梓潼县双峰小学校	梓潼县观义镇双峰场双峰街北段51号	6	116	3564.2	10041.28
梓潼县仁和镇小学校	梓潼县仁和镇仁新街52号	6	246	5616	9221
梓潼县宝石乡小学校	梓潼县宝石乡宝兴街152号	6	188	5139	12861
梓潼县大新小学校	梓潼县仁和镇大新场新桓街214号	6	210	7457	14322
梓潼县文兴镇小学校	梓潼县文兴镇兴文街中段81号	6	189	4767	11757
梓潼县自强镇小学校	梓潼县自强场镇三合街80号	8	263	7284.4	20350
梓潼县定远小学校	梓潼县宝石乡定远场东风路12号	6	190	5361	12262
梓潼县马迎小学校	梓潼县马迎场镇三金路72号	6	133	4100	9625
梓潼县二洞小学校	梓潼县二洞场二洞桥街40号	6	136	3577	12480

体　育

学校体育

【概况】 2020年，梓潼县有体育教师130余名，教练员58名，在校运动员6800余名，2020年组织以田径和球类为主的各类青少年运动会20余届次。推进以足球为首的“三大球”运动，组织开展省、市、县、校四级联赛，县级篮球、足球联赛场次达380场，申报“三大球”网点校2所。完成选拔和组织体育特长生和运动队参加绵阳市健身操、跳绳等五项青少年锦标赛。完成中考体育考试考务工作。完成学生体质健康标准测试，对全县2万余名中小学生进行健康体质监测，建立学生健康档案。梓潼中学成功创建为四川省“阳光体育示范学校”。

【中考体育工作】 完成2020年绵阳市初中升学体育联考工作。2020年体育考试采用“3+X”方式，即3个必考项目加1个选考项目。必考满分60分（含6个项目，每个项目10分），选考满分20分，总分为80分。5月，梓潼县2020年初三体育考试在各校举行，自强中学以平均分75分获梓潼县体考第一名，仁和中学以平均分73分获第二名，文昌中学、许州中学以平均分72分获第三名。

【体育设施建设】 争取中央和县资金750万元，完成梓潼中学风雨球场和足球场建设。争取中央资金360万元，完成五人制标准足球场建设6所学校。争取中央资金200万元，完成文昌镇崇文社区、石牛镇金牛社区、文昌镇公共足球场、橙星体育俱乐部、五人制标准足球场建设5处。争取中央资金600万元，完成崇文社区公共体育中心改造1处。主动向县委、县政府汇报，投资3.02亿元的梓潼县全民公共运动中心项目建设已在进行中。中心坐落于文昌镇沙河村，东临文昌镇市政道路，西临文昌干道辅道，南临文昌镇潼江路，北临梓潼东展国际学校，建设用地面积83840平方米，拥有国际标准田径运动场1个（供2万人观看的看台），体育馆1个（含7000个座椅，其中活动座椅2000个），标准恒温游泳馆1个（含880个固定座椅、50米标准池1个、25米训练池1个），标准篮球场5片，标准排球场5片，标准足球场1座，标准羽毛球场2片，省级老年门球场群2片，以及城市体育公园和艺术活动馆。项目建成后可承担国家、省、市及地方大型赛事和各类群众性文体活动，为梓潼体育的上档升级提供有力保障。项目于2019年12月开工，预计2021年全面完工并交付使用。争取体彩公益金30万，为乡镇社区配送篮球架近97副、新建村（社区）健身路径139条、改建乡镇社区广场3处，建成80平方米的体育活动室3个社区（崇文、紫阳、翠云），丰富群众健身需求。

（王明蓝）

社会体育

【概况】 梓潼县有体育总会1个，17个单项体育协会，各级社会体育指导员1200人。组织开展五人制足球联赛、五一职工运动会、夏季篮球联赛、乒乓球联赛、游泳比赛等30余次。获得绵阳市“强体质、战疫情”老年门球比赛第一名。

【全民体育】 以“8·8全民健身日”为契机，通过各种形式，开展线上线下全民健身体育活动。以四川文艺梓潼校区为平台，积极开展富有特色的健身活动，鼓励和引导广大群众投身于锻炼之中。根据县城地理特点，打造“东、西、南、北” 15分钟健身圈，营造人人参与、个个受益的终身体育锻炼氛围。2020年举办群众体育赛事40余次，参加运动员12万余人次，参与人数15万余人次，培训一大批社会体育指导员，其中一级指导员1350人，群众体育健身意识增强，每周参加1次及以上体育锻炼的人数比例达到45%，经常参加体育锻炼的人数比例达到32%，群众身体素质稳步增强。开展柔力球、健身舞、桌上冰壶球、气排球等公益培训，参训人数上千人。

（王明蓝）

重点学校

四川文化艺术学院（梓潼校区）

【概况】 四川文化艺术学院梓潼校区成立于2001年，占地894亩，建设面积约30万平方米，建设有教学实践实训楼、艺术创意工坊、文昌学宫、国际交流中心、文昌印象·水街、大学生创业俱乐部等项目。学校为复合型文化艺术体验小镇（国家AAA级旅游景区）、科技与文化艺术融合实践实训示范基地、文昌文化活化体验基地、大学生创新创业示范基地。2016年被列为四川省本科院校整体转型发展改革试点院校，并当选为“四川省应用型本科高校联盟”首届理事单位。学校先后获得国家、省、市级奖项2000余项，曾获得“中国十大艺术院校”、“中国民办十大知名品牌学院”、四川省旅游“特别贡献单位”、“四川省文明单位”等荣誉称号。

【教育质量】 学校教学科研与专业建设成绩斐然，“十三五”期间获得省部级以上奖励4项、市级奖励67项，在省部级以上发表论文1667篇、出版专著67部。具有本科招生资格专业总数达到40个、专科专业总数28个。有四川民办高校特色（品牌）专业5

7月2日，四川文化艺术学院加入成渝地区双城经济圈高校艺术联盟
（赵　军/供图）

6月12日，四川文化艺术学院当选为绵阳市旅游协会副会长单位及旅游教育分会会长单位
（赵　军/供图）

个，其中动画、视觉传达设计、文化产业管理3个本科专业被列为省级一流本科专业建设点。学校6门课程获四川省首批地方普通本科高校应用型示范课程建设立项，4门课程获第二批地方普通本科高校应用型示范课程建设立项。

截至2020年，学校有在校全日制学生19989名，全日制学生毕业13762名，其中本科毕业生10575人，授予学士学位10066人，专科毕业生3187人，毕业生就业率保持在95%以上。

【教育管理】 坚持立德树人是学校的根本战略，明晰立德点位和树人目标，持续提升队伍素质、管理水平、教育质量和办学特色；人才强校，秉持引进与培养、使用与开发并重的方针，建立和完善有竞争力和公平合理的人才管理体系；开放办学，进一步巩固和发展深层次、宽领域、立体化的合作与交流，大力推进与国内外大学和文化艺术团体、行业的实质性合作，拓展留学生招生渠道和范围，优化留学生培养模式，不断提高留学生培养质量；教产融合，加强人才培养，主动对接成渝地区双城经济圈建设，鼓励二级学院和教师利用学术和人才优势跨区域开展教、学、研、创、产合作，协同建立开放、稳定的实验室或实习实践基地。依法治校，按照董事会决策、党委政治引领与保障，校委会严格、深度、高效执行和监事会、工会监督的管理体制，完善机制健全、职责分明、制度明晰、一岗多责，提升依法治校水平，推进学校治理体系和治理能力现代化。

四川文艺出版社绵阳分社授牌仪式在四川文化艺术学院举行
（赵　军/供图）

（王明蓝）

梓潼东辰国际学校

【概况】 梓潼东辰国际学校是梓潼县在发展均衡教育之时，引入社会资本发展的民办学校。学校投入约5亿元，占地150亩，总建设规模约10万平方米，由中国设计院设计，以“学习乐园、园林校园、智慧校园、绿色校园”为设计定位，突出“新理念、新建筑、新技术”的设计特点，是一所集幼儿园、小学、初中一体化管理的基础教育学府。学校有师生2364人，在校总人数2042人，其中幼儿园300人，小学930人，初中812人。教职工322人，其中幼儿园教职工44人，小学教师70人，初中教师53人，职工155人。以“培养有中国灵魂、有世界眼光的现代人”为核心理念，以“责立中国、任当世界”为校训，

以“建高原、筑高峰”为质量目标，与绵阳东辰国际学校实行一体化管理。2020 年获梓潼县小学教学质量一等奖。

【教育特色亮点】 以“培养有中国灵魂、有世界眼光的现代人”为育人目标；以“责立中国、任当世界”为校训；创造适合每个孩子的教育、与国际接轨的教育、可持续发展的教育、最具竞争力的教育。坚持实施“两课一育”大课改。以课程、课堂、德育为核心实施九年一贯制的教学改革，将国家课程、校本课程、班本课程、生本课程整合起来，构建多元、多彩的课程体系，优化课堂教学和德育方法，分类设计、分层实施，多方面提升学生的综合素质。

（王明蓝）

梓潼中学

【概况】 2020 年，梓潼中学建校 89 周年。有 66 个教学班，学生 3300 余人。教职工 254 人，其中女教职工 88 人，高级教师 87 人，本科教师 233 人，硕士研究生学历 2 人。学校设办公室、政教处、教科室、教务处、总务处、安保处、体卫艺处、信息技术中心和纪检督查室 9 个处室和学校工会、团委 2 个群团组织。学校党委下辖 3 个年级党支部和 1 个后勤党支部、1 个退休党支部，有在职党员 96 人。

【高考质量】 2020 年高考，梓潼中学参考 1006 人，文考硬上线（不含艺体）519 人。其中重点本科上线 121 人（含在校就读，回原籍参考学生），600 分以上特优生 4 人；重点本科上线较 2019 年增长 18 人，创历史新高。艺体双上线 45 人。

【教育管理】 2020 年 9 月，梓潼中学提升办学目标：办让全社会尊重的学校。明晰发展定位：办让党和政府放心的学校，办让家长满意的教育，建设让学生喜欢的校园，实施让教师留恋的管理，发展让人人尊重的内涵。学校坚持立德树人，五育并举，为党育人，为国育才。实施四大举措：全面细化管理，提高质量；凝心聚力，打造品牌；立足本职，彰显特色；抓住机遇，跨越发展。

【特色亮点】 2020 年，梓潼中学创建成为绵阳市语言文字示范学校、绵阳市足球示范学校，通过绵阳市中小学素质教育评估验收。参加全国卫生县城创建活动，承办全县 2020 年青少年田径运动会，协办全市示范中小学发展大会。获得绵阳市教育工作先进集体、绵阳市德育工作先进集体、绵阳市家庭教育工作先进单位等荣誉称号。

2020 年秋，梓潼中学细化过程管理，重学习搞教研。两次开展“绵阳市普通高中教育质量综合评价办法”学习研究，举办 3 场专家讲座，进行“同课异构”新课改教研 3 场，参加全市赛课 2 场，加强市县内外学习，全面提升教师素养。

（王明蓝）

绵阳市示范中小学校校长联谊会 2020 年年会——梓潼素质教育成果展 （王明蓝/供图）

卫生与健康

WEISHENG YU JIANKANG

综　述

【概况】 出台《梓潼县卫计系统县级直属单位考核办法（试行）》，制定以公益性为导向的绩效评价指标体系。出台《梓潼县创新激励机制进一步加强卫生计生人才队伍建设实施方案》《梓潼县公立医院薪酬制度改革试点工作实施方案》，全面推行聘用制度、岗位管理制度和公开招聘制度，合理核定县级公立医院编制总量，在岗位聘用、收入分配、职称评定、管理使用方面，对编制内外人员实行统筹管理。将医疗费用不合理增长工作作为“一票否决”项纳入医疗机构等级评审、效绩考核、评先评优等工作，构建各类医疗机构协同发展的服务体系，合理确定县域内医疗卫生机构的数量、布局、功能、规模和标准。推动医疗联合体建设，全部取消医用耗材加成，医保支付方式改革已覆盖梓潼县县域内所有公立医院。推进国家基本药物采购配送制度，保障基本药物和补充药品的质量与供应。

设立建制镇（乡）卫生院16所，独立法人卫生院4所，村卫生室162个，完成增强基层卫生服务能力改革任务。

【县域医共体建设】 绵阳市三人民医院在梓潼县建立“绵阳市第三人民医院梓潼医联体”，与县内36家医疗机构签订协议，开展专科巡讲、业务培训、查房、远程问诊、义诊活动等。县人民医院与仙峰卫生院、县中医院与金龙镇医院建立医共体模式，两家县级医院分别派驻管理人员、临床医生、医技人员在乡镇卫生院开展业务帮扶工作。县级医院不同专业骨干医务人员不定期在全县各乡镇开展巡讲、义诊活动。对口支援人员与受援单位采取先计划、后坐诊、定期技术指导帮扶等。仙峰卫生院总业务收入42万余元，金龙镇卫生院总收入25万余元，较2019年同期业务量增长45%。

【医疗设施设备完善】 全县派出24名医务人员到13家乡镇卫生院进行城乡对口支援工作。通过会诊及疑难病例讨论、教学查房、业务培训和学术讲座等形式，13家受援乡镇卫生院临床业务、收入等均有不同程度增长。开展全科医生规范化培训和乡村医生培训。辖区内基层医疗机构有DR3台，X光机3台，心电20台，超声19台，检验设备23台套。县人民医院开展远程会诊1351例、中医院开展远程会诊340例。2020年县级医疗机构门诊诊疗量与去年同期相比下降6.94%；住院诊疗量下降4.7%；床位使用率89.3%；临床路径管理占比38.75%；医药收入增幅2.09%（门诊0.75%、住院1.34%）。县域内就诊率80.42%。深化公立医院绩效考核，推进完成年度绩效考核工作、电子病历应用水平。

【医疗队伍建设】 2020年“梓归”计划入编人员5名，全科医生特色岗位入编2人，县医院直接考核招聘9人，完成2019年下半年公招10人和2019年下半年28所乡镇卫生院直接考核招聘15人入编工作。上半年通过自主招聘形式招录36人，其中临床专业25人、公共卫生管理专业2人、医学影像专业5人、护理专业3人、管理人员1人。完成岗前、岗位培训20余人次。

【医疗技术提升】 全县诊疗量与2019年同期相比增长5.63%。其中县人民医院门诊增幅为0.67%，中医院门诊增幅为14.78%。住院次均增幅9.39%，其中县人民医院住院次均增幅8.49%，中医院住院次均增幅10.98%。县域内就诊率80.42%，床位使用率81.42%。出院患者平均住院日10.43天。县人民医院预约诊疗率13.57%，中医院预约诊疗率1.9%。根据要求，临床路径管理率应超过30%。其中县人民医院41.48%，中医院32.57%，两家医院均已达标。2020年贫困人口大病专项救治率99.7%，大病专项救治人均费用0.58万元。

（唐　楠）

妇幼保健

【概况】 2020年有孕产妇1989人，产前检查1989人，产前检查率100%，产后访视1950人，产后访视率98.04%。孕产妇住院分娩率100%，高危孕产妇住院分娩率100%，孕产妇死亡0人。全县辖区内机构活产数1410例，剖宫产数732例，剖宫产率51.91%；非医学指征剖宫产数58例，非医学指征剖宫产率4.11%。

【儿童系统管理】 全县有3岁以下儿童6435人，儿童保健管理6312人，3岁以下儿童系统管理率98.09%，婴儿死亡2人，死亡率为1.01‰，5岁以下儿童死亡3人，死亡率为1.5‰，无新生儿破伤风发生。

【传染病防治】 2020年共提供孕期艾滋病咨询2294人，检测2294人，其中孕早期检测2064人，孕早期检测率89.97%，提供孕期梅毒检测服务2294人，提供乙肝病毒检测服务2294人，检测出梅毒阳性孕妇11人，乙肝阳性孕妇71人，在本县辖区助产机构中住院分娩的梅毒阳性产妇4人，乙肝阳性产妇49人，对48名新生儿注射乙肝免疫球蛋白，1例乙肝阳性产妇引产。

【农村妇女增补叶酸预防神经管缺陷项目】 新增服用人数2095人，服用依从人数2095人，服药依从率100%，服用叶酸知识调查人数1995人，知识知晓率98.27%，截至2020年发放叶酸13617瓶，受益妇女2136人。

【农村妇女宫颈癌、乳腺癌免费检查项目】 全县4620人参与免费宫颈癌检查项目。本年度宫颈癌检查采用液基薄层细胞学检查技术，通过检查，不典型鳞状上皮细胞89人，不除外高度鳞状上皮内病变11人，低度鳞状上皮内病变15人。筛查出滴虫性阴道炎68例，霉菌性阴道炎59例，细菌性阴道病402例，阴道镜检查115人，病理检查42人，其中CIN2-3级8人。乳腺癌全县检查2153人。通过乳腺癌检查，筛查出乳腺BI-RADS分级3级及以上42人，乳腺纤维腺瘤24人，不典型增生13人，13名患者仍在进行确诊和随访治疗中。

【免费孕前、婚前医学检查项目】 2020年完成2232人免费孕前优生健康检查任务，其中男性1048人，女性1184人，检出梅毒抗体阳性18例，乙肝大三阳11例，乙肝小三阳43例，均进行电话随访，并给予详细的健康指导。2020年全县结婚登记人数为2131对，婚检人数2088对，婚检率97.98%，检出疾病496人次，疾病检出率11.88%，其中检出艾滋病病毒筛查阳性2例，梅毒筛查阳性44例，乙肝患者117例，其他内科疾病333例。

【0~6岁儿童残疾筛查】 对全县14233名儿童进行初筛，6名儿童进行复筛和确诊。

【托幼机构儿童健康体检】 根据《国家基本公共卫生服务项目0~6岁儿童健康管理》要求，2020年9月14日至11月19日对全县所有幼儿园8617名在园儿童进行健康体检，其中常规检查8415人、视力筛查8415人；在体检过程中检出生长迟缓207人、低体重9人、肥胖90人、轻度贫血150人、龋齿1843人，心肺听诊异常55人、鸡胸9人、包茎78人、皮疹8人、鞘膜积液1人、隐睾34人、视力诊治109人。

（唐　楠）

疾病预防控制

【重大传染病防控】 召开全县重大传染病防治工作会，压实责任、夯实基础。完善“三线一网底”管理服务体系，建立健全各项制度，开展常住人口免费自愿自行检测工作，全县开展艾滋病初筛112130人，完成暗娼人群检测94例。对部分学生及敬老院开展结核病筛查工作，做好耐多药、TB／HIV双重领域的防治工作。梓潼县未发生狂犬病例和流浪狂犬病伤人事件。梓潼县下发《2020年梓潼县社会心理服务体系建设试点工作任务清单的通知》，建立领导小组，开展严重精神障碍患者救治工作培训会，加强人才培养，专业人员较2019年提升25%，未发生严重精神障碍患者肇事肇祸事（案）件。全面完成四川省慢性非传染性疾病综合防控示范区创建任务。

【应急处置能力建设】 突出以《突发公共卫生事件应急条例》作为卫生应急工作的首要任务，加强以县人民医院、中医院和四所乡镇（中心）卫生院作为院前急救应急响应工作主要应急响应力量，疾控中心作为突发公共卫生事件处置应急响应主体，明确事前防控、事中事后处置责任，制定完善各项卫生应急预案，做好相关应急单位卫生应急人员的培训工作。2020年5月联合多部门组织开展全县地质灾害急救演练，2020年11月23日开展“新冠肺炎疫情防控桌面＋实战应急”演练。

【基本公共卫生服务】 居民健康档案建档率、各项基础免疫类疫苗接种率、0～6岁儿童管理、孕产妇管理、老年人健康管理、慢病健康管理、严重精神障碍患者健康管理、肺结核患者健康管理、中医药健康管理、传染病及突发公共卫生事件报告和处理、卫生计生监督协管、避孕药具发放管理等工作均完成市级下达的目标任务。组建家庭医生签约服务县级专家指导团队32个，家庭医生签约服务团队122个，家庭医生覆盖率100%。

【民生实事】 为全县30.38万名常住城乡居民免费提供12项国家基本公共卫生服务，为1.9万名建档立卡贫困人口进行免费健康体检，发放确认符合农村家庭奖励扶助条件和计生家庭特别扶助条件扶助金，贫困白内障患者复明手术、电子健康卡“一卡（码）”通用项目、新生儿疾病筛查项目等6项民生实事均完成年初目标任务。

（唐　楠）

医疗卫生监督

【概况】 完善医疗卫生行业综合监管制度，全面推进行政执法公示、执法全过程记录、重大执法决定法制审核等“三项制度”。2020年全年行政处罚案件104件，其中一般程序案件18件、简易程序案件86件，罚没款1880029.3元。

（唐　楠）

农村医疗卫生

【“优质服务基层行”活动】 按照省、市开展“优质服务基层行”活动工作要求，加强项目活动的宣传、培训，严把工作节奏，严格活动标准，规范开展自评、初审和迎接市级复核工作。2020年，全县29个卫生院开展创建活动，经各单位申报、网上自评和县级初核，仁和镇中心卫生院达到合格标准，其他单位继续切实加强整改落实，进一步提高群众满意度。

【乡村医生队伍建设】 2020年初，制定《梓潼县基层医疗机构服务能力提升培训实施方案》，明确乡村医生能力提升年度工作目标任务、参训对象、培训方式和培训内容。完成乡村医生网上高血压管理培训505人，糖尿病管理培训518人，传染病及突发公共卫生事件应急处理培训537人，全部取得培训合格证书。完成村卫生室医生分片区集中业务培训294人，完成中央卫生能力提升项目，组织全县98名骨干村医在县人民医院培训基地开展线下实践培训一周，进一步提升各单位服务能力。

（唐　楠）

人口和计划生育

【“三金”审核】 经过申报，全年确认符合农村独生子女父母奖励条件对象8823户14068人，发放奖励金84.408万元；确认符合农村家庭奖励扶助条件对象18106人，其中国家奖励对象16330人，58岁、59岁女性对象1776人，发放奖励金1738.176万元；确认符合2020年计生家庭特别扶助条件对象888人，其中子女死亡663人、独生子女伤残220人、其他对象5人，发放扶助金764.256万元。2020年度全县“三金”新进人员2460人，全县享受计生“三金”人数33062人，发放金额2586.84万元。

【“三个全覆盖”工作】 从2018年开始全面落实计划生育特殊家庭“双岗”联系人制度，梓潼县按照“五落实”的要求全部落实2名以上帮扶联系人。2020年落实新进“双岗”联系人78人。2020年春节、中秋期间，全县慰问计划生育特殊家庭882人次，发放慰问金28万余元。

【实施两孩政策】 认真落实国省生育政策调整部署要求，全面实施一对夫妇可生育两个孩子政策。深入推进计划生育服务管理改革，简化办事办证程序，实现“最多跑一次”的一站式服务。实行生育服务登记和生育审批网上办理、承诺办理、委托办理等惠民措施。开展流动人口均等化服务，全面提升均等化服务水平，实现流动人口全覆盖。依法处罚违法生育行为，全年无行政侵权案件发生，计划生育工作满意度稳步提升。

（唐　楠）

中医药

【概况】 在新冠肺炎疫情防控工作中，县直医疗机构和乡镇卫生院发放中医药防疫宣传资料近2万份，熬制防疫大锅汤发放给群众7万余份，发放防疫香包。组织县中医院投入“三乙”创建和省重点专科的创建工作，县中医院针灸科已被列为省重点专科创建科室。开展2020年基层常见病多发病中医药适宜技术推广培训班，涵盖乡镇卫生院中医人员和全县所有村卫生室村医，2020年报送中医类别全科医生转岗培训6人。完成2020年传统医学师承和确有专长考核的报名工作。双板卫生院的精品中医馆建设项目完成。完成梓潼县2020年中国公民中医药健康文化素养调查工作。联合相关部门创建“四川省中医药产业示范县”，并争取到2020年中药材溯源试点县建设项目。

疫情防控

【防控工作】 自新冠肺炎疫情发生以来，县卫健局领导高度重视，坚决贯彻落实中央、省、市决策部署，实施最严格的“严防输入、严阵以待”总体防控策略，累计摸排外地返梓潼县人员43689人，累计隔离医学观察51人，已全部解除隔离观察并进行健康随访；集中隔离点观察总人数106人，已全部解除隔离观察并进行健康随访。开展新冠肺炎疫情防控预警监测工作，建立人员、物品、环境同检，全面落实重点人群、重点场所的核酸检测工作，累计核酸检测41622人，冷链产品及环境监测核酸检测129份。针对企业学校复工复产开展疫情防控技术指导及消毒工作。开展重点疾病防治工作，制定应急预案，随时了解掌握各乡镇疫情动态，切实做到早发现、早报告、早治疗。及时向全县各乡镇公布全县疫情形势，定期进行疫情反馈和信息交流。开展新冠肺炎疫情防控相关知识培训和疫情期间重点人员心理危机干预工作。2020年，梓潼县无疑似病例和确诊病例。

【医疗救治】 组织执法大队、感控督查员对全县各级各类医疗机构进行10余次感染专项督查。督导县人民医院定点医院建设、二级医院核酸检测实验室建设、发热门诊、发热哨点诊室的设置和规范化运作。完成医疗救治和核酸采样人员的队伍建设。建立医疗救治4个梯队70人的医务人员队伍和200余人的核酸采样人员队伍。

（唐　楠）

社会民生

SHEHUI MINSHENG

脱贫攻坚

【概况】 2020年5月28日，县脱贫办印发《关于深入开展脱贫攻坚问题整改清零行动的通知》；2020年3月5—21日，县脱贫办全县抽调110人组成55个“清零”清查小组，集中对全县6503户建档立卡贫困户和176户边缘户开展脱贫攻坚问题“清零”清查行动；2020年5月下旬至6月上旬，县级脱贫攻坚暗访督查组就清零清查发现问题整改落实情况开展全覆盖暗访督查；2020年6月初，县脱贫办工作组对全县落实“两不愁三保障”回头看大排查发现突出问题进行全面对标入户检查；2020年6月17日，召开县脱贫攻坚领导小组2020年第二次会议专题研究并安排部署脱贫攻坚问题整改相关工作，印发《关于脱贫攻坚问题整改“清零”行动议定成果、审定结果、认定销号工作的通知》；2020年6月22—24日，县脱贫办组织开展脱贫攻坚问题整改清零行动全覆盖检查；2020年6月29日，中共梓潼县第十二届委员会第122次常委会会议审议《关于脱贫攻坚问题整改清零行动审定结果的报告》，经会议审定，历年发现脱贫攻坚问题整改结果真实有效。

【脱贫攻坚责任制】 全年召开县委常委会会议专题研究脱贫攻坚16次，召开县政府常务会议专题研究脱贫攻坚7次，召开全县脱贫攻坚领导小组会议4次，强化全面统筹，落实县委、县政府脱贫攻坚主体责任。县委主要领导挂帅出征，落实“五级书记抓脱贫”工作要求，全年遍访贫困村29个，深入贫困村、贫困户调研、指导和参与扶贫40余次；县委、县政府分管领导阵线前移，全年组织召开工作调度会、推进会、现场办公会20余次；县委常委领衔出战住房安全、安全饮水、道路交通等脱贫攻坚主战场和15个扶贫专项，3名县领导负责脱贫攻坚帮扶力量协调指挥，29名县处级领导联系帮扶并督战29个贫困村脱贫攻坚。强化挂牌督战，压紧压实脱贫攻坚领导责任。县纪委监委、重督组、县脱贫办、帮扶办、“两不愁三保障”部门派员组成

8个脱贫攻坚县级暗访督查组，全年开展县级脱贫攻坚全覆盖暗访督查3次，由县纪委监委点对点通知问题整改，不定时开展脱贫攻坚专项督查和专项暗访，常态化开展业务分包指导和蹲点督查，强化暗访督查，压紧压实脱贫攻坚工作责任。印发《关于调整梓潼县脱贫攻坚领导小组办公室成员和建立工作推进机制的通知》，制定《关于全面从严做好2020年脱贫攻坚帮扶工作的通知》和《梓潼县脱贫攻坚帮扶工作奖惩办法》，强化考核奖惩，压紧压实帮扶责任。

【定期调度机制】 落实“周推进、半月调度、月通报”制，全年召开脱贫攻坚调度（推进）会议17次，落实推进脱贫攻坚问题整改全面清零和住房安全、安全饮水保障到位。进一步建立健全预警监测机制，出台《梓潼县防止致贫返贫监测和帮扶工作方案》。2020年，“交通扶贫”专项投入资金2488万元，“水利扶贫”“生态建设扶贫”“农村土地整治扶贫”取得重大成果。

【兑现脱贫攻坚政策】 聚焦慢性病鉴定，全面兑现医疗保障政策，财政代缴居民基本医疗保险1.98万人，落实贫困患者县域内住院治疗费用报销0.39万人次，卫生扶贫救助基金救助235人，落实“十免四补助”政策0.69万人次，落实贫困人口慢性病门诊维持治疗费用新增703人。聚焦特殊困难家庭稳定脱贫，用好社会保障政策，落实低保兜底3208人、困难残疾生活补贴5.43万人次、重度残疾人护理补贴5.95万人次、残疾人扶贫生活补贴0.22万人次、特困供养2.07万人次、孤儿救助432人次、临时救助957人次。聚焦阻断贫困代际传递，用足用好教育扶贫政策，落实从学前教育到本专科教育资助2.98万人次，教育扶贫救助基金救助2238人次，全面落实普、职高免学费和农村义务教育学校学生营养改善计划，落实建档立卡贫困学生普高免学费、中职免学费和生活补助、大学本专科生活费政策，落实“雨露计划”228人、助学贷款300人。聚焦脱贫增收，用好用实产业就业扶持政策，全年发放扶贫小额信贷574万元、政府贴息110万元，产业扶持基金使用率86.8%，落实公益性岗位过渡安置政策801人，落实创业担保贷款扶持1人及社会保险补贴政策16.65万元。

【化解新冠疫情风险】 按照“外出务工人数不低于2019年，务工收入不低于2019年”两个“不低于”工作要求，创新举措抓实稳岗就业。开展线上招聘活动10场次，发布用工岗位信息5000余个，发放稳岗补贴65家企业79.31万元，开展线上职业技能培训1期，培训贫困家庭劳动力50人，开展疫情期间就业务工“直通车”1班次，开发农村公益性岗位172人、疫情临时公益性岗位157人、农村临时公益性岗位472人，累计落实贫困户、边缘户劳动力转移就业8187人。延续扩大产业扶贫政策，延续完善产业扶贫模式，抓好产业增收工作。“以奖代补”帮助建档立卡贫困户自主发展产业4329户，发放奖补资金216.45万元，户均增收超过0.2万元；全县38家生猪养殖合作社组织建档立卡贫困户发展生猪扶贫代养产业2133户6273人，户均受益超过0.4万元，贫困村村集体收益超过2万元；全县新建和改造粮油基地、现代经作基地、高标准农田3万亩，新建农产品初加工设施3座、畜禽标准化养殖场2个，在建现代农业园区1个、农业主题公园1个，培育村集体经济组织2个，带动全县脱贫人口依托新型产业稳定增收。坚持“内外”发力，抓好消费扶贫工作。建丰公司、福欣食品、林江苎麻等县内企业原材料采购突破200万元，帮扶单位、帮扶干部直接购买贫困村、贫困户农产品超过500万元；初步建成“三专一平台”专区4个、专柜33个，832个平台，政府采购完成150余万元；大力拓展农产品销售渠道，做好“互联网＋猪”网络建设，新增电商服务站（点）10个，培训农村电商骨干60名，组织参加“县长来了”、品质川货“十百千万网购节”等网络直播活动，邀请网红开展“金宝李”“天宝蜜柚”“圣迪乐”高品质鸡蛋等特色农产品直播带货活动；在“共点商城”平台、大型超市等设立扶贫专区销售贫困户产品累计5000余万元。

【生态循环产业扶贫】 生态循环产业扶贫模式曾入选“2016年全省（四川省）十大改革转型发展案例”，多家主流媒体曾予专题报道和总结推广，多位领导曾予签批肯定。模式充分发挥传统农业、农村资源和扶贫政策三大优势，巧做“生猪 + 蜜柚”“1+5”两道加法题。1座1100生猪养殖场，配套260亩蜜柚，经济效益和生态效益“双赢”；“1”代表政府，“5”分别代表龙头企业、银行、贫困户、扶贫合作社、农场主，“六方”合作切实解决融资、技术、供给、销售、管理等方面的实际困难。全县累计建成扶贫生猪代养场56栋，配套流转土地1.5万亩，惠及脱贫人口1.4万，覆盖面71%，有效解决贫困户稳定增收和“空壳村”问题。充分发挥该产业模式带动作用，全县建成并投产规模生猪代养场220栋，群众庭院养殖生猪7.8万头，年产值超过15亿元；配套发展蜜柚种植17万亩，挂果9万亩，年产值超过6.72亿元，形成“天宝蜜柚”品牌。立足扶贫产业，推出“梓潼品牌”。“天宝蜜柚”荣获“四川省优质品牌农产品”称号，与“梓潼桔梗”一同成为全国地理标志产品；全县申报通过“四川扶贫”集体商标用标企业9家、产品10个，扶贫产品认定3个；培育天宝柑橘、三泉三合、石牛华沙、平强农业、嘉红药业和四川奇力佳6家电商龙头企业；培育打造长林休闲食品、梓潼酥饼、片粉、胭脂脆桃、七曲山复合肥、田宝生物有机肥、红心猕猴桃、禾盛莲子、天宝蜜柚9个网销农特产品和圣迪乐营养蛋品、饭扫光2个工业网销品牌。

（李阳华）

社会保障

【养老保险】 2020年，梓潼县办理企业职工正常退休231人，军龄认定24人，特殊工种退休10人，认定工龄补费6人；企业职工养老保险参保约2.63万人，征收基金15478.73万元；机关事业单位养老保险参保约0.5万人，征收基金8567.54万元，征收职业年金2043.91万元；城乡居民养老保险覆盖人数约21.43万人，征收基金5225.73万元。企业职工基本养老保险待遇享受人员1.9万余人，发放养老金约42858.58万元；企业退休人员死亡199人，发放丧葬费和一次性抚恤金955.09万元；享受病残津贴98人次，支付7.758万元；机关事业单位基本养老保险享受待遇人员0.33万人，发放养老金约18093.48万元；城乡居民基本养老保险享受待遇人员6.46万人，发放养老金约8542.91万元。完善机关事业单位退休“中人”养老待遇政策，按新标准兑现2014—2015年退休“中人”养老待遇，并补发2014年10月以来养老金，补发金额1173万元。

【养老保险关系转移】 企业职工养老保险关系转移接续887件，其中省内转入227件，省外转入537件，省内转出31件，省外转出30件，转移到机关18件，转移到居保1人；城乡居民养老保险关系转移接续80件，其中省内转入37件，省外转入1件，省内转出32件，省外转出10件；机关事业单位养老保险关系转移接续41件，其中转出3件，转入37件。

【特殊群体参保】 完成被征地农民参加基本养老保障预存款测算等前期准备工作及后期养老保险补偿费清算工作，核算8批次工程项目，涉及人员758人、资金9781.38万元，358人已纳入被征地农民社会保障系统管理，其中代缴企业职工养老保险97人、参加居民养老保险261人，领取待遇（含生活补贴）114人。征收养老保险费1622.99万元。代缴低保人员7961人、特困人群400人、未标注脱贫人员1人（县外贫困人员代缴）、重度残疾人495人、独生女子伤残死亡家庭141户，代缴8998人，代缴资金89.98万元，全面实现16~59周岁建档立卡贫困人员、低保对象、特困人群等困难群体“应保尽保、应代尽代、应发尽发”，助力贫困人口精准脱贫。全面落实退捕渔民养老保险政策，给予退捕渔民社保补贴3000元／人／年，补贴15年。梓潼县退捕渔民58人，其中参加企业职工养老保险6人（领取待遇1人），参加城乡居民养老保险 52 人（领取待遇 3 人），58 人中县内参保 52 人，县外参保 6 人。

【失业保险与工伤保险】 全年受理工伤认定申请 77 件，依法认定工伤 54 件，不予认定工伤 2 件，主动撤销 3 件，不予受理 1 件，中止 5 件。工伤保险参保 1.76 万人，征收基金 132.15 万元；工伤保险享受待遇 363 人次，支付待遇 227.42 万元。失业保险参保 1.67 万人，征收基金 458.15 万元，失业保险金发放 203 人 1294 人次，发放金额 177.84 万元，代缴医疗保险金 60.34 万元。

【城镇职工生育保险】 根据绵阳市医疗保障局、绵阳市财政局、绵阳市人力资源和社会保障局、绵阳市卫生健康委员会、国家税务总局绵阳市税务局五部门关于印发《绵阳市生育保险和城镇职工基本医疗保险合并实施方案》的通知（绵医保发〔2019〕26 号）精神，2020 年 1 月 1 日起梓潼县生育保险和城镇职工基本医疗保险合并实施，全面实现两项保险参保同步登记、基金合并运行、征缴管理一致、监督管理统一、经办服务一体化工作目标。参加职工基本医疗保险的在职职工同步参加生育保险，个体人员不参加生育保险。2020 年全县参加生育保险参保 12968 人，其中女性参保 5917 人；全年享受待遇 404 人，其中女性 239 人。

（陈思蓉　王　超　申木易）

医疗保障

【概况】 2020 年，基本医疗保险参保人数 326235 人。其中：参加城镇职工基本医疗保险 24352 人（在职 15346 人，退休 9006 人），支出 8562 万元，其中个人账户支出 4227 万元，统筹支出 4335 万元；参加城乡居民基本医疗保险 301883 人，统筹支出 19181 万元。医疗救助资助参保 11889 人，资助资金 59 万元；救助门诊 980 人次，救助资金 82 万元；救助住院 12170 人次，救助资金 778 万元。

【疫情防控】 2020 年 1 月 27 日召开医疗保障局党组会安排部署，成立疫情防控领导小组，贯彻落实国家、省、市医疗保障局“两个确保”，做好及时报销疫情相关医疗费用的准备工作。制定《新型冠状病毒感染的肺炎疫情防控期间有关医保业务经办服务指南》，宣传掌上办、线上办、预约办、延后办等政策，现场办理数较年前平均减少 80%。为让受疫情影响未及时缴费的参保群众能正常参保，梓潼县延长 2020 年度城乡居民基本医疗保险费集中征缴期到 5 月 31 日。免费为全县 1704 名疫情防控一线医务人员及相关工作人员办理人身保险。开通新冠肺炎医疗救治预结算“绿色通道”，确保患者救治费用零支付，2020 年 1—12 月，累计报销核酸检测 2825 人，总费用 158 万元。贯彻落实阶段性减半征缴职工基本医疗保险单位缴费政策，支持企业复工复产，为全县 393 家企业 24327 人减免 287.42 万元，切实减轻企业负担。

【健康脱贫】 为全县 20102 名建档立卡贫困人口办理城乡居民基本医疗保险参保，财政代缴资金执行 502.55 万元。严格执行贫困人口在县域内住院费用报销比例不低于 90% 政策，全县贫困人口县域内住院基本医保支付 2182.22 万元、大病保险支付 102.72 万元、医疗救助支付 220.58 万元，再经卫生扶贫救助基金支付后，贫困人员县域内住院费用自付比例控制在 9.65%。

【深化医保改革】 持续深化总额控制下的支付方式改革，不断完善“核定总额，结余留用，超支分担”激励机制。执行总额控制制度，引导定点医疗机构通过减少医疗资源浪费，控制医疗成本，减轻病人和医保负担。组织县医院、中医院、妇幼保健院、文昌镇中心卫生院四所二级医疗机构参加全市 DRG 支付方式改革试点，配合完成集中培训、基础数据的采集、编码信息维护等工作。推进国家组织药品集中采购和使用试点扩围扩面工作，分别完成全县第一批25个品种、第二批32个品种、第三批56个品种药品集中采购和使用工作。完成心脏支架带量集中采购前期的数据采集工作。取消梓潼县公立医疗机构医用耗材加成，同步建立补偿新机制，调整577项医疗服务项目价格，完善医保支付配套措施，实现公立医院机构良性运行、医保基金可承受、群众负担总体不增加的目标。将部分治疗“两病”（即糖尿病、高血压）并发症及合并症的药品纳入医保目录，可报销药品由2019年130个增加到1060个，最大限度满足患者的用药需求。将国家谈判药品中价格昂贵、用药人群特定、用药指征明确的61种药品纳入单行支付管理；将价格相对低、保障供应渠道畅通的57个药品按乙类药品支付管理；将18个高值药品参照单行支付管理。单行支付药品（61个药品）费用，城镇职工、城乡居民医保报销比例分别提高至70%、60%，大幅降低参保群众医药费用负担。

【定点机构监管】 持续开展“打击欺诈骗保 维护基金安全”工作，落实《2020年绵阳市医疗保障基金专项治理工作方案》，2020年4月21日在县人民广场开展集中宣传活动，发放宣传资料1500余份，开展义诊体检110余人次，营造全社会共同维护医保基金安全的良好氛围。2020年对151家“两定”医药机构进行医疗保障基金专项治理全覆盖检查，查处违规机构147家次，处罚违约金347013.41元，暂停刷卡18家，对两定机构的违规行为形成强力威慑。

（申木易）

退役军人事务管理

【概况】 按照“五有”总要求，建成镇（乡）、经开区、七曲山退役军人服务站18个，村（社区）退役军人服务站181个，全面落实优抚安置政策，实现退役军人服务保障体系横向到边、纵向到底、全覆盖。

【拥军优抚】 全面落实优待抚恤政策，按时足额发放各类优抚对象优待抚恤金和补助金。为退役士兵发放一次性地方补助金，接收自主就业退役士兵，落实自主就业退役士兵免费教育培训，退役士兵职业技能培训率100%。完成全县退役军人和优抚对象的走访，建立一人一档，解决困难和问题45个。

【创建示范型退役军人服务站】 2020年以创建全国示范型退役军人服务站为抓手，落实专项资金，在全县重点打造11个“示范型标杆”，在各镇（乡）退役军人服务站统一悬挂“十大英模挂像”。为镇（乡）服务站配全配齐办公设备，统一政治文化环境建设，营造浓厚“尊崇”氛围。年底已全部通过省退役军人事务厅验收。

组建绵阳市第一支退役军人志愿服务队，成立临时党支部，成为打赢疫情防控阻击战的重要力量。先后被《国防时报》、四川新闻网、绵阳电视台、梓潼电视台等多家媒体报道。4月，在退役军人系统疫情防控表扬大会上，梓潼县1个先进集体和3名退役军人受到绵阳市双拥领导小组的表扬；9个先进集体和53名退役军人受到县委退役军人事务领导小组表扬，22名退役军人被县退役军人事务局授予“优秀志愿者”称号。

【退役军人表彰】 在八一建军节来临之际，梓潼县1名退役军人被省退役军人事务厅表彰为“2020年

2月4日，梓潼县退役军人志愿服务队成立 （敬海军/供图）

5月20日，召开梓潼县疫情防控工作退役军人先进集体和先进个人表彰大会 （敬海军/供图）

7月28日，召开2020年度梓潼县最美退役军人、退役军人就业创业之星、爱国拥军模范、拥政爱民模范及最美军嫂表扬大会 （敬海军/供图）

四川省退役军人就业创业之星”；2人分别被市表彰为“2020年度绵阳市爱国拥军模范”和“2020年度绵阳市最美军嫂”；县委宣传部、县退役军人事务局、县武装部联合表彰2020年度梓潼县“最美退役军人”5名、“退役军人就业创业之星”5名、“爱国拥军模范”5名、“拥政爱民模范”1名、“最美军嫂”5名。

（敬海军）

农民工服务

【概况】 2020年，全县16.3万名农村劳动力，累计转移就业农民工9.7万人。扎实做好农民工疫情防控工作。成立镇乡一级的农民工服务中心。编辑印制《梓潼县农民工服务指南（修订版）》。建立3处梓潼驻外农民工服务联络站及流动党支部。深入开展“农民工服务保障五大专项行动”。

【农民工疫情防控】 疫情期间发放《致武汉返乡人员的一封信》《致梓潼务工朋友的温馨提示》等疫情防控宣传单5万份、农民工慰问信3万份。为返乡农民工提供24小时外出务工行前健康体检电话咨询，配合县卫健局做好农民工行前健康体检服务约8万人次。连续3个月坚持上报全县农民工疫情日报表。建立农民工返乡返岗全程监测预警机制和返乡农民工信息台账。

【农民工联络站】 2020年9月10日制定《梓潼县驻外农民工服务联络站设置、管理考核办法（试行）》。向驻外联络站寄送《党员应知应会200条》《梓潼县农民工服务指南》等政策资料2000余份。疫情期间发动3个驻外联络站和流动党支部累计捐款58950元、口罩1000个；联系定向专车17辆输送500余名农民工返岗就业。加大“优秀农民工回引培养工程”实施力度，动员10名在外优秀农民工递交入党申请书。

【农民工就业创业】 开展“线上线下”就业招聘，帮助38家企业吸收用工678人。为外出务工农民工免费提供就业政策咨询服务3000余次。组织部分镇乡24名有创业意愿农民工参加“创业梓潼，精彩有我”创新创业汇活动。配合县科技局在石牛镇雁门村创建石牛镇孵化中心、返乡农民工创业园，新增带动就业50余人。向市人社局推荐13个农民工返乡创业项目参加2020年四川省返乡入乡创业推荐申报活动。与重庆北碚区、渝北区“点对点”对接企业用工需求，提供14300余个工作岗位。

【农民工服务保障】 2020年2月，开展春节前夕全覆盖走访，慰问返乡农民工4.9万人、未返乡农民工8735人；入户慰问困难农民工800余人，发放慰问金16万元。9月，县农民工服务中心召开困难农民工代表座谈会，救助临时受疫情及洪涝灾害影响、损失较大的农民工家庭200户，发放临时救助资金8万元。10月29日，县委常委、组织部部长聂林带领县农民工服务中心、县工商联等相关部门负责人赴深圳慰问梓潼籍困难农民工53人，发放慰问金3.18万元。发放《保障农民工工资支付条例》宣传资料15000余份，配合县劳动保障监察大队督促用人单位按月足额发放2800多名农民工工资1.3亿余元，为480名农民工成功追回工资1157.3万元。组织“点对点、一站式”梓潼出发返岗专车22趟次，惠及农民工1000余人。组织志愿者在车站为返乡农民工提供各类服务。就业招聘方面：开展各类线上线下招聘29场，惠及企业140家，4454名农民工达成就业意向。累计为农民工办理各类证照2961个。

【农民工文体活动】 组织梓潼籍农民工参加第二届川籍农民工运动会（云健身），4名选手获得全省象棋比赛较好名次；组织梓潼籍农民工参加四川省农民工博物馆展陈品征集活动，31件被省农民工博物馆选中。

（杨　龙）

就业和再就业

【概况】 2020年全县城镇新增就业2247人，城镇登记失业人员再就业384人，就业困难人员实现就业138人，城镇登记失业率2.66%，控制在4.5%以内。疫情伊始，援企稳岗助力复工复产，印发梓潼县疫情期间稳就业系列政策清单，出台15条稳就业举措。设立人社专员，千方百计保障企业用工，累计为县内38家企业招用新员工678人。组织8.4万名农民工健康体检，护送100余名农民工乘坐专列，发出“春风行动”返岗专车22辆，惠及农民工1000余人次。全年开展“就业援助月”“春风送岗位”“就业扶贫”等专场招聘会29场，为求职者进行岗位匹配服务。强化技能培训促就业，2020年完成培训2832人次，其中开展线上职业技能培训1期19人，发放培训补贴0.91万元。持续开展农村劳动力实名制登记及动态管理工作，农村劳动力转移就业9.7万人，其中建档立卡贫困劳动力11320人，实现劳务收入约18.4亿元。重点群体重点帮扶，2020年开发公益性岗位1072个，对教育系统移交的425名离校未就业高校毕业生实名制登记，接收见习生39人，留用7人。为90家企业发放稳岗补贴195.65万元，为11家企业发放困难稳岗补贴433.93万元，发放价格补贴9.58万元，发放技能提升补贴4.35万元。

【创业创新】 2020年发放创业担保贷款27笔640万元。带动就业600余人。建立“政府引导、部门协调、社会参与”的工作机制，持续释放政策红利。宣传动员梓潼县创业者参加第四届“中国创翼”创业创新大赛绵阳赛，经过激烈的角逐，自强镇张家湾生猪养殖专业合作社、麻石垭水果种植专业合作社两家企业获得绵阳赛区二等奖。通过层层筛选，推选的科技孵化园成功评为四川省省级科技孵化园。

【扶贫助困】 充分利用“就业服务平台2.0版”信息系统建立动态长期的贫困劳动力台账，开展精准

3月31日，在县人民广场举行区域劳务协作暨就业扶贫专场招聘会

（周　冲/供图）

就业服务。充分发挥公益性岗位托底安置作用，点对点开发农村公益性岗位801人。精准技能培训，开设2期县级“扶贫专班”，培训68人。搭建供需平台，举行13场招聘会，县内外100余家企业提供10000余个工作岗位。四川沉香生态农业科技有限公司被评为四川省就业扶贫示范基地，建设梓潼县就业扶贫示范基地和示范村15个。鼓励县内企业吸纳贫困劳动力就业，四家企业吸纳9名建档立卡贫困劳动力，补贴4.73万元。

（王金龙）

城乡居民生活

【城乡居民收入基本情况】 2020年，梓潼县城乡居民收入水平稳步增长，全年城镇居民人均可支配收入36081元，增长5.9%，增幅高于全省0.1个百分点；农村居民人均可支配收入18554元，增长8.7%，增幅高于全省0.1个百分点。

2020年梓潼县城乡居民收入增幅差额由2019年的1.3个百分点扩大到2.8个百分点，城乡居民收入倍差由2019年的2.00下降到1.94，比2019年同期缩小0.06，城乡居民收入相对差距进一步缩小。

【工资性收入平稳增长】 2020年城镇居民人均工资性收入20780元，比2019年增加1221元，增长6.2%，由于城镇居民收入中工资性收入占比最大，工资性收入增长对可支配收入增长的贡献率达60.7%，是拉动城镇居民收入增长的最主要因素。农村居民人均工资性收入6742元，比2019年增加372元，增长5.8%，增幅在四大项收入中最低，主要是年初受疫情影响，建筑工地、企业、店铺等停工停产，农民工就业时间减少。

【经营净收入城乡分化】 2020年城镇居民人均经营净收入7297元，比2019年减少125元，下降1.7%，是城镇居民四大项收入中唯一下降的指标，主要是年初受疫情影响，市场流动人员减少，除超市外的大部分店铺均未营业。农村居民人均经营净收入7813元，比2019年增加651元，增长9.1%，主要原因生猪价格大幅上涨，全年生猪均价比2019年上涨75.8%。

【净收入增长】 2020年城镇居民人均财产净收入2002元，比2019年增加237元，增长13.4%。农村居民人均财产净收入669元，比2019年增加83元，增长14.2%，增幅在四大项收入中最高，随着产权改革的深入推进和集体经济的发展壮大，财产净收入必将成为农民增收的新增长点。

2020年城镇居民人均转移净收入6001元，比2019年增加677元，增长13.8%。农村居民人均转移净收入3331元，比2019年增加371元，增长12.5%。

【城乡居民消费情况】 受疫情影响，梓潼县2020年城镇居民消费下降，农村居民消费增速放缓。2020年度，城镇居民人均消费支出22058元，下降2.4%；农村居民人均消费支出14257元，增长8.0%。

（蒋亚楠）

生态建设

SHENGTAI JIANSHE

环境质量监测与监督

【概况】 2020年，梓潼县有效监测天数366天，优良天数达353天，优良天数率96.4%、同比变化率0%，$PM_{2.5}$年均浓度26.9微克／立方米、同比下降9.5%，PM_{10}年均浓度39.0微克／立方米、同比下降9.5%，2020年梓潼$PM_{2.5}$、PM_{10}优良天数率均完成年度考核目标。地表水水质符合功能区划标准，出境断面水质监测达到或优于Ⅲ类标准，梓潼县城、乡镇集中式饮用水水源地水质监测均达到或优于Ⅲ类标准，达标率100%，纳入2021国省考核的1个断面水质优良率100%。4个功能区噪声监测结果均达到《声环境质量标准》要求，达标率100%。梓潼县64.2%的行政村生活污水得到有效处理，生活垃圾无害化处理率97.2%，畜禽粪污综合利用率98%，森林覆盖率43.46%，化肥农药使用量连续五年呈现负增长。

【环境监管】 制定印发《梓潼县长江经济带生态环境问题集中排查整治工作方案》，全面排查1个工业园区、1个风景区和16个镇乡，梳理出9个排查工作重点，建立《梓潼县环境敏感和突出问题台账》。2020年，上报各类环境问题111个，涵盖砖瓦、畜禽养殖、建筑工地、饮用水源地、乡镇污水处理厂、石材加工、金属制造等多种行业。针对排查的111个各类生态环境问题建立台账，细化任务，落实牵头单位，明确责任人。到2020年12月31日，完成107个问题的整改。扎实开展重点排污企业、集中式饮用水源地、砂石加工、危险废物、规模畜禽养殖场、砖瓦企业等检查。出动执法人员100余批次300余人次，监察企事业单位（畜禽养殖场）34家，其中检查重点废水排放企业5家，重点废气排放企业1家，重点土壤监管企业1家，规模以上畜禽养殖场5家。2020年下达环境行政处罚4件，处罚金额12.61万元，发出责令改正决定书或限期改正书4份，移送公安机关行政拘留1人。对辖区内秸秆焚烧重点区域、薄弱环节进行巡查，24小时受理群众举报，确保及时发现、及时赶到、及时处理。2020年，受理群众来电来访119件次，信访处理率100%。把好项目审批关，严格执行环境影响评价和“三同时”制度,有效从源头上控制新污染的产生,实行“三个一批”环评管理。2020年,审批环境影响报告表19个(含2个承诺制审批项目),实现网上登记表备案项目230余个,生猪养殖项目选址108个,审批20个(其中3个为种猪场)。建立8支大气污染防治工作检查小组,落实防控情况日报、周报、月报制。截至2020年12月31日,全县完成446辆柴油货车监督抽测任务和20辆非道路移动机械监督抽测任务。扎实推进固定污染源排污许可清理整顿和2020年排污许可发证登记工作,实现固定污染源排污许可全覆盖。按照《固定污染源排污许可分类管理名录(2019年版)》,指导排污单位领证或登记,2020年配合市级核发排污许可证38张、登记350个。重新建立18个二级网格(其中16个乡镇网格,1个经开区网格,1个七曲山风景区网格),329个三级网格,确定二级网格长36人,二级网格员270人,三级网格长551人,三级网格员608人。制定印发《梓潼县网格化环境监管工作考核办法》,开展环境监管网格培训3次。

(尚泽芬)

环境保护与污染治理

【环境保护】 开展中央、省生态环保督察反馈意见整改工作。每季度末向整改任务牵头督办县级领导发出提示函,提醒其重视问题整改情况,做到天天有进度、月月有更新。完成整改任务129个,完成率99%,剩余问题均按实施方案有序推进。持续推进生态文明体制专项改革,新出台专项改革方案1个,实施县级改革试点3个。启动国家级生态文明建设示范县创建工作,印发并向社会公布《梓潼县国家生态文明建设示范县规划》。制定《梓潼县固定污染源排污许可清理整顿和2020年排污许可发证登记工作方案》,2020年排污许可发证登记工作,实现固定污染源排污许可全覆盖。围绕长江经济带突出环境问题排查整治工作,围绕危险废弃物环境安全处置监管、矿山生态环境问题排查整治、核辐射环境安全监管、实验室环境安全监管、环境风险防范和应急处置监管,重点开展环境安全险隐患排查整改,突发环境事件应急预案备案等工作;2020年,应急备案企业11家,全年未发生较大以上突发环境事件,有力保障全县生态环境安全。完成2019年度立泰、林江等6家省级、13家市级企业环境信用评价工作。完成全国第二次污染源普查工作,获得四川省第二次全国污染源普查表现突出集体。

(尚泽芬)

城市绿化

【概况】 2020年,通过直播等方式,组织全县各界力量参加“3·12”义务植树活动,并结合大规模绿化工作,开展2020年春季绿化造林。全县参与义务植树人数达13.5万人,共植树26万株。新建河堤绿化带(瑞仕名城至宏仁闸坝)6.7万平方米的公共绿地;新建胜利桥头绿化面积1500平方米;对景观大道进行改造提升,栽植桂花树340株、红叶石楠80株、灌木940平方米;金牛路摆放草花20万盆。加强对公共绿地的维护管理,落实专人对绿地进行保洁、除草,集中对绿化苗木进行病虫害防治,对城区3万株树木进行刷白处理。

(包海军)

生态修复

【概况】 2020年,全县完成各类营造林4.22万亩,其中人工造林0.9万亩,封育管护1.12万亩,中幼林抚育1.2万亩,退化林修复1万亩。全县村庄绿化覆盖率40%以上。

完成2018年中央财政林业改革发展资金造林

补贴项目人工造林3000亩，完成2018年省级财政林业生态保护恢复项目人工造林3142.1亩。项目验收造林面积保存率95%以上，成活率达到85%以上，合格面积补贴资金实现全额拨付。

完成金龙、观义、卧龙3个镇（场镇）及七曲山大庙景区步游道绿化美化工程，投入资金84.717万元。完成国道G108梓潼段、S302梓潼段国省道绿化3公里，附属绿化面积9.45亩。在梓潼县宝石河（仁和段）植树造林2公里，绿化面积105亩，凤凰水库周边植被绿化20亩。完成历史遗留废弃矿山图斑核查工作，经实地核实，除正在建设的图斑外，其余图斑已全部复垦和自然复绿。

【大气污染防治】 印发《梓潼县2020年大气污染防治工作要点》《梓潼县2020年臭氧污染防控行动方案》《梓潼县2020年秋冬季大气污染防治攻坚方案》，制定重污染天气应急减排清单，修改完善《梓潼县重污染天气应急预案》，成立梓潼县2020年大气污染防治工作检查专班，建立8支大气污染防治工作检查小组。2020年，全县完成446辆柴油货车监督抽测任务和20辆非道路移动机械监督抽测任务。成立禁烧督查组，对辖区内秸秆焚烧重点区域、薄弱环节进行巡查，24小时受理群众举报，确保及时发现、及时赶到、及时处理。

【土壤污染防治】 印发《〈土壤污染防治行动计划梓潼工作方案〉2020年度实施计划》。开展危险废物和废弃危险化学品环境安全隐患排查工作，发现存在问题2个点位并完成整改。完成2019年度61家危险废物企业网上登记管理备案工作。对全县22家核与辐射技术利用单位的辐射安全评估报告进行审核，督促企业及时准确填报各项环统报表，完成全县41家重点工业企业2019年度环境统计工作。

【水源地环境整治】 完成《梓潼县乡镇及以下集中式饮用水水源地规范化建设和环境问题整治实施方案》编制印发工作，申报中央预算内重点流域水环境治理专项资金1440万元用于水源地规范化建设，撤销6个乡镇及以下水源保护区。编制印发《梓潼县农村生活污水治理专项规划》，印发《梓潼县农村生活污水三年推进方案》《梓潼县2020年分类推进农村生活污水治理实施方案》《梓潼县2020年农村生活污水治理专项行动方案》等文件。县财政统筹解决1040万元、争取上级专项资金333万元用于农村生活污水治理项目，全县64.2%的行政村生活污水得到有效处理。编制完成《梓潼县水功能区划》。完成2020年度县城集中式饮用水水源地环境状况评估工作。争取中央债券资金7800万元推进乡镇污水处理厂建设，29个乡镇污水处理站全部开始调试运行。

【专项整治】 推进饮用水源地、重点行业企业、区域的应急预案编制、修订及备案，推动建立重点化工园区有毒有害气体环境风险防控预警体系；推进全县环境应急物资储备库建设；联合应急管理局、经开区、长林公司开展液氨泄漏事件应急演练。

（包海军）

节能减排

【农业节能减排】 2020年，梓潼县农业农村局根据县委、县政府关于节能工作的安排部署，通过秸秆再利用、畜禽粪污利用、沼气推广利用以及农村生活污水处理、耕作制度节能技术推广。建立畜禽养殖场污染治理工作长效机制，对畜禽规模养殖场环保设施设备、配套消纳土地、灌溉管网、废弃物资源化利用模式等进行规范性要求和针对性指导，梓潼县畜禽养殖粪污综合利用率90%，规模养殖场粪污综合利用率达98%以上，规模养殖场粪污处理配套设施装备配套率100%。

【农村能源资源化利用】 梓潼县农村沼气达到相当规模，极大地改善农村能源结构，美化农村居住环境,保护森林资源,提高农民的生活质量。2020年梓潼县建成大型沼气工程2处,2300立方米;新村集中供气工程10处,供气农户705户;联户沼气、小型养殖场粪污处理沼气池100余处。通过召开沼气安全生产专题培训会,举办惠农实用技术培训对农民群众、沼气技术员、乡镇农技干部进行沼气领域安全知识及实用技术培训,强化沼气安全生产,全面杜绝安全事故发生,全年召开沼气安全培训会6次,培训人员近1000人。

【秸秆综合利用】 2020年梓潼县农作物秸秆理论资源量38.29万吨,秸秆可收集量33.42万吨,秸秆利用量32.43万吨(其中作为肥料利用量25.69万吨、占79.22%,作为饲料利用量3.08万吨、占9.5%,作为能源利用量2.18万吨、占6.72%,作为原料化利用量0.38万吨、占1.17%,作为基料化利用量1.1万吨、占3.39%),综合利用率97%。鼓励养殖户将秸秆作为青饲料直接利用或通过青贮、晒干(黄贮)等方式加工供牲畜作为饲料食用,年消化利用秸秆3.08万吨以上;鼓励水滴沟生态农业发展有限公司利用秸秆作物基料生产食用菌,年消化利用秸秆1万吨以上。推广以秸秆为原料制沼气技术,构建秸秆—沼气—沼肥还田等农业循环利用模式,年消耗秸秆量2.18万吨。

(王雪冰)

【工业节能】 2020年重点淘汰轮窑砖瓦企业2家;淘汰燃煤锅炉6台,推动落后产能有序退出。抓好现有企业的节能改造,督促企业认真落实节能节水对标工作,积极开展节能节水监察,全县7家重点能耗企业万元工业产值综合能耗同比下降4%,节约标煤9600余吨。

(白　雪)

【建筑节能】 全年完成施工图审查和节能备案30个项目,其中6个政府投资项目均达到绿色建筑标准,严格按照节能备案要求,对备案项目使用的节能材料进行检查并要求监理见证取样送检,在施工中、施工后再次核查节能材料是否与备案一致,材料均达到节能要求。

(严　静)

【交通节能】 2020年报废更新出租车3辆,报废班线客运车22辆,道路营运车辆的单位运输周转量能耗和二氧化碳排放量降低。持续优化城市公共交通线路和站点设置,科学组织调度,有效提高站点覆盖率、车辆准点率和乘客换乘效率,提升公交服务质量和满意度。

推广绿色公路建设施工理念,将节约能源资源要求贯彻到交通基础设施规划、设计、施工、运营、养护和管理全过程。在项目立项、初步设计、施工及验收各阶段,认真贯彻国家关于固定资产投资项目的节能要求,把减少建设耗能放在重要位置。

(董　凡)

公共机构领域节能

【概况】 2020年,全县公共机构主要能耗消耗类型为电、天然气、汽油、柴油,主要资源消耗类型为水。各公共机构发挥党政机关节能示范引领作用,按时填报季度、年度能耗数据,报送率100%以上。完成人均综合能耗同比下降2.5%、单位建筑面积能耗同比下降2%、人均水耗同比下降3%的目标,超额完成“十三五”各项目标任务。

完成城北行政集中办公区(包含县委办、宣传部、政府办、人大、政协、政法委、纪委监察机关、巡察办、组织部、工商联、统战部、侨联、编办、绩效办、团委、妇联、科协、扶贫开发局、应急管理局、信访局、工业和信息化局、统计局、人社局、财政局、司法局、农业农村局、住建局、文广旅游局、档案馆、供销社、党研室、审计局、医保局、交通运输局、科技局35家单位)节约型机关创建工作。

【节水型单位创建】 县级机关(行政机关)45个,完成城北行政集中办公区节水型单位创建，包含40个县级部门，其中县级机关（行政机关）30个、事业单位10个，建成率66.7%，超过目标任务50%。

【推动垃圾分类】 全县城区公共机构全面启动垃圾分类工作，购买新的设施；把城北行政集中办公区作为公共机构垃圾分类示范点，印发《进一步推进公共机构生活垃圾分类及禁塑工作通知》。

【公车节能行动】 梓潼县公共机构共383家（其中：城北行政集中办公区104家单位，有公车的12家单位自行报送油耗，其余的所有能耗由机关事务服务中心统一报送；城北行政集中办公区外直报单位138家，48家乡镇下属事业中心由乡镇合并报送、与机关合署办公的93家下属事业由机关报送），能源资源消费数据网络直报率和消费票据网络上传率统计对象覆盖率100%。

【节能环保宣传】 线上线下对生态环境及相关法律法规知识开展宣传活动40余次，发放宣传资料万余份，接受现场咨询1000余人次。举办“守护梓潼蓝·我们在行动”“环保公益电影”展播、绵阳市2020年“6·5”世界环境日梓潼分会场主题宣传活动及现场集中宣传。“四川梓潼　青山绿水画为屏　千只白鹭舞翩跹”等多篇生态新闻登上央视新闻频道。央视科教频道《中国影像方志·梓潼篇》重点介绍梓潼良好生态环境。《人民日报》生态版以“统筹做好疫情防控和防汛救灾工作　与洪峰赛跑　每一步都要抢在前面”为题，以四川梓潼为例，介绍梓潼县堤库排查用好“千里眼”，维护水环境安全的经验做法；《新华日报》以《四川梓潼推进城乡供水一体化让群众喝上‘放心水’》为题报道梓潼水源地建设工作。《中国环境报》以《梓潼治水让村庄融入青山绿水间》介绍梓潼农村污水治理工作。

（郑奇华）

镇乡概览

ZHEN XIANG GAILAN

文昌镇

【概况】 文昌镇位于梓潼县县域中部，行政区域调整后，将马鸣镇其所属行政区域及14个村；建兴乡新桥村、建新村、建立村、柏林村、油泉村5个村；豢龙乡青杠村、排柏村、红江村3个村划归文昌镇管辖，辖48个村（社区），304个村（居）民小组。2020年5月，村级建制改革后，调整为28个村（社区）（其中涉改村17个、村改居4个、保留村3个、社区4个），建制村减幅达45.45%。总人口89392人，常住人口约13万人。面积207.46平方公里。

【疫情防控】 全镇设立防疫卡点200余个，定点广播300余个，出动宣传车80余次，制作宣传标语300余副，印发宣传单、宣传手册、宣传卡片90000余份，实现无确诊病例和疑似病例的阶段性胜利。创新提出"疫情防控五步法"和"疫情防控六大员"工作举措。实施网格化疫情防控管理模式，以干部、党员划片包干，广大居民整体参与，采取"白加黑""五加二"的工作方式，逐家逐户开展地毯式摸排，累计排查88300余人次。通过联系社会人员购买、爱心人士捐赠、上级部门调配等多种方式，凑集并购置2716个口罩、14台消毒器、喷雾器12个、帐篷3顶、12件棉大衣、8床棉被、85桶消毒原液、248瓶酒精、20个小喇叭，保障"疫"线工作人员防护物资充沛。

【精准脱贫】 全镇鼓励自主发展产业551户，完善住房功能156户，落实村级公共运行维护切块资金88万元，开发公益性岗位179人，扶贫代养场实现贫困户分红26.8万元，脱贫攻坚工作通过省市督查考核和国家依法普查。全年兑现"五保"、低保、计生奖扶、残疾人护理、临时救助、大病救助、优抚定补、居民养老等民生资金1145.69万元。完成全镇城镇新增就业任务831人，农民工职业技能培训和劳务品牌培训118人，城镇登记失业率控制在2%。农村居民社会养老保险覆盖面达到98%，新型农村合作医疗参合率达到96%。

【农业和农村经济】 以马鸣片现代生态规模生猪养殖区、建兴小家禽生态养殖区为养殖基地引领示范，促进全镇畜禽养殖业健康发展，新建标准化代养场12栋，引进3000头种猪场2个，年出栏生猪7.1万头、小家禽22万只。青龙家园、蜀龙柑橘、双兴生态、天赋食源、小河湾等5处农业园区初具规模，龙口村、青杠村“潼江河谷优质粮油现代农业园区”创建为市级五星级园区。发展中药材1200亩、海椒4500亩，实现渔业经济总产值800余万元。全年巩固发展蜜柚4500亩、红排片石榴核桃2200亩、龙口片2000亩柑橘园区、青龙片优质水果1000余亩、三清片1000亩高品质李子园区。2020年收取小额保险15396人76.98万元，大春农业保险指导任务水稻面积9600亩，玉米面积9150亩，散养户生猪2700头。

【民生保障】 全年兑现城镇低保1362.97万元、农村低保265.06万元、残疾人两补134.09万元、特困人员68.52万元、孤儿生活费5.76万元、孤儿助学补助4万元、高龄津补贴32.44万元、发放各类优抚对象生活补贴600.96万元；城乡居民养老保险参保35286人；城乡居民医保参保67574人，缴费66594人，缴费率98.6%，超额完成县医保局下达的任务；全镇处理并办结群众来信177件，来访285人次。完成文昌棚改协议签订354户、拆除282户，累计供地627亩，实现房地产交易10亿元，500户居民搬进现代化小区，群众居住环境显著改善；推动马鸣、建兴场镇污水处理站建设，辐射周边1200余名农户的生活污水得到治理。在飞龙村等13个村开展生活污水治理工程，新（改）建950余口三格化粪池，各项目村生活污水治理率均达60%以上。完成原红江、原青杠村三格式户用无害化厕所建设和改造，在马鸣场镇、云峰村委员会新建两处独立公共厕所。全镇实施户厕改造210户，新建农村生活垃圾收集设施70个、农村生活垃圾利用回收（站）点41个。

【乡镇建设】 2020年落实项目资金396.5万元，精修塘堰7口，塘堰清淤4口，改建拦河坝1处，硬化道路3.4公里（其中：油泉1.2公里、土寨1.5公里、云盘0.7公里），修复水毁道路150米，建设提灌站1处；严格落实安置政策，保障退役士兵权益，成立镇退役军人服务站1个，退役军人服务代办窗口2个，村（居）退役军人服务站28个；组织召开党委会75次，党委书记讲党课4次，常态化开展延时学习26次。开展“农民工回引培养计划”培养中青年村级后备干部123名，新增优秀农民工党员后备干部7名，发展党员22名。新增“3+2”书记项目市级示范党组织A级3个，确定并整顿软弱涣散党组织2个。2020年，召开廉政专题会议12次，开展提醒谈

新桥村、龙口村“五大行动”现场会点位

（何美琪/供图）

话 18 人，党纪立案 19 件，给予党纪处分 19 人；成立意识形态工作领导小组，整治宗教场所 63 处，其中改作他用 42 处，就地封存 6 处，规范管理 14 处，依法拆除 1 处；坚守网络阵地建设，累计报送信息 2 篇。

【“两项改革”后半篇文章】 把两项改革“后半篇”文章作为重大政治任务，准确把握两项改革“后半篇”文章的精神实质。组建四组镇重点工作督导组，发挥退居二线老干部基层工作经验，持续对薄弱村、问题村党组织指导帮扶督导督查。强化“新文昌”一盘棋的观念，明确发展定位、分析研判工作。将村临时党组织和村工作委员会成员与新一轮村“两委”换届人选统筹考虑，确定临时党组织书记人选 15 人，临时党组织及工作委员会成员 144 人，确保顺利开展新一轮村两委换届工作。成立以党委书记和镇长为组长的村（社区）新一轮换届选举工作指导组，深入全镇村（社区）调研指导，听取汇报 26 次，召开座谈会 52 次，走访群众 100 余人次，全面走访排查 2 个软弱涣散村，先后召开 2 次专题整改会。全镇 28 个村（社区）于 2020 年 12 月 29 日全面完成第十一届村（居）委员会换届选举工作。

（何美琪）

许州镇

【概况】 许州镇位于梓潼西北部，距梓潼县城 19 公里，地处梓潼县、江油市和广元市剑阁县交会处。全镇面积 170.56 平方公里，辖 19 个村、2 个社区，18526 户 202 个村居小组，总人口 5.07 万人，是全县第二大规模的镇。总耕地面积 5.49 万亩，林地面积 6.75 万亩。2020 年全镇实现地区生产总值达 24.04 亿元，同比增长 9.2%；农业生产总值 11.3 亿元，同比增长 10.5%；农村人均可支配收入 27071 元，同比增长 9.5%。

【党的建设】 超额完成村级建制调整改革任务，由 48 个村（社区）调减为 21 个，村（社区）两委换届顺利完成，书记主任全部实现一肩挑。新发展党员 20 名，转正 42 名。对中共十八大以来 247 名新发展党员进行全面自查整改。严格执行党费收缴管理制度，收缴党费 66303 元。为 241 名党内老党员发放关爱资金 84960 元，为 90 余名困难老党员发放慰问金 34600 元。深入摸排集中整顿软弱涣散党组织，全部实现晋档升级。持续打造红军纪念园及天宝苏维埃旧址，成为爱国主义教育基地。成立 48 支党员先锋队和 50 支志愿服务队，3000 余人奋战在一线。为武汉疫区捐赠蔬菜、天宝蜜柚，被四川电视台、学习强国等媒体报道。疫情期间捐款捐物 666159 元，防疫信息被刊登在四川观察、新华网等多家主流媒体上。抗疫期间吸纳 10 余名优秀同志为入党积极分子。“8·15”洪灾发生时，镇党委组织党员干部赶赴受灾现场，转移被困群众。原三胜村漫水桥发生 2 名群众落水，许州镇组织党员群众 20 余名，协同消防部队成功救援。争取财政奖补资金、项目资金，扶持 4 个村集体经济发展项目，兑现优惠政策条件 6 项，化解项目实施疑难问题 15 个。红军桥社区成立社区集体经营企业，增加集体收入。打造果语山庄农家乐村集体经济项目，预计实现年营业收入 100 万元以上。鼓励抓住回乡就业创业机遇助推乡村振兴。新发展 9 名优秀农民工为预备党员，20 余名优秀返乡农民工进入村两委班子。

【农业和农村经济】 2020 年 1 月乡镇行政区划调整，仙峰镇和小垭乡整体、豢龙乡 4 个村，石台乡 3 个村并入许州镇，许州整体实力得到大幅提升。2020 年初，镇党委、镇政府定下努力实现“县域副中心和乡村振兴示范镇”的发展目标，2020 年许州镇成功创建省级乡村振兴先进乡镇。引进“绵阳天柚宝生态农副产品有限公司”开展蜜柚精深加工，与四川足博仕国际旅行社合作，打造蜜柚、生态大米等农产品特供基地 6 个。2020 年整治塘堰 14 口，维修提灌站 6 处。2020 年完成村道加宽 16.5 公里，完成社道硬化 6.8 公里，建成许州综合服务客运站建设项目1个，省道S209、县道X123沥青路面改造项目施工与征地拆迁同步有序推进；全力推进各类农业项目建设，包括农业产业强镇示范建设1000万元项目、美丽乡村建设300万元项目、专项债券资金500万元项目、移民后期扶持520万元项目和高标准农田暨高效节水灌溉项目。镇内有新型职业农民124人，各类新型农业经营主体229家，其中省、市级示范家庭农场、合作社18家，带动辐射面覆盖全镇19个村。积极谋划推进农耕文化体验园建设，利用潼江河上游良好生态环境优势，立足蜜柚、柑橘、优质稻、优质粮油四大基地发展农旅结合产业，农业生产发展方面争取国家、省、市、县级政策及项目支持4项，总资金4500万元，主要包括高标准农田建设、天府菜油、制种大县项目等。全镇累计建成集中连片、旱涝保收、宜机作业、稳产高产、生态友好的高标准农田6.2万亩，粮油播面、产量、机械化种收水平均显著提升。全年新增优质稻播种面积1200亩，总播面达到5万亩。镇内13栋“1100”标准化生猪养殖场、5栋“550”标准化生猪养殖场和3户年出栏生猪1000头以上的规模养殖户均响应政策积极补栏、满圈养殖。全年新建“1100”标准化生猪养殖场2栋、“1200”标准化生猪养殖场2栋、“1400”标准化生猪养殖场2栋，新增生猪存栏0.66万头，可增加生猪年出栏1.42万头。截至2020年年底，全镇有养殖场704个，年出栏生猪45088头。

【城镇建设】 投资1600余万元对场镇街道进行黑化、亮化，引入“数字城管”项目，完成场镇街道加铺沥青混凝土3.4公里。场镇主要街道全部实现黑化、绿化、亮化，场镇绿化率50%。全镇场镇流动人口10000余人，各类大中型超市13家，农贸市场6个，仓储100个，餐饮店80余家，各类市场主体310户，成为名副其实的商贸物流重镇，被四川省住房和城乡建设厅评为四川省加快推进新型城镇化工作先进集体。

【文化建设】 发挥许州镇文化、历史、资源优势，整理、修复和打造一批特色景点，构建“一园两区三线”。组建健身队、腰鼓队、舞蹈队等，开展各类文化活动50余场。21个农家书屋和镇文化站高效运转，放映公益电影100场次。

【民生保障】 依托“2020年扶持贫困户自主发展产业项目”，扶持贫困户自主发展生猪、海椒、小家禽、中药材等产业295户；扶贫代养2020年度实现分红35.72万元，受益贫困户289户，户均增收1236元。全年贫困家庭劳动力转移就业586人，为贫困户落实农村公益性岗位8人，临时公益性岗位20人。组织全镇106名疑似患有慢性病的贫困户到县医院、县中医院免费鉴定，对贫困人口中患有高血压、糖尿病、结核病、严重精神障碍四种慢性病患者进行健康服务，开展随访。为全镇287户贫困群众落实扶贫小额贴息信贷1114.9万元。在符合条件的建档立卡贫困户中，新增18人享受低保待遇；落实594人享受困难残疾人生活补贴、重度残疾人护理补贴610人（其中一级196人、二级414人）。实施完善119户住房功能，新建住房1户，为22户补办易地扶贫搬迁户不动产证，为13户贫困户解决安全饮水无保障的问题，完成燎原村、永桂村自来水管网入户、集中供水井工程。为全镇176名贫困户家庭学生落实教育扶贫资助政策。城乡居民社会养老保险参保率91%，医保参保率98%，再就业、农村劳动力技能培训完成100%。全镇发放低保补助460.9万元，五保补助98.4万元，优抚救助287.2万元，临时生活救助17.4万元，城乡医疗救助75.7万元，城镇登记失业率控制在2.35%以内。2020年年底3422户农村土坯房改造已全部完成，拨付资金1055.66万元。向关爱对象发放慰问金13.42万元，发放独生子女父母奖励金12.82万元、农村部分计划生育家庭奖励扶助资金332.26万元、计划生育家庭特别扶助资金120.62万元。加强疫情防控，排查返乡人员3800人。完成“两癌”筛查960例，完成率100%。完成65岁以上老年人免费体检3096人次，完成率99%。

【社会治理】 全年接到国家级信访件1件，县交办25件，积案攻坚2件，市县长热线104件，来信来函15件，群众来访74批次230余人，来电投诉51件，网络理政36件，办结率100%。强化对交通、消防、治安、学校及留守儿童等安全方面持续整改。阶段性完成地质灾害点处置，累计处置点位4处，整治危房3幢。强化安全生产隐患摸排，排查和整改问题45个。加强安全意识教育，全年组织安全生产培训2000人次。

（罗雯文）

黎雅镇

【概况】 黎雅镇地处梓潼县、江油市、游仙区三县（市、区）交界，面积102平方公里，辖12个村、2个社区，总人口3.2万人，有耕地5.42万亩、林地3.72万亩，国道G347、省道S210贯穿全境，乡村公路总里程406公里。境内有水库21座，大小塘堰2100余口，农渠、毛渠530余公里，主导产业为水稻制种、生姜、水果、辣椒种植以及生猪、水产养殖，年出栏生猪4.5万头，年出水产近175万公斤，全镇农村人均可支配收入20067元，高出全县平均水平12.56%。金融存贷规模为10.83亿元，商贸物流总产值1.7亿元，2020年完成固定资产投资1.26亿元，完成目标任务的247.76%。2020年获评全国“一村一品”示范镇、全国示范性退役军人服务站、四川省百镇建设试点镇、绵阳市乡村振兴先进镇。

【疫情防控】 落实党政“一把手”第一责任人责任制，制定并完善《黎雅镇新型冠状病毒感染的肺炎疫情防控工作实施方案》，成立由镇党委书记、镇长为双组长的防控工作领导小组。各村（社区）成立村级防控工作小组，召开党委会10次，专题安排部署全镇疫情防控工作。成立联合防疫支部2个，落实专人在西寺垭、龙井村卡点24小时值班值守。按照“网格化”模式，落实包村领导11人、驻村干部14人、党员志愿者287人，设置防疫宣传点45个，按照摸排工作到村、到户。排查出外出返乡人员3323人，核酸检测1250人，集中隔离0人。辖区张贴公示公告11000余份。以沿路沿线、主干道为重点，悬挂宣传横幅45处，开通电子屏5处。统一编写微信信息50余条，推送转发20余次，不间断通过微信群、公众号等方式转载温馨提示短视频、疫情防控小知识。制定《黎雅镇复工复产复学实施方案》，督促黎雅中小学做好复学准备。镇村建立外出务工人员“一户一档”“一户一策”，落实公益性岗位45个。确保2020年务工

11月2日，县长刘强调研兰花村川泽泻种植产业发展　（邓　爽／供图）

人数、务工收入不低于2019年，建档立卡贫困户收入超过2019年。

【农业和农村经济】 2020年粮油播种面积稳定在10.04万亩、生猪出栏6.3万头。加快现代农业园区建设，水稻制种达2.08万亩，柑橘示范片5000亩，生姜3800亩，中药材5500亩，“1+2+4”产业发展体系基本成型。全年实现农副产品产值4.88亿元，农村人均可支配收入20067元，高出全县平均水平12.56%。培育村集体专业合作社5个。西安村被评为省级乡村振兴示范村，黎雅镇“1+N”社会化服务促进集体农户双增收试点经验被省委农办《三农要情》专刊采用；兰花村“村党组织+村集体经济组织、集体经济组织全体成员、龙头企业、国有公司、金融机构”的“1+5”生态循环产业振兴升级版投产见效。

【深化改革】 村级建制调整和村（居）民小组调整优化改革全面完成，建制村（社区）由28个调整为14个，村（居）民小组由213个调整为113个。“两改”后半篇文章11项市县级试点有序推进，在全市率先完成乡镇干部周转房保障试点，“3211”农村养老服务模式被四川电视台专题报道。推进三变改革，培育村集体专业合作社5个。

10月27日，市委副书记刘光强调研黎雅镇两项改革后半篇文章综合试点工作 （邓　爽/供图）

【脱贫攻坚】 巩固446户1306人脱贫成果，贫困人口人均纯收入达9706元，高于现行标准。对省市县反馈的256个问题做到“清零”。争取扶贫资金249.8万元，推动261户自主发展产业，落实35户安全饮水项目、40个农村公益性岗位，154户住房安全功能得到完善，完成从文村2.7公里道路硬化、大元包村1000米沟渠建设，做好脱贫攻坚调查，通过省级易地搬迁核查和省级脱贫攻坚成效交叉考核。

【民生保障】 按照低保、特困、优抚、困残评定程序和认定标准进行审核、申报工作，2020年，发放低保金151.2万元，五保金38.4万元，优抚金91.5万元，义务兵优待金22.2万元，“三项”残疾补贴资金52.1万元。完成城乡居民养老保险参保20605人，城乡居民医疗保险参保25417人。全年输出农村剩余劳动力9725人次，开展农村劳动力技能培训145人次。发放农村计生奖扶金2364人、226.9万元，特扶91人、71.9万元，独生子女父母奖励金1029户、5.9万元。完成艾滋病筛查4569人次，妇女梅毒和乙肝母婴传播检查803人次。落实特殊人群免费手术156例，免费体检9000人次。马安村、仙鹅村、西安村、兰花村成功创建为省级卫生村。

【安全生产】 扎实推进防汛减灾、森林防灭火、道路交通、食药品、危化品、烟花爆竹等方面安全生产目标责任管理，落实各项安全防范措施40条，安全生产形势持续向好，全年未发生较大以上生产安全事故。持续推进河长制和秸秆禁烧工作。积极践行发展“枫桥经验”，探索创新矛盾纠纷化解协调“五化”模式，化解各类矛盾纠纷126起，办结来信来访97件。利用网格化建立健全流动人口服务管理。走访严重精神障碍患者192人次，走访吸毒人员384人次，走访社区服刑人员58人次，走访刑释人员552人次，受理并办结法律援助案件18件。面对特大暴雨洪涝灾害，首次启动Ⅰ级防汛应急响应，加强统筹调度、监测预警和避险转移，成功处置国道G347“观音庙”处和仙鹅桥重大险情，安全转移群众

28 人。九龙村成功创建为县级“六无”平安村，西安村、从文村成功创建为县级法治示范村。

【乡镇建设】 大力实施“五大行动”，建设美丽乡村。投入 627 万元硬化道路 10.93 公里、改造提升 6.6 公里；完成农村危房（土坯房）改造 2456 户、“厕所革命”改造 2215 户，新建集中化粪池 1 座，新、改建三格化粪池 497 口，新建三分类垃圾池 105 个、公共厕所 4 座、村级文化广场 5 个。整合资金 2800 万元，完成“百镇建设”，4500 平方米综合广场、1300 平方米停车场投入使用，铺设雨污管网 9 公里，整治街道 2.6 公里，安装路灯 200 盏，栽植绿化树木 400 棵，2 座污水处理厂通过验收。

（邓　爽）

石 牛 镇

【概况】 石牛镇地处梓潼县南大门，由原 18 个村（社区）与原双峰乡 3 个村合并组建成，政府驻地为原石牛场镇。有 10 个行政村和 1 个社区，86 个村（居）民小组。2020 年，石牛镇全年实现农业总产值 16672 万元，比 2019 年增长 7.0%；完成固定资产投资 5005 万元，完成目标任务 101%；农村常住居民人均可支配收入达到 18554 元，同比增长 9.4%。

【疫情防控】 与派出所、卫生院、市场监管所、相邻乡镇等多部门协作，发动村社干部、志愿者、爱心人士、普通群众密织防护网，做到联防联控和群防群控。石牛镇 6000 余名返乡人员全部得到有效管理，5000 余名农民工全部安全返岗，镇内无一名感染人员。

【脱贫攻坚】 争取“两不愁三保障饮水用电类”项目资金 49590 元，帮助 38 户贫困户解决饮水安全和用电安全。争取住房功能完善资金 130 余万元，帮助 217 户贫困户完善住房功能。争取以奖代补资金 18.85 万元，鼓励贫困户自主发展产业，368 户贫困户、9 户边缘易致贫户受到扶持；疫情期间开发提供防疫岗位 10 个，临时性公益性岗位 37 个。动员贫困群众 248 人到省外务工，101 人在县外省内务工，119 人在县内务工。为发展产业的 88 户贫困户提供小额信贷 302 万元，41 户贫困户因发展产业政府提供贴息资金 9.72 万元。低保贫困人口 135 户 210 人，重度、困难、扶贫残疾人 132 人。享受教育扶贫救助基金 157 人，15 人申请加入“雨露计划”。贫困人口家庭医生签约率 100%。镇村两级多次开展慢性病鉴定宣传工作，先后组织贫困人口 100 余人集中参加慢性病鉴定。对县“清零”工作组排查发现的贫困户“两不愁三保障”、基础工作类等 2774 个问题、中央纪委国家监委巡视组反馈的 13 个问题、省委巡视组对绵阳市反馈的问题等各级各类巡视督导反馈的 176 个问题逐个进行核实核准，对各级反馈的各类问题全覆盖进行整改。

【招商引资】 引进绵阳诺鼎机电有限公司，提供 60 余个就业岗位，月支付工资 15 万元左右。清华村木斋苑家具厂已完成搬迁，全年固定资产投资完成 5005 万元。与四川幻想家装饰工程有限公司签订投资建设家具厂项目框架协议，该项目计划总投资 400 万元人民币，主要进行定制家具、房门的制造。

【农业经济】 农产品滞销期间对接县机关事务局及县医院进行集中采购。新建 1100 代养场 2 栋，出栏生猪 5.6 万头，推进生猪产业发展。新建辣椒标准化示范基地 95 亩，羊肚菌基地 80 亩，新发展香稻基地 300 亩。积极扩大当地农产品影响力，石牛镇李子、花椒等被四川卫视、央视《朝闻天下》等主流媒体进行报道。落实 6481 户 280 万余元的耕地地力保护补贴，15 户 17 万余元的农机购置补贴，4878 户 69 万余元的稻谷补贴，15 户 3559 亩的种粮大户补贴，3900 余亩 18 万余元的花生扩种项目补贴，切实提高农户种植积极性。

【乡村建设】 向上争取项目资金 576 万元，在双

4月8日，石牛镇雁门村承办梓潼县2020年辣椒产业发展标准化种植现场会议 （张彩凤/供图）

9月22日，石牛镇雁门村承办县现代农业产业科技特派员服务团授牌暨签约仪式 （张彩凤/供图）

峰、清华、友谊等村新建道路6公里，在雁门、柳林、清华等村加宽道路7.9公里，修复灾毁农村公路15处。争取项目资金104万元，维修整治4口堰塘、1条河道。双峰村农户自筹资金80余万元，完成280余户自来水入户安装工程。完成全镇土坯房改造2169户任务；住房功能完善217户；顺利完成建档立卡贫困户住房安全保障核验工作。对涉及征占的248.514亩耕地、281.574亩林坡全部进行丈量，将170余万元青苗补偿费用全部兑付到老百姓手中，丈量房屋43户，签订房屋拆除协议30户，拆除房屋18户，兑付老百姓房屋拆迁费用700余万元。

【人居环境整治】 争取资金260万元，在柳林村、双塘村、清华村实施农村“厕所革命”整村推进示范村项目，新改建户厕1200户，改建农村公厕1座，新改建场镇公厕2座。争取资金27万元，新建三分类垃圾收集房18个，新改建再生资源回收站点4个，配齐保洁员84名。在雁门村、柳林村、清华村、双塘村试点生活垃圾分类和资源化利用。场镇污水处理站已建成投入运行，日处理生活污水300多吨；争取项目资金65万余元，在雁门村、双峰村实施农村生活污水治理项目。巩固2016年以来1098亩退耕还林任务。扎实开展森林防灭火工作，排查整改火情隐患89处，开展防火演练1次。及时调整镇、村两级河长人员，在各河段及水库更新14块“河长制”公示牌。监督整改环保隐患企业3家，协调企业与群众发生的环保纠纷3人次，调查核实群众信访反映问题5次，下发整改通知书3份。坚决执行全年禁止露天焚烧行为，对3个秸秆禁烧管控不力村进行通报批评。推进绵阳市魏城河梓潼段防洪治理工程建设，该项目于10月份进场施工，工程建设顺利进行。

【社会民生】 截至2020年12月底，全镇城乡医疗保障参保16277人，养老保险参保15998人。全镇652名80周岁以上老年人的高龄补贴、87名特困分散供养对象的供养金、41名特困集中供养对象的供养金全部按时足额发放到位。

全年受理信访举报53起，办结率100%；推

7月6日，绵阳市文广旅、扶贫、民政、文联等部门组织的“不忘初心跟党走，携手共进奔小康”志愿服务送文艺在石牛镇金牛街社区广场开展 （张彩凤/供图）

行“网格+综治”模式，建立网格化工作机制。扎实开展扫黑除恶，印制宣传资料3000份；积极推进“慧眼”工程建设，实现全镇民营企业、商店、人员聚居地全覆盖。

（张彩凤）

仁和镇

【概况】 仁和镇地处梓潼县城东南面，距离县城33公里，全镇面积113.72平方公里，属亚热带季风气候。下辖12个行政村、1个社区，全镇99个村民小组、1个居民小组，7625户20541人。村级建制调整后命名为：松林村、新华村、观龙村、天台村、檬椏村、天乐村、里仁村、秋树村、两河村、大新村、青元村、曙光村、金宝场社区。耕地面积48647.76亩，其中水田9468.56亩、旱地39179.2亩。境内小（二）型水库15座。场镇功能齐全，设置有中学1所、小学2所、卫生院2所、畜牧兽医站1个、农商支行2个、邮政支局2所、敬老院2个。

【农业和农村经济】 全镇实现农业总产值21886万元，增长5.79%，农村居民人均可支配收入15320元，增长6.9%，固定资产投资4200万元。全年生猪出栏4万头，生猪存栏2万头，能繁母猪存栏1700头，羊出栏1.8万只，牛出栏1700头，兔出栏2.6万只，鸡出栏23万只，鸭出栏11万只，鹅出栏6万只。为本地企业高福记配套发展榨菜1万亩。巩固发展杂柑5000余亩，藤椒600亩、药材600亩，海椒3800余亩，农业产业组织化和规模化程度提高。全面落实粮食安全省长责任制，小麦、油菜、玉米、水稻等传统农作物持续增产，完成天府油菜项目1万亩、土地轮作休耕油菜项目600亩。

【民生保障】 投资300余万元为1400户完成土坯房改造和住房功能完善。足额兑付各类民生补助336万余元。完成居民医疗保险扣费96%，农村养老保险交费率100%。为852人发放计生奖扶奖、为36人发放特别扶助金，医疗救助92人。完成新一轮退耕还林任务，管护公益林215户1735亩，办理426户的林业采伐证，批准采伐出材量937立方米。给1703户发放稻谷补贴17.5万元。发放价值20万元的慰问物资。实施文化惠民工程，农家书屋接待群众5000余人次，举办各类文化活动8场次。摸排外地返乡人员3600余人，印发10000余份“仁和镇疫情防控告知书”，投入防控资金20余万元、防控人员3000余人次。

【脱贫攻坚】 要求帮扶责任人每月至少入户1次，全镇帮扶责任人为联系户解决价值1.3万余元的生产物资。引领贫困群众转方式、调结构，开展种养殖业务培训3场次300余人，采用基地建设、专业合作社培养和种植养殖大户扶持等方式，发展沃柑、榨菜、优质海椒等特色产业。2016年至2020年年底，完成5栋扶贫代养场配套设施建设，累计资金投入545万元；争取各类项目资金近9000万元，整理土地2.4万亩，硬化田间作业道路60余公里，硬化村组道路80公里，修建蓄水池200余口，精修塘堰60余口，改建河堤1公里，仁和镇入围“全省百镇建设行动”试点镇。

【项目建设】 争取项目20余个、资金2000万元，以深入实施“山水田林路”综合治理为抓手，切实助推道路交通、农田水利等基础设施建设。完成金罐村、上游村、观龙村3公里扶贫道路项目，完成北衡村、元宝村、曙光村3.6公里以工代赈道路项目，完成檬椏村、秋树村、龙泉村2.5公里村社道路项目；铺设社道碎石路10公里，全镇道路养护整治35公里。整治村社水库主要渠道30公里，整治塘堰、蓄水池20口，维修整治石河埝2口。其他基础设施同步推进。结合应急抗旱工程，贯通自来水主管网30余公里，支管网470余公里，完成入户2173户。加强场镇建设，修建文化广场和停车场1处。

【人居环境整治】 建设垃圾分类收集点3处，集中清理公共区域暴露垃圾，并逐步建立“户分类、社收集、村集中、镇转运、县处理”的垃圾收运处置体系，新建农村生活垃圾分类收集设施15个，新建生活垃圾再生资源利用回收点6个。投资30余万元种植景观树用于风貌打造。全面实施“厕所革命”，完成518户的户厕改造；新建乡镇公厕1座，改善场镇卫生状况，提高居民生活质量。大型生活污水收集化粪池基础完工，建设户用化粪池240余口。

（张　莉）

长 卿 镇

【概况】 2020年实现地区生产总值22.23亿元，同比增长（以下简称增长）7.6%；农业总产值6500余万元，增长4.1%；农民人均纯收入15113元，增长9.7%，完成固定资产投资3030万元。

【农业农村发展】 2020年，全镇新发展优质稻2300余亩，在中心、长卿两村发展茭白、药瓜300余亩。进一步提升猕猴桃种植技术，实现销售收入2500余万元；800亩黄金梨品种改良、技术提升，实现销售收入150万元；400亩稻虾实现销售收入140余万元。风斗山3600头种猪场，年出栏仔猪3万头，年产值2600万元；裕源牧业1200头种猪场，年出栏仔猪1万头，年产值700余万元；2020年11月底，全镇存栏生猪39742头，出栏生猪51988头，实现辖区内9个村现代农业产业全域发展。开展农业科技指导，提高农业技术保障水平，落实统防统治面积7700余亩。

【人居环境治理】 全镇配备36名村社保洁员，组建18支党员志愿服务队，负责各村的环境卫生。在中心、三河、石龙3个村开展垃圾分类试点，分别建立垃圾“就地消纳填埋点”。在长卿镇“一轴四干”人员聚集地新建10余个垃圾分类池，完善垃圾分类收集点建设。重点排查河湖管理范围内岸上垃圾，固体废弃物堆放、弃置和堆放阻碍行洪等问题。全年清理河（湖）道垃圾约7吨、清理堆放废弃物87处。完成县级下达农村公共厕所建设目标任务。统筹推进全镇农村户厕改造，建立改厕农户档案。继续推进畜禽标准化规模养殖，建设粪污收集、贮存、处理和利用设施，实现养殖环节减量排放、环保排放，全面提升畜禽养殖废弃物资源化利用的技术水平。

【脱贫攻坚】 制定《长卿镇脱贫攻坚成效巩固提升实施方案》，召开脱贫攻坚政策培训会10余次，村干部与帮扶单位集体会议5次，下发《长卿镇关于2020年脱贫攻坚工作指导分工安排的通知》，做好贫困户帮扶方案、脱贫攻坚档案完善归档、贫困户基础信息维护等各项工作。全年完成2427个“清零”行动入户排查反馈问题整改；5个扶贫道路项目全部竣工，通过公益性岗位安置49人就业，为162户贫困户申报验收自主发展种养殖业项目，发放资金81000元；对67户贫困户住房功能进行提升改造，已全部竣工验收。完成249人慢性病鉴定工作，协助享受住院医疗保障的18名贫困人员，申报县级卫生扶贫救助基金，已成功申报领取救助金救20224.28元，帮助169名贫困家庭的学生成功申请教育救助基金133375元。

【民生工作】 整合各类资金800余万元，硬化村社道路4.67公里（其中扶贫道路1.3公里），道路加宽9.8公里，新建场镇公厕3座，改建2座，新建20座垃圾分类房，整治塘堰3口，整治1处提灌站，新建沟渠2.2公里，实施原三泉乡场镇改造项目。争取上级资金600余万元推动中心村高标准农田项目、美丽乡村项目，长卿村高标准农田项目实施。投资66万元在中心村实施污水处理项目，在皇观村实施饮用水源地保护建设项目，在石河村、原长卿村、原三八村、原潼江村实施农村污水处理项目。城乡居民养老保险缴费完成率为97%；城乡居民医疗保险缴费完成率为100%；小额保险参保10401人，完成率105%；纳入农村低保520人、发放资金150余万元；纳入城市低保11人，发放资金1.956万元；分散供养对象35人，发放资金10.6万元；大病医疗、优抚人员救助28人；计生保险参保人数达到195人，农村计划生育家庭奖励扶助对象1257人、发放奖励扶助金120.67万元；特别扶助对象45人，发放奖励扶助金39.024万元；为1231人发放独生子女奖励，发放资金7.386万元；为36人发放扶贫对象生活补贴，发放资金3.45万元；为637名残疾人提供"量体裁衣"个性化服务，落实残疾人三项补贴50余万元。投资10余万元改造升级便民服务中心，两改后，中心接受咨询3974件、受理办结各类便民服务事项25321件、"延时服务"和"非工作日预约服务"193件、全程代办服务1102件，公众评价好评率100%、现场办结率100%。

【重点项目推进】 2020年全面完成国道G108至龙凤垭文昌干道延伸项目、"三线遗址博物馆"项目、"两弹一星"干部学院项目、快速通道项目、党建主题公园项目、干部学院周边乡村民宿项目、国道G347道路项目，石河二社工业用地项目、柴坝工业污水处理厂项目，柴坝湿地公园项目拆迁任务。绵苍高速公路拆迁已经完成，后续征地工作有序推进，石河一社工业用地项目已完成征地，后续拆迁工作有序推进。全年组织实施征地拆迁项目11个，拆迁农房149户，征占集体土地841亩，迁坟489座，组织兑现征地拆迁补偿资金11000万余元。

【社会治理】 2020全年，辖区派出所破获刑事案件27件，处理行政案件52件，刑事打击18人，行政拘留28人。社区矫正和刑释解教对象的安置帮教工作无脱管漏管现象，确保社会治安和谐稳定。充分发挥党代表、人大代表、党员在基层治理中的先锋模范作用，挂牌上岗，引导农民群众养成良好行为习惯。

【疫情防控】 实行"村报告、镇采样、县检测"。对返乡人员、外来人员全面实现登记管理，每日追踪行踪、健康监测，必要时进行核酸检测。加强农村红白喜事管理，自觉做到"喜事缓办、丧事简办、宴请不办"。

全年排查出人员700余人，张贴标语60余幅，发放宣传单5000余份，张贴公告30余份，设置重要卡点25个。在疫情防控期间对1名干部进行约谈，对6名干部进行提醒谈话，截至2020年年底全镇未出现感染病例。

（梁曼玉）

宏仁镇

【概况】 宏仁镇位于梓潼县西北部，面积76.2平方公里，总人口20866人，辖9个村、1个居委会，139个村民小组。2020年经过村级建制调整改革和村民小组优化调整，由原来的18个村、1个居委会调整为9个村、1个居委会，139个村民小组调整为93个。

实现地区生产总值3.31亿元，同比增长（以下简称增长）4.9%；全社会固定资产投资3807万元；城乡居民人均可支配收入36485元、18884元，分别增长6.3%、9%；粮食总产量23.2万吨，增长3.1%；生猪出栏79827头，超额完成县上下达6万头生猪出栏目标任务，增长41%。

【项目建设】 做好中药材产业园区的综合配套服务，加强园区道路加宽等基础设施建设，完善供水供电系统建设，提供集体建设用地保障，创建县级现代农业示范园区。完成宏仁镇白云污水处理厂、石台污水处理厂、场镇污水管网、县级饮用水源地污水管网、高标准农田等项目建设。全年建成、硬化产业道路4.24公里，扶贫道路3.6公里，新建提灌站4处，整治堰塘20口，新建、维护沟渠8.5公里。全年完成土坯房改造任务25户，四类人员住房功能完善完成199户。

【农村经济】 生猪、蜜柚、优质粮油、蔬菜、中药材五大产业各有成效。全面贯彻粮食安全省长责任制，全年新增流转土地500亩，全镇累计流转土地13532.8亩，新增各类新型农业经营主体3个，粮油播种面积达9000亩，新发展种植艾叶、丹参、沙参、芍药等中药材2100余亩，新发展种植草莓、沃柑、耙耙柑、春雪桃、金宝李等水果320余亩。新建高标准农田1000亩，全镇现有高标准农田5000亩，新增“三品一标”农产品1个、市级家庭农场示范场3个。举办“金宝李采摘节”“采桑节”“长寿桃采摘节”等文旅活动。依托百草园种植专业合作社建成2100余亩中药材基地。

【环境整治】 全年处理群众关于环保问题投诉13件，集中办理养殖场排污许可证30余件次，协调解决蜀国农业有限公司污染违法案件1件。对辖区内24家养殖场、5家工业企业集中排查20余次，提出整改措施100余条，限期整改到位。全面贯彻秸秆全年禁烧工作要求，通过秸秆堆肥、田宝科技生物有限公司集中回收等方式，疏堵结合、奖惩并举，有效改善全镇大气环境。落实河长制，镇级河长全年巡河120次，改善辖区内水域环境，打击非法河道采砂和肥水养殖等行为。

“厕所革命”超额完成至2453户。新（改）建公厕3座，实现100%行政村生活垃圾得到有效治理、90%行政村污水得到有效治理、农村卫生厕所普及率90%、全镇畜禽粪污综合利用率90%，2020年成功创建“美丽四川·宜居乡村”达标村3个。

【抢险救灾】 全镇调配镇村干部120余人，组织基干民兵30人，应对“8·12”强降雨及汛期各类险情，确保安全度汛；全面做好灾后恢复重建工作，迅速抢修损毁道路、通信、电力、供水等设施；及时核灾报灾，对277户因洪灾造成困难的家庭发放救助金21万元，确保群众生产生活恢复正常；对上争取100余万元用于灾毁塘堰、道路等整治修复工作。

【疫情防控】 2020年累计摸排返梓潼人员1724人，其中境外4人，浙江省返乡151人，广东省返乡465人，湖北省（含武汉）返乡155人，新疆维吾尔自治区返乡95人，以上人员均严格落实防控责任。建立跟踪管控台账，分别与低风险地区、中高风险地区返梓潼人员签署居家观察承诺书、居家隔离承诺书，做好四级联合关爱工作。

【脱贫攻坚】 完善95户的住房功能，解决17户的饮用水安全问题、12户的用电安全问题。帮助437名建档立卡群众外出务工返岗就业；为216户贫困户发放产业奖补资金10.8万元；开发农村公益性岗位35个，解决贫困人口居家灵活就业问题，为167人实行低保兜底保障。始终把跟踪督查贯穿问题整改全过程，顺利通过脱贫攻坚调查工作，截至2020年9月30日，宏仁镇372户1131人如期脱贫，全面完成脱贫攻坚任务。

【社会保障】 抓好医疗卫生，进一步加大村级卫生室建设力度，为群众提供基本公共卫生服务，落实基本医疗服务和家庭医生签约，切实保障人民群众身体健康；强化民生工作，做好504名农村低保人员、23名城镇低保人员、106名特困供养人员、706名持证残疾人生活保障工作。全年发放低保金1334863元、特困人员救助供养金359407元、高龄补贴188975元、孤儿生活费20700元、优抚补助1310896元、计生奖扶1325760元、独生子女父母奖励金47340元、公益性岗位补助302850元、残疾人补助568025元。

（王娅楠）

宝 石 乡

【概况】 宝石乡位于梓潼县城东部22公里，全乡面积101.68平方公里，辖11个行政村，127个社，户籍人口18998人，城镇户籍人口数608人。全乡有林地面积69502.5亩，耕地面积2.63万亩。2020年，宝石乡农业生产总产值2.05亿元，同比增长9.5%；农民人均纯收入实现16500元，较2019年增长10.1%；银行存款余额突破2.99亿元，比2019年净增长 4300 万元，贷款余额 9260 万元，比 2019 年同期增加 360 万元。

【脱贫攻坚】 处理问题 3750 条，其中住房、饮水、教育医疗等“两不愁三保障”类问题 136 条，基础信息类 1872 条，帮扶类 1742 条。按照领导包片、乡干部包村、村干部包户的原则，实现清零行动问题整改一包到底。采取扩宽就业渠道，为贫困户专门设置公益性岗位 40 个，通过以购代扶等多种方式增加贫困户收入。通过教育引导、红黑榜公示等方式，将贫困户的尊老爱幼、勤俭节约、诚实守信、爱护环境等日常表现与代养场分红直接挂钩。

【疫情防控】 落实防控管理制度，通过增加防护物资储备和隔离场所等举措，确保防控无死角、全覆盖。根据其风险程度，科学落实“14+7+7”的隔离政策。严格管控农村聚集性活动，有效发挥村级管理组织和红白理事会作用，号召喜事缓办、丧事简办、宴会停办。全年缓办喜事 50 余起，宴席 700 余桌。全乡设置口罩集中收集点 21 处，动用清运机械 20 余台次，清运各类陈旧垃圾 80 余吨。

【民生实事】 全面完成十五届一次人代会承诺的十件民生实事。宝石、定远场镇 2 处公共厕所全面完工。长梁、天生的门前庭院建设、红豆村的十里花卉长廊形成一张张靓丽的名片。“厕所革命”、“门前三包”、垃圾分类、生态宜居工作全面推进。加大教育基础设施建设及留守儿童帮扶。做好防控新冠疫情宣传和物资发放，全面完成免费体检工作。为 400 余位留守老人送去棉被、粮油和口罩等物资，并对孤寡老人实行“一对一”干部帮扶，建立看护信息台账，保障孤寡老人疫情期间的生活。充分发挥工会组织作用，保障农民工工资按时足额支付，坚持“提早介入、快速处理、就地解决”原则，及时处理隐患 1 起，涉及 26 名农民工 40 多万元，保障农民工工资权益不受侵害。组织走访全乡 60 余名留守儿童家庭。

【农业经济】 2020 年水稻播种面积 2568 亩，小麦播种面积 13175 亩，实现粮食基本自给、口粮安全。发展优质海椒 2300 余亩，其他蔬菜 3000 余亩，小麦繁育 200 余亩，丹参等中药材 300 余亩，农民实现持续增收。依托专业合作社带动，因地制宜发展柑橘产业，全乡蜜柚杂柑种植面积 7000 余亩，形成产业片 4 处，李子种植面积 600 亩，新的致富增收产业正在形成。养殖业基本实现粪污循环资源化利用，全乡建生猪代养场 14 栋，2400 头种猪繁育场 2 座，年出栏生猪 4.2 万头。建成标准化养牛场 3 家，年出栏肉牛 300 余头。小家禽年出栏 43.8 万羽。

【脱贫攻坚】 2020 年宝石乡完成 1.3 公里易地扶贫搬迁配套道路建设。投资 400 余万元，加宽道路 17.6 公里，改建 3.13 公里。投入 60 万元完成水库除险整

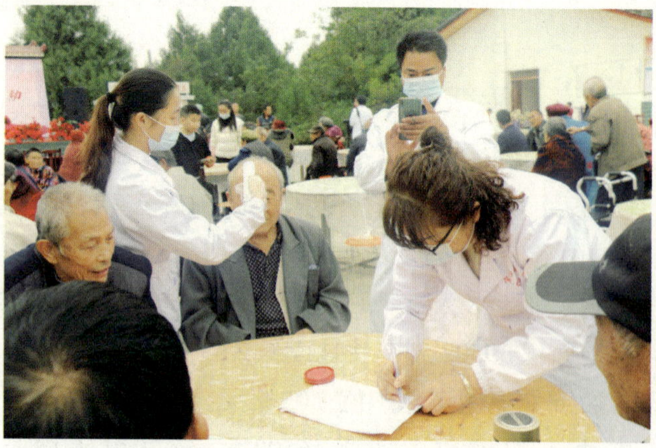

10 月 25 日，重阳节宝石乡联合卫生院提供居家养老免费体检

（甯　涛/供图）

5 月 12 日，县长刘强考察宝石乡千亩良田改造项目

（甯　涛/供图）

治一座。宝石、定远场镇污水处理厂完成建设并投入使用。完成天生、长梁、同心、红豆、土塔等村自来水入户管道安装工程,实现辖区内大部分村社全覆盖。新建场坝和斑竹两处农贸市场3200余平方米。投资100余万元完成宝石文化广场建设。投资76万元,完成长梁、红卫等村农村厕所改造。严格执行低保动态管理。民政救灾救济覆盖面更广,惠及人口更多。城镇居民社会养老保险参保率98%。

【基础设施建设】 投入420余万元资金建设水保项目:新建、整治渠道10.32公里,精修山坪塘5口,新建沉砂池62口,新建作业道路6.84公里,整体覆盖全乡6个村。全乡各村通过县乡补助、农民自筹等多种形式,全面铺开基础设施的建设工作,为农民增收打下坚实基础。

全乡通过政府积极引导、农户广泛参与,因地制宜发展优势产业,发展150亩羊肚菌、7000亩柑橘蜜柚、300亩中药材、3000余亩蔬菜,各村集体经济增收2万元以上。

(甯　涛)

玛瑙镇

【概况】 玛瑙镇位于梓潼县东南部,2020年交泰乡撤销并入玛瑙镇管辖。全镇面积95.82平方公里,距梓潼县城21公里,东与梓潼县宝石乡、盐亭县鹅溪镇毗邻,南与三台县龙树镇接壤,西与梓潼县观义镇交界,北与梓潼县长卿镇相连。玛瑙镇原辖20个村和1个社区,2020年村级建制调整改革后辖10个村和1个社区。2020年生产总值3.2亿元,较上年增长7%,人均收入18590元,较上年增长6.67%。

【农村经济】 企业发展稳定,效益良好,完成税收130万元。搭建政企平台,嘟嘟宝生物科技有限公司一期有机肥料及微生物肥料制造项目与6家生猪代养企业协调签约粪污消纳协议,全年处理生猪养殖粪污24万余吨,年产值5000万元,创税200万元,劳务支出120万元,充分发挥工业经济推动区域经济发展的主引擎作用。全镇耕地面积43007亩,属典型丘陵农业镇,产业发展以传统种养殖业为基础,有水稻制种600亩、海椒3000亩、花生7000亩、油菜10000亩,新近发展灵芝、杂柑、藤椒等优势种植业。生猪养殖产业已建成代养场14栋、在建11栋(其中扶贫代养场5栋已投产,村集体经济在建2栋),100头以上规模养殖大户12个,通过加强源头管控、压实责任等措施进一步加强非洲猪瘟防控工作,全年出栏生猪33000头、小家禽40万羽。按照“一村一品”的产业发展思路,积极对外招商,加强土地流转规模化经营。瓦苍种植合作社集中成片种植蔬菜和套种西瓜400亩,蓝地公司300亩柑橘栽植完成,规模效应凸显。

【民生保障】 城镇新增就业15人,其中,下岗失业人员再就业5人,就业困难对象就业10人。完成农村劳动力技能培训1500余人次,城镇养老、医疗等保险覆盖面逐步扩大,保障水平不断提高。新建垃圾转运站1处,城乡环境综合治理成效显著,硬件设施不断完善,农村脏、乱、差现象得到有效遏制。医疗卫生工作扎实推进,乡卫生院门诊及住院病人2100余人次,全面完成群众健康档案建档工作,全乡儿保、妇保、防保体系不断健全,群众“看病难”“看病贵”问题得到有效解决;人口计生工作扎实开展,实施妇女孕前免费健康检查,全面落实二孩政策和计生奖扶。

【脱贫攻坚】 召开脱贫攻坚政策培训会10余次,村干部与帮扶单位会议6次。充分发挥各级力量,将脱贫责任、帮扶责任落到实处,确保帮扶力量每月至少入户1次。指导各村做好贫困户帮扶方案、脱贫攻坚档案完善归档、贫困户基础信息维护等各项工作,督促各村开展问题“清零”行动。49户贫困户改善住房条件,解决60户弱劳动力贫困户收入较低问题,确保所有贫困户收入达标。

【疫情防控】 围绕防输入、防扩散要求，成立排查组20个，对省外返乡、流动人员实施网格化、全方位、立体式排查，落实24小时值班和领导带班制度和日报告零报告制度，定时做好公共场所卫生消毒工作，确保疫情防控工作有序有效。有序推进复工复产，分行业分领域分批次组织务工人员外出务工，组织开展小春田管暨大春备耕现场培训会。

【基础建设】 强化农村基础设施建设，推进路网提档升级。新修水泥路2.3公里、碎石路2公里，村道加宽8.7公里，创建四好农村公路示范村3个。县农村饮水安全巩固提升工程玛瑙水厂建设，境内管网建设长度189公里。县武都引水二期灌区灌溉供水工程大兴斗渠一标段和二标段，玛瑙境内管线建设长度约22公里。完成雪亮工程入户300余户。进一步推进公共服务便民化。推进基层党建事项清单化管理，打造服务阵地示范点2处。开展送文化下乡活动2场次，实现村（社区）综合文化服务中心达标建设。全镇11个村（社区）都配备有卫生室，每村（社区）有1名合格乡村医生开展基本公共卫生服务，开展家庭医生签约服务，实现贫困人口签约全覆盖，高血压，Ⅱ型糖尿病等重点人群的签约率为90%。

【乡村振兴】 全年完成改造农户户厕90户，完成乡镇垃圾可再生资源回收站建设1处，村级垃圾可再生资源回收点建设7处，全镇垃圾可再生资源回收点达11处。新（改）建农村生活垃圾分类收集设施11个，其中一体化垃圾分类设施5处，新建分类垃圾房6个。村庄绿化覆盖率超过40%。实施照明亮化工程，6个村庄在人口聚居区和重要路段安装太阳能路灯300余盏。开展家园美化活动，将每月16日定为全镇人居环境整治日。以村建制调整改革和村居“两委”换届为契机，以“3+2”书记项目为抓手，推进基层组织规范化建设。

【乡村旅游】 突出原九院十所、鸭鹤岩两个重点，抓好基础设施提升改造。加快大埝与相关公司纠纷处置，引入新业主完成周边荒坡改造，争取项目对10所旧址及水库周边土地整理、基础设施改造。全力打造“鸭鹤岩”国家AAA级旅游景区，以现有鸭鹤岩及周边自然资源为基础，投入200余万元资金建设景区基础设置，规划发展鸭鹤岩旅游观光、特色农业产业观光、乡村特色民宿、农家特色餐饮、滨水休闲玩乐等特色产业。引进梓潼花海农业科技有限公司，在玛瑙村流转林地3000亩，预计投入1.4亿元资金发展樱花产业，完成樱花栽植2000亩40万株。

（史金川）

自强镇

【概况】 乡镇行政区划调整改革和村级建制调整改革后，面积108.1平方公里，总人口16880人，农村人口15403人，耕地面积38503.2亩，其中水田10614.88亩。乡镇行政区划调整改革后，自强镇辖19个村1个社区。2020年5月，村级建制调整改革目标全面达成，缩减建制村10个，缩减比例为50%。

【农村经济】 引进农业现代化龙头企业“大北农”集团金驰阳公司，采用“公司+合作社+农户”发展模式，新推广种植柑橘1500亩，修建年产种猪6万头的高标准种猪养殖场1栋，“山顶生猪养殖—山腰柑橘种植—山脚粮油种植”梯次结构明显的5000亩现代农业产业园2020年年底已初具规模。思公村3000余亩食用菌长势喜人，三合村1000余亩脆李硕果累累，马迎村2000余亩中药材生机勃勃，黎明村1000余亩莲藕欣欣向荣，二洞村2000余亩柑橘枝繁叶茂。新建成生猪养殖场3处，开建生猪养殖场2处，新建成种猪养殖场1处，开建种猪养殖场1处。2020年生猪出栏突破3万头，年产仔猪突破6万头。发展辣椒3600余亩、优质蔬菜1700余亩、优质水果200余亩、花生3800余亩、油菜6000余亩、小麦19000余亩、水稻7800亩。出栏肉牛2000余头、肉羊10000余只、家禽30万余只，水产养殖总产量1000余吨。

【乡村旅游】坚持农旅融合，发挥地域特色，深挖文化内涵，全镇按照“一村一色”的发展思路，打造各具特色的乡村旅游文化长廊，“黎明村＋思公村”乡村旅游节以“赏荷塘月色，采有机蘑菇”为主题，通过开展消夏晚会、荷田露营、休闲垂钓、林下采摘等系列主题活动，吸引县内外游客万余人。以百年古树为文化背景，投资120余万元打造金光村人居环境综合体“菩提山居”。二洞村坚持走生态农旅之路，大力发展观光农业、采摘农业、商品化农业，农田旅游商品供应基地建设已初具规模。

【民生工程】疫情防控阻击中，摸排返乡和外来人员4000余人，其中湖北44人，海外2人，执行县集中隔离1人，监测过境车辆3000余辆，消毒公共场所150余次，发放口罩4690个、漂白粉67袋、酒精270瓶、84消毒液259件，自强镇境内无疑似病例，无确诊病例。快速推进复工复产，支持春耕复产农资100余件，协调解决企业复工难题10余个，组织农民工有序返岗600余人。全镇参加养老保险11663人，参加医疗保险13766人；发放稻谷补贴、地力保护补贴、农机补贴等涉农补贴241.57859万元；发放高龄补贴16.6万元，特困人员供养金47.8万元，低保182.4万元，独生子女奖励2.5万元，优抚66.7万元，奖扶49.44万元，特扶21.8万元，医疗救助29.5万元，残疾人补助20.58万元。

【基础设施建设】新改建分类垃圾房50个，新改建农村户厕538户，新（改）建农村公厕3座，落实公厕管护长效机制，截至2020年12月31日，全镇卫生厕所3315座，卫生厕所普及率86.2%。争取扶贫专项资金73万元修建思公村便民桥1座和硬化村道200米。争取扶贫专项资金78万元硬化建国村（原和平村）村道1.2公里，争取扶贫专项资金60万元硬化马迎村（原大坪村）村道1公里，争取扶贫专项资金72万元硬化长征村村道1.2公里。维护和新安装路灯150余盏，建立路灯管理长效机制。

【项目建设】2020年，“绵苍高速”先期段拆迁工作稳步推进，实现农房拆迁60余户，房屋、青苗等各种费用拨付1000多万元，保障重点项目用地，确保工程建设顺利推进。总投资1200万元的二洞高标准农田项目于2020年5月全部完工，调型2690亩土地，为农业高效、农民增收打下坚实的基础。投资1300余万元的二洞防洪治理工程，2020年12月底完成第一层河堤建设。投资达2亿元的风电二期项目、武引二期、“元坝—德阳”天然气管路工程等重大项目建设有序推进。

【脱贫攻坚】统筹扶贫资金619.82万元，针对“清零行动”排查出来的1199个问题，落实整改措施和责任人，倒排工期，挂图作战，逐一销号，实现全镇6个贫困村、374户贫困户、1145名贫困人口在现行标准下成功脱贫。2020年实施扶贫项目11个，总投资954.5万元，引导贫困户外出务工483人，引导贫困户进行慢性病鉴定256人次，资助贫困家庭学生26人次，代缴城乡居民医疗保险374户1144人次。7栋扶贫代养场扶贫成效明显，全年实现贫困户户均分红2000元以上，村集体经济均收入2万元以上。2020年11月，金光村顺利通过省级脱贫攻坚检查。

【社会治理】推进“雪亮工程”APP安装1400余人，“慧眼工程”安装400余户。强化乡村网格化管理，致力网格员队伍建设，培训网格员200余人次，召开网格员培训会12次。成立红色乡贤仲裁队11支，充分发挥乡贤、退休干部、致富能手、群众代表等在当地德高望重的优势，处理信访70余起，调解矛盾、疑难纠纷50余起。

【基层组织建设】探索建立农村基层党建工作月清单制，通过月清单，村（社区）党组织“三会一课”“三务公开”等逐渐规范。2020年新发展党员7名，预备党员转正23名，延长预备期1名；对中共十八大以来发展的104名党员进行排查整顿，认定违规违纪14人，问题18个，均整改完毕。成立镇党校，2020年培训党员干部800余人次。

（强长梅）

观义镇

【概况】 全年实现地区生产总值17334万元，同比增长4.6%；城乡居民人均可支配收入1.8151万元，增长7.6%，完成固定资产投资3010万元。

【农村经济】 2020年，全镇发展优质稻（兆优5431、广8优2156、野香优2998）6000亩，种植柑橘3000余亩、藤椒900余亩，全年出产杂柑500吨、藤椒2万公斤。依托和香米业在观义镇发展订单式农业，发展优质稻1200亩，进行精深加工，“和香玉”系列大米广受好评，企业年产值约700万元。与南充市农业科学院开展院地合作，建立花生实验基地，选育适宜当地种植优质品种。观义镇2020年种植花生5000余亩，经农业农村部农产品质量安全中心审定，获得“无公害农产品证书”。结合绿色发展的要求，大力发展生态蚕桑产业，栽植生态桑园2000余亩，年发纸1800余张，产茧700担，总产值500余万元。

【特色产业】 由8个村1个社区共同出资成立全市首家集体经济企业——梓潼县观仓农业开发有限责任公司，同国有平台公司（梓昌投资有限责任公司）共同成立九村畜牧发展有限公司，在银针村7社修建“1400”标准化生猪养殖场4栋，年出栏生猪11.2万头，配套3000亩粪污消纳土地，栽植杂柑，套种蔬菜、中药材等，形成以生猪代养、特色经果林、蔬菜和中药材种植为重点的现代生态循环农业产业园，推动生猪产业红利由企业独享向集体和群众共享的方式转变，实现集体资产保值增值。建立农村工匠劳务队伍承接农村200万元以下小型公共基础设施建设；将垃圾治理、乡村道养护、水电气费收取、低保特困入户调查、居家养老服务等全体系纳入社会化企业，发展壮大社区集体经济。

【脱贫攻坚】 观义镇建档立卡贫困户为307户1004人，已全部实现脱贫，边缘户14户44人，2个贫困村实现退出，投资152.6万元用于易地扶贫搬迁，22户58人已全部实现搬迁入住，完成2020年脱贫攻坚任务，顺利接受脱贫攻坚省级交叉检查验收。

【基础设施建设】 全年整合各级各类资金300万元，建成通村通社道路4.3公里，渠系0.9公里，精修塘埝3口，新建提灌站1个。实施农村生活污水治理项目，改建新建三格化粪池240户。改造农村危旧土坯房87户，集中开展“八堆十乱”清理治理行动4次，动员干部群众200余人次，动用机械100余台次，治理乱象死角200余处。厕污共治实

11月6日，梓潼县观仓农业开发有限公司成立

（段雅茹/供图）

12月2日，省委组织部党建办副主任程文茂考察观义镇便民服务中心　　（段雅茹/供图）

11月11日，全市镇村便民服务体系建设现场会在观义召开　　（段雅茹/供图）

现有机衔接，污水直排的现象基本得到解决，场镇新（改）建2座公共厕所陆续投入使用。以河长制为抓手，提升水域治理能力。2020年乡级河长巡河70余次，村巡河（库）员巡河（库）300余次。发动群众100余人次对河道进行清理整治，大规模“清河行动”12次。

【基层治理】 举办各类学法培训和讲座4场次，印发各类法律宣传资料500余份，张贴各类标语30幅，挂图16张，制作展板1张，开展广场法律咨询以及“法律七进”宣传活动40场次。2020年受理各类纠纷40余件，全部成功调解；受理书面来信来访60余件次，办结率100%。观义镇25处庙宇中，移交文物管理单位1处，规范化管理2处，整合封存5处，改作他用17处。

【疫情防控】 2020年春节，组织300余名党员干部，每天出动志愿者近200人次，发放宣传资料5万余份，出动宣传车500余台次，设置网格化服务点50余处，购买防护及消杀用品约3万余份。实行24小时值班制，开展拉网式宣传、网格化排查和随访监测工作。

【民生保障】 2020年，观义镇退耕还林1525.73亩，涉及8个村，484户农户，规划红心蜜柚、杂柑、大雅1号，补贴群众退耕还林55.5万元，202户农户住房功能得到提升，其中贫困户123户，分散特困户7户，低保户44户，残疾11户，边缘户1户，一般户16户，投入131.53万元。减少农村低保13人，新增农村低保48人，低保提标37人；减少城镇低保2人，新增城镇低保2人；落实高龄补贴370人，困难残疾生活补助247人，重度残疾人生活救助护理补贴人231人。重点优抚59人，补助58.99万元，奖扶802人，发放补贴38.5万元，特扶34人，发放补贴14.39万元，精准实施基本民生保障政策。

（段雅茹）

卧龙镇

【概况】 卧龙镇位于梓潼县西南部，属浅丘地貌，距县城19公里。东与三泉乡接壤，南与石牛镇相邻，西与游仙区柏林镇、徐家镇相连，北与游仙区朝真乡相依。面积40.66平方公里，卧龙镇现设置村（社区）11个，其中建制村10个、社区1个，2020年调减5个建制村，建制村减幅50%，社区减幅0%，调整改革后设置村（社区）6个，其中：建制村5个、社区1个。耕地面积12808亩，其中田面积8028亩。辖5个村1个社区，67个农业生产合作社。2020年全镇实现生产总值1.05亿元，增长5.3%元；完成社会固定资产投资 3300 万元，增长 53%；城镇居民人均可支配收入 15780 元，增长 7.8%；农村居民人均可支配收入 15459 元，增长 9.6%。

【农业和农村经济】 “牛头山肉牛 + 柑橘现代农业园区”栽种不知火、爱媛、大雅等生态柑橘 4000 亩，发展赤芍、射干、黄芩、泽泻等中药材 2000 亩，建设标准化蜀宣花牛养殖场，养殖蜀宣花牛 300 余头，发展高端鲈鱼养殖 500 余亩，成功创建为市级四星级农业园区。巩固发展水稻制种 5000 余亩。全镇建标准化生猪养殖场 22 栋，全年出栏生猪 3.18 万头。引导土地经营权流转，发展多形式的适度规模化经营，培育家庭农场 17 个、其中省级示范场 3 个，专业大户 30 余户，成立产业协会和专合社 19 个，吸纳农户 1000 多户，培养技术带头人 76 人。

【基础设施建设】 改造农村户厕 895 户；建设污水收集处理设施 30 处，安装生活污水收集设施 700 余套；新建集中污水收集池 1 处，配套管网 3 公里；新建垃圾分类收集房 18 座。在机关改建男女公厕各 3 处，新增设停车位 40 余个，群众办事难、如厕难、停车难等状况得到极大缓解。维修和新安装太阳能路灯 100 余盏。

【疫情防控】 面对疫情坚持及早部署，科学防控，在全镇设立卡口 13 个，排查车辆 1170 余辆，排查外来人员 2630 余人次，出动镇村干部群众、两代表一委员、网格员、志愿者等 140 余人，构建立体化网格化的防控力量，清扫道路 110 余次，消毒 1400 余次，清运垃圾 370 余吨。全镇上下无确诊病例、无疑似病例。

【民生保障】 争取项目资金，利用原卧龙小学旧址新建公立幼儿园 1 所，已完成主体工程建设，预计 2021 年秋季学期投入使用；村级公共体育健身设施实现村（社区）全覆盖。全年城乡居民社会养老保险参保 8359 人，参保率 90% 以上；城乡居民医保参保 11865 人，参保率 99% 以上；转移输出农村劳动力 5678 人，实现劳务年收入 5500 余万元；发放各类民政优抚、低保、医疗救助、救灾救济资金 100 余万元。第七次全国人口普查工作顺利开展。

【精准脱贫】 围绕打好问题“清零”、成效巩固和“两户”帮扶三大攻坚战，全面“清零”历年来各类问题 2128 个，全镇 289 户、985 名贫困人口脱贫成果全面巩固，19 户“边缘户”得到及时帮扶。全年完成危房改造 94 户、功能完善提升 116 户，解决饮水及用电困难 37 户，解决 116 名贫困学生入学难题；47 名贫困人口入股扶贫代养场实现稳定分红；先后开发各类公益性岗位 42 个，保障困难群众收入达标。争取以奖代补资金 10.2 万元，实施自主发展产业项目，204 户贫困户受到扶持；实施就业扶贫行动，开发疫情期间防疫岗位 5 个，临时性公益性岗位 46 个，动员未外出务工贫困群众投身疫情防控工作；精准推进农村最低生活保障对象应保尽保，全镇低保贫困人口达到 80 户 127 人，占全部贫困人口的 12.89%。保障贫困人口人均纯收入达到 4500 元以上。落实好“四大政策”，切实提升“3+1”保障水平，完成县级教育扶贫救助基金 116 人，发放救助金 7.7 万元，核查春季学期“雨露计划”补助贫困学生 5 人，发放补助资金 0.75 万元。落实好医疗保障政策，财政全额代缴 289 户建档立卡贫困户参加基本医保个人缴费部分；严格控制县内住院个人支出费用比例不超 10%；完成镇内 21 人申报卫生扶贫救助基金。落实好健康扶贫政策，全镇 289 户 985 名贫困人口家庭医生签约率 100%；两次启动贫困人口慢性病集中鉴定，鉴定成功 130 人。落实好住房保障政策，匹配财政切块资金 79.2 万元，惠及住房功能完善户 116 户，通过“六有”特殊困难补助项目，解决饮水及用电困难户 37 户。加强项目实施及易地扶贫搬迁后续扶持管理，申领财政专项扶贫资金 127 万元，建设 2 条共 2225 米扶贫道路，惠及贫困群众 900 人；对全镇 7 户 21 人易地扶贫搬迁后续帮扶措施落实情况进行全覆盖梳理。

（沈平凡）

双板镇

【概况】 双板镇位于川西北地带的梓潼县西北部，距县城31公里，距绵广高速公路仅13公里。面积49.5平方公里，总人口12118人。地貌为平坝、浅丘相间。有耕地17500亩，林地21840亩，绿化率逾50%。

2020年，全镇实现地区生产总值4.23亿元，较2019年增长8.46%；人均可支配收入达到18155元，较2019年增长7.2%。农业总产值14659万元，较2019年增长4.5%。2020年全社会固定资产投资达到3310万元。

【农业和农村经济】 双板镇流转土地4700余亩，引进种植大户发展农业产业。藤椒产业基地建设初见成效，栽种藤椒3600亩，其中2020年新栽种800亩。种植脆红李、杂柑等经济水果4800余亩。2020年种植水稻10182亩、油菜8600亩，玉米8575亩，小麦9390亩。建设生猪代养场6栋，其中扶贫代养场1栋，种猪场1栋，在建代养场4栋。为全镇各养殖场分发消毒石灰等防疫物资10余吨，引导做好圈舍消毒，不使用泔水喂养生猪。

全镇各村均建有村级保洁队伍，落实卫生保洁员23名；进一步优化镇村生活垃圾收集设施配置，2020年新建垃圾分类收集房4处；大力推进农村生活垃圾就地分类和资源化利用，2020年新建村级再生资源回收站5处。2020年完成南垭、桥龙、菱角、裕春、松柏5个村生活污水治理，新建三格化粪池157户，维修污水处理设施184户，增接污水管网600余米，实现项目村60%以上的农户生活污水得到有效治理。新（改）建农村户厕150余户、新建场镇公厕1处，全镇卫生厕所普及率87%以上。

【脱贫攻坚】 "清零"历年来脱贫攻坚各类问题1652个，帮助引导326名贫困人口外出务工，开发公益性岗位24个，落实自主发展产业奖补220户11万元，全镇290户、839名贫困人口稳定实现脱贫。完成危房改造73户、土坯房改造700余户、脱贫攻坚住房保障和功能完善148户，其中2020年完成危房改造3户、土坯房改造36户、脱贫攻坚住房保障和功能完善148户。

【民生工作】 2020年，深入开展就业促进、扶贫解困等"民生工程"，开展蜜柚、海椒、油菜种植等农民实用技术培训3400余人次，开展就业创业技能培训10余人次，全年新增就业35人、实现再就业3人、扶持残疾人就业29人。发放各类资金124万元。为186名义务教育学生提供免费营养餐。

建立居民健康档案9740人、家庭医生签约8016人、鉴定并发放慢性病本910人，对168名贫困人口进行慢性病鉴定。

开展送文化下乡活动10余次、社区农村春晚活动1次。

【疫情防控举措】 印发《双板镇关于做好新型冠状病毒感染肺炎疫情防控应急预案的通知》，由党委书记牵头，全体党委成员带队，组成8个工作组到场镇各单位、村（社区）对疫情防控工作开展情况进行了督促指导，形成镇、村、社三级防控体系，进一步压紧压实开展疫情防控工作主体责任。

印发《致全镇人民的一封信》、倡议书、宣传标语、温馨提示牌等，利用流动宣传车、村广播，镇村干部入户走访张贴、发放防疫宣传单，宣传疫情的传播渠道、严重影响及防控措施等引起群众思想上的重视并提高其主动参与防疫的意识，全年出动宣传车130余辆次，制作相关标语46幅，在5个LED显示屏上24小时滚动播放宣传标语，发放宣传单13000余份。

【基础设施建设】 2020年改扩建农村公路7公里，总投资400余万元，计划整治水毁道路4.8公里，总投资100余万元，农民出行更加安全、农副产品销售更加便捷，农村道路切切实实成为一条“产业路”、一条“致富路”。

加快推进优质农田改造工程。德胜村（原青益村）高标准农田建设项目已经通过县级验收，项目区道路、水利等基础设施得到极大改善，农业机械化耕作水平得到极大提高，农田灌溉更加方便，产业效益更加明显。加快高寨、南垭、凉泉村8200亩金土地项目推进实施。投资150万元，整治塘堰12处。新建烘干房1处、气调库1处，用于藤椒及其他果蔬产品的初加工。

【特色工作】 2020年5月，成立青胜农民种植专业合作社，引导农户将闲置土地入股，聘请当地“土专家”和引进企业“洋专家”联合指导，便于做好田间管理，集中劳动力、降低劳动成本，解决农村劳动力就近务工难的问题，降低人工成本和劳动力浪费，有效规避风险。解决就近务工群众43人，用工量达到800余人。收获优质水稻120亩，优质大豆50亩，优质玉米40亩，实现产值22万元。

（赵　雷）

金龙镇

【概况】 金龙镇位于梓潼县西北部，东邻梓潼县双板镇，南与梓潼县黎雅镇接壤，西接江油市战旗镇、双河镇，北至江油市小溪坝镇，辖区面积44.6平方公里，场镇至县城33公里，离绵阳市62公里，距江油市41公里，小永路从北至南纵穿而过，穿经至江油市小溪坝镇。2020年全镇总耕地面积27811亩，辖7个行政村，1个社区（金凤社区），63个村（居）民小组，总户数4318户，总人口12034人，其中农业人口11690人、场镇人口344人、外出务工4251人。

【自然资源】 年平均气温17.5℃，降雨量700~1000毫米，适宜各种动植物生长，植被丰富。全镇林地面积16870亩，森林覆盖率80%以上。塘堰1302口，常年蓄水量420万立方米以上；提灌站21处，装机容量1225千瓦；跳蹬河水库容量120万立方米，右站为两级，总装机197千瓦，左站总装机215千瓦，渠道全长12公里，可灌面1.2万亩。

【疫情防控】 按照“宣传＋排查＋引导”一条线工作思路，在全镇范围内形成群防群治良好防疫氛围。发放宣传资料3000余份，出动流动宣传车30余辆次，劝停赶集人员3000余人，劝阻聚餐行为20余起。通过卫健上申领，多渠道采购，向一线防疫人员发放口罩5000余个，发放消毒液和消毒酒精2000余升，发放生活物资价值5000余元，全力保障一线防疫人员生命安全和身体健康。统筹做好新冠肺炎疫情防控和复工复产工作，协调镇卫生院为外出务工人员办理健康证1200余人，动员务工人员就近务工，填好人员进出两张表。

【脱贫攻坚】 开展全镇“清零”行动。入户排查反馈金龙镇问题1571个，针对“清零”行动反馈的问题，根据问题分类整改。开展多渠道促进增收，通过公益性岗位安置32人就业；通过介绍务工，全镇2020年外出务工325人，务工人数和收入均超过2019年；申报验收自主发展种养殖业项目，成功为金龙镇228户贫困户，7户边缘户发放项目资金11.75万元。教育资助方面申报教育扶贫救助基金，帮助108名贫困家庭的学生享受教育救助基金7.56万元。

【农业和农村经济】 2020年，发展水稻制种540亩，发展红瓜蒌、决明子、灵芝等中药材500余亩，发展藤椒、生姜300余亩。利用新型农民培训的政策契机，培训种植养殖能手120人。结合金龙水资源丰富优势，坚持打造特色水产养殖镇品牌的路子。新增特色水产养殖户25户，全镇特色水产养殖总户数170余户，养殖水面3000余亩，年产值近1000万元。继续推进蜜柚基地建设加代养场建设。以培养种植大户为抓手，鼓励和引导农户在自愿互利的基础上依法进行土地流转种植蜜柚，流转土地成片栽植蜜柚900余亩，新建“1100”代养场2栋。

【乡镇建设】 2020年，全镇新建、硬化村社道路3.2公里，整治塘堰5口、水渠3公里，新建扶贫代养场1栋，新建提灌站1座。修建污水处理厂1座、阳光堆肥池1个，新建农村公厕1座，在青光村新建“1100”规模扶贫生猪代养场1栋。在龙凤村建设500亩高标准农田。

【社会事业】 全面推行义务教育，入学率、巩固率不断提高。高度重视校园安全及周边环境的整治工作。落实重大传染病防治措施，开展艾滋病、狂犬病、结核病防治工作，完善基本公共卫生服务体系，健全卫生、计生工作新机制。2020年人口出生数71人，办生育服务证36户。按时足额发放自然灾害补助金、五保户救济金、低保金、大病医疗救助金、优抚金等1015万元。

【地方文化】 金龙镇素有“竹编之乡”美称，折席是一大特色，成功申报为市级非物质文化遗产。金龙许多农户房后都喜欢栽竹，竹多的优势也被人们充分利用。众多竹编工匠，发挥其聪明才智，以竹为原料制作出了簸箕、竹盖，箩筐、竹篮，扇子为主的生活用品。由于质优价廉，金龙的竹制品逐渐闻名于川内。

宋家大院，位于金龙镇海棠村一社红豆咀。据村民介绍，该院落初建于清光绪十三年（1887年），已百余年。最初由刘姓家族所建，民国初年刘姓后人将整个院落转卖给宋家祖上，一直沿袭至今。

（唐　杰）

文兴镇

【概况】 文兴镇地处梓潼县东大门，位于梓潼、剑阁两县交界处，国道G347穿境而过，距县城32公里。东与剑阁县元山镇连接，南与仁和镇接壤，西与自强镇、宝石乡相连，北靠剑阁县王河镇。地势北高南低，海拔600米左右，面积55.03平方公里。辖5个行政村、1个社区、全镇4436户12010人，耕地面积1.57万亩，林地面积4.2万亩。2020年获评全国示范性退役军人服务站。全年实现地方生产总值12575万元，同比增长3.8%，农民人均可支配收入达16856元，同比增长9.6%，完成固定资产投资2740万元。

【疫情防控】 全面排查返乡人员，建立三级盯防台账，实施动态管理和服务；设立文兴镇“检查消毒卡点”1个，各村设置劝导点16处，全面排查登记和劝返入境车辆人员，排查外地车辆1031辆2987人，劝返453辆872人。全镇实现省外务工总数803人，其中贫困户农民工务工人数212人，外出务工率97%。

【农业和农村经济】 进一步巩固现有7000余亩柑橘产业基地，强化监管，提升产品质量，寨山农场等一批柑橘产业基地示范带动作用逐步显现。贯彻生猪稳产保供部署，走规模化、标准化养殖路径，年内建成“1200”生猪代养场4栋，均已投产，年出栏生猪能力达19000头。发展海椒800余亩，各类蔬菜约2000亩，建成中药材种植示范片1个。

【脱贫攻坚】 全镇建档立卡贫困户223户、620人全部验收合格。落实临时公益岗位19个、农村公益性岗位8个，积极联系外出务工、就近务工，2020年全镇自主发展产业160户，外出务工167户227人，确保收入持续增加。对相对贫困户住房进行改造提升，投入37万元建设道路和水利设施，新建集中供水点1处，解决120户群众饮水困难问题。

【基础设施建设】 2020年，新建灯塔、火花、盘龙、双凤等村道路11公里，投资600万元。统筹整合各类涉农资金，排除原高峰桥安全隐患，整治盘龙村水毁堡坎3处、安装村道防护栏约3公里，治理水毁渠系及涵洞1处，实施塘堰清淤处漏整治3口，整治农村机耕道12公里，群众安全出行和生产生活用水得到较好保障。配合汇智公司完成污水管网建设6公里。

【人居环境】开展农村面源污染治理，实施场镇排污系统整治，完成农村三格式化粪池修建110余口。完善垃圾分类处置机制，推进源头减量化。建立环境卫生保洁制度，每月定期集中开展“环境卫生大扫除”活动，持续开展“扫干净、摆整齐、能保持”美丽家园清洁行动。全年改造垃圾房13个，新建垃圾收集点19处，改造农村卫生厕所110座。

【环境整治】利用土坯房改造、农村危房改造、易地扶贫搬迁等政策，引导农户建设卫生厨房和厕所2700余个，贫困户的厨房厕所达标率100%。2020年投入20万元新建和改造提升农村垃圾房，基本做到生活垃圾能就近收集；指定回收利用经营业主2个，各村均有至少1处建筑垃圾填埋点，专业保洁员对生活垃圾实行“二次分类”，推进源头减量，项目村的污水治理率60%以上。

【社会治理】建立接访工作制度、来访接待、会办协商、交办转送、信息报送、应急处置、领导接访、律师参与接访、责任追究等工作制度，规范信访事项受理程序，及时受理来访事项100%，有权处理行政机关按期答复率100%以上；对群众反映带有普遍性、倾向性的热点难点问题跟踪督办，要求责任单位按时反馈办理结果。全力化解社会矛盾，把文兴镇信访工作做深做细、做实做好。对重大问题积极采取有效措施，认真加以解决，防止突发性事件的发生。每个月月底定时开展综治、信访、安全例会，对排查出的矛盾纠纷、信访隐患会商研判，进一步强化责任和措施，限时办理，把矛盾化解在基层，把问题解决在萌芽。通过工作的不断深入推进，2020年获评市级“人民满意窗口”单位。

（蒋洪坤）

演武镇

【概况】演武镇位于剑门蜀道风景名胜区南端，与国家AAAA级旅游景区七曲山风景区、七曲山国家森林公园相接，与广元剑阁县的马灯乡、武连镇接壤，距梓潼县城25公里，国道G108穿境而过，是梓潼的北大门。2020年年末，辖区总人口7200余人。全镇面积61.8平方公里，耕地4.12亩，森林覆盖率63%。辖6个行政村。

【农业和农村经济】在东山村新建2栋“1100”生猪代养场（建成投产），小亭村新建2栋“1100”生猪代养场（即将完工）。规范化打造“1+5”扶贫生猪代养及“1100”生猪代养基地，带动养殖大户，发展好生猪养殖，2020年全年出栏生猪2万头。畜牧产业稳定发展，截至2020年年底，全镇种植柑橘类经济作物6000余亩、植优质稻2000亩、藤椒200余亩、各种口味李子600余亩，有家庭农场28家、专业合作社6家、龙头企业1家，引进产业合作公司3家。

【基础设施建设】2020年已完成玉泉五社土坯房改造集中聚居点入户道路、生活污水治理、亮化美化等基础设施建设，进行风格风貌打造；争取一事

县长刘强赴演武镇玉泉村调研黑山羊养殖基地建设情况

（梁　超/供图）

一议财政补助资金15万元，对上亭铺提灌站进行改造升级、对玉泉安置点进行功能完善；运用村级公共运行维护资金45万元，对各村基础设施和水利设施进行改造升级；推进渠系管网建设，整治山坪塘5座，新建蓄水池3口，修复和整治灌溉管网、沟渠3000余米；土坯房改造累计完成532户，危房改造26户，拨付资金310余万元。加大对四类人员及危房改造户厕所、厨房、卧室等进行配套，完善70户，资金拨付66万余元。城乡建设用地增减挂钩项目已在原9个村全面开展，深入开展宅基地乱占耕地排查。排查1342处，其中3户审批资料和手续存在问题（上亭铺村2户、红岩村1户）。

【民生保障】 2020年，发放耕地地力保护补贴93万余元，稻谷补贴16万余元。完成新型农民工技术培训100人，免费开放农家书屋2000余人次，转移农村剩余劳动力4100余人，实现劳务收入8000余万元。为城镇低保户发放资金48余万元，发放五保资金28万余元，切实解决其生活所需。对全镇患有重大疾病家庭进行摸底排查，锁定36人为救助对象，发放救助金8万余元。为16个优抚对象发放优抚金23万余元，为57名农村籍退伍老兵发放生活补助14万余元。为1名烈士子女发放定期生活补助0.6万元。为171人发放老龄补贴6万余元，发放残疾人“两项补贴”20余万元。对1.7万亩公益林落实管护责任，发放公益林补助26万余元。完成1848亩退耕还林，发放156万余元，做好养老参保工作，完成全镇2246人参保任务，完成率100%。农业政策保险全面实施，为养殖户、种植户挽回损失20余万元。全力抓好重大动物疫情常态化防控，召开各类防控会议10余次，安排部署全镇非洲猪瘟防控工作。在镇域范围内设置卡点1个，安排40人次参与24小时值守，对过往车辆消毒，向全镇养殖户发放生石灰4吨、消毒药水2吨，发放宣传资料1000余份，保障人民群众的生活生产安全。

【精准脱贫】 精准施政施策，落实扶贫惠民政策。争取到道路建设项目2个，其中春光村道路建设1.2公里、红光村道路建设0.87公里，争取到水利项目1个，整治玉泉村塘堰1口，春光村道路建设项目、玉泉村塘堰整治项目已全部竣工。通过公益性岗位安置28人就业，其中临时公益性岗位14人、疫情期间临时公益性岗位5人、农村公益性岗位9人；将没有劳动力或丧失家庭主要劳动力的贫困人员纳入低保或低保提标9人；申报验收自主发展种养殖业项目，成功为演武镇107户贫困户发放项目资金（500元/户）。建立“一户一档”，同时分村分户，建立问题整改台账，制定整改措施，对41户贫困户进行住房功能提升改造，并全部竣工验收。集中组织两次慢性病鉴定，鉴定合格15人，鉴定合格人员享受慢性病门诊就医政策；协助享受住院医疗保障的2名

演武镇庆祝中国共产党建党99周年

（梁　超/供图）

贫困人员，申报医疗救助基金，已成功申报领取救助金8699元。申报教育扶贫救助基金，帮助56名贫困家庭的学生享受教育救助基金34500元。组织“10·17”国家扶贫日捐款活动，此次活动收到爱心捐款5000余元。

【乡镇建设】 2020年通过加大乡镇规划、建设和管理力度，集镇和中心村建设得到强化，演武撤乡设镇顺利通过各级验收。进一步规范引导村民建房有序健康开展，设施农用地实行备案管理，用地审批备案推行村、镇、县逐级上报。加快推进基础设施建设。持续加大以“环境治理”为中心、以“路”为重点，着力推进全镇基础设施建设，加快补齐基础设施建设短板。2020年已完成玉泉五社土坯房改造集中聚居点入户道路、生活污水治理、亮化美化等基础设施建设，进行风格风貌打造；争取一事一议财政补助资金15万元，对上亭铺提灌站进行改造升级、对玉泉安置点进行功能完善；运用村级公共运行维护资金45万元，对各村基础设施和水利设施进行改造升级；推进渠系管网建设，整治山坪塘5座，新建蓄水池3口，修复和整治灌溉管网、沟渠3000余米。

【安全环保】 全年开展常规检查40余次，发现安全隐患12处，整改12处，整改率100%。利用宣传单、展板、显示屏、微信等媒体全方位宣传，张贴标语40余幅，摆放警示牌标志30余个。

扎实做好森林防灭火各项工作，守护好镇内5万亩林区和1.5万亩核心林区，确保“三个不发生”，即不发生重大森林火灾事故、不发生重大人员伤亡事故、不发生重大森林防灭火舆情。引导群众自发遵守相关规定。辖区内印发防灭火宣传单5000余份，定制防灭火责任牌1800余个，张贴防灭火广告40余个。成立由30名镇村干部组成的半专业化队伍，投入专项资金2万元，用于森林防灭火应急物资器材库专业化建设。组织开展森林防灭火应急演练及知识培训2次。

【疫情防控】 建立24小时值班值守机制、应急处置机制、信息共享机制，为打赢疫情防控战役提供坚强有力的组织保障。建立“四包一管控”机制。统筹强化管控力量，即“一名责任领导、一名驻村干部、一名社村干部、一名医务人员”的“四个一”力量，全面抓好重点疫区返乡人员摸排管控工作。坚持每日报告机制，抓实抓细重点人员动向。党员干部、网格员、人大代表排查返乡人员情况。全镇广大党员、两级人大代表、干部群众捐款共5.5万元。落实公共卫生、消毒保洁、疫情防控等临时公益性岗位22个，安排符合条件的农村就业困难人员就业，对因疫情防控导致的就业困难人员，实施暂时性托底安置。

（梁　超）

演武镇疫情防控卡点

（梁　超/供图）

附　录

FU LU

文献资料

忠诚履职勇于担当　开拓进取作风优良
为全县经济社会发展提供坚强保障

——在中国共产党梓潼县第十二届纪律检查委员会第六次全体会议上的工作报告

中共梓潼县委常委、县纪委书记、县监委主任　唐　扬

同志们：

我代表中共梓潼县第十二届纪律检查委员会常务委员会向第六次全体会议作工作报告，请予审议。

2019 年工作回顾

2019 年是中华人民共和国成立 70 周年，是全面建成小康社会、实现第一个百年奋斗目标的关键之年。县委紧紧抓住坚持党的领导这个“纲”，坚持以习近平新时代中国特色社会主义思想为指导这个“魂”，全面贯彻落实新时代党的建设总要求，深刻汲取蒲某、彭某行、侯某春严重违纪违法案教训，扎实开展“以案促改”工作，坚定不移推进全面从严治党，巩固发展风清气正良好政治生态，梓潼各项事业取得新的重大进展。在市纪委和县委的坚强领导下，全县纪检监察组织增强“四个意识”，坚定“四个自信”，做到“两个维护”，一体推进“三不”“三项改革”“三转”，努力推动纪检监察工作高质量发展，全县党风廉政建设和反腐败斗争取得新进展、新成效。

一年来，我们坚持以习近平新时代中国特色社会主义思想为指引，落实“两个维护”更加坚定自觉。始终把习近平新时代中国特色社会主义思想作为行动指南和根本遵循，全县纪检监察组织深入学习贯彻党的十九大和十九届二中、三中、四中全会精神，坚持稳中求进总基调，坚持新发展理念，始终在思想上政治上行动上自觉同以习近平同志为核心的党中央保持高度一致。常态化推进政治监督，围绕对习近平新时代中国特色社会主义思想、习近平总书记对四川系列重要指示批示精神贯彻执行情况和打好“三大攻坚战”、乡镇行政区划调整、实现高质量发展等重大决策部署，加强精准监督，督促各党委（党组）和党员干部做到“两个维护”。严明政治纪律政治规矩，扎实开展蒲某、彭某行、侯某春严重违纪违法案“以案促改”工作。把牢廉政审查关，廉政审查21个单位，干部2233人次，建议暂缓提拔任用12人次，建议不予提拔18人次，立案查处党员干部、公职人员“赌博敛财”问题7件、处分13人，利用名贵特产特殊资源谋取私利问题1件、处分2人。

一年来，我们坚持不懈落实中央八项规定精神，纠治“四风”持续发力。坚持日常检查和集中督查相结合，紧盯重要节点，开展违反中央八项规定精神突出问题整治工作，聚焦发现的突出问题，印发《关于贯彻落实中央八项规定精神的提醒函》，筑牢廉洁自律思想防线。以节假日为重点，开展纪律作风、节日期间值班以及日常作风督查。全年查处违反中央八项规定精神案件9件13人，全部通报曝光。围绕落实上级重大决策部署调门高、落实少等5个方面突出问题开展专项整治，立案查处9件13人。会同县委目标绩效办等部门对全县115个单位开展“抓落实作表率”行动暗访督查，责成5个单位限期整改存在问题。出台《梓潼县督促重点工作落地落实实施办法（试行）》，为全县重点工作、重大项目有序推进提供了更加严明的纪律保障。

一年来，我们认真履行监督职责，管党治党责任进一步压紧压实。以高质量监督促进高质量发展，聚焦“关键少数”，通过个别谈话、督导民主生活会、提出纪检监察建议等方式，抓实日常监督。为县委落实党风廉政建设主体责任当好参谋助手，定期向县委领导发放《履行党风廉政建设主体责任提醒函》，将落实“两个责任”情况纳入目标绩效考核的重要内容，以强有力的问责倒逼责任落实，全年对2个党组织、13名领导干部党内问责。坚持深化述责述廉工作，2名县委政府班子成员、3名单位“一把手”、2名纪检监察组织负责人进行了述责述廉。综合运用监督执纪“四种形态”，各形态占比分别为36%、55%、6%、3%，一、二种形态占比91%，监督执纪由“惩治极少数”向“管住大多数”拓展。擦亮派驻监督“探头”，13个派驻纪检监察组督促驻在部门党委（党组）落实全面从严治党主体责任，切实做到警示在先、防范在前，及时处置苗头性、倾向性问题。全年约谈干部30人次，处置问题线索67条，谈话函询5人，立案13件，党纪政务处分8人。

一年来，我们坚持以人民为中心工作导向，整治群众身边腐败和作风问题成效明显。坚持有什么问题就解决什么问题，什么问题突出就集中整治什么问题，结合“不忘初心、牢记使命”主题教育，围绕群众最关心最直接最现实的利益问题，开展漠视群众利益问题专项整治，立案查处14件21人；扎实开展“脱贫攻坚纪律作风保障年”活动，聚焦扶贫领域工程推进等重点工作开展专项督查，立案查处14件17人，通报曝光典型案件10件12人；认真开展涉农保费补贴清理工作，14人主动说清问题，涉及金额0.9万元，立案查处1件2人；持续开展惠民惠农财政补贴资金“一卡通”专项治理，查处案件21件21人；深挖细查涉黑涉恶腐败和“保护伞”问题，坚持把扫黑除恶同反腐败斗争和基层“拍蝇”结合起来，查处充当保护伞等严重违纪违法案件4件4人，移送审查起诉1件1人。

一年来，我们一体推进“三不”，反腐败斗争压倒性胜利巩固发展。突出重点削减存量，零容忍遏制增量，全年接受信访举报187件次、处置问题线索352件次、立案225件、处分222人，其中，留置2人，移送人民检察院依法审查、提起公诉4人。真正做到坚持有腐必反，有贪必肃，让意欲腐败者不敢越雷池半步。加强党对反腐败工作的集中统一领导，健全纪检监察机关与司法机关、行政执法部门的线索移送、案件协作机制，完善协调顺畅、配合有力的反腐败工作格局。以问题为导向，主责部门制发了《关于进一步做好扶贫对象动态管理工作的通知》和《梓潼县人民政府办公室关于进一步规范全县公务用车管理的通知》等制度，进一步堵塞了漏洞。组织县处级领导干部赴川北监狱开展警示教育活动。组织村（社区）社、基层站所、学校在内的基层党员干部观看多部警示教育片。落实常态化纪律教育知识测试、任前考廉等制度。编辑发放了警示教育读本《忏悔实录Ⅰ》，组织拍摄制作了警示教育片《贪心的苦果》，以身边事教育身边人。继续加强舆论宣传力度，营造风清气正的良好社会氛围，中央省市媒体共采用纪检宣传稿件72篇，为引导党员干部树立廉荣贪耻的价值取向起到了积极作用。

一年来，我们坚守政治巡察定位，巡察利剑作用不断彰显。积极配合省委第九巡视组工作，扎实做好巡视组反馈问题整改，巡视期间交办96件信访件和3个问题线索全部办结，立案查处23人，组织处理44人。按照省委巡视组安排，抽调30名业务骨干组建三个联动巡察组，进驻江油市开展联动巡察。认真开展常规巡察工作，十二届县委第六轮、第七轮巡察24个单位，省委巡视联动巡察7个单位，共发现问题381个，反馈问题366个，移交问题线索9条，立案3件7人。结合机构改革，县委巡察机构由原来的“一办三组”增至“一办四组”，进一步完善巡察机构人员配置。完善巡察反馈方式，改进巡察约谈机制，完善巡察整改专题民主生活会制度，推动整改落实。建立与县纪委监委机关、县委组织部等部门协作配合机制，促进巡察与其他各类监督的贯通融合。

一年来，我们坚持忠诚干净担当，纪检监察机关自身建设全面加强。精心开展主题教育，把学习教育、调查研究、整改落实贯穿始终，查找班子及班子成员问题132个并制定详细整改措施，高质量召开专题民主生活会，有力推动班子思想政治建设。发挥机关党建引领作用，抓实基层党建“3+2”书记项目。拓宽选人用人视野，选调18名优秀年轻干部到委机关和派驻纪检监察组开展工作，配齐配强干部队伍。深化内设机构改革，新建网络政务及教育中心。持续推进派驻改革，完成13家派驻机构更名赋权、监督范围调整工作，落实班子成员联系工作机制。以“廉洁梓潼”微信公众号为载体，创新推出“潼城清风”纪检监察干部接力朗读栏目，全县纪检监察干部初心更坚定，使命更笃行。组织全县纪检监察干部学习中央纪委国家监委18门课程光盘；组织开展各类业务培训3期；选派8人参加2019年绵阳市纪检监察干部能力提升专题培训班；推荐13人次参与上级纪委专案审查；抽调纪检监察干部44人次到县纪委监委参加实战锻炼，精准监督和执纪执法水平进一步提升。坚持刀刃向内，坚决防止“灯下黑”，处置涉及纪检监察干部问题线索2件，给予1人党内严重警告处分。

过去一年，全县纪检监察组织和广大纪检监察干部奋力前行，一以贯之学习贯彻习近平新时代中国特色社会主义思想，一以贯之督促党员干部自觉做到“两个维护”，一以贯之贯彻落实全面从严治党方针要求，围绕中心、服务大局，担当作为、奋勇前行，反腐败斗争压倒性胜利巩固发展，党风政风持续向好，为梓潼改革发展稳定做出了应有贡献。总结过去一年纪检监察工作的生动实践，我们主要有以下深刻认识和体会。

——习近平新时代中国特色社会主义思想是做好纪检监察工作的行动指南和根本遵循，必须从入脑入心、遵照执行向融会贯通迈进，结合实际创造性地贯彻落实党中央、中央纪委、省委、省纪委、市委、市纪委和县委决策部署，自觉地具体地与党中央保持高度一致，确保纪检监察工作行稳致远。

——“两个维护”是开展纪检监察工作的根本目的，是纪检监察机关的根本政治责任，必须强化政治监督、服务中心大局，善于把各种具体工作聚焦到“两个维护”的统领上来，坚持重大决策部署到哪里、监督检查就跟进到哪里，督促各级领导班子和党员干部讲担当、改作风、抓落实。

——实事求是是做好新时代纪检监察工作的生命线，必须坚守职责定位、依规依纪依法，历史地、全面地、辩证地对待每一项工作，既客观公正处理问题，精准高效履职尽责，又全面准确评判干部，做到信任不能代替监督、监督中有信任，确保各项工作经得起历史和人民的检验。

——反腐没有止境，全面从严治党没有终点，必须增强忧患意识、防范风险挑战，把“严”的主基调长期坚持下去，把稳高压态势、稳惩治力度、稳干部群众对持续反腐惩恶的预期落到实处，以“越是艰险越向前”的英雄气概和“狭路相逢勇者胜”的斗争精神，把全面从严治党持之以恒、毫不动摇地抓下去。

——纪检机关是党内的“纪律部队”，必须以更高的标准、更严的纪律要求自己，以自我革命的精神推进自身建设，始终坚持问题导向，真刀真枪解剖自我，动真碰硬解决问题，不讳疾忌医，持续锻造忠诚干净担当纪检监察铁军，厚植高质量发展基础。

同时，我们也清醒看到，党风廉政建设和反腐败斗争形势依然严峻复杂，全面从严治党依然任重道远。全县纪检监察工作还存在一些问题，有的党组织落实党风廉政建设主体责任不主动、不到位，对作风建设和干部管理不重视、宽松软；有的党员干部依然不收敛、不收手、不知止，群众身边的腐败问题时有发生；有的党员干部政治站位不高，麻痹思想和侥幸心理依然存在，违反中央八项规定精神和不担当、不作为问题仍有发生，甚至存在顶风违纪；有的纪检监察干部政治意识、大局意识和本领能力与新时代纪检监察工作的要求还有差距，等等。对这些问题必须高度重视，在今后的工作中切实加以解决。

2020 年主要任务

2020 年是全面建成小康社会和“十三五”规划的收官之年，也是市委七届五次全会确定的第一个时间节点目标实现之年。全县纪检监察工作的总体要求是：以习近平新时代中国特色社会主义思想为指导，全面落实习近平总书记对四川系列重要指示批示精神，深入贯彻党的十九大和十九届二中、三中、四中全会、省委十一届历次全会和市委七届历次全会精神，按照十九届中央纪委四次全会、省纪委十一届四次全会、市纪委七届五次全会和县委十二届十七次全会部署安排，增强“四个意识”，坚定“四个自信”，做到“两个维护”，坚持稳中求进工作总基调，协助党委持续深化全面从严治党，健全完善监督体系，在推动治理体系和治理能力现代化中充分发挥监督保障执行、促进完善发展作用，深入开展蒲某、彭某行、侯某春严重违纪违法案“以案促改”，一体推进不敢腐、不能腐、不想腐，建设高素质专业化纪检监察干部队伍，坚定不移走好纪检监察工作高质量发展之路，为决胜全面建成小康社会、决战脱贫攻坚，打赢新冠肺炎疫情阻击战，推动梓潼建设四川丘区经济强县和打造绵阳后花园再上新台阶提供坚强保障。

一、坚守党的初心使命，推动“两个维护”具体化常态化

强化思想政治引领。把学深悟透习近平新时代中国特色社会主义思想作为长期政治任务，结合工作实际、职能职责，联系实际学、及时跟进学、全面准确学，做到真学真懂真信真用，提高运用马克思主义思想方法、工作方法解决实际问题的能力。把不忘初心、牢记使命作为永恒课题、终身课题常抓不懈，经常进行思想政治体检，把初心使命变成党员干部锐意进取的精气神和埋头苦干的行动自觉。提高政治站位、政治觉悟，主动及时向上级纪委监委和同级党委请示报告工作，既报告结果又报告过程，自觉接受上级纪委监委和同级党委的领导，进一步彰显纪检监察机关政治属性。

突出抓好政治监督。准确把握政治监督的内涵和方法，加强对习近平总书记对四川工作系列重要指示批示精神落实情况的监督检查，加强对贯彻新发展理念、打好“三大攻坚战”、做好“六稳”工作、营造更好发展环境，推进基层治理制度创新和

能力建设、推动开放发展和服务业发展、打赢新冠肺炎疫情防控阻击战等中央、省委、市委和县委重大决策部署落实情况的监督检查，督促党组织特别是党委（党组）主要负责同志切实担负起全面从严治党政治责任，督促广大党员干部坚守初心使命，把“两个维护”落实到具体行动上。把严明政治纪律和政治规矩落实到具体的人和事，坚决清除“两面派”“两面人”，决不让违背党中央精神、损害党中央权威的问题在梓潼有任何市场。

深化拓展“以案促改”成果。结合“三项教育”“三项整治”回头看工作，坚决执行彭某行、侯某春严重违纪违法案“以案促改”工作安排，深入整治领导干部违规组织参与公款支付的宴请、违规收受礼品礼金等行为。

二、聚焦决胜全面建成小康社会，集中整治群众反映强烈的突出问题

全力保障脱贫攻坚决战决胜。深化“纪律作风保障年”活动，认真开展调研督导，盘点梳理扶贫领域腐败和作风问题，紧紧围绕脱贫工作成效、脱贫摘帽后“不摘责任、不摘政策、不摘帮扶、不摘监管”等情况开展监督检查，重点查处和纠正落实脱贫攻坚决胜阶段各项任务不坚决不到位、扶贫措施“假大空虚”、弄虚作假、主体责任和监督责任及职能部门监管责任不落实的问题，紧盯工程项目建设、资金拨付使用等重点领域，从严查处贪污侵占、吃拿卡要、虚报冒领、优亲厚友等行为。

集中整治民生领域突出问题。重点围绕生态扶贫、易地扶贫搬迁、教育扶贫、社会保障兜底开展集中治理，聚焦教育医疗、环境保护、食品药品安全、民生资金监管、农村集体“三资”管理等方面的突出问题，积极开展漠视侵害群众利益问题专项整治“回头看”，督促主责部门结合行业特点开展专项治理，制定针对性强、可行性高的对策，防止问题反弹反复。持续拓展“一卡通”管理问题专项治理成果。督促基层党组织发挥监督作用，用好村务监督委员会等力量，开展“阳光问廉走进院坝”，引导群众有序参与监督，加强对“一肩挑”后村党支部书记的监督，推动基层干部集中精力为群众办实事、办好事。

精准查处涉黑涉恶腐败和“保护伞”。做细做深黑恶势力犯罪案件逐案筛查，紧盯黑恶势力坐大成势，非法获取经济利益、政治荣誉，被免于或减轻处罚等关键环节，深入研判，循线深挖，确保“保护伞”不漏网。加强与政法机关等部门的协同联动，综合运用挂牌督办等措施，严肃查处“村霸、乡霸”、宗族恶势力及黄赌毒背后的腐败行为。坚持边打边治边建，聚焦交通运输、服务娱乐、金融、网络等重点行业和领域，推动行业主管部门主动作为、深入治理，铲除黑恶势力滋生蔓延的“土壤”。

三、持续深化纪检监察体制改革，完善制度机制健全监督体系

协助党委全面从严治党。落实全面从严治党责任制度，镇（乡）纪委和派驻纪检监察组要定期分析研判所在地区或所驻单位政治生态，及时向党委（党组）提出工作建议，促进主体责任和监督责任的贯通联动。推进纪检监察工作双重领导体制具体化、程序化、制度化，完善镇（乡）纪委“两为主一报告”、派驻纪检监察组“三为主一报告”工作机制，建立健全纪委监委班子成员分管、纪检监察室对镇（乡）纪委和派驻纪检监察组精准指导工作机制。坚持严字当头、权责统一，实施规范问责、精准问责，界定不同问责情形的问责主体，督促各类问责主体齐抓共管；对问责泛化、问责不当的，及时予以纠正。

全面提升派驻监督质效。加强对派驻纪检监察组的直接领导和统一管理，抓好重点工作部署、任务分解落实、教育培训提升，实现派驻监督全覆盖与高质量有机统一。探索县管企业、县属学校、县属医院等单位有效监督的具体措施。加强机关纪检组织建设，明确其接受派驻纪检监察组业务指导和监督检查。针对乡镇行政区划调整改革实际，健全镇（乡）纪检监察机构工作规程，完善履职监督、业务考核等制度，进一步提升履职能力，发挥监督作用。

完善协调机制确保纪法有序衔接。进一步理顺内部体制机制，加强监督检查与审查调查工作衔接，实现执纪执法统一决策，一体运行，形成立案前、审查中、案件后期以案促改各环节的整体闭合。健全与司法机关、行政执法部门的协调配合机制,强化与公安、检察、审判等机关在案件管辖、移送起诉、证据审查、党纪政务处分等方面衔接,对接落实涉嫌职务犯罪案件旁听庭审制度。

四、聚焦监督基本职责第一职责,做深做实做细日常监督

把监督挺在前面。以创新的思路探索常态化、近距离、全天候的理念方式,推动日常监督由被动监督向主动监督、结果监督向过程监督、粗放监督向精准监督、关门监督向开门监督转变。以聚焦"关键少数"带动监督全覆盖,重点监督"三类人"特别是"一把手""两委委员",完善对各级主要领导干部监督制度和领导班子内部监督制度,探索"一把手"监督和同级监督的有效举措,督促"关键少数"管住绝大多数。对以谈话函询方式处置的"两委委员""一把手"以及在重要岗位上还可能被提拔重用干部的问题线索一律抽查核实。深化运用"四种形态",精准把握政策策略,加大红脸出汗、咬耳扯袖的力度,抓早抓小、防患于未然。运用系统思维、贯通思维,完善纪律监督、监察监督、派驻监督、巡察监督统筹衔接制度,促进党内监督与其他监督融会贯通、协调协同。

加强权力运行制约监督。坚守职责定位,重点围绕坚持民主集中制原则、执行"三重一大"决策制度等开展监督检查,严肃查处严重破坏制度的行为,坚决防止滥用权力违规决策等问题。通过监督发现权力运行中的问题症结、提出整改意见、完善制度机制,推动审批监管、工程建设、金融信贷、公共资源交易、公共财政支出等重点领域监督机制改革和制度建设,让权力在阳光下运行。

严把选人用人关。规范廉政档案的日常管理,实行一人一档、动态更新、精准"画像"。坚持把政治标准放在首位,以党章党规党纪为尺子,实行信访、党风、案管、纪检监察、干部监督、案件审理的廉政审核机制,扎实做好党风廉政意见回复工作。坚持时间服从质量,对拟提任领导干部的人选,其问题线索有可查性的一律核查,已了结但重新研判还具可查性的再次核查,坚决防止"带病提拔"问题发生。完善提任重要领导干部任前廉政谈话制度,强化自警自律意识。

五、持之以恒纠治"四风"问题,巩固拓展作风建设成果

深化纪律作风建设。坚持抓细节、抓具体,坚守重要节点,紧盯薄弱环节,关注隐形变异新动向,把严的思想、严的标准贯穿始终,严查享乐、奢靡问题,防范和查处收送电子红包、私车公养等行为,从严处理顶风违纪问题特别是党的十九大后违反中央八项规定精神、受到党纪政务处分的党员干部,一律点名道姓通报曝光,推动党风政风和社会风气进一步好转。坚持整治突出问题和堵塞漏洞并重,督促各部门对相关制度规定和执行情况开展"回头看",不断健全作风建设制度体系和长效机制。

深化整治形式主义、官僚主义。坚持从讲政治的高度整治形式主义、官僚主义,加强对各级党组织执行新形势下党内政治生活若干准则等党内法规情况的监督检查,坚持从领导机关和领导干部抓起、改起,查摆问题从下往上看、解决问题从上往下抓,坚决整治贯彻党中央决策部署只表态不落实,拍脑袋决策搞"一言堂",脱离实际、好大喜功,弄虚作假、欺上瞒下等问题,着力整治"景观亮化工程"过度化等"政绩工程""面子工程"问题,引导各级党员干部树立正确政绩观。严格贯彻落实为基层减负整治措施,坚决纠正层层加码式落实上级决策部署的行为,坚决整治文山会海、滥用属地管理等问题,推动改进考核评价指标和监督检查方式。

弘扬真抓实干优良作风。把"抓落实作表率"行动作为践行"两个维护"的重要举措,定期梳理监督事项,精准开展监督检查,坚决纠正议而不决、决而不行、行而不实等问题,严肃查处不担当、不负责、不作为的干部。全面贯彻"三个区分开来"要求,实践运用《绵阳市容错纠错实施办法(试行)》。严肃查处恶意举报、诬告陷害等行为,落实函询回复采信告知、反映不实直接了结、诬告陷害澄清正名等工作机制,最大限度排除干扰,保护和激发干部干事创业积极性。

六、完善巡察工作机制，实现巡察监督有形覆盖和有效覆盖相统一

持续深化政治巡察。统筹谋划常规巡察、专项巡察、机动巡察，适时开展“回头看”和回访督查。加强对巡察过程质量控制、巡察结果把关，把延伸巡察村（社区）纳入整体规划，统筹推进巡察全覆盖任务。完善巡察整改“三方反馈”机制，巩固深化巡察约谈和巡察整改专题民主生活会制度，完善巡察整改“回头看”工作程序，探索建立巡察整改日常监督、巡察成果综合运用、巡察后评估体系及成果运用等制度机制，确保整改效果。

不断完善巡察协作机制。认真落实巡察机构与纪委监委机关、县委组织部、审计等部门协作配合机制，整合同级监督资源力量。推动县委巡察与派驻监督、镇（乡）纪委协同并进，探索破解基层熟人社会监督、村（社区）延伸巡察等重难点问题。

加强巡察规范化建设。探索建立县委落实巡察主体责任工作清单，明确县委巡察工作领导小组工作职责。推进县委巡察办职责具体化、工作标准化，分层分类规范巡察工作流程。强化巡察干部队伍培训，建立内控机制、巡察后作风纪律评估等制度，把依纪依规依法要求贯穿落实到巡察全过程。加强信息化建设，加大内网版系统运用，推广运用数据管理系统，以信息化助推巡察工作规范化。

七、坚持以永远在路上的执着，巩固发展反腐败斗争压倒性胜利

加大惩贪治腐力度。保持永远在路上的冷静清醒，紧盯“三类人”、“关键少数”、重要岗位，对党的十八大以来不收敛不收手，严重阻碍党的路线方针贯彻执行、严重损害党的执政根基、成为全面从严治党障碍的腐败问题从严查处，对主动投案者依规依纪依法从宽处理。坚持行贿受贿一起查，对巨额行贿、多次行贿的严肃处置，坚决斩断“围猎”和甘于“被围猎”的利益链。聚焦工程建设、国有企业等方面，严肃查处领导干部插手干预工程建设等违规行为，严肃查处靠企吃企、关联交易、内外勾结侵吞国有资产等腐败问题。

扎实做好查办案件“后半篇文章”。以“三不”一体理念、思路和方法推进反腐败斗争，抓好重大典型案件“以案促改”，督促指导案发地开好专题民主生活会、建章立制，标本兼治、堵塞漏洞。发挥职能作用，推动构建亲清新型政商关系，进一步规范领导干部配偶、子女及其配偶经商办企业行为。用好用活中国“两弹城”廉洁文化基地，认真开展廉洁教育和警示教育，把“一把手”、年轻干部等人员作为警示教育重点对象，增强警示教育实效。常态化开展党纪国法知识测试，深入开展“好风传家”系列活动，探索运用互联网手段宣传推广廉洁文化，引导党员干部培养现代文明人格。

严把案件质量关。严格规范公正文明执纪执法，坚决摒弃单纯办案思想，把深入细致的思想政治工作贯穿执纪执法全过程，实现办案政治效果、纪法效果、社会效果相统一。坚持全程管控防范为先，严格审查调查安全管理，常态化开展安全工作自查自纠和监督检查，突出抓好“走读式”谈话安全，确保审查对象和涉案人员“双安全”。建立健全案件质量评查制度和案件质量责任制，全力打造“铁案工程”。做好申诉案件办理工作，保障申诉人合法权益。

八、从严从实加强自身建设，锻造高素质专业化纪检监察干部队伍

强化政治担当。把对党绝对忠诚作为纪检监察工作的首要政治原则，带头加强机关党的政治建设，带头自觉同以习近平同志为核心的党中央保持高度一致。加强纪委常委会的政治建设，坚持民主集中制，带头增强制度意识、坚定制度自信、维护制度权威，发挥示范引领作用。抓实“不忘初心、牢记使命”主题教育检视剖析问题整改，巩固深化主题教育成果。全面加强机关党的建设，把党支部和审查调查组、巡察组临时党支部建设成坚强战斗堡垒。学习宣传张晋铭、魏坤等同志先进事迹，宣传纪检监察战线先进典型，汲取榜样力量培育斗争精神，增强斗争本领，忠诚履职担当。

激发队伍活力。围绕“政治过硬、本领高强”目标，把纪法培训实训作为重点，常态化开展全员培训，实施行政综合、监督检查、审查调查、巡察交叉实

战练兵，提高干部队伍的能力素质。组织镇（乡）纪委书记到委机关集中培训，提升队伍专业化水平。坚持好干部标准，加强纪检监察干部队伍梯队建设，注重从各领域各条战线引进优秀人才，有计划地发现、选拔、培养一批优秀年轻干部，优化领导班子和干部队伍结构。坚持严管厚爱，为敢于担当作为的纪检监察干部撑腰鼓劲，关心关爱纪检监察干部身心健康。

严格监管约束。推进更高水平、更深层次“三转”，完善自身权力运行机制和管理监督制约体系，不断提高纪检监察机关治理能力。始终保持谦抑品格，深入整治形式主义、官僚主义，坚决纠正特权思想、特权冲动，塑造严实深细良好作风。严格内部流程管控，完善集体研判、决策机制，严格按照法定权限、规则、程序办事，健全特约监察员制度，防范化解不作为、乱作为的履职风险。铁面无私清理门户，严肃查处执纪违纪、执法违法行为，坚决清除以权谋私、以权搞特殊、蜕化变质的害群之马，持续防治“灯下黑”。

同志们，站在“两个一百年”奋斗目标的历史交汇点，我们要不忘初心、牢记使命，以一往无前的昂扬斗志、奋发进取的精神状态，忠诚坚定履行党章和宪法赋予的神圣职责，持续深入推进全面从严治党、党风廉政建设和反腐败斗争，为梓潼建设四川丘区经济强县和打造绵阳后花园、决胜全面建成小康社会、实现第一个百年奋斗目标做出新的更大贡献！

名词解释

1.“四个意识”：政治意识、大局意识、核心意识、看齐意识。

2.“四个自信”：道路自信、理论自信、制度自信、文化自信。

3.“两个维护”：坚决维护习近平总书记党中央的核心、全党的核心地位，坚决维护党中央权威和集中统一领导。

4.“三项改革”：纪检体制改革、国家监察体制改革和纪委监委机构改革。

5.“三转”：转职能、转方式、转作风。

6.“四种形态”：经常开展批评和自我批评、约谈函询，让“红红脸、出出汗”成为常态；党纪轻处分、组织调整成为违纪处理的大多数；党纪重处分、重大职务调整的成为少数；严重违纪涉嫌违法立案审查的成为极少数。

7. 以案促改：在案件查办后，通过深入剖析发案原因，研究案发规律，找准制度漏洞，做好执纪审查下半篇文章。

8. 黑恶势力“保护伞”：指国家公职人员利用手中权力，参与涉黑涉恶违法犯罪，或包庇、纵容黑恶犯罪、有案不立、立案不查、查案不力，为黑恶势力违法犯罪提供便利条件，帮助黑恶势力逃避惩处等行为。

9. 三大攻坚战：防范化解重大风险、精准脱贫、污染防治。

10.“六稳”：稳就业、稳金融、稳外贸、稳外资、稳投资、稳预期。

11.“四风”：形式主义、官僚主义、享乐主义和奢靡之风。

12.“三类人”：一是十八大后不收敛不收手的干部。二是问题线索反映集中、群众反映强烈的干部。三是现在重要岗位且可能还要提拔使用的领导干部为重点。

13.“三重一大”：重大事项决策、重要干部任免、重要项目安排、大额资金的使用。

14.“六个围绕、一个加强”：围绕党的政治建设，重点检查维护党中央权威和集中统一领导情况；围绕党的思想建设，重点检查学习贯彻习近平新时代中国特色社会主义思想情况；围绕党的组织建设，重点检查选人用人和基层党组织建设情况；围绕党的作风建设，重点检查整治“四风”问题情况；围绕党的纪律建设，重点检查党规党纪执行情况；围绕夺取反腐败斗争压倒性胜利，重点检查领导干部廉洁自律和整治群众身边腐败问题情况；加强对巡视整改情况的监督检查。

15.“三不”：不敢腐、不能腐、不想腐。

16.“双安全”：既要保证审查调查对象安全，也要保障涉案人员安全，做到“双安全”。

梓潼县人民法院工作报告

——2021 年 1 月 27 日在梓潼县第十七届人民代表大会第六次会议上

梓潼县人民法院院长 魏宗久

各位代表：

现在，我代表县人民法院向大会报告工作，请予审议，并请列席会议的同志提出宝贵意见。

2020 年工作回顾

2020 年，梓潼县人民法院在县委的坚强领导下，在县人大及其常委会的有力监督下，在县政府及其他部门的大力支持下，在县政协的民主监督下，坚持以习近平新时代中国特色社会主义思想为指导，深入贯彻党的十九大和十九届二中、三中、四中、五中全会精神，紧紧围绕“团结奋进勇登攀，创新打造后花园”奋斗目标和“六大工程”发展战略，全面落实各项重大决策部署，坚持以审执工作为主线，以优化营商环境为着力点，以服务“六稳六保”为己任，忠实履行宪法、法律赋予的职责。

一、强化政治引领，保障服务大局

（一）坚持党的绝对领导

县法院始终把党的政治建设摆在首位，坚持用习近平新时代中国特色社会主义思想武装法院、教育法官、指导审判，以开展“不忘初心、牢记使命”主题教育和“两个坚持”主题教育为抓手，严格执行重大事项请示报告制度，积极向县委、县委政法委及上级法院汇报工作开展情况。落实党组意识形态工作责任制，引领队伍增强“四个意识”、树牢“四个自信”、做到“两个维护”，切实把维护党中央权威和集中统一领导体现在行动上、落实到工作中，确保法院工作始终保持正确方向。

（二）全力服务疫情防控总体战

2020 年初，县法院按照县委、县政府新冠防疫工作部署，深入社区开展联防联控工作，先后组织 120 余人次，10 支党员服务队，协助社区入户排查 130 余户；坚持主责主业不打烊，以四川移动微法院、刑事远程视频庭审系统、互联网庭审系统等平台为依托，开展网上办公。全年通过线上调解、远程开庭案件 179 件，依法严惩妨害疫情防控犯罪，从严从快审理利用疫情实施诈骗、销售伪劣防疫物资犯罪案件 2 件 3 人；开展护航“六稳”“六保”专项执行行动。深入部分被执行企业开展现场办公，通过与企业家代表面对面座谈、组织案件和解等方式，对因疫情暂时性生产经营困难的被执行企业，稳妥使用查封、冻结、扣押等保全措施，服务保障企业复工复产。

（三）坚决打好扫黑除恶收官战

2020 年，扫黑除恶专项斗争进入“收官战”，县法院提前谋划，加强横向沟通协作，与县扫黑办、公安、检察机关建立了扫黑除恶联席会议制度，并成立“8·22”专案组，院庭长靠前指挥、带头审理案件，召开小组专题会 7 次，向省、市法院多次汇报案情，听取指导性意见。县法院坚持“打稳、打准、打狠”和“不拔高、不降低”的原则，通过不懈努力、担当作为，“8·22”专案顺利审结，彭杰、何涛等 14 人两个恶势力犯罪集团分别判处一年零三个月至十三年不等的有期徒刑。

（四）积极营造法治化营商环境

县法院以推进“服务大局实质化”为抓手，紧紧围绕县委县政府优化营商环境的决策部署，多措并举、积极作为。营造安全稳定发展环境。着力化解梓潼县经济发展的各类矛盾纠纷，依法审结涉民间借贷、金融借款、买卖合同、房地产等各类案件 1047

件，成功调解了涉案金额近千万的江苏大都建设工程有限公司诉绵阳通力汽车运输有限公司、绵阳市盛鑫房地产有限公司建设工程施工合同纠纷案件，及时有效保障了众多民工、购房户的权益，维护了春运期间客运市场的有序运行，化解了群体性事件的发生，为优化梓潼营商环境作出了积极贡献；依法审理破产案件。县法院高度重视破产审判工作，着力建立专门的破产审判团队及破产案件交流平台，2020年受理破产类案件4件，审结1件。依法有序推进梓潼锦诚商贸有限公司破产重整案、四川老山磨坊食品有限公司破产清算案等有影响的案件。县法院遵照上级法院指定，办理了在梓潼县有社会影响的“潼江国际名都”烂尾楼盘开发商四川华忆房地产开发有限公司破产清算案，该案涉债权人213户，申报债权总额4.11亿元。办理过程中，县法院一手抓疫情防控、一手抓复工复建，在一季度末转为重整程序后，县法院批准重整计划草案，进入重整实施阶段，并组织200余名干警进行强拆清退，现“潼江国际名都”已全面复工复建。四十户拆迁还房户及购房户将乔迁新居，几百户债权人将依法受偿，多年以来的历史遗留问题及稳定问题将得到有效化解，为梓潼县今后处置烂尾楼盘积累了宝贵经验，也成为疫情防控期间复工复产的典范，为此县法院多次得到县委县政府主要领导的肯定和表扬。

（五）助力打好脱贫攻坚决胜战

2020年是脱贫攻坚收官之年，县法院联系村已全部脱贫且未出现返贫现象。依法就地化解矛盾纠纷，从源头上化解涉脱贫攻坚合同纠纷系列案件；邀请专家和技术员，对贫困户进行了技术培训。针对同心村一、二社人畜饮水困难、水库渗漏的问题，多方协调，向县农业农村局争取堰塘清淤整治资金60万元，向县水务局争取水库处漏资金200万元，目前项目正在实施中；牢固树立扶贫先扶智、医疗保障不返贫的理念。加大对贫困家庭子女助学力度，严格落实贫困户医疗保障政策，对纳入农村低保的建档立卡贫困户开展定期回访。

二、发挥审判职能，书写公平正义

全年共受理各类案件5150件，受理案件数比上年增加474件，同比增加10.14%，审结5001件，结案率97.11%。

（一）依法惩治刑事犯罪

全年受理各类刑事案件167件，审结114件，结案率68.26%，共判处罚金4.8亿元，没收违法所得327.7余万元，为被害人、被害单位挽回经济损失154.2余万元。对腐败犯罪始终保持高压态势。审结职务犯罪案件6件，判处罪犯6人；打击涉食品领域犯罪，全力维护人民群众舌尖上的健康，审理生产、销售不符合安全标准牛肉系列案件64件，已宣判17件24人；依法严惩毒品犯罪，依法从重从快打击涉毒犯罪分子16人，其中判处有期徒刑十五年及以上2人；持续推进庭审实质化建设。全年通过庭审实质化审理案件5件，并强化侦查人员出庭作证，律师参与辩护率达案件数的85%，召开庭前会议2次，充分发挥庭审在认定证据、查明事实、公正裁判中的决定性作用。

（二）依法审理民商事纠纷

县法院受理各类民商事案件3138件，审结3096件，结案率98.66%。妥善处理家庭矛盾。积极运用诉前调解等手段，促进和谐家庭建设，审结婚姻家庭、继承、三养等家事案件878件；依法保障劳动者合法权益。积极营造良好用工环境，审结劳动争议、劳务合同等案件117件；依法保护农民工合法权益，审理欠薪案件85件，为农民工讨薪1900余万元；注重保护人民群众生命安全和身体健康，审结医疗损害责任纠纷、机动车交通事故等侵权责任纠纷83件；注重判后释疑，从源头上解决涉诉信访和网络舆情。县法院处理的鑫驰·城市中心小区与近百位业主房屋买卖合同纠纷系列案件，通过诉前调解，判后释疑，成功化解各方矛盾，收到了良好的社会效果和法律效果。

（三）依法化解行政争议

县法院共受理行政案件21件，审结20件，审结率95.24%。行政非诉审查6件，准予执行6件，准予执行率100%，准予执行标的1163万余元。积极助推法治政府建设。保护行政相对人合法权益，监督行政权力运行，支持行政机关依法履职案件1件；

加强阳光司法。全面推进行政案件审判流程公开和庭审公开。所有行政案件均采取网络直播的方式进行,行政裁判文书公开率100%,对有影响力的行政审判案件,邀请人大代表、政协委员、相关单位代表和人民陪审员参加旁听,全程公开透明,有效促进审判程序的公开公正;积极落实行政机关负责人出庭应诉制度。行政机关负责人出庭应诉案件8件,出庭应诉率100%。“告官不见官”问题得到有效化解,负责人在庭审中“出庭不出声”的现象明显好转。

(四)稳步提升执行质效

2020年,县法院严格按照省高院“执行长效机制建设年”要求,以执行指挥中心实质化为抓手,推进执行工作长效机制建设,有效缓解执行难题。受理各类执行案件1802件,执结1749件,执结率97.06%,实际执行到位标的金额1.03亿余元。更加注重综合治理。联合人大、政协开展护航“六稳六保”专项执行行动,与公安、发改、人社等多部门信息共享、协作配合,组织参与社区、企业、学校诚信建设宣传,召开执行工作新闻发布会和执行联席会议,逐步完善法院与党委、政府及社会各方的协调联动机制,构建更加完善的综合治理、源头治理执行难大格局;更加注重强化失信惩戒。定期循环公示曝光失信被执行人名单,发布失信被执行人信息1144条,限制高消费963例,发布失信典型案例2例,促使237名被执行人主动履行义务,同时依法拘留拒不履行、转移隐匿财产或妨碍执行的被执行人7人;更加注重制度改革。深化推进执行指挥中心实质化运行,构建员额法官主导下的“三分”办案机制,明确繁简分流标准和转换程序,解决了繁简“堵车”效率低下的问题。

(五)深入推进诉源治理

2020年县法院着重在服务管理上下功夫,以人民群众满意为目标,提高服务水平。积极推行诉源治理建设。及时将诉源治理工作的相关情况报告县委政法委,将“万人起诉率”“无讼村社”等纳入镇(乡)党委政法委员业务目标考核。形成法院主推、党委政府主导、部门齐抓共管的良好工作格局;积极推动多元化解矛盾纠纷。大力推进“人民调解”模式建设,与五家单位签订社会矛盾纠纷化解的合作协议;推动建设矛盾纠纷多元化解中心,通过制定方案、实地查看、与相关部门座谈等方式,推动中心进入良好运行状态;积极推进涉诉信访工作实体化建设。全年接访案件23件,接待来访人员66人次,其中领导接访14件,领导参加接访率达60.87%,期限内完成省委巡视组交办件18件。对可能引发“民转刑”案件的突出民间纠纷以及涉民生保障和改善的执行案件进行排查。在2019年7名重点人员基础上排查新增15件涉稳风险案件,并建立台账、制定预案,确保全年未发生越级上访事件。

三、全面从严治院,加强队伍建设

(一)强化党建引领作用

始终把思想政治建设摆在首位,坚持理论武装、纪律教育、典型引领相结合,深入学习党的创新理论和大政方针政策。组织党组成员学习12次,全院干警集中学习10余次,各支部学习48次,学习法院楷模胡国运同志先进事迹,认真观看《忏悔实录Ⅵ》和《越界》等廉政教育片,以书香法院建设为导向,观看《家风家规》系列教育片,把社会主义核心价值观、廉政纪律、职业道德等作为经常性的思想教育内容抓紧抓实。

(二)强化党风廉政建设

建立“以案促改”长效机制,通过召开党风廉政专题会和警示大会,先后开展了蒲某、张某等严重违纪违法案件“以案促改”警示教育活动,做到深挖问题根源,切实筑牢全体干警思想防线;狠抓司法作风建设,对标对表查找本院在虚报冒领补助和司法作风问题专项整治活动中存在的问题,与干警提醒谈话30人次,工作约谈7人,协助县纪委谈话8人,开展专项审务督察4次,进一步健全执纪问责体系,强化监督执纪问责力度,以“零容忍”的态度杜绝司法腐败。

四、主动接受监督,促进司法公正

主动接受人大、政协监督、新闻媒体监督和社会监督。坚持重大事项报告制度,主动、及时向县人大及其常委会报告履职情况、重要工作部署、人事任免方案和重大案件的审执情况。全年邀请代表、委员视察法院14人次，见证执行12人次，参与旁听案件20人次，参与信访化解1件。召开新闻发布会，邀请代表、委员及其他单位见证执行成果，向公众推送法院工作动态84条，公开生效裁判文书4848份，直播庭审571件。在央视《今日说法》和《道德观察》节目采编播放法治节目两期，在梓潼电视台拍摄法治节目5期，发放民法典宣传单1000余份，更好地满足群众知情权、参与权和监督权。

各位代表，过去的一年，县人民法院取得的成绩离不开县委坚强领导、县人大监督，离不开广大人民群众的关心支持。在此，我代表县法院表示衷心的感谢！

在肯定成绩的同时，我们也清醒地看到存在的问题和不足：一是案多人少的矛盾依然突出，结案率需进一步提高，办案压力和难度越来越大；二是服务大局还需进一步增强。在司法服务、工作联络的推进中，存在具体措施推进不细、实际效果不佳等问题；三是涉法涉诉等信访压力增大。社会热点、难点案件及群体性纠纷案件数量增多，群体性矛盾易发，多元化解矛盾纠纷还需进一步增强。

2021年工作安排

2021年是“十四五”规划的开局之年，县法院将深入贯彻十九大和十九届二中、三中、四中、五中全会精神，坚持服务大局、司法为民、公正司法，坚持守正创新、稳中求进，充分发挥人民法院在国家治理体系和治理能力现代化建设中的职能作用，以即将开展的政法队伍教育整顿为契机，内强素质、外塑形象，推进《民法典》实施，推进便民利民举措，推进阳光司法，为满足人民群众多元化司法需求、保护人民群众生命财产安全、社会经济健康发展，作出更大贡献。

一、以队伍建设为抓手，提升队伍综合素质

坚持党建引领，围绕党建带队建促审判目标，教育引导领导干部深化对中央全面从严治党和党员干部个人自觉遵守政治纪律、政治规矩、履行政治责任的认识。加强《中华人民共和国民法典》及各项法律法规的培训、学习，提升干警业务素质，通过“观摩庭、示范庭、模拟庭”三庭一评和争当办案能手竞赛活动，提升入额法官驾驭庭审的能力。通过裁判文书评查、裁判文书上网、裁判文书网上模块应用，提升干警文书写作能力。

二、以便民利民为导向，满足群众多元需求

坚持以人民为中心，不断完善诉讼便民举措。有效发挥立案、信访、法庭便民作用，通过发放诉讼指南、诉讼风险告知书，开展巡回审判等措施，最大程度方便群众诉讼。依法减免缓诉讼费，上门开庭调解，帮助困难群众解决实际困难等形式，让群众打得起官司。以加强智慧法院建设为牵引，进一步完善网上立案、互联网开庭、远程提讯、诉讼服务大厅自助缴费、自助查询档案等设施设备，让智慧法院建设成果惠及更多群众。以司法服务促进发展，进一步发挥职能作用，主动服务招商引资、重点企业、重点项目、新农村建设，为梓潼县经济建设发展和社会和谐稳定提供优质的法律服务。

三、以实施民法典为契机，增强民众法治意识

县法院将发挥民法典实施的主力军作用，宣传好、落实好民法典的贯彻实施。对全院十九名员额法官进行一次不低于十天的民法典专业培训，深刻学习领会民法典的精髓要义。紧紧围绕服务“六稳”“六保”，组织力量深入企业、市场等单位开展民法典宣传，牢固树立诚信守法意识，提高依法经营能力，依法维护市场主体合法权益。在村（社区）等公共场所设置民法典宣传栏、张贴板报，把民法典和法治元素融入村（社区）文化广场、橱窗、公益广告牌、电子显示屏等宣传阵地，开展民法典知识进乡村、进社区活动。组织国家机关工作人员、人大代表、政协委员、人民陪审员等参与旁听社会影响大、具有一定典型意义的民事案件，通过主流媒体、电视、微信公众号推送民法典相关知识，扩大民法典宣传的覆盖面和影响力。

四、以队伍整顿为依托，建设忠诚法院队伍

认真落实政法队伍教育整顿的各项要求，加强人民法院党的建设，锻造一支政治过硬、业务过硬、责任过硬、纪律过硬、作风过硬的高素质队伍，自

党接受人大监督、政协民主监督和各方面监督，夯实全面从严治党主体责任，坚决破除形式主义、官僚主义，严格执行防止外部和内部人员干预过问司法“三个规定”等铁规禁令，让暗箱操作没有空间，让司法腐败无处藏身，以司法担当化解矛盾纠纷，以司法公正实现公平正义。

各位代表，2021年我们将继续深入学习贯彻习近平新时代中国特色社会主义思想，充分发挥审判职能作用，奋力推进各项工作更上新台阶，为建设平安梓潼、法治梓潼做出新的更大的贡献，以优异成绩庆祝建党100周年！

名词解释

1.“8·22”专案：县公安局于2019年8月22日对彭某等人涉嫌寻衅滋事一案立案侦查。彭某、何某等所涉案件被称为“8·22”专案。

2.庭审实质化：是“以审判为中心”诉讼制度改革的重要内容，其基本目标是“保证庭审在查明事实、认定证据、保护诉权、公正裁判中发挥决定性作用”，“实现诉讼证据质证在法庭、案件事实查明在法庭、诉辩意见发表在法庭、裁判理由形成在法庭。”

3.“三分”办案机制：是以“执行指挥中心实质化”为抓手，以“繁简分流、分类分段集约办案”为重点，强力推进的执行工作规范化标准化建设机制，即实施员额法官主导下繁简分流机制、分段集约机制、团队办案机制。

4.智慧法院：依托现代人工智能，围绕司法为民，坚持司法规律、体制改革与技术变革相融合，以高度信息化方式支持司法审判、诉讼服务和司法管理，实现全业务网上办理、全流程依法公开、全方位智能服务的人民法院组织、建设、运行和管理形态。

梓潼县人民检察院工作报告

——2021 年 1 月 26 日在梓潼县第十七届人民代表大会第六次会议上

梓潼县人民检察院检察长　赵　伟

各位代表：

现在，我代表县人民检察院向大会报告工作，请予审议，并请各位政协委员和列席人员提出意见。

2020 年主要工作

2020 年，梓潼县人民检察院以习近平新时代中国特色社会主义思想为指导，在县委和上级检察机关的坚强领导下，在人大及其常委会的法律监督和工作监督、政府的大力支持、政协的民主监督及人民群众的社会监督下，全面贯彻党的十九大和十九届二中、三中、四中、五中全会精神，认真践行“讲政治、顾大局、谋发展、重自强”的检察工作总要求，紧紧围绕县委“团结奋进勇登攀，创新打造后花园”目标和“六大工程”发展战略，忠实履行法律监督职责，持续加强并改进检察工作，为推动梓潼高质量发展提供坚强的法治保障。

一、聚焦强化政治引领，体现服务大局检察担当

旗帜鲜明讲政治。深化“不忘初心、牢记使命”主题教育成果，不断增强“四个意识”，坚定“四个自信”，做到“两个维护”。坚持重大事项报告制度，向县委、县委政法委和上级检察院主动报告检察工作开展情况，确保党对检察工作的绝对领导。全面落实党建工作责任制，配强党建工作队伍，认真落实“三会一课”制度，扎实开展主题党日活动，严肃党内政治生活。将意识形态教育纳入党组会、党组中心组理论学习议程，执行意识形态工作报告制度，规范检察文化阵地管理，确保检察工作正确政治方向。

全力保障打赢“三大攻坚战”。积极参与防范化解重大风险攻坚战，办理一起受害人数众多、涉案区域遍及境内大部分地区、涉案金额特别巨大的境外特大电信诈骗案件，依法批捕 25 人，追捕 2 人，起诉 30 人。积极服务脱贫攻坚战，推动联系村基础设施改建和文化阵地建设，协调解决资金 9 万元，捐赠鸡苗 1140 只，办理国家司法救助案件 7 件，发放救助金 14.44 万元，在改善民生上持续加力。积极参加污染防治攻坚战，严厉打击破坏生态环境资源犯罪，起诉 2 件 2 人；办理生态环境保护领域行政公益诉讼案件 8 件，发出公益诉讼检察建议，督促相关部门从源头减少垃圾乱堆、柴草乱积、污水乱倒等影响农村人居环境的现象和不文明行为。

全力服务“六稳”“六保”促进经济健康发展。依法打击生产销售不符合安全标准的食品、虚开增值税专用发票等侵害企业合法权益的犯罪行为，起诉 54 件 55 人，保障企业生产经营活动正常进行。积极开展涉民营企业刑事诉讼“挂案”专项清理工作，共清理 2 件刑事诉讼“挂案”。在办理阳某某、李某某等 4 人虚开增值税专用发票案中，充分考虑经济下行和疫情影响等因素，对于犯罪情节轻微不需要判处刑罚的民营企业家，依法不起诉，保障和服务民营企业健康发展。加强检企互动，会同工商联建立联合调研、信息共享工作机制，举办“服务‘六稳’‘六保’护航民企发展”检察开放日活动，为企业提供法律服务，推动优化营商环境。

二、聚焦维护和谐稳定，营造社会发展良好环境

纵深推进扫黑除恶专项斗争。坚持“扫黑除恶”与“破网打伞”协同推进，加强与监委、法院、公安机关等部门联动协调。成立专班办理涉黑涉恶案件，依法起诉 1 件 14 人，并向县纪委监委移送“保

护伞”线索。向教体局、公安局、综合行政执法局发出社会治理检察建议并公开宣告，着力解决在社会治理、队伍建设等方面存在的问题。向乡镇、企业、社区等发放扫黑除恶宣传折页、挂历等宣传资料10000余份。

积极参与平安梓潼建设。贯彻宽严相济刑事司法政策，批捕抢劫、盗窃等侵财案件19件28人，起诉44件107人，起诉涉枪涉爆案件6件8人；对犯罪情节轻微案件不批捕16件32人，不起诉29件40人。办理羁押必要性审查案件5件，对不需要继续羁押的5人及时变更强制措施。全力投身疫情防控工作，成立疫情防控突击队，配合紫阳社区开展联防联控，从严从快批捕起诉疫情期间销售假口罩的诈骗案件2件3人，起诉疫情期间扰乱医院管理秩序案件1件1人。完善12309检察服务中心，同步建设实体、热线、网络三大平台，提供一站式服务。落实“群众来信件件有回复”制度，做到7日内程序性回复，3个月办理结果或进程回复，依法妥善处理群众信访44件次。成功化解最高检督办的一起长达15年的信访积案，获得最高检张军检察长肯定性批示，最高检第十检察厅发来感谢信，《检察日报》头版进行专题报道。发出社会治理类检察建议9份，通过公开宣告提升监督刚性。

扎实开展未成年人刑事检察工作。全面落实未成年人司法保护政策，批捕侵害未成年人权益的犯罪嫌疑人1人，起诉1人；不批捕未成年人犯罪嫌疑人1件1人，起诉2人，附条件不起诉1人。持续督促落实最高人民检察院“一号检察建议”，对梓潼县教体系统法治骨干开展培训，与相关部门会签《关于建立预防校园性侵害制度的实施意见》，推动教职员工性侵违法犯罪记录查询工作，对全县107所学校、1897名人员开展入职查询。持续开展线上线下“法治进校园”活动，进行法治进校园巡讲5场；录制阳光微课堂3期，在绵阳网络教育电视台、绵阳教育频道播出，被省检察院微信公众号、官方微博及四川长安网转发。

三、聚焦法律监督主业，守护公平正义司法防线

努力做优刑事检察。全年共受理提请审查批捕各类刑事犯罪案件48件79人，批捕30件45人，受理移送审查起诉175件289人，起诉150件247人，“捕诉一体”机制运行良好，办案周期大幅缩短，办案质效显著提升。充分运用认罪认罚从宽制度，建立集中受理、起诉、审判机制，办理案件163件，适用率74.22%，提出量刑建议107人，采纳率为88.79%，适用速裁程序27件，受到绵阳市人大常委会调研组充分肯定。监督公安机关立案2件、撤案2件，发出书面纠正违法通知书11份，检察建议8份。追诉6人，追捕1人，提出刑事抗诉2件。监督行政执法机关移送涉嫌犯罪案件2件。开展监外执行活动专项检查8次，办理财产刑执行专项监督案件2件。

努力做强民事行政检察。积极开展虚假诉讼专项监督活动，提出虚假诉讼民事再审检察建议4件。办理民事审判程序监督案件4件，民事执行程序监督案件7件，行政审判程序监督案件1件，行政非诉执行监督案件4件。办理民事支持起诉案件7件，为农民工追回劳动报酬7万余元。积极开展行政争议实质性化解工作，为加强社会治理做出检察机关应有的贡献。

努力做好公益诉讼检察。受理公益诉讼线索61件，立案61件。发出行政公益诉讼诉前检察建议10件，行政机关均按时整改并回复；提起刑事附带民事公益诉讼50件，依法办理一批销售不符合安全标准的食品刑事附带民事公益诉讼案，保护人民群众舌尖上的安全。通过办理服刑人员违规领取基本养老金公益诉讼监督案件分析社会治理问题，联合相关部门制定《关于建立退休人员被羁押、判处刑罚情况通报制度的意见》，防范和化解社会保险基金风险。加强与剑阁、昭化、阆中、南江检察机关协作配合，会签《关于加强翠云廊古柏资源保护公益诉讼工作协作配合的实施意见》，发出《蜀道古柏资源保护联合倡议书》，共同致力自然和文化遗产保护。

四、聚焦加强自身建设，提升检察队伍履职能力

坚持加强队伍建设。聚焦政治能力提升，突出抓好领导班子建设，深刻领悟习近平总书记全面

依法治国新理念新思想新战略，深化“抓落实作表率”行动。聚焦司法公信力提升，完善检察官职权清单，入额院领导带头办理疑难复杂案件机制，开展检察官业绩考评工作，完善员额进退机制。聚焦业务素能提升，实施分层分类培训，通过网络专题研修、检校共建、结对共建、实务研讨等模式开展培训562人次；深入学习贯彻民法典，开展全员培训，深刻领悟立法精神，不断提高民事法律监督水平。聚焦职业道德提升，加强检察文化建设，通过实践养成、教育熏陶、模范引领，实时呈现检察工作动态和精神风貌，引导检察队伍积极向上。

坚持全面从严治检。严格落实党风廉政建设要求，压紧压实“两个责任”，强化“一岗双责”。持续推进纪律作风建设，严格落实中央八项规定及其实施细则精神，持之以恒纠治“四风”，从严抓好八小时以外的人员管理，开展警示教育8次，促进检察人员廉洁自律。切实抓好绵阳市检察院党组巡察反馈意见的整改落实，用好监督执纪“四种形态”，紧盯检察权运行的各个环节，开展检务督查14次。切实贯彻落实“三个规定”和《关于建立过问或干预插手检察办案等重大事项记录报告制度的实施办法》，登记上报有关事项7件。

五、聚焦主动接受监督，塑造检察机关良好形象

自觉接受人大监督和民主监督。向县人大及其常委会专题报告公益诉讼工作开展情况、认罪认罚从宽制度落实情况、社区矫正工作开展情况，认真落实县人大对检察工作的决议决定和审议意见。密切同代表委员日常联络，邀请各级人大代表、政协委员参加控告申诉接访、检察开放日、听庭评议、法治进校园、公开听证等活动38人次，征求意见18条，征订《检察日报》13份，主动公开工作开展情况，认真督办落实意见建议办理，增加检察工作透明度。

诚恳接受社会监督。深化检务公开，公布法律文书116份，公开案件程序性信息480条，发布重要案件信息10条。拓展人民群众参加司法渠道，邀请各界人士走进检察机关了解检察工作情况，邀请人民监督员监督评议案件5人次。加强检媒互动，接受舆论监督，推送微信124期，发布微博480条，官网109条，头条号40条，多条信息被《检察日报》《四川法治报》刊发，被《人民日报》APP、最高人民检察院公众号、最高人民检察院微博、四川检察公众号、四川省人民检察院微博、四川长安网微博及法治四川APP采用。

各位代表，2020年检察工作取得的成绩，得益于县委和上级检察院的正确领导、县人大及其常委会的有力监督、县政府的大力支持、县政协的民主监督以及各位代表和社会各界的关心、支持和帮助。在此，我代表梓潼县人民检察院表示衷心感谢！

在看到成绩的同时，我们清醒认识到检察工作还存在一些不足：一是服务经济社会发展的前瞻性、针对性和实效性有待增强。二是刑事、民事、行政和公益诉讼检察工作发展还不全面协调充分。三是智慧检察建设水平不能完全适应时代发展变化和检察工作转型的客观需要。对此，我院将认真研究，并在今后工作中切实加以解决。

2021年工作任务

2021年是实施“十四五”规划、开启全面建设社会主义现代化国家新征程的开局之年。梓潼县人民检察院将坚持以习近平新时代中国特色社会主义思想为指导，深入贯彻党的十九大和十九届二中、三中、四中、五中全会精神，以高度的政治自觉、法治自觉、检察自觉，主动把县委各项决策部署和宪法法律赋予的职责落实到位，推动“四大检察”全面协调充分发展，为深入推进“六大工程”、建设四川丘区经济强县和绵阳后花园提供更加积极有效的法治保障。

第一，更加注重提高政治站位，在充分贯彻落实新部署上求进。坚持以习近平新时代中国特色社会主义思想统领检察工作，深入贯彻党的十九届五中全会精神，巩固和深化主题教育成果，以更高政治站位推进检察监督能力现代化。坚持党对检察工作的绝对领导，认真落实《中国共产党政法工作条例》，严格执行请示报告制度，确保党的路线方针政策和上级决策部署在检察机关不折不扣落地见效。准确把握深化改革新要求，继续深化司法体制综合配套改革，扎实推进检察工作机制改革，推动检察工作创新发展。

第二，更加注重维护社会稳定，在回应人民群众新期盼上求实。坚决落实以人民为中心的发展思想，依法严惩各类严重刑事犯罪，推动扫黑除恶专项斗争常态化，加大对脱贫攻坚、生态环保、风险防范等领域犯罪打击力度，切实维护公共安全和社会稳定。坚持依法惩处与平等保护相结合，营造更好发展环境支持民营企业改革发展。严厉打击毒品违法犯罪，坚决打赢新时代禁毒人民战争。强化对妇女儿童、老年人、残疾人等特殊群体合法权益的司法保护。

第三，更加注重法律监督主责，在履行四大检察新作为上求优。加强刑事检察，突出以“案—件比”指标为核心，充分发挥捕诉一体在办案质量和效率方面的优势。加强民事检察，强化精准监督理念，综合运用检察建议、支持起诉等手段，加大对虚假诉讼、审判执行监督力度。加强行政检察，深化行政非诉执行检察监督，争取双赢多赢共赢效果。加强公益诉讼检察，聚焦国有资产保护、自然资源和环境保护、食品药品安全等领域，重视诉前程序，加强沟通协作，共同维护国家和社会公共利益。

第四，更加注重加强自身建设，在展现检察队伍新气象上求强。自觉接受人大监督和政协民主监督，拓展社会各界监督的方式。对标“四个铁一般”的要求，注重培育专业能力和专业精神，扎实推进新型办案团队建设，加强职业道德建设和素能建设。落实全面从严治党主体责任，切实强化党风廉政建设，充分体现严管厚爱，努力建设一支党和人民信得过、靠得住、能放心的检察队伍。

各位代表，2021年我院将在县委和绵阳市检察院领导下，认真贯彻本次会议各项决议，坚定信心，忠诚履职，为实现“十四五”良好开局、建设四川丘区经济强县和绵阳后花园作出新的更大贡献！

有关名词及用语说明：

公益诉讼：2017年6月21日全国人大常委会修改了《中华人民共和国民事诉讼法》和《中华人民共和国行政诉讼法》，赋予了检察机关提起公益诉讼的权力。民事公益诉讼是检察机关发现破坏生态环境和资源保护、食品药品安全领域侵害众多消费者合法权益等损害社会公共利益的行为，在没有法律规定的机关和组织或者法律规定的机关和组织不提起诉讼的情况下，可以向人民法院提起诉讼。行政公益诉讼是检察机关发现生态环境和资源保护、食品药品安全、国有财产保护、国有土地使用权出让等领域负有监督管理职责的行政机关违法行使职权或者不作为，致使国家利益或者社会公共利益受到侵害的，应当向行政机关提出检察建议，督促其依法履行职责。行政机关不依法履行职责的，检察机关依法向人民法院提起诉讼。

12309检察服务中心：包括实体大厅和网络平台（域名为www.12309.gov.cn）两部分，主要功能是公开重要案件信息、法律文书，受理群众控告、申诉事项，受理案件程序性信息查询、辩护与代理预约、国家赔偿、国家司法救助等事项，收集、反馈群众意见建议，提供法律咨询服务。

群众来信件件有回复：2018年1月，最高人民检察院检察长张军在全国检察长会议上强调：“对收到的群众控告、申诉案件，各地都要在一周内回复，再按部就班办理、及时答复。”具体而言，各级检察机关要对转到控告申诉部门的群众来信，自收到之日起7个工作日内完成程序性回复。最高检对群众来信将按到不同事项分类向地方检察院“函转、交办、督办”。各省级院接到高检院转办信件后，按照“分级负责、归口办理”原则，将信件转往有管辖权的检察院进行登记、补录、办理及答复；有管辖权的检察院在3个月内完成办理过程或结果答复。

一号检察建议：2018年10月19日，最高人民检察院针对某小学原教师齐某强奸、猥亵儿童一案，认真分析办理的性侵幼儿园儿童、中小学生犯罪案件，向教育部发送检察建议书，针对校园安全管理规定执行不严格、教职员工队伍管理不到位，以及儿童和学生法治教育、预防性侵害教育缺位等问题，提出三项具体建议：一是进一步健全完善预防性侵害的制度机制，二是加强对校园预防性侵害相关制度落实情况的监督检查，三是依法严肃处理有关违法违纪人员。

捕诉一体：是指检察机关按照案件类型组建刑事办案机构，办理刑事案件的审查逮捕、审查起诉、出庭公诉、抗诉以及开展相关监督工作由同一办案组织或检察官全过程一体承担。

认罪认罚从宽制度：根据《中华人民共和国刑事诉讼法》相关规定，犯罪嫌疑人、被告人自愿如实供述自己的犯罪，对于指控犯罪事实没有异议，同意检察机关的量刑意见并签署具结书的案件，可依法从宽处理。对于认罪认罚从宽案件，人民法院一般应当采纳人民检察院指控的罪名和量刑建议。

过问或干预插手检察办案等重大事项记录报告制度：2019 年 8 月 20 日，最高检印发《关于建立过问或干预、插手检察办案等重大事项记录报告制度的实施办法》，明确规定在司法办案中，直接或者请托他人过问案情，转递涉案材料，打招呼说情，或者干预、插手具体案件处理的，检察人员应当全面、如实、及时记录，做到全程留痕、有据可查，适时报告。

四大检察：2019 年 1 月 3 日，最高人民检察院检察长张军在新闻发布会答记者问中，将检察职能系统地划分为刑事、民事、行政和公益诉讼四大检察。刑事检察就是检察机关在刑事案件中履行审查批捕、提起公诉、监督公安、法院和监狱等依法正确履行职责；民事检察就是检察机关对民事案件的受理、审理、裁判和执行程序进行全程监督，监督人民法院的裁判结果是否公正、审判程序和执行活动是否合法；行政检察就是检察机关通过办理行政诉讼监督案件，监督人民法院依法审判和执行，促进行政机关依法行使职权，维护司法公正和司法权威，维护国家利益和社会公共利益，保护公民、法人和其他组织的合法权益，保障国家法律的统一正确实施；公益诉讼检察。

统计公报

梓潼县2020年国民经济和社会发展统计公报

2021年6月

2020年，面对严峻复杂的国内外形势，特别是新冠肺炎疫情的严重冲击，全县上下坚定以习近平新时代中国特色社会主义思想为指导，坚决贯彻落实党中央、国务院，省委、省政府，市委、市政府，县委、县政府决策部署，统筹推进疫情防控和经济社会发展，扎实做好“六稳”工作，全面落实“六保”任务，按照“农业多贡献、工业挑大梁、投资唱主角、消费促升级”的工作思路，真抓实干、攻坚克难，全县经济逐季回升、稳定向好，经济规模持续扩大，社会大局保持稳定。

一、综合

全县经济经历从第一季度下滑而后逐步回升，全年总体保持增长。2020年，根据绵阳市统计局地区生产总值统一核算结果，全县地区生产总值（GDP）为148.94亿元，同比增长4.2%。其中，第一产业增加值36.73亿元，同比增长5.5%；第二产业增加值45.51亿元，同比增长3.4%；第三产业增加值66.70亿元，同比增长4.3%。三次产业对GDP增长的贡献率分别为26.3%、32.3%、41.4%。三次产业结构由2019年的21.6∶32.6∶45.8变化为24.6∶30.6∶44.8。民营经济实现增加值895748万元，同比增长2.9%，对GDP的贡献率为49.6%。

二、农业

农业生产稳中向好。2020年，全县农林牧渔业增加值38亿元，同比增长5.8%。实现农林牧渔业总产值62.41亿元，同比增长6.1%。分行业看：农业总产值28.18亿元，同比增长4.81%；林业总产值2.62亿元，同比增长7.18%；牧业总产值27.51亿元，同比增长7.32%；渔业总产值2.01亿元，同比增长5.02%。农林牧渔服务业总产值2.08亿元，同比增长5.89%。

主要农产品产量稳定增长。一是粮食作物稳定增长。2020年，全县粮食播种面积76.1万亩，同比增长0.02%，粮食总产量29.32万吨，同比增长0.5%。其中，小春粮食播种面积25.0万亩，同比下降1.1%，小春粮食产量7.3万吨，同比增长2.0%；大春粮食播种面积51.1万亩，同比增长0.6%，大春粮食产量与2019年持平。二是经济作物明显增长。全县经济作物播种面积48.16万亩，同比增长9.6%。其中：油料播种面积32.15万亩，同比增长7.0%，油料产量6.18万吨，同比增长9.2%；蔬菜播种面积11.77万亩，同比增长23.3%，蔬菜及食用菌产量23.27万吨，同比增长4.0%；中草药材播种面积0.74万亩，同比下降1.0%，中草药材产量0.3万吨，增长1.0%；瓜果播种面积2.07万亩，同比下降2.2%，瓜果产量4.33万吨，同比下降3.2%。

2020年，全县共出栏生猪50.03万头，同比增长24.9%；肉类总产量5.38万吨，同比增长15.72%；禽蛋产量3.09万吨，同比增长9%；蚕茧产量0.1吨，同比下降8.8%。

农业生产条件继续改善。2020年末，全县共有各类水利设施12745处，水利工程总水量能力25355.47万立方米，实际供水14065万立方米。全县耕地有效灌溉面积22790公顷。农机总动力达到38.6万千瓦。

三、工业和建筑业

工业生产稳中前进。2020年，全县工业增加值308598万元，同比增长3.3%。全县工业增加值占GDP的比重为20.7%，工业对GDP的贡献率为23.5%，工业拉动GDP增长0.99个百分点。其中，规模以上工业总产值62.47亿元，同比增长3.9%；规模以上工业增加值增长5.2%；规模以上工业企业实现营业收入58.37亿元，增长1.3%。

全年资质以上总专业承包和专业承包建筑企业23个，有工作量的22个，完成建筑业总产值32.73亿元，同比增长9.1%。

四、固定资产投资

全社会固定资产投资较快增长。2020年，全社会固定资产投资增长15.7%。其中，房地产开发投资增长133.7%；工业投资增长28.1%；技术改造投资增长0.9%；全年农户投资25500万元，同比增长2%。分产业看：第一产业投资增长45.9%；第二产业投资增长27.7%；第三产业投资增长8.4%。

五、国内贸易

消费品市场持续恢复。2020年，全县实现社会消费品零售总额54.53亿元，同比下降1.5%。其中，批发业47.01亿元，同比增长13.8%；零售业17.87亿元，同比增长4.7%；住宿业0.86亿元，同比下降3.9%；餐饮业17.07亿元，同比下降7.9%。

六、交通、邮电和旅游

2020年末，全县公路通车里程2574.58公里。其中，等级公路2011.66公里，同比增长6.8%；等级外公路562.92公里。

2020年末，全县电信业务总量55770万元。本地固定电话用户50451户，同比增长5.2%；移动电话用户98377户，同比下降65.8%；互联网宽带接入户数45782户，同比下降51.2%。

旅游产业发展有所减缓。2020年，受新冠疫情冲击，全县累计实现旅游总收入68.41亿元，同比下降12%。

七、财政、金融和保险业

2020年，县级地方财政收入98047万元，同比增长5.3%。其中，一般公共预算收入33020万元，同比增长10%；一般公共预算支出232196万元，同比增长0.1%。

金融运行平稳。2020年末，全县金融机构人民币各项存款余额1518592万元，同比增长9.9%；各项贷款余额1014637万元，同比增长19.3%；城乡居民储蓄存款余额1283472万元，同比增长12.3%。

2020年，全县共有保险支公司或营销部16家，其中，财产险公司7家，寿险公司9家。全年各类保险保费收入36652万元，同比增长9.5%。其中，人身险24717万元，同比增长5.1%；财产险11935万元，增长20%。

八、教育、文化、卫生

2020年，全县共有小学34所，在校小学生15264人。普通中学10所，在校学生10368人。中等职业教育学校1所，在校学生1633人。

文化事业稳步发展。全县有公共图书馆1个、艺术馆、文化馆（站）33个，博物馆、展览馆1个。全县广播覆盖率99.16%，电视覆盖率99%。

医疗卫生条件进一步改善。2020年，全县有医疗卫生机构452个（含社区卫生服务中心、村卫生室），其中：等级医院10个，卫生人员2396人，卫生技术人员1801人，执业（助理）医师767人，注册护士711人，卫生机构床位1984张。

九、人口、人民生活和社会保障

全县年末户籍总人口37.02万人，同比下降0.7%。其中，男性人口19.04万人，女性人口18万人；城镇人口8万人，乡村人口29.11万人。

城乡居民收入较快增长。2020年，全县农村居民人均可支配收入18554元，同比增长8.7%；农村居民人均消费支出14257元，同比增长8.0%。

全县城镇居民人均可支配收入36081元，同比增长5.9%；城镇居民人均消费支出22058元，同比下降2.4%。

社会保障能力增强。全县企业职工养老保险参保人数4.57万人；城乡居民社会养老保险参保人数21.43万人；参加城乡居民医疗保险人数30.2万人。城市低保对象6844人，支付城市低保资金2499.63万元；农村低保对象9487人，支付农村低保资金2336.6万元。

注：

1. 公报中各项数据为初步统计数，部分数据因四舍五入的原因，存在总计与分项合计不等的情况。

2. 公报中地区生产总值、各产业及相关行业增加值绝对数按当年价格计算，增长速度按可比价格计算。

3. 公报中林业、渔业、交通运输、邮政、电信、金融、旅游、财政、保险、教育、科技、文化、卫生、人民生活和社会保障等数据来源于相关部门。

梓潼县村级建制调整前后基本情况表

表8

镇（乡）	调整前							调整后							
	村（社区）名称	人口数（人）	户数（户）	面积（平方公里）	党员（人）	小组数（个）	办公地址	序号	新村（社区）名称	人口数（人）	户数（户）	面积（平方公里）	党员（人）	小组数（个）	办公地址
文昌镇	翠云社区	8250	3732	1.4	148	6	翠云社区居民委员会	1	翠云社区	8250	3732	1.4	148	6	翠云社区居民委员会
	潼江社区	12033	4497	1.6	232	6	潼江社区居民委员会	2	潼江社区	12033	4497	1.6	232	6	潼江社区居民委员会
	紫阳社区	9225	7564	1.9	126	6	紫阳社区居民委员会	3	紫阳社区	9225	7564	1.9	126	6	紫阳社区居民委员会
	崇文社区	8789	4559	1.7	173	6	崇文社区居民委员会	4	崇文社区	8789	4559	1.7	173	6	崇文社区居民委员会
	文丰村	2133	896	0.05	65	5	文丰村村民委员会	5	文丰村	2133	896	0.05	65	5	文丰村村民委员会
	城郊村	2694	1089	1.12	49	7	城郊村村民委员会	6	城郊村	2694	1089	1.12	49	7	城郊村村民委员会
	西河村	1611	847	0.85	47	6	西河村村民委员会	7	西河村	1611	847	0.85	47	6	西河村村民委员会
	先锋村	1800	780	0.02	53	4	先锋村村民委员会	8	先锋村	1800	780	0.02	53	4	先锋村村民委员会
	铜鼓村	1531	550	3.86	31	6	铜鼓村村民委员会	9	铜鼓村	1531	550	3.86	31	6	铜鼓村村民委员会
	三星村	2870	970	3.65	85	10	三星村村民委员会	10	三星村	2870	970	3.65	85	10	三星村村民委员会
	油泉村	1022	309	9.49	36	7	油泉村村民委员会	11	油泉村	1022	309	9.49	36	7	油泉村村民委员会
	高桥村	1005	339	6.74	46	10	高桥村村民委员会	12	高桥村	1005	339	6.74	46	10	高桥村村民委员会
	七曲村	1076	412	12.26	39	10	七曲村村民委员会	13	七曲村	1076	412	12.26	39	10	七曲村村民委员会
	红江村	670	307	4.67	27	4	红江村村民委员会	14	红排村	1534	514	13.82	62	10	原红江村村民委员会
	排柏村	864	207	9.15	35	6	排柏村村民委员会								

续表8

镇（乡）	调整前							调整后							
	村（社区）名称	人口数（人）	户数（户）	面积（平方公里）	党员（人）	小组数（个）	办公地址	序号	新村（社区）名称	人口数（人）	户数（户）	面积（平方公里）	党员（人）	小组数（个）	办公地址
文昌镇	青杠村	836	268	4.05	42	6	青杠村村民委员会	15	龙口村	1996	652	7.66	79	12	原龙口村村民委员会
	龙口村	1160	384	3.61	37	6	龙口村村民委员会								
	西坝村	2215	538	1.5	37	9	西坝村村民委员会	16	连枝村	4105	1097	3.81	77	18	原连枝村村民委员会
	连枝村	1890	559	2.31	40	9	连枝村村民委员会								
	沙河村	1828	443	0.95	45	4	沙河村村民委员会	17	青岭村	2583	1016	1.82	88	8	青岭村村民委员会
	青岭村	755	573	0.87	43	4	青岭村村民委员会								
	青龙村	1573	379	2.74	51	6	青龙村村民委员会	18	青龙村	3178	943	5.52	84	14	原青龙村村民委员会
	小河村	1605	564	2.78	33	8	小河村村民委员会								
	柏桠村	941	333	3.62	32	5	柏垭村村民委员会	19	三清村	2106	771	9.92	78	11	原柏垭村村民委员会
	三清村	1165	438	6.3	46	6	三清村村民委员会								
	云盘村	1033	367	5.98	26	5	云盘村村民委员会	20	莲花村	2413	926	14.14	84	13	原松林村村民委员会
	莲花村	645	243	4.51	29	4	莲花村村民委员会								
	松林村	735	316	3.65	29	4	松林村村民委员会								
	土寨村	890	297	6.61	34	9	土寨村村民委员会	21	飞龙村	2268	738	14.1	81	22	原土寨村村民委员会
	桅杆村	633	212	2.74	15	6	桅杆村村民委员会								
	飞龙村	745	229	4.75	32	7	飞龙村村民委员会								
	阳坪村	1113	336	4.93	24	7	阳坪村村民委员会	22	御马村	1799	540	8.87	44	13	原阳坪村村民委员会
	玉马村	686	204	3.94	20	6	玉马村村民委员会								
	金燕村	1094	331	4.92	33	9	金燕村村民委员会	23	金燕村	1648	507	9.41	58	14	原金燕村村民委员会
	凤泉村	554	176	4.49	25	5	凤泉村村民委员会								
	民胜村	1876	630	5.95	47	9	民胜村村民委员会	24	民胜村	2724	936	12.53	77	18	原民胜村村民委员会
	前桥村	848	306	6.58	30	9	前桥村村民委员会								

续表8

镇（乡）	调整前							调整后							
	村（社区）名称	人口数（人）	户数（户）	面积（平方公里）	党员（人）	小组数（个）	办公地址	序号	新村（社区）名称	人口数（人）	户数（户）	面积（平方公里）	党员（人）	小组数（个）	办公地址
文昌镇	建新村	1120	481	7.81	43	6	建新村村民委员会	25	柏林村	2184	844	19.15	103	15	原建兴乡人民政府
	建立村	553	182	5.13	30	5	建立村村民委员会								
	柏林村	511	181	6.21	30	4	柏林村村民委员会								
	新桥村	886	274	6.58	34	7	新桥村村民委员会	26	新桥村	2340	980	15.52	105	17	原马鸣镇人民政府
	马灯村	889	528	4.96	43	5	马灯村村民委员会								
	尖峰村	565	178	3.98	28	5	尖峰村村民委员会								
	云峰村	696	218	8.09	40	5	云峰村村民委员会	27	云峰村	2380	755	21.39	109	17	原红寨村村民委员会
	枫箱村	664	212	5.97	31	6	枫箱村村民委员会								
	红寨村	1020	325	7.33	38	6	红寨村村民委员会								
	长岭村	1469	312	1.77	20	4	长岭村村民委员会	28	东风村	2095	882	5.16	70	13	东风村村民委员会
	东风村	626	570	3.39	50	9	东风村村民委员会								
许州镇	新胜村	1779	426	4.1353	48	8	新胜村村民委员会	1	豢龙村	3515	1004	13.9521	117	20	原豢龙乡政府
	金星村	886	298	5.9915	33	5	金星村村民委员会								
	岩湾村	850	280	3.8253	36	7	岩湾村村民委员会								
	永兴村	607	206	2.6174	35	5	永兴村村民委员会	2	永桂村	1505	488	6.8007	62	14	原永兴村村民委员会
	桂林村	898	282	4.1833	27	9	桂林村村民委员会								
	梨园村	587	201	2.0317	24	4	梨园村村民委员会	3	枣垭村	2287	750	9.5015	92	17	原天明村村民委员会
	天明村	955	315	3.7883	39	7	天明村村民委员会								
	枣垭村	745	234	3.6815	29	6	枣垭村村民委员会								
	铜铃村	961	338	4.1501	44	8	铜铃村村民委员会	4	铜铃村	1875	612	8.2202	75	15	原群力村村民委员会
	群力村	914	274	4.0701	31	7	群力村村民委员会								

续表8

镇（乡）	调整前							调整后							
	村（社区）名称	人口数（人）	户数（户）	面积（平方公里）	党员（人）	小组数（个）	办公地址	序号	新村（社区）名称	人口数（人）	户数（户）	面积（平方公里）	党员（人）	小组数（个）	办公地址
许州镇	联盟村	1110	339	5.1157	28	7	联盟村村民委员会	5	联盟村	1914	631	8.7277	63	13	原联盟村村民委员会
	腊柏村	804	292	3.6120	35	6	腊柏村村民委员会								
	中坝村	823	314	3.2489	42	5	中坝村村民委员会	6	中坝村	1503	566	6.3198	74	9	原登山村村民委员会
	登山村	680	252	3.0709	32	4	登山村村民委员会								
	平原村	1780	504	1.2000	50	8	平原村村民委员会	7	平原村	3270	1041	2.9628	99	15	平原村村民委员会
	联合村	1490	537	1.7628	49	7	联合村村民委员会								
	百顷村	2567	887	3.5000	71	10	百顷村村民委员会	8	百顷村	5163	1701	9.0097	178	21	百顷村村民委员会
	南江村	1565	504	2.7433	59	7	南江村村民委员会								
	三胜村	1031	310	2.7664	48	4	三胜村村民委员会								
	燎原村	1495	490	2.5887	46	7	燎原村村民委员会	9	燎原村	3538	1148	4.6887	97	15	原青安村村民委员会
	青安村	2043	658	2.1000	51	8	青安村村民委员会								
	天宝村	550	200	3.0996	30	4	天宝村村民委员会	10	天宝村	3508	1113	17.9848	147	22	天宝村村民委员会
	桥河村	637	221	3.5387	32	5	桥河村村民委员会								
	迎江村	1126	327	4.8487	40	6	迎江村村民委员会								
	栏杆村	1195	365	6.4978	45	7	栏杆村村民委员会								
	甘滋村	754	309	3.4191	31	7	甘滋村村民委员会	11	甘滋村	2086	797	8.9933	85	19	原迎春村村民委员会
	迎春村	642	230	2.6776	24	6	迎春村村民委员会								
	飞燕村	690	258	2.8966	30	6	飞燕村村民委员会								
	石柱村	513	214	2.2990	27	4	石柱村村民委员会	12	雨门村	2014	766	9.1798	93	14	雨门村村民委员会
	南沟村	756	292	3.6928	27	5	南沟村村民委员会								
	雨门村	745	260	3.1880	39	5	雨门村村民委员会								

续表8

镇（乡）	调整前							调整后							
	村（社区）名称	人口数（人）	户数（户）	面积（平方公里）	党员（人）	小组数（个）	办公地址	序号	新村（社区）名称	人口数（人）	户数（户）	面积（平方公里）	党员（人）	小组数（个）	办公地址
许州镇	龙桥村	1178	450	6.5629	37	9	龙桥村村民委员会	13	双龙村	2009	758	10.3629	64	16	原龙桥村村民委员会
	双龙村	831	308	3.8000	27	7	双龙村村民委员会								
	关垭村	930	329	5.9400	29	6	关垭村村民委员会	14	柏垭村	1758	627	10.2988	54	12	原双柏村村民委员会
	双柏村	828	298	4.3588	25	6	双柏村村民委员会								
	元山村	623	223	4.5799	39	6	元山村村民委员会	15	山泉村	1514	545	10.128	85	14	原泉胜村村民委员会
	泉胜村	891	322	5.5481	46	8	泉胜村村民委员会								
	金城村	648	242	4.4387	21	7	金城村村民委员会	16	金天村	1287	467	9.5235	53	13	原永红村村民委员会
	永红村	639	225	5.0848	32	6	永红村村民委员会								
	小垭村	1008	413	3.7943	26	6	小垭村村民委员会	17	小垭村	1929	728	8.7766	72	14	原小垭村村民委员会
	飞凤村	921	315	4.9823	46	8	飞凤村村民委员会								
	街坊村	725	225	3.1685	30	6	街坊村村民委员会	18	军民村	1371	454	7.2505	61	12	原街坊村村民委员会
	杨武村	646	229	4.0820	31	6	杨武村村民委员会								
	红军桥社区	2340	1340	0.5000	39	1	红军桥社区居委会	19	红军桥社区	6283	3278	1.9786	129	3	原红军桥、吉阳里社区居委会
	吉阳里社区	3250	1685	0.8000	59	1	吉阳里社区居委会								
	柳村村	693	253	0.6786	31	1	柳村村民委员会								
	大桥社区	1076	582	0.3100	38		大桥社区居委会	20	仙峰社区	1076	582	0.31	38		原大桥社区居委会
	牛蹄山村	1324	470	5.5826	53	8	牛蹄山村村民委员会	21	牛蹄山村	1324	470	5.5826	53	8	牛蹄山村村民委员会
黎雅镇	文昌宫社区	1560	853	2.43	49	4	文昌宫社区	1	文昌宫社区	1560	853	2.43	49	4	文昌宫社区
	藏鹅社区	247	138	0.5	21	1	藏鹅社区	2	藏鹅社区	247	138	0.5	21	1	原仙鹅乡便民服务中心
	西安村	1636	542	4.59	55	10	西安村村民委员会	3	西安村	2525	823	6.71	89	17	现新河村村民委员会
	新河村	889	281	2.12	34	7	新河村村民委员会								

续表8

镇（乡）	调整前							调整后							
	村（社区）名称	人口数（人）	户数（户）	面积（平方公里）	党员（人）	小组数（个）	办公地址	序号	新村（社区）名称	人口数（人）	户数（户）	面积（平方公里）	党员（人）	小组数（个）	办公地址
黎雅镇	泉门村	975	266	2.24	26	6	泉门村村民委员会	4	马安村	2523	745	6.46	78	15	马安村村民委员会
	马安村	1548	479	4.22	52	9	马安村村民委员会								
	兰花村	1298	409	3.99	47	9	兰花村村民委员会	5	兰花村	2663	880	7.66	92	17	兰花村村民委员会
	白沙村	1365	471	3.67	45	8	白沙村村民委员会								
	龙井村	943	302	1.2	30	7	龙井村村民委员会	6	清平村	2384	783	4.42	68	18	清平村村民委员会
	清平村	1441	481	3.22	38	11	清平村村民委员会								
	普丰村	747	252	2.73	32	7	普丰村村民委员会	7	从文村	3086	995	10.97	113	23	双埝村村民委员会
	崇文村	1129	358	4.41	42	8	崇文村村民委员会								
	双埝村	1210	385	3.83	39	8	双埝村村民委员会								
	竹林村	1238	464	3.66	32	11	竹林村村民委员会	8	竹林村	2083	743	6.95	63	17	竹林村村民委员会
	云古村	845	279	3.29	31	6	云古村村民委员会								
	高安村	926	291	3.55	33	7	高安村村民委员会	9	双高村	1648	541	6.32	66	13	高庙村村民委员会
	高庙村	722	250	2.77	33	6	高庙村村民委员会								
	胜天村	1038	332	3.67	51	7	胜天村村民委员会	10	胜天村	1763	578	6.45	91	14	三坪村村民委员会
	三坪村	725	246	2.78	40	7	三坪村村民委员会								
	民兴村	732	251	2.85	44	5	民兴村村民委员会	11	大元包村	2504	891	10.62	128	21	民兴村村民委员会
	裕华村	1026	371	4.82	42	10	裕华村村民委员会								
	五四村	746	269	2.95	42	6	五四村村民委员会								
	仙鹅村	1179	420	3.6	52	8	仙鹅村村民委员会	12	仙鹅村	2249	789	7.41	84	15	仙鹅村村民委员会
	望团村	1070	369	3.81	32	7	望团村村民委员会								
	红花村	1200	382	3.63	36	9	红花村村民委员会	13	洄水村	2780	941	8.64	88	19	红花村村民委员会
	回水村	1580	559	5.01	52	10	回水村村民委员会								

续表8

镇（乡）	调整前							调整后							
	村（社区）名称	人口数（人）	户数（户）	面积（平方公里）	党员（人）	小组数（个）	办公地址	序号	新村（社区）名称	人口数（人）	户数（户）	面积（平方公里）	党员（人）	小组数（个）	办公地址
黎雅镇	九林村	1320	469	4.31	39	9	九林村村民委员会	14	九龙村	2694	915	8.39	89	19	玉龙村村民委员会
	玉龙村	1374	446	4.08	50	10	玉龙村村民委员会								
石牛镇	双塘村	1366	446	3.9	46	6	双塘村村民委员会	1	双塘村	1366	446	3.9	46	6	双塘村村民委员会三组
	团结村	1381	455	5.78	42	8	团结村村民委员会	2	团结村	1381	455	5.78	42	8	团结村村民委员会四组
	金牛街社区	2400	1350	2.5	63	2	迎宾路1号	3	金牛街社区	2400	1350	2.5	63	2	迎宾路1号
	永乐村	890	289	2.14	28	5	永乐村村民委员会	4	清河村	1941	635	5.53	55	12	原永乐村村民委员会
	清河村	1216	408	3.82	32	8	清河村村民委员会四组								
	双胜村	920	313	3.42	37	5	双胜村村民委员会一组	5	友谊村	2518	856	10.18	80	13	原石榴村村民委员会
	石榴村	754	246	3.14	24	4	石榴村村民委员会二组								
	板桥村	844	297	3.62	19	4	板桥村村民委员会二组								
	雁门村	1146	379	3.07	45	4	雁门村村民委员会二组	6	雁门村	2533	839	8.47	76	11	雁门村村民委员会
	化莲村	1175	398	4.97	26	6	化莲村村民委员会三组								
	柳林村	1788	589	7.06	58	10	柳林村村民委员会三组	7	柳林村	2629	871	9.73	92	15	原华光村村民委员会
	华光村	841	282	2.67	34	5	华光村村民委员会二组								
	帽盒村	645	220	2.54	23	5	帽盒村村民委员会五组	8	龙帽村	1394	503	5.44	52	9	原回龙村村民委员会
	回龙村	749	283	2.9	29	4	回龙村村民委员会一组								
	清泉村	1288	452	4.72	43	8	清泉村村民委员会五组	9	清华村	1814	636	6.54	68	12	原清泉村村民委员会
	华沙村	526	184	1.82	25	4	华沙村村民委员会二组								
	富强村	972	339	4.48	42	9	富强村村民委员会二组	10	富强村	1592	543	6.82	65	13	原安康村村民委员会
	安康村	620	204	2.34	23	4	安康村村民委员会一组								

续表8

镇（乡）	调整前							调整后							
	村（社区）名称	人口数（人）	户数（户）	面积（平方公里）	党员（人）	小组数（个）	办公地址	序号	新村（社区）名称	人口数（人）	户数（户）	面积（平方公里）	党员（人）	小组数（个）	办公地址
石牛镇	立新村	1017	362	5.48	53	4	立新村村民委员会二组	11	双峰村	3140	1113	16.51	139	17	原高家村村民委员会
	高家村	1037	378	5.46	45	6	高家村村民委员会五组								
	村子村	1086	373	5.57	41	7	村子村村民委员会								
仁和镇	金宝社区	898	528	0.38	44	1	金宝社区居民委员会	1	金宝场社区	898	528	0.38	44	1	金宝场社区居民委员会
	天乐村	658	232	4.4806	27	6	天乐村村民委员会	2	天乐村	658	232	4.4806	27	6	天乐村村民委员会
	秋树村	1209	443	7.1922	47	9	秋树村村民委员会	3	秋树村	1209	443	7.1922	47	9	秋树村村民委员会
	柏果村	925	339	4.5311	43	7	柏果村村民委员会	4	新华村	1570	591	8.2989	74	13	原柏果村村民委员会
	新松村	645	252	3.7678	31	6	新松村村民委员会								
	观龙村	845	277	5.1314	32	7	观龙村村民委员会	5	观龙村	1353	441	9.2743	64	11	原观龙村村民委员会
	新建村	508	164	4.1429	32	4	新建村村民委员会								
	新民村	930	319	4.671	32	6	新民村村民委员会	6	松林村	1643	584	9.4199	73	12	原新民村村民委员会
	太平村	713	265	4.7489	41	6	太平村村民委员会								
	里仁村	945	348	5.9259	29	8	里仁村村民委员会	7	里仁村	2116	768	11.6994	76	17	原烈火村村民委员会
	烈火村	1171	420	5.7735	47	9	烈火村村民委员会								
	爱国村	973	352	5.0428	35	9	爱国村村民委员会	8	天台村	1660	608	9.2473	66	15	原爱国村村民委员会
	上游村	687	256	4.2045	31	6	上游村村民委员会								
	弥江村	670	231	3.4081	30	5	弥江村村民委员会	9	两河村	2057	729	11.6856	105	18	原弥江村村民委员会
	北衡村	678	246	3.4314	41	6	北衡村村民委员会								
	两河村	709	252	4.8461	34	7	两河村村民委员会								
	金罐村	663	258	3.8753	32	5	金罐村村民委员会	10	大新村	2193	787	12.2001	107	16	原大新政府驻地
	重阳村	790	271	4.3804	34	5	重阳村村民委员会								
	石马村	740	258	3.9444	41	6	石马村村民委员会								

续表8

镇（乡）	调整前							调整后							
	村（社区）名称	人口数（人）	户数（户）	面积（平方公里）	党员（人）	小组数（个）	办公地址	序号	新村（社区）名称	人口数（人）	户数（户）	面积（平方公里）	党员（人）	小组数（个）	办公地址
仁和镇	战斗村	748	284	5.7535	32	7	战斗村村民委员会	11	檬桠村	1251	464	9.7547	62	11	原战斗村村民委员会
	檬桠村	503	180	4.0012	30	4	檬桠村村民委员会								
	青云村	787	293	4.4106	35	8	青云村村民委员会	12	青元村	1623	596	9.0875	70	14	原元宝村村民委员会
	元宝村	836	303	4.6769	35	6	元宝村村民委员会								
	龙泉村	1282	420	6.6426	49	9	龙泉村村民委员会	13	曙光村	2272	782	10.9997	93	17	曙光村村民委员会
	曙光村	990	362	4.3571	44	8	曙光村村民委员会								
长卿镇	石河村	1864	890	3.95	67	9	石河村村民委员会	1	石河村	1864	890	3.95	67	9	石河村村民委员会
	中心村	1245	413	4.23	52	7	中心村村民委员会	2	中心村	3550	1094	12.8	127	23	中心村村民委员会
	松垭村	1300	370	4.7	42	10	松垭村村民委员会								
	灵童村	1005	311	3.87	33	6	灵童村村民委员会								
	长卿村	1892	584	4.83	54	11	长卿村村民委员会	3	长卿村	2693	877	8.87	87	15	原潼江村村民委员会
	潼江村	801	293	4.04	33	4	潼江村村民委员会								
	皇观村	1855	574	7.92	47	8	皇观村村民委员会	4	皇观村	2590	795	11.88	91	14	皇观村村民委员会
	黄垭村	735	221	3.96	44	6	黄垭村村民委员会								
	三八村	863	282	5.35	54	5	三八村村民委员会	5	柴坝村	3055	952	10.01	110	14	柴坝村村民委员会
	柴坝村	2192	670	4.66	56	9	柴坝村村民委员会								
	石龙村	1238	403	4.48	109	6	石龙村村民委员会	6	油坪村	2620	843	9.22	173	14	原石龙村村民委员会
	油坪村	1382	440	4.74	64	8	油坪村村民委员会								
	金山村	856	259	2.97	40	5	金山村村民委员会	7	三泉村	1890	563	6.48	99	11	原三河村村民委员会
	三河村	1034	304	3.51	59	6	三河村村民委员会								
	天星村	1053	314	5.5	51	8	天星村村民委员会	8	天星村	2068	619	9.39	105	16	原白雀村村民委员会
	白雀村	1015	305	3.89	54	8	白雀村村民委员会								

续表8

镇（乡）	调整前							调整后							
	村（社区）名称	人口数（人）	户数（户）	面积（平方公里）	党员（人）	小组数（个）	办公地址	序号	新村（社区）名称	人口数（人）	户数（户）	面积（平方公里）	党员（人）	小组数（个）	办公地址
长卿镇	兴隆村	1035	325	4.06	54	7	兴隆村村民委员会	9	兴隆村	2069	651	9.3	101	15	兴隆村村民委员会
	丝公村	1034	326	5.24	47	8	丝公村村民委员会								
	南桥社区	8253	3902	1.8	374	6	长卿镇牌坊街东段583号	10	南桥社区	14789	6134	6.1	564	31	老经开区办公楼
	南桥村	3538	1134	2.3	108	14	长卿镇文昌路南段268号								
	幸福村	2998	1098	2	82	11	长卿镇文昌路南段985号								
宏仁镇	尖山村	1038	340	3.5833	41	7	尖山村村民委员会	1	红星村	2666	899	8.7587	115	19	原文星村村民委员会
	文星村	870	286	2.6363	40	6	文星村村民委员会								
	双星村	758	273	2.5391	34	6	双星村村民委员会								
	元包村	922	347	2.3116	32	8	元包村村民委员会	2	石台村	2434	882	8.4292	107	23	原石台便民服务中心
	新华村	878	309	2.8713	39	7	新华村村民委员会								
	星金村	634	226	3.2463	36	8	星金村村民委员会								
	红溪村	1082	371	4.4257	40	8	红溪村村民委员会	3	长春村	2187	767	7.7622	88	16	原红溪村村民委员会
	长春村	1105	396	3.3365	48	8	长春村村民委员会								
	宝呈村	1410	466	5.4598	57	8	宝呈村村民委员会	4	白云村	2827	923	9.0161	108	17	原宝呈村村民委员会
	锣包村	1417	457	3.5563	51	9	锣包村村民委员会								
	石鸡村	1484	522	7.747	53	10	石鸡村村民委员会	5	石鸡村	2242	773	12.3129	88	19	石鸡村村民委员会
	宝塔村	758	251	4.5659	35	9	宝塔村村民委员会								
	金宝村	1462	535	3.5436	49	7	金宝村村民委员会	6	金宝村	2308	824	6.4796	83	12	金宝村村民委员会
	双金村	586	203	2.0266	29	3	双金村村民委员会								
	高坡村	1176	384	5.3339	36	11	高坡村村民委员会	7	长安村	1659	571	8.4249	57	15	长安村村民委员会
	长安村	1175	405	6.0004	41	10	长安村村民委员会								
	五面村	1130	407	5.3847	47	8	五面村村民委员会	8	弘德村	1562	539	7.3847	62	12	原高坡村村民委员会

续表8

镇（乡）	调整前							调整后							
	村（社区）名称	人口数（人）	户数（户）	面积（平方公里）	党员（人）	小组数（个）	办公地址	序号	新村（社区）名称	人口数（人）	户数（户）	面积（平方公里）	党员（人）	小组数（个）	办公地址
宏仁镇	五星村	1782	705	5.8056	59	6	五星村村民委员会	9	五星村	1782	705	5.8056	59	6	五星村村民委员会三组
	石香台社区	1019	410	1.85	41	3	石乡路107号	10	石香台社区	1019	410	1.85	41	3	石乡路107号
宝石乡	白马村	814	283	4.81	37	6	白马村村民委员会	1	白马村	1726	592	9.07	75	12	白马村村民委员会
	场坪村	912	309	4.26	38	6	场坪村村民委员会								
	长梁村	648	232	4.66	30	4	红星村村民委员会	2	长梁村	1819	659	13.14	103	13	原红星村村民委员会
	武马村	512	183	3.16	33	4	长梁村村民委员会								
	红星村	659	244	5.32	40	5	武马村村民委员会								
	天生村	563	198	4.25	24	5	天生村村民委员会	3	天生村	981	358	8.17	49	10	天生村村民委员会
	龙门村	418	160	3.92	25	5	龙门村村民委员会								
	庆祝村	1235	456	6.72	40	8	庆祝村村民委员会	4	庆祝村	2056	766	12.82	69	15	庆祝村村民委员会
	星火村	821	310	6.10	29	7	星火村村民委员会								
	班竹村	1316	310	3.25	40	6	白岩村村民委员会	5	斑竹村	2227	700	7.15	82	14	原班竹村村民委员会
	白岩村	911	390	3.90	42	8	班竹村村民委员会								
	红豆村	1138	423	5.45	45	8	红豆村村民委员会	6	红豆村	1800	675	8.78	75	13	红豆村村民委员会
	银河村	662	252	3.33	30	5	银河村村民委员会								
	同心村	892	346	5.08	32	8	前锋村村民委员会	7	同心村	1646	701	10.56	71	15	同心村村民委员会
	前锋村	754	355	5.48	39	7	同心村村民委员会								
	阁楼村	648	270	3.45	39	6	爱华村村民委员会	8	阁楼村	1893	736	9.39	100	14	原胜利村村民委员会
	胜利村	754	274	3.25	26	4	阁楼村村民委员会								
	爱华村	491	192	2.69	35	4	胜利村村民委员会								
	场坝村	1309	719	5.19	39	5	场坝村村民委员会	9	场坝村	1309	719	5.19	39	5	场坝村村民委员会

续表8

镇（乡）	调整前							调整后							
	村（社区）名称	人口数（人）	户数（户）	面积（平方公里）	党员（人）	小组数（个）	办公地址	序号	新村（社区）名称	人口数（人）	户数（户）	面积（平方公里）	党员（人）	小组数（个）	办公地址
宝石乡	红卫村	1644	570	8.31	44	9	红卫村村民委员会	10	红卫村	1644	570	8.31	44	9	红卫村村民委员会
	土塔村	1159	424	5.61	48	7	土塔村村民委员会	11	土塔村	1159	424	5.61	48	7	土塔村村民委员会
玛瑙镇	桐麻村	1103	339	6.32	35	8	桐麻村村民委员会	1	桐麻村	2530	782	16.61	88	20	桐麻村村民委员会
	桥楼村	621	182	4.25	23	4	桥楼村村民委员会								
	龙潭村	806	261	6.04	30	8	龙潭村村民委员会								
	贞元村	977	317	4.39	30	6	贞元村村民委员会	2	贞元村	1430	457	7.76	51	9	贞元村村民委员会
	上河村	453	140	3.37	21	3	上河村村民委员会								
	兴隆社区	1126	490	1.1	35	4	玛瑙场镇中心街	3	兴隆场社区	2361	933	7.03	91	12	原桑林村村民委员会
	普光村	685	233	2.65	38	4	普光村村民委员会								
	桑林村	550	210	3.28	18	4	桑林村村民委员会								
	玛瑙村	605	228	4.19	24	7	玛瑙村村民委员会	4	玛瑙村	1523	553	10.14	64	13	原大埝村村民委员会
	大埝村	918	325	5.95	40	6	大埝村村民委员会								
	梓盐村	648	244	4.57	27	8	梓盐村村民委员会	5	交泰村	1471	616	10.24	59	12	原高垭村村民委员会
	高垭村	723	332	4.37	29	3	高垭村村民委员会								
	土垭村	551	197	4.41	28	5	土垭村村民委员会	6	黄花村	1480	532	10.6	58	11	原土垭村村民委员会
	黄花村	929	335	6.19	30	6	黄花村村民委员会								
	船林村	512	183	4.55	28	6	船林村村民委员会	7	龙台村	1122	396	7.22	55	10	原船林村村民委员会
	龙台村	610	213	2.67	27	4	龙台村村民委员会								
	砚岩村	750	265	5.01	30	5	砚岩村村民委员会	8	后山村	1142	399	8.27	58	8	原砚岩村村民委员会
	后山村	492	174	4.56	31	4	后山村村民委员会								
	红庙村	1118	386	5.98	29	9	红庙村村民委员会	9	红庙村	1118	386	5.98	29	9	红庙村村民委员会

续表8

镇（乡）	调整前							调整后							
	村（社区）名称	人口数（人）	户数（户）	面积（平方公里）	党员（人）	小组数（个）	办公地址	序号	新村（社区）名称	人口数（人）	户数（户）	面积（平方公里）	党员（人）	小组数（个）	办公地址
玛瑙镇	瓦苍村	826	284	5.56	31	7	瓦苍村村民委员会	10	瓦苍村	826	284	5.56	31	7	瓦苍村村民委员会
	罗桥村	767	287	6.41	31	5	罗桥村村民委员会	11	罗桥村	767	287	6.41	31	5	罗桥村村民委员会
自强镇	二洞村	838	266	4.65	34	5	二洞村村民委员会	1	二洞村	1807	605	12.10	97	17	二洞村村民委员会
	双河村	499	187	4.12	35	6	双河村村民委员会								
	工农村	470	152	3.33	28	6	工农村村民委员会								
	剑门村	1311	545	5.83	45	10	剑门村村民委员会	2	马迎村	2240	895	13.49	80	22	原剑门村村民委员会
	大坪村	929	350	7.66	35	12	大坪村村民委员会								
	建国村	777	301	5.54	46	5	建国村村民委员会	3	建国村	1769	673	13.25	91	11	建国村村民委员会
	和平村	992	372	7.71	45	6	和平村村民委员会								
	思公村	327	142	4.22	17	4	思公村村民委员会	4	思公村	1298	508	12.15	76	15	原天鼓村村民委员会
	大桥村	539	193	4.40	30	6	大桥村村民委员会								
	天鼓村	432	173	3.53	29	5	天鼓村村民委员会								
	自强村	1036	360	3.86	42	6	自强村村民委员会	5	长征村	2070	743	9.08	106	15	原自强村村民委员会
	长征村	1034	383	5.22	64	9	长征村村民委员会								
	黎明村	914	307	6.40	37	8	黎明村村民委员会	6	黎明村	2072	728	13.15	79	19	原星光村村民委员会
	星光村	1158	421	6.75	42	11	星光村村民委员会								
	金水村	710	260	4.03	22	4	金水村村民委员会	7	金光村	1882	719	15.11	86	15	金光村村民委员会
	金石村	675	259	5.77	34	4	金石村村民委员会								
	金光村	497	200	5.31	30	7	金光村村民委员会								
	流泉村	962	403	6.81	42	10	流泉村村民委员会	8	流泉村	962	403	6.81	42	10	流泉村村民委员会
	三合村	1076	386	7.00	37	9	三合村村民委员会	9	三合村	1076	386	7.00	37	9	三合村村民委员会
	大安社区	693	353	0.47	37	0	大安社区居民委员会	10	大安社区	693	353	0.47	37	0	大安社区居民委员会

续表8

镇（乡）	调整前 村（社区）名称	人口数（人）	户数（户）	面积（平方公里）	党员（人）	小组数（个）	办公地址	调整后 序号	新村（社区）名称	人口数（人）	户数（户）	面积（平方公里）	党员（人）	小组数（个）	办公地址
观义镇	红旗社区	1247	717	0.625	55	1	金池街33号	1	红旗社区	1247	717	0.625	55	1	金池街
	河口村	1180	396	5.12	40	7	河口村村民委员会	2	河口村	1180	396	5.12	40	7	河口村村民委员会
	池塘村	917	329	4.463	37	6	池塘村村民委员会	3	池塘村	1708	588	7.96	72	11	池塘村村民委员会
	黄连村	791	259	3.497	35	5									
	银针村	849	280	3.83	39	4	银针村村民委员会	4	银针村	1557	545	7.472	81	10	原大垭村村民委员会
	大垭村	708	265	3.642	42	6									
	瓦子村	1058	357	4.988	29	10	瓦子村村民委员会	5	瓦子村	1738	602	8.579	56	16	瓦子村村民委员会
	朱砂村	680	245	3.591	27	6									
	回銮村	1050	382	6.168	36	8	回銮村村民委员会	6	回銮村	1722	638	9.685	66	16	回銮村村民委员会
	高塔村	672	256	3.517	30	8									
	红柳村	1401	464	6.806	31	9	红柳村村民委员会	7	红柳村	2482	839	11.685	61	16	原双桥村村民委员会
	双桥村	1081	375	4.879	30	7									
	金银村	862	290	4.12	24	6	金银村村民委员会	8	金银村	1608	555	8.154	61	12	金银村村民委员会
	石桥村	746	265	4.034	37	6									
	共和村	510	477	3.22	48	5	共和村村民委员会	9	共和村	1750	688	9.71	101	12	原柑树村村民委员会
	柑树村	1240	211	6.49	53	7									
卧龙镇	金谷村	1422	484	2.78	60	10	金谷村村民委员会	1	金谷村	3042	973	9.48	116	24	原丰谷村村民委员会
	丰谷村	1040	323	3.86	31	6	丰谷村村民委员会								
	龙洞村	1139	386	3.62	47	11	龙洞村村民委员会								
	拦河村	1413	463	4.95	49	10	拦河村村民委员会	2	拦河村	2627	820	8.66	83	19	拦河村村民委员会
	响水村	1214	357	3.71	34	9	响水村村民委员会								
	青春村	1012	353	2.54	47	10	青春村村民委员会	3	桂花村	1986	685	6.42	93	19	桂花村村民委员会
	桂花村	974	332	3.88	46	9	桂花村村民委员会								
	光明村	1124	337	4.65	47	8	光明村村民委员会	4	九柏村	2151	641	8.92	81	19	原光明村村民委员会
	九柏村	1027	304	4.27	34	11	九柏村村民委员会								
	五一村	1529	483	5.97	50	11	五一村村民委员会	5	五一村	1529	483	5.97	50	11	五一村村民委员会
	兴龙社区	1086	568	1.3	70	1	卧龙场镇兴龙社区	6	兴龙社区	1645	788	2.08	92	4	原金谷村村民委员会

续表8

镇（乡）	调整前							调整后							
	村（社区）名称	人口数（人）	户数（户）	面积（平方公里）	党员（人）	小组数（个）	办公地址	序号	新村（社区）名称	人口数（人）	户数（户）	面积（平方公里）	党员（人）	小组数（个）	办公地址
双板镇	南垭村	1006	390	2.9687	39	9	南垭村村民委员会	1	南垭村	2112	757	8.8779	71	21	南垭村村民委员会
	凉泉村	1106	367	5.9092	32	12	凉泉村村民委员会								
	新寨村	1069	325	4.4614	37	8	新寨村村民委员会	2	新寨村	2386	754	11.0522	84	19	新寨村村民委员会
	高寨村	1317	429	6.5908	47	11	高寨村村民委员会								
	德胜村	756	284	2.3544	32	6	德胜村村民委员会	3	德胜村	1768	636	6.7801	69	15	德胜村村民委员会
	青益村	1012	352	4.4257	37	9	青益村村民委员会								
	松柏村	637	219	1.3097	32	6	松柏村村民委员会	4	桥龙村	1339	442	3.7494	64	12	桥龙村村民委员会
	桥龙村	702	223	2.4397	32	6	桥龙村村民委员会								
	全胜村	686	293	3.3586	20	6	全胜村村民委员会	5	全胜村	1732	560	8.3611	46	14	全胜村村民委员会
	棕林村	1046	267	5.0025	26	8	棕林村村民委员会								
	菱角村	1004	352	3.8833	36	9	菱角村村民委员会	6	菱角村	2140	666	8.486	82	18	菱角村村民委员会
	裕春村	1136	314	4.6027	46	9	裕春村村民委员会								
	石桥社区	2320	392	1.4	28	1	石桥社区居民委员会	7	石桥社区	2320	392	1.4	28	1	石桥社区居民委员会
金龙镇	金龙村	858	321	2.5315	23	7	金龙村村民委员会	1	金龙村	2028	813	6.4424	64	19	金龙村村民委员会
	海棠村	482	172	1.7447	18	5	海棠村村民委员会								
	白山村	688	320	2.1662	23	7	白山村村民委员会								
	柏杨村	1162	401	3.9618	32	8	柏杨村村民委员会	2	栖凤村	1776	641	6.0871	58	13	原凤凰村村民委员会
	凤凰村	614	240	2.1253	26	5	凤凰村村民委员会								
	泉水村	749	251	2.2992	20	5	泉水村村民委员会	3	龙泉村	1525	515	4.7938	46	10	原泉水村村民委员会
	全民村	776	264	2.4946	26	5	全民村村民委员会								
	松花村	1022	349	3.6108	36	8	松花村村民委员会	4	龙凤村	2066	713	6.9956	72	14	龙凤村村民委员会
	龙凤村	1044	364	3.3848	36	6	龙凤村村民委员会								

续表8

镇（乡）	调整前							调整后							
	村（社区）名称	人口数（人）	户数（户）	面积（平方公里）	党员（人）	小组数（个）	办公地址	序号	新村（社区）名称	人口数（人）	户数（户）	面积（平方公里）	党员（人）	小组数（个）	办公地址
金龙镇	金华村	901	304	2.8588	28	8	金华村村民委员会	5	金华村	2016	668	6.2683	56	18	原八一村村民委员会
	八一村	1115	364	3.4095	28	10	八一村村民委员会								
	青光村	1214	417	4.9215	46	10	青光村村民委员会	6	青光村	1214	417	4.9215	46	10	青光村村民委员会
	金莲村	1155	390	4.32	48	7	金莲村村民委员会	7	金莲村	1155	390	4.32	48	7	金莲村村民委员会
	金凤社区	349	228	0.3	42	1	金凤社区居委会	8	金凤社区	349	228	0.3	42	1	金凤社区居委会
文兴镇	龙凤村	764	296	3.51	35	6	龙凤村村民委员会	1	盘龙村	2299	879	14.29	93	19	原高峰村村民委员会
	盘龙村	795	320	5.48	31	7	盘龙村村民委员会								
	高峰村	740	263	5.3	27	6	高峰村村民委员会								
	灯塔村	925	312	5.9	31	7	灯塔村村民委员会	2	灯塔村	1851	654	12.82	65	15	灯塔村村民委员会
	四岭村	926	342	6.92	34	8	四岭村村民委员会								
	照耀村	761	267	4.1	30	8	照耀村村民委员会	3	照耀村	1592	537	8.93	66	14	原光辉村村民委员会
	光辉村	831	270	4.83	36	6	光辉村村民委员会								
	荣耀村	705	294	4.61	30	4	荣耀村村民委员会	4	火花村	1869	712	9.73	70	13	火花村村民委员会
	火花村	1164	418	5.12	40	9	火花村村民委员会								
	红塔村	659	245	4.51	29	6	红塔村村民委员会	5	双凤村	1544	584	8.96	56	12	双凤村村民委员会
	双凤村	885	339	4.45	27	6	双凤村村民委员会								
	文井社区	2855	1070	0.3	43		文井社区	6	文井社区	2855	1070	0.3	43		文井社区居民委员会
演武镇	石龙村	363	133	3.2	26	3	羊岭村村民委员会	1	东山村	849	333	7.7	50	8	东山村村民委员会
	东山村	486	200	4.5	24	5	东山村村民委员会								
	河嘴村	832	288	6	39	7	河嘴村村民委员会	2	小亭村	1383	488	10.1	68	11	小亭村村民委员会
	小亭村	551	200	4.1	29	4	小亭村村民委员会								

续表8

镇（乡）	调整前							调整后							
	村（社区）名称	人口数（人）	户数（户）	面积（平方公里）	党员（人）	小组数（个）	办公地址	序号	新村（社区）名称	人口数（人）	户数（户）	面积（平方公里）	党员（人）	小组数（个）	办公地址
演武镇	春光村	447	159	3.7	26	6	春光村村民委员会	3	红岩村	1241	434	11	61	12	红岩村村民委员会
	红岩村	794	275	7.3	35	6	红岩村村民委员会								
	玉泉村	715	282	7.8	43	5	玉泉村村民委员会	4	玉泉村	1660	609	18.4	82	15	玉泉村村民委员会
	红光村	945	327	10.6	39	10	红光村村民委员会								
	园坝村	608	227	5.2	43	6	园坝村村民委员会	5	上亭铺村	1189	416	10.1	71	11	原园坝村村民委员会
	灵珠村	581	189	4.9	28	5	灵珠村村民委员会								
	群联村	632	227	4.5	34	4	群联村村民委员会	6	群联村	632	227	4.5	34	4	群联村村民委员会

县委、县政府重要文件

县委、县政府重要文件目录

2020年梓潼县委重要文件一览表

表9

文件编号	文件内容
梓委办发〔2020〕1号	关于印发《梓潼县食品安全党政同责责任清单》的通知
梓委办发〔2020〕2号	关于健全完善贯彻落实习近平总书记重要指示批示精神工作长效机制的通知
梓委办发〔2020〕3号	关于印发《2020年全县经济工作要点》的通知
梓委办发〔2020〕4号	关于印发《梓潼县决战决胜污染防治攻坚三十六条硬措施》的通知
梓委办发〔2020〕5号	关于印发《梓潼县国民经济和社会发展第十四个五年规划编制工作方案》的通知
梓委办发〔2020〕7号	关于印发《梓潼县委县政府分管、联系领导参加巡察整改专题民主生活会实施办法》的通知
梓委办发〔2020〕8号	关于印发《梓潼县脱贫攻坚帮扶工作奖惩办法（试行）》的通知
梓委办发〔2020〕9号	关于印发《梓潼县分类推进人才评价机制改革实施方案（试行）》的通知
梓委办发〔2020〕10号	梓潼县关于进一步完善国有企业法人治理结构的实施意见
梓委办发〔2020〕11号	关于印发《梓潼县进一步推进学前教育发展的实施方案》的通知
梓委办发〔2020〕12号	关于印发《梓潼县县级议事协调机构管理办法》的通知
梓委办发〔2020〕13号	关于印发《梓潼县抓项目促投资18条硬措施》的通知
梓委办发〔2020〕14号	关于印发《关于支持生猪产业健康发展的十六条措施》的通知
梓委办发〔2020〕15号	印发《关于鼓励和引导人才向基层流动加强基层治理人才支撑的实施方案》的通知
梓委办发〔2020〕16号	关于印发《梓潼县科级党员领导干部任前党纪党规廉政考试规定（试行）》的通知

2020年梓潼县政府重要文件一览表

表10

文件编号	文件内容
梓府发〔2020〕1号	关于印发《梓潼县人民政府工作规则》《梓潼县人民政府常务会议议事决策规则》的通知
梓府发〔2020〕2号	关于表扬回乡投资兴业先进个人和热心公益慈善先进个人的通报
梓府发〔2020〕3号	关于做好梓潼县第七次全国人口普查工作的通知
梓府发〔2020〕4号	关于在全县市场监管领域全面推行部门联合“随双机、一公开”监管的实施意见
梓府发〔2020〕6号	关于表扬梓潼县三项语言文字工作先进集体和先进个人的通报
梓府发〔2020〕7号	关于印发《贯彻落实中央统筹推进新冠肺炎疫情防控和经济社会发展部署要求工作方案》的通知
梓府发〔2020〕8号	关于印发《梓潼县进一步加快服务业发展的若干政策措施》的通知
梓府发〔2020〕9号	关于印发《梓潼县15个扶贫专项2020年实施方案》的通知

续表10

文件编号	文件内容
梓府发〔2020〕10号	关于印发《梓潼县重点招商项目“服务绿卡”管理办法》和《梓潼县重点企业“服务绿卡”管理办法》的通知
梓府发〔2020〕11号	关于印发《梓潼县县级行政权力清单（2019年本）》的通知
梓府发〔2020〕13号	关于印发《梓潼县国家生态文明建设示范县规划（2020—2030年）》的通知
梓府发〔2020〕14号	2021年森林防火命令
梓府办发〔2020〕6号	关于印发《梓潼县应对新冠肺炎疫情支持中小企业共渡难关的政策措施》的通知
梓府办发〔2020〕33号	关于印发《梓潼县人民政府与县人大常委会工作联系机制（试行）》的通知
梓府办发〔2020〕39号	关于印发《梓潼县项目投资工作例会制度》的通知
梓府办发〔2020〕40号	关于印发《〈政府工作报告〉2020年重点工作责任分工表》的通知
梓府办发〔2020〕54号	关于印发《梓潼县文物保护管理办法》的通知
梓府办发〔2020〕64号	关于做好全县长江流域禁捕有关工作的通知

中共梓潼县委 2020 年重要决定目录

2020年梓潼县委重要决定一览表

表11

发文字号	文件名称	印发时间	备注
梓委发〔2020〕9号	中共梓潼县委关于深入贯彻习近平总书记重要讲话精神积极参与成渝地区双城经济圈建设的决定	8.11	

县委、县政府主要领导署名发表文章

深入园区研非公党建　探索新策促民营经济　新形势下党的基层组织建设研究

中共梓潼县委书记　周　琳

〔原载《绵阳发展与改革》2020 年第 6 期（总第 312 期）〕

为深入学习贯彻习近平总书记关于民营企业党建工作的重要指示精神，充分发挥党建工作对于在民营经济发展中的重要作用，梓潼县围绕经济技术开发区是全县非公企业的聚集区这一实际情况，深入园区调研民营经济企业党建工作的薄弱环节，切实解决长期制约园区党建工作的难点、痛点、关键点问题，着力推动新时代民营企业党建工作高质量发展。

一、园区党建基本情况

梓潼以基层党建“3+2”书记项目为契机，坚持“七化”工作机制，围绕经开区非公企业党组织建设，进行体系架构、组织覆盖、工作力量、作用发挥、阵地建设、激励保障等方面强基础、补短板、抓提升工作，培育树立瑞正保安党支部、鸿锋商贸党支部、一康制药党支部、林江苎麻纺织党支部等园区党建品牌。园区现有企业 68 家，设立经开区党工委 1 个。经开区党工委下设党支部 36 个（含 2019 年新建 1 个非公企业党支部），其中非公企业党支部 30 个，机关支部 1 个，村（社区）支部 3 个，国有企业支部 1 个，社会组织党支部 1 个。经开区共有党员 697 名，其中非公企业 257 名，机关支部 24 名，幸福村 84 名，南桥村 102 名，南桥社区 208 名，汇智公司 22 名。

（一）非公企业党组织情况。园区共有非公企业 67 家，共建立党支部 30 个，其中单独建立党组织 29 个，单建率为 43.3%；联建党组织 1 个，覆盖企业 2 家，综合组织覆盖率为 46.3%。20 家无党员企业中未建立党组织，无党组织率 29%。

（二）党员队伍情况。园区共有职工 3287 人，其中党员 257 人，占比 7.8%，园区 67 家非公企业中，47 家有党员，20 家无党员。党员人数 3 人及以上的 29 家，党员人数不到 3 人企业 2 家，已建立联合党支部，实现应建未建动态清零，2019 年截至目前，新发展党员 13 人，储备入党积极分子 24 人，预备党员按期转正 7 人。

（三）党建指导员情况。采取“个人自荐、组织推荐”方式，严把选派范围和条件，综合考虑选聘对象一贯表现、社会评价、人岗相适度等因素，选派 34 名优秀干部为非公企业党建指导员，指定到 67 家非公企业中指导党建和提供智力服务工作，并要求党建指导员每月至少开展指导 2 次，明确其工作方式、职责和权限，实现非公企业党组织全覆盖。

（四）党建工作经费情况。按照党组织隶属关系，对非公有制企业单独建立的党组织，原则上按照党支部 3000 元 / 年的标准补助。对非公有制企业单独新建的党组织，原则上按照 5000 元的标准一次性补助党建工作启动经费。日常党组织工作经费均通过党组织所在企业拨付一定比例的党建工作经费的方式配备，其余部分统筹纳入本级财政预算予以保障。今年仅对新建的梓林强纸党支部补助8000元。

（五）活动阵地情况。园区单独建立党组织的29家企业中，均设置了党建活动阵地，但花果山食品、亚子调味品、宁瑞电子等部分党支部的活动阵地，未严格按照有场所、有设施、有标志、有党旗、有书报、有制度的“六有”标准进行建设，目前正在持续完善中。

二、发现的主要问题

经济工作是党治国理政的中心工作，围绕新时期党的中心任务和基本路线，经过深入调研，发现存在党的组织覆盖率较低、党组织设置不规范、党建指导员作用发挥得不够、流动党员管理难度较大、党组织活动开展死板滞后、活动阵地建设不规范等6方面问题。针对这些问题，我们要坚持以问题为导向，提升非公经济党组织的组织力为重点，运用辩证思维，深入分析基层党组织的发展现状，剖析在基层党组织建设中存在的问题原因，有针对性实施基层党建质量提升行动，突出其服务经济功能，着力解决一些基层党组织弱化、虚化、边缘化问题。

一是党的组织覆盖率较低。从统计数据来看，园区党的组织覆盖率仅为46.3%，单建率仅为43.3%。其中园区16家企业党员人数都不足3人，未单独建立党组织；20家企业中无党员，不满足成立党支部条件；愿意成立联合党支部的企业仅2家，成立联合支部1个。反映出非公企业发展党员积极性严重不足，成立党组织的意愿欠缺的问题，侧面反映出梓潼县党组织服务非公企业能力不强，不能有效促进企业良性发展问题。

二是党支部组织设置不规范。根据《中国共产党支部工作条例（试行）》规定，正式党员不足7人的党支部，设1名书记，必要时可以设1名副书记。有正式党员7人以上的党支部，应当设立党支部委员会，但是园区大部分党支部党员人数不足7人，但仍然设立了支部委员会，甚至配置了副书记。同时企业因人员流动性大，党员流入流出情况频繁，党支部人员频繁变动，党支部组织架构难以长期保持稳定，党的建设工作推进难度较大，工作时断时续。

三是党建指导员作用发挥得不够。虽然园区党建指导员已经实现选派全覆盖，但从走访调研的情况来看，党建指导员深入企业调研走访、出谋划策、指导党建的时间普遍较少，甚至有部分党建指导员长期从未实地走访过分派企业或者是仅刚分派时去过一次，更多地采用电话、微信等遥控指挥的方式指导企业党组织工作，未能切实履行培养壮大党的力量、建立党组织、开展党的活动等工作责任，作用发挥不明显。

四是流动党员管理难度较大。调研发现，因园区大部分企业人员流动性强，导致党员流动性大，党员管理难度大，其情况主要分为三类：一是农村或社区短期务工的党员，随工作流动，工作单位很难固定，一般不愿将党组织关系转入所在园区企业党组织；二是集团公司或合资企业中，由母公司委派人员，此类人员一般为公司高层，但组织关系往往保留在母公司，本地企业党组织很难对其进行管理，支持本地党建工作的热情度不高。三是因工作变动离职或退休党员，因非公企业对此类人员的管理力量薄弱，对其管理能力普遍较差。如南苑机械、同发建设、华西动物等企业党支部，党员台账与实际党员均出入较大。

五是党组织活动开展死板滞后。经调研发现，企业党组织活力和企业本身经营活力呈正相关，比如经营状况不佳的南苑机械、同发建设、亚子调味品、宾俪妮服装等企业，受经费和人员限制，党支部的正常组织生活经常未开展，甚至是完全停滞，基本无法履行对党员的教育管理工作，但是其支部组织又很难撤销，造成空壳党支部现象。

六是活动阵地建设不规范。通过调研发现，拥有党组织的企业，或多或少都存在活动阵地建设不规范的问题，如天福彩钢和威源电子，虽然建有党组织活动阵地，但是对照党组织建设“六有”标准，存在缺失党组织标识，党组织架构人员未上墙等问题。

三、下步工作对策

深入学习习近平新时代中国特色社会主义经济思想，进一步增强贯彻落实中央、省委、市委、县委各项方针政策和工作部署的自觉性、主动性和创造性。学习成都市武侯区商圈党建“三融合”模式、德阳市经开区物业党建联建模式和宜宾市翠屏区“两新”组织党建“三式”服务模式，健全党管经济的工作制度和机制，完善县四大班子领导联系推进党建工作和园区发展责任，积极引进和培养农业科技、产业经济、财税金融、文化旅游、城建规划等方面的专业干部和技术人才，健全目标考核体系，斗硬督查检查，强化考评结果运用，全面落实“项目代办”“服务绿卡”等制度，持续推进“放管服”改革，积极清理精简涉及民间投资管理的行政审批事项，将推动党建工作和支持民营企业发展全面结合，切实解决党建工作推进中和企业经营发展中的具体问题，为民营企业提供全方位服务。

一是建立联动协调机制。建立跨领域党建联盟，联合经开区党工委、驻区单位、辖区“两新”党组织建立园区综合党委，由党工委书记兼任综合党委书记，探索党建联席会议制度，整合发改、税务、工信等各方面力量，定期召开联席会议，广泛问需企业，梳理需求、资源、项目三张清单，实施问题认领模式，签订共驻共享责任书，推动各领域党建资源共享、优势互补、党员共管，形成各领域党组织共同参与的大党建格局。

二是配强党建指导员队伍。全覆盖选派党建工作指导队（员），创新务实管用工作机制，建立定期联系、走访了解、双向评议等党建共建工作和考核制度，聚焦企业发展的重点、难点问题，激发党建指导员的工作能动性，促使其积极为企业宣讲政策、建言献策、出谋划策，主动引导规模较大非公企业参与脱贫攻坚、乡村振兴和社会治理，做好诚信经营、安全生产、节能降耗和生态环保等工作，发挥党建指导员实质作用，实现联系指导工作实现全覆盖、常态化、规范化、实用化。

三是打造党群活动综合体。强化党建引领作用，新建党群服务中心，开展线上线下宣传服务，依托“直播梓潼”“党员e家”“梓潼发布”等网络平台和党群服务平台，开设“党政要闻”“党务工作”“志愿服务”等栏目。充分发挥党建指导员作用，延伸党务政务服务，提供营业执照代审、环评报告查询、审批进度查询、工作人员招聘等信息服务窗口，开设企业需求、企业动态、企业招聘等室内专栏。建立联合志愿服务队，将调解民企纠纷、政企矛盾和物业协调、就业介绍等事项扩展为志愿服务，做实志愿服务内容，促进企业圈、政务圈、服务圈全面融合。加强党员培训管理，提高党员政治素养和专业技能，激发民营企业创新创业内生动力，把党建打造为民营经济健康发展的“红色引擎”。

四是加强企业党组织建设。引导企业出资人积极拥护和支持非公企业党建工作，采取选派优秀专职党建指导员和县级领导联系指导的方式，注重从产业工作、农民工、生产经营骨干和企业出资人中发展党员，推动党组织应建必建动态“清零”，加强“双强六好”规范化建设，努力实现班子建设标准化、组织生活标准化、运行机制标准化、台账资料标准化。不断创新组织活动方式，严格落实“三会一课”、谈心谈话、主题党日等组织生活制度，助推企业健康发展。

五是激发园区干部积极性。加强园区党员干部的教育培养，系统开展园区组工干部教育培训，激活园区人才流动机制，树立起求真务实的选人用人导向，注重从招商引资、项目建设、党建指导员等服务企业一线中考察选任政治品德过硬、工作表现优秀、综合素质全面的干部，把园区经济建设成效作为干部能力检验的“试金石”。进一步突出项目考核考评这个“硬举措”，完善项目建设成效与干部的年终考评奖励相挂钩机制，注重实力+实干，为想干事的建平台，让干成事的登奖台，让不干事的没舞台，鼓励年轻想为的干部，把精力用在推动经开区经济高质量发展上。

着力实施“五大行动” 加快建设美丽梓潼

中共梓潼县委书记 周 琳

〔原载《绵阳发展与改革》2020年第7期(总第313期)〕

梓潼县着力实施人居环境整治、村容村貌提升、农村基础改造、产业富民推进、文明乡风培育“五大行动”,加快推进美丽乡村建设,力争建成高端生活的目的地和城市人群羡慕向往的“桃花源”。

一、美丽乡村建设的宏观背景

2017年,党的十九大站在全局的高度提出了实施乡村振兴的战略决策,成为社会主义新农村建设的升级版。2018年1月日,中央一号文件《中共中央 国务院关于实施乡村振兴战略的意见》权威发布,成为实施乡村振兴战略、做好新时期“三农”工作的行动指南,明确了中央关于实施乡村振兴战略的大政方针,给出了清晰的路线图,为实施乡村振兴战略明确了方向、思路、任务、政策。在2018年中央农村工作会议上,中央提出:“加快推进乡村治理体系和治理能力现代化”和“加快推进农业农村现代化。”2018年2月13日,习近平总书记来川视察,在省委省政府工作汇报会上他强调:“着力实施乡村振兴战略,是新时代做好‘三农’工作的总抓手。”“四川提出‘四个好’的目标,打造业兴、家富、人和、村美的幸福美丽新村,就是党中央精神的具体化。”2019年10月,党的十九届四中全会召开,《中共中央关于坚持和完善中国特色社会主义制度 推进国家治理体系和治理能力现代化若干重大问题的决定》特别指出:“实施乡村振兴战略,完善农业农村优先发展和保障国家粮食安全的制度政策,健全城乡融合发展体制机制。”这些信号都预示着广大农村将迎来历史性的重大变革。

2020年4月13日,农业农村部印发了《社会资本投资农业农村指引》,这是为应对新冠肺炎疫情影响,遏制农业投资下滑态势,引导社会资本投入农业农村,构建乡村振兴多元投入格局,第一个全国性的社会资本在农业产业、基础设施、人居环境、科技人才、文化服务等诸多方面投资农业农村指导性文件。这一系列重大利好表明,未来美丽乡村建设将掀起新的高潮。只要确保农业农村优先发展,补齐基础设施和公共服务短板,健全城乡融合发展体制和机制,一定能够实现产业兴旺、生态宜居、乡风文明、治理有效、生活富裕的乡村振兴总要求。

二、乡村振兴视角下美丽梓潼建设现状

近年来,梓潼县全面落实习近平生态文明思想,坚决践行“绿色发展”理念,巩固乡村振兴成果,紧密围绕“美丽梓潼·宜居乡村”主题,因地制宜、突出特色,着眼长远、便民利民,分层分步、循序推进,以产业富民为重点,以环境整洁为突破,以美丽乡村建设为导向,根据不同村庄人居环境现状,分类确定整治重点,积极开展“垃圾、污水、厕所”三大革命,重点做到“三清两改一提升”,治理环境卫生、治理村容村貌,全面提升人居环境质量,高效推进美丽乡村建设工作。2019年成功创建省级实施乡村振兴战略示范村3个,创建市级实施乡村振兴战略先进乡镇1个、示范村5个,培育“美丽四川·宜居乡村”达标村100个,被评为绵阳市农村人居环境整治优秀县。

根据质检总局、国家标准委发布的《美丽乡村建设指南》相关标准,美丽乡村是指经济、政治、文化、社会和生态文明协调发展,规划科学、生产发展、生活宽裕、乡风文明、村容整洁、管理民主,宜居、宜业的可持续发展乡村。梓潼县美丽乡村建设工作虽然取得较大成效,但与国家建设标准要求和人民群众期望还有较大距离,主要存在以下问题:

（一）思想认识还不到位。在美丽乡村建设过程中，部分乡镇在美丽乡村建设上存在盲目建设，赶进度的急躁情绪；个别乡镇重视程度不够，认识不到位，工作被动应付，前期等待观望，造成工作脱节和落后局面。部分群众把美丽乡村建设单纯看作是政府行为，“等、靠、要”依赖思想较为严重，“上热下冷”，“干部干、群众看”的现象比较突出。

（二）规划设计还需完善。美丽乡村建设是一项系统的长期工程，必须通盘考虑全县的实际情况，坚持规划先行，结合乡镇村社特色，统筹编制完整、长远的规划，明确建设目标和进度。梓潼县美丽乡村建设工作开展过程中，梓潼也出台了相关的实施方案和指导性意见，各乡镇也编制了乡村建设规划，但部分乡镇规划还不完善，科学性、持续性和可操作性有待进一步提高。部分村社仍存在盲目无序建设、重复建设的情况，“有新广场、没有新农村”，“有新房、无新貌”的现象比较突出，大多数村社没有明确的村庄规划，还处在粗放式建设管理阶段，没有充分挖掘乡村文化元素，乡村特色性不够，特别是乡镇村组行政区划调整后，原有的规划设计面临改动调整。

（三）资金整合还需加力。建设美丽乡村涉及方面广、工作量大、内容繁杂，省、市、县各级各部门的项目资金呈碎片化、分散化，各部门的支持政策相互联结不够，各项资金整合力度不够。同时，由于各部门涉农项目安排时序、渠道不同，很多项目难以有效衔接，配套统一难，致使一些项目未能落地在真正需要的乡村。

（四）管理机制还不健全。近年来，政府投入了大量资金用于农村集中连片环境整治、污水处理设施、绿化、美化等基础设施建设，部分乡村存在重建轻管的现象，管护责任落实不到位，由于缺乏运行经费和后期维护费用，一些设施设备荒废闲置；个别乡村垃圾清运不及时，垃圾箱周围成为新的污染源，影响了美丽乡村整体形象。群众自我建设、自我管理、自我服务、自我监督等长效自治机制尚不完善，对保洁人员履职缺乏有效的监督考核，部分村杂草、垃圾清理不全面，乱搭乱建、乱拉乱挂现象比较普遍。

三、实施“五大行动”，推进美丽乡村建设的战略意义

为推动四川丘区经济强县和绵阳后花园建设再上新台阶，推进梓潼农村高质量发展，进一步满足人民群众对美好生活的需要，梓潼以问题为导向，在全县开展人居环境整治、村容村貌提升、农村基础改造、产业富民推进、文明乡风培育“五大行动”，加快推进梓潼县美丽乡村建设，是梓潼县贯彻落实习近平总书记生态文明思想和中央、省、市乡村振兴、基层治理工作部署的具体抓手，也是梓潼县委当前统筹疫情防控和经济社会发展两手抓，夺取“双胜利”的重要工作内容。

（一）实施“五大行动”是贯彻习近平总书记生态文明思想的具体实践。十八大以来，党中央把生态文明建设作为统筹推进“五位一体”总体布局和协调推进“四个全面”战略布局的重要内容，形成了习近平生态文明思想。十九大以来，党中央又提出了必须始终把解决好“三农”问题作为全党工作的重中之重，大力实施“乡村振兴”战略。特别是党的十九届四中全会，对加强农村基层治理能力和治理体系建设提出了更高的要求。梓潼县委结合梓潼实际制定出台了《关于实施“五大行动”加快推进美丽乡村建设的意见》，是习近平总书记生态文明思想和中央、省、市各项决策部署在梓潼落地落实的生动实践。

（二）实施“五大行动”是“美丽四川、宜居乡村”建设的梓潼路径。省委、省政府印发的《“美丽四川·宜居乡村”推进方案（2018—2020年）》中明确要求，要扎实抓好农村生态文明建设、人居环境整治和农业农村污染治理，提升村容村貌，加强基础设施建设，提高公共服务水平，构建人与自然和谐共生的乡村发展新格局。落实到梓潼而言，正是坚定实施“五大行动”，着力探索“美丽四川、宜居乡村”建设的梓潼路径，为推动治蜀兴川再上新台阶打下贡献梓潼力量。

（三）实施“五大行动”是落实高质量发展的实际举措。绵阳市委作出关于全面推动高质量发展加快建设西部经济强市和四川经济副中心的决定，提

出大力推进乡村振兴，打造幸福美丽新村升级版。开展“美丽绵阳·宜居乡村”农村人居环境整治的要求，需要梓潼进一步提高乡村治理能力，完善乡村治理体系，不断满足人民群众美好生活的需要，真正让农村美起来、让农民富起来，把乡村建设成幸福美丽新家园。

（四）实施“五大行动”是推动“六大工程”的重要途径。梓潼县委提出深入实施“文旅兴县、农业富县、工业强县、绿色发展、改善民生和党的建设”六大工程，加快建设四川丘区经济强县和绵阳后花园。“五大行动”高度契合“六大工程”深刻内涵，是“六大工程”的细化和深化，目的就是要把乡村振兴和绿色发展融入实现梓潼高质量发展各个方面，形成节约资源和保护环境的常态化机制，按照梓潼县委确定的“路线图”“时间表”，加快实施“五大行动”，为建设四川丘区经济强县和绵阳后花园做出应有的贡献。

四、实施“五大行动”，推进美丽乡村建设的梓潼路径与成效

（一）村容村貌深刻变化。按照“公共服务便利、村容村貌洁美、田园风光怡人、生活富裕和谐”的总要求，结合脱贫攻坚、环保督察问题整改、农村人居环境整治和打造幸福美丽新村升级版等工作，大力提升村容村貌，以建设美丽宜居村庄为目标，以村庄绿化、照明亮化、环境净化、家园美化为主攻方向，深入实施“六化”工程，不断推进农村净化、美化、乡土化。积极推进“农村危房、土坯房改造”和“大棚房整治”等工作，多次开展村庄清洁整治行动，共清理垃圾7425吨、黑臭水体2450处、断壁残垣3720处。深入实施大规模绿化梓潼行动，完成四旁（路旁、沟旁、渠旁和宅旁）植树65万株，营造林8.7万亩，村道绿化60公里，河道绿化2公里。建设“四好”农村公路255.1公里、通组道路76公里，乡村道路提升105公里，通村公路硬化率达90%，2019年成功培育“四好”农村路市级示范乡（镇）2个、县级示范村18个。

（二）卫生环境整体改善。各乡镇、村级党组织充分发挥党员带头作用，大力营造全民参与、全民支持的美丽乡村建设氛围，提高农村居民的环境意识，引导群众坚持清洁生产的理念，深入开展农村环境综合整治工作。建立农村生活垃圾集中处理和长效保洁机制，全面加强农村保洁员队伍，实现农村保洁员全覆盖，完成新（改）建农村生活垃圾分类收集设施100个，建成乡村垃圾回收站点131个、50吨/天垃圾压缩转运站1个，共设垃圾桶（箱）3947个、垃圾收运车辆192辆，296个行政村生活垃圾得到有效治理，治理率达97%，农村人居环境得到不断改善，美丽乡村建设水平得到有效提升，2019年成功创建省级卫生乡镇1个、卫生村22个。

（三）基础设施改造扎实推进。以城乡民生保障共享为载体，主动引导城市基础设施和公共服务向农村延伸，加快推进农村基础设施“六网”建设，提升基础设施供给质量和运行效率，构建布局科学、覆盖全面、功能完善、安全可靠的基础设施支撑体系，补齐乡村发展短板。建成各类水利工程2930处，推动构建高效节水灌溉体系，努力改善旱山区缺水现状。以现有镇（乡）集中供水站为依托，通过部分扩容、管网改造延伸等方式，以29个贫困村为核心，辐射沿线36个非贫困村，铺设主管网约403公里，着力解决50892人（其中贫困人口5847人）饮水难题。2019年投资1.65亿元，新建成村社道路（含窄路加宽）173公里，建成县乡道5.1公里、村道250公里、社道105公里，同时制定奖补政策，鼓励群众自建入户道路，出行难问题得到切实解决。

（四）农业产业稳定发展。以壮大集体经济带动农民增收致富为出发点和落脚点，坚持生态循环绿色发展理念，围绕“六大重点产业”“九大主导产品”，从抓基地建设和园区建设入手，切实加强全产业链建设，扎实推进农业产业化发展，助推农业增效、农民增收。巩固蛋鸡、水稻制种、生猪、蜜柚四大优势产业地位，培育各类新型农业经营主体1124家，坚持现代化、标准化、规模化、园区化发展，充实省市县级园区储备22个，进一步加快产业转型升级。依托正大集团、大北农集团、省供销投资集团等龙头企业，不断完善集种养植、仓储、加工、

包装、运输、销售为一体的全产业链模式，农产品市场竞争力进一步增强。充分挖掘文昌文化、红色文化、乡村农耕文化等资源，加快推动农旅融合，成功培育了一批星级酒店和星级农家乐，以农带旅、以旅促农的良性发展模式初步形成。2019 年，梓潼县“蜜柚 + 生猪生态循环现代农业园区”成功创建市级四星级园区。

（五）文明乡风基本树立。习近平总书记指出，实施乡村振兴战略不能光看农民口袋里票子有多少，更要看农民精神风貌怎么样。梓潼坚持弘扬主旋律和社会正气，培育文明乡风、良好家风、淳朴民风，改善农民精神风貌，提高乡村社会文明程度，焕发乡村文明新气象，建立健全“三治合一”乡村治理体系，夯实自治的基础、守好法治的底线，构建德治的支撑。大力开展文明村镇创建，注重村规民约教育活动，提升村民的文明道德素养，促进社会主义核心价值观在农村落地生根，农村文明程度得到大幅提高。实行红白理事会，以“党委统领、政府主抓、部门共管、协会发力、群众自治”为原则，遏制陈规陋习、消除不良风气、规范婚丧嫁娶行为，努力培育和践行社会主义核心价值观，不断提高乡村社会文明程度。以农民夜校为载体，充分利用广播、电视和手机短信等宣传平台，深入开展“一月一主题”普法宣传活动。深入推进法治文化广场、法治宣传栏和村（居）法律图书室（角）建设，营造法治宣传氛围。

人物名录

梓潼县县级领导简介

周　琳，男，汉族，1966年1月出生，四川绵阳人。1986年7月参加工作，1986年6月加入中国共产党。

现任职务：

县委书记、“两弹一星”干部学院（“两弹一星”精神研究院）第一副院长（兼）、二级巡视员

学习简历：

1983.7—1986.7　安县师范学校中师

1987.9—1990.6　四川师范学院政治专业在职大专

1993.9—1995.12　省委党校经济管理专业党校大学

1998.9—2001.6　省委党校经济学专业党校研究生

主要工作简历：

1983.7—1986.7　安县师范学校普师专业中师学习

1986.7—1992.10　安县黄土二中团委书记（其间：1987.9—1990.6四川师范学院政治专业在职大专学习）

1992.10—1994.4　安县县委报道组、安县报社记者

1994.4—1994.12　安县县委组织部电教站站长（副科级）

1994.12—1995.12　安县县委办公室副科级秘书（其间：1993.9—1995.12四川省委党校函授学院经济管理专业党校大学学习）

1995.12—1996.7　安县县委办公室一秘科科长

1996.7—2003.12　绵阳市委办公室工作（其间：1996.11任副主任科员，1997.9任三秘书处副处长，1997.12任主任科员，1999.5任离退休人员工作处副处长，2001.11任信息处处长，2002.8任副县级秘书；1998.9—2001.6四川省委党校经济学专业党校研究生学习）

2003.12—2005.12　绵阳市委防邪办副主任

2005.12—2006.12　梓潼县委常委、组织部部长

2006.12—2011.10　梓潼县委副书记

2011.10—2012.1　梓潼县委副书记、代县长，四川梓潼经济开发区党工委副书记、管委会主任

2012.1—2016.9　梓潼县委副书记、县长，四川梓潼经济开发区党工委副书记、管委会主任

2016.9—2018.12　梓潼县委书记（其间：2017.5—2017.7在中央党校县委书记班学习）

2018.12—2019.8　梓潼县委书记、一级调研员

2019.8—2020.1　梓潼县委书记、二级巡视员

2020.1—　梓潼县委书记、“两弹一星”干部学院（“两弹一星”精神研究院）第一副院长（兼）、二级巡视员

刘　强，男，汉族，1974年10月出生，四川江油人。1993年7月参加工作，1995年9月加入中国共产党。

现任职务：

县委副书记、县政府党组书记、县长、一级调研员

学习简历：

1990.9—1993.7 乐山师范学校特殊教育专业中师

1994.12 四川教育学院教育行政管理学专业自考大专毕业；

1996.6 西南政法大学法律专业自考大学毕业

2004.5—2006.11 四川大学法学院法律硕士专业在职研究生

主要工作简历：

1990.9—1993.7 四川省乐山师范学校特殊教育专业中师学习

1993.7—1998.9 江油市聋哑学校工作（其间：1994.12 四川教育学院教育行政管理学专业自考大专毕业；1996.6 西南政法大学法律专业自考大学毕业）

1998.9—1999.3 江油市司法局工作

1999.3—2002.9 江油市委办公室工作

2002.9—2002.10 江油市委办公室副主任科员

2002.10—2003.4 绵阳市政府办公室科员

2003.4—2006.3 绵阳市政府办公室人事教育处副处长（副科级）

2006.3—2010.9 绵阳市政府研究室副主任（正科级）（其间：2008.4—2008.7 市委党校中青班学习，2004.5—2006.11 四川大学法学院法律硕士专业在职研究生学习，获法律专业硕士学位）

2010.9—2011.10 绵阳市食品药品监督管理局党组成员、副局长

2011.10—2015.8 绵阳市政府办公室党组成员、副主任

2015.8—2015.10 绵阳市政府办公室党组成员、主任（其间：2013.7—2015.9 挂任雅安市雨城区委常委、绵阳市对口援建雅安市雨城区前线指挥部指挥长）

2015.10—2016.11 绵阳市政府办公室党组副书记、主任

2016.11—2018.12 绵阳市政府副秘书长，办公室党组副书记、主任

2018.12—2020.3 绵阳市委副秘书长、办公室主任（其间：2019.4 兼任市国家保密局、市密码管理局、市档案局局长，2019.11 晋升一级调研员）

2020.3—2020.4 绵阳市国家保密局、市密码管理局、市档案局局长，梓潼县委副书记、县长提名人选、一级调研员

2020.4—2020.5 绵阳市国家保密局、市密码管理局、市档案局局长，梓潼县委副书记、县政府党组书记、县长提名人选、一级调研员

2020.5—2020.6 绵阳市密码管理局局长、梓潼县委副书记、县政府党组书记、县长、一级调研员

2020.6— 梓潼县委副书记、县政府党组书记、县长、一级调研员

杜林平，男，汉族，1964 年 3 月出生，四川南充人。1984 年 7 月参加工作，1989 年 1 月加入中国共产党。

现任职务：

县人大常委会党组书记、主任、一级调研员

学习简历：

1981.9—1984.7 绵阳农专畜牧兽医专业大专

1995.8—1997.12 省委党校经济管理专业党校大学

2002.9—2005.6 省委党校区域经济学专业党校研究生

主要工作简历：

1981.9—1984.7 绵阳农专畜牧兽医专业大专学习

1984.7—1987.5 梓潼县畜牧局工作

1987.5—1990.5 梓潼县农办工作（其间：1989.3 任生产科科长，1989.9 任秘书科科长）

1990.5—1990.12 梓潼县委政策研究室工作

1990.11—1993.5 梓潼县委组织部工作（其间：1990.12 任干部科科长〈副科级〉）

1993.5—1998.2 梓潼县委组织部副部长（其间：1995.8—1997.12 四川省委党校函授学院经济管理专业党校大学学习）

1998.2—2000.4 梓潼县文昌镇党委副书记、镇长

2000.4—2000.8 梓潼县文昌镇党委书记、镇长

2000.8—2001.11　梓潼县文昌镇党委书记

2001.11—2003.1　梓潼县建设局党委书记、局长

2003.1—2006.12　梓潼县人民政府副县长（其间：2002.9—2005.6 四川省委党校区域经济学专业党校研究生学习）

2006.12—2007.1　梓潼县委常委、宣传部部长、副县长

2007.1—2011.11　梓潼县委常委、宣传部部长

2011.11—2012.1　梓潼县委常委、县政府党组副书记

2012.1—2016.9　梓潼县委常委，县政府党组副书记、副县长

2016.9—2019.12　梓潼县人大常委会党组书记、主任

2019.12—　梓潼县人大常委会党组书记、主任、一级调研员

敬友忠，男，汉族，1965 年 1 月出生，四川梓潼人，1984 年 8 月参加工作，1988 年 4 月加入中国共产党。

现任职务：

县政协党组书记、主席、一级调研员

学习简历：

1998.9—2001.6　省委党校法律专业党校大专

2001.9—2003.12　省委党校法律专业党校大学

主要工作简历：

1984.8—1988.2　梓潼县双板乡人民政府工作

1988.2—1990.2　梓潼县双板乡副乡长

1990.2—1992.9　梓潼县双板乡党委副书记、乡长（其间：1992.3—1992.5 县委党校中青班学习）

1992.9—1994.3　梓潼县许州镇副镇长

1994.3—1995.8　梓潼县双板乡党委副书记、乡长

1995.8—1998.12　梓潼县黎雅镇党委书记（其间：1996.3—1996.4 市委党校乡镇领导干部培训班学习，1996.4 兼任镇人大主席）

1998.12—2000.10　梓潼县许州镇党委书记

2000.10—2001.6　梓潼县七曲山旅游经济开发区管委会副主任（其间：1998.9—2001.6 四川省委党校函授学院法律专业党校大专学习）

2001.6—2003.4　梓潼县文物旅游局局长，兼县七曲山旅游经济开发区管委会副主任

2003.4—2008.9　梓潼县交通局党委书记、局长（其间：2001.9—2003.12 四川省委党校函授学院法律专业党校大学学习；2004.3—2004.6 市委党校中青班学习）

2008.9—2010.3　梓潼县人民政府党组成员、副县长

2010.3—2010.4　梓潼县委常委

2010.4—2016.9　梓潼县委常委、政法委书记

2016.9—2019.12　梓潼县政协党组书记、主席

2019.12—　梓潼县政协党组书记、主席、一级调研员

邓志军，男，汉族，1971 年 3 月出生，四川三台人，1992 年 7 月参加工作，1992 年 6 月加入中国共产党。

现任职务：

县委副书记、三级调研员

1989.9—1992.7　绵阳师专政史专业大专

2003.9—2005.6　西南科技大学经济学专业在职大学

学习简历：

1989.9—1992.7　绵阳师专政史专业大专

2003.9—2005.6　西南科技大学经济学专业在职大学

主要工作简历：

1989.9—1992.7　绵阳师范专科学校政史专业大专学习

1992.7—2001.8　梓潼县观义中学教师（其间：1995.9 任教导处副主任，1998.8 任副校长兼教导处主任）

2001.8—2002.1　梓潼县潼江中学副校长

2002.1—2006.3　梓潼县人民政府办公室工作（其间：2003.5 任秘书科副科长，2003.9 任副主任科员；2003.9—2005.6 西南科技大学网络教育学院经济学专业在职大学学习）

2006.3—2007.11 梓潼县人民政府办公室副主任

2007.11—2009.11 梓潼县东石乡党委书记(其间:2008.3任乡人大主席)

2009.11—2009.12 梓潼县教育体育局党委书记

2009.12—2011.6 梓潼县教育体育局党委书记、局长

2011.6—2011.11 梓潼县委办公室主任

2011.11—2014.2 梓潼县委常委、县委办主任

2014.2—2016.9 梓潼县委常委

2016.9—2017.5 梓潼县委常委、县政府党组副书记、副县长,县行政校校长

2017.5—2018.2 梓潼县委常委、县政府党组副书记、副县长,县行政校校长,县政务服务中心(县公共资源交易服务分中心、县政府采购中心)主任

2018.2—2018.5 梓潼县委常委、县政府党组副书记、常务副县长,县行政校校长

2018.5—2019.4 梓潼县委常委、县政府党组副书记、副县长,县行政校校长、三级调研员

2019.4— 梓潼县委副书记、三级调研员

杨飞涛,男,汉族,1965年7月出生,四川旺苍人。1984年7月参加工作,1984年6月加入中国共产党。

现任职务:

县委常委、政法委书记、三级调研员

学习简历:

1981.9—1984.7 绵阳农专兽医专业大专

1995.9—1997.12 省委党校法律专业党校大学

2002.9—2005.6 省委党校区域经济学专业党校研究生

主要工作简历:

1981.9—1984.7 绵阳农专兽医专业大专学习

1984.7—1985.1 梓潼县石牛乡政府工作

1985.1—1989.10 共青团梓潼县委书记

1989.10—1992.8 梓潼县畜牧局党组成员、副局长

1992.8—1995.2 梓潼县畜牧食品总公司党委委员、副总经理(其间:1993.12任畜牧食品总公司人武部副部长)

1995.2—1998.3 梓潼县食品总公司副总经理(其间:1997.1兼任贸易局党组成员、副局长;1995.9—1997.12省委党校法律专业党校大学学习)

1998.3—2000.12 梓潼县财办副主任(其间:1999.3—1999.6市委党校中青班学习)

2000.12—2001.12 梓潼县供销联社党委书记、副主任

2001.12—2003.2 梓潼县供销联社党组书记、主任

2003.2—2003.5 梓潼县粮食局党组书记

2003.5—2006.12 梓潼县粮食局党组书记、局长(其间:2004.9—2004.10市委党校科局班培训,2006.5任县企业工委委员;2002.9—2005.6四川省委党校区域经济学专业党校研究生学习)

2006.12—2007.9 梓潼县文化旅游局党组书记、局长,七曲山党工委书记、聚源公司总经理

2007.9—2008.9 梓潼县文化旅游局党组书记、局长,七曲山党工委书记

2008.9—2009.9 梓潼县委办公室主任

2009.9—2011.11 梓潼县委常委(其间:2010.9—2010.11市委党校县干班培训)

2011.11—2016.9 梓潼县委常委、宣传部部长

2016.9—2019.11 梓潼县委常委、政法委书记

2019.11— 梓潼县委常委、政法委书记、三级调研员

唐 扬,男,汉族,1977年6月出生,四川射洪人。2000年7月参加工作,1999年6月加入中国共产党。

现任职务:

县委常委、纪委书记、监察委员会主任、三级调研员

学习简历:

1996.9—2000.6 西南工学院建筑工程专业大学

2001.9—2004.6　省委党校经济学专业党校研究生

主要工作简历：

1996.9—2000.6　西南工学院建筑工程专业大学学习，获工学学士学位

2000.6—2000.7　待业

2000.7—2000.8　游仙区小枧沟镇人民政府工作

2000.8—2001.8　游仙区小枧沟镇人民政府镇长助理

2001.8—2003.8　游仙区小枧沟镇人民政府科员

2003.8—2004.9　绵阳市纪委（监察局）科员（其间：2001.9—2004.6 四川省委党校经济学专业党校研究生学习）

2004.9—2007.11　绵阳市纪委（监察局）第一纪检监察室副科级纪检员

2007.11—2009.2　绵阳市纪委（监察局）正科级纪检员

2009.2—2013.4　绵阳市纪委（监察局）第二纪检监察室正科级副主任（其间：2010.8—2010.11 市委党校中青班学习）

2013.4—2016.8　绵阳市纪委（监察局）第二纪检监察室副县级主任

2016.8—2018.1　梓潼县委常委、纪委书记

2018.1—2019.11　梓潼县委常委、纪委书记、监察委员会主任

2019.11—　梓潼县委常委、纪委书记、监察委员会主任、三级调研员

卢　昊，男，汉族，1982 年 10 月出生，四川三台人。2004 年 7 月参加工作，2005 年 6 月加入中国共产党。

现任职务：

县委常委、经开区党工委书记

学习简历：

2000.9—2004.7　四川大学工商管理专业大学

2009.1—2012.1　电子科技大学公共管理专业在职研究生

主要工作简历：

2000.9—2004.7　四川大学工商管理专业大学学习，获管理学学士

2004.7—2005.7　绵阳市科学技术局综合计划科工作

2005.7—2009.1　绵阳市科学技术局综合计划科科员（其间：2008.8—2009.1 挂职安县黄土镇人民村党支部副书记，2005.6—2007.6 下派到梓潼县长卿镇任经济开发办副主任）

2009.1—2011.5　绵阳市科学技术局综合计划科副科长

2011.5—2012.6　绵阳市科学技术局监察室主任（2009.6—2011.6 挂任北川羌族自治县科技局副局长，2009.1—2012.1 电子科技大学公共管理专业在职研究生学习，获公共管理硕士学位）

2012.6—2015.1　绵阳市科学技术局办公室主任（其间：2012.9—2012.11 市委党校中青班学习；2014.9—2014.11 市委优秀年轻干部遴选班学习）

2015.1—2015.2　三台县政府副县长提名人选

2015.2—2015.3　三台县政府党组成员、副县长提名人选

2015.3—2016.8　三台县政府党组成员、副县长

2016.8—2017.3　梓潼县委常委

2017.3—　梓潼县委常委、经开区党工委书记（其间：2017.4—2017.7 省委党校优秀干部人才递进培养计划第八期培训班学习）

黄　建，男，汉族，1977 年 10 月出生，四川江油人。1998 年 12 月参加工作，2000 年 10 月加入中国共产党。

现任职务：

县委常委、县政府党组副书记、副县长、县行政学校校长，三级调研员

学习简历：

1996.9—1998.7　安徽淮南工业学院土地管理专业大专

2002.9—2004.12　四川农业大学资源经济与管

理（土地方向）专业在职大学（自考）

主要工作简历：

1996.9—1998.7　安徽淮南工业学院土地管理专业大专学习

1998.7—1998.12　待业

1998.12—2004.1　江油市马角镇政府工作，先后任党政办副主任、社会事务办主任（其间：2003.10—2003.12 借调至江油市委组织部工作）

2004.1—2006.9　江油市委组织部工作，先后任组织股副股长、股长，副主任科员（其间：2002.9—2004.12 四川农业大学资源经济与管理〈土地方向〉专业本科自考学习）

2006.9—2008.5　江油市农村党员现代远程教育管理办公室主任（副科级）

2008.5—2008.9　江油市委组织部部务委员

2008.9—2009.4　江油市委组织部副部长

2009.4—2011.12　江油市委组织部副部长、党建办主任

2011.12—2014.11　江油市新安镇党委书记、矛盾纠纷调解中心主任

2014.11—2016.8　江油市青莲镇党委书记

2016.8—2019.5　梓潼县委常委、组织部部长、县委党校校长

2019.5—2020.7　梓潼县委常委、县政府党组副书记、副县长（其间：2019.6 兼任梓潼县行政学校校长）

2020.7—　梓潼县委常委、县政府党组副书记、副县长、县行政学校校长，三级调研员

龚建新，男，汉族，1963 年 5 月出生，四川射洪人。1982 年 9 月参加工作，1984 年 6 月加入中国共产党。

现任职务：

县委常委、统战部部长、总工会主席、三级调研员

学习简历：

1979.9—1982.9　剑阁师范学校中师专业中专

1996.9—1998.12　省委党校法律专业党校大专

2003.9—2005.6　西南科技大学经济学专业在职大学

主要工作简历：

1979.9—1982.9　剑阁师范学校中师专业中专学习

1982.9—1984.9　梓潼县白云乡小学教师

1984.9—1986.9　梓潼县黎雅小学副校长

1986.9—1989.9　梓潼县石台乡小学校长

1989.9—1990.6　梓潼县黎雅区委团委书记、宣传干事

1990.6—1991.8　共青团梓潼县委工作（其间：1991.2—1991.4 下派任仙峰乡副书记、双板乡社教工作队副队长）

1991.8—1996.4　梓潼县委组织部工作，历任组织科科长、干部科科长

1996.4—1997.1　梓潼县文昌镇宏仁办事处副主任

1997.1—1998.3　梓潼县双峰乡党委副书记、纪委书记（其间：1997.3 任人大副主席；1996.9—1998.12 四川省委党校法律专业党校大专学习）

1998.3—2000.8　梓潼县马鸣乡党委书记

2000.8—2001.1　梓潼县交通局副局长、养路段段长

2001.1—2003.2　梓潼县交通局党委委员、副局长、公路局党组书记

2003.2—2006.12　梓潼县建设局党委书记、局长（其间：2003.9—2005.6 西南科技大学经济学专业在职大学学习）

2006.12—2008.9　梓潼县委办主任

2008.9—2016.9　梓潼县政府党组成员、副县长

2016.9—2018.5　梓潼县委常委、统战部部长，2017.3 兼县总工会主席

2018.5—　梓潼县委常委、统战部部长、总工会主席、三级调研员

聂　林，男，汉族，1977 年 12 月出生，重庆人。2000 年 12 月参加工作，2000 年 6 月加入中国共产党。

现任职务：

县委常委、组织部部长、县委党校校长、县直机关工委书记、三级调研员

学习简历：

1995.9—2000.7　包头职业技术学院焊接工艺专业大专

2001.9—2004.6　西南科技大学工商管理专业在职大学

主要工作简历：

1995.9—2000.7　包头职业技术学院机械工程系焊接工艺专业大专学习

2000.7—2000.12　四川绵阳三力股份有限公司工作

2000.12—2001.8　绵阳市涪城区国土建设环保局丰谷国土所办公室主任

2001.8—2005.8　绵阳市涪城区丰谷镇政府工作（其间：历任镇团委书记、党政办副主任、宣传干事、统战委员、农业服务中心工作人员，2001.9—2004.6 西南科技大学工商管理专业在职大学学习，2004.10—2005.8 抽调涪城区先进性教育活动办公室工作）

2005.8—2008.11　绵阳市涪城区委组织部工作

2006.5—2007.6　绵阳市涪城区委组织部办公室副主任

2007.6—2008.11　绵阳市涪城区委组织部研究室主任（其间：2007.9 任副主任科员）

2008.11—2011.11　绵阳市委组织部工作（其间：2008.11 任副主任科员，2010.12 任主任科员，2009.2—2009.4 抽调省委科学发展观活动领导小组办公室综合处工作，2010.11—2011.5 借调省委组织部研究室工作）

2011.11—2013.4　绵阳市委组织部组织一科副科长

2013.4—2015.10　绵阳市委组织部组织三科科长

2015.10—2016.2　绵阳市委组织部组织二科科长、组织三科科长

2016.2—2016.3　绵阳市委组织部组织二科科长

2016.3—2016.11　绵阳市委组织部副调研员、组织二科科长

2016.11—2017.6　绵阳市委党建办副主任，市委组织部组织二科科长

2017.6—2018.1　绵阳市委党建办副主任，市委组织部组织一科科长

2018.1—2019.5　绵阳市委党建办副主任、综合科科长

2019.5—2020.7　梓潼县委常委、组织部部长、县委党校校长、县直机关工委书记

2020.7—　梓潼县委常委、组织部部长、县委党校校长、县直机关工委书记、三级调研员

石国安，男，汉族，1971 年 10 月出生，河南长垣人。1995 年 7 月参加工作，1994 年 12 月加入中国共产党。

现任职务：

县委常委、县人民武装部政治委员

学习简历：

1991.9—1995.7　郑州高炮学院学员

1995.9—1999.7　郑州高炮学院高炮分队指挥专业在职大学

2007.9—2009.1　炮兵指挥学院防空兵军事指挥专业在职研究生

主要工作简历：

1991.9—1995.7　郑州高炮学院学员

1995.7—1999.12　郑州高炮学院教研部模拟教研室教员（其间：1996.12 评任为助教，1998.12 调整为专业技术十二级；1995.9—1999.7 郑州高炮学院高炮分队指挥专业在职大学学习）

1999.12—2000.12　郑州防空兵学院训练部教保科正连职参谋

2000.12—2003.12　郑州防空兵学院训练部教保科参谋

2003.12—2005.4　郑州防空兵学院训练部教保科参谋（专业技术十级）

2005.4—2008.12　防空兵指挥学院训练部教保

处正营职参谋(2006.12 专业技术九级)

2008.12—2009.7 防空兵指挥学院训练部教保处副团职参谋(其间:2007.9—2009.1 炮兵指挥学院防空兵军事指挥专业在职研究生学习)

2009.7—2010.12 防空兵指挥学院训练部教保处副处长

2010.12—2012.7 防空兵指挥学院训练部教保处副处长(专业技术八级)

2012.7—2013.12 防空兵学院训练部研究生处处长

2013.12—2014.6 防空兵学院训练部研究生处处长(专业技术七级)

2014.6—2017.6 防空兵学院训练部装备处处长(专业技术七级)

2017.6—2018.5 梓潼县人民武装部政治委员

2018.5— 梓潼县委常委、县人民武装部政治委员

蒋来用,男,汉族,1976年11月,湖南宁远人。1994年7月参加工作,1997年5月加入中国共产党。

现任职务:

县委常委、县政府党组成员、副县长

学习简历:

1991.9—1994.7 湖南省零陵师范学校学习

1995.9—1998.7 湖南师范大学中文专业在职大学学习

2000.9—2003.7 中国政法大学法律专业硕士研究生学习

2006.9—2009.7 财政部财政科学研究所财政学专业在职博士研究生学习

主要工作简历:

1991.9—1994.7 湖南省零陵师范学校学习

1994.7—2000.9 湖南永州芝山区华源中学任教(其间:1995.9—1998.7 湖南师范大学中文专业在职大学学习)

2000.9—2003.7 中国政法大学法学院法律专业硕士研究生学习,获法律硕士学位

2003.7—2004.6 中央纪委驻中国社会科学院纪检组工作

2004.6—2007.3 中央纪委驻中国社会科学院纪检组纪检监察室副主任科员

2007.3—2010.11 中央纪委驻中国社会科学院纪检组纪检监察室主任科员(其间:2006.9—2009.7 财政部财政科学研究所财政学专业在职博士研究生学习,获经济学博士学位)

2010.11—2013.7 中央纪委驻中国社会科学院纪检组纪检监察二室副主任(其间:2012.11 被评为副研究员〈资格〉)

2013.7—2015.4 中央纪委驻中国社会科学院纪检组监察局纪检监察二室主任

2015.4—2020.9 中国社会科学院社会学研究所廉政建设与社会评价研究室主任(其间:2016.6 被评为副研究员,2018.5 任社会学研究所第五党支部书记)

2020.9— 中国社会科学院社会学研究所廉政建设与社会评价研究室主任,梓潼县委常委、县政府党组成员、副县长(挂职)

高 安,男,汉族,1974年10月出生,四川梓潼人。1994年7月参加工作,1996年6月加入中国共产党。

现任职务:

县委常委、宣传部部长、三级调研员

学习简历:

1991.9—1994.7 盐亭师范学校中师专业

1996.9—1999.12 四川省教育学院行政管理专业自考大专

2000.9—2002.7 四川省教育学院计算机应用与管理专业在职大专

2003.9—2005.7 西南科技大学经济学专业在职大学

主要工作简历:

1991.9—1994.7 盐亭师范学校中师专业学习

1994.7—1997.8 梓潼县东石小学教师

1997.8—2002.12 梓潼县文昌一小教师(其间:1996.9—1999.12 四川省教育学院教育行政管理

专业学自考大专学习；2000.9—2002.7 四川省教育学院计算机应用与管理专业在职大专学习）

2002.12—2003.11　梓潼县政府办公室干部

2003.11—2004.12　梓潼县文昌一小教师（三项清理）

2004.12—2006.12　梓潼县政府办工作（2003.9—2005.7 西南科技大学经济学专业在职大学学习）

2006.12—2007.3　梓潼县招商局副局长

2007.3—2010.2　梓潼县发改商务局党组成员、副局长

2010.2—2012.1　梓潼县许州镇党委委员、副书记，2010.6 当选为镇长

2012.1—2014.2　梓潼县宏仁乡党委书记

2014.2—2016.9　梓潼县委办公室主任

2016.9—2020.7　梓潼县政府党组成员、副县长

2020.7—2020.9　梓潼县政府党组成员、副县长、三级调研员

2020.9—　梓潼县委常委、宣传部部长

李红芳，女，藏族，1978 年 8 月出生，四川炉霍人。1997 年 7 月参加工作，2000 年 6 月加入中国共产党。

现任职务：

县委常委、县政府党组成员、副县长

学习简历：

1993.9—1997.7　四川省甘孜藏族自治州康定师范学校藏文普师专业学习

2004.3—2006.1 四川广播电视大学行政管理专业大专学习

主要工作简历：

1993.9—1997.7　四川省甘孜藏族自治州康定师范学校藏文普师专业学习

1997.7—1999.10　四川省甘孜藏族自治州炉霍县罗宗工委干部

1999.10—2003.9　四川省炉霍县团委干事

2003.9—2004.9　四川省炉霍县团委科员

2004.9—2005.7　四川省炉霍县人大办公室副主任

2005.7—2005.12　四川省炉霍县委办公室副主任

2005.12—2008.7　四川省炉霍县直属机关党委书记（其间：2004.3—2006.1 四川广播电视大学行政管理专业大专学习）

2008.7—2011.8　四川省炉霍县雅德乡党委书记、人大主席（其间：2006.8—2008.12 中央党校函授学院公共管理专业大学学习）

2011.8—2012.4　四川省炉霍县委党建办主任

2012.4—2014.11　四川省炉霍县委组织部副部长、党建办主任

2014.11—2015.7　四川省炉霍县文化旅游和广播影视体育局局长

2015.7—2016.8　四川省炉霍县文化旅游和广播影视局局长

2016.8—2017.3　四川省甘孜藏族自治州炉霍县委常委

2017.3—2019.9　四川省甘孜藏族自治州炉霍县委常委、工会主席

2019.9—2020.11　四川省甘孜藏族自治州炉霍县委常委、宣传部部长、总工会主席

2020.11—2020.12　四川省甘孜藏族自治州炉霍县委常委、宣传部部长、总工会主席，梓潼县委常委、副县长（兼）

2020.12—　四川省甘孜藏族自治州炉霍县委常委、宣传部部长、总工会主席，梓潼县委常委、县人民政府党组成员、副县长（兼）

梁安君，男，汉族，1963 年 3 月出生，四川绵阳人。1985 年 8 月参加工作，1990 年 1 月加入中国共产党。

现任职务：

县人大常委会党组副书记、副主任、三级调研员

学习简历：

1983.9—1985.7　四川省统计学校综合统计专业中专

1990.9—1993.6　省干函院汉语言文学专业在

职大专

1994.9—1996.12 省委党校法律专业党校大学

2000.9—2003.6 省委党校经济学专业党校研究生

主要工作简历：

1983.9—1985.7 四川统计学校综合统计专业中专学习

1985.7—1985.8 毕业待分配

1985.8—1988.6 梓潼县农村社会经济调查队工作

1988.6—1995.8 梓潼县委办公室工作（其间：1989.4 任办事员，1991.6 任督办科科长，1991.12 任一秘科科长〈副科级〉，1993.2 任副主任；1990.9—1993.6 四川省干部函授学院汉语言文学专业在职大专学习）

1995.8—1998.2 梓潼县财政局党组副书记、副局长（其间：1994.9—1996.12 四川省委第二党校函授学院法律专业党校大学学习；1996.6—1996.8 省财政厅“全省财政局长培训班”学习）

1998.2—1999.8 梓潼县委办公室副主任、保密局局长

1999.8—1999.12 梓潼县劳动局党组副书记、局长

1999.12—2001.11 梓潼县劳动局党组书记、局长

2001.11—2003.4 梓潼县劳动和社会保障局党组书记、局长（其间：2002.4—2002.6 在市委党校“中青班”学习）

2003.4—2004.12 梓潼县政府党组成员、县政府办公室党组书记、主任（其间：2000.9—2003.6 四川省委党校经济学专业党校研究生学习）

2004.12—2006.12 梓潼县委办公室主任、县委机关党总支书记

2006.12—2007.1 梓潼县政府党组成员

2007.1—2016.9 梓潼县政府党组成员、副县长（其间：2010.2—2010.4 市委党校县干班学习，2014.5—2014.6 四川省直机关党校处级干部培训班学习）

2016.9—2018.5 梓潼县人大常委会党组副书记、副主任

2018.5— 梓潼县人大常委会党组副书记、副主任、三级调研员

王和平，男，汉族，1965 年 6 月出生，四川三台人。1986 年 8 月参加工作，无党派。

现任职务：

县人大常委会副主任、三级调研员

学习简历：

1984.10—1986.7 四川省财政学校企财专业中专

1989.9—1992.7 省干函院经济管理专业在职大专

1998.9—2000.12 四川省委党校法律专业党校大学

主要工作简历：

1984.10—1986.7 四川省财政学校企财专业中专学习

1986.7—1986.8 待业

1986.8—2004.3 梓潼县财政局工作（其间：1989.9—1992.7 四川省干部函授学院经济管理专业在职大专学习，1998.9—2000.12 四川省委党校法律专业党校大学学习）

2004.3—2007.1 梓潼县会计管理中心主任（其间：2004.7 参加绵阳市委党校中青班培训，2005.4 参加梓潼县委党校中青班培训）

2007.1—2007.4 梓潼县财政局副科级干部

2007.4—2012.1 梓潼县审计局副局长（其间：2010.6 参加四川省社会主义学院县局级党外干部培训）

2012.1—2019.11 梓潼县人大常委会副主任

2019.11— 梓潼县人大常委会副主任、三级调研员

陈　红，男，汉族，1969 年 5 月出生，四川盐亭人。1992 年 7 月参加工作，1991 年 12 月加入中国共产党。

现任职务：

县人大党组成员、常委会副主任

学习简历：

1988.9—1992.7　四川农业大学畜牧专业大学

1998.9—2000.12　四川省委党校函授学院法律专业党校大学

主要工作简历：

1988.9—1992.7　四川农业大学畜牧学系畜牧专业大学学习，获农学学士学位

1992.7—1995.1　梓潼县马鸣乡人民政府工作

1995.1—1996.4　梓潼县宝石乡人民政府党委委员、副乡长

1996.4—1998.3　梓潼县长卿镇三泉办事处副主任

1998.3—1999.3　梓潼县人民检察院书记员、助理检察员、专职纪检干部

1999.4—2002.4　梓潼县检察院办公室副主任（其间：1998.9—2000.12 四川省委党校函授学院法律专业党校大学学习）

2002.4—2007.2　梓潼县检察院党组成员、副检察长（其间：2006.12 明确为正科级领导干部）

2007.2—2013.4　梓潼县法院党组成员、副院长

2013.4—2016.9　梓潼县法院党组副书记、副院长

2016.9—2016.11　梓潼县人大常委会党组成员

2016.11—　梓潼县人大常委会党组成员、副主任

白　涛，男，汉族，1968 年 4 月出生，四川梓潼人。1990 年 7 月参加工作，1993 年 5 月加入中国共产党。

现任职务：

县人大常委会党组成员、副主任

学习简历：

1987.9—1990.6　绵阳师专数学专业大专

2003.9—2005.6　西南科技大学计算机科学与技术专业在职大学

主要工作简历：

1987.09—1990.06　绵阳师专数学专业大专学习

1990.7—1994.12　梓潼县人事局工作（其间：1992.08 任办公室副主任）

1994.12—1997.2　梓潼县委组织部干部

1997.2—1998.10　梓潼县委组织部干部科副科长

1998.10—2001.12　梓潼县委组织部干部科科长，（其间：1999.6 增补为县直机关纪委委员）

2001.12—2003.5　梓潼县委组织部副部长

2003.5—2006.12　梓潼县委组织部副部长、兼老干局局长（其间：2006.6—2006.12 任县直机关工委委员；2003.9—2005.6 西南科技大学计算机科学与技术专业在职大学学习）

2006.12—2008.6　梓潼县粮食局党组书记、局长，2008.6—2012.1　梓潼县石牛镇党委书记、县粮食局局长（其间：2007.4—2008.7 任县企业工委委员，2009.3 当选镇人大主席，2010.7 辞去镇人大主席）

2012.1—2012.2　梓潼县民政局党组书记

2012.2—2016.5　梓潼县民政局党组书记、局长，2015.1 晋升副处级

2016.5—2016.6　梓潼县文广新旅局党委书记

2016.6—2016.9　梓潼县文广新旅局党委书记、局长

2016.9—2016.11　梓潼县委办公室主任、县文化广电新闻出版和旅游局局长

2016.11—2017.10　梓潼县委办公室主任

2017.10—2017.11　梓潼县委办公室主任、县教育培训中心主任

2017.11—2019.2　梓潼县委办公室主任、县教育培训中心主任、四级调研员

2019.2—2019.3　梓潼县人大常委会党组成员、县教育培训中心主任、四级调研员

2019.3—　梓潼县人大常委会党组成员、副主任

蒲应平，男，汉族，1970年7月出生，四川盐亭人。1989年7月参加工作，1995年5月加入中国共产党。

现任职务：

县政府党组成员、副县长，经开区党工委副书记、管委会主任

学习简历：

1987.9—1989.7　盐亭师范学校普师专业中师

1990.9—1993.7　川北教育学院生物专业在职大专

2000.9—2002.12　省委党校函授学院法律专业党校大学

2007.9—2010.6　省委党校法学专业党校研究生

主要工作简历：

1986.9—1989.7　盐亭师范学校普师专业中师学习

1989.7—1995.7　盐亭花林初中教师（其间：1990.9—1993.7川北教育学院生物专业在职大专学习）

1995.7—2003.1　盐亭县纪委工作（其间：1999.12任副科级纪检员，2000.9—2002.12四川省委党校函授学院法律专业党校大学学习）

2003.1—2003.7　盐亭县纪委常委

2003.7—2004.1　盐亭县麻秧乡党委副书记、乡长

2004.1—2006.8　盐亭县金孔镇党委副书记、镇长

2006.8—2007.10　盐亭县石牛庙乡党委书记、乡长

2007.10—2008.5　盐亭县石牛庙乡党委书记、人大主席

2008.5—2008.10　盐亭县玉龙镇党委书记、人大主席（其间：2008.4—2008.7市委党校中青班学习）

2008.10—2010.12　盐亭县委办公室主任（其间：2007.9—2010.6四川省委党校法学专业党校研究生学习）

2010.12—2011.6　四川盐亭工业园区党工委委员、纪工委书记，盐亭县委办公室主任

2011.6—2012.2　四川盐亭工业园区党工委委员、纪工委书记

2012.2—2015.1　四川盐亭工业园区党工委副书记

2015.1—2015.3　梓潼县政府党组成员

2015.3—2017.3　梓潼县政府党组成员、副县长

2017.3—2017.5　梓潼县政府党组成员、副县长，梓潼经开区党工委副书记

2017.5—　梓潼县政府党组成员、副县长，梓潼经开区党工委副书记、管委会主任

张国勇，男，汉族，1966年9月出生，四川梓潼人。1985年2月参加工作，1988年5月加入中国共产党。

现任职务：

县政府党组成员、三级调研员

学习简历：

1980.9—1982.6　梓潼中学高中

1992.9—1995.6　四川省干部函授院经济管理专业党校大专

1996.9—1998.12　省委党校法律专业党校大学

2003.9—2005.6　西南科技大学经济学专业在职大学

主要工作简历：

1980.9—1982.6　梓潼中学高中学习

1982.6—1985.2　待业

1985.2—1989.12　梓潼县金龙场乡干部

1989.12—1992.9　梓潼县卧龙乡党委副书记、纪委书记

1992.9—1996.1　梓潼县白云镇干部

1996.1—1998.2　梓潼县仙鹅乡党委副书记、纪委书记（其间：1992.9—1995.6四川干部函授学院经济管理专业党校大专学习）

1998.2—1999.8　梓潼县马迎乡党委书记（其间：1996.9—1998.12四川省委党校法律专业党校大

学学习）

1999.8—2001.11　梓潼县金龙场乡党委书记

2001.11—2004.12　梓潼县石牛镇党委书记（其间：2003.9—2005.6 西南科技大学经济学专业在职大学学习）

2004.12—2005.3　梓潼县文昌镇党委副书记

2005.3—2006.1　梓潼县文昌镇党委副书记、镇长

2006.1—2006.3　梓潼县文昌镇党委书记、镇长

2006.3—2007.11　梓潼县文昌镇党委书记（其间：2007.1 兼人大主席）

2007.11—2010.6　梓潼县民政局党组书记、局长、社团工委书记

2010.6—2010.12　梓潼县委办主任（其间：2010.6—2010.8 兼任民政局局长）

2010.12—2017.3　梓潼县经开区党工委委员、管委会副主任

2017.3—2019.11　梓潼县政府党组成员（保留副县级领导职务待遇）

2019.11—　梓潼县政府党组成员、三级调研员

汪　敏，女，汉族，1970 年 12 月出生，四川梓潼人。1990 年 7 月参加工作，无党派。

现任职务：

副县长、三级调研员

学习简历：

1987.9—1990.7　盐亭师范学校普师专业中专

2003.9—2005.6　西南科技大学网络教育学院法律专业在职大专

2010.9—2012.6　省委党校函授学院行政管理专业党校大学

主要工作简历：

1987.9—1990.7　四川盐亭师范学校普师专业中专学习

1990.7—1991.10　梓潼县东石乡小学教师

1991.10—1997.11　梓潼县文物管理所工作

1997.11—1999.4　梓潼县招商旅游局工作

1999.4—2000.3　梓潼县文物旅游局工作

2000.3—2008.8　梓潼县文化旅游局工作（其间：2003.9—2005.6 西南科技大学网络教育学院法律专业在职大专学习）

2008.8—2012.1　梓潼县文化旅游局副局长（其间：2009.9—2009.10 市社会主义学院党外班学习）

2012.1—2012.8　梓潼县政协副主席、县文化旅游局副局长（其间：2010.9—2012.6 四川省委党校函授学院行政管理专业党校大学学习）

2012.8—2015.5　梓潼县政协副主席、县文化广播影视新闻出版和旅游局副局长

2015.5—2015.8　梓潼县政协副主席、县文化广电新闻出版和旅游局副局长

2015.8—2016.9　梓潼县政协副主席

2016.9—2020.7　梓潼县副县长

2020.7—　梓潼县副县长、三级调研员

蒲远富，男，汉族，1964 年 5 月出生，四川梓潼人。1981 年 10 月参加工作，1985 年 7 月加入中国共产党。

现任职务：

县政府党组成员、副县长、三级调研员

学习简历：

1979.9—1981.5　城关镇中学高中

1993.9—1996.6　省委党校经济管理专业党校大专

1996.8—1998.12　省委党校法律专业党校大学

2004.9—2006.7　四川省工商管理学院工商管理专业在职研究生

主要工作简历：

1979.9—1981.5　城关镇中学高中学习

1981.5—1981.10　毕业待服役

1981.10—1985.10　中国人民解放军 84890 部队服役

1985.10—1985.12　待业

1985.12—1989.1　梓潼县统计局工作人员

1989.1—1991.2　梓潼县监察局办公室主任

1991.2—1996.11 梓潼县纪委工作(其间:1994.3纪检员，1994.11下派许州镇任党委委员，1996.4任案件审理室主任;1993.9—1996.6四川省委党校函授学院经济管理专业党校大专学习)

1996.11—1998.8 梓潼县委办公室任副主任(其间:1996.8—1998.12四川省委党校函授学院法律专业党校大学学习)

1998.8—2002.4 梓潼县交通局党委委员、纪委书记

2002.4—2002.6 梓潼县建设局党委委员

2002.6—2003.5 梓潼县建设局党委委员、纪委书记(其间:2002.8任监察室主任)

2003.5—2006.3 梓潼县交通局党委委员、公路局党组书记、局长

2006.3—2007.8 梓潼县交通局党委副书记、副局长,公路所党组书记、所长(2004.9—2006.7四川省工商管理学院工商管理专业在职研究生学习)

2007.8—2008.10 梓潼县房管局党组书记、局长

2008.10—2012.4 梓潼县文化旅游局党组成员、书记,局长,兼七曲山党工委委员、书记

2012.4—2014.9 梓潼县七曲山风景区党工委书记、管委会主任

2014.9—2014.12 梓潼县七曲山风景区管理局党委书记、局长

2014.12—2015.3 梓潼县文化广播影视新闻出版和旅游局党委书记、局长

2015.3—2016.3 梓潼县文化广电新闻出版和旅游局党委书记、局长

2016.3—2016.9 梓潼县政协党组副书记、副主席

2016.9—2020.7 梓潼县政府党组成员、副县长

2020.7— 梓潼县政府党组成员、副县长、三级调研员

杨 彬,男,汉族，1969年11月出生,四川自贡人。1990年8月参加工作，1997年12月加入中国共产党。

现任职务:

县政府党组成员、副县长、县公安局党委书记、局长

学习简历:

1987.9—1990.8 绵阳师范学校中师

1993.7—1996.6 成都体育学院体育教育专业在职大专

1997.9—1999.12 省委党校函授学院法律专业党校大学

主要工作简历:

1987.9—1990.8 绵阳师范学校中师学习

1990.8—1996.4 绵阳中医学校教师

1996.4—1996.9 绵阳市公安局强制戒毒中心民警(见习)(其间:1993.7—1996.6成都体育学院体育教育专业在职大专学习)

1996.9—1998.2 绵阳市公安局强制戒毒中心科员

1998.2—2001.2 绵阳市公安局禁毒处一探组科员(其间:1997.9—1999.12四川省委党校函授学院法律专业党校大学学习)

2001.2—2002.7 绵阳市公安局禁毒支队一大队副主任科员

2002.7—2007.8 绵阳市公安局禁毒支队一大队教导员(其间:2002.6—2006.10在江油市公安局挂职锻炼，2002.6任局党委委员，2002.7任副局长)

2007.8—2008.10 绵阳市公安局禁毒支队副支队长(副科级)

2008.10—2015.7 绵阳市公安局禁毒支队副支队长(正科级)

2015.7—2019.3 绵阳市公安局网络安全保卫支队支队长

2019.3—2019.4 梓潼县政府党组成员、公安局党委书记

2019.4— 梓潼县政府党组成员、副县长、公安局党委书记、局长

胡 鹏,男,汉族，1984年1月出生,四川绵阳人。2006年7月参加工作，2008年6月加入中国

共产党。

现任职务：

县政府党组成员、副县长

学习简历：

2002.9—2006.7　成都理工大学计算机科学与技术专业大学学习，获工学学士学位

主要工作简历：

2002.9—2006.7　成都理工大学计算机科学与技术专业大学学习，获工学学士学位

2006.7—2009.4　共青团盐亭县委员会工作（其间：2008.8—2009.1 挂任北川县曲山镇石椅村村支部副书记）

2009.4—2010.12　绵阳市委宣传部工作

2010.12—2012.12　绵阳市委宣传部新闻科副科长

2012.12—2016.3　绵阳市委宣传部对外宣传科科长（其间：2013.3—2013.5 市委党校 34 期中青班学习；2015.5—2015.8 参加 2015 年度面向全社会公开遴选优秀干部和人才县级培养对象培训班学习）

2016.3—2016.11　绵阳市委宣传部新闻科科长

2016.11—2018.3　绵阳市委宣传部办公室主任（其间：2018.1 任市委宣传部机关纪委书记）

2018.3—2018.12　绵阳市委宣传部办公室主任、一级主任科员（其间：2018.6—2019.5 挂任涪城区政府办公室副主任）

2018.12—2019.5　绵阳市委宣传部四级调研员、办公室主任（其间：2019.3—2019.5 绵阳市年轻干部铸魂班学习）

2019.5—2020.10　绵阳市委宣传部四级调研员

2020.10—　梓潼县人民政府党组成员、副县长

杜登元，男，汉族，1962 年 1 月出生，四川梓潼人。1984 年 8 月参加工作，1987 年 9 月加入中国共产党。

现任职务：

县政协党组副书记、副主席、三级调研员

学习简历：

1977.9—1979.7　观义中学高中

1985.9—1988.8　四川省干部函授学院党政干部基础专业党校大专

1998.9—2000.12　省委党校函授学院法律专业党校大学

主要工作简历：

1977.9—1979.7　梓潼县观义中学高中学习

1979.7—1984.8　待业

1984.8—1989.2　梓潼县石牛乡工作，历任民政干部，财政所长，党务干事（其间：1985.9—1988.8 四川省干部函授学院党政干部基础专业党校大专学习）

1989.2—1990.1　梓潼县玛瑙乡党委副书记

1990.1—1993.2　梓潼县玛瑙乡党委副书记、乡长（其间：1990.12 吸收为国家正式干部）

1993.2—1995.1　梓潼县玛瑙镇副镇长

1995.1—1995.2　梓潼县玛瑙镇党委副书记

1995.2—1996.1　梓潼县玛瑙镇党委副书记、镇长，1995.5 兼任财政所长

1996.1—1996.2　梓潼县交泰乡党委书记

1996.2—1998.2　梓潼县交泰乡党委书记、人大主席

1998.2—2000.1　梓潼县观义镇党委书记（其间：1999.9—1999.11 市委党校中青班学习）

2000.1—2000.12　梓潼县武管局党组成员、副书记，县水电局党组成员、副局长（1998.9—2000.12 四川省委党校函授学院法律专业党校大学学习）

2000.12—2001.11　梓潼县武管局党组书记、局长，县水电局副局长

2001.11—2003.4　梓潼县武管局党组书记、局长

2003.4—2004.5　梓潼县教育文化体育局党委副书记、局长

2004.5—2004.11　梓潼县财金办工作

2004.11—2006.12　梓潼县财金办主任

2006.12—2008.7　梓潼县委县府农办主任，2007.2 兼任扶贫办主任

2008.7—2010.8　梓潼县财金办主任

2010.8—2011.12　梓潼县民政局党组书记、局长，县社团工委书记（其间：2011.3—2011.5 市委党校中青班学习）

2011.12—2012.1　梓潼县委统战部部长，县民政局党组书记、局长，县社团工委书记

2012.1—2012.4　梓潼县政协副主席、县委统战部部长

2012.4—2016.9　梓潼县政协党组成员、副主席，县委统战部部长

2016.9—2018.5　梓潼县政协党组副书记、副主席

2018.5—　梓潼县政协党组副书记、副主席、三级调研员

杨世茹，女，汉族，1966 年 4 月出生，河北饶阳人。1988 年 12 月参加工作，无党派。

现任职务：

县政协副主席、三级调研员

学习简历：

1984.9—1987.7　西南民族学院法律专业大专

1993.9—1996.7　西南政法学校法学专业在职大学

主要工作简历：

1984.9—1987.7　西南民族学院法律专业大专学习

1987.7—1988.12　待业

1988.12—1992.1　安县人民法院书记员

1992.1—1995.2　梓潼县人民法院书记员

1995.2—1999.1　梓潼县人民法院助理审判员（其间：1993.9—1996.7 西南政法大学法学专业在职大学学习）

1999.1—2003.6　梓潼县人民法院审判员

2003.6—2004.9　梓潼县人民法院刑庭副庭长（其间：2001.7—2003.7 西南政法大学法学〈诉讼法〉专业研究生课程进修班学习）

2004.9—2006.11　梓潼县人民法院立案庭副庭长

2006.11—2007.4　梓潼县人民法院立案庭庭长、兼书记员室主任

2007.4—2010.3　梓潼县人民法院副院长

2010.3—2016.9　梓潼县人民政府副县长（其间：2011.2—2011.4 市委党校县干班学习）

2016.9—2019.11　梓潼县政协副主席

2019.11—　梓潼县政协副主席、三级调研员

王子成，男，汉族，1964 年 8 月出生，四川三台人。1987 年 7 月参加工作，无党派。

现任职务：

县政协副主席、三级调研员

学习简历：

1984.9—1987.7　绵阳农专农经专业大专

主要工作简历：

1984.9—1987.7　绵阳农专农经专业大专学习

1987.7—2006.12　梓潼县农业局工作（其间：1999.3 任农经站副站长；2003.5 任农经站站长）

2006.12—2012.1　梓潼县畜牧局副局长（2008.12 县畜牧局更名为县畜牧兽医局）

2012.1—2015.8　梓潼县政协副主席、县畜牧兽医局副局长

2015.8—2019.11　梓潼县政协副主席

2019.11—　梓潼县政协副主席、三级调研员

周厚春，男，汉族，1970 年 3 月出生，四川德阳人。1990 年 7 月参加工作，无党派。

现任职务：

县政协副主席

学习简历：

1987.9—1990.7　南充农业学校土肥专业中专

2000.9—2002.6　四川农业大学农业高新技术与管理专业在职大学

主要工作简历：

1987.9—1990.7　南充农业学校土肥专业中专学习

1990.7—2002.7　梓潼县农业局土肥站干部（其间：1996.3—2000.9 任土肥站副站长，2000.9—

2002.7 任土肥站站长，2000.9—2002.6 四川农业大学农业高新技术与管理专业在职大学）

2002.7—2006.12　梓潼县农发办干部（其间：2002.12—2006.12 任农发办副主任）

2006.12—2008.4　梓潼县财政局农业股股长

2008.4—2010.12　梓潼县农发办主任（2008.8 当选第八届县政协委员）

2010.12—2013.8　梓潼县财政局副局长、农发办主任

2013.8—2013.10　梓潼县公共资源交易服务中心干部

2013.10—2016.6　梓潼县公共资源交易服务中心主任

2016.6—2019.3　梓潼县汇智投资发展有限公司董事长

2019.3—　梓潼县政协副主席

魏宗久，男，汉族，1965 年 9 月出生，四川三台人。1988 年 7 月参加工作，1988 年 6 月加入中国共产党。

现任职务：

县法院党组书记、院长、审判委员会委员、审判员

学习简历：

1986.9—1988.7　北京商学院经济法系经济法专业大专

1991.9—1994.9　西南政法学院四川省函授站法学专业在职大学

1998.9—2002.3　西南政法大学法律专业在职研究生

主要工作简历：

1986.9—1988.7　北京商学院经济法系经济法专业大专学习

1988.7—1993.9　绵阳市中级人民法院经济审判庭书记员（其间：1990.1 任办事员，1990.10 任科员，1991.1—1992.3 挂任三台县建设区建设镇党委副书记）

1993.9—1998.5　绵阳市中级人民法院经济审判庭助理审判员（其间：1994.10 任副科级；1991.9—1994.9 西南政法学院四川省函授站法学专业在职大学学习）

1998.5—1998.10　绵阳市中级人民法院副科级审判员

1998.10—2001.10　绵阳市中级人民法院正科级审判员

2001.10—2004.2　绵阳市中级人民法院刑事审判庭第一庭副庭长、审判员（其间：1998.9—2002.3 西南政法大学法律专业在职研究生学习，获法律硕士学位）

2004.2—2004.7　绵阳市中级人民法院行政审判庭庭长、审判员

2004.7—2008.6　绵阳市中级人民法院行政审判庭庭长、审判委员会委员、审判员（其间：2004.9—2004.10 在市委党校“科干班”学习）

2008.6—2009.8　北川羌族自治县人民法院党组书记、副院长、审判委员会委员、审判员（主持工作）

2009.8—2011.11　北川羌族自治县人民法院党组书记、院长、审判委员会委员、审判员（其间：2010.3—2010.4 市委党校县干班学习）

2011.11—2012.1　梓潼县人民法院党组书记、副院长、审判委员会委员、审判员

2012.1—　梓潼县人民法院党组书记、院长、审判委员会委员、审判员

赵　伟，男，汉族，1964 年 7 月出生，四川遂宁人。1983 年 8 月参加工作，1997 年 8 月加入中国共产党。

现任职务：

县检察院党组书记、检察长

学习简历：

1981.9—1983.7　国营朝阳机械厂技工学校车工专业中专

1985.9—1988.7　四川广播电视大学法律专业在职大专

1994.9—1996.7　省委党校法律专业党校大学

2002.3—2004.6　四川大学网络教育学院法学专业在职大学

主要工作简历：

1981.9—1983.7　国营朝阳机械厂技工学校车工专业学习

1983.7—1983.8　待业

1983.8—1992.3　国营朝阳机械厂工作（其间：1985.9—1988.7 四川广播电视大学法律专业在职大专学习，1990.11 任法律干事）

1992.3—1992.9　绵阳市人民检察院工作

1992.9—1993.8　绵阳市人民检察院科员级书记员（其间：1993.7 任副科级）

1993.8—1997.3　绵阳市人民检察院助理检察员（其间：1994.9—1996.7 四川省委党校法律专业党校大学学习）

1997.3—2002.7　绵阳市人民检察院检察员（其间：1998.7 任正科级）

2002.7—2006.6　绵阳市游仙区人民检察院检察委员会委员、副检察长（其间：2002.3—2004.6 四川大学网络教育学院法学专业在职大学学习）

2006.6—2010.8　绵阳市人民检察院侦查监督处副处长

2010.8—2012.2　绵阳市人民检察院侦查监督处处长

2012.2—2013.12　绵阳市人民检察院副调研员，侦查监督处处长

2013.12—2014.2　梓潼县人民检察院党组书记、绵阳市人民检察院侦查监督处处长

2014.2—　梓潼县人民检察院党组书记、检察长

张　锐，男，汉族，1969 年 1 月出生，四川梓潼人。1988 年 7 月参加工作，1993 年 5 月加入中国共产党。

现任职务：

经开区党工委副书记、管委会副主任、三级调研员

学习简历：

1985.9—1988.7　江油师范学校中文专业中师

1996.9—1999.6　四川教育学院政教专业在职大学

主要工作简历：

1985.9—1988.7　江油师范学校中文专业中师学习

1988.7—1997.1　梓潼县许州中学教师（其间：1991.06 任团委副书记，1993.9 任团委书记）

1997.1—2002.1　梓潼县人大常委会机关工作（其间：2001.6 任秘书科长；1996.9—1999.6 四川教育学院政教专业在职大学学习）

2002.1—2004.12　梓潼县人大办公室副主任

2004.12—2005.3　梓潼县豢龙乡党委副书记

2005.3—2006.9　梓潼县豢龙乡党委副书记、乡长

2006.9—2008.7　梓潼县双峰乡党委书记（其间：2007.1 任人大主席）

2008.7—2010.2　梓潼县许州镇党委副书记（其间：2009.3 任镇长）

2010.2—2012.1　梓潼县自强镇党委书记（其间：2010.7 任人大主席）

2012.1—2013.8　梓潼县文昌镇工作（其间：2012.3 任党委书记）

2013.8—2015.8　梓潼县经开区党工委委员、纪工委书记，兼文昌镇党委书记

2015.8—2017.3　梓潼县经开区党工委委员、纪工委书记

2017.3—2017.5　梓潼县经开区党工委副书记（保留副县级领导职务待遇）

2017.5—2020.5　梓潼县经开区党工委副书记、管委会副主任（保留副县级领导职务待遇）

2020.5—　梓潼县经开区党工委副书记、管委会副主任、三级调研员

叶　宇，男，汉族，1975 年 3 月出生，湖南醴陵人。1992 年 12 月参加工作，1994 年 1 月加入中国共产党。

现任职务：

县人武部党委副书记、部长

学习简历：

2006.9—2009.6　蚌埠坦克学院军事指挥专业函授

主要工作简历：

1992.12—1998.7　北京卫戍区警卫一师六团三连战士（其间：1995.9—1998.7　石家庄陆军学院步兵指挥专业全日制初培）

1998.7—2001.4　北京卫戍区警卫一师六团十三连排长（其间：2000.3—2000.6　石家庄陆军学院政治机关工作专业全日制任职培训）

2001.4—2003.12　北京卫戍区警卫一师特种警备团司令部作训股副连职参谋

2003.12—2005.12　济南军区坦训基地通信教研室教员（技术 13 级）

2005.12—2009.12　济南军区坦训基地通信教研室助理讲师（其间：2006.9—2009.6　蚌埠坦克学院军事指挥专业函授学习）

2009.12—2011.3　济南军区坦训基地通信教研室讲师（其间：2010.9—2010.10　石家庄陆军指挥学院司令部机关科处长全日制任职培训）

2011.3—2011.11　济南军区坦训基地训练部教保科科长、讲师

2011.11—2014.1　济南军区兵种训练基地训练部教保科科长、讲师

2014.1—2016.5　济南军区兵种训练基地训练部副部长、讲师

2016.5—2018.5　北部战区陆军济南兵种训练基地训练部副部长、讲师

2018.5—　梓潼县人民武装部党委副书记、部长（其间：2018.11—2018.12　国防大学联合作战学院国防动员专业全日制任职培训）

梓潼县县级部门及镇乡领导干部一览表

表12

序号	姓名	性别	民族	出生年月	籍贯	工作单位	职务
1	胡 波	男	汉族	1968.12	四川梓潼	纪委（监委）	纪委副书记、监察委员会副主任、四级调研员
2	罗云龙	男	汉族	1978.11	四川梓潼	纪委（监委）	纪委副书记、监察委员会副主任
3	史振兴	男	汉族	1984.7	四川梓潼	纪委（监委）	纪委常委、监察委员会委员、二级主任科员
4	童 斌	男	汉族	1968.4	四川梓潼	纪委（监委）	监察委员会委员、二级主任科员
5	陈 巧	男	汉	1983.4	四川蓬溪	纪委（监委）	纪委常委、监察委员会委员、三级主任科员
6	严在权	男	汉族	1982.8	四川梓潼	纪委（监委）	纪委常委、纪委监委办公室主任、三级主任科员
7	张 敏	女	汉族	1987.2	四川梓潼	纪委（监委）	纪委常委、三级主任科员
8	张 毅	男	汉族	1971.7	四川德阳	纪委（监委）	监察委员会委员（提名）、第一纪检监察室主任、二级主任科员
9	唐瑜宏	女	汉族	1984.4	四川大竹	纪委（监委）	机关党总支书记、三级主任科员
10	吴丽娟	女	汉族	1981.12	四川梓潼	纪委（监委）	组织部部长、三级主任科员
11	王柯利	女	羌族	1989.6	四川理县	纪委（监委）	宣传部部长（试用期一年）
12	章 沛	男	汉族	1989.6	安徽南陵	纪委（监委）	信访室主任（试用期一年）
13	陈 志	男	汉族	1981.7	四川盐亭	纪委（监委）	案件审理室主任、二级主任科员
14	雷 伟	男	汉族	1985.3	四川梓潼	纪委（监委）	第二纪检监察室主任（试用期一年）
15	陈裕良	男	汉族	1990.4	四川盐亭	纪委（监委）	第三纪检监察室主任（试用期一年）
16	杨 涛	男	汉族	1987.7	四川梓潼	纪委（监委）	第四纪检监察室主任（试用期一年）
17	王 亮	男	汉族	1980.12	四川梓潼	纪委（监委）	第五纪检监察室主任（试用期一年）、三级主任科员
18	马 海	男	汉族	1989.5	四川江油	纪委（监委）	党风政风室主任（试用期一年）
19	王 燕	女	汉族	1980.6	四川梓潼	纪委（监委）	网络政务及教育中心主任（试用期一年）
20	张智勇	男	汉族	1970.1	四川梓潼	纪委（监委）派驻纪检组	县纪委监委驻县委办公室纪检监察组组长、二级主任科员
21	陈 盈	女	汉族	1986.6	四川岳池	纪委（监委）派驻纪检组	县纪委监委驻县人大机关纪检监察组组长
22	何延军	男	汉族	1974.12	四川梓潼	纪委（监委）派驻纪检组	县政府办党组成员、县纪委监委驻县政府办纪检监察组组长、二级主任科员
23	鲁 勇	男	汉族	1972.1	四川梓潼	纪委（监委）派驻纪检组	县纪委监委驻县政协机关纪检监察组组长，兼县政协机关党组成员，三级主任科员
24	朱小刚	男	汉族	1971.10	四川梓潼	纪委（监委）派驻纪检组	县纪委监委驻县委宣传部纪检监察组组长、三级主任科员
25	王 溢	女	汉族	1979.1	四川梓潼	纪委（监委）派驻纪检组	县纪委监委驻县委政法委纪检监察组组长、三级主任科员
26	左云华	女	汉族	1969.11	四川梓潼	纪委（监委）派驻纪检组	县纪委监委驻县委统战部纪检监察组组长、一级主任科员
27	张晓萍	女	汉族	1977.11	四川梓潼	纪委（监委）派驻纪检组	县农业农村局党委委员、县纪委监委驻县农业农村局纪检监察组组长、三级主任科员
28	马 彬	男	汉族	1977.10	四川梓潼	纪委（监委）派驻纪检组	县教育和体育局党委委员、县纪委监委驻县教育和体育局纪检监察组组长、三级主任科员
29	杨科林	男	汉族	1987.11	四川梓潼	纪委（监委）派驻纪检组	县卫生健康局党委委员、县纪委监委驻县卫生健康局纪检监察组组长
30	郑裕川	女	汉族	1981.1	四川绵阳	纪委（监委）派驻纪检组	县司法局党组成员、三级主任科员，县纪委监委驻县司法局纪检监察组组长

续表12

序号	姓名	性别	民族	出生年月	籍贯	工作单位	职务
31	王志贵	男	汉族	1976.6	四川梓潼	纪委（监委）派驻纪检组	县公安局党委委员、二级警长、县纪委监委驻县公安局纪检监察组组长
32	魏永国	男	汉族	1970.10	四川梓潼	县委办公室	主任、四级调研员、兼县保密机要局（县国家保密局、县密码管理局）局长，县档案局局长
33	徐　伟	男	汉族	1984.10	四川梓潼	县委办公室	副主任、一级主任科员
34	杨　玉	女	汉族	1981.2	四川梓潼	县委办公室	副主任、二级主任科员
35	王　磊	男	汉族	1987.1	四川江油	县委办公室	副主任
36	罗玉婷	女	汉族	1986.3	四川射洪	县委办公室	党总支书记
37	马　亮	男	汉族	1977.4	四川梓潼	县委办公室	密码管理局总工程师、三级主任科员
38	白　罡	男	汉族	1971.7	四川梓潼	县委组织部	常务副部长、兼县公务员局局长（提名）、一级主任科员
39	毛　劲	男	汉族	1986.12	四川荥经	县委组织部	副部长，兼县委老干局局长
40	蹇　彬	男	汉族	1979.4	四川苍溪	县委组织部	副部长，非公有制经济组织和社会组织工作委员会书记，兼县直机关工委常务副书记，县委城乡基层治理委员会办公室主任，一级主任科员
41	张　雪	女	汉族	1991.7	四川梓潼	县委组织部	党总支书记（试用期一年）
42	汪大雄	男	汉族	1991.2	四川梓潼	县委组织部	部务委员（试用期一年）
43	魏晓燕	女	汉族	1986.5	四川剑阁	县委组织部	县委城乡基层治理委员会办公室专职副主任（试用期一年）
44	彭　玲	女	汉族	1978.12	四川 梓潼	县委组织部	干部档案管理中心主任（试用期一年）
45	王　强	男	汉族	1967.1	四川梓潼	县委宣传部	常务副部长，兼新闻出版（版权）局局长、文明办主任，四级调研员
46	冯　松	男	汉族	1974.10	四川梓潼	县委宣传部	副部长，兼县社科联主席、对外宣传办公室（县政府新闻办公室）主任
47	宋善能	男	侗族	1983.12	贵州黎平	县委宣传部	党总支书记、二级主任科员
48	李海峰	男	汉族	1977.4	四川梓潼	县委宣传部	社科联副主席
49	邓　莉	女	汉族	1981.11	四川富顺	县委宣传部	社科联秘书长
50	李　平	女	汉族	1974.1	四川梓潼	县委宣传部	文联主席
51	柳　瑜	男	汉族	1972.2	四川梓潼	县委宣传部	文联副主席
52	袁　林	男	汉族	1979.5	四川梓潼	县委宣传部	文联秘书长
53	杨治国	男	汉族	1978.4	四川梓潼	县委宣传部	县网络舆情监测中心主任
54	涂小刚	男	汉族	1977.1	四川绵阳	县委统战部	常务副部长、兼民宗局局长
55	陈　芬	女	汉族	1978.9	四川盐亭	县委统战部	副部长、兼台湾工作办公室（县政府台湾事务办公室）主任、县侨务办公室主任，二级主任科员
56	兰　蓝	女	回族	1981.12	四川梓潼	县委统战部	县委统战部副部长、兼民宗局副局长
57	何森林	男	汉族	1979.9	四川梓潼	县民宗局	副局长
58	唐　芬	女	汉族	1972.2	四川盐亭	县委统战部	党总支书记、三级主任科员
59	梁勇成	男	汉族	1967.9	四川梓潼	县委政法委	常务副书记、一级主任科员
60	杨　雪	女	汉族	1977.8	四川梓潼	县委政法委	副书记、一级主任科员
61	谢伟才	男	汉族	1968.10	四川梓潼	县委政法委	副书记、一级主任科员
62	卢　璐	男	汉族	1982.11	四川盐亭	县委政法委	党总支书记，兼县法学会党组成员
63	冯超位	男	汉族	1968.11	四川梓潼	县委政法委	政治处主任
64	张晓霞	女	汉族	1977.11	四川盐亭	县委编办	主任，兼县委组织部副部长，四级调研员
65	王丽娟	女	汉族	1985.7	四川梓潼	县委编办	副主任、三级主任科员

续表12

序号	姓名	性别	民族	出生年月	籍贯	工作单位	职务
66	税国荣	男	汉族	1974.12	四川梓潼	县委目标绩效管理办	主任、一级主任科员
67	张 博	男	汉族	1982.1	黑龙江龙江	县委目标绩效管理办	副主任、二级主任科员
68	曹继刚	男	汉族	1987.10	四川江油	县委目标绩效管理办	副主任、三级主任科员
69	孙 超	男	汉族	1965.10	四川梓潼	县委巡察办（巡察组）	主任、四级调研员
70	赵 丹	男	汉族	1985.10	四川三台	县委巡察办（巡察组）	副主任、三级主任科员
71	魏 旭	男	汉族	1979.4	四川梓潼	县委巡察办（巡察组）	副主任、三级主任科员
72	邓小莉	女	汉族	1978.6	四川梓潼	县委巡察办（巡察组）	县委第一巡察组组长
73	梁 新	男	汉族	1973.2	四川梓潼	县委巡察办（巡察组）	县委第二巡察组组长、一级主任科员
74	蒲 娥	女	汉族	1979.10	四川梓潼	县委巡察办（巡察组）	县委第二巡察组副组长、二级主任科员
75	李宗花	女	汉族	1980.1	甘肃武威	县委巡察办（巡察组）	县委第三巡察组组长
76	杨晓云	男	汉族	1986.1	四川梓潼	县委巡察办（巡察组）	县委第三巡察组副组长
77	张 涛	男	汉族	1977.6	四川梓潼	县委巡察办（巡察组）	县委第四巡察组组长、一级主任科员
78	余贤林	男	汉族	1969.5	四川梓潼	县委巡察办（巡察组）	县委第四巡察组副组长、县人社局一级主任科员
79	何 青	男	汉族	1973.11	四川梓潼	县政府办公室	县政府党组成员，县政府办党组书记、主任、一级主任科员、兼县营商环境监督管理办公室主任
80	朱永金	男	汉族	1979.2	四川梓潼	县政府办公室	党组成员、副主任、一级主任科员
81	谢朋宏	男	汉族	1986.9	四川梓潼	县政府办公室	党组成员、副主任、三级主任科员
82	杨 凌	男	汉族	1988.12	四川梓潼	县政府办公室	党组成员、机关党总支书记、三级主任科员
83	谭 城	男	汉族	1971.5	四川梓潼	县政府办公室	县委县政府信息化服务中心主任
84	盛天晓	男	汉族	1978.10	四川梓潼	发展和改革局	党委书记、局长、一级主任科员、兼县粮食和物资储备局局长
85	华崇勇	男	汉族	1977.6	四川梓潼	发展和改革局	党委委员、副局长、一级主任科员
86	胡 蝶	女	汉族	1983.11	四川梓潼	发展和改革局	党委委员、副局长、三级主任科员
87	高 翔	男	汉族	1989.6	甘肃张掖	发展和改革局	党委委员、副局长
88	谭 芳	女	汉族	1982.3	四川蓬安	发展和改革局	党委委员、机关党委书记（试用期一年）
89	蒙 虎	男	汉族	1973.10	四川梓潼	工业和信息化局	党组书记、局长、一级主任科员、兼县非公经济综合党委书记
90	梁成国	男	汉族	1977.5	四川剑阁	工业和信息化局	党组成员、副局长、一级主任科员
91	王 烨	男	汉族	1982.8	四川梓潼	工业和信息化局	党组成员、副局长、二级主任科员
92	魏 苗	男	汉族	1989.1	重庆巫山	工业和信息化局	党组成员、副局长
93	白国永	男	汉族	1968.10	四川梓潼	县工信局	县工信局党组成员、四级调研员
94	邹 波	男	汉族	1970.4	四川梓潼	科学技术局	党组书记、局长、四级调研员

续表12

序号	姓名	性别	民族	出生年月	籍贯	工作单位	职务
95	罗　成	男	汉族	1979.7	四川梓潼	科学技术局	党组成员、副局长、一级主任科员
96	江贤友	男	汉族	1966.5	四川三台	科学技术局	党组成员、副局长、二级主任科员
97	黄　涛	男	汉族	1976.9	四川梓潼	科学技术局	党组成员、副局长、二级主任科员
98	严春宝	男	汉族	1971.7	四川江油	商务和经济合作局	党组成员、书记、局长、一级主任科员
99	张佑君	女	汉族	1986.10	四川梓潼	商务和经济合作局	党组成员、副局长、三级主任科员
100	马昌鸿	男	汉族	1985.4	四川游仙	商务和经济合作局	党组成员、副局长、三级主任科员
101	许　峰	女	汉族	1980.10	四川梓潼	商务和经济合作局	党组成员、投资服务中心主任，一级主任科员
102	杨　波	男	汉族	1968.7	四川梓潼	商务和经济合作局	投资服务中心副主任（兼汇智公司顾问）
103	王松涛	男	汉族	1976.1	四川梓潼	商务和经济合作局	投资服务中心副主任
104	裴　勇	男	汉族	1974.4	四川梓潼	商务和经济合作局	党组成员、电子商务发展中心主任
105	范晓彬	男	汉族	1970.8	四川梓潼	教育和体育局	党委书记、局长、一级主任科员
106	张仁宝	男	汉族	1975.5	四川梓潼	教育和体育局	党委副书记、副局长、四级调研员
107	罗扬泽	男	汉	1971.12	四川游仙	教育和体育局	党委委员、县委教育工委专职副书记、二级主任科员
108	罗广政	男	汉族	1974.10	四川梓潼	教育和体育局	党委委员、副局长、三级主任科员
109	冉志明	男	汉族	1978.5	四川梓潼	教育和体育局	党委委员、机关党委书记
110	黄　鹏	男	汉族	1970.12	四川梓潼	教育和体育局	党委委员、县教育考试中心主任
111	朱子春	男	汉族	1975.4	四川梓潼	教育和体育局	县教育工会主席
112	靳永辉	男	汉族	1970.9	四川梓潼	公安局	党委委员、副书记、政委、四级高级警长
113	申裕军	男	汉族	1968.10	四川蓬溪	公安局	党委委员、副书记、四级高级警长
114	杜　珍	男	汉族	1978.2	四川盐亭	公安局	党委委员、副局长、二级警长
115	马国贤	男	汉族	1970.12	四川梓潼	公安局	党委委员、副局长
116	李海萍	女	汉族	1976.12	四川安县	公安局	机关党委书记、三级警长
117	雷天胜	男	汉族	1967.9	四川梓潼	公安局	党委委员、政治处主任、一级警长
118	梁　锋	男	汉族	1975.3	四川梓潼	公安局	副局长、刑事侦查大队大队长、二级警长
119	李　刚	男	汉族	1971.4	四川三台	公安局	治安管理大队大队长、一级警长
120	王小红	女	汉族	1979.3	四川盐亭	公安局	治安管理大队政治教导员、二级警长
121	安邓吉	男	汉族	1985.9	四川梓潼	公安局	情报大队大队长、二级警长
122	何　文	男	汉族	1971.11	四川梓潼	公安局	情报大队教导员、二级警长
123	冯　军	男	汉族	1973.2	四川梓潼	公安局	巡特警大队大队长、二级警长
124	赵　毅	男	汉	1974.4	四川梓潼	公安局	巡特警大队教导员、二级警长
125	吴文伟	男	汉族	1976.6	四川梓潼	公安局	法制大队大队长、二级警长
126	赵　茂	男	汉	1974.2	四川梓潼	公安局	刑警大队教导员、二级警长
127	边楚越	男	汉族	1973.5	四川苍溪	公安局	禁毒大队大队长、三级警长
128	张　敏	男	汉族	1970.1	四川彭山	公安局	禁毒大队政治教导员、一级警长
129	张　伟	男	汉族	1976.2	四川梓潼	公安局	交警大队大队长、二级警长
130	白茸萍	女	汉族	1976.10	四川梓潼	公安局	交警大队教导员、二级警长
131	雷小永	男	汉族	1972.11	四川梓潼	公安局	经济犯罪侦查大队大队长、二级警长
132	秦小兵	男	汉族	1976.10	四川梓潼	公安局	网安大队大队长、二级警长
133	刘　江	男	汉族	1973.6	四川梓潼	公安局	看守所所长、二级警长
134	朱　勇	男	汉族	1977.10	四川梓潼	公安局	国保大队大队长、二级警长

续表12

序号	姓名	性别	民族	出生年月	籍贯	工作单位	职务
135	闫成苗	男	汉族	1981.4	四川梓潼	公安局	国保大队教导员、三级警长
136	蒲　军	男	汉族	1970.9	四川梓潼	公安局	出入境管理大队大队长、二级警长
137	刘　涛	男	汉族	1979.12	四川梓潼	公安局	警务保障室主任、二级警长
138	李冬梅	女	汉族	1977.8	四川梓潼	公安局	森林公安大队队长
139	张德荣	男	汉族	1965.5	四川三台	公安局	森林公安大队教导员
140	张译文	男	汉族	1982.7	四川梓潼	公安局	文昌派出所所长、二级警长
141	刘　鑫	男	汉族	1985.7	四川梓潼	公安局	文昌派出所教导员、四级警长
142	陈科宇	男	汉族	1977.8	四川梓潼	公安局	宏仁派出所教导员、二级警长
143	曹仕敏	男	汉族	1976.4	四川盐亭	公安局	潼江派出所所长、二级警长
144	周　涛	男	汉族	1975.10	四川叙永	公安局	潼江派出所教导员、二级警长
145	魏兴国	男	汉族	1976.12	四川梓潼	公安局	卧龙派出所教导员、二级警长
146	刘　星	男	汉	1984.11	四川三台	公安局	许州派出所所长、四级警长
147	王莞菁	女	汉	1979.5	四川梓潼	公安局	双板派出所教导员、三级警长
148	何开疆	男	汉族	1973.7	四川梓潼	公安局	黎雅镇派出所所长、二级警长
149	任　强	男	汉族	1981.4	四川绵阳	公安局	黎雅派出所教导员、四级警长
150	顾全民	男	汉族	1978.12	四川梓潼	公安局	金龙派出所所长、二级警长
151	何新春	男	汉族	1978.11	四川梓潼	公安局	金龙派出所教导员、三级警长
152	孙国孝	男	汉族	1977.4	四川梓潼	公安局	石牛派出所所长、四级警长
153	常海坤	男	汉族	1983.1	四川江油	公安局	石牛派出所教导员、四级警长
154	龙　勇	男	汉族	1986.9	四川遂宁	公安局	观义派出所所长、四级警长
155	王益军	男	汉族	1979.3	四川江油	公安局	观义派出所教导员、四级警长
156	姚成林	男	汉族	1974.5	四川梓潼	公安局	玛瑙派出所教导员、三级警长
157	吕海兵	男	汉族	1986.9	四川梓潼	公安局	仁和派出所所长、四级警长
158	王槐山	男	汉族	1979.10	四川剑阁	公安局	文兴派出所所长、四级警长
159	陈　洁	女	汉族	1979.3	四川郫县	公安局	文兴派出所教导员、三级警长
160	李　丹	男	汉	1982.11	四川梓潼	公安局	自强派出所所长、四级警长
161	唐友双	男	汉	1974.6	四川梓潼	公安局	七曲山派出所所长、二级警长
162	殷成旭	男	汉族	1976.9	四川梓潼	民政局	党组成员、副书记、副局长（主持工作）、一级主任科员，兼县社会组织综合党委书记，
163	张从勇	男	汉族	1969.3	四川梓潼	民政局	党组成员、副局长、四级调研员
164	白朝君	男	汉族	1967.10	四川梓潼	民政局	党组成员、副局长、一级主任科员
165	范小玲	女	汉族	1979.4	四川梓潼	民政局	党组成员、机关党总支书记、二级主任科员
166	田孝继	男	汉族	1970.2	四川梓潼	民政局	低保中心主任
167	童　均	男	汉族	1975.8	四川梓潼	县民政局	县民政局党组成员、一级主任科员
168	张剑平	男	汉族	1968.12	四川梓潼	司法局	党组书记、局长、四级调研员
169	李　敏	男	汉族	1977.7	四川梓潼	司法局	副局长、二级主任科员
170	张　聃	女	汉族	1979.11	四川通江	司法局	党组成员、副局长、二级主任科员
171	蒲万党	男	汉族	1975.7	四川梓潼	司法局	党组成员、政治处主任、三级主任科员
172	周晓英	女	汉族	1981.4	甘肃民勤	司法局	党组成员、机关党总支书记、三级主任科员
173	刘继安	男	汉族	1969.2	四川梓潼	财政局	党组书记、局长、四级调研员、兼县国有资产监督管理办公室主任、县金融工作办公室主任

续表12

序号	姓名	性别	民族	出生年月	籍贯	工作单位	职务
174	熊　英	女	汉族	1968.2	四川绵竹	财政局	党组成员、副局长、一级主任科员
175	冯玉海	男	汉族	1972.5	四川梓潼	财政局	党组成员、副局长、二级主任科员
176	何　静	女	汉族	1977.9	四川梓潼	财政局	党组成员、副局长、二级主任科员
177	何德勇	男	汉族	1972.2	四川盐亭	财政局	党组成员、党总支书记、三级主任科员
178	张兴明	男	汉族	1972.3	四川三台	财政局	党组成员、县财政投资评审中心主任、二级主任科员
179	陈　亮	男	汉族	1977.3	四川梓潼	财政局	县国库集中支付中心主任
180	安显奎	男	汉族	1973.4	四川梓潼	人力资源和社会保障局	党组书记、局长、一级主任科员
181	刘智勇	男	汉族	1965.11	四川梓潼	人力资源和社会保障局	党组成员、副局长、四级调研员
182	冯雪先	女	汉族	1982.2	四川梓潼	人力资源和社会保障局	党组成员、副局长、三级主任科员
183	王　菁	女	汉族	1987.11	四川绵阳	人力资源和社会保障局	党组成员、党总支书记
184	董长弟	男	汉族	1973.1	四川剑阁	人力资源和社会保障局	党组成员、县社会保险服务中心主任
185	李　斌	男	汉族	1971.1	四川梓潼	人力资源和社会保障局	县社会保险服务中心副主任、二级主任科员
186	金　毅	男	汉族	1981.6	四川中江	人力资源和社会保障局	党组成员、县就业服务中心主任，一级主任科员
187	王　燕	女	汉族	1971.4	四川梓潼	人力资源和社会保障局	人才交流中心主任
188	王皓颖	女	汉族	1987.12	四川梓潼	人力资源和社会保障局	县劳动人事争议仲裁院院长
189	周　霞	女	汉族	1980.2	四川眉山	人力资源和社会保障局	劳动保障监察大队大队长、三级主任科员
190	赵　云	男	汉族	1977.5	四川梓潼	自然资源局	党组书记、局长、一级主任科员、兼县林业局局长
191	钟海涛	男	汉族	1974.10	四川剑阁	自然资源局	党组成员、副局长、二级主任科员、兼应急管理局副局长
192	敬安安	男	汉族	1976.10	四川梓潼	自然资源局	党组成员、副局长、县自然资源局三级主任科员、兼县应急管理局副局长
193	汤建成	男	汉族	1975.10	四川梓潼	自然资源局	党组成员、副局长、自然资源局三级主任科员
194	黄弋峰	男	汉族	1987.9	四川宁南	自然资源局	机关党委书记
195	张　梅	女	汉族	1969.10	四川广安	自然资源局	党组成员、总规划师
196	王小波	男	汉族	1972.1	四川南部	自然资源局	县国土资源监察执法大队大队长、二级主任科员
197	廖洪波	女	汉族	1973.11	四川梓潼	自然资源局	县土地统征整理中心主任
198	陈　明	男	汉族	1975.6	四川梓潼	自然资源局	县土地储备交易中心主任
199	羊　灵	男	汉族	1976.1	四川梓潼	自然资源局	党组成员、县不动产登记中心主任
200	张继烈	男	汉族	1967.11	四川三台	县自然资源局	梓潼县自然资源局党组成员
201	董文玺	男	汉族	1977.12	四川梓潼	生态环境局	局长、一级主任科员
202	马晓红	女	汉族	1971.1	四川梓潼	生态环境局	副局长
203	封卫兵	男	汉族	1974.2	四川梓潼	生态环境局	副局长、二级主任科员
204	白忠培	男	汉族	1970.12	四川梓潼	住房和城乡建设局	党委书记、局长、一级主任科员，兼人防办主任
205	梁成年	男	汉族	1965.8	四川梓潼	住房和城乡建设局	党委副书记、副局长、一级主任科员
206	任元东	男	汉族	1978.12	四川梓潼	住房和城乡建设局	党委委员、副局长、一级主任科员

续表12

序号	姓名	性别	民族	出生年月	籍贯	工作单位	职务
207	任 彬	男	汉族	1976.7	四川梓潼	住房和城乡建设局	党委委员、副局长、二级主任科员
208	贾 燕	女	汉族	1977.5	四川梓潼	住房和城乡建设局	党委委员、机关党委书记、二级主任科员
209	党 甲	男	汉族	1989.3	甘肃武威	住房和城乡建设局	党委委员、总工程师(试用期一年)、三级主任科员
210	张新峰	男	汉族	1970.9	四川梓潼	住房和城乡建设局	党委委员、县城市管理监察大队大队长、三级主任科员
211	史国平	男	汉族	1980.12	四川梓潼	住房和城乡建设局	建设工程质量监督站站长
212	陈谦中	男	汉族	1976.6	四川梓潼	住房和城乡建设局	环境卫生管理所所长、双峰乡河口村第一书记
213	赵 云	男	汉族	1969.9	四川三台	交通运输局	党委书记、局长、一级主任科员
214	靳平宗	男	汉族	1966.8	四川梓潼	交通运输局	党委委员、副局长、一级主任科员
215	王 林	男	汉族	1977.2	四川梓潼	交通运输局	党委委员、副局长、县公路管理所党组成员、书记、一级主任科员
216	白国强	男	汉族	1977.9	四川梓潼	交通运输局	党委委员、机关党委书记、三级主任科员
217	刘剑寒	男	汉族	1985.2	四川梓潼	交通运输局	党委委员、总工程师
218	何崇国	男	汉族	1968.12	四川梓潼	交通运输局	公管所党组成员、副所长、二级主任科员
219	石 林	女	汉族	1987.5	四川绵阳	交通运输局	公管所党组成员、副所长(县高速公路指挥部办公室工作)
220	黄枝军	男	汉族	1968.12	四川梓潼	交通运输局	党委委员、运管所所长、二级主任科员
221	任 强	男	汉族	1970.2	四川梓潼	交通运输局路政管理大队	路政管理大队大队长、二级主任科员
222	杨光勇	男	汉族	1967.5	四川梓潼	水利局	党组书记、局长、一级主任科员
223	赵康君	男	汉族	1966.12	四川梓潼	水利局	党组成员、副局长、一级主任科员、兼应急管理局副局长
224	廖洪蛟	男	汉族	1976.2	四川梓潼	水利局	党组成员、副局长、一级主任科员
225	杨雪峰	男	汉族	1982.4	四川梓潼	水利局	总工程师、三级主任科员
226	萧尤红	女	汉族	1983.8	四川梓潼	水利局	党组成员、机关总支书记、三级主任科员
227	刘田淇	男	汉族	1981.9	四川梓潼	水利局	县水利局党组成员
228	王 杉	男	汉族	1974.2	四川蓬安	农业农村局	党委书记、局长、一级主任科员
229	李永成	男	汉族	1965.8	四川三台	农业农村局	党委副书记、副局长、四级调研员
230	李发德	男	汉族	1970.12	四川梓潼	农业农村局	党委委员、副局长、一级主任科员
231	王全华	女	汉族	1975.2	四川梓潼	农业农村局	党委委员、副局长、一级主任科员
232	梁 江	男	汉族	1972.7	四川梓潼	农业农村局	党委委员、副局长、二级主任科员
233	罗惠元	女	汉族	1987.11	四川梓潼	农业农村局	党委委员、机关党委书记、三级主任科员
234	李路生	男	汉族	1974.12	四川梓潼	农业农村局	农机监理站站长、三级主任科员
235	于天兵	男	汉族	1969.5	四川射洪	农业农村局	县人居环境治理中心主任、一级主任科员
236	宁尚成	男	汉族	1981.6	四川都江堰	农业农村局	动物卫生监督所所长
237	徐长生	男	汉族	1982.1	四川梓潼	农业农村局	县农业综合开发中心主任
238	杨安军	男	汉族	1971.3	四川梓潼	农业农村局	县蜜柚产业服务中心主任
239	黄开宇	男	汉族	1971.4	四川梓潼	文化广播电视和旅游局	党委委员、书记、一级主任科员
240	赵利蓉	女	汉族	1975.5	四川江油	文化广播电视和旅游局	局长，兼县文物局局长
241	刘国建	男	汉族	1975.10	四川梓潼	文化广播电视和旅游局	党委委员、副局长、二级主任科员
242	鲜燕鹰	女	汉族	1974.1	四川梓潼	文化广播电视和旅游局	党委委员、副局长、二级主任科员

续表12

序号	姓名	性别	民族	出生年月	籍贯	工作单位	职务
243	李永超	女	汉族	1976.4	四川梓潼	文化广播电视和旅游局	党委委员、副局长、二级主任科员
244	仲　俊	男	汉族	1970.7	四川梓潼	文化广播电视和旅游局	党委委员、文化旅游市场综合执法大队大队长、三级主任科员
245	郝　静	女	汉族	1972.9	四川梓潼	文化广播电视和旅游局	党委委员、机关党委书记、三级主任科员
246	邓林波	男	汉族	1970.2	四川梓潼	卫生健康局	党委书记、局长、四级调研员
247	申宗奎	男	汉族	1973.5	四川苍溪	卫生健康局	党委委员、副局长、三级主任科员
248	强　勇	男	汉族	1970.10	四川梓潼	卫生健康局	党委委员、副局长、一级主任科员
249	余　伟	男	汉族	1977.8	四川梓潼	卫生健康局	党委委员、副局长、二级主任科员
250	谢　凤	女	汉族	1983.1	四川三台	卫生健康局	党委委员、机关党委书记、一级主任科员
251	陈　俊	男	汉族	1974.12	四川梓潼	卫生健康局	党委委员、卫生和计划生育监督执法大队大队长、一级主任科员
252	蒋宣明	男	汉族	1968.8	四川梓潼	退役军人事务局	党组书记、局长、一级主任科员
253	贾定勇	男	汉族	1976.10	四川梓潼	退役军人事务局	党组成员、副局长、一级主任科员
254	龙松涛	男	汉族	1969.11	四川安县	退役军人事务局	党组成员、副局长、三级主任科员
255	潘自新	男	汉族	1978.5	四川梓潼	退役军人事务局	党组成员、退役军人服务中心主任
256	魏小清	男	汉族	1973.7	四川梓潼	应急管理局	党委书记、局长、一级主任科员，兼县安全生产委员会办公室主任
257	赵炳华	女	汉族	1977.11	四川梓潼	应急管理局	党委委员、副局长、三级主任科员
258	梅　巍	男	汉族	1984.7	四川梓潼	应急管理局	党委委员、副局长、三级主任科员
259	郑堰萍	女	汉族	1985.3	四川梓潼	应急管理局	党委委员、安全生产监察执法大队大队长（试用期一年）、三级主任科员
260	陈　虹	女	汉族	1978.11	四川梓潼	应急管理局	党委委员、三级主任科员
261	金晓斌	男	汉族	1968.10	四川梓潼	审计局	党组书记、局长、一级主任科员
262	谢雨宏	女	汉族	1983.6	四川梓潼	审计局	党组成员、副局长
263	何　琪	女	汉族	1985.1	四川梓潼	审计局	党组成员、副局长（提名）、三级主任科员
264	熊　萍	女	汉族	1990.10	四川梓潼	审计局	党组成员、总审计师
265	陈芋宏	男	汉族	1985.9	四川苍溪	审计局	党组成员、县审计事务服务中心主任（试用期一年）
266	张崇荣	男	汉族	1972.3	四川梓潼	市场监督管理局	党委书记、局长、一级主任科员
267	敬云掏	女	汉族	1972.4	四川梓潼	市场监督管理局	党委委员、副局长、二级主任科员
268	周尤刚	男	汉族	1972.5	四川苍溪	市场监督管理局	党委委员、副局长、二级主任科员
269	彭志渺	男	汉族	1988.10	四川剑阁	市场监督管理局	党委委员、副局长、三级主任科员
270	贾玲芳	女	汉族	1975.1	四川梓潼	市场监督管理局	党委委员、机关党委书记、三级主任科员
271	潘周俊	女	汉族	1980.12	四川梓潼	市场监督管理局	党委委员、县食品药品稽查大队大队长、三级主任科员
272	何　军	男	汉族	1965.11	四川梓潼	县市场监管局	县市场监管局党委委员
273	杨　程	男	汉族	1969.10	四川梓潼	市场监督管理局	文昌市场监管所所长、二级主任科员
274	何　帆	男	汉族	1985.10	四川剑阁	市场监督管理局	许州市场监管所所长（试用期一年）
275	杨　曾	男	汉族	1986.3	四川梓潼	市场监督管理局	黎雅市场监管所所长提名人选（试用期一年）
276	杨　军	男	汉族	1978.4	四川梓潼	市场监督管理局	石牛市场监管所所长（试用期一年）、二级主任科员
277	张　震	男	汉族	1975.8	四川梓潼	市场监督管理局	仁和市场监管所所长、三级主任科员
278	郭　颖	男	汉族	1986.2	四川剑阁	市场监督管理局	自强市场监管所所长（试用期一年）

续表12

序号	姓名	性别	民族	出生年月	籍贯	工作单位	职务
279	杨沁霖	男	汉族	1976.6	四川梓潼	市场监督管理局	经开区市场监管所所长、三级主任科员
280	朱 莉	女	汉族	1986.2	四川剑阁	市场监督管理局	七曲山市场监管所所长（试用期一年）
281	张怀勇	男	汉族	1974.4	四川梓潼	统计局	党组成员、书记、局长、一级主任科员
282	冯 晴	女	汉族	1981.10	四川梓潼	统计局	党组成员、副局长
283	魏邦荣	男	汉族	1981.2	四川梓潼	统计局	党组成员、副局长，演武镇小亭村第一书记
284	敬洪菊	女	汉族	1987.7	四川梓潼	统计局	总统计师
285	董国军	男	汉族	1973.1	四川梓潼	统计局	党组成员、普查中心主任、三级主任科员
286	戴期胜	男	汉族	1970.6	四川梓潼	信访局	党组书记、局长，兼县委办副主任、四级调研员
287	吴春华	女	汉族	1978.2	四川梓潼	信访局	党组成员、副局长、二级主任科员
288	杨培江	男	汉族	1977.10	四川梓潼	信访局	党组成员、副局长、二级主任科员
289	谢 俊	女	汉族	1981.7	四川梓潼	信访局	党组成员、群众来访接待中心主任（试用期一年）
290	张光永	男	汉族	1969.6	四川梓潼	医疗保障局	党组书记
291	胡香君	女	汉族	1979.4	四川盐亭	医疗保障局	局长、一级主任科员
292	赵国文	男	汉族	1966.5	四川盐亭	医疗保障局	党组成员、副局长、一级主任科员
293	谭 辉	男	汉族	1978.1	四川梓潼	医疗保障局	党组成员、副局长、二级主任科员
294	王 丽	女	汉族	1978.2	四川梓潼	医疗保障局	党组成员、医疗保险事务中心主任
295	龙 俊	男	汉族	1971.10	重庆九龙坡	行政审批局	党组书记、局长、一级主任科员，兼任县政务服务中心管委会主任
296	罗 东	男	汉族	1970.4	四川梓潼	行政审批局	党组成员、副局长、一级主任科员
297	何其华	男	汉族	1970.7	四川梓潼	行政审批局	党组成员、副局长、二级主任科员
298	张庆华	女	藏族	1969.10	四川理县	行政审批局	党组成员、一级主任科员、政务服务中心主任
299	谢祥实	男	汉族	1971.2	四川梓潼	行政审批局	县政务服务中心（县公共资源交易服务分中心、县人民政府采购中心)副主任
300	魏 静	女	汉族	1976.12	四川梓潼	行政审批局	县政务服务中心（县公共资源交易服务分中心、县人民政府采购中心)副主任
301	王 君	男	汉族	1973.5	四川梓潼	综合行政执法局	党组书记、局长、一级主任科员
302	杨大江	男	汉族	1970.8	四川梓潼	综合行政执法局	党组成员、副局长、二级主任科员
303	罗 艳	女	汉族	1977.10	四川梓潼	综合行政执法局	党组成员、副局长、三级主任科员
304	李 波	男	汉族	1985.8	湖南衡阳	综合行政执法局	党组成员、副局长、三级主任科员
305	魏文彬	男	汉族	1967.4	四川梓潼	综合行政执法局	党组成员、县城市管理服务中心主任（试用期一年）
306	史 雷	男	汉族	1968.10	四川梓潼	综合行政执法局	县城市管理服务中心副主任
307	杨 祝	女	汉族	1976.1	四川梓潼	综合行政执法局	县城市管理服务中心副主任
308	蒙 明	男	汉族	1975.8	四川梓潼	综合行政执法局	县城市管理服务中心党总支书记
309	周建军	男	汉族	1972.6	四川梓潼	县委党校、县行政学校	常务副校长、一级主任科员
310	严新志	男	汉族	1966.11	四川梓潼	县委党校、县行政学校	党校校务委员、党校（行政校）副校长、三级主任科员
311	雍支康	男	汉族	1971.5	四川梓潼	县委党校	县委党校校务委员
312	蒲江林	男	汉族	1972.8	四川梓潼	党史研究室（县志办）	主任
313	刘 文	男	汉族	1966.4	四川梓潼	党史研究室（县志办）	副主任、二级主任科员

续表12

序号	姓名	性别	民族	出生年月	籍贯	工作单位	职务
314	曹佳富	男	汉族	1968.10	四川梓潼	档案馆	党组书记、馆长、一级主任科员
315	张成虎	男	汉族	1966.11	四川梓潼	档案馆	党组成员、副馆长、二级主任科员
316	龚云兰	女	汉族	1970.8	四川梓潼	档案馆	党组成员、副馆长、二级主任科员
317	龙海琴	女	汉族	1976.11	重庆江津	总工会	党组书记、常务副主席、一级主任科员
318	董明元	男	汉族	1971.1	四川梓潼	总工会	党组成员、副主席
319	张小莉	女	汉族	1976.9	四川梓潼	总工会	党组成员、党总支书记、二级主任科员
320	牛　涛	男	汉族	1987.3	四川射洪	团县委	书记
321	张云华	女	汉族	1969.9	四川梓潼	妇联	主席、一级主任科员
322	李小兰	女	汉族	1979.8	四川南充	妇联	副主席、三级主任科员
323	赵小俊	男	汉族	1971.3	四川盐亭	工商联	党组成员、书记、副主席，兼统战部副部长，四级调研员
324	冯勤先	男	汉族	1965.9	四川梓潼	县工商联	梓潼县工商联党组成员、四级调研员
325	姚吉艳	女	汉族	1986.1	四川梓潼	县工商联	梓潼县工商联党组成员
326	刘继平	男	汉族	1962.8	四川梓潼	工商联	主席
327	刘明霞	女	汉族	1977.9	四川梓潼	侨联	主席
328	秦加春	男	汉族	1969.10	四川盐亭	科协	主席、一级主任科员
329	范俊峰	男	汉族	1966.6	四川梓潼	科协	副主席、一级主任科员
330	刘世平	男	汉族	1972.8	四川江安	残联	党组成员、书记、理事长
331	王生元	男	汉族	1968.7	四川梓潼	残联	党组成员、副理事长、二级主任科员
332	王　雄	男	汉族	1971.12	四川剑阁	残联	党组成员、县残疾人康复服务中心副主任
333	冯　路	男	汉族	1988.7	四川梓潼	残联	县残疾人康复服务中心副主任
334	周芷君	女	汉族	1978.5	四川梓潼	红十字会	常务副会长
335	陈　坤	男	汉族	1980.8	四川梓潼	红十字会	副会长、秘书长、三级主任科员
336	赵庭槐	男	汉族	1966.5	四川梓潼	供销社	党组书记、主任、一级主任科员
337	赵泽寿	男	汉族	1976.12	四川梓潼	供销社	党组成员、副主任、一级主任科员
338	白　磊	男	汉族	1973.4	四川梓潼	供销社	党组成员、副主任、二级主任科员
339	张凯林	男	汉族	1978.1	四川梓潼	供销社	党组成员、副主任、三级主任科员
340	刘　颖	女	汉族	1986.12	四川梓潼	供销社	党组成员、党总支书记、三级主任科员
341	张志敏	男	汉族	1967.1	四川梓潼	扶贫开发局	党组书记、局长、一级主任科员，兼县政府办副主任
342	李海荣	男	汉族	1965.12	四川梓潼	扶贫开发局	党组成员、副局长、一级主任科员
343	李国锦	男	汉族	1977.12	四川梓潼	扶贫开发局	党组成员、副局长、二级主任科员
344	罗　承	男	汉族	1975.5	四川南部	扶贫开发局	党组成员、副局长、二级主任科员
345	宋　洋	男	汉族	1982.1	四川梓潼	县扶贫开发局	县扶贫开发局党组成员
346	王　兵	男	汉族	1969.3	四川梓潼	县人大	党组成员、办公室主任、四级调研员
347	孙利娟	女	汉族	1987.9	四川梓潼	县人大	办公室副主任
348	陈　俊	男	汉族	1970.5	四川梓潼	县人大	研究室主任、一级主任科员
349	李　健	男	汉族	1966.7	四川梓潼	县人大	农工委主任委员、四级调研员
350	张廷忠	男	汉族	1964.10	四川梓潼	县人大	教科文卫工委主任委员、四级调研员
351	马银芸	女	汉族	1983.3	四川梓潼	县人大	教科文卫工委副主任委员
352	温云强	男	汉族	1964.9	四川南充	县人大	预算工作委员会主任委员、一级主任科员
353	彭维丁	男	汉族	1969.12	四川梓潼	县人大	预算工作委员会副主任委员

续表12

序号	姓名	性别	民族	出生年月	籍贯	工作单位	职务
354	周 平	男	汉族	1968.1	重庆江津	县人大	城乡建设与环境资源保护工作委员会主任委员、一级主任科员
355	郑明洪	男	汉族	1968.6	四川梓潼	县人大	建设与环境保护工作委员会副主任委员、一级主任科员
356	杨 攀	女	汉族	1970.1	四川梓潼	县人大	人事代联委主任委员、一级主任科员
357	王永富	男	汉族	1972.5	四川梓潼	县人大	人事代联委副主任委员、二级主任科员
358	梁 鸣	男	汉族	1969.2	四川梓潼	县人大	监察和司法委员会主任委员、一级主任科员
359	赵 猛	男	汉族	1978.3	四川梓潼	县人大	监察和司法委员会副主任委员、长卿镇二级主任科员
360	宋泓霖	男	汉族	1983.2	四川梓潼	县人大	监察和司法委员会副主任委员、许州镇二级主任科员
361	顾安飞	男	汉族	1964.9	四川三台	县人大	财政经济委员会主任委员、四级调研员
362	邓 钢	男	汉族	1978.3	四川梓潼	县人大	财政经济委员会副主任委员、许州镇二级主任科员
363	张 潇	男	汉族	1985.2	四川梓潼	县人大	社会建设委员会主任委员、三级主任科员
364	刘 波	男	汉族	1966.3	四川梓潼	县人大	社会建设委员会副主任委员、农业局一级主任科员
365	黄 龙	男	汉族	1974.11	四川梓潼	县人大	社会建设委员会副主任委员、自强镇二级主任科员
366	罗祥君	男	汉族	1968.8	四川梓潼	县政协	县政协党组成员、秘书长、政协机关党组书记、一级主任科员
367	吴 飞	男	汉族	1985.4	四川温江	县政协	副秘书长、二级主任科员
368	杨 梅	女	汉族	1986.7	四川游仙	县政协	机关党组成员、党总支书记
369	李晓燕	女	汉族	1976.11	四川梓潼	县政协	办公室主任、县委办一级主任科员
370	吴在义	男	汉族	1978.12	四川梓潼	县政协	办公室副主任、许州镇一级主任科员
371	何万仁	男	汉	1965.10	四川阆中	县政协	提案委主任、四级调研员
372	沈玉荐	男	汉族	1971.2	四川梓潼	县政协	提案委副主任
373	李发清	男	汉族	1965.11	四川梓潼	县政协	经济委主任、一级主任科员
374	敬华忠	男	汉族	1973.4	四川梓潼	县政协	经济委副主任、许州镇二级主任科员
375	胡登艳	女	汉族	1968.6	四川梓潼	县政协	教科卫体委主任、四级调研员
376	贾开红	男	汉族	1969.2	四川梓潼	县政协	教科卫体委副主任、一级主任科员
377	甘晓梅	女	羌族	1975.7	四川北川	县政协	社会法制和台侨民宗委主任（提名）
378	何晓燕	女	汉族	1977.8	四川梓潼	县政协	社会法制和台侨民宗委副主任
379	王志明	男	汉族	1966.6	四川梓潼	县政协	机关党组成员、文化文史和学习委主任
380	颜 友	男	汉族	1964.4	四川射洪	县政协	文化文史和学习委副主任
381	赵永华	男	汉族	1968.3	四川梓潼	县政协	委员工作委员会主任、县交通运输局四级调研员
382	苏永杰	男	汉族	1978.6	四川江油	县政协	委员工作委员会副主任、三级主任科员
383	赵 洪	男	汉族	1967.5	四川梓潼	县政协	城乡建设和资源环境委主任、一级主任科员
384	陶岸青	男	汉族	1971.1	四川盐亭	县政协	城乡建设和资源环境委副主任、四级调研员
385	谢春明	男	汉族	1969.2	四川盐亭	法院	党组成员、副院长
386	贾朝钒	男	汉族	1966.1	四川梓潼	法院	党组成员、副院长
387	贾定飞	男	汉族	1976.8	四川梓潼	法院	副院长
388	刘 潜	男	汉族	1970.7	四川梓潼	法院	机关党总支书记
389	马 波	男	回族	1972.2	四川梓潼	法院	党组成员、执行局局长
390	何代江	男	汉族	1974.9	四川梓潼	法院	专职审委会委员
391	杨跃兰	女	汉族	1971.12	四川剑阁	法院	专职审委会委员
392	何 明	男	汉族	1967.10	四川梓潼	县人民法院	县人民法院党组成员

续表12

序号	姓名	性别	民族	出生年月	籍贯	工作单位	职务
393	杨地林	女	汉族	1976.1	四川剑阁	法院	文昌法庭庭长
394	庞元东	男	汉族	1973.1	四川梓潼	法院	许州法庭庭长
395	何小梅	女	汉族	1986.5	四川巴中	法院	黎雅法庭庭长
396	宋明刚	男	汉族	1985.12	四川剑阁	法院	宝石法庭庭长
397	张雪松	男	羌族	1974.2	四川北川	检察院	党组成员、副检察长
398	李　斌	男	汉族	1964.6	四川梓潼	检察院	党组成员、副检察长
399	叶　林	男	汉族	1971.2	四川达州	检察院	副检察长
400	白福家	男	汉族	1975.12	四川江油	检察院	党组成员、党总支书记
401	杨　杰	男	汉族	1968.5	四川资中	检察院	党组成员、政治处主任、二级主任科员
402	魏莉莎	女	汉族	1969.1	四川梓潼	检察院	第一检察部一级检察官、检察委员会专职委员
403	杨荣理	男	汉族	1976.2	四川梓潼	检察院	研究室主任、检委会专职委员、一级检察官
404	宋志强	男	汉族	1983.8	四川营山	检察院	公诉科科长
405	王　容	女	汉族	1978.4	四川盐亭	检察院	检调对接中心副主任
406	康艺耀	男	汉族	1981.12	四川江油	检察院	文昌检察室主任
407	崔　弘	女	汉族	1971.10	四川梓潼	武引工程建设管理局	党组书记、局长、四级调研员
408	李　黎	男	汉族	1972.10	四川南充	武引工程建设管理局	党组成员、副局长
409	鲜　春	男	汉族	1975.3	四川梓潼	武引工程建设管理局	党组成员、副局长
410	李凤玲	女	汉族	1974.5	四川梓潼	武引工程建设管理局	党组成员、机关党总支书记
411	赵茂森	男	汉族	1987.8	四川梓潼	武引工程建设管理局	总工程师
412	何永林	男	汉族	1967.9	四川梓潼	县武管局	梓潼县武管局党组成员
413	张　超	男	汉族	1988.6	四川梓潼	公务服务中心	副主任（试用期一年）
414	董林国	男	汉族	1972.8	四川梓潼	教培中心	主任
415	蒲小红	男	汉族	1970.10	四川梓潼	机关事务服务中心	党组书记、主任
416	廖海波	男	汉族	1974.3	四川梓潼	机关事务服务中心	党组成员、副主任（试用期一年）
417	钟小丽	女	汉族	1987.12	四川江油	机关事务服务中心	党组成员、副主任（试用期一年）
418	梁正才	男	汉族	1964.12	四川梓潼	七曲山风景区管理局	党委委员、书记、局长（四级调研员）
419	王　华	男	汉族	1965.4	四川梓潼	七曲山风景区管理局	党委副书记、副局长
420	姜　合	男	汉族	1969.4	四川三台	七曲山风景区管理局	党委委员、副局长
421	杨　林	男	汉族	1972.10	四川梓潼	七曲山风景区管理局	党委委员、机关党委书记（试用期一年）
422	龙　剑	男	汉族	1975.12	四川绵阳	融媒体中心（广电台）	县委宣传部副部长，兼县融媒体中心党组成员、书记、主任，广电台台长，互联网信息办公室主任，四级调研员
423	林忠伟	男	汉族	1971.3	四川梓潼	融媒体中心（广电台）	党组成员、总编辑、三级主任科员
424	李　清	男	汉族	1969.10	四川三台	融媒体中心（广电台）	党组成员、副主任

续表12

序号	姓名	性别	民族	出生年月	籍贯	工作单位	职务
425	李自芬	女	汉族	1979.7	四川梓潼	融媒体中心（广电台）	副主任（试用期一年）
426	田小芸	女	汉族	1981.12	四川梓潼	县融媒体中心	县融媒体中心党组成员
427	雷　兵	男	汉族	1971.5	四川梓潼	大数据中心	主任，县行政审批局党组成员、一级主任科员
428	田继茂	男	汉族	1976.8	四川梓潼	农民工服务中心	主任、人力资源和社会保障局党组成员、兼农民工综合党委委员、书记
429	邓海燕	女	汉族	1971.11	四川梓潼	农民工服务中心	副主任
430	赵培义	男	汉族	1972.12	四川梓潼	民兵训练基地	主任
431	陈　波	男	汉族	1982.8	四川盐亭	四川梓潼经济开发区	党工委委员、管委会副主任、一级主任科员
432	张　刚	男	汉族	1977.11	四川梓潼	四川梓潼经济开发区	党工委委员、管委会副主任
433	王文俊	男	汉族	1975.4	四川盐亭	四川梓潼经济开发区	纪工委副书记、监察局局长
434	赵峰锐	男	汉族	1987.6	四川梓潼	四川梓潼经济开发区	综合管理办公室主任、三级主任科员
435	黄　梅	女	汉族	1975.11	四川梓潼	四川梓潼经济开发区	综合管理办公室副主任
436	冯彦博	男	汉族	1981.5	四川梓潼	四川梓潼经济开发区	经济发展局局长
437	何　俊	男	汉族	1967.6	四川梓潼	四川梓潼经济开发区	财政局局长、一级主任科员
438	吴韬韬	女	汉族	1987.1	四川青川	四川梓潼经济开发区	财政局副局长、三级主任科员
439	倪志国	男	汉族	1982.10	四川仪陇	四川梓潼经济开发区	建设和环境保护局局长、三级主任科员
440	罗　锋	男	汉族	1974.9	四川梓潼	四川梓潼经济开发区	社会事务服务中心主任
441	安　平	男	汉族	1964.5	四川绵阳	县重点工作督查组	县重点工作督查组第一组组长、县委政法委一级主任科员
442	梅晓东	男	汉族	1965.7	四川绵阳	县重点工作督查组	县重点工作督查组第一组副组长、县食品药品稽查大队一级主任科员
443	赵映金	男	汉族	1964.12	四川梓潼	县重点工作督查组	县重点工作督查组第一组副组长、县住建局一级主任科员
444	梁小康	男	汉族	1966.1	四川梓潼	县重点工作督查组	县重点工作督查组第二组组长、县委办公室一级主任科员
445	赵廷松	男	汉族	1965.8	四川梓潼	县重点工作督查组	县重点工作督查组第二组副组长、县社会保险事业服务中心一级主任科员
446	邓承福	男	汉族	1965.7	四川大英	县重点工作督查组	县重点工作督查组第二组副组长、县水利局二级主任科员
447	贺均良	男	汉族	1964.11	四川三台	县重点工作督查组	县重点工作督查组第三组组长、县委办公室一级主任科员
448	宋绍登	男	汉族	1964.10	四川梓潼	县重点工作督查组	县重点工作督查组第三组副组长、县残联二级主任科员
449	张兴光	男	汉族	1964.5	四川顺庆	县重点工作督查组	县重点工作督查组第三组副组长、县市场监管局四级调研员
450	宋绍彬	男	汉族	1965.4	四川梓潼	县重点工作督查组	县重点工作督查组第四组组长、县水利局一级主任科员
451	夏　勇	男	汉族	1964.11	四川梓潼	县重点工作督查组	县重点工作督查组第四组副组长、县住建局一级主任科员
452	彭栋明	男	汉族	1965.11	重庆合川	县重点工作督查组	县重点工作督查组第四组副组长、县发改局二级主任科员
453	罗怀宪	男	汉族	1964.11	四川梓潼	县重点工作督查组	县重点工作督查组第五组组长、县农业农村局四级调研员
454	赵　平	男	汉族	1966.1	四川梓潼	县重点工作督查组	县重点工作督查组第五组副组长、县发改局四级调研员

续表12

序号	姓名	性别	民族	出生年月	籍贯	工作单位	职务
455	潘演军	男	汉族	1965.10	四川梓潼	县重点工作督查组	县重点工作督查组第五组副组长、县发改局二级主任科员
456	王武全	男	汉族	1964.5	四川蓬溪	县督查组	县重点工作督查组第六组组长、县社科联四级调研员
457	武兴泽	男	汉族	1965.11	四川三台	县重点工作督查组	县重点工作督查组第六组副组长、县供销社一级主任科员
458	王舰艇	男	汉族	1965.8	四川梓潼	县重点工作督查组	县重点工作督查组第六组副组长、县发改局一级主任科员
459	白林智	男	汉族	1970.6	四川梓潼	文昌镇	党委委员、书记、一级主任科员
460	张祖正	男	汉族	1976.1	四川梓潼	文昌镇	党委委员、副书记、镇长、一级主任科员
461	何　林	男	汉族	1974.10	四川梓潼	文昌镇	党委委员、人大主席
462	张新红	女	汉族	1974.7	四川梓潼	文昌镇	党委委员、文昌片区政协工委主任、副镇长
463	胡　涛	男	汉族	1985.11	四川遂宁	文昌镇	党委委员、副书记，兼政法委员、矛盾纠纷多元化解中心主任
464	王法厅	男	汉族	1985.7	山东青岛	文昌镇	党委委员、副书记、新桥村第一书记、三级主任科员
465	唐娅丽	女	汉族	1978.7	四川梓潼	文昌镇	党委委员、纪委书记兼监察室主任、三级主任科员
466	高　乾	男	汉族	1983.12	四川梓潼	文昌镇	党委委员、武装部部长，兼副镇长、统战委员、三级主任科员
467	周　伟	男	汉族	1984.10	四川梓潼	文昌镇	党委委员、组织宣传委员（试用期一年）、土寨村第一书记、三级主任科员
468	罗洪成	男	汉族	1978.12	四川梓潼	文昌镇	人大专职副主席、三级主任科员
469	杨　军	男	汉族	1986.7	四川梓潼	文昌镇	副镇长、三级主任科员
470	仲开勇	男	汉族	1971.12	四川梓潼	文昌镇	副镇长、三级主任科员
471	补　遥	女	汉族	1987.11	四川岳池	文昌镇	便民服务中心主任（试用期一年）
472	景　琴	女	汉族	1982.8	四川三台	许州镇	党委委员、书记
473	谢方武	男	汉族	1976.9	四川梓潼	许州镇	党委委员、副书记、镇长、一级主任科员
474	嵇　拓	男	汉族	1985.3	江苏灌南	许州镇	党委委员、人大主席
475	韩德奖	男	汉族	1978.9	四川射洪	许州镇	党委委员、许州片区政协工委主任、副镇长
476	唐　伟	男	汉族	1983.9	四川什邡	许州镇	党委副书记、二级主任科员
477	赵正华	男	汉族	1977.8	四川梓潼	许州镇	党委副书记、政法委员、矛盾调解中心主任
478	贾　斌	男	汉族	1984.4	四川梓潼	许州镇	党委委员、纪委书记兼监察室主任、三级主任科员
479	潘　艳	女	汉族	1987.2	四川梓潼	许州镇	党委委员、组织宣传委员、三级主任科员
480	何慧君	女	汉族	1985.2	四川梓潼	许州镇	党委委员、武装部长，兼副镇长、统战委员
481	罗云中	男	汉族	1980.12	四川梓潼	许州镇	副镇长、三级主任科员
482	商国兵	男	彝族	1985.11	四川金阳	许州镇	副镇长、三级主任科员
483	郝　俊	女	汉族	1979.2	四川梓潼	许州镇	副镇长
484	田小玉	女	汉族	1987.3	四川梓潼	许州镇	便民服务中心主任（试用期一年）
485	苏保富	男	汉族	1977.2	四川梓潼	黎雅镇	党委委员、书记、一级主任科员
486	闫海均	男	汉族	1983.11	四川梓潼	黎雅镇	党委委员、副书记、镇长
487	张春犁	男	汉族	1984.4	四川射洪	黎雅镇	党委委员、人大主席
488	杜基太	男	汉族	1975.10	四川三台	黎雅镇	党委委员、副书记、三级主任科员
489	杨光军	男	汉族	1979.6	四川梓潼	黎雅镇	党委委员、副书记，兼政法委员、矛盾纠纷多元化解中心主任，三级主任科员
490	王文雯	女	汉族	1988.1	四川江油	黎雅镇	党委委员、纪委书记兼监察室主任、三级主任科员
491	梁　岚	女	汉族	1975.9	四川梓潼	黎雅镇	党委委员、副镇长、三级主任科员
492	贾程瑞	男	汉族	1987.8	四川梓潼	黎雅镇	党委委员、武装部部长，兼副镇长、统战委员

续表12

序号	姓名	性别	民族	出生年月	籍贯	工作单位	职务
493	朱紫彤	女	汉族	1985.10	四川江油	黎雅镇	党委委员、组织宣传委员、三级主任科员
494	高　敏	男	汉族	1986.3	四川仪陇	黎雅镇	副镇长、三级主任科员
495	蔡官洪	女	汉族	1991.4	四川江油	黎雅镇	副镇长
496	谢保剑	男	汉族	1982.3	四川江油	黎雅镇	便民服务中心主任提名人选（试用期一年）
497	张　奎	男	汉族	1985.4	四川梓潼	石牛镇	党委委员、书记、一级主任科员
498	赵　雄	男	汉族	1979.5	四川梓潼	石牛镇	党委委员、副书记、镇长
499	史芮萍	女	汉族	1986.4	四川梓潼	石牛镇	党委委员、人大主席
500	岳　民	男	汉族	1983.1	四川梓潼	石牛镇	党委委员、副书记、纪委书记兼监察室主任、政法委员、矛盾纠纷多元化解中心主任，二级主任科员
501	李籽利	女	汉族	1991.2	四川北川	石牛镇	党委委员、副书记
502	向兰华	女	汉族	1979.2	四川华蓥	石牛镇	党委委员、副镇长、三级主任科员
503	杨　洋	男	汉族	1981.7	四川梓潼	石牛镇	党委委员、组织宣传委员
504	王　伟	男	汉族	1990.5	四川梓潼	石牛镇	党委委员、武装部长，兼副镇长、统战委员
505	孙立坤	男	汉族	1985.6	河北高碑店	石牛镇	副镇长
506	王　林	男	汉族	1987.1	四川梓潼	石牛镇	副镇长
507	雷　冲	男	汉族	1986.1	四川绵阳	石牛镇	副镇长
508	赵晓蓉	女	汉族	1986.9	四川梓潼	石牛镇	便民服务中心主任（试用期一年）
509	刘陈岑	男	汉族	1985.12	四川绵阳	仁和镇	党委委员、书记、一级主任科员
510	谢　骞	男	汉族	1983.3	四川梓潼	仁和镇	党委委员、副书记、镇长
511	贾志林	男	汉族	1982.3	四川梓潼	仁和镇	党委委员、人大主席
512	唐恭淮	男	汉族	1978.5	四川大英	仁和镇	党委委员、副书记，兼政法委员、矛盾纠纷多元化解中心主任，二级主任科员
513	陈　铎	男	汉族	1983.10	河南三门峡	仁和镇	党委委员、副书记、纪委书记兼监察室主任、三级主任科员
514	吕　懋	男	汉族	1986.11	四川绵阳	仁和镇	党委委员、组织宣传委员、三级主任科员
515	王　勇	男	汉族	1986.4	四川梓潼	仁和镇	党委委员、武装部长，兼副镇长、统战委员
516	李国兵	男	汉族	1986.3	四川剑阁	仁和镇	党委委员、副镇长、里仁村第一书记
517	秦子娟	女	汉族	1981.7	四川梓潼	仁和镇	副镇长
518	宋道远	男	汉族	1987.12	四川简阳	仁和镇	副镇长
519	何永胜	男	汉族	1975.1	四川梓潼	长卿镇	党委委员、书记、一级主任科员
520	薛　衡	女	汉族	1977.4	重庆潼南	长卿镇	党委委员、副书记、镇长
521	魏　颜	男	汉族	1986.9	四川梓潼	长卿镇	党委委员、人大主席
522	杨大树	男	汉族	1976.10	四川射洪	长卿镇	党委委员、长卿片区政协工委主任、副镇长、一级主任科员
523	杨宏明	男	汉族	1989.12	四川绵阳	长卿镇	党委委员、副书记，兼政法委员、矛盾纠纷多元化解中心主任、三级主任科员
524	依当初	女	藏族	1988.3	四川金川	长卿镇	党委委员、副书记
525	赵川云	男	汉族	1985.3	四川梓潼	长卿镇	党委委员、纪委书记兼监察室主任
526	杨志丹	女	汉族	1986.7	四川梓潼	长卿镇	党委委员、武装部长，兼副镇长、统战委员
527	曹燕燕	女	汉族	1991.8	四川江油	长卿镇	党委委员、组织宣传委员（试用期一年）
528	杨　博	女	汉族	1984.10	四川绵阳	长卿镇	副镇长
529	李　杰	男	汉族	1987.6	四川梓潼	长卿镇	副镇长
530	艾　静	女	汉族	1987.8	四川梓潼	长卿镇	便民服务中心主任（试用期一年）

续表12

序号	姓名	性别	民族	出生年月	籍贯	工作单位	职务
531	张　力	男	汉族	1983.6	四川绵阳	宏仁镇	党委委员、书记、一级主任科员
532	黄　兴	男	汉族	1981.10	四川盐亭	宏仁镇	党委委员、副书记、镇长、一级主任科员
533	杨梓健	男	汉族	1977.4	四川梓潼	宏仁镇	党委委员、人大主席
534	谭步鑫	男	汉族	1986.10	四川遂宁	宏仁镇	党委委员、副书记，二级主任科员
535	向　导	男	汉族	1986.6	四川梓潼	宏仁镇	党委委员、副书记，兼政法委员、矛盾纠纷多元化解中心主任、三级主任科员
536	郭　庆	女	汉族	1989.8	四川绵阳	宏仁镇	党委委员、纪委书记兼监察室主任（试用期一年）
537	陈　广	男	汉族	1987.9	四川南充	宏仁镇	党委委员、武装部长，兼副镇长、统战委员、三级主任科员
538	王艺璇	女	汉族	1987.6	四川梓潼	宏仁镇	党委委员、副镇长、三级主任科员
539	郭　亮	男	汉族	1986.4	四川剑阁	宏仁镇	党委委员、组织宣传委员、三级主任科员
540	李向磊	男	汉族	1984.9	辽宁建平	宏仁镇	副镇长、三级主任科员
541	王英霞	女	汉族	1987.6	四川梓潼	宏仁镇	便民服务中心主任（试用期一年）
542	裴邦宏	男	汉族	1977.2	四川梓潼	宝石乡	党委委员、书记、一级主任科员
543	魏小平	男	汉族	1982.9	四川梓潼	宝石乡	党委委员、副书记、乡长
544	何代林	男	汉族	1975.7	四川梓潼	宝石乡	党委委员、人大主席
545	鲜俐芬	女	汉族	1984.6	四川梓潼	宝石乡	党委委员、副书记，兼政法委员、矛盾纠纷多元化解中心主任，二级主任科员
546	郭　勇	男	汉族	1985.4	四川江油	宝石乡	党委委员、纪委书记兼监察室主任、二级主任科员
547	安达志	男	汉族	1979.4	四川梓潼	宝石乡	党委委员、副乡长、二级主任科员
548	杨向何	男	汉族	1982.9	四川岳池	宝石乡	党委委员、副乡长，兼武装部长、统战委员，三级主任科员
549	贺玉春	女	汉族	1986.5	四川梓潼	宝石乡	党委委员、副乡长提名人选
550	金晓龙	男	汉族	1989.6	四川梓潼	宝石乡	党委委员、组织宣传委员
551	黄继丹	女	汉族	1983.10	四川梓潼	宝石乡	副乡长
552	赵雪英	女	汉族	1985.10	四川梓潼	宝石乡	便民服务中心主任（试用期一年）
553	张成祥	男	汉族	1976.8	四川梓潼	玛瑙镇	党委委员、书记、一级主任科员
554	杨文泉	男	汉族	1981.7	四川梓潼	玛瑙镇	党委委员、副书记、镇长、一级主任科员
555	燕　勇	男	汉族	1973.1	四川梓潼	玛瑙镇	党委委员、人大主席
556	徐文亮	男	汉族	1974.11	四川梓潼	玛瑙镇	党委委员、副书记，兼政法委员、矛盾纠纷多元化解中心主任，二级主任科员
557	柯兴菊	女	汉族	1984.7	四川梓潼	玛瑙镇	党委委员、纪委书记兼监察室主任、三级主任科员
558	黄开敏	男	汉族	1976.8	四川梓潼	玛瑙镇	党委委员、副镇长、三级主任科员
559	李　皓	男	汉族	1988.4	四川郫都	玛瑙镇	党委委员、武装部长，兼副镇长、统战委员，三级主任科员
560	魏　敏	女	汉族	1981.8	四川梓潼	玛瑙镇	党委委员、组织宣传委员
561	卫思晨	女	汉族	1991.5	四川梓潼	玛瑙镇	副镇长
562	罗小莉	女	汉族	1985.6	四川梓潼	玛瑙镇	便民服务中心主任（试用期一年）
563	卫　顺	男	汉族	1970.2	四川梓潼	自强镇	党委委员、书记、一级主任科员
564	王　源	男	汉族	1981.3	四川梓潼	自强镇	党委委员、副书记、镇长
565	严彬宾	男	汉族	1986.2	四川梓潼	自强镇	党委委员、人大主席
566	王　勇	男	汉族	1978.9	四川梓潼	自强镇	党委委员、副书记，兼政法委员、矛盾纠纷多元化解中心主任，二级主任科员
567	张　熙	男	汉族	1985.3	四川梓潼	自强镇	党委委员、纪委书记兼监察室主任、三级主任科员

续表12

序号	姓名	性别	民族	出生年月	籍贯	工作单位	职务
568	赵仕义	男	汉族	1975.4	四川梓潼	自强镇	党委委员、副镇长、二级主任科员
569	罗在旭	男	汉族	1974.7	四川梓潼	自强镇	党委委员、副镇长、三级主任科员
570	范　均	男	汉族	1984.2	四川三台	自强镇	党委委员、武装部长、兼副镇长，统战委员，三级主任科员
571	强长梅	女	汉族	1985.6	四川平武	自强镇	党委委员、组织宣传委员、三级主任科员
572	王云赓	男	汉族	1990.10	四川梓潼	自强镇	副镇长、建国村第一书记
573	陈刚余	男	汉族	1985.9	四川梓潼	自强镇	便民服务中心主任提名人选（试用期一年）
574	陈　涛	男	汉族	1984.3	四川梓潼	观义镇	党委委员、书记、一级主任科员
575	龚获皓	男	汉族	1983.3	四川梓潼	观义镇	党委委员、副书记、镇长、一级主任科员
576	邓　伟	男	汉族	1981.4	四川绵阳	观义镇	党委委员、人大主席
577	宋雪华	女	汉族	1977.12	四川梓潼	观义镇	党委委员、副书记，兼政法委员、矛盾纠纷多元化解中心主任，二级主任科员
578	张丽华	女	汉族	1985.7	四川青川	观义镇	党委委员、纪委书记兼监察室主任
579	吴　磊	男	汉族	1984.2	四川梓潼	观义镇	党委委员、副镇长
580	史　文	男	汉族	1971.12	四川梓潼	观义镇	党委委员、副镇长
581	王　鑫	男	汉族	1988.6	四川梓潼	观义镇	党委委员、武装部长，兼副镇长、统战委员
582	殷志强	男	汉族	1989.8	四川梓潼	观义镇	党委委员、组织宣传委员（试用期一年）
583	白小东	男	汉族	1985.12	四川梓潼	观义镇	副镇长
584	邓　辉	男	汉族	1979.6	四川梓潼	卧龙镇	党委委员、书记、一级主任科员
585	樊　壹	男	汉族	1981.10	四川盐亭	卧龙镇	党委委员、副书记、镇长
586	梁　豪	男	汉族	1973.7	四川梓潼	卧龙镇	党委委员、人大主席
587	赵　荣	男	汉族	1983.3	四川梓潼	卧龙镇	党委副书记，兼政法委员、矛盾纠纷多元化解中心主任、二级主任科员
588	赵　锟	男	汉族	1991.11	四川梓潼	卧龙镇	党委委员、纪委书记兼监察室主任（试用期一年）
589	高先胜	男	汉族	1971.12	四川梓潼	卧龙镇	党委委员、副镇长、三级主任科员
590	王仕强	男	汉族	1978.4	四川梓潼	卧龙镇	党委委员、副镇长
591	韩　银	男	汉族	1986.3	四川梓潼	卧龙镇	党委委员、武装部长，兼副镇长，统战委员
592	邓　娅	女	汉族	1990.9	四川梓潼	卧龙镇	党委委员、组织宣传委员（试用期一年）
593	张　丹	女	汉族	1988.4	四川梓潼	卧龙镇	副镇长
594	梁　越	男	汉族	1987.11	四川梓潼	卧龙镇	便民服务中心主任（试用期一年）
595	申建平	男	汉族	1972.4	四川蓬溪	双板镇	党委委员、书记、一级主任科员
596	魏永开	男	汉族	1975.3	四川梓潼	双板镇	党委委员、副书记、镇长、一级主任科员
597	刘少金	男	汉族	1974.5	四川梓潼	双板镇	党委委员、人大主席
598	安　斌	男	汉族	1986.9	四川梓潼	双板镇	党委委员、副书记，兼政法委员、矛盾纠纷多元化解中心主任
599	郭　金	男	汉族	1975.1	四川江油	双板镇	党委委员、纪委书记兼监察室主任、二级主任科员
600	张　羽	男	汉族	1986.12	四川江油	双板镇	党委委员、武装部长，兼副镇长、统战委员
601	罗　杨	女	羌族	1979.11	四川汶川	双板镇	党委委员、副镇长
602	赵仕豪	男	汉族	1991.7	四川梓潼	双板镇	党委委员、组织宣传委员（试用期一年）
603	刘　浩	男	汉族	1983.12	湖北天门	双板镇	副镇长
604	李　刚	男	汉族	1976.3	四川梓潼	金龙镇	党委委员、书记、一级主任科员
605	赵　珅	男	汉族	1977.3	四川梓潼	金龙镇	党委副书记、镇长、一级主任科员

续表12

序号	姓名	性别	民族	出生年月	籍贯	工作单位	职务
606	梁　军	男	汉族	1977.8	四川梓潼	金龙镇	党委委员、人大主席
607	何　剑	男	汉族	1975.5	四川梓潼	金龙镇	党委委员、副书记，兼政法委员、矛盾纠纷多元化解中心主任，二级主任科员
608	任春来	男	汉族	1971.11	四川绵阳	金龙镇	党委委员、纪委书记兼监察室主任、三级主任科员
609	王　超	男	汉族	1984.9	四川梓潼	金龙镇	党委委员、武装部长，兼副镇长、统战委员
610	蒋义伟	男	汉族	1987.4	四川盐亭	金龙镇	党委委员、副镇长
611	唐曼玲	女	汉族	1989.2	四川梓潼	金龙镇	党委委员、组织宣传委员（试用期一年）
612	刘富先	男	汉族	1985.9	四川梓潼	金龙镇	便民服务中心主任提名人选（试用期一年）
613	张映艳	女	汉族	1977.1	四川梓潼	文兴镇	党委委员、书记、一级主任科员
614	杨　东	男	汉族	1982.2	四川梓潼	文兴镇	党委委员、副书记、镇长
615	谢松良	男	汉族	1975.5	四川梓潼	文兴镇	党委委员、副书记、人大主席，兼政法委员、矛盾纠纷多元化解中心主任
616	张雯静	女	汉族	1981.9	四川梓潼	文兴镇	党委委员、副书记、纪委书记兼监察室主任（试用期一年）
617	肖太平	男	汉族	1985.2	四川梓潼	文兴镇	党委委员、武装部长，兼副镇长、统战委员，三级主任科员
618	李　雪	女	汉族	1985.12	四川梓潼	文兴镇	党委委员、副镇长
619	韩强宗	男	汉族	1986.1	四川剑阁	文兴镇	党委委员、组织宣传委员、三级主任科员
620	白春玲	女	汉族	1981.2	四川梓潼	文兴镇	便民服务中心主任提名人选（试用期一年）
621	焦　剑	男	汉族	1983.7	四川梓潼	演武镇	党委委员、书记、一级主任科员
622	贾华荣	男	汉族	1975.6	四川梓潼	演武镇	党委委员、副书记、镇长
623	赵茂松	女	汉族	1982.1	四川梓潼	演武镇	党委委员、人大主席，兼政法委员、矛盾纠纷多元化解中心主任
624	宛志蓉	女	汉族	1986.6	四川蒲江	演武镇	党委委员、副书记、兼政法委员、矛盾纠纷多元化解中心主任，三级主任科员
625	张　鑫	男	汉族	1982.4	四川三台	演武镇	党委委员、副书记、纪委书记兼监察室主任，二级主任科员
626	白咏纹	男	汉族	1977.11	四川梓潼	演武镇	党委委员、副镇长，三级主任科员
627	郭宏伟	男	汉族	1981.10	陕西阎良	演武镇	党委委员、武装部部长，兼副镇长、统战委员、三级主任科员
628	卜庆梅	女	汉族	1992.1	山东诸城	演武镇	党委委员、组织宣传委员（试用期一年）

先进名录

2020年梓潼县获得国家、省、市表彰的先进集体和个人

2020 年梓潼县获得表彰的先进集体一览表

表 13

获奖单位	获奖名称	授奖单位	备注
梓潼县财政局	2019年度生态环境保护工作先进集体	绵阳市委、市政府	
梓潼县残联	2019年度残疾人工作先进单位	绵阳市人民政府残疾人工作委员会	
梓潼县残联	2019年度单项残疾人工作先进单位〔办公室（组联）、维权、量服工作 扶贫工作 宣传工作〕	绵阳市残疾人联合会会	
梓潼县	项目管理工作先进单位	绵阳市人民政府	
梓潼县扶贫开发局	四川省脱贫攻坚先进集体	中共四川省委、四川省人民政府	
梓潼县	2019年脱贫攻坚先进集体	中共四川省委、四川省人民政府	
梓潼县	2019年度脱贫攻坚先进集体	中共绵阳市委、绵阳市人民政府	
发改局	四川省2020年脱贫攻坚先进集体	四川省脱贫攻坚领导小组	
公安局	四川省2019年脱贫攻坚先进集体	中共四川省委、四川省人民政府	
交警大队	最强支部	四川省公安厅	
出入境大队	三星窗口	四川省公安厅	
看守所	全省公安监管系统先进集体	四川省公安厅	
石牛派出所	全省“最强支部”	四川省公安厅	
政保大队	全省百强特情	四川省公安厅	
刑侦大队	追逃工作先进集体	绵阳市公安局	
政治处	政治工作先进集体	绵阳市公安局	
梓潼县公安局	绵阳市妇女儿童工作先进集体	绵阳市公安局	
梓潼县	四川省未成年人思想道德建设工作先进县（市、区）	四川省精神文明建设委员会	
七曲山风景管理局	全国文明单位	中央精神文明建设指导委员会	
梓潼县	四川省文明城市	四川省精神文明建设委员会	
梓潼县	2019—2020年度“宣传人民代表大会制度”工作先进单位	四川省人大常委会办公厅	
梓潼县	《四川农村年鉴（2019）》组稿工作先进单位	四川农村年鉴编辑委员会	
梓潼县政协	2020年度全省政协新闻宣传工作先进单位	政协四川省委员会办公厅	
梓潼县发展和改革局	2020年全省脱贫攻坚先进集体	四川省脱贫攻坚领导小组	
梓潼县发展和改革局	2020年度全省价格监测工作先进集体	四川省发展改革委员会	

续表13

获奖单位	获奖名称	授奖单位	备注
梓潼县卫生健康局	2019年度全省计划生育家庭特别帮扶工作先进集体	四川省人口和计划生育领导小组	
绵阳市生物医药产业园（梓潼经开区）	四川省中医药传承创新发展先进集体	四川省人力资源和社会保障厅 四川省中医药管理局	
梓潼县气象台	嘉奖奖励集体	四川省气象局	
梓潼县河长制办公室	先进集体	四川省总河长办公室	
梓潼县水利局	长江经济带生产建设项目水土保持监督执法专项行动先进集体	四川省水利厅	
梓潼县水利局	2019年度全省农村水利工作先进集体	四川省水利厅	
梓潼县市场监督管理局	“春雷行动2020”暨知识产权保护执法行动先进集体	四川省市场监督管理局	
梓潼县工信局	绵阳市2019年度生态环境保护工作先进集体	中共绵阳市委、绵阳市人民政府	
梓潼县行政审批局	绵阳市优化营商环境先进集体	中共绵阳市委、绵阳市人民政府	
梓潼县公务服务中心	第七届中国（绵阳）科技城国际科技博览会先进集体	中共绵阳市委、绵阳市人民政府	
梓潼县卫生健康局	2019年度征兵工作先进单位	绵阳市人民政府 中国人民解放军四川省绵阳军分区	
文昌镇人民政府	2019年度征兵工作先进单位	中共绵阳市人民政府 中国人民解放军四川省绵阳军分区	
梓潼县政府办公室	2019年度政务信息报送工作先进单位	中共绵阳市人民政府办公室	
梓潼县政府办公室	全市政府办公室工作绩效评价先进单位	中共绵阳市人民政府办公室	
梓潼县科学技术局	绵阳市2019年度河长制湖长制先进集体	中共绵阳市委、绵阳市人民政府	
演武镇	绵阳市2019年度河长制湖长制先进集体	中共绵阳市委、绵阳市人民政府	
梓潼县科学技术局	科技系统先进集体	被四川省科学技术厅、四川省人社厅	
梓潼县科学技术局	先进集体	四川省生产力促进中心	
梓潼县科学技术局	河长制先进集体	绵阳市委	
梓潼县黎雅镇	第十批全国“一村一品”示范村镇	农业农村部	农产发〔2020〕7号
梓潼县黎雅镇	2020年市级实施乡村振兴战略先进乡镇	绵阳市委	绵委〔2020〕367号
梓潼县农业农村局	畜禽污染资源化工作进行通报表扬信	农业农村部、畜牧兽医局	
梓潼县	农作物病虫检测预警工作、绿色植保示范县工作、政府购买植保病虫害防治公共服务工作、农药管理工作优秀单位	四川省农业农村厅	
梓潼县	2020年四川省植物检疫工作突出单位	四川省农业农村厅植物检疫站	文件（川农植检函〔2020〕43号）
梓潼县	2020年度全省农村能源工作先进单位	四川省农业农村厅	川农发〔2020〕2号文件
梓潼县	2020年全省农村经营管理工作突出单位	四川省农业农村厅	2020年全省农村经营管理工作突出单位（梓潼县）
梓潼县	农业生产社会化服务工作成绩突出单位	四川省农业农村厅	

续表13

获奖单位	获奖名称	授奖单位	备注
梓潼县	2019年度全省农村能源工作先进单位	四川省农村能源办公室	川农能〔2020〕1号
梓潼县	2020年农业交流合作工作突出单位	四川省农业援外办公室	
梓潼县农业农村局	表现突出单位	绵阳市第二次全国污染源普查领导小组办公室	绵污普〔2020〕15号
梓潼县	2019年人居环境整治工作先进单位	中共绵阳市委农村领导小组	绵农领〔2020〕4号
梓潼县社会保险服务中心	2020年四川省人力资源社会保障系统优质服务窗口	四川省人力资源和社会保障厅	
石牛镇雁门村	全国文明村	中央文明委	
石牛镇	实施‘五大行动’加快推进美丽乡村建设工作先进乡镇	中共梓潼县委	
石牛镇	实施乡村振兴战略工作先进乡镇	中共梓潼县委	
梓潼县市场监督管理局	2020年绵阳市市场监管系统食品安全快速检测技能竞赛二等奖	绵阳市市场监督管理局	
梓潼县市场监督管理局	2019年度知识产权工作先进单位	绵阳市知识产权局	梓知发〔2020〕3号
梓潼县市场监督管理局	2019年度全省企业年报公示工作先进单位	四川省市场监督管理局	川市监办〔2020〕103号
梓潼县市场监督管理局	“春雷行动2020”暨知识产权保护执法行动成绩突出单位	四川省市场监督管理局 四川省知识产权服务促进中心 四川省药品监督管理局	川市监发〔2020〕43号
梓潼县河长制办公室	先进集体	四川省总河长办公室	
梓潼县	长江经济带生产建设项目水土保持监督执法专项行动先进集体	四川省水利厅	
梓潼县水利局	2020年度四川省水利建设工作先进集体	四川省水利厅	
梓潼县水利局	2020年度全省农村水利工作先进集体	四川省水利厅	
梓潼县水利局	2020年度水资源管理工作先进集体	四川省水利厅	
梓潼县水利局	2020年度河湖管理保护工作先进集体	四川省水利厅	
梓潼县水利局	2020年度四川水利宣传工作先进集体	四川省水利厅	
梓潼县水利局	2019年度全省农村水利工作先进集体和先进个人	四川省水利厅	
国家税务总局梓潼县税务局	四川省中华经典诵写讲演系列活动三等奖	中共四川省委宣传部、中共四川省委教育工作委员会、四川省教育厅、四川省语言文字工作委员会	
国家税务总局梓潼县税务局	四川省最佳文明单位	四川省文明委	
梓潼县司法局机关支部	四川省司法行政系统“汤洪林”党支部	四川省司法厅	
宏仁镇红星村	“七五”普法特色亮点工作及点位	四川省司法厅	
社区矫正管理局	四川省社区矫正工作试点	四川省司法厅	
梓潼县司法局	绵阳市妇女儿童工作先进集体	绵阳市妇女委员会	
梓潼县司法局	第四届“法治中国 美丽绵阳”中国（绵阳）科技城法治微电影大赛法律援助单元最佳影片	绵阳市依法治县	
文昌司法所	文昌司法所集体三等功	绵阳市司法局	

续表13

获奖单位	获奖名称	授奖单位	备注
文昌司法所	设立文昌司法所为市政府基层立法联系点	绵阳市司法局	
文昌镇人民政府	“防风险、保安全、迎大庆”行动先进集体	县委办、县政府办	
文昌镇人民政府	2019年度工会信息工作先进单位	绵阳市总工会	
文昌镇人民政府	2019年度创建四川省文明城市工作先进集体一等奖	县委办、县政府办	
文昌镇人民政府	基层立法联系点被予以表彰	绵阳市司法局	
文昌镇人民政府	2020年度绵阳市工会城镇困难工解困脱困工作先进单位	绵阳市总工会	
文昌镇人民政府	2019年度征兵工作先进单位	绵阳市人民政府、绵阳军分区	
文昌镇人民政府	2019年征兵工作先进单位	梓潼县委、县政府、县人民武装部	
文昌镇人民政府	2019年度绵阳市无偿献血工作先进单位	绵阳市委宣传部、市卫健委、市教体局、市总工会、共青团市委、市红十字会	
文昌镇人民政府	梓潼县2019年县域经济工作先进集体	梓潼县委、县政府	
中国共产党梓潼县委员会办公室	绵阳市无偿献血工作先进单位	中共绵阳市委宣传部 绵阳市卫生健康委员会	
梓潼县消防救援大队	基础建设工作先进单位	中共绵阳市消防救援支队委员会	
梓潼县行政审批局	绵阳市优化营商环境先进集体	中共绵阳市委、绵阳市人民政府	
梓潼县	2019年度脱贫攻坚先进集体	中共绵阳市委、绵阳市人民政府	

2020年梓潼县获得表彰的先进个人一览表

表14

获奖单位	获奖名称	授奖单位	备注
饶春雷	最美绵阳人物	绵阳市精神文明建设委员会	
冯　路	绵阳市2019年度按比例安排残疾人就业工作先进个人	绵阳市人民政府残疾人工作委员会	
盛天晓	全社会固定资产投资和项目管理工作先进个人	绵阳市人民政府	
赵　云	全社会固定资产投资和项目管理工作先进个人	绵阳市人民政府	
张志敏	四川省2019年脱贫攻坚先进个人	四川省脱贫攻坚领导小组	
张　伟	四川省2019年脱贫攻坚先进个人	中共四川省委、四川省人民政府	
赵　军	四川省2019年脱贫攻坚先进个人	中共四川省委、四川省人民政府	
张　洪	四川省2019年脱贫攻坚先进个人	中共四川省委、四川省人民政府	
何　肖	四川省2019年脱贫攻坚先进个人	中共四川省委、四川省人民政府	
冯天福	绵阳市2019年度脱贫攻坚先进个人	中共绵阳市委、绵阳市人民政府	
梁　良	绵阳市2019年度脱贫攻坚先进个人	中共绵阳市委、绵阳市人民政府	
王云庚	绵阳市2019年度脱贫攻坚先进个人	中共绵阳市委、绵阳市人民政府	
贾小荷	绵阳市2019年度脱贫攻坚先进个人	中共绵阳市委、绵阳市人民政府	
付菊梅	绵阳市2019年度脱贫攻坚先进个人	中共绵阳市委、绵阳市人民政府	
罗　承	绵阳市2019年度脱贫攻坚先进个人	中共绵阳市委、绵阳市人民政府	
杜　珍	维护稳定工作先进个人	四川省委政法委	
张　伟	五一劳动奖章	绵阳市总工会	
张　伟	疫情防控攻坚战“三等功”	绵阳市公安局	

续表14

获奖单位	获奖名称	授奖单位	备注
蒲　军	三星民警	省出入境管理总队	
张荣聪	生态环境保护工作先进个人	中共绵阳市委 绵阳市人民政府	
范　宇	第四次全国经济普查先进个人	绵阳市人民政府	绵府函〔2020〕282号
张春犁	2020年全省生态环境系统好家属	四川省生态环境厅	
安显奎	全省建设人民满意的人社公共服务体系先进个人	四川省人力资源和社会保障厅	
李　斌	绵阳市优化营商环境先进个人	绵阳市委、市政府	
袁少海	全国人社系统窗口单位练兵比武"全国人社知识通"	中华人民共和国人力资源和社会保障部	
杨光勇	2020年度四川水利宣传工作先进个人	四川省水利厅	
涂　莉	2020年全省节约用水工作先进个人	四川省水利厅	
何山平	四川省水利脱贫攻坚2019年度先进个人	四川省水利厅	
敬守俊	2019年全省水土保持先进个人	四川省水利厅	
白林安	公共法律服务先进个人	司法部	
董国军	绵阳市第四次全国经济普查先进个人	绵阳市人民政府	
胥　宏	四川省第四次全国经济普查先进个人	四川省统计局 四川省人力资源和社会保障厅	
兰　蓝	绵阳市民族团结进步模范个人	绵阳市人民政府	绵府函〔2021〕6号
龙　俊	绵阳市优化营商环境先进个人	中共绵阳市委、绵阳市人民政府	
蒙　虎	绵阳市优化营商环境先进个人	中共绵阳市委、绵阳市人民政府	
贾定飞	绵阳市优化营商环境先进个人	中共绵阳市委、绵阳市人民政府	
李　斌	绵阳市优化营商环境先进个人	中共绵阳市委、绵阳市人民政府	
张馨月	绵阳市优化营商环境先进个人	中共绵阳市委、绵阳市人民政府	

文　存

“广汉大将军章”“梓潼令印”和梓潼

《潼城春秋》（梓潼县文史委资料第二十九集）

李春林　王志明

在上海博物馆有两枚汉朝时期的印章，分别为西汉时期的银质“广汉大将军章”和东汉时期的铜质“梓潼令印”，这两枚印应与梓潼县都有关联。

印者，信也，权也。古往今来，印章之于中国人的意义非凡，既是一份神圣的权力，也是份克己的责任，更是一段厚重的历史。印章的起源很早，作为一种社会交往的凭证，古代各大文明不约而同都各自发展出不同形制、风格的印章。中国印章源于何时，众说不一，但至迟在春秋战国时期已经广泛使用。《左传·襄公二十九年》有“鲁襄公还及方城，季武子取卞，使公冶问，玺书追而与之”的记载。鲁襄公二十九年，为公元前544年，时当春秋中叶，由此可中国印章至少有2500多年的历史了。先秦时期的印章大都随身佩戴，用来表明身份、职位，是权力的象征。

秦汉时设立掌管符纽的官署，各种质料、组式、印级分别与“玺”“章”“印”三种称名相对应，作为等级的标志。各级官爵印的质料、形制确定了严格的规范。秦代玺印以“传国玉玺”最知名，历代传承有序，至后唐末帝李从珂之后（也有辽朝遗失、元朝灭亡在漠北失踪等说法），传国玉玺失踪，成为史上一大未解之谜。秦代官印，基本上是正方形，田字格，有边栏，有界格，文字用白文，边长一般为2～2.5厘米，与后世官印相比，尺寸偏小，是因为这些印章是钤盖在简腆外面的封泥上，尺寸太大不适用。因此，在秦代与中央集权的封建政治相适应的官印制度开始建立，至西汉臻于完备。汉印种类繁多，除了帝、后玺印外，还有诸侯王、列侯、朝官及其属官之印，郡县等各级行政机构官印，另外还有赏赐给各少数民族政权、各藩属国的印信。根据级别不同，名称有“印”“章”之别，材料有金、银、铜之别，纽（印章把手）有橐驼纽、龟纽、蛇纽之别。汉代规定，两百石以上官员官印为通官印，呈方形，尺寸约为现在2.2～2.4厘米见方；两百石及以下官员之印为通印之半，呈长方形。汉印字体完全摆脱了秦篆的影响，整齐朴茂又富于变化的特点深深影响了后世金石篆刻。

以后历代“印”“章”的官印制度大体承袭了之前的规定，但又有所增益，变化。新中国成立后，国务院颁发了《关于国家机关印章的规定》。中国玺印、公章内容丰富，特色鲜明，是民族传统文化的一项重要内容，具有重要的历史价值、学术价值和艺术价值。从玺印、公章的发展演变过程中可以窥见历史、文明、社会生活发展的脉络。

上述两枚印章与梓潼有关，其理由是：据《梓潼县志》记载，汉高祖六年（公元前201年），析巴、蜀二郡北部地域设广汉郡，郡治梓潼。《方舆纪要》云：“广汉释名广大地，言能广大汉业也”。直到东汉元初二年（115年），阴平羌反，广汉郡治始迁涪县（今绵阳）。元初四年（117年）广汉郡治迁雒县（今广汉市）。根据汉朝法律的规定，被授予将军有4个等级：大将军、骠骑将军、车骑将军、卫将军。梓潼作为广汉郡治重镇所在地，理应派遣高级别的军事首领镇守。“广汉大将军章”质地为银质，印钮龟首上昂，背部隆起，龟甲刻纹清晰，周边加刻圈纹。汉代，官吏俸禄二千石得佩用龟钮银印青绶，称“章”。规格高2厘米，纵2.35厘米，横2.35厘米，与西汉对应官员等级相符。而“梓潼令印”是东汉时期的，在秦汉时期，大县行政首长为“令”，小县行政长官则是“长”。依东汉时期官制看，此印的质地为铜质，与相应官职一致，这无疑是那个时期梓潼行政首长的官印。也可看出，广汉郡治此时虽迁离梓潼，但其地位仍是很重要的，影响力依然很大。

一百多年前一个英国旅行家眼中的梓潼

2019 年 3 月 9 日《方志四川》梓潼县地方志办公室

1896 年，中国正处于社会重大变革时期，中日的甲午战争后社会经济动荡不安，地处中国内陆的四川是一个怎样的状况呢？英国旅行作家伊莎贝拉·伯德深入四川腹地及甘孜藏区，以一个外国人的眼光，从另一个角度，比较客观记述了四川的风土人情，做了大量的人文地理考察与摄影，为我们了解和研究当时的四川社会和政治经济提供了重要参考。

伊莎贝拉·伯德（Isabella Bird 1831—1904），英国维多利亚时期著名的女性旅行作家，也是世界百大探险家之一。她的一生先后游历了美国、意大利、阿尔及利亚、西班牙、葡萄牙、新西兰、夏威夷、日本、朝鲜和中国等地，其主要著述有：

《英国女人在美国 The English woman in America》

《宗教在美国的方方面面 The aspects of religion in the United States of America》

《古老爱丁堡的注脚 Notes of Old Edinburgh》

《夏威夷群岛 The Hawaiian Archipelago》

《一位女士在落基山的生活 A Lady's Life in the Rocky Mountains》

《日本内地纪行 Unbeaten Tracks in Japan》

《黄金半岛之旅 The Golden Chersonese and the Way Thither》

《在波斯和库尔德斯坦旅行 Journeys in Persia and Kurdistan》

《在西藏 Among the Tibetans》

《朝鲜和她的邻居们 Korea and her Neighbours》

《跨越长江流域 The Yangtze Valley and Beyond》

《中国图像记 Chinese Pictures》

从 1894 年到 1896 年，伊莎贝拉在中国长途跋涉，用详细的文字记录下她所看到的风土人情和民风民俗，并拍摄了大量的照片。回国后，她把在中国的所见所闻写成一本书——

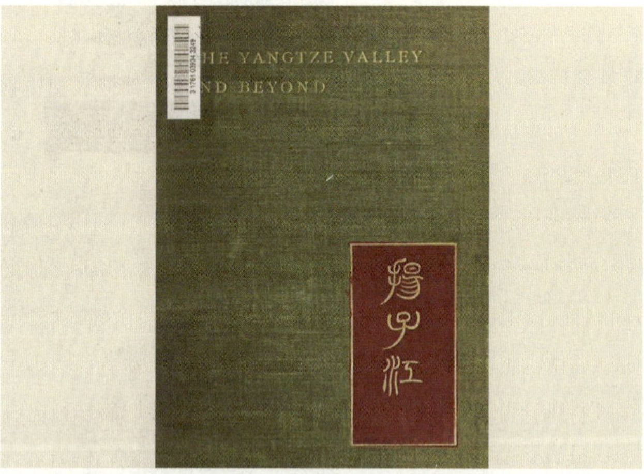

《扬子江流域及以外地区（The Yangtze Valley and Beyond）》

也译为《跨越长江流域 The Yangtze Valley and Beyond》

伊莎贝拉在四川的游历路线从万县走陆路经梁平（梁山县）、渠县、营山、南部到达保宁府（今阆中），再经苍溪、剑阁、梓潼、绵阳、彭县、灌县（今都江堰）到达成都，由灌县经威州、理番厅（今汶川）、杂谷脑（今理县）、米亚罗到达马尔康的梭磨（今阿坝州马尔康梭磨乡），再从梭磨返回成都，由成都乘“乌榜船”（一种无帆而有竹篷的小船，形似乌鱼，四川人称为“乌棒”）沿岷江顺流而下，经眉山、嘉定府（今乐山）、叙府（宜宾）、泸州到达重庆。

以下文字节选自该书
（伊莎贝拉·伯德所著《跨越长江流域》）
关于梓潼和绵州的记述

在武连（今剑阁武连镇）到大城市梓潼县的路上，有一些非常美的村庄，农产丰厚，生长着许多鸦片，在好的年成里，种植鸦片的付出要比任何其他作物都多，但运输方便。在高处的山脊上，小麦还只有两三英寸高，山谷里的已经抽穗了，豌豆和大豆散发着芳香。桃李花盛开就像一片片红、白色的云雾，含羞草黄色的绒毛，人民很有生气也很机敏，男女分别结伴同行，到灵验的神祠去春祭。

在路上的雪松（香栢）林里，有两座非常精致的古庙，由棕色的雪松木建成，供奉着文神和武神，周围有最富特色的小山环绕着，这是一个可爱的场所，香客的潮流势不可挡地朝它们涌去。这里的武神与其他地方一样，非常吸引妇女，在上海的本土旧城里仿佛见过他的一座大庙。永久的香柱点燃在这些祭坛里，僧侣们声称这些庙大概是两千年的古物了。

路上有许多结伴而行的妇女，由 10 个到 30 个，衣着讲究，她们有的人瘸脚蹒跚走了 24.14 公里，当天还要返回；许多衣冠伟仪的男人，前面有人持一面锣开道，抬着一张点满香柱的小桌，后面有苦力挑着大大小小的红蜡烛、鞭炮、香柱、戳孔的红纸去祭拜武神。武神庙非常拥挤，香柱的滚滚烟云在空旷的庙前飘上浩渺的蓝天。文神主要是文人敬奉，壮丽的神殿前只有几乘私家轿子及其主人与随从。

离开大庙和那些成群结队的香客与十分友好的人群，一小时后，我们在不经意间看见了梓潼县的城墙、城门和门楼，附近山上有一座优美的 11 层宝塔，是走近县城的标志。自从梁山县的骚乱后，我没有穿过一座有城墙的大城市，为了进这座城，我不得不振作精神，这个是号称 27000 人口的城市（注：疑有误）。可是，居民很有秩序，虽然街上很拥挤，人们看起来很快活。所有的官吏都知道了梁山的骚乱，显然他们不希望重演，我坚信，在大多数情况下，尽管不是在所有情况下，官吏能够防止对外国人的袭击。

金牛古道

伊莎贝拉·伯德笔下的文庙：七曲山大庙

伊莎贝拉·伯德笔下的宝塔：梓潼崇文塔

伊莎贝拉·伯德笔下的九拱石桥

梓潼县看起来是个干净而繁荣的城市，由好的店铺排列而成宽阔的街道，陈列的货物比通常的多。县城被精耕细作的乡村，良好的村舍和做植物油、棉布、生丝和绢丝等生意的店铺所环绕，一些牢固却粗糙的“栎树皮丝”正在制成产品。油是从油桐属植物的种子、油菜籽、花生米、鸦片种子制得，鸦片油带来高价格。城市是生气勃勃的样子，城墙和城门都维修得很好。城外，涪江（注：作者记述有误）穿过一道壮美的九拱石桥，桥上有精美的石栏杆，石板路面 5.48 米宽。桥拱的中心有 9.14 米高，这是我在中国见过的最美的桥。城墙外有座堂皇的庙宇，一座精雕细刻的三层顶牌坊，形成了这座兴旺城市整体的吸引力。

伊莎贝拉·伯德笔下的牌坊：梓潼贞孝节烈总坊

梓潼由来及其置县设郡考

2021 年 4 月 10 日《方志四川》

刘 文 蒲江林

2019 年 11 月至 2020 年 8 月，配合中央电视台拍摄和制作《中国影像方志·四川卷 ·梓潼篇》，笔者对有关专家、学者、方志爱好者对梓潼的得名及其置县设郡历史质疑进行了考证，并以此文回应最近（2021 年 2 月）相关领导的垂询。

一、梓潼得名源于三种说法

老子《道德经》云：“道可道，非常道，名可名，非恒名”。梓潼是文昌帝君悟道行善之所、弘文宣化之地，可谓“一贯道之”，而梓潼之名也堪称“恒名”。然而其是如何命名的呢？梓潼得名有三说：一是得名于梓潼部落国；二是得名于大禹治水的神话传说；三是得名于梓潼县城所据的山水地貌。

第一种说法出自任乃强、杨立伟《四川地名考释·梓潼县考》，同时任乃强在其《四川上古史新探》（四川人民出版社 1986 年版）中认为，梓潼是一个民族聚居区。族大人众，历史悠久。梓潼二字，“莽曰子同”。可以设想，二字是译民族本语的音，并无汉文意义。王莽将“梓潼”改作“子同”，并非他也提倡简化字，只是“译无定字”。使用“子同”二字，还有表明“同属子民”之意，亦即说明这

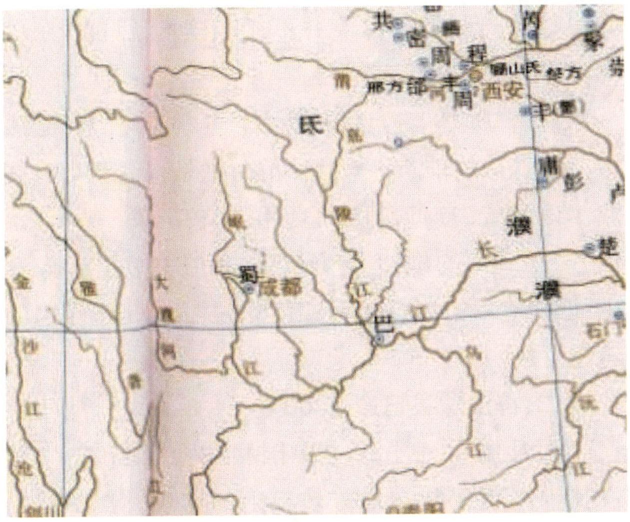

个地区还有一部分民族未完全融合，仍自称为“子同”，即梓潼。笔者将此说法简称“任说”。而从谭其骧主编《中国历史地图集 1 先秦部分》（1982 年版）第 11 ~ 12 页可以看出梓潼属嘉陵江流域氐所在范围。

第二种说法出自明董斯张撰《广博物志》（卷四十），梓潼山原名尼陈山，为夏禹治水疏理河道陈放泥土的地方，故名。夏禹欲造独木舟，知尼陈山有梓木，径一丈二尺，令匠者伐之，梓树不伏，化为童子，禹责而伐之，先民以为尼陈山梓树为童子所化，故改尼陈山为梓潼山，又因驰水缠绕，以水为表，故名梓潼。这种说法简称“董说”。

第三种说法出自北宋乐史所著《太平寰宇记》（卷八十四）载，引《华阳国志》云，“以县东依梓林，西枕潼水，以此为名。”笔者简称其为“乐说”。而今梓林潼水之说已成为梓潼地方人士和一般学者流行之说。由于梓林潼水说成为流行之说，《中国影像方志·四川卷·梓潼篇》中的地名记亦采用了此说。

究竟那种说法更准确呢？笔者认为，应该考证梓潼这一地名的历史。

据《梓潼县志》（方志出版社 1999 年版）载：“梓潼之名传之久矣，远在夏商之际，即已有梓潼之名。”

再据西汉杨雄所著《蜀王本纪》载，秦惠王知蜀王好色，许嫁五女于蜀，蜀王遣五丁迎之，还到梓潼。由此文献可知，早在战国时期，“梓潼”已经载入古蜀史册。又据《西充县志》“充国县界，东连宕渠（今四川渠县），南接安汉（今四川南充），西倚涪县潺亭、梓潼，北邻阆中县。”西充是原充国的核心。这亦可旁证历史上可能存在梓潼国。而任乃强在其《巴蜀上古史新探》中则说：“梓潼还很早就建

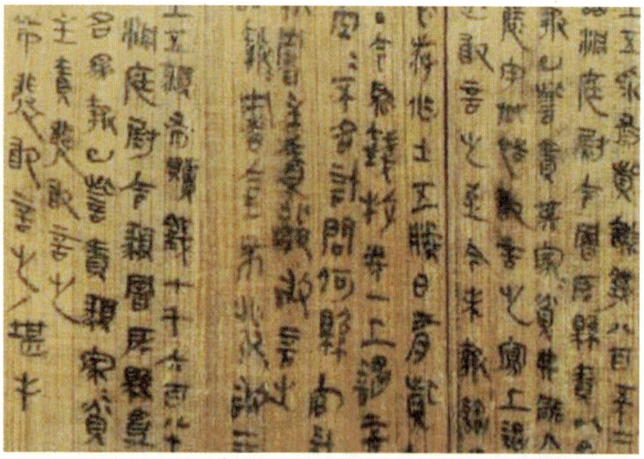

成了一座雷神庙，来显示它的民族威力。那就是今天还保存下来的七曲山的文昌庙。隋唐以后都说他是‘司禄命之神’，秦汉到南北朝都说他是凶恶的雷神。其庙叫善板神祠。这样以神道管理顽强的民族，可能是梓潼王创造出来的。”

另据最新的考古发现——里耶秦简第八层71简牍有这样的记载：“卅一年二月癸未朔丙戌，迁陵丞昌敢言之：迁□佐日备者，士五（伍）梓潼长辛見（亲）欣补，谒令□Ⅱ 8—71二月丙戌水十一刻刻下八，守府快行尉曹。□ 8—71背。”这段话的大意为，秦始皇三十一年二月四日（即公元前216年二月四日），迁陵县丞昌如实报告记录如下：迁陵县佐即将任职到期，拟由来自梓潼县长辛見（亲）里老兵名欣的补缺，特别请示。时间为二月四日水十一刻刻下八（即约晚上十一点半），即由守府（洞庭郡府）快行（特快专递送达）尉曹（迁陵县司职卒徒转运工作的曹吏）。而湖南文物研究所编著的《里耶秦简》中的校注第一卷第54页指出：此事《二年律令·律秩》（张家山汉简吕后二年，即公元前193年）也有记载。同时里秦第八层1445简牍记载：“卅二年，启陵乡守夫当作，上造，居梓潼武昌，今徙为临沅司空啬夫”。这段文字是说，秦始皇三十二年（公元前215年），梓潼县武昌里一个叫夫的人，从启陵乡守的职位调任临沅司空啬夫（即其主管官员）。2002年4月，发掘于湘西龙山县里耶镇的《里耶秦简》被学术界称之为是继秦始皇兵马俑之后秦代考古的又一重大发现。《里耶秦简》记载了时间由秦始皇（含秦王政）二十五年（公元前222）到秦二世二年（公元前208），前后约十五年秦王朝洞庭郡下辖的迁陵县档案。由此文物可知，里耶秦简两次提到“梓潼”，在秦代大一统时，“梓潼”已经载入秦帝国的历史中。

据班固《前汉书》载：“五妇山，驰水所出，南入涪，行五百五十里。莽曰子同。”梓潼之驰水，流行于红土丘陵之谷壑间，蜿蜒回曲如蛇形，故先民呼为蛇水，又作九曲水。古蛇字写作虵，《汉志》书为驰，驰者，水流急也。故云，广汉郡有五妇山。今志亦有五妇岭的记载。而在汉以前没有潼水、潼江的称谓。郦道元《水经注》才将潼江称作梓潼水、潼水。《隋书》称潼江，沿用至今。因此，梓潼的最初得名是无潼水可枕的。

既然没有潼水可枕，那么有梓林可依么？《梓潼县志（乾隆四十五年版）》载，袁还朴的旧志序中说，梓潼“求所为楩梓杞楠之材，无有也。求所为叔鲔王鳣之鳞，无有也。”袁还朴则系清乾隆年间梓潼县令，为清代《梓潼县志》首创者。而在2000年，笔者还专门找《梓潼林业志》编纂者赵义才求证，梓潼是否在古时有梓林。赵先生经过多方考证，从气候和自然地理位置上看，梓潼有生长梓树的可能，也有梓树，梓潼人称之为“豇豆树”，但是否存在如董斯张撰《广博物志》中那种“百木之长”的木王，梓潼找不到上百年的梓树。只从仁和镇观龙场、原大新乡秋树村找到有云楸树的线索。即或真有梓林，也不在今七曲山东部，而在县域东部。因此，从方志到现实，梓潼并不盛产梓木，可能“东依梓林”也不存在。

综上所述，笔者认为，梓潼得名三种说法中，“任说”的推断——梓潼的由来是得名于当时民族本语的音，接近历史的真相，比较准确一些，“董说”“乐说”均缺少历史依据；而在《中国影像方志·四川卷·梓潼篇》中采用“乐说”，则是千年来的约定俗成。

二、梓潼置县已逾2300年

郡县制保证了历史中国相对稳定和统一，是古代中央集权制在地方政权上的体现。县制起源于春秋时期的楚国,楚武王熊通;郡制起源于秦国,秦穆公嬴任好。其中中国历史上第一县叫权县,楚武王熊通(?~前690年)继位(前740年~前690年)三年后,挥师越过罗国,攻打并灭掉位于汉江平原西部的权国后,他没有像其他诸侯那样,将掠夺的土地分封给臣下,而是改权国为权县(治今湖北省当阳县东),设置县尹(以后称县令、县长),命斗缗(原权国国君)为权尹(可以世袭),把所有权力“悬”(其本意是“县”)挂在中央手中,加以管理,这是春秋时期最早设县的行政体制改革,被史学家称为“春秋第一县”。历史悠久的梓潼何时置县?也有三说。

一是西汉汉高祖六年(公元前201年)刘邦所置。

二是汉武帝元鼎元年(公元前116年)刘彻所置。

三是先秦昭襄王二十二年(公元前285年)嬴稷所置。

笔者将这三种梓潼置县起始点简称汉高帝置说、汉武帝置说、先秦昭襄王置说。在《中国影像方志·四川卷·梓潼篇》中我们采用了先秦昭襄王置说。

汉高帝置说的主要依据为,梓潼县现在最早县志朱帘所修《梓潼县志(乾隆四十五年版)》载:“汉,梓潼县,寻为广汉郡治。”而广汉郡为刘邦在公元前201年分巴析蜀所置,其意为“广大汉业”,梓潼县为郡治所在地。清张香海所修《梓潼县志(咸丰八年版)》沿袭了《梓潼县志(乾隆四十五年版)》。《直隶绵州志》(乾隆版)卷一记载:“汉置梓潼县,寻为广汉郡治。”《四川通志》(嘉庆版)卷二记载:“汉置梓潼县,为广汉郡治。后汉移郡治县雒县。”《华阳国志·蜀志》(《四库全书影印本》)卷三记载:“广汉郡,高帝六年置,属县八……南支成都百二十里,西接汶山,北接梓潼,东接巴郡。”

汉武帝置说的依据是,《寰宇记》引《华阳国志》云:“汉武元鼎元年置。以县东倚梓林、西枕潼水,以此为名”。而据曾校订中国第一部地方志常璩所著《华阳国志》的任乃强先生考证:“今按:此谬说也。常璩未有此文。《前汉志》:‘广汉郡,高帝置’。以梓潼县为郡治。”

先秦昭襄王置说的依据是,《梓潼县志》(方志出版社1999年版)则明确说:“秦昭王二十二年(公元前285年),始于蜀地实行郡县制,置蜀郡,分其地为三十一县,梓潼始置县,隶于蜀郡。”《梓潼县志》(文史出版社2005年版)则沿袭前志说法:“秦昭襄王二十二年(前285年),秦王朝开始在蜀地实行郡县制,置蜀郡,划蜀地为三十一县,梓潼县始置,隶属秦国蜀郡。”绵阳师范学院蒋志教授所著《绵阳简史新编》(绵阳社科丛书之十三 绵文广新内2016第202号)载:“公元前285年,以原蜀国地设蜀郡,蜀郡下辖19县,绵阳市境内为蜀国辖地,设有郪县(辖今三台、盐亭、射洪、中江、蓬溪一带)、梓潼县(辖今梓潼、游仙、涪城、安州区和江油的一部分),这两个县在蜀国时都是古老的部落发展而来的小国,原部族的力量还较强大,因而在此设县,加强统治。”

1983年12月至1984年1月,在湖北张家山西汉早期墓葬出土的《二年律令·秩律》竹“简四四七”编号中有“临邛、新都、武阳、梓(潼)[潼]、涪、南郑……(共52县)”竹简中“秩”字,是指古代官吏的俸禄之意,“官人益秩,庶人益禄”。从竹简释文中看:吕后二年,即高后(吕雉)二年(前186年),距秦朝灭亡仅16年,梓潼县已经在汉朝庭的典籍上。因此,梓潼更不是汉武帝刘彻元鼎元年始置。

里耶秦简简牍8-71编号“梓潼长辛見(亲)欣补”、简牍1445编号“卅二年啓陵鄉守夫當坐上造居梓潼武昌今徙(正面)”等有“梓潼”的记录。《里耶秦简》校注第一卷第54页对“梓潼”的注释为:“梓潼,县名。《汉书·地理志》属广汉郡,治所在今梓潼县。”由此可以推断,梓潼在秦帝国时已经置县。

按《汉书·高帝纪第一上》记载,鸿门宴后,项羽引兵西屠咸阳,杀秦降王子婴后的二月,即乙未年(前206年),“羽自立为西楚霸王,王梁、楚地九郡,都彭城(今江苏徐州)。背约,更立沛公(刘

邦）为汉王，王巴、蜀、汉中四十一县之，都南郑（今汉中市）。”“巴、蜀、汉中”三郡所辖41县为秦朝沿袭秦国在巴蜀实行郡县制雏形的延续。按原县志办主编敬永金老先生的指导，笔者查找到，由中国社科院学部委员、复旦大学中国历史地理研究所所长、教授谭其骧主编，1982年出版的《中国历史地图集·秦代郡县列表·蜀郡》“可考县名”栏内，巴、蜀、汉中三郡共置“四十一县”的县数中，梓潼县为蜀郡十八县之一。由此完全肯定，梓潼至迟在秦代已经置县，而非汉初刘邦始置。

再据谭其骧主编《简明中国历史地图集》（中国地图出版社1985年10月版）战国时期全图梓潼县在蜀占据明显位置。这也说明梓潼是秦代以前设置的古县。又据《中国史话》丛书之《梓潼史话》（社会科学文献出版社出版2015年版）封底阅读提示框提要第一句明确说：“梓潼历史悠久，秦昭襄王二十二年（前285）置县。”而其上“中国史话”徽标标注为：“十二五国家重点图书出版规划项目”。《中国史话》丛书由编委会主任由第十一届全国政协副主席、时任中国社会科学院院长陈奎元担任，而副主任则有时任分管中国地方志工作的社会科学院副院长武寅，中国地方志工作领导小组相关专家为副主任或委员。《中国史话》丛书之《梓潼史话》出版发行时正是梓潼置县2300年之时。梓潼置县至今，县名一直沿用，仅王莽篡汉时，一度（9年至25年）改名子同；西魏废帝二年（553年）至隋大业三年（607年）期间，曾易名安寿，前后共计70年。此外，虽迁移并析不定，但县名再无变更。

三、梓潼曾五度为郡治

今日之梓潼仅是1443.92平方公里的小县，民国时百姓戏称“寡梓潼”，而清代康熙二十五年时任知县袁还朴称之为“小邑”。历史上的梓潼却是大县。任乃强先生在《巴蜀上古史初探》中说：“可以设想，古梓潼县地面很宽，约有今天梓潼县的十倍。大概东抵嘉陵江，西至成都平原，包括有今天梓潼、剑阁、青川三县和江油、绵阳、盐亭和广元的大部分。”任乃强先生这种说法从《二年律令·秩律》竹“简四四七”编号〔中有“临邛、新都、武阳、梓（潼）[潼]、涪、南郑……”〕可以得到印证。梓潼在汉初列第四位。另据2019年3月梓潼籍中国美术学院公共艺术学院副教授李春林向笔者传过来的“梓潼令印”图片，据笔者考证，这枚收藏收上海博物馆的“梓潼令印”系东汉时期梓潼行政首长的官印。在秦汉时期，大县行政首长为“令”，小县行政长官则是“长”（西汉县区的户数，《汉书·百官公卿表》载：“万户以上为令，秩千石至六百石。减万户为长，秩五百石至三百石。”）。蒋志教授所著《绵阳简史新编》亦说，始置的梓潼县是原梓潼部落国的辖地。

梓潼在历史上曾有较大的影响力。在两汉时有相当高的美誉度，据重庆三峡博物馆国宝级文物景云碑记载，广汉郡梓潼县人景云曾在东汉永元年间在朐忍县（今重庆市云阳县）任县令，终于任上，碑文赞景云“君其始仕，天资明括，典牧二城，朱紫有别，强不凌弱，威不猛害，政化如神。蒸民乃厉，州郡并表，当享符艾。大命颠覆，中年殂殁。如丧考妣，三载泣怛，追勿八音，百姓流泪。魂灵既载，农夫恻结，行路抚涕，织妇喑咽。吏民怀慕，户有祠祭，烟火相望，四时不绝。”

梓潼“地联秦关，路当扼蜀”，北扼剑门，南控涪江，号称“扼控三巴，益州衿领”，是古蜀国北部门户，其南部系石牛道险夷交接点（五妇岭送险亭即是古蜀道显著路标），为“千里栈道，通于蜀汉”的南栈出入口，有“蜀北锁钥”之称，成为“商旅云集、兵家必争”之战略要地。自汉初至南北朝西魏，前后750余年，梓潼多为郡守治所。2018年9月29日，四川省地情网转载梓潼县方志办颜友所撰《梓潼：县名沿用两千多年，五度为郡治》，其文中说：“梓潼曾经五度为郡治所。一是西汉高祖六年（前201）分巴郡、割蜀郡之地，在梓潼设广汉郡，史称‘分巴割蜀以置广汉’。下辖梓潼、什邡、涪、绵竹、葭萌、郪、新都、白水、甸氐道、刚氐道、阴平道等13县道。二是初始元年（9年）王莽篡汉，为避‘汉’字，将广汉郡改名子同郡。东汉建武元年（25年），公孙述据蜀，建‘大成国’，将子同郡改名就都郡，梓潼县仍置，为就都郡治地。三是东汉建安二十二年（217年）分广汉郡之地，在梓潼置梓潼郡，分辖梓潼、剑阁、汉德、涪县、汉寿、昭欢、白水等县。四是梁天监四年（505年），北魏尚书刑峦入蜀，夺得南梁之梁、益二州十四郡之地，在梓潼设梓潼郡，隶属东益州。五是西魏废帝二年（553年），大将军尉迟回伐蜀，在梓潼置潼州郡（又名潼川郡、东川郡），隶属益州大都督始州。”据《绵阳市志》（四川出版集团四川人民出版社2007年版）上卷《广汉郡治考》记载，梓潼县作为广汉郡治长达316年。2012年12月中旬，梓潼县城两路口出土文物证实了广汉郡治设于梓潼神乡的文献记载，也证实了《汉书·地理志》郡治梓潼“有工官”的说法。2015年1月，梓潼县城九旬老人仇子元还对笔者说，新中国成立前，在今梓潼县城老区文昌路还有“古潼川郡”木坊，其大致位置在原县政协地段，即20世纪50年代的县城北门，过门就为北门外。

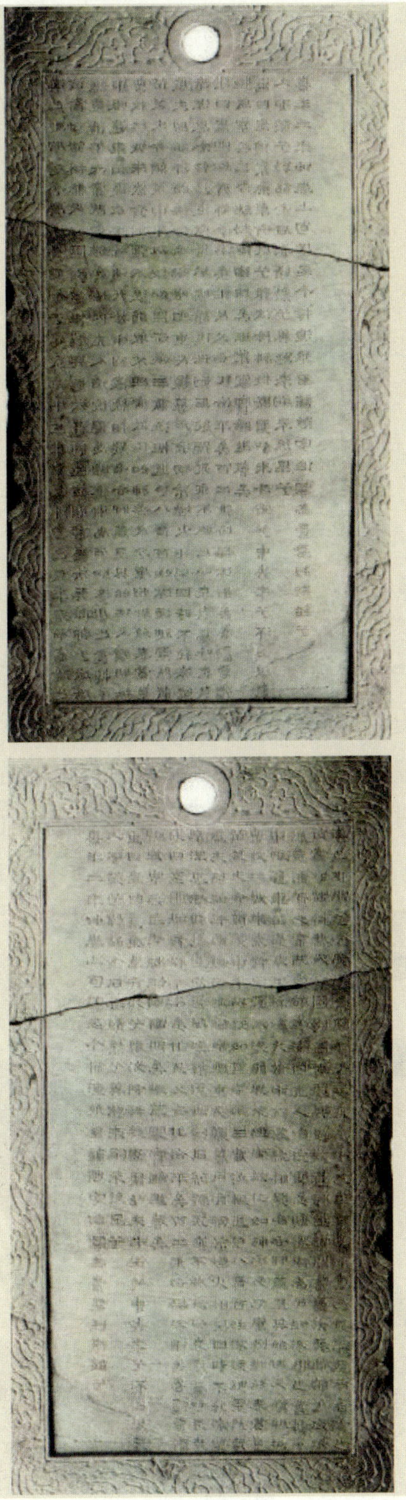

结论：梓潼得名由来悠久，可溯至先秦以前，其名源于“梓潼（民族部落）国”的称谓；梓潼始置县于公元前285年，比秦始皇统一中国、在全国设置郡县制早64年；梓潼曾五度为郡治，首为广汉郡治，终为潼川郡治。

梓潼发现古遗址　疑为两千多年前广汉郡

2012 年 12 月 18 日《四川日报》

同拥军　李　倩　吴璟文

位于梓潼县县城西北角的县水厂施工时，挖出大量筒瓦、汉砖等古建材残片。经绵阳市文物局现场勘验，初步认为该地可能是古四川最早建立的三郡（巴郡、蜀郡、广汉郡）中的广汉郡遗址。12 月 17 日，绵阳市文物局已责令建设方局部停工，并决定呈报省文物局后对遗址进行抢救性发掘。

窑一、窑二全貌

水厂施工现场：

挖出古城郡遗址，筒瓦花纹精美

梓潼县水厂施工地位于该县文昌镇连枝村，近日施工时陆续挖掘出一批带有花纹的砖瓦。到 14

窑一、二、三全貌

日，工地多处基坑发现这样的砖瓦残片，其中一个筒瓦瓦檐保存完好，上面的花纹线条流畅，十分精美。绵阳市文物局人员现场进行勘验后，发现建筑场地除这些砖瓦外，还有大量的陶罐、陶瓮残片，另有古砖窑遗址和两座古墓。根据出土的文物以及地层里砖瓦残片的堆积情况，绵阳市文物局人员初步认定，该地可能是古广汉郡遗址。

17 日，绵阳市文物局再次组织人员到该建筑工地进行勘验，发现这个占地约 10 余亩的工地上，已经挖掘出 20 个左右的基坑。在几乎一半的基坑里，发现有大量的砖瓦残片，其中一块保存完整的汉砖上还有钱币图案。绵阳市文物局再次确认，此处是一个古代城郡遗址，极有可能就是《汉书》上有记载的古广汉郡遗址。

绵阳考古队队长：

古广汉郡 2000 多年前在梓潼

绵阳市文物局考古队队长宋建民介绍，广汉郡是古四川最早的三郡之一。在秦国时期，四川设有巴郡（现在重庆境内）和蜀郡（现成都）。秦灭亡后，汉高祖六年（前 201），在四川新增设广汉郡，郡址就是现在的梓潼县潼江岸边。当时的广汉郡位于金牛古道，是出川的重要商贾云集地。建安十七年（212），撤销广汉郡，建立梓潼郡。经过两千年的变迁，古广汉郡郡址到底在梓潼的什么地方，专家只是从 20 世纪 90 年代中期在梓潼县城西北零星发掘出的汉代铜剑、钺等兵器中，初步判断遗址就在县城西北角。

宋建民说，绵阳首次发现汉代城郡遗址，对研究古巴蜀文化、历史变迁有着极为重要的意义。

目前，绵阳市文物局以及梓潼县文管所再次责令施工方，要求场内局部停工。绵阳市文物局副局长唐光孝表示，绵阳市文物局将呈报省文物局，并立即准备方案，对古广汉郡进行抢救性发掘。

附：广汉郡治遗址考古发掘情况介绍

20 世纪 80 年代，省、市文物考古专家到梓潼开展了汉代广汉郡治遗址的调查工作，通过大量的走访调查和认真细致的实地勘察，结合当地群众叙述多年来陆续在宏仁堰引水渠两侧发现出土的绳纹陶片、青铜钺、巴蜀剑、青铜戈及木椁墓等情况，以及采集散落在地表的砖瓦残片标本等实物，专家们初步判断，连枝村和西坝村潼江东岸的第二级开阔台地极有可能就是西汉广汉郡治遗址的具体位置。遗址北面距潼江河 100 米，高出河面 5～8 米，东西宽 200～500 米，南北长 500～800 米，分布面积约 320000 平方米，文化层距地表 1 米至 1.2 米，厚 0.9 米至 1.3 米，专家们指出该遗址也可能是后来蜀汉政权设立梓潼郡郡治所在位置。

2012 年 12 月 14 日，梓潼县自来水公司在文昌镇连枝村修建水厂施工过程中，开挖工地上发现部分古代建筑物构件。县文物部门即派人赶赴现场察看，由于施工面积很大，工地出土的砖瓦碎片较多，随即向绵阳市文物局汇报，市考古队和县文管所随即对整个建设工地进行了初步勘察。调查中发现，挖开基槽中暴露出的建筑物构件包括带有绳纹图案的板瓦、筒瓦和几何形图案铺地砖，此外还发现少量灰陶质的杯、碗、罐和瓮等生活用具残

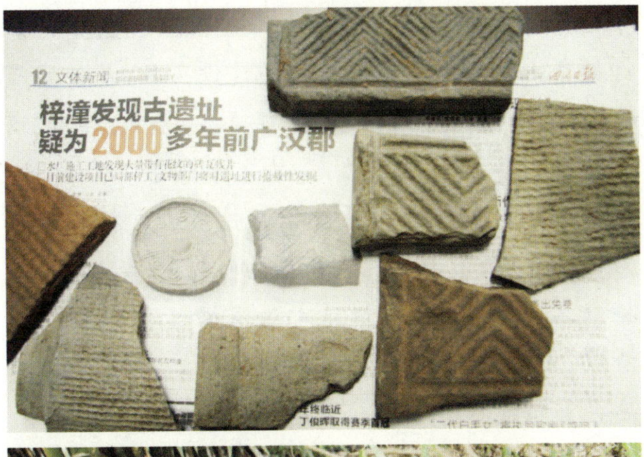

片。根据这些构件的图案和大体尺寸，结合相关史籍记载和以前省、市文物考古专家对广汉郡治遗址的调查结论，初步推断这一带可能是西汉至东汉年代城区建筑遗址。12月19日，省考古院专家组一行到达现场对部分出土文物进行勘验，初步判断与上述一致，专家组现场对建设工地文物方面的工作提出二点建议：一是立即停工，保护好现场遗址，自来水厂另选址修建。二是由省考古院制定周密的考古发掘方案，组织实施整个施工范围内的抢救性考古发掘清理。由于自来水厂建设项目属世界银行紧急优惠贷款市政基础设施建设项目，是县城居民生活、工业用水的保障，工程短、任务重，经省、市文物部门和当地政府协商，决定采纳第二条建议，立即着手对施工范围展开抢救性考古发掘工作。为稳妥考虑，省考古院专家认为可先将此次考古发掘命名为"梓潼西坝遗址考古发掘"，待现场挖掘清理、文物搬运、室内文物维修、考古工作报告结束后再重新命名。

2013年1—5月，四川省考古研究院、绵阳市博物馆和梓潼县文管所对在连枝水厂施工中发现的"西坝遗址"进行了抢救性考古发掘，此次发掘清理器物1000余件（残），陶片600多袋，比较重要的发现有西汉窑址11座，西汉陶圈井3眼，广汉郡治城墙遗址120米，西汉房屋建筑遗址多处等。现场考古队长李万涛介绍，梓潼和川南地区出土的西汉窑址相比，在单体规模上明显大一号，窑床、火膛、操作坑、窑门、烟道底部各部位保存十分完好，具有很好的观赏性。出土的3眼陶圈井，每眼井大约5～7米深，直径1.3米左右，陶井壁厚2.5厘米，都是用一层层"陶井圈"垒筑而成。此外，在考古清理中还出土了西汉时期"吉羊"图案青铜盆洗、陶埙、云纹瓦当、龙纹和几何纹地砖等文物，这在我省西汉时期的考古发掘中也属少见的文物，弥足珍贵。此次自来水厂建设区域，只是"广汉郡"郡治遗址的西北一角，即当时郡治中的手工作坊区，在建设区域开展考古发掘的同时，考古队还对施工工地之外的大片遗址进行了考古勘探，根据勘探得到的相关资料信息，专家们认为水厂的东南片区应该是汉代广汉郡治的行政、商业、生活区域，条件成熟时省考古院可在这一片区做一个文物考古探坑发掘，更进一步了解遗址的详细情况。

2013年6月，"西坝遗址"抢救性考古发掘工作顺利结束，就后期室内考古的相关工作，梓潼县与省考古院签订协议，"西坝遗址"考古发掘品已送至省考古研究院无偿进行维修，待完成维修后再移交给我方。2016年3月，省考古院专家通知梓潼县文物部门，经过省考古院室内清理出土的文物、研究和查阅大量资料等工作，基本证实"西坝遗址"为西汉广汉郡郡治，考古调查报告将在出土文物全部整理完毕后撰写出版。

索　引

SUO YIN

编制说明

一、本索引为《梓潼年鉴（2021）》的内容分析索引。

二、本索引按汉语拼音字母（同音字按声调）顺序排列。索引词条用宋体字标明。数字表示该词条内容所在页码，后面的拉丁字母（a、b）表示栏别（从左到右）。

三、内文中的“特载”“大事记”“附录”类目，以及内文照片和彩色插页未作索引。

四、本索引内容有交叉的词条，在索引中重复出现，可以通过同一词条的不同页码进行检索。

C

D

E

F

G

H

J

K

L

M

N

P

Q

R

S

T

Y

Z